MIT KINDERN DIE BIBEL ENTDECKEN 1.

MIT KINDERN
DIE BIBEL ENTDECKEN

Die gute biblische Unterrichtshilfe für die Kinderarbeit
in Sonntagschule, Kindergottesdienst, Kinderstunde
und Jungschar, für den Religionsunterricht
und das Bibelgespräch im Familienkreis

Schwerpunkt:
Das Leben Jesu nach dem
Markus-Evangelium

1.

Jaeger, Hartmut:
Mit Kindern die Bibel entdecken Bd. 1:
Die gute biblische Unterrichtshilfe für die Kinderarbeit
Dillenburg:
ISBN 3-89436-013-5

8. Auflage 1995

Gesamtgestaltung: Eberhard Platte, Wuppertal
Illustrationen: Eberhard Platte, Cornelia Gerhardt, u. a.
Mitarbeiter an einzelnen Lektionen:
Marlies Babis, Hans Gerhard Becker, Karl Becklein, Dietrich Bleckmann, Werner Blödtner, Monica Boddenberg, Helga u. Karl-Heinz Bühnemann, Dagmar Clausnitzer, Ralph Doll, Doris Dürholt, Joschi Frühstück, Friedbert Gudelius, Andreas Heinzerling, Martina u. Ralf Kausemann, Friedhelm Keune, Hellmut Koch, Friedhelm Koll, Achim v. d. Mühlen, Margitta Paul, Joachim Pletsch, Ulrich Pletsch, Annegret u. Klaus Valet, Christiane Volkmann, Thomas Wink
Druck: Brockhaus, Dillenburg

Inhalt

Vorwort

Der Sohn des Menschen ist nicht gekommen, um bedient zu werden, sondern um zu dienen und sein Leben zu geben als Lösegeld für viele.
Markus 10, 45

Danke!

Dankbar sehen wir auf die letzten fünf Jahre zurück, in denen wir an unserem Unterrichtsprogramm „Mit Kindern die Bibel entdecken" arbeiten durften. Gott hat geholfen! Die Hefte haben eine weite Verbreitung gefunden.

Nun haben wir den ersten Jahrgang (Hefte 1 - 6) überarbeitet und zu einem Jahrbuch zusammengefaßt.

Wir danken allen Mitarbeitern, die ihre Ideen und Unterrichtsentwürfe eingereicht haben. Wir danken allen, die in ihren örtlichen Gruppen Erfahrungen beim Einsatz der Hefte gesammelt und uns darüber informiert haben.

Bitte!

Wir wünschen, daß dieses Buch für viele Eltern, Mitarbeiter, Erzieher und Kinder zum Segen wird. Es soll uns helfen, die Botschaft Gottes selbst zu erfassen und sie Kindern biblisch, ansprechend und aktuell zu vermitteln. Kinder sollen Jesus Christus kennen- und lieben lernen. Und das Endziel: Kinder sollen als aktive Christen in eine biblisch orientierte Gemeinde integriert werden. Deshalb wollen wir immer wieder unseren HERRN JESUS bitten, daß er uns Weisheit zur Erfüllung dieses Auftrags schenkt.

„Gebrauchsanweisung" – die jeder Mitarbeiter vorher lesen sollte!

Grundlage

Dem Unterrichtsprogramm liegt ein vierjähriger Textplan zugrunde, der in 209 Lektionen durch die Bibel führt. Alle Zitate sind der Elberfelder Bibelübersetzung (revidierte Fassung 1985) entnommen.

Anm. zum Markus-Evangelium, s. u.

Da Jesus Christus das Zentrum der biblischen Botschaft ist, wird jedes Jahr einmal das Leben des Herrn Jesus aus der Sicht eines der vier Evangelisten behandelt. Die alttestamentlichen Texte sind in einem ausgewogenen Verhältnis eingeschoben. Das vorliegende Jahrbuch beinhaltet also neben vielen anderen Texten Berichte aus dem Markus-Evangelium.

Aufbau

chronologische Liste aller Lektionen

Das Buch enthält 52 Lektionen. Im Anhang ist eine Gesamtübersicht über alle 209 Lektionen zu finden; sie ist in der Chronologie der biblischen Bücher geordnet und vermittelt einen guten Überblick, falls man eine Ausarbeitung zu einem bestimmten Bibeltext sucht.

Jedem Unterrichtsentwurf liegt die gleiche Gliederung zugrunde. Zu jeder Lektion gehören eine Textanalyse, methodische Überlegungen und viele praktische Tips. Die Vorschläge für die Durchführung werden für zwei Altersgruppen angeboten: für die „kleine" Gruppe (Alter etwa 5 - 8 J.) und für die „große" Gruppe (Alter etwa 9 - 13 J.). Für die Vorschulkinder bieten wir zusätzlich Material in Ergänzungsheften an - dazu s. u.

Der Notizrand sollte für Anmerkungen und Ergänzungen bei der eigenen Vorbereitung genutzt werden.

Illustrationen

Jede Einheit enthält Illustrationsvorschläge. Die Vorlagen können auf Folie kopiert und für den Tageslichtschreiber (deshalb „OHP-Vorlagen") verwendet werden. Wer mit der Flanelltafel arbeitet, kann die Illustrationen mit Hilfe eines Kopierers vergrößern, ausschneiden und mit Haftstreifen hinterkleben. Teilweise lassen sich die einfachen Bilder auch als Tafelbild oder als Arbeitsblatt für die Kinder zum Ausmalen einsetzen. Das Kartenmaterial eignet sich meistens für mehrere Lektionen und sollte immer dann eingesetzt werden, wenn dadurch geographisch-historische Zusammenhänge bewußt gemacht werden können.

Arbeitshilfen

Wir unterscheiden zwischen Arbeitshilfen, die speziell für eine Lektion geeignet sind und solchen, die immer wieder benutzt werden. Erstere stehen jeweils unter Punkt 7 (Literaturhinweis/Arbeitshilfen) jeder Ausarbeitung. Die zweite Gruppe gehört zur „Grundausstattung" eines Mitarbeiters. Deshalb werden diese Bücher unter Punkt: „Materialkiste" am Ende des Buches empfohlen. Auf dem Notizrand der einzelnen Lektionen sind lediglich Hinweise zu finden, z. B. aus: Rienecker, F.: Lexikon zur Bibel. Brockhaus ...

siehe „Materialkiste" am Ende des Buches

Gesamtprogramm

Das ganze Programm ist für die Kinder und Mitarbeiter eine runde Sache. Parallel zu dem Jahrbuch gibt es immer wieder einen **aktuellen Textplan.** Dabei werden die beweglichen Feste und die Wünsche und Erfahrungen vieler Mitarbeiter berücksichtigt. Dieser Textplan kann im Abonnement in sog. Ergänzungs- oder Begleitheften bezogen werden (s. u.).

der aktuelle Textplan

Parallel zu den Unterrichtshilfen werden nach dem gleichen Textplan die Bibeltexte in der **Kinderzeitschrift „Freund der Kinder"** zusammengestellt. So können wir den Kindern nach dem Unterricht ein Blatt zur Vertiefung der gehörten Geschichte und der Zielgedanken mit nach Hause geben.

die Kinderzeitschrift

Hierzu gehört auch das **Lernversprogramm.** Im aktuellen Textplan sind zehn Lernverse besonders herausgehoben, die über das Jahr verteilt mit den Kindern gelernt werden sollten. Diese Lernverse sind nicht nur in der Kinderzeitschrift, sondern auch im **Kinderkalender „Die helle Straße"** und im **Dillenburger Andachtsbuch** abgedruckt. So haben die Kinder (und ihre Eltern) viele Möglichkeiten, die Bibelsprüche das Jahr über immer wieder zu lesen bzw. zu hören – und zu lernen. Als kleiner Anreiz für die Kinder, die die **zehn Funksprüche** aufsagen können, gibt es am Jahresende eine Urkunde vom „Freund der Kinder". Das kindgemäße Erklären, intensive Lernen und regelmäßige Wiederholen von Bibelsprüchen sollte ein entscheidender Baustein unseres Unterrichts sein.

das Lernversprogramm

Einen unerläßlichen Begleiter zur aktuellen Arbeitsweise stellen die **Ergänzungshefte** dar. Sie beinhalten neben dem aktuellen Bezug zum laufenden Jahr Zusatzlektionen zu bisher nicht behandelten Bibeltexten oder aktuellen Themen.

Ergänzungshefte

Zusatzlektionen

Außerdem bieten wir ein **neues Vorschulprogramm** an. In den Ergänzungsheften werden zu 26 ausgewählten Lektionen des Jahrbuches didaktische Hilfen mit konkreten Vorschlägen und Illustrationen für die Vorschulkinder angeboten. Wir empfehlen 14tägig eine neue Lektion mit den Vorschulkindern zu erarbeiten. Die Vertiefung des Gelernten kommt ansonsten zu kurz. Weniger ist mehr. (Ausführlichere Erklärungen finden sich in den Ergänzungsheften.)

Material für Vorschulkinder

Der **Bereich Fortbildung und Schulung** wird ebenfalls in den Ergänzungsheften berücksichtigt. Pragmatische und theoretische Aufsätze, die von grundsätzlicher Bedeutung sind, so wie der aktuelle Bezug zur laufenden Schulungsarbeit gehören zu den Inhalten.

Schulung

Vorbereitung

Wie bereiten wir uns mit den Unterrichtshilfen vor? Die eigene Beschäftigung mit dem Bibeltext darf auf keinen Fall durch die vielen Hilfen ersetzt werden. Deshalb wollen wir **sieben Punkte bei der Vorbereitung** beachten:

1. Bibeltext lesen
2. Beten
3. Über den Bibeltext nachdenken, mehrmals laut lesen
4. Fragen stellen und beanworten: Wie lautet der Inhalt des Textes (in wenigen Sätzen zusammenfassen)? Was sagt der Bibeltext über Jesus Christus, Gott und den Menschen? In welchem Zusammenhang steht er? Welche Lehre vermittelt er? Was hat er mir persönlich für mein praktisches Glaubensleben zu sagen? Welche Wahrheiten sind für meine Gruppe vorrangig?
5. Unterrichtsentwurf lesen
6. Gedanken ordnen – Vorschläge auswählen
(Die Lektionen enthalten immer mehrere Vorschläge. Wir müssen die Bausteine für unsere Gruppe sorgfältig auswählen und ggf. abändern. Bitte nicht alle Vorschläge in eine Stunde packen! Hier haben wir eine große Verantwortung.)
7. Thema inhaltlich und methodisch aufbereiten und Material zusammenstellen. (Dabei müssen wir immer die Botschaft des Bibeltextes und die Kinder vor Augen haben.)

viele Vorschläge – wenige auswählen

In diesem Sinne wollen wir uns auf jede Unterrichtseinheit intensiv vorbereiten, damit Gottes Botschaft uns immer wieder erst einmal persönlich und dann den Kindern für jede Lebenssituation wichtig wird.

Das Markus-Jahr

In diesem Jahrbuch steht das Leben Jesu nach dem Markus-Evangelium im Mittelpunkt. Zum besseren Verständnis hier noch einige Hintergrundinformationen:

VERFASSER: Johannes Markus. Seine Mutter hatte in Jerusalem ein Haus (Apg 12, 12). Er war ein Neffe des Barnabas (Apg 15, 36 – 41). Markus gehörte nicht zu den zwölf Jüngern Jesu; er hatte sein Wissen „aus der besten Quelle, die er finden konnte: dem persönlichen Zeugnis des Petrus, dessen geistiger Sohn (s. 1 Petr 5, 13) und Mitarbeiter er war" (nach: Aebi, E.: Kurze Einführung in die Bibel). Dazu finden sich im Evangelium selbst und in der Kirchengeschichte eindeutige Hinweise.

ABFASSUNG u. ADRESSATEN: ca. 68 n. Chr. (kurz vor oder nach dem Tod des Petrus) in Rom. Da Markus wenig Verweise auf das AT gibt und aramäische Wörter und jüdische Sitten erklärt (s. z. B. 3, 17; 5, 41; 7, 1–4. 11. 34), darf man annehmen, daß er bei der Abfassung weniger an Juden- als vielmehr an Heidenchristen dachte.

THEMA: Jesus Christus, der Knecht Gottes (Jes 42, 1). Im Gegensatz zu Matthäus schreibt Markus weniger die Reden als vielmehr die Taten des Herrn. Das Markus-Evangelium ist das kürzeste und enthält ca. 19 Wunderberichte.

siehe Leitvers

SCHLÜSSELWORTE: 10, 45 kann als Überschrift gelesen werden. Wir finden ca. 78 mal ‚alsbald' (= gehorsam im Dienst) und ca. 1100 mal ‚und' (= unermüdlich im Dienst).

Wir wollen in diesem Sinne für unseren Dienst an den Kindern von dem größten Diener aller Zeiten, Jesus Christus, lernen. Er soll unser Vorbild sein.

Im gemeinsamen Dienst für unseren Herrn Jesus verbunden

Hartmut Jaeger

Lernvers
Der Sohn des Menschen ist nicht gekommen, um bedient zu werden, sondern um zu dienen und sein Leben zu geben als Lösegeld für viele.
Markus 10, 45

Lektion 1

Mk 1, 14-39

Dienst des Herrn Jesus

1. Zum Textverständnis

1.1. Zusammenhang/Inhalt

Parallelstellen:
Mt 4, 12–25; Mt 8, 14–17;
Lk 4, 14.15; Lk 4, 31 - 5, 11

Der Herr Jesus war getauft worden und anschließend hatte der Teufel ihn in der Wüste versucht. Jetzt beginnt sein eigentlicher Dienst, der zunächst darin besteht, zu predigen, zu heilen und zu helfen, überall dort, wo Not war. Dabei zeigt das Markus-Evangelium durch das immerwährende „und” bzw. „und sogleich” den unermüdlichen Einsatz des HERRN. In unserem Abschnitt sind folgende Tätigkeiten zu finden:

Predigt »Aufruf zur Buße/Umkehr«
Berufung von 4 Jüngern
Lehren »Erklären des Wortes Gottes«
Heilung eines Besessenen
Heilung der Schwiegermutter des Petrus
Heilung vieler Kranker
Austreibung von Dämonen
Beten
Predigen in ganz Galiläa
Weitere Dämonenaustreibungen

1.2. Personen

- der Herr Jesus
- Simon u. Andreas: Brüder, Fischer aus Bethsaida (siehe Joh 1, 44), besaßen ein Haus in Kapernaum (Mk 1, 29)
- Jakobus u. Johannes: Brüder, Söhne des Zebedäus, Fischer
- der Besessene in der Synagoge
- die erstaunte Volksmenge
- die Schwiegermutter des Petrus
- alle Leidenden und Besessenen

siehe Lexikon zur Bibel

1.3. Orte/Gegend

Galiläa: Nordisrael, bergiges Land mit See Genezareth, der auch See von Galiläa oder See Tiberias genannt wird. Heimatgebiet Jesu und der Jünger. Viele Orte im NT genannt: Nazareth, Kana, Kapernaum, Bethsaida, Magdala, Chorazin.

Hier erwähnt: See von Galiläa, fischreich, 212 m u. M.
Kapernaum am NW-Ufer des Sees
viele Personen, die Kontakt mit dem Herrn hatten:
– Levi (Matthäus) saß hier am Zollhaus
– ein römischer Offizier, dessen Diener geheilt wurde
– ein königlicher Beamter, an dem der Herr Jesus eine Fernheilung vollzog
– Jairus, dessen Tochter auferweckt wurde
– Die Schwiegermutter des Petrus hatte hier ein Haus.
– Der Herr Jesus lehrte oft in der Synagoge, aber in Kapernaum glaubten nur wenige an ihn, so daß er ein „Wehe” über diese Stadt ausrufen mußte (Mt 11, 23).
– Kapernaum war eine römische Garnisonsstadt und Grenzort zwischen den Regierungsgebieten von Philippus und Herodes Antipas.
– In Mt 4, 13 wird Kapernaum als Wohnort des Herrn Jesu genannt.
– Kapernaum wurde im Mittelalter zerstört, bis heute sind dort nur Ruinen zu sehen.

siehe auch Lektion 2, 1.3.

Weiteres, siehe
Lexikon zur Bibel

1.4. Zeit

- Anfangszeit des Wirkens des Herrn Jesus, wobei die Verse 21 - 38 einen 24-Stunden-Tag beschreiben. Johannes d. T. war gerade von Herodes gefangen genommen worden (Mk 6, 17).
- an einem Sabbat (V. 21)

1.5. Begriffserklärungen

V. 18: Menschenfischer = Einer, der Menschen zum Herrn Jesus führt.
V. 20: Tageslöhner = Arbeiter, die tageweise beschäftigt waren und auch tageweise ihren Lohn erhalten.
V. 21: Synagoge = Schule (zur Unterweisung in der Bibel), auch: das Gebäude, in dem man am Sabbat zusammenkam, um aus dem Wort Gottes zu lesen und über den Inhalt belehrt zu werden.
V. 21: Sabbat = Ruhetag in Israel, von Gott durch das 3. Gebot festgelegt.
V. 23. 27. 32. 34. 39: Unreiner Geist/Besessene/Dämonenaustreibung: Es ist im voraus abzuklären, ob den Kindern diese für ihre Begriffswelt fremden Worte oder Zusammenhänge tatsächlich erklärt werden sollten oder ob diese Verse auszuklammern sind.
Sonst mögliche Erklärung: Menschen, über die der Teufel besondere Macht hat, die er ganz ‚besitzt'. Das war besonders stark zur Zeit des Erdenlebens des Herrn Jesus, wohl als Machtbeweis des Teufels, der dadurch den Herrn Jesus in seinem Dienst behindern wollte. Der Herr Jesus macht aber deutlich, daß er immer stärker ist als der Teufel und seine Helfer, die Dämonen, daß er sie vertreiben kann und die Menschen frei werden.

2. Zielgedanke

Der Herr Jesus ist ständig im Dienst.
(Allen Leuten, die etwas von ihm wollen, hilft er. Dabei ist es ihm das Wichtigste, das Evangelium, die frohmachende Botschaft Gottes, zu predigen.)
Andere Möglichkeit:
Der Herr Jesus ruft aber auch Menschen in seine Nachfolge. (Dabei ist zu beachten, daß zwar sehr viele Menschen seine Hilfe in Anspruch nehmen, daß aber nur 4 Männer ganze Sache machen, indem sie ihren bisherigen Lebensbereich verlassen und nachfolgen.)

3. Vorschläge zur Durchführung für die „kleine" Gruppe

3.1. Vorüberlegungen

Wir leben in einer Zeit, die geprägt ist von zwei wesentlichen Grundsätzen:
a) Man hat keine Zeit. Selbst Vorschulkinder werden schon von Termin zu Termin gehetzt.
b) Man kümmert sich nicht um die Hilfsbedürftigkeit anderer.
Weil das so ist, versuchen viele Menschen, mit ihren Schwierigkeiten und Problemen selbst fertig zu werden. Dabei ist es ihre größte Not, daß sie auch ihre ‚inneren' Probleme, nämlich die Frage der Sünde und Schuld, selbst lösen wollen. Auch Kinder empfinden, daß sie oft sich selbst überlassen sind.
Wir wollen anhand des Bibeltextes deutlich machen, wie sehr wir die Hilfe des Herrn Jesus brauchen und daß er nur darauf wartet, daß wir ihn um Hilfe bitten.

3.2. Einstiegsmöglichkeiten

3.2.1. Wir fragen die Kinder, ob sie schon mal gehört haben, daß man (z. B. Eltern oder ältere Geschwister) keine Zeit für sie hat.

3.2.2. Wir fragen die Kinder, womit man alles zum Herrn Jesus kommen kann.

3.2.3. Gegendstandslektion:
Wir zeigen den Kindern eine Uhr aus Pappe, wo wir sektormäßig farbig un-

terschieden aufmalen, wieviel Zeit die Menschen pro Tag brauchen für: Schlafen/Essen/Arbeiten oder Schule/Freie Zeit oder Spielen/Bibellesen und Beten.
Dann eine andere Uhr, die keine solche Einteilung hat und die zeigt, daß der Herr Jesus immer Zeit für uns hat, um uns zu helfen.

3.3. Durchführung

Anhand einer OHP-Vorlage erzählen wir die verschiedenen Begebenheiten: siehe OHP-Vorlage 1

Fol 1: Mitte der Vorlage: Uhr

Fol 2: Der Herr Jesus predigt. Kurzes Eingehen auf den Inhalt: Gott hat die Menschen lieb und der Herr Jesus erzählt von dieser Liebe, aber auch davon, daß sie von ihren bösen Wegen umkehren müssen.
Die Kinder können hier erzählen, was passiert, wenn man auf einem falschen Weg ist und bleibt.

Fol 3: Der Herr Jesus und die 4 nachfolgenden Jünger. Dabei soll besprochen werden, warum man jemandem folgt: Gehorsam, Liebe, Interesse.

Fol 4: Der Herr Jesus heilt. Dabei sollte es uns besonders auf die ‚Heilung des Herzens' ankommen.

Fol 5: Der Herr Jesus betet. Klären, warum er das tut:
a) um zu danken
b) um Kraft zu holen für den neuen Tag
c) um sich neue Aufgaben zeigen zu lassen.

Fol 6: Der Herr Jesus geht noch an andere Stellen.
Er will allen Menschen helfen. (s. 1. Tim 2, 4)

Bei den Jüngeren sollte man den Schwerpunkt auf das Verhalten des Herrn Jesus legen. Was tut er? Er predigt, ruft zu sich, hilft, heilt, betet. Dazu ist er immer bereit.

3.4. Zur Festigung

3.4.1. Eine Geschichte erzählen:
Ein Mann überläßt anderen Leuten seine Wohnung. Er tut das unter einer Bedingung: Laßt niemanden in die Wohnung hinein. Kaum ist er weg, da klingelt es an der Tür. Erst redet man mit dem Mann an der Tür, der sehr freundlich ist. Dann läßt man ihn wegen seiner Freundlichkeit herein. Kaum ist er drin, da bringt er die Wohnung ganz durcheinander und schlägt vieles kaputt. Schließlich verschwindet er wieder.
Die Leute sind erschrocken und verzweifelt. Sie haben Angst, weil sie das Gebot übertreten haben. Sie bemühen sich, alles wieder in Ordnung zu bringen, aber sie schaffen es nicht.
Dann kommt der Wohnungsinhaber zurück. Vorher hatte er schon durch die Fenster geschaut und das ganze Unglück gesehen. Er tritt ein und hat noch einen Mann mitgebracht. Diesem sagt er dann, daß er wieder alles in Ordnung bringen soll. Der macht sich an die Arbeit und wirkt so unermüdlich, bis alles wieder in Ordnung ist.
Überleitung:
Durch die Sünde ist Not, Krankheit und Elend in die Welt gekommen. So sehr sich die Menschen auch bemühen, sie können das nicht wieder in Ordnung bringen. Nun hat Gott seinen „Diener", den Herrn Jesus, auf die Erde gesandt, damit er das, was „kaputt" ist, wieder „heil" macht. An diesem Auftrag arbeitete er damals unermüdlich, an diesem Auftrag wirkt er auch noch heute.
Wir können dann noch einmal die wesentlichen Tätigkeiten des Herrn Jesus erwähnen, aber auch die Kinder zusammentragen lassen. Die Schlußfrage sollte sein: Wollen wir uns auch helfen lassen?

3.4.2. Die jüngeren Kinder könnten die komplette OHP-Vorlage als Arbeitsblatt zum Ausmalen bekommen. Anhand der Bilder läßt man den Tagesablauf des Herrn noch einmal erzählen.

4. Vorschläge zur Durchführung für die „große" Gruppe

4.1. Vorüberlegungen

In die Vorüberlegungen für die ‚Großen' könnte neben dem Zeitproblem

noch eingebaut werden, daß der Herr Jesus kein „Soziales Evangelium" gebracht hat. Ihm ging es darum, die Menschen zur Buße zu leiten, weil das Reich der Himmel nahegekommen war. Seine äußere Hilfe diente dazu, diese Botschaft zu untermauern. Deshalb müssen wir deutlich machen, wo das eigentliche Problem der Menschen liegt: in der Trennung von Gott und in der Auflehnung gegen Gott. Wir wollen klarmachen, daß alle Versuche der Menschen, hier eine Lösung zu schaffen, untauglich sind und daß ein Leben, das sich nur mit materiellen Dingen befaßt, in den Augen Gottes ein sinnloses Leben ist, denn es endet in der Verdammnis. Deshalb müssen die älteren Kinder lernen, Prioritäten in der Zeiteinteilung zu setzen. Leider werden die Kinder oft von Termin zu Termin gehetzt. Da fehlt nur noch der Kinderterminkalender. Kinder müssen lernen, daß das geistliche Betätigungsfeld an erster Stelle stehen muß.
Auf der anderen Seite bietet der Text auch die Möglichkeit, auf die okkulten Dinge zu sprechen zu kommen (siehe allerdings unter 1.5.), denn gerade heute machen okkulte Praktiken wie „Tischchen-rücken" vor den Schultüren nicht halt. Der okkulte Einfluß nimmt zu. (Deshalb könnte man das ggf. erwähnen, allerdings berücksichtigen die weiteren Ausführungen diesen Punkt kaum.)

4.2. Einstiegsmöglichkeiten

4.2.1. Wir lassen zusammentragen, was man tun kann, um „Kaputtes" wieder in Ordnung zu bringen. Dabei kommt vielleicht auch der Hinweis, daß das Kind zu Vater und Mutter gehen kann, um sich dort helfen zu lassen. Wichtig ist dann, daß klar herauskommt, daß man um Hilfe bitten muß.

4.2.2. siehe zum Zeitproblem Einstieg 3.2.3.

4.3. Durchführung

Wir erzählen die Geschichte mit Hilfe der OHP-Vorlage (siehe 3.3.), dabei sind je nach Schwerpunkt verschiedene Ergänzungen möglich:

4.3.1. Wir könnten eingehen auf die Begriffe Buße und Evangelium Gottes (siehe 3.3. Fol 2, Inhalt der Predigt).
(Weil wir zeitlich von Weihnachten her kommen, sollten wir auch klarmachen, daß der Herr Jesus nicht vorrangig das Kleinkind in der Krippe war, sondern der Sohn Gottes, der nur eines im Sinn hatte, den verlorenen Menschen zu helfen. Dieser Dienst ging bis zur totalen Selbstaufgabe (siehe auch letzter Teil des Lernverses).)

4.3.2. Wenn wir den Schwerpunkt auf die richtige Zeiteinteilung legen, illustrieren wir das anstrengende Tagespensum und das Dienstmotiv des Herrn und fragen uns, wie wir unsere Zeit sinnvoll einteilen können (z. B. Hinweis auf Stille Zeit).

4.4. Zur Festigung

4.4.1. Der Dienst des Herrn Jesus wird im AT vorhergesagt (z. B. Jes 29, 18. 19; 61, 1). Das unterstreicht seinen Auftrag (Jes 42, 1). Zur Vertiefung des Gedankens „Jesus - Gottes Diener" bieten sich die Arbeitsblätter aus dem Bibelarbeitsheft „Jesus Christus", S. 23 - 25 (siehe unter 7.) an. Dort wird u. a. auch der Tagesablauf aus Mk 1 behandelt.

4.4.2. Die Kinder könnten einmal in der folgenden Woche festhalten, wieviel Zeit sie für die einzelnen Programmpunkte eines Tages benötigen. Dazu sollten wir ihnen ein Raster mit entsprechender Erklärung an die Hand geben, so daß sie nur noch die Zeit eintragen müssen.

5. Liedvorschläge

Du gibst das Leben, das sich lohnt ... (aus: Jungschar- u. Teenager-Lieder, Heft 2, 11)
Er kann alles! ... (aus: Jungschar- u. Teenager-Lieder, Heft 1, 12)
Wir stehn so gerne vorne an, ... (aus: Kommt und singt, 14).

6. Vorschläge zum Bibelspruchlernen

Für die jüngeren Kinder könnte man den Vers kürzen (bis „um zu dienen").

6.1. Zweck und Ziel des Kommens Jesu
Wir könnten erfragen, was Leute bei uns zu Hause wollen, die zu uns kommen:
z. B. der Briefträger: Er will die Post bringen.
z. B. der Klempner: Er will etwas reparieren.
z. B. Onkel Paul u. Tante Minna: Sie wollen uns besuchen.
Dazu der Herr Jesus: Er wollte helfen und dienen.
Frage klären: Was bedeutet „als Lösegeld"? Das ging so weit, daß er sein Leben hingab.

6.2. Illustration des Bibelverses
Einzelne Wörter werden durch Symbole ersetzt: gekommen, bedient zu werden, um zu dienen, Lösegeld, viele. Die Kinder prägen sich mit Hilfe der Symbole den Vers leichter ein.

7. Literaturhinweis / Arbeitshilfen

Jesus Christus – wirkt in der Kraft Gottes. Bd. 1. Hrsg.: Ludwig-Hofacker-Vereinigung. Hänssler Stuttgart 1981 (Jesus in Kapernaum – Ein Tag mit Jesus zeigt die Grundlinien seines Wirkens. Die Ereignisse werden für Kinder erzählt.)

Jesus Christus, Hrsg.: Christliche Jugendpflege e. V., Basdahl 1981 (Ein Bibelarbeitsheft, 9 Lektionen (jeweils ca. 6 Seiten) zum Thema „Jesus Christus", u. a. „Jesus – Gottes Diener". Arbeitsblätter, die man mit den Kindern ausfüllen kann.)

OHP 1 (evtl. je Kreis eine Folie oder eine Folie u. Kreise ausschneiden, dann nach und nach beim Erzählen auf(einander)legen).

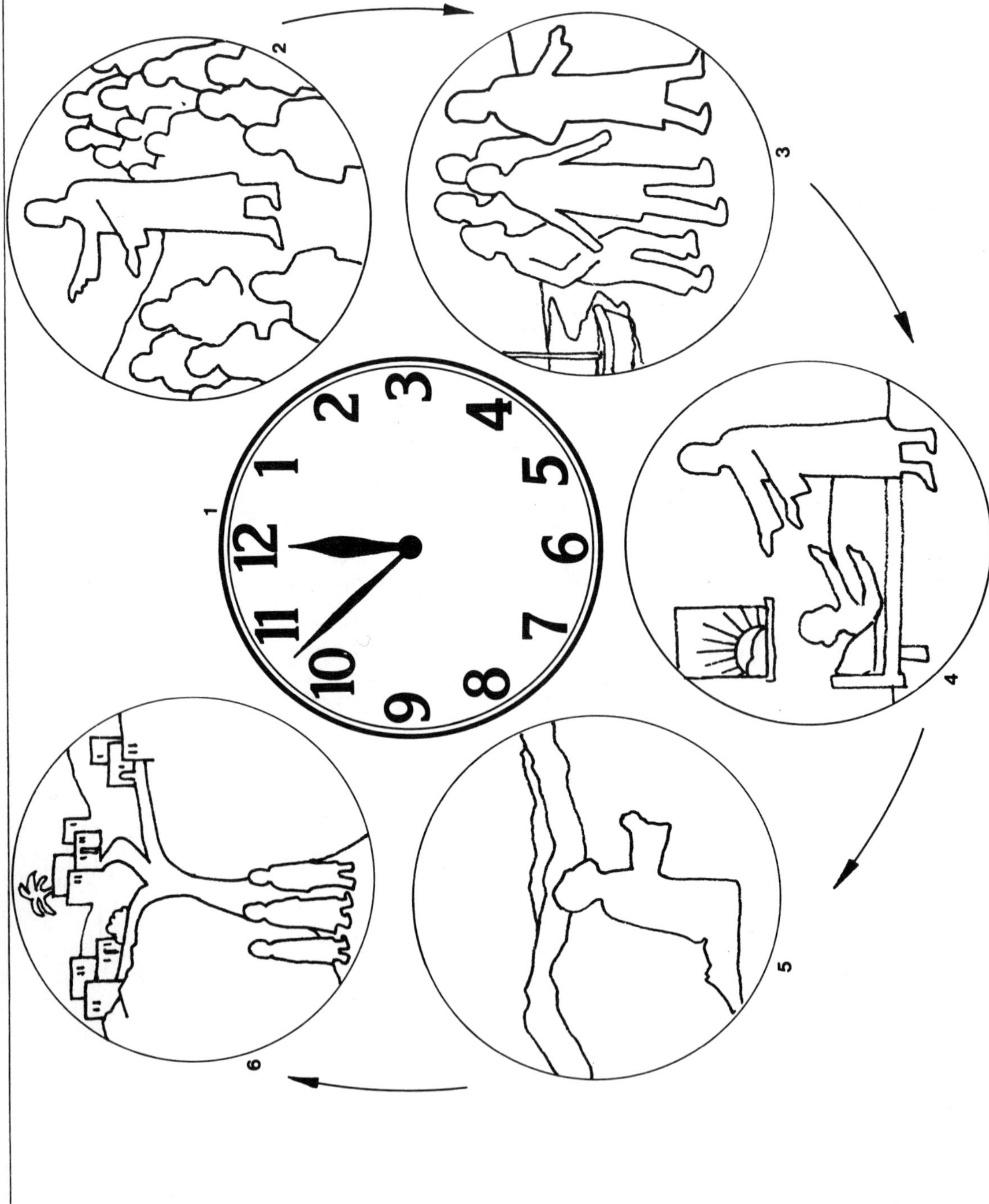

Lektion 2

Mk 2, 1–12

Heilung eines Gelähmten

Lernvers
Preise den HERRN, meine Seele! ... Der da vergibt alle deine Sünde, der da heilt alle deine Krankheiten.
Psalm 103, 1a. 3

1. Zum Textverständnis

1.1. Zusammenhang/Inhalt

Parallelstellen:
Mt 9, 1-8; Lk 5, 17-26

Jesus beginnt, sich als der Sohn Gottes zu offenbaren. Er lehrt und tut Wunder. Gleichzeitig wächst die Feindschaft der Pharisäer und Schriftgelehrten ihm gegenüber.
Unser Text berichtet von vier Männern, deren Glaube und Handeln für ihren gelähmten Freund beispielhaft sind.
Jesus heilt den Kranken und zeigt damit, daß er, der Sohn Gottes, Vollmacht hat, Sünden zu vergeben.

1.2. Personen

– der Herr Jesus:
Besondere Fähigkeiten: Er vergibt Sünden (das Kernproblem wird zuerst gelöst!); er kennt die Gedanken der Schriftgelehrten; er heilt den Gelähmten (vgl. 2. Mose 15, 26); er handelt sofort, aber unerwartet.
– die Schriftgelehrten:
Sie hatten das AT studiert und waren die damaligen Lehrer der Heiligen Schrift. Sie legten das Gesetz in vielen Einzelvorschriften aus und wandten es auf die Fälle des Alltags an.
Jesus achtete ihre Schriftkenntnis, tadelte aber, daß Lehre und Leben sich bei ihnen nicht deckten.
Scharf beobachtend und kritisierend sitzen sie unter den Zuhörern Jesu. Sie klammern sich zwar an die Buchstaben des Gesetzes, aber die Botschaft des Herrn Jesus erreicht ihre Herzen nicht.
Jesu Handeln ist in ihren Augen Gotteslästerung. Sie stellen die Göttlichkeit Jesu in Frage (V. 7).
– die vier Männer:
Sie sind Männer, die vom Herrn Jesus gehört haben und ihm grenzenlos vertrauen. Ihr Glaube zeigt sich in der gemeinsamen Tat. Sie bringen den zum Herrn Jesus, der von sich aus kraftlos und hilflos ist. Trotz Schwierigkeiten und Hindernissen geben sie nicht auf.
– der Gelähmte:
Um zum Herrn Jesus zu kommen, ist er auf die Hilfe anderer angewiesen.

Durch die Begegnung mit dem Herrn Jesus empfängt er Vergebung seiner Sünden und wird geheilt. Der Herr Jesus schickt ihn nach Hause. Dort soll er nicht länger eine Last, sondern ein Segen für andere sein.
– die Volksmenge:
Viele Menschen kommen, um das Wort Gottes zu hören. Sie werden Augenzeugen des Wunders, begreifen aber wohl dessen eigentlichen Sinn nicht. Das Erlebte macht sie fassungslos; sie verherrlichen Gott (vgl. Mt 9, 8).

1.3. Orte/Gegend

(siehe Lektion 1, 1.3.)

– Kapernaum:
Der Ort liegt am Nordwestufer des Sees Genezareth in Galiläa. Diese Gegend zählt zu den fruchtbarsten und dichtest besiedelten des Landes. Der Herr Jesus wohnte dort („seine Stadt" Mt 9, 1) und es geschahen dort viele Wunder (Mt 11, 23).
Heute ist Kapernaum ein Trümmerhaufen; nur die Reste einer Synagoge erinnern an die einst so bedeutende Stadt.

– Häuser in Palästina zur Zeit Jesu:
Die Häuser waren sehr einfach gebaut. Meist bestanden sie nur aus einem Raum, der durch ein flaches Dach abgedeckt war. Dies bestand aus festgestampftem Lehm und Reisig. Über eine Außentreppe gelangte man auf das Dach. Dort wurden auch Vorräte gelagert, und in den kühlen Stunden des Tages setzte man sich dort gern zusammen.
– Bett:
Zum Schlafen breitete jeder seine Matte auf dem Boden des Hauses aus. Tagsüber wurde sie zusammengerollt.

1.4. Zeit
Anfang der Wirksamkeit Jesu.

2. Zielgedanke

Das größere Wunder!
Andere Möglichkeiten:
– Liebe macht erfinderisch!
– „Ich bin der HERR, dein Arzt." (LÜ 2 Mo 15, 26)
– Gemeinsam glauben und handeln
– Sei ein Freund für Schwache!

3. Vorschläge zur Durchführung für die „kleine" Gruppe

3.1. Vorüberlegungen
Das Wunder beeindruckt die Kinder. In ihrem kindlichen Glauben zweifeln sie nicht daran, daß dem Herrn Jesus alles möglich ist. Unsere Aufgabe ist, ihre Aufmerksamkeit auf das größere Wunder zu lenken, nämlich, daß der Herr Jesus Sünden vergeben kann. Er will auch ihre Sünden vergeben.

3.2. Einstiegsmöglichkeiten
Die Kinder wissen aus eigener Erfahrung nur zu gut, wie es ist, wenn man krank ist und im Bett liegen muß. Wir versuchen, mit ihnen darüber ins Gespräch zu kommen.
Z. B. Wart ihr schon einmal krank und mußtet längere Zeit im Bett bleiben? Wie war das? (langweilig; man freut sich über Besuch ...) Wie wäre es wohl, wenn du eine unheilbare Krankheit hättest und immer im Bett liegen müßtest?
Kennt ihr solche Menschen?
(Falls vorhanden, Bilder von Kranken oder Behinderten ausschneiden und auf einen farbigen Karton kleben.)

3.3. Durchführung
Die Geschichte mit den folgenden Schwerpunkten erzählen:
– Schilderung der Situation des Gelähmten (Hoffnungslosigkeit, Fügung in sein Schicksal, Schmerzen ...)
– Eines Tages ...
Der Plan der Freunde; was hatten sie vom Herrn Jesus gehört? Eingriff in den gewohnten Tagesablauf des Kranken!
– Die gemeinsame Tat. Die Bemühungen scheinen vergebens (Menschenmenge!). Ihr Glaube wird auf die Probe gestellt.
– Eine sonderbare Idee (Bild und Beschreibung eines palästinensischen Hauses.)

siehe Zeichnung vom Haus, OHP-Vorlage 2 u. 4

– Der Gelähmte ist nun ganz nah beim Herrn Jesus. Seine Empfindungen und Gedanken?
– Das erste (!) Wunder geschieht!
Was wäre, wenn die Geschichte hier enden würde? (Tiefe innere Freude über die erfahrene Sündenvergebung, Frieden im Herzen – trotz Krankheit!

(vgl. Psalm 32, 1)
– Der Herr Jesus erkennt die Gedanken der Schriftgelehrten (das zweite Wunder). (Sie glauben an tote Buchstaben und vergaßen, daß Jesus selbst Gott ist.)
– Das zusätzliche Geschenk - die Heilung (das dritte Wunder)
Das Wunder der Sündenvergebung ist unsichtbar geschehen. Nun beweist der Herr Jesus durch das sichtbare Wunder, daß er Vollmacht hat, Sünden zu vergeben.
Der Mann gehorcht dem Befehl des Herrn Jesus ohne zu zweifeln.
– Er trägt das Bett, das ihn vorher getragen hat, und geht froh und gesund nach Hause. Nachdem der Herr Jesus ihm geholfen hat, kann er jetzt auch anderen Menschen helfen.

Übertragung:
– Das Herz eines jeden Menschen ist von Natur aus krank – auch deins. Du brauchst Vergebung deiner Sünden!
– Wenn du einen kranken Menschen kennst, bete zuerst, daß er erkennt, daß er Sündenvergebung braucht.

3.4. Zur Festigung

Das orientalische Haus vergrößern und auf DIN A4 Papier kopieren. Menschen, Bäume u. a. (eine Szene der Geschichte) können von den Kindern gemalt werden.

siehe OHP-Vorlage 4

4. Vorschläge zur Durchführung für die „große" Gruppe

4.1. Vorüberlegungen

In dieser Altersgruppe sollten wir einen zweiten Schwerpunkt hinzunehmen: Liebe macht erfinderisch!
Können Kinder missionarische Dienste tun? Besitzen sie vielleicht sogar von ihrem Entwicklungsstand her besondere Fähigkeiten dazu? Allgemein wird gesagt, daß sich 10–12jährige Kinder in der ‚Erwachsenenphase' der Kindheit befinden. Sie haben dann eine körperliche und geistige Reife erlangt, wie es wohl erst wieder 10 Jahre später der Fall sein wird.
Kinder, die ihr Leben bewußt unter die Leitung des Herrn Jesus gestellt haben, können daher auf ihre Weise gute Missionare sein. Dieses Alter ist u. a. dadurch gekennzeichnet, daß feste und dauerhafte Freundschaften geschlossen werden können. Die Kinder lieben gemeinsame Unternehmungen und ihr Erfindungsreichtum versetzt die Erwachsenen manchmal regelrecht in Staunen.
Gerade diese Merkmale finden sich auch bei den Männern in unserer Geschichte wieder!
Ist es nicht ermutigend, daß der Herr Jesus von den vier Freunden keine ausgefeilte Predigt erwartet, sondern nur, daß sie einen Weg finden, ihren gelähmten Freund zu ihm zu bringen?
Das kann auch ein Kind!

4.2. Einstiegsmöglichkeiten

4.2.1. Bilderrätsel:

4.2.2. Spiel: (4 Spieler)
Benötigt wird ein quadratischer Pappdeckel (Bierdeckel), in dessen vier Ecken jeweils ein kleines Loch gebohrt wird. Durch die Löcher fädelt man vier gleichlange Schnüre (30–35 cm) und verknotet jeweils ein Ende mit einem Streichholz (besserer Halt!). Ein kleines Gefäß (z. B. ein Schraubver-

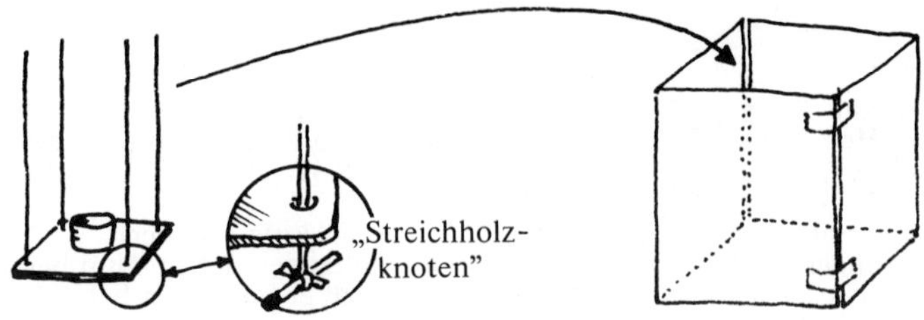

schluß) wird mit Wasser gefüllt und auf den Pappdeckel gestellt. Außerdem faltet man zwei DIN A 4 Blätter in der Mitte und klebt die Seiten mit Tesafilm aneinander.

Die Aufgabe besteht darin, daß vier Kinder den Pappdeckel mit dem Wassergefäß an den Schnüren anheben und ihn möglichst ohne das Wasser zu verschütten auf dem Boden des ‚Papier-Hauses' absetzen.

4.3. Durchführung

Die Geschichte mit Hilfe der Illustrationen (siehe 3.3.) erzählen und folgende Schwerpunkte mit berücksichtigen:
– Das Verhalten der Freunde:
Ihr Plan (Hinweis auf die Liebe zu dem Gelähmten)
Hindernisse treten auf (Welche?)
Überwindung der Hindernisse (Anstrengung, Schmerzen, Geduld ...)
– Übertragung:
Vergleiche: Was ist heute noch genau wie damals? (Menschen brauchen den Herrn Jesus und müssen zu ihm gebracht werden.)
Was ist anders? (Normalerweise ist dort kein Andrang, wo das Wort Gottes gepredigt wird.)
– Die Auswirkungen des Glaubens und der Liebe der Freunde: (Können auf einer OHP-Folie zusammengetragen werden.)
Glaubenserfahrung, -stärkung; Sündenvergebung (wichtigste Erfahrung, s. 3.); Heilung; Verherrlichung Gottes; kommen in die Nähe des Herrn Jesus; erfahren, wer er ist (Gott!); der Geheilte hat nun ebenfalls Zugang zum Tempel; er kann jetzt auch anderen helfen ...
– Für die Praxis: Wo gibt es heute Möglichkeiten, Freunde, Familienangehörige, Schulkameraden ... zum Herrn Jesus zu bringen?

4.4. Zur Festigung

siehe OHP-Vorlage 3

4.4.1. Wir lassen die Kinder selbständig das Arbeitsblatt (Lückentext) ausfüllen.

siehe OHP-Vorlage 4 (am besten auf DIN A 4 vergrößern)

4.4.2. Wir basteln mit den Kindern ein palästinensisches Haus. In das Dach können wir ein Rechteck schneiden, dort wurde der Gelähmte hinuntergelassen.

5. Liedvorschläge

Alles hat er mir erlassen ... (aus: Wir loben dich, Heft 2, 1)
Er kann alles! ... (aus: Jungschar- u. Teenager-Lieder, Heft 1, 12)
Hauptsächlich zu den Schwerpunkten unter 4.3.:
Wir wollen uns von Herzen lieben ... (aus: Sing' mit uns ein neues Lied, Bd. 1, 33 Strophe 1 + 4)
Laßt uns nicht lieben mit Worten ... (aus: Sing' mit uns ein neues Lied, Bd. 1, 83)

6. Vorschläge zum Bibelspruchlernen

– Psalm 103, 1a. 3
Dazu das folgende Lied lernen (Strophe 2):

7. Literaturhinweis/Arbeitshilfen

Das Leben Jesu (Hilda Carper, Anni Dyck, Dora Lichti). Brunnen-Verlag, Basel und Gießen (ein Erzähl- und Bastelvorschlag)

Gibbs, A. u. a.: Schritte durch die Bibel Bd 2, Lektion 145. Christliche Verlagsgesellschaft, Dillenburg 1983 (Textanalyse)

Ja, das ist wahr! (Claire-Lise de Benoit/Übers.: Elsi Wälti) Verlag Bibellesebund Winterthur/Marienheide 1975 (ein Erzählvorschlag mit Bildvorlage)

Jakobi, Elisabeth: Der gute Start Bd 1. Bibellesebund, Marienheide 1979 (ein Andachtsentwurf)

Jakobi, Elisabeth: Werkbuch Kinderstunden. Brunnen, Gießen 1985 (ein Stundenentwurf)

OHP 2

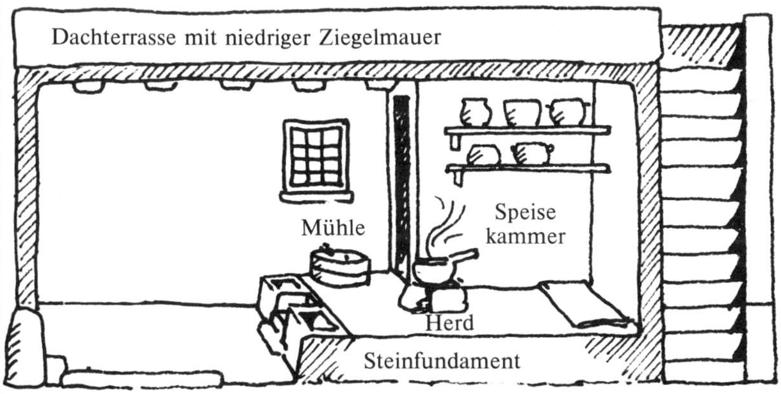

Ein einfaches Haus in Israel z. Zt. Jesu

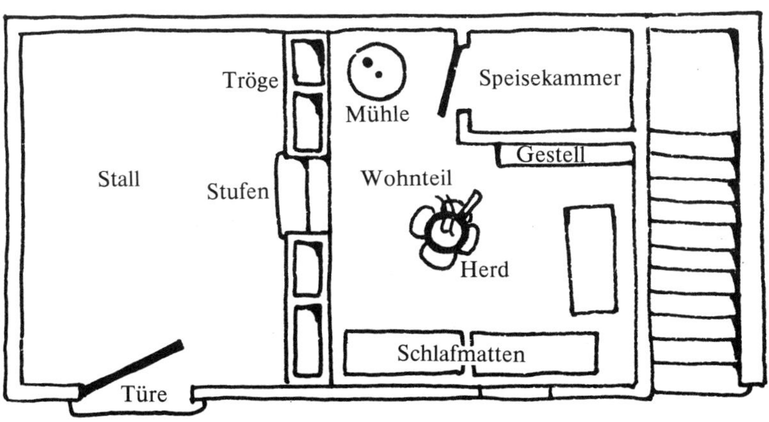

Grundriß

Lückentext zu Markus 2, 1–12

1 Und nach einigen Tagen ging er wieder nach _ _ _ _ _ _ _ _ _ _ hinein,
und es wurde bekannt, daß er im Hause sei.
2 Und es versammelten sich _ _ _ _ _, so daß sie keinen Platz mehr hatten, nicht einmal _ _ _ _ _ _ _ _ _, und er sagte ihnen das Wort.
3 Und sie kommen zu ihm und bringen einen _ _ _ _ _ _ _ _ _ _ _, von
_ _ _ _ _ _ getragen.
4 Und da sie wegen der _ _ _ _ _ _ _ _ _ _ _ nicht zu ihm kommen
konnten, deckten sie das _ _ _ _ ab, wo er war, und als sie es aufgebrochen hatten, lassen sie das _ _ _ _ hinab, auf dem der Gelähmte lag.
5 Und als _ _ _ _ _ ihren _ _ _ _ _ _ _ _ sah, spricht er zu dem Gelähmten: Kind, deine _ _ _ _ _ _ sind dir _ _ _ _ _ _ _ _ _.
6 Es saßen aber dort einige von den _
und überlegten in ihren Herzen:
7 Was redet dieser so? Er _ _ _ _ _ _ _ _. Wer kann Sünden vergeben
außer einem, _ _ _ _?
8 Und sogleich erkannte Jesus in seinem _ _ _ _ _, daß sie so bei sich
selbst überlegten und sprach zu ihnen: Was überlegt ihr dies in euren
_ _ _ _ _ _?
9 Was ist _ _ _ _ _ _ _ _ _ _, zu dem Gelähmten zu sagen: Deine Sünden
sind vergeben, oder zu sagen: _ _ _ _ auf, _ _ _ _ dein Bett und
_ _ _ umher?
10 Damit ihr aber wißt, daß der _ _ _ _ des _ _ _ _ _ _ _ _ _ Vollmacht
hat, auf der _ _ _ _ Sünden zu vergeben – spricht er zu dem Gelähmten:
11 Ich sage dir, steh auf, nimm dein _ _ _ _ auf und geh in dein _ _ _ _!
12 Und er _ _ _ _ _ auf, _ _ _ _ _ _ _ _ _ _ _ _ _ _ _ das Bett auf und ging
_ _ _ _ _ _ _ _ _ hinaus, so daß alle _ _ _ _ _ _ _ _ _ _ gerieten und
Gott _ _ _ _ _ _ _ _ _ _ _ _ _ _ _ _ _ und sagten: _ _ _ _ _ _ _ _ haben
wir so etwas gesehen!

Diese Worte sind einzusetzen:
Schriftgelehrten / viele / vergeben / Volksmenge / Sünden / Herzen / nimm / Erde / Bett / Steh / nahm / vieren / Jesus / Sohn / stand / verherrlichten / Geist / niemals / Gelähmten / geh / Menschen / leichter / lästert / Kapernaum / Dach / Bett / vor der Tür / Glauben / Gott / Haus / sogleich / vor allen / außer sich.

OHP 4

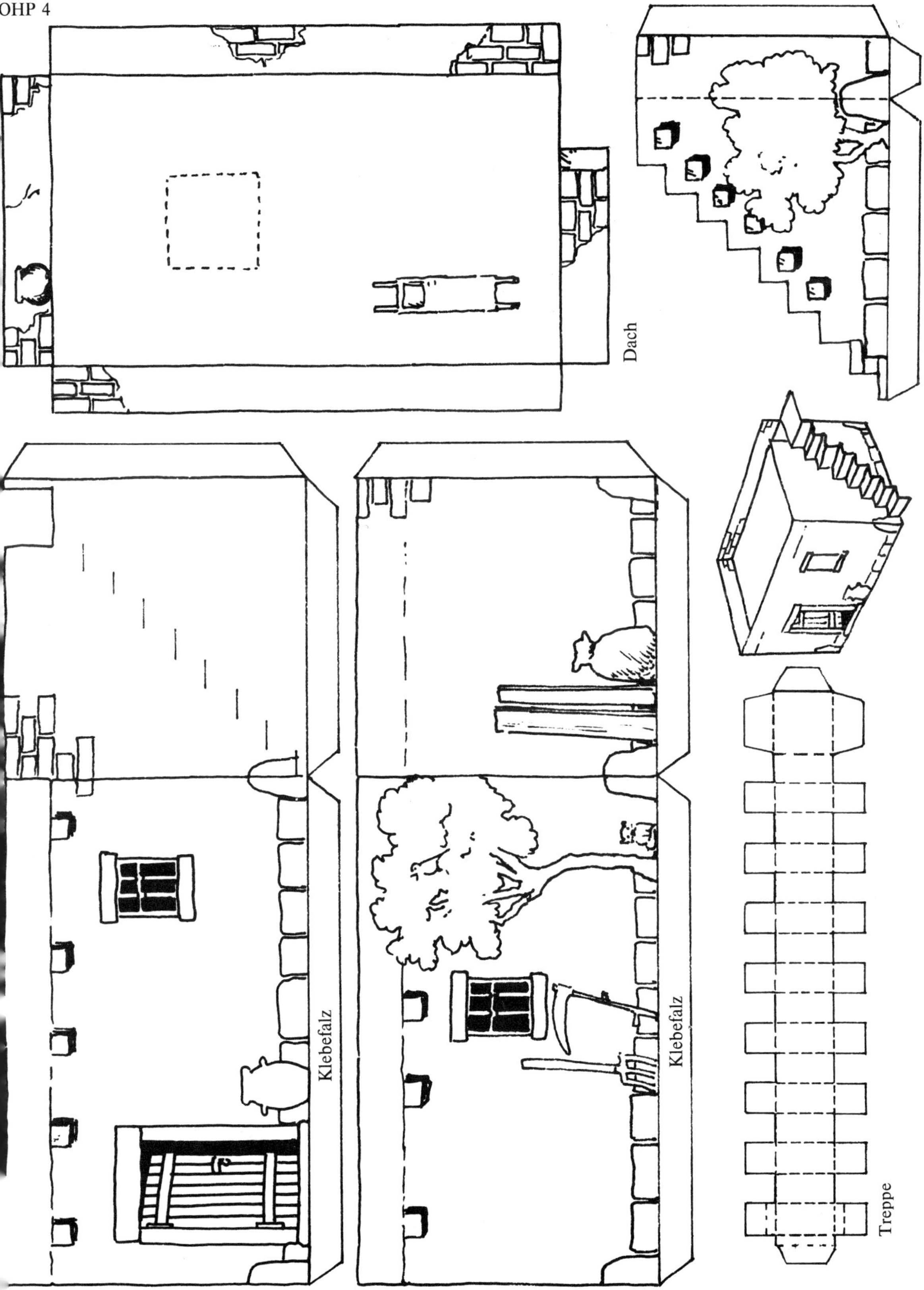

Lektion 3

Mk 2, 13–17

Berufung des Levi und Zöllnermahl

Lernvers
Ich bin nicht gekommen, Gerechte zu rufen, sondern Sünder.
Markus 2, 17 b

1. Zum Textverständnis

Parallelstellen:
Mt 9, 9–13
Lk 5, 27–32

1.1. Zusammenhang/Inhalt
Jesus Christus hat seinen öffentlichen Dienst in Kapernaum begonnen. Bei der Heilung des Gichtbrüchigen hat er sich den Unmut und Widerspruch der Pharisäer und Schriftgelehrten zugezogen (Sündenvergebung Kap. 2, 5–10). Er zeigt bei der Berufung des Levi und beim Zöllnermahl, daß er die Verachteten und Ausgestoßenen liebt und sich ihrer annimmt.
Dadurch fördert er den Widerspruch (Ablehnung) durch die Schriftgelehrten.
Jesus Christus zeigt in diesem Abschnitt seinen Sendungsauftrag (V. 17 b).

1.2. Personen
- Jesus Christus, der Sünderheiland
- die Volksmenge
- Levi, der Zöllner (hebr. Name für Matthäus Mt 9, 9) — siehe 1.5.
- viele Zöllner und Sünder — siehe 1.5.
- Schriftgelehrte

1.3. Orte/Gegend
In Galiläa, nördlichste der drei Provinzen in Palästina; dort führte die Karawanenstraße an Kapernaum vorbei nach Phönizien; bedeutender Fischerhafen in K.; Grenzbezirk des Herrschaftsgebietes von Philippus und Herodes Antipas; Zollstation am See.

1.4. Zeit
Beginn des Wirkens des Herrn in Galiläa

siehe KEB-Ringbuch „Jesus Christus als Lehrer"

1.5. Begriffserklärung
V. 13: See = See Genezareth, See Tiberias, Galiläisches Meer (identisch)
V. 13: Volksmenge = Sammelbegriff, aufgliedern z. B. viele Männer, Frauen, Jungen, Mädchen usw.
V. 13: lehrte = unterrichtete das Volk in der Schrift
V. 14: Zollhaus = Grenze, wo die Ware verzollt werden mußte (Beispiel Fahrt ins Ausland)
V. 15: zu Tische lag = damals üblich (Sitte in Israel)
V. 15: Zöllner u. Sünder
Sie waren bei den frommen Juden verachtet, da sie sich mit den röm. Unterdrückern verbündet hatten. Zöllner galten als Symbol der Unehrlichkeit, Habsucht und Rachsucht. Es sind Menschen, die Volk und Vaterland, sowie den Glauben verraten.
Außerdem verkehrten sie mit den Wanderern (Durchreisenden) an der Straße und galten deshalb als unrein. Sie wurden mit den gröbsten Sündern (Verbrechern) gleichgestellt und verachtet.
V. 17: Gerechte =
Die Vollkommenen, Fehlerlosen in der Gesellschaft, die ihr Leben nach dem jüdischen Gesetz lebten. Hier die „Gesunden", die keinen Heiland benötigen (vergleiche Lk 18, 9–14).

2. Zielgedanke

Wenn Jesus Christus dich ruft, sei ihm gehorsam.
Andere Möglichkeit (vor allen Dingen für die jüngeren Kinder):
Bei Jesus Christus ist jeder willkommen.

3. Vorschläge zur Durchführung für die „kleine" Gruppe

3.1. Vorüberlegungen

Gehorchen fällt schwer. Täglich erleben die Kinder, daß sie trotz guter Vorsätze ungehorsam sind; das ist für viele eine echte Not. So dürfen wir einerseits den Grund dieses Dilemmas aufzeigen (die Natur des Menschen ist sündig, die Anlage, die Wurzeln sind faul) und andererseits deutlich machen, daß der Herr Jesus helfen will, egal wie groß die Sünde ist. Wer mit seiner Schuld zu ihm kommt, den weist er nicht ab. Die Liebe des Herrn zu allen Menschen sollten wir ganz besonders bei den jüngeren Kindern betonen.

siehe Beispielgeschichte 3.2.1.

3.2. Einstiegsmöglichkeiten

Je nach Schwerpunkt stehen zwei Beispielgeschichten zur Auswahl, die jeder Mitarbeiter der Situation der Kinder entsprechend ausschmücken kann.
In der ersten Beispielgeschichte liegt der Schwerpunkt auf dem Gehorsam, in der zweiten auf der Liebe des Herrn Jesus zum Kind.

3.2.1. Jochen auf dem Spielplatz, Mutter ruft ihn zum Essen. Er spielt weiter. Mutter ruft zum zweiten und dritten Mal. Endlich kommt Jochen. Mutter fragt: „Warum kommst du nicht sofort?" „Mama, ich habe erst beim dritten Mal gehört, daß du mich gerufen hast." – Wir hören heute von einem Mann, der dem Herrn Jesus sofort gehorchte.

3.2.2. Thomas war ein Schlüsselkind, sich selber überlassen. Die Eltern nahmen sich keine Zeit für ihn. Deshalb war er schmutzig und hatte einen üblen Geruch an sich. Die Kinder sind in der Schule alle gegen ihn. Eines Tages sperrten sie ihn nach Schulschluß in den großen Mülleimer auf dem Schulhof. – So macht es der Herr Jesus nicht. Er hat alle lieb und will jedem helfen, auch dir.

3.3. Durchführung

Die biblische Geschichte kann ohne Bilder erzählt werden, da sie viel Handlung (auch zwischen den Zeilen) enthält. Der Text sollte so biblisch und so kindlich wie möglich ausgeschmückt werden.
Wir können die Begebenheit an den drei „G" aufhängen:
Gottes Wort – Levi hört das Wort des Herrn Jesus.
Gehorsam – Levi folgt dem Wort des Herrn Jesus.
Gemeinschaft – Levi erlebt Gemeinschaft mit dem Herrn Jesus.
Diese drei Schritte sind bis heute wichtig und sollten den Kindern durch drei große „G" oder entsprechende Symbole deutlich gezeigt werden.
Weitere Einzelheiten sollte man mit den älteren Kindern erarbeiten (siehe 4.3.).

3.4. Zur Festigung

Wir basteln mit den Kindern ein Mobile aus den drei Symbolen und den drei „G".

siehe OHP-Vorlage 7

4. Vorschläge zur Durchführung für die „große" Gruppe

4.1. Vorüberlegungen

Bei den älteren Kindern müssen wir neben der sündigen Natur als Wurzel des Ungehorsams (siehe 3.1.) den gesellschaftlichen Einfluß mit berücksichtigen. In unserer Gesellschaft ist der Gehorsam buchstäblich in einer Krise. Die Erziehung zum kritischen Denken, zu einer übertriebenen Selbständigkeit und zum Hinterfragen aller Autoritäten wirkt sich sehr negativ aus. Ungehorsam ist damit je nach der Situation als positiv oder negativ zu bewerten.
Dagegen zeigt die Bibel das unveränderliche Prinzip: Gehorsam bringt Segen, Ungehorsam hat schreckliche Folgen.

4.2. Einstiegsmöglichkeiten

4.2.1. Zeitungsbericht: Zollbeamter gibt seine Stellung auf und folgt einem Wanderprediger.

4.2.2. Direkter Einstieg: „Folge mir nach!" – Gespräch über den Ruf des Herrn Jesus, anschließend Erzählen der Zusammenhänge.

4.2.3. Einstieg mit dem Ringbuch der KEB „Der Herr Jesus Christus", Lektion III, Der Herr Jesus Christus: unser Lehrer.

4.3. Durchführung

Für die älteren Kinder sollten weitere Einzelheiten der Geschichte herausgearbeitet werden:
- Jesus Christus ging an den See (Stille vor Gott).
- Jesus Christus wird gestört.
- Jesus Christus ist bereit und bringt die gute Botschaft (Inhalt!).
- Jesus Christus fordert totalen Gehorsam.
- Jesus Christus liebt die Zöllner und Sünder und hat Gemeinschaft mit den Verachteten.
- Jesus Christus belohnt Gehorsam und schenkt Vergebung.
- Jesus Christus ist der beste Arzt.
- Jesus Christus nennt Sinn und Zweck seines Kommens (V. 17).
- Levi war sofort gehorsam.
  Zu den drei „G" (siehe 3.3.) kann der Begriff Gehorsam am Beispiel des Levi durch drei weitere „g" vertieft werden:
  1. Sei Jesus Christus **ganz** gehorsam!
  2. Sei Jesus Christus **gleich** gehorsam!
  3. Sei Jesus Christus **gern** gehorsam!

  Wo kannst du gehorsam sein? (im Alltag, dem Wort Gottes gegenüber)
- Levi lädt seine Arbeitskollegen ein und stellt ihnen den Herrn Jesus vor. (Zeugnis!)

4.4. Zur Festigung

4.4.1. Spiel: Ja-Nein-Stuhl
Die Kinder (am besten zwei auswählen) hören Aussagen zur Geschichte. Ist die Aussage richtig, müssen sie sich möglichst schnell auf den Ja-Stuhl setzen. Wer als erster sitzt, hat gewonnen.

4.4.2. Spiel: Stühle riechen
Nebeneinander werden drei Stühle aufgestellt (Nr. 1–3). Einige Kinder werden aus dem Raum geschickt, ihnen wird das Spiel erklärt, damit sie sich auf den richtigen Stuhl setzen: Ruft der Spielleiter „Komm", ist es der erste Stuhl. Ruft der Spielleiter „Komm herein", ist es der zweite, „Monika, komm herein" bedeutet Stuhl 3 (3 Worte = dritter Stuhl).
Ein Kind aus der Gruppe setzt sich auf irgendeinen Stuhl, der Spielleiter ruft ein Kind mit der entsprechenden Anzahl Wörter herein. Dieses Kind tut so, als könnte es riechen, wo das andere gesessen hat. Die Gruppe muß raten, wieso das immer gelingt.
Beide Spiele zeigen, daß man genau aufs Wort hören und gehorchen muß.

5. Liedvorschläge

Folge mir nach ... (aus: Sing' mit uns ein neues Lied, Bd. 1, 47)
Es ist Herrlichkeit mit ihm zu gehen ... (aus: Jungschar- u. Teenagerlieder, Heft 1, 14)
Herr, du hast uns gerufen ... (aus: Jungschar- u. Teenagerlieder, Heft 1, 29)
Sei ein lebend'ger Fisch ... (aus: Jungschar- u. Teenagerlieder, Heft 1, 91)
Es ist niemand zu groß ... (aus: Jungschar- u. Teenagerlieder, Heft 1, 15)
Mit Jesus leben ... (aus: Jungschar- u. Teenagerlieder, Heft 1, 61)
Schwarze, Weiße, Rote, Gelbe ... (aus: Wir loben Dich, Heft 1, 21)
Mein Herr kennt den Weg ... (aus: Songs junger Christen, Bd. 1, 74)

6. Vorschläge zum Bibelspruchlernen

6.1. Wiedergabe eines Dialogs im Arztzimmer zwischen Arzt und Patient. Der Patient meint, er sei gesund. Er widerspricht ständig der Diagnose des Arztes. – Überleitung auf die aktuelle Situation: Viele meinen, sie seien gerecht, doch Gott sagt, alle sind Sünder (Rö 3, 23; Ps 51, 7); für solche, die das einsehen, ist der Herr Jesus gekommen.

6.2. Einsatz der KEB-Lektion „Arzt" — siehe OHP-Vorlagen 5 u. 6

6.3. Wiederholen des Bibelverses im Ping-Pong-System: Kind 1 (oder Mitarbeiter) sagt das 1. Wort, Kind 2 das 2. Wort, Kind 1 das 3. Wort usw. .

7. Literaturhinweis/Arbeitshilfen

Der Herr Jesus Christus. Lektion III, Jesus als Lehrer. Text und Ringbuch: Kinderevangelisationsbewegung, Breidenbach
Jakobi, E.: Der gute Start Bd 3, L 27. Bibellesebund, Marienheide 1981 (ein Andachtsentwurf)
Jakobi, E.: Werkbuch Kinderstunden. Brunnen. Gießen 1985 (ein Stundenentwurf: Wir wagen es – wie der Zolleinnehmer Levi)
Jesus, der gute Hirte Bd 2. Hrsg.: Ludwig-Hofacker-Vereinigung. Hänssler, Stuttgart 1981 (Die Begebenheit wird für Kinder erzählt.)

OHP 5

OHP 6

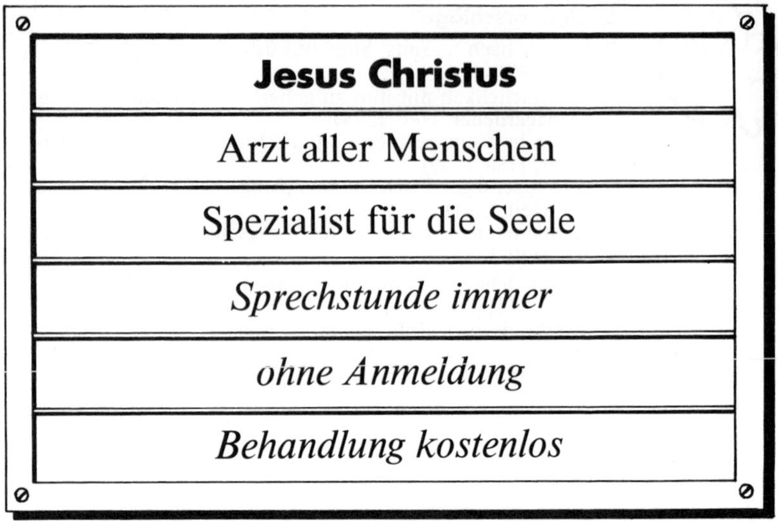

(Wir legen das leere „Firmenschild" an die Flanelltafel und lassen die Kinder raten, was das darstellen soll. Dann heften wir nach und nach die sechs Flanellstreifen an.)

1. Jesus Christus
Kennen wir die Bedeutung seines Namens? **Jesus** = Seligmacher, Retter (Mt 1, 21). Er kam, weil wir Menschen alle krank sind (Lk 5, 31. 32). **Christus** ist sein Titel, d. h. der Bevollmächtigte (Messias), der Gesalbte. Vom himmlischen Vater hat er den Auftrag, allen sündigen Menschen Rettung zu bringen.

2. Arzt aller Menschen
Nicht alle kranken Menschen können gleichzeitig in eine Stadt zu einem bestimmten Arzt fahren. Zu Jesus Christus aber können alle Menschen gleichzeitig im Glauben und Gebet kommen, wo sie auch wohnen. Rote, gelbe, schwarze und weiße Jungen und Mädchen. Für alle starb Jesus. Für alle hat Er Zeit.

3. Spezialist für die Seele
Wer kann Spezialärzte nennen? (Aufzählen lassen). Ist Jesus auch ein Spezialist? Ja, für die Seele. Er möchte den kranken Seelenzustand der Menschen heilen. In der Bibel lesen wir von vielen Krankenheilungen. Aber die Heilung der Seele ging voraus oder folgte nach. Er vergab den Menschen ihre schreckliche Sünde. Wer das persönlich erlebt, kann aufatmen (Mt 9, 2; Lk 5, 8; Joh 5, 14 u. a.).

4. Sprechstunde immer
Unsere Ärzte haben nur zu bestimmten Zeiten Sprechstunde (Montag bis Mittwoch von – bis ...). Wann hat denn unser Arzt Sprechstunde? Sonntag, von 10-11 Uhr? Nein – immer! Jederzeit! Tag und Nacht! Während der Schulzeit und in den Ferien. An allen Orten und immer kann ich zu ihm kommen. Gibt es solch einen Arzt außer Jesus in irgendeiner Stadt?

5. ohne Anmeldung
Es ist gut, wenn wir uns vor einem Besuch eines Arztes anmelden. Die Wartezeit wird verkürzt. Braucht man bei Jesus auch eine Anmeldung? Nein! – Das war nicht immer so. Im AT mußten die Menschen ein Jahr warten, um ihre Schuld vor Gott getilgt zu bekommen (Versöhnungsfest, Tieropfer etc.). Der Herr Jesus ist nicht wie ein strenger Chef. Er hat keine Sekretärin, die uns 1 Stunde warten läßt.

6. Behandlung kostenlos
Und wie hoch sind die Behandlungskosten bei Jesus? In welcher Krankenkasse müssen wir sein, die uns die Kosten abnimmt? Bei Jesus ist alles kostenlos!! Warum? Weil Jesus alles schon bezahlt hat. Als er für unsere Krankheit (Jes 53, 4. 5) am Kreuz starb, rief er: „Es ist vollbracht!" Es ist bezahlt! Wir müssen nur kommen und uns von ihm helfen lassen. Das ist die einzige Bedingung. Er hilft gern.

(Abdruck mit freundl. Genehmigung der KEB, Deutschland)

Mobile
Gottes Wort
Gehorsam
Gemeinschaft
Rückseite
Vorderseite

Lektion 4

Mk 4,1–20

Gleichnis vom vierfachen Ackerfeld

Lernvers
Glückselig, die das Wort Gottes hören und befolgen.
Lukas 11, 28b

1. Zum Textverständnis

Parallelstellen:
Mt 13, 1–23; Lk 8, 4–15

1.1. Zusammenhang/Inhalt

Nicht lange nach der Berufung der 12 Jünger lehrt der Herr Jesus am See Genezareth. Wegen der großen Zuhörerschaft steigt er in ein Schiff, um von dort besser gehört zu werden.

In diesem Gleichnis nun schildert er die – je nach Bodenbeschaffenheit – unterschiedliche Aufnahme der Saat, die ein Sämann ausstreut. Es ist **eine** Art von Samen, und sie wird gleichmäßig auf das Feld gestreut, jedoch auf vier verschiedene Weisen aufgenommen:

– der Same, der auf den Weg fällt, wird von Vögeln aufgefressen;
– der Same, der auf die Steine fällt, geht sofort auf, bildet jedoch keine Wurzeln und verdorrt in der Sonnenglut;
– der Same, der unter die Dornen fällt, wird von ihnen erstickt;
– der Same, der in die gute Erde fällt, geht auf, wächst und bringt vielfältige Frucht.

Als der Herr später mit seinen Jüngern allein ist, und sie ihn nach der Bedeutung des Gleichnisses fragen, erklärt er ihnen die einzelnen Elemente folgendermaßen:

– der Same ist das Wort Gottes;
– der Boden ist unser Herz;
– die an dem Weg sind die, bei denen der Satan das in ihre Herzen gesäte Wort wegnimmt;
– mit dem steinigen Boden sind diejenigen vergleichbar, die das Wort gehört haben und es mit Freude aufnehmen, aber die Begeisterung ist nicht von Dauer, weil das Wort keine Wurzeln geschlagen hat;
– mit dem Samen unter den Dornen werden die verglichen, die das Wort Gottes aufnehmen, aber es wird durch die Sorgen und den Reichtum erstickt;
– mit der guten Erde werden die verglichen, die das Wort hören und aufnehmen und Frucht bringen.

1.2. Personen

– der Herr Jesus
– Jünger
– sehr große Volksmenge

1.3. Orte/Gegend

Schauplatz ist der See Genezareth, auch „Galiläisches Meer" genannt. An diesem See geschah ein großer Teil von Jesu Predigtdiensten. Einige Stellen zeichnen sich durch eine besondere Akustik aus, bedingt durch die Hügel, die den See umgeben. Stand – oder saß - der Herr in einem Boot, wie auch diesmal, hörte ihn die am Ufer stehende Menge so, als wäre sie in einem Amphitheater.

1.4. Zeit

Der Herr Jesus muß dieses Gleichnis gegen Anfang seiner öffentlichen Tätigkeit erzählt haben. Im Markus-Evangelium ist es das erste der berichteten Gleichnisse.

Zwar hatte der Herr wohl schon vorher in Gleichnissen geredet, aber nur zu den Schriftgelehrten; nun beginnt er, auch zu dem Volk in Gleichnissen zu sprechen.

Noch hatten die Jünger nicht sehr viel mit dem Herrn erlebt – in erster Linie hatten sie ihn Kranke heilen sehen.

1.5. Begriffserklärungen

V. 2: Gleichnis =
1. Was ist das?
Dinge und Begebenheiten aus dem täglichen Leben werden im Gleichnis mit geistlichen Wahrheiten verglichen. Nicht alle Teile können direkt übertragen werden – es geht meist nur um einen Zielgedanken, der herausgestellt werden soll.

2. Warum gebraucht der Herr Gleichnisse?
Bisher hatte der Herr nur zu den Schriftgelehrten in Gleichnissen gesprochen (vgl. Mk 3, 22). Die Begründung gibt er in Mk 4, 10.
Gott hatte im Lauf der Geschichte oft zu seinem Volk Israel geredet, aber sein Ruf zur Buße blieb (bis auf Ausnahmen) unbeachtet. Daraufhin zog Gott sein Gnadenangebot als Ganzes schrittweise zurück – ein Zeichen dafür ist das Reden in Gleichnissen. Sie werden also gebraucht, um Dinge zu verschleiern. An anderer Stelle werden sie aber auch benutzt, um geistl. Wahrheiten zu verdeutlichen (z. B. „Barmherzigkeit" im Gleichnis vom barmherzigen Samariter).

Weitere Hintergrundinformationen: Lexikon zur Bibel (Stichwort „Ackerbau")

V. 3: Säen in Palästina = Der beschriebene Vorgang des Säens mag uns merkwürdig vorkommen, aber man säte in Palästina tatsächlich **vor** dem Pflügen – darum fiel der Same überall hin.

2. Zielgedanke

Das Wort Gottes hören, aufnehmen und Frucht bringen!
– unser Anteil: willig sein, ihn und sein Wort aufzunehmen, ihn an uns arbeiten zu lassen, uns mit ihm beschäftigen;
– Gottes Anteil: Er bereitet uns vor, läßt sein Wort ausstreuen und schenkt Wachstum ...

Andere Möglichkeiten:
– Frucht wächst nur auf gutem Boden.
– Auf das rechte Hören kommt es an! Wie hörst du? Was ist die Folge deines Hörens?

3. Vorschläge zur Durchführung für die „kleine" Gruppe

3.1. Vorüberlegungen

Der Bezug der Kinder zu Garten- und Feldarbeit, zum Boden usw. ist heute nicht mehr so eng wie bei den Zuhörern damals. Dieser bezug muß also in einführenden Gesprächen und evtl. im praktischen Tun erst hergestellt werden.
Gerade letzteres wollen wir bei den Kleinen besonders betonen, weil sie ja handelnd be-greifen!

3.2. Einstiegsmöglichkeiten

3.2.1. Fotos von Acker, Kornfeld, Vögeln, Disteln usw. mitbringen und Äußerungen dazu sammeln. Einige Begriffe wie Saat, Säen ... klären. Auf die Geschichte überleiten.

3.2.2. OHP-Vorlage benutzen, Bilder beschreiben lassen, Begriffe klären.

siehe OHP-Vorlage 8

3.2.3. Gegenstände mitbringen; z. B. Blumenerde, Samen, Ähren, Steine ... Gespräch darüber, auftauchende Fragen beantworten, auf die Geschichte überleiten.

3.3. Durchführung

Nachdem zunächst die Aufgaben des Sämanns generell geklärt sind, wird nun mit Hilfe der OHP-Vorlage das Gleichnis erzählt. (Man kann hierbei an die vorherigen gemeinsamen Überlegungen zu den mitgebrachten Gegenständen anknüpfen.)
Von dem Unverständnis der Jünger und ihrer Frage nach der Bedeutung des Gleichnisses ausgehend, geben wir die Erklärung Jesu mit unseren Worten wieder.
Wir betonen, daß „hören - aufnehmen - Frucht bringen" zunächst bedeutet, vom **Herrn Jesus** hören und **ihn** aufnehmen.
Hier können die Kinder ganz persönlich angesprochen werden.
Auch den Kleinen kann klar werden, daß auch andere Menschen merken können, wenn man dem Herrn Jesus gehört. (Der Herr Jesus möchte z. B. keinen Streit zwischen den Geschwistern – Friede ist Frucht des Geistes!)

Da man der Jahreszeit wegen nicht draußen im Beet säen kann, säen wir
A. in Blumentöpfen. Jedes Kind füllt einen kleinen Topf mit Blumenerde und sät z. B. Kresse hinein. Die Töpfe werden mit nach Hause genommen und dort versorgt.
B. gemeinsam in einen großen Blumenkasten.
Wir versuchen, in dem Kasten die vier unterschiedlichen Gegebenheiten des Gleichnisses darzustellen:
In einer Ecke säen wir direkt auf den Kastenboden, in einer anderen z. B. auf Kies, in einer dritten auf Gestrüpp o. ä. und schließlich auf Blumenerde. Eins der Kinder oder der Mitarbeiter nimmt den Kasten mit, um ihn zu versorgen.

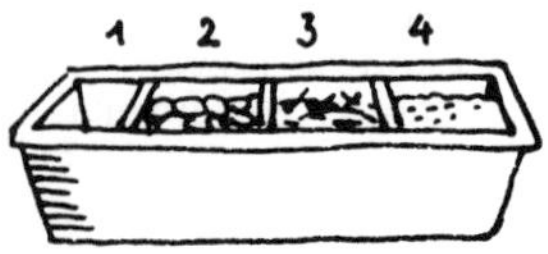

3.4. Zur Festigung

Blumentöpfe oder -kasten werden in der nächsten Stunde mitgebracht, wir sprechen über die Ergebnisse/Frucht.

4. Vorschläge zur Durchführung für die „große" Gruppe

4.1. Vorüberlegungen

In der großen Gruppe soll die Umsetzung aller vier Bilder auf das menschliche Leben erfolgen.
Das richtige Hören (überhören von schlechten Informationen, heraushören von guten; hinhören, zuhören verbunden mit Konzentration und Nachdenken) fällt den Kindern (auch Erwachsenen) in unserer schnellebigen Zeit mit den vielen Eindrücken schwer.
Schlechtes Hören führt zu falschem Verhalten.

4.2. Einstiegsmöglichkeiten

4.2.1. Gespräch über „Frucht" anhand von mitgebrachten Bildern, z. B. von einem Apfelbaum mit Äpfeln, Kornfeld, Weinstock ...
Was ist Frucht? Wie kommt sie zustande? Voraussetzungen?

4.2.2. Gespräch über Feld- und Gartenarbeit (Erfahrungen der Kinder), Säen – Überleitung zum Gleichnis ...

4.3. Durchführung

siehe OHP-Vorlage 8

Nach dem Einstieg wird das Gleichnis anhand der OHP-Vorlage erzählt. Die Kinder ordnen jeweils einem erzählten Abschnitt ein Bild zu. Auf Äußerungen und Fragen der Kinder eingehen.
Wir lesen gemeinsam den Bibeltext und versuchen, Fragen wie die folgenden zu beantworten:
Was ist der Same? Wer ist wie der Weg? Wer ist wie der Fels? Wer ist wie der Boden mit Dornen?
Es kann auch darüber gesprochen werden, wie man die Vögel, die Sonnenhitze usw. übertragen kann.
Wenn das von der Anzahl der Kinder her möglich ist, teilen wir uns in vier Gruppen auf und versuchen, Situationen zu spielen, in denen die vier verschiedenen Aufnahmemöglichkeiten des Wortes deutlich werden.

Beispiel zu Bild 2:
Karin hört in der Jungschar das Wort Gottes, ist begeistert und verspricht vieles. Wenn es dann aber in der Klasse Schwierigkeiten gibt (wird sie z. B. ihres frommen Geredes wegen ausgelacht), erlischt ihre Begeisterung sehr schnell.

Wie schon bei den Kleinen muß deutlich werden, daß es ums rechte Hinhören geht, um das Aufnehmen des Herrn Jesus in mein Leben und darum, daß dies auch Auswirkungen nach außen zeigt. Wir erklären dazu die drei Symbole.
Wie Frucht aussieht, können wir mit den Kindern gemeinsam in Gal 5, 22 nachlesen und überdenken.

siehe OHP-Vorlage 8 b

4.4. Zur Festigung

Sollte in der Stunde noch Zeit sein (sonst kann das in der nächsten Stunde gemacht werden), lassen wir den vier Bildern (s. OHP-Vorlage 8) folgende Begriffe zuordnen:
zu 1.: hören und doch nicht hören
zu 2.: hören und begeistert sein
zu 3.: hören und steckenbleiben
zu 4.: hören - aufnehmen - Frucht bringen.

5. Liedvorschläge

Die Bibel ist ein Hammer ... (aus: Wir loben Dich, Heft 3, 8, Strophe 3)
Wer mein Wort hört ... (aus: Sing' mit uns ein neues Lied Bd 1, 84)
Wie kann man jung sein ... (aus: Jungschar- u. Teenagerlieder, Heft 2, 69)
zum Einstieg:
Seht, wie bunt alle Blumen blühn! ... (aus: Wir singen miteinander, 11)

6. Vorschläge zum Bibelspruchlernen

6.1. Mit den älteren Kindern könnte man die Frage beantworten: Warum macht das Hören und Befolgen des Wortes Gottes glückselig (glücklich, innerlich voll zufrieden)?
siehe z. B. Joh 5, 24; Ps 119, 9. 11. 165

6.2. Wir wollen Symbole und Bibelspruch miteinander verbinden. Jedes Kind bastelt ein Lesezeichen (z. B. aus buntem Fotokarton). Auf die eine Seite zeichnet es die Symbole (oder Vorlage mit einem Kopierer verkleinern und aufkleben), auf die andere schreibt es den Spruch.
Haben wir dieses Lesezeichen in unserer Bibel liegen, erinnert es uns daran, daß wir Gottes Wort nicht nur lesen/hören, sondern auch aufnehmen/bewahren und umsetzen sollen.

CVD, Cornelia Gerhardt

7. Literaturhinweis/Arbeitshilfen

Beispiele für's Leben – Gleichnisse aus der Bibel. Bibelarbeitsheft. Christliche Jugendpflege, Basdahl 1980 (zwei Arbeitsblätter und ein Bild zum Ausmalen).
Das Gleichnis vom vierfachen Ackerfeld, Tonbildserie. KEB, Breidenbach 1987 (48 Dias mit Kassette u. Textheft)
Gibbs, A. u. a.: Schritte durch die Bibel Bd 2, Lektion 168. Christliche Verlagsgesellschaft, Dillenburg 1983
(Textanalyse)
Jakobi, E.: Der gute Start Bd. 2, L 27/28. Bibellesebund, Marienheide 1979 (zwei Andachtsentwürfe)
Jesus wirkt in der Kraft Gottes Bd. 1. Hrsg.: Ludwig-Hofacker-Vereinigung. Hänssler, Stuttgart 1981
(Das Gleichnis wird für Kinder erzählt.)

OHP 8

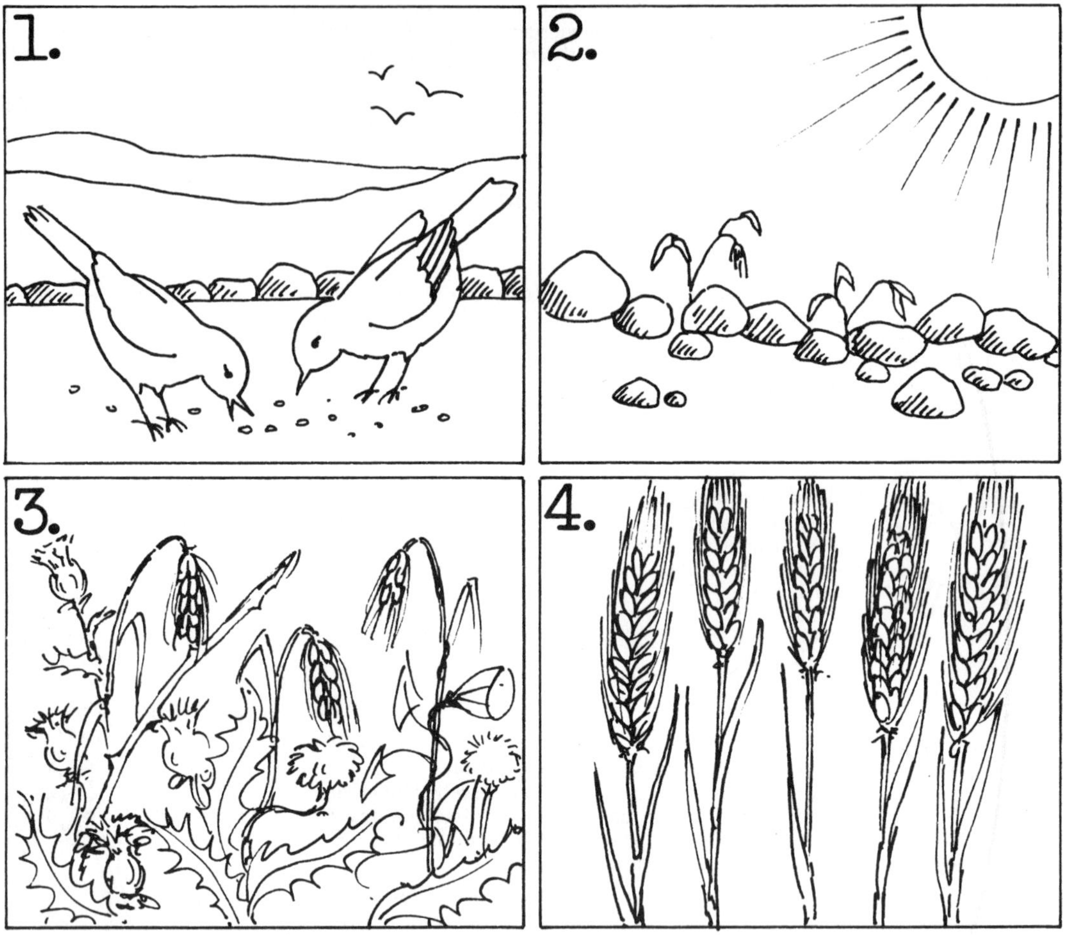

OHP 8 b

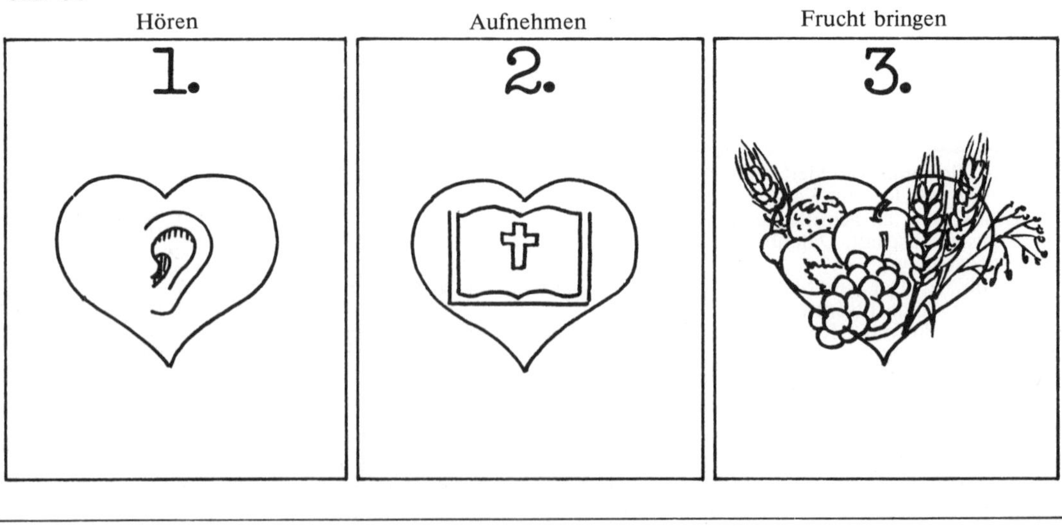

Lektion 5

1 Mo 1+2

Schöpfung Gott schuf Himmel und Erde

Lernvers
Durch Glauben verstehen wir, daß die Welten durch Gottes Wort bereitet worden sind, so daß das Sichtbare nicht aus Erscheinendem geworden ist.
Hebräer 11, 3

1. Zum Textverständnis

1.1. Zusammenhang/Inhalt

Gott erschafft aus dem Nichts; Zeit und Raum entstehen. Gott ist der allein und uneingeschränkt Handelnde, und zwar in seiner Dreieinheit (s. unter 1.2.). Nicht Zufall, Mutation und Selektion sind über Jahrmillionen hinweg wirksam, um etwas Unvollkommenes immer mehr zu verbessern, sondern der Ewige, Allmächtige läßt in sechs Tagen durch sein Wort aus dem Nichtseienden eine vollkommene Schöpfung entstehen. Und zwar in einer ganz bestimmten Reihenfolge:
1. Tag: Licht, Scheidung von der Finsternis
2. Tag: Himmel
3. Tag: Wasser und Trockenes, Pflanzen
4. Tag: Himmelskörper
5. Tag: Wassertiere und Vögel
6. Tag: Landtiere und Mensch
Am 7. Tag ruht Gott, denn es ist nichts mehr hinzuzufügen: „Und siehe, es war sehr gut."
Den Menschen erschafft Gott als Herrscher über seine Schöpfung, als seinen Stellvertreter gegenüber seiner Schöpfung auf der Erde. Und als solcher ist er Gott, dem Herrn über alles, verantwortlich. Der Baum der Erkenntnis ist der Prüfstein für seinen Gehorsam gegenüber seinem Schöpfer.

Anm.: Mit 1 Mo 2, 4 leitet Mose den zweiten Schöpfungsbericht ein. Er beginnt noch einmal von vorn, um die Schöpfung aus einem anderen Gesichtspunkt zu schildern. Dabei geht es nicht um eine chronologische Reihenfolge der Schöpfungstage, sondern in erster Linie um den Menschen und seinen neuen Wohnort. Zwischen den Berichten besteht kein Widerspruch, sondern sie ergänzen einander.

1.2. Personen

- Gott, der Vater (1 Mo 1, 1)
- der Sohn (1 Mo 1; 26; 1 Kor 8, 6; Joh 1, 3; Kol 1, 16; Hebr 1, 2)
- der Geist Gottes (1 Mo 1, 2)
- Adam
- Eva

siehe auch Lektion 6, 1.2.

1.3. Orte/Gegend

- Himmel und Erde
- Garten Eden

siehe Lektion 6, 1.3.

1.4. Zeit

Im Anfang, zu Beginn von Zeit und Raum (s. u.!)

siehe auch Arbeitsbuch zum biblischen Unterricht, III Von Gottes Schöpfung

1.5. Begriffserklärungen

1, 1: Im Anfang = Die Schrift spricht mehrmals von „Anfang":
1. Im Anfang war das Wort: Joh 1, 1; von Ewigkeit her: Spr 8, 22
2. Im Anfang schuf Gott: 1 Mo 1, 1; Joh 1, 3
3. Das Wort wurde Fleisch: Joh 1, 14; 1 Joh 1, 1

1, 2: Wüst und leer = Eigentlich „Wüstheit und Leere", ein Ausdruck, der nur noch zweimal in der Bibel vorkommt (Jes 34, 11; Jer 4, 23), wobei er dort stets ein Ausdruck für einen Zustand von Verfall ist. Daraus und aus dem Begriff „Finsternis" schließen viele, daß zwischen den Versen 1 und 2 der Fall Satans (Jes 14, 12–17) einzuordnen ist mit der in Jes 45, 18 beschriebenen Folge.

1, 26: Im Bild Gottes = Der Mensch wurde von Gott als sein Stellvertreter oder sein Statthalter auf der Erde geschaffen, darum war er als Herrscher über alle Tiere gesetzt. Er sollte Haupt der Schöpfung sein und den Garten

Eden bebauen und bewahren. Die Ebenbildlichkeit wird durch die besonderen Eigenschaften des Menschen deutlich. Der Mensch kann planen, denken, reden ... Das Einhauchen des göttlichen Odems erhebt den Menschen über die Tiere und befähigt ihn zu einer besonderen Gemeinschaft mit dem Schöpfer.

2. Zielgedanke

Die ganze Schöpfung – das Werk Gottes
Teilziele:
– Gott hat Licht und Finsternis voneinander getrennt
– Der Mensch - geschaffen im Bild Gottes
– Der Mensch - geschaffen mit einem freien Willen, verantwortlich vor Gott
– Die Schöpfung - vollendet und vollkommen: alles nach seiner Art und sehr gut

3. Vorschläge zur Durchführung für die „kleine" Gruppe

3.1. Vorüberlegungen

Viele Kinder in dieser Altersgruppe haben nur noch wenig direkte Berührung mit der Natur; ihre Sicht von der sie umgebenden Schöpfung wird häufig von den Massenmedien geprägt. Es wird daher nötig sein, ihnen die Gesamtheit der Schöpfung in ihrer Schönheit vor Augen zu stellen.
Die Sicht der kleineren Kinder wird auch noch nicht so stark geprägt sein von dem Wissen um die Zerstörung der Schöpfung durch den Menschen. Außerdem wird das Denken in dieser Altersstufe noch nicht von evolutionistischem Gedankengut beherrscht sein. Deshalb sollte dieser Problemkreis in dieser Altersstufe nicht im Vordergrund stehen.
Es geht um die Betrachtung der Schöpfung als Werk Gottes in seinen einzelnen Tagewerken. Dabei muß trotz aller Bemühungen um Anschaulichkeit deutlich werden, daß das, was uns umgibt, nicht mehr die Schöpfung in ihrem Urzustand ist. Sonst wird es schwierig, den Kindern in der nächsten Lektion die Katastrophe des Sündenfalles zu vermitteln.

3.2. Einstiegsmöglichkeiten

Wir betrachten mit den Kindern eine schöne Blume, eventuell mit Hilfe einer Lupe, und überlegen mit ihnen, wer sie in genau dieser Form und Farbe hat wachsen lassen. Wir lassen noch andere Geschöpfe von den Kindern aufzählen und leiten damit zum Schöpfungsbericht über.

3.3. Durchführung

siehe OHP-Vorlage 9

Wir erzählen den Schöpfungsbericht. Dabei halten wir für jeden Tag ein Blatt Papier DIN A3 oder DIN A4 bereit, auf das wir bei der Behandlung jedes Schöpfungstages einfache vorbereitete Zeichen kleben. Die Blätter werden dann aneinandergeklebt und als Wandfries aufgehängt.
Besonders beim 3., 5. und 6. Tag können die Kinder Pflanzen und Tiere nennen, die sie kennen.
Bei der Schilderung des Lebens von Adam und Eva machen wir deutlich:
- Der Garten Eden war der ideale Lebensbereich des Menschen, in dem es ihm an nichts fehlte.
- Der Mensch sollte seinen Gehorsam Gott gegenüber daran zeigen, daß er nicht vom Baum der Erkenntnis aß.

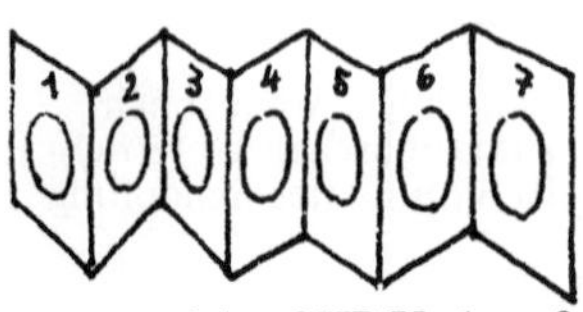

siehe OHP-Vorlage 9 (evtl. verkleinern)

3.4. Zur Festigung

In der nächsten Stunde könnte mit den Kindern ein Leporello angefertigt werden in ähnlicher Art wie das Wandfries, indem die Kinder auf einen langen, in sieben Abschnitte gefalteten Papierstreifen dieselben Formen aufkleben, die sie aus einem vervielfältigten Blatt ausgeschnitten und angemalt haben.

4. Vorschläge zur Durchführung für die „große" Gruppe

4.1. Vorüberlegungen
In dieser Altersstufe ist wohl jedes Kind schon mit evolutionistischen Gedanken in Berührung gekommen. Das bedeutet, daß jeder, der mit Kindern in diesem Alter arbeitet, klar und begründet zu diesem Problem Stellung beziehen muß. Die Behandlung des Schöpfungsberichtes darf sich aber nicht darauf beschränken, Argumente gegen die Evolution zu bringen, sondern muß zuallererst von den Aussagen der Bibel und von dem Glauben an die ewige Gültigkeit des Wortes Gottes getragen werden. Deswegen sollte in dieser Altersstufe soviel wie möglich mit der Bibel selbst gearbeitet werden (s. 4.3.).
Da die Kinder täglich mit den Beschädigungen und Beeinträchtigungen dieser Schöpfung im heutigen Zustand konfrontiert werden, ist es wichtig, zu zeigen, daß die Schöpfung von Gott vollkommen geschaffen worden ist.
Je besser wir die Schönheit und Vollkommenheit der Schöpfung in ihrem ursprünglichen Zustand vermitteln können, desto deutlicher werden den Kindern die Folgen des Sündenfalles und desto größer kann ihnen das Werk unseres Herrn und damit er selbst werden.

4.2. Einstiegsmöglichkeiten
Wir zeigen den Kindern eine geöffnete Uhr (oder ein ähnlich kompliziertes technisches Gerät) und machen im Gespräch klar, welche Überlegungen nötig waren, bis dieses Werk funktionieren konnte. Dann betrachten wir eine Pflanze oder Blüte und sprechen darüber, daß hier auch jemand da sein muß, der sich das ausgedacht hat. Verläßliche Auskunft darüber kann aber nur der Schöpfer selbst in seinem Wort geben (1 Mo 2, 4).
(Diese Übertragung soll aber nur als Einstieg dienen; sie kann nicht dafür verwendet werden, die Existenz Gottes zu beweisen. Denn Grundlage unserer Betrachtung ist der Glaube, nicht eine logische Beweisführung!)

4.3. Durchführung
Die einzelnen Tagewerke könnten in Gruppen erarbeitet werden, indem je nach Gruppenzahl jede Gruppe die Verse über einen oder zwei Schöpfungstage aufschlägt und versucht, das in einem einfachen Bild pro Schöpfungstag darzustellen. Diese Bilder werden mit der jeweiligen Bibelstelle versehen, nebeneinandergeklebt und aufgehängt.
Weiter könnte näher auf den ersten Schöpfungstag eingegangen werden mit dem Ziel, zu zeigen, daß Licht und Finsternis von Gott selbst getrennt wurden und es keine Gemeinschaft von beiden geben kann, auch nicht im Herzen eines Menschen. Für eine der beiden Seiten muß sich jeder entscheiden.
Auf jeden Fall sollte mit den Kindern noch auf das Leben des Menschen im Garten Eden und auf seine Aufgaben eingegangen werden, die er im Auftrag Gottes zu erfüllen hatte. Dabei muß klar werden, daß Gott als Auftraggeber und Schöpfer ein Recht auf den Gehorsam des Menschen hat. Und diesen Gehorsam sollte der Mensch am Baum der Erkenntnis des Guten und Bösen zeigen.

4.4. Zur Festigung
Basteln einer Drehscheibe mit den Schöpfungstagen.

siehe OHP-Vorlagen 9 u. 10

5. Liedvorschläge

Die Sonne, die Erde ... (aus: Sing' mit uns ein neues Lied, Bd. 2, 61)
Gott hat uns're Erde ... (aus: Sing' mit uns ein neues Lied, Bd. 1, 99)
Herr, ich sehe deine Welt ... (aus: Jungschar- und Teenagerlieder, Heft 2, 38)
Jesus, du hast alles ... (aus: Sing' mit uns ein neues Lied, Bd. 2, 61)
Wer gab das Leben ... (aus: Wir loben Dich, Heft 2, 43)
Wer läßt die Sterne strahlen ... (aus: Wir loben Dich, Heft 3, 69)

6. Vorschläge zum Bibelspruchlernen

6.1. Wir schreiben den Lernvers auf Karten oder Folie und illustrieren ihn mit den Symbolen(siehe OHP-Vorlage 9).

6.2. Wir schreiben den Lernvers mehrmals auf (je nach Zahl der Gruppen) und zerschneiden ihn in einzelne Wörter. Jede Gruppe bekommt alle Wörter des Spruches in einer Streichholzschachtel. Wer die Wörter zuerst in der richtigen Reihenfolge sortiert hat, hat gewonnen (für Kinder, die lesen können).
Erklärungen zum Lernvers siehe 1.1. u. 4.2. (Bemerkung in Klammern).

7. Literaturhinweis/Arbeitshilfen

Bibel-Panorama. Christliche Verlagsgesellschaft, Dillenburg 1974 (die sieben Zeitalter des biblischen Heilsweges in zwölf farbigen Darstellungen)
Büchel, Monika (Hrsg.): Der gute Start Bd. 4, L 1+2. Bibellesebund, Marienheide 1986
(zwei Andachtsentwürfe, zur Schöpfung von Himmel und Erde und zur Schöpfung des Menschen)
Eschner, Horst: Werkbuch biblischer Unterricht. Brunnen Verlag, Gießen 1981
(eine Lektion für 9–12jährige: „Am Anfang war alles gut")
Gibbs, A.: Schritte durch die Bibel Bd. 1, L 1+2. Christliche Verlagsgesellschaft, Dillenburg 1982
(Textanalyse)
Mackintosh, C. H.: Gedanken zum 1. Buch Mose. Heijkoop 1973
(eine Auslegung des Schöpfungsberichtes)
Moore, J. N.: Die Bibel sagt: Schöpfung. Ev. Gesellschaft, Wuppertal 1980
(eine wissenschaftliche Stellungnahme zu vielen Fragen des Themenkomplexes ‚Schöpfung oder Evolution' aus christlicher Sicht)
Ouweneel. W. J.: Gedanken zum Schöpfungsbericht. Paulus-Verlag, Neustadt 1984
(eine Stellungnahme zu typischen Einwänden, wissenschaftlich fundierte, biblische Auslegung von 1. Mose 1)
Schöpfung, 5 Flanell-Lektionen (u. a. Schöpfung/Sündenfall/Kain u. Abel). KEB, Breidenbach (Text, Bilder, Bibelverse, Arbeitsheft)

OHP 9

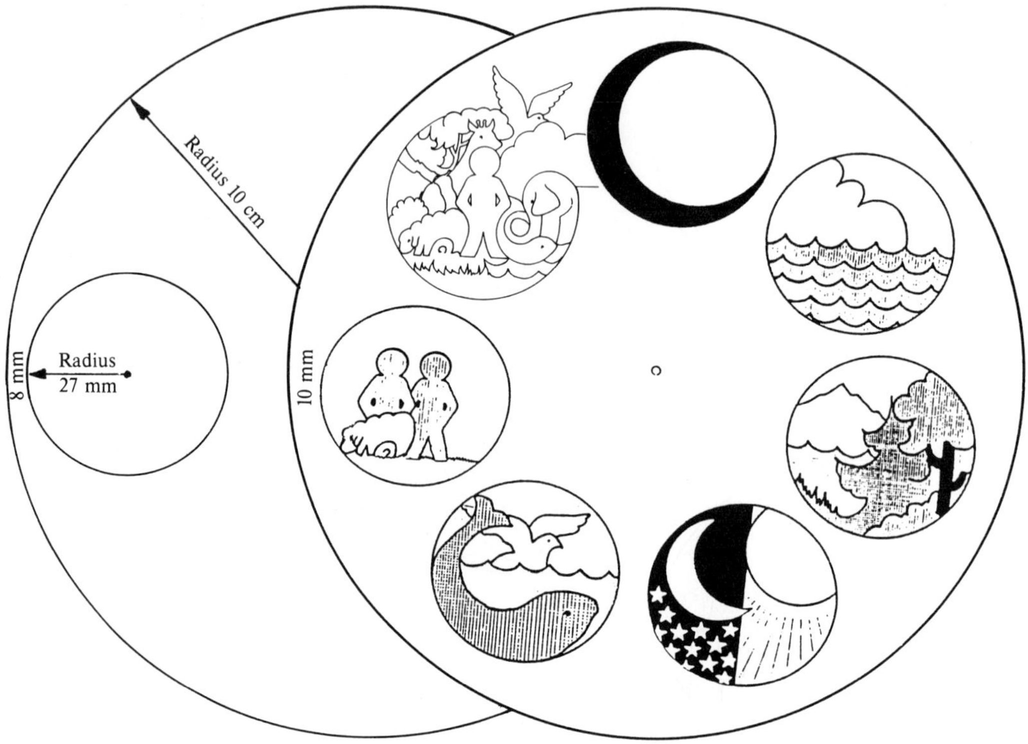

Drehscheibe mit Schöpfungstagen

(1. Mose 1, 1–31)

Schneidet aus festem Karton zwei Scheiben mit einem Radius von 10 cm aus. In die Mitte der Scheiben bohrt ein kleines Loch. Auf eine der Scheiben werden die sieben Kreissymbole der Schöpfungstage geklebt. Malt zuerst die »Schöpfungstage« farbig aus. Mit einem Randabstand von 10 mm werden jetzt die kleinen Kreise aufgeklebt.
In der zweiten Scheibe bringt eine runde Öffnung von 27 mm Radius mit einem Randabstand von 8 mm an.
Beide Scheiben werden aufeinandergelegt und mit einer Musterklammer zusammengehalten. Wenn ihr die untere Scheibe dreht, erscheint jeweils ein »Schöpfungstag« in der Öffnung.
Wer möchte, kann in der richtigen Reihenfolge den Schöpfungsbericht mit dieser Scheibe nacherzählen.
aus: Erzählen, Basteln, Raten. CVD

Lernvers
Der Lohn der Sünde ist der Tod, die Gnadengabe Gottes aber ewiges Leben in Christus Jesus, unserem Herrn.
Römer 6, 23

Lektion 6

1 Mo 3

Sündenfall

1. Zum Textverständnis

1.1. Zusammenhang/Inhalt

Nachdem der Mensch in Unschuld erschaffen und in eine paradiesische Umgebung gestellt wurde, verführt Satan in Gestalt einer Schlange Eva zum Ungehorsam gegenüber Gott. Beide, Adam und Eva, essen von der verbotenen Frucht, übertreten Gottes Gebot und werden somit zu Sündern, von denen sich der heilige Gott trennen muß. Alle Beteiligten bekommen eine gerechte Strafe Gottes. Gleichzeitig gibt Gott dem Menschen die Verheißung auf den Retter, Jesus Christus (3, 15).

1.2. Personen

– Gott, der Schöpfer: spricht (8), wandelt im Garten (8), ruft den Menschen (9), sieht den Menschen (10), erwartet ein Bekenntnis (11), richtet (14 ff), verheißt Strafe und Rettung (14 - 19), handelt (opfert, bekleidet, schickt hinaus) (21 - 23), bewahrt den Menschen vor einer Katastrophe, indem er den Weg zum Baum des Lebens verschließt (24), ist heilig, in seiner Gegenwart kann er keine Sünde dulden.

siehe Lektion 5

– Adam: der erste Mensch, geschaffen von Gott (2, 7), Gebotsempfänger (2, 16), übertritt das Gebot, ißt von der Frucht, Eva gibt ihm (7), erkennt seine Nacktheit, schämt sich, macht sich eine Schürze, versteckt sich vor Gott (7), Ansprechpartner Gottes (10), schiebt Schuld auf seine Frau und Gott, der ihm die Frau gegeben hat (12).
– Eva: von Gott geschaffene Gehilfin für den Mann aus der Rippe des Mannes (2, 21 - 23), Anknüpfungspunkt Satans (1), erliegt der Versuchung (6), nimmt, ißt, gibt Adam (7) (siehe Adam), schiebt die Schuld auf die Schlange (13), bekommt den Namen Eva nach dem Gerichtsspruch Gottes von Adam (20).
– Schlange: eine Kreatur Gottes, ein kluges Tier
Die Bezeichnung ‚listig' hat einen negativen Beigeschmack, vielleicht schon ein Hinweis auf die Inbesitznahme durch Satan (1). Satan bemächtigt sich der Schlange, sie ist fortan ein Bild für das Böse (Offb 12, 9+20,1; 4 Mo 21,4-9). Ihr Aussehen vor dem Sündenfall ist unbekannt. Wir wissen nur, daß sie nach dem Sündenfall auf dem Boden, im Staub kriechen muß. Diese Verbannung der Schlange ist bis heute sichtbar; zum Unterschied zu Echsen und Reptilien und allen anderen Tieren, die ein Knochengerüst haben, ‚zischelt' sie im Staub des Erdbodens. Der Fluch Gottes machte die Schlange zu einem unreinen Tier (3 Mo 11, 42). Die Schlange nimmt an der Verklärung der Natur nicht teil (Jes 65, 25).
– Cherub: geflügeltes Wesen, erscheint, wo Gott persönlich gegenwärtig ist (Hes 1 u. 10 genauere Beschreibung/2 Mo 25, 17–21 auf der Bundeslade), Unterscheidung von Engeln im Aussehen und Auftrag (Engel sind Boten des Herrn), bewachen den Weg zum Baum des Lebens (24).

weitere Informationen siehe Lexikon zur Bibel

1.3. Orte/Gegend

– im Garten Eden:
Eden ein Bezirk, Garten lag innerhalb des Bezirks (2, 8. 10. 15), Garten (hebr. gen = abgegrenztes Stück Land), Aufenthaltsort Gottes und der ersten beiden Menschen, lag ostwärts von Palästina (2, 8), Flußsystem in Eden (2, 10 - 15), Garten ist von dieser Erde verschwunden, durch zwei seiner Flüsse

wissen wir, daß er auf dieser Erde war und können ihn etwas einordnen (Tigris u. Euphrat).
– außerhalb des Gartens:
Dort lebte nach dem Sündenfall der sündige Mensch; es ist der Herrschaftsbereich Satans.

1.4. Zeit
– nach dem letzten Schöpfungsakt (Frau) vor der Zeugung Kains (4, 1)
– Schon sehr kurz nach der Schöpfung, weil Kain, der 1. Sohn, außerhalb des Gartens gezeugt wurde. Adam war 130 Jahre als er Seth zeugte (5, 3). Kain heiratete, baute eine Stadt und zeugte Kinder. Dann erst kam die Zeugung Seths. Daraus folgt: Kurz nach der Schöpfung kam der Sündenfall.
- Heilsgeschichtliche Einordnung: Der Sündenfall bildet den Abschluß des Zeitalters der Unschuld, damit beginnt das Zeitalter des Gewissens (siehe Bibelpanorama).

1.5. Begriffserklärungen
V. 3: Baum in der Mitte des Gartens, Früchte = Es ist der Baum der Erkenntnis des Guten und Bösen (2, 9), ein Baum mit schönen und ‚leckeren' Früchten (von einem Apfelbaum steht da nichts).
V. 4: die sprechende Schlange = Satan spricht durch die Schlange, er bedient sich anderer Wesen (er und das betreffende Wesen sind dann eins; Bsp.: Schlange und Judas Joh 13, 27).
V. 15: Samen der Frau = Heilslinie über Abel, Seth bis zum Herrn Jesus (deutlicher Hinweis auf die Jungfrauengeburt – Samen ...)
V. 15: Samen der Schlange = Linie Kains, Linie des Verderbens
V. 15: Ferse zermalmen = Hinweis auf den Kreuzestod Jesu
V. 15: Kopf zertreten = durch Tod und Auferstehung Jesu wurde Satan besiegt (vgl. Hebr 2, 14)

2. Zielgedanke

Was ist und bewirkt Sünde?
Andere Möglichkeiten:
– Wer hat Schuld (Abwälzen der Schuld auf andere)?
– Wie sieht die Taktik Satans aus?

3. Vorschläge zur Durchführung für die „kleine" Gruppe

3.1. Vorüberlegungen
Eltern erschrecken, wenn der kleine Sprößling plötzlich einen Wutanfall bekommt oder wenn sich zweijährige Kinder schlagen.
Ein kleines Kind weiß auch sehr gut zwischen Gut und Böse zu unterscheiden. Das schlechte Gewissen ist ihm bekannt. Alle Erfahrungen decken sich mit den biblischen Aussagen, daß das Herz des Menschen von Geburt an böse ist. Außerdem hat der Mensch seit dem Sündenfall ein natürliches Empfinden für Gut und Böse (vgl. 1 Mo 3, 5).
Wir können den Kindern mit 1 Mo 3 die Hintergründe aufzeigen und ihnen die beste und einzig richtige Erklärung liefern, die es gibt. Vor allen Dingen sollten wir nicht nur die Sünde, das Gericht über die Sünde, sondern auch die Gnade Gottes (Kernaussage 3, 15) deutlich herausstellen.

3.2. Einstiegsmöglichkeiten
3.2.1. Stummer Impuls mit Gegenständen
Teller als Garten, zwei Streichhölzer als Adam und Eva – Streichhölzer werden angezündet, die verbrannten, schwarzen werden außerhalb des Tellers gelegt.
Wir führen das ohne große Kommentare vor und leiten dann auf die Ge-

schichte über: „Heute geht es um zwei Menschen, die wir mit den beiden Streichhölzern vergleichen können ...“

3.2.2. Wir knüpfen an die Schöpfung an, indem wir den 7. Kreis bunt ausgemalt auf Folie oder Karton zeigen, und noch einmal die Vollkommenheit, Schönheit und Harmonie der Schöpfung Gottes herausstellen. Dann entwickeln wir mit Hilfe der OHP-Vorlage schrittweise die Geschichte (siehe 3.3.).

siehe Lektion 5, OHP-Vorlage 9, Kreis 7

3.3. Durchführung

Wir benutzen die OHP-Vorlage. Die verschiedenen Bilder werden schrittweise aufgelegt. Die Reihenfolge entspricht dem Ablauf der Geschichte.

siehe OHP-Vorlagen 11 u. 12

1. Schritt (Garten Eden, zwei Menschen)
Schöpfung der ersten beiden Menschen, Wohn- und Aufgabenbereich

siehe auch 1.2.

2. Schritt (Dreieck)
Wer war noch im Garten? Gott, er hatte Gemeinschaft mit seinen Geschöpfen. Gott kann man nicht malen, deshalb hier ein Dreieck.

3. Schritt (Baum)
Im Garten gab es viele Pflanzen. Der Baum in der Mitte war allerdings ein ganz besonderer. Wieso?

siehe 1.5.

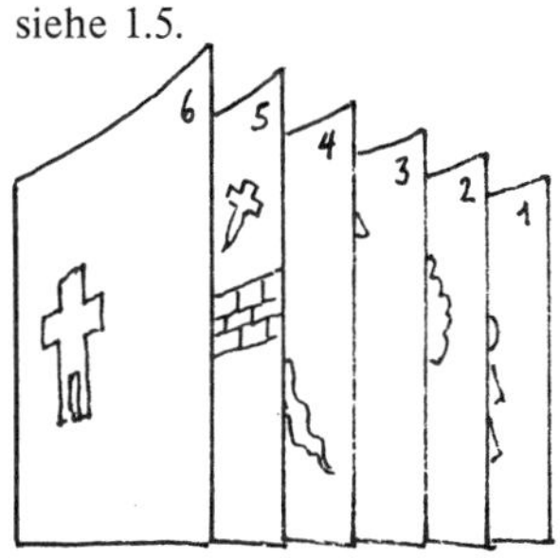

4. Schritt (Schlange)
Die Schlange spricht Eva an und verführt sie, von der Frucht zu essen. Die Ankündigung des Todes beim Übertreten des Gebotes verdreht sie in das Gegenteil. Eva glaubt der Schlange und nicht Gott. Sünde ist Unglaube, Ungehorsam gegenüber Gott.

5. Schritt (Mauer, Flamme und Schwert, schwarze Herzen)
Der Mensch wird ein Sünder. Er will das zwar vertuschen, aber Gott sieht ihn, spricht ihn an und richtet. Sünde trennt von Gott. Der Lohn der Sünde ist der Tod, die Trennung vom Leben (siehe 6.). An dieser Stelle können wir sehr schön deutlich machen, daß von nun ab alle Menschen in diesem Bereich (unterhalb der Mauer) geboren werden. Alle Menschen **sind** Sünder.

6. Schritt (Kreuz)
Gott ist die Situation des Menschen nicht egal. Er bietet einen Ausweg (Verheißung in 3, 15) an. Die einzige Möglichkeit, wieder in Gemeinschaft mit Gott zu kommen, ist über den Herrn Jesus (1 Tim 2, 5). Er ist die „Tür durch die Mauer“ (Joh 10, 7).

3.4. Zur Festigung

3.4.1. Die Kinder malen eine Kopie der OHP-Vorlage aus und erzählen die Geschichte noch einmal mit ihren Worten.

siehe OHP-Vorlagen 11 u. 12

3.4.2. Die Kinder erhalten eine Kopie der Grundvorlage (siehe 3.3., Schritt 1) und kleben die Symbole auf.

4. Vorschläge zur Durchführung für die „große“ Gruppe

4.1. Vorüberlegungen

Mit zunehmendem Alter erleben die Kinder eine Tabuisierung und Entstellung des Begriffs „Sünde“. Einerseits wird er im theologischen Bereich oft vermieden, andererseits gebraucht man ihn im täglichen Leben eher leichtfertig. Beispiel: Die vornehme Dame sagt nach dem zweiten Stück Sahnetorte: „Heute habe ich aber wieder gesündigt.“

Viele Kinder wissen nicht, was Sünde wirklich ist, was sie bewirkt und wie Gott sie beurteilt. Für Gott gibt es z. B. keine sog. Notlüge. Sünde wird in unserer Gesellschaft relativiert. Hier gilt es für uns, das richtige Verständnis, Gottes Verständnis, zu vermitteln.

4.2. Einstiegsmöglichkeiten

4.2.1. Brainstorming: Was meint ihr, was ist Sünde? Wir notieren die Antworten. Anschließend leiten wir mit einer Frage zur Geschichte über: Woran liegt es, daß wir sündigen?

4.2.2. Wir geben den Kindern einen Sündenkatalog (z. B. Mord, Ehebruch, Schulkamerad bestehlen, Eltern belügen, ohne Gott leben, Geschwister verhauen, ...). Sie sollen die Frage beantworten: Welches ist nach deiner Meinung die schwerste Sünde? (Zuordnung von Zahlen, 1 = schwerste Sünde usw.)

Wir notieren das Ergebnis, sprechen über die schwerste Sünde (ohne Gott leben) und leiten über auf eine Definition: Sünde ist Zielverfehlung. Damit sind wir mitten in der Geschichte: Gottes Ziel mit Adam und Eva ... (Idee nach Eschner).

siehe Werkbuch biblischer Unterricht

4.3. Durchführung

(siehe 3.3.)

Folgende Ergänzungen zur Vertiefung für die älteren Kinder:

zum 1. Schritt

Gott schuf den Menschen nicht als Marionette, sondern als entscheidungsfähiges Wesen (siehe Gebot 2, 16 u. 17).

zum 2. Schritt

Dreieck – Hinweis auf die drei Personen der Gottheit

zum 4. Schritt

Die Strategie Satans: Satan ...

– spricht Eva an, während sie alleine ist (Gefahren außerhalb der Gemeinschaft, Gemeinde ...).

– sät Zweifel über die Richtigkeit der Aussage Gottes (1).

– macht eine unsinnige Aussage, auf diese Art wird Eva ins Gespräch verwickelt (siehe Frage V. 1).

– verdreht die Ankündigung der Strafe (4).

– sät Mißtrauen gegenüber Gott (Gott enthält euch etwas vor) und stellt Gottgleichheit in Aussicht (5).

– verkündet eine Teilwahrheit, denn der letzte Teil des Satzes stimmt – besonders gefährlich (5 b).

– benutzt das Auge als Einfallstor – vgl. 1 Joh 2, 16 (6).

Für Eva steht Aussage gegen Aussage. Beide Aussagen sind nicht bewiesen. Sie muß glauben, entweder glaubt sie Gott oder der Schlange. Hier wird der innere Konflikt deutlich. Auch Kinder stehen da oft in einem Spannungsfeld (die sog. innere Stimme).

zum 5. Schritt

Der Mensch hat sich für Satan entschieden, deshalb lebt er jetzt im Herrschaftsbereich Satans. Der Mensch wird kein Sünder, weil er sündigt, sondern er ist ein Sünder, weil er getrennt von Gott lebt.

zum 6. Schritt

Da alle anderen Menschen nicht für die Sünde von Adam und Eva verantwortlich sind und auch nichts dazu können, daß sie als Sünder in Sünde geboren sind, bietet Gott die Lösung an (Joh 3, 16). Gott will, daß wir unseren Zustand erkennen und seinen Weg gehen (Vertiefung der Verheißung 3, 15 – siehe 1.5.).

4.4. Zur Festigung

4.4.1. Eine Beispielgeschichte aus dem Alltag, typische Sätze, wenn sich zwei Kinder gestritten haben:

„Der hat Schuld. Nein, die hat angefangen. Ich hab' nichts gemacht ..."

siehe 1.2.

Wir alle haben Schwierigkeiten, Schuld einzugestehen und neigen dazu, sie auf andere abzuwälzen. Dadurch wird das Schuldproblem nicht gelöst, sondern nur verschlimmert.

4.4.2. Diaserie bzw. Bilderbuch: „Wohin mit meiner Schuld?" Hier werden verschiedene Wege aufgezeigt, die Menschen gehen, um ihre Schuld (dargestellt als großer schwarzer Fleck, Stein) loszuwerden (sehr schöne Illustrationen).

siehe 7.

5. Liedvorschläge

Es geht ohne Gott in die Dunkelheit ... (aus: Jungschar- u. Teenagerlieder, Heft 2, 22)

Nur die reine Herzen haben ... (aus: Kommt und singt, 24)

Paß auf kleines Auge ... (aus: Singet froh ihr Kinder alle, 20)

Sage Nein zum Bösen ... (aus: Wir loben Dich, Heft 3, 60)

Wie kann man jung sein ... (aus: Jungschar- u. Teenagerlieder, Heft 1, 80)

6. Vorschläge zum Bibelspruchlernen

6.1. Den ersten Teil des Spruches kann man gut mit der Geschichte und der OHP-Vorlage illustrieren. Wir sollten den Kindern erklären, was in diesem Zusammenhang ‚Tod' bedeutet: Trennung von Gott, Sterblichkeit des Menschen. Für den zweiten Teil bietet sich ein Geschenkpaket zur Illustration an: Ein Geschenk ist kostenlos; der Schenkende ist Gott; der Beschenkte ist der Mensch; die Annahme geschieht durch den Glauben; den Kaufpreis hat Gott mit dem Tod seines Sohnes bezahlt (Joh 3, 16) ...

Die Vorlage „Geschenkpaket" auf Pappe kopieren; für die jüngeren Kinder mit Eindruck des Verses, die älteren können den Vers in das „Paket" schreiben.

siehe OHP-Vorlage 13

6.2. Wir basteln eine Faltschachtel (Geschenk) und beschriften sie mit dem Bibelvers.

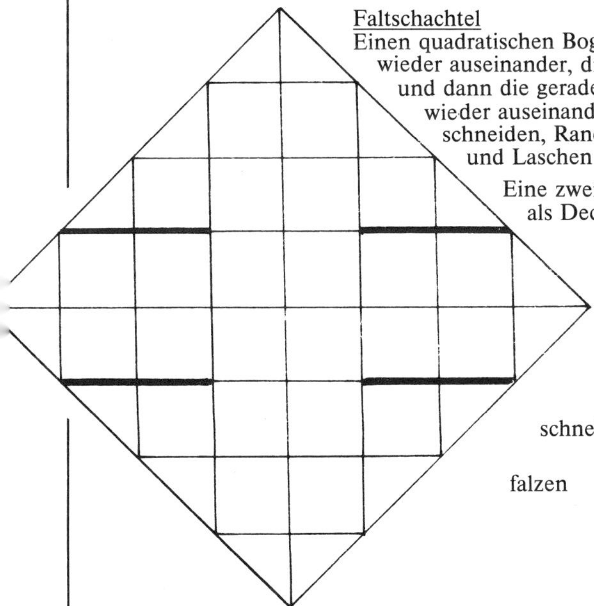

Faltschachtel
Einen quadratischen Bogen 3 x als Dreieck falten, wieder auseinander, die Ecken zur Mitte knicken und dann die geraden Seiten zur Mitte falten, wieder auseinander, markierte Linien einschneiden, Rand dreimal einschlagen und Laschen nach innen schlagen.

Eine zweite Faltschachtel als Deckel verwenden.

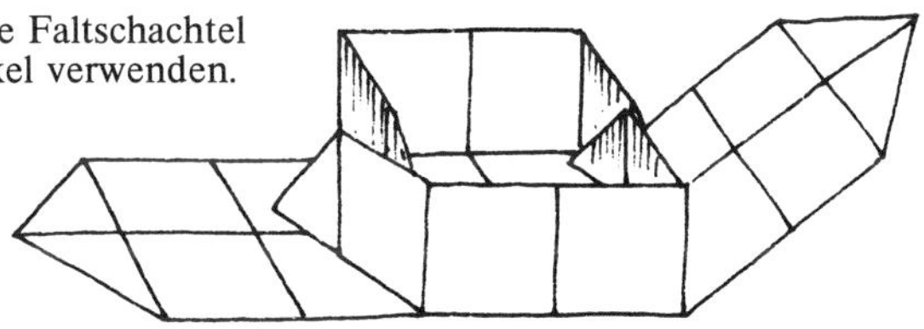

schneiden

falzen

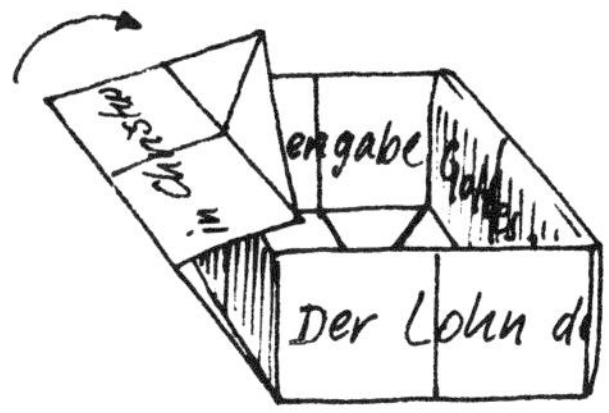

7. Literaturhinweis/Arbeitshilfen

Bibel-Panorama. Christliche Verlagsgesellschaft, Dillenburg 1974 (die sieben Zeitalter des biblischen Heilsweges in zwölf farbigen Darstellungen)

Erste Schritte mit der Bibel. Heft 1. Bibellesebund, Winterthur 1977 (Bibeltext mit Erklärungen, Rätseln und Liedern mit einem aktuellen Bezug zum Leben des Kindes für sechs Tage, pro Tag eine Seite)

Eschner, Horst: Werkbuch biblischer Unterricht. Brunnen-Verlag, Gießen 1981 (neun Lektionen für 9 - 12jährige mit guten methodischen Überlegungen und Illustrationen)

Gibbs, A.: Schritte durch die Bibel Bd.1, Lektion 3. Christliche Verlagsgesellschaft, Dillenburg 1982 (Textanalyse)

Giebeler/Hansen: Wohin mit meiner Schuld? (als Heft, Diaserie o. Foliensatz erhältlich). VOCAMUS, Metzingen

Ja, das ist wahr! (Claire-Lise de Benoit/Übers.: Elsi Wälti). Bibellesebund, Winterthur/Marienheide 1975 (ein Erzählvorschlag mit Bildvorlage)

Schöpfung. KEB (siehe Lektion 5, Punkt 7)

OHP 11

OHP 12

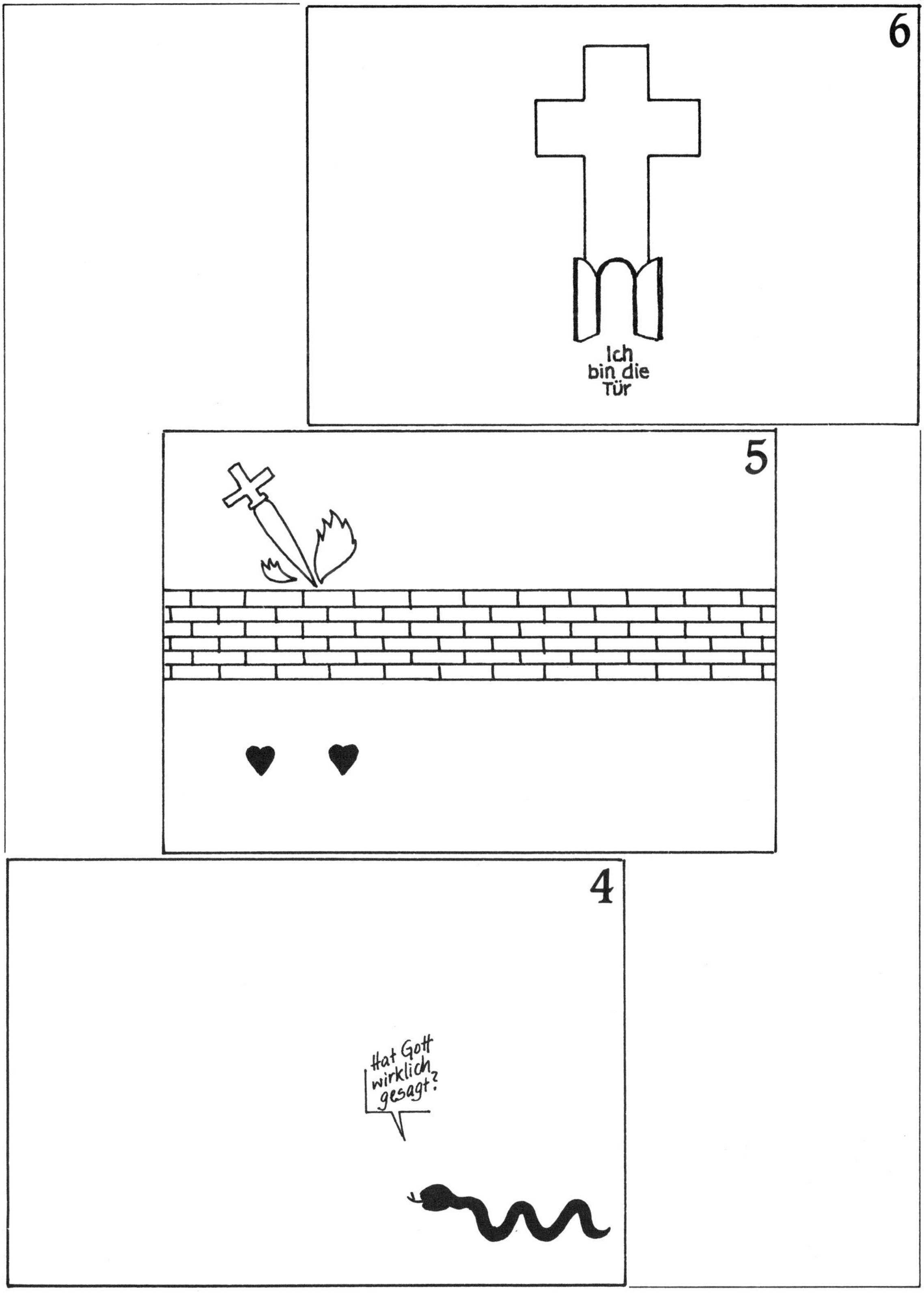

Geschenkpaket

Lernvers
Ohne Blutvergießen gibt es keine Vergebung.
Hebräer 9, 22 b

Lektion 7

1 Mo 4, 1-16

Kain und Abel

1. Zum Textverständnis

1.1. Zusammenhang/Inhalt

vgl. Hebr 11, 4; 1 Jo 3, 12; Jud 11; Mt 23, 35; Hebr 12, 24

Ab 1. Mose 4 wird die Geschichte der Menschen außerhalb des Gartens Eden beschrieben. Gleichzeitig wird die Entwicklung der Sünde aufgezeigt. Vom Ungehorsam Gott gegenüber (1 Mo 3) kommt es zu Neid, Zorn und schließlich zum Mord.
Von Adam und Eva werden die beiden Söhne Kain und Abel gehört haben, wie schön früher die Gemeinschaft mit Gott gewesen war und was sie durch den Sündenfall verloren hatten. Auch scheinen sie darüber informiert worden zu sein, welchen Wert in den Augen Gottes eine Opfergabe hat. Andererseits ist dieser Grundgedanke wohl schon von Gott her in das Herz der Menschen hineingelegt worden.
Als Kain und Abel groß geworden sind und ihren ‚Berufen' nachgehen, kommt es zu der Opferhandlung von 1. Mose 4. Dabei offenbart sich dann, was im Herzen der beiden vorgeht. Gott kümmert sich im Lauf der Geschichte intensiv um Kain. Durch die Gespräche mit ihm und die gezielten Fragen erhält er die Möglichkeit, Gott seine Schuld zu bekennen. Kain nimmt diese Angebote Gottes, mit denen Vergebungsmöglichkeit verbunden ist, nicht an. Sowohl vor der Tat (... warum bist du zornig?) als auch nach dem Mord (... wo ist dein Bruder Abel?) geht er nicht auf die Fragen Gottes ein.
Nach dem Mord muß Gott ihn bestrafen. Er wird künftig auf der Erde ein Flüchtling sein. Auf Bitten Kains, daß Gott ihn davor schützen möge, erschlagen zu werden, macht Gott an ihn ein Zeichen, damit man ihn nicht erschlüge.
Der Schlußsatz der Begebenheit ist eigentlich die Überschrift über das Leben Kains, der vom Angesicht Gottes wegging.

1.2. Personen

– Gott, der HERR (Jahwe). Mit dem Namen ‚Jahwe' stehen immer die Bündnisse und Verheißungen Gottes mit den Menschen in Verbindung.
– Kain (= Erworbenes, Gewinn), der Erstgeborene Sohn Evas, ein Ackerbauer. Sein Name deutet darauf, daß seine Eltern stolz auf ihn waren. Umso schlimmer muß es für sie gewesen sein, seinen Weg mit anzusehen.
– Abel (= Hauch, Nichtigkeit), der 2. Sohn Evas, ein Schafhirte. Kain u. Abel wurden beide nach dem Sündenfall als Sünder außerhalb des Gartens geboren.

1.3. – 1.4. Orte/Gegend - Zeit

siehe 1.1.

1.5. Begriffserklärungen

V. 3: Opfergabe = Etwas Gott geben, wobei die Motive das Entscheidende sind. Gott kann solche Gaben nur annehmen, wenn a) die Grundsätze Gottes beachtet werden, b) wenn das Herz des Opfernden in Aufrichtigkeit Gott gegenüber eingestellt ist.
V. 4: Erstlinge der Herde = a) das Erste, das geboren wurde, b) das Beste, das die Herde zu bieten hat. Nach 2 Mo 23, 19 und 2 Mo 34, 26 erhob Gott Anspruch auf die Erstlinge (s. a. 3 Mo 27, 26; 4 Mo 3, 12. 13).

V. 4: Fett = Nach 3 Mo 3, 16. 17 gehörte das Fett aller Opfertiere Gott. Es mußte auf dem Altar Gott geräuchert werden.
V. 6: Senken des Angesichts = Ein Zeichen des inneren Zornes; auch ein Hinweis, daß man einem Gegenüber nicht mehr in die Augen schauen kann (siehe 1 Mo 31, 2: „das Gesicht Labans war Jakob gegenüber nicht mehr so wie früher").
V. 10: Blut schreit (siehe 6.)

2. Zielgedanken

Diese Begebenheit enthält mehrere Zielgedanken. Es ist zu überlegen, ob alle Zielaspekte bedacht werden sollen, oder ob man nur einen oder zwei Gedanken besonders herausstellt. Auch wäre evtl. zu überlegen, ob man in der nächsten Stunde zur Vertiefung neben den bereits angesprochenen Zielpunkten auch die anderen noch mit hineinnimmt.

2.1. Der göttliche Grundsatz: „Ohne Blutvergießen gibt es keine Vergebung" (siehe Hebr 9, 22 b). Hiermit steht dann der Hinweis auf das ‚wahre' Opfer, den Herrn Jesus, in Verbindung.
Das Opfer Abels war nach dem Grundsatz von Hebr 9, 22 b im Glauben dargebracht worden, während das Opfer Kains diesem göttlichen Grundgedanken nicht entsprach (siehe Hebr 11, 4 ... besseres Opfer Abels).

2.2. Die Herzenshaltung Kains war nicht echt, sowohl vor der Tat als auch hinterher. Bei ihm kommt zum Ausdruck, daß er durch die Ergebnisse der Arbeit seiner Hände Gott zufriedenstellen will. Abel dagegen zeigt in der Wahl seines Opfers und in der Darbringung, daß er Gott nur das als Opfer bringen kann, was er nicht selbst erwirtschaftet hat.

2.3. Gott spricht mit Kain vor und nach der Tat. Er will von ihm ein Bekenntnis, ein Schuldeingeständnis haben. Kain geht aber auf dieses Angebot Gottes nicht ein.
Auch hier ein Grundsatz: Ausräumen von Schuld ist nur nach Bekennen möglich (siehe Ps 32, 5; Spr 28, 13; 1 Jo 1, 9).

2.4. Kain ist ein Vertreter der Menschen, die Schuld nie bei sich selbst suchen. Als Gott das Opfer Kains nicht annimmt, ist er neidisch auf Abel und findet das Verhalten Gottes ungerecht. Statt dessen hätte er sich fragen sollen, warum Gott nicht auf sein Opfer sieht.

2.5. Gott kann Sünde und Ungerechtigkeit nicht übersehen – er **muß** Kain bestrafen.

Für die jüngeren Kinder wird der Zielgedanke 2.2. (Herzenshaltung) unter 3. besonders berücksichtigt, für die älteren der Zielgedanke 2.1. (siehe 4.).

3. Vorschläge zur Durchführung für die „kleine" Gruppe

3.1. Vorüberlegungen
Schenken, Helfen, Danken, Opfern, Geben ... können reine Pflichterfüllungen oder Ergebnisse innerer Erfahrungen, Empfindungen und Wünsche sein. Ein Geschenk bekommt erst den eigentlichen Wert, wenn das ‚Herz des Schenkenden' dahintersteht. Das wissen Kinder schon sehr früh, deshalb wollen wir ihnen klarmachen, daß Opfer bei Gott nur Wert haben können, wenn sie aus reinem Herzen kommen und wenn sie aus der Liebe zum Vater und zum Herrn Jesus resultieren. Dazu ist es nötig, die Liebe Gottes zu erkennen. Der größte Beweis der Liebe Gottes ist in dem Opfer des Herrn Jesus zu sehen, der für uns böse und sündige Menschen am Kreuz gestorben ist.

3.2. Einstiegsmöglichkeiten
3.2.1. Wir malen ein Herz auf (OHP-Folie oder an eine Tafel oder auf Pappe). Dann lassen wir die Kinder zusammentragen, was im Herzen der Menschen ist (evtl. durch Erwähnen von Begebenheiten im Alltag des Kindes).

vgl. auch Lektion 6

Wir können dann auf die Herzensverfassung von Kain und Abel überleiten.

3.2.2. Wir zeigen auf Bildern ein Schaf (oder eine Schafherde) und Korn oder Gemüse usw... Dann fragen wir die Kinder, was davon wohl „wertvoller" sein könnte. Von daher können wir auf die göttlichen Grundsätze bezüglich der Opfer eingehen.

3.3. Durchführung

Wir erzählen ausführlich die Geschichte.
Auf einer OHP-Folie oder auf Pappe stellen wir zwei Herzen dar – ein weißes (oder rotes) und ein schwarzes.
Das weiße Herz füllen wir mit dem Gedanken: Gott hat uns Menschen lieb, obwohl wir Sünder sind. Das hatte Abel erkannt und deshalb überlegt er, womit er Gott eine Freude machen kann. Aus den Erzählungen im Elternhaus und daraus, was Gott ihm in sein Herz und in seine Gedanken hineinlegt, weiß er, was Gott wohlgefällig ist. Danach handelt er. Dabei gibt er Gott bewußt die besten und wertvollsten Tiere seiner Herde.
Das andere Herz zeigt die Gedanken: Gott hat unsere Eltern aus dem Garten Eden vertrieben. Jetzt müssen wir immer schwer arbeiten, was früher nicht so mühevoll war. Er überlegt, wie er diesen Gott freundlicher stimmen kann und er bringt deshalb vor Gott das, was er erarbeitet hat. Er fragt nicht danach, was Gott wohlgefällt, ihm geht es um den eigenen Vorteil und das eigene Ansehen.
Weil Gott das Herz der beiden Männer ansieht, kann er das Opfer Abels annehmen, aber das Opfer Kains muß er ablehnen.

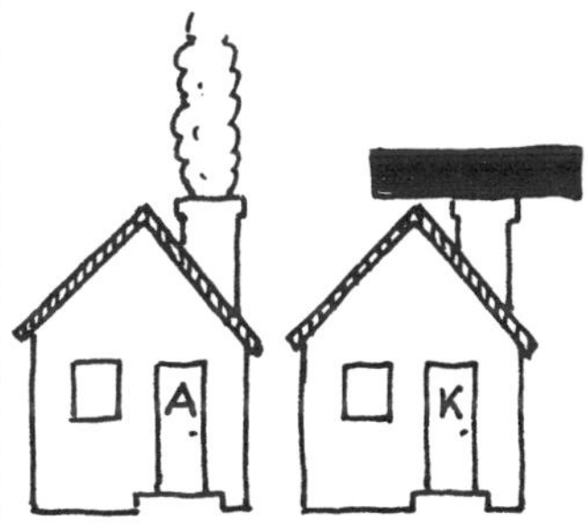

3.4. Zur Festigung

Wir malen ein Haus mit einem Schornstein auf. Aus dem Schornstein soll Rauch aufsteigen. Dann zeigen wir mit einem anderen Bild (oder durch ‚wachsende' OHP-Folien) den Schornstein, auf dem oben ein dicker Deckel liegt. Da kann kein Rauch aufsteigen.
So ist das mit dem Opfer für Gott. Nur wenn der Weg frei ist und nicht durch den ‚Deckel der Sünde' behindert wird, kann Verbindung zu Gott zustande kommen. Dann erzählen wir noch einmal zur Vertiefung, warum Gott das Opfer Kains nicht annehmen und warum Kain auch keine Vergebung erlangen konnte.

4. Vorschläge zur Durchführung für die „große" Gruppe

4.1. Vorüberlegungen

Unsere Welt lebt vom Leistungsprinzip. „Hast du was oder kannst du was, dann bist du was". Gute Leistungen werden gut benotet. Auf diesem Prinzip ist die schulische und berufliche Laufbahn des Kindes aufgebaut. Das wendet man auch im religiösen Bereich an. Der Mensch kann etwas und er meint, dadurch auch Gott etwas bringen zu können, etwas vor Gott vorweisen zu können, mit dem Gott zufrieden sein muß. Hier muß jeder umdenken, denn dieses Prinzip ist bei Gott nicht anwendbar. Um Gott etwas zu bringen, muß man erst einmal von **ihm** empfangen haben. Abel hatte etwas von Gott anvertraut bekommen, nämlich lebende Tiere, die er selbst nicht ‚machen' konnte. Davon gab er Gott das Beste dann in seinem Opfer wieder zurück.
Der HERR muß das Opfer Kains ablehnen, will aber sein Herz erreichen, indem er zu ihm redet. Er will ihm dabei deutlich machen, daß es nur einen Weg in die Gemeinschaft mit Gott gibt, über Bekennen und Reinigung von Sünden.
Wir wollen anhand des Bibeltextes deutlich machen, daß der Weg zu Gott nur durch das stellvertretende Opfer des Herrn Jesus möglich ist. Die vom Garten Eden her verlorene Gemeinschaft mit Gott kann nur so zurückbekommen werden.
Wer diesen Weg nicht einschlägt, bei dem werden die Sünden immer mehr, und schließlich steht dann am Ende die Strafe Gottes und die Gottesferne.

4.2. Einstiegsmöglichkeiten

Wir lassen, nachdem wir erklärt haben, was ein Opfer ist, die Kinder zusammentragen, was man alles ‚opfern' kann.

4.3. Durchführung

siehe zunächst unter 3.3.

Dazu können wir dann noch weitere Punkte aufzeigen:

a) Die Reaktion Kains:
Neid, Zorn, Haß – das Senken des Gesichts.

b) Gott spricht zu Kain, aber der will Gott nicht antworten.

c) Kain plant zielstrebig, seinen Bruder zu erschlagen. Er holt ihn auf das Feld und dort erschlägt er ihn dann auch.

d) Gott spricht Kain noch einmal an – aber der belügt Gott.

e) Gott muß Kain bestrafen.

f) Kain geht von Gott weg. Auf dem Weg, den Gott ihm angeboten hatte, um Vergebung seiner Schuld zu erlangen, will Kain nicht zu Gott kommen.

4.4. Zur Festigung

siehe OHP-Vorlage 14

Wir malen einen Weg auf mit Ausgangspunkt und Ziel. Der Ausgangspunkt ist ein Buch mit ‚Verkehrsregeln und Wegbeschreibung', das Ziel ist ‚Gemeinschaft mit Gott'. Dann zeigen wir einen anderen Weg auf, das ist der Weg Kains. Der erste Punkt auf dem Weg ist ein Wegweiser, der von Kain gelesen wird. Er urteilt: „‚Alles Quatsch', ich will anders gehen". Es folgt das Schild ‚Achtung'. Hier ist Gottes erstes Reden mit Kain einzuordnen. Dieser kümmert sich aber nicht um diese Hinweise. Dann kommt ein Schild ‚Durchfahrt verboten'. Hier geht Kain zu seinem Bruder Abel, um ihn aufs Feld zu holen und ihn dann zu erschlagen. Dieses Schild wird ebenfalls mißachtet.

Abschließend ein letzter Wegweiser mit dem Hinweis zum richtigen Ziel, der heißt ‚Umkehren'. Kain nutzt auch das nicht und kommt am Ende des Weges an einen Abgrund, wo er abstürzt. Dieses Weg-ende heißt ‚Gottesferne'. Durch diese Geschichte machen wir deutlich, daß wir Menschen nur auf dem Weg zu Gott kommen können, den Gott uns ‚beschreibt', und wofür er zum Erreichen des Ziels ‚Regeln' aufgestellt hat. Wer diesen Weg nicht gehen will, kommt nicht an das erwünschte Ziel, sondern in die Gottesferne.

5. Liedvorschläge

Das Blut Jesu Christi ... (aus: Wir loben Dich, Heft 1, 2)
Ein reines Herz ... (aus: Singet froh ihr Kinder alle, 106)
Gott sieht mich immerzu ... (aus: Kommt und singt, 7/besonders Strophe 2)
Ich bin erlöst ... (aus: Wir loben Dich, Heft 2, 24)
Nur die reine Herzen haben ... (aus: Kommt und singt, 24)

6. Vorschläge zum Bibelspruchlernen

siehe Lernvers Lektion 6

siehe weitere Ausführungen Lexikon zur Bibel, Stichwort ‚Blut'

Die Erklärung des Bibelverses baut auf Lektion 6 auf. Der Lohn der Sünde ist der Tod. Vergebung ist nur möglich, wenn Leben stirbt. Blut im biblischen Sinne ist ein Synonym für Leben. Leben ist im Blut (3 Mo 17, 11, siehe auch die Aussage in 1 Mo 4, 10). ‚Wenn das Blut den Körper verläßt', ist dieser nicht mehr lebensfähig. So finden wir auch bei der Einführung der Todesstrafe (1 Mo 9, 6) den Begriff ‚Blutvergießen'. Im Hebräerbrief wird nun dieser Grundsatz gezeigt. Er wird deutlich in den unzähligen Opfertieren im alten Bund und findet seinen Höhepunkt im Opfer Jesu (1 Jo 1, 7). Am besten illustrieren wir den Lernvers mit alttestamentlichen Bildern (z. B. Blut am Türrahmen im Zusammenhang mit der 10. Plage in Ägypten, 2 Mo 12).

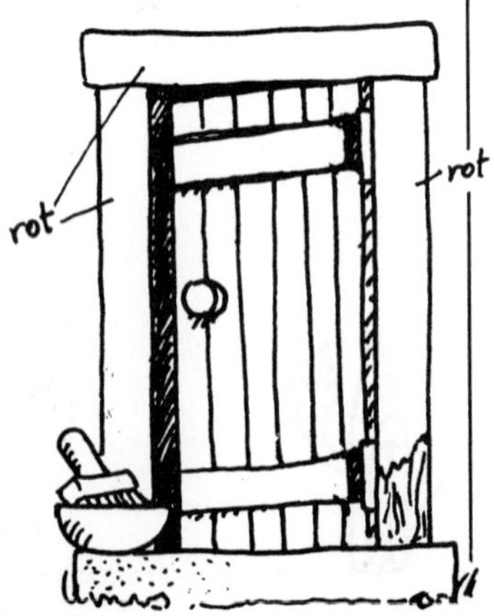

7. Literaturhinweis/Arbeitshilfen

Eschner, H.: Werkbuch biblischer Unterricht. Brunnen, Gießen 1981
(eine Lektion für 9–12jährige mit einer Illustration, die die Linie Abels der Linie Kains (die „Er"- u. „Ich"-Linie) gegenüberstellt)

Gibbs, A.: Schritte durch die Bibel Bd. 1. Lektion 4. Christliche Verlagsgesellschaft, Dillenburg 1982 (Textanalyse)

Jakobi, E.: Der gute Start Bd. 2. Lektion 45. Bibellesebund, Marienheide 1980 (Brudermord – ein Andachtsentwurf zum Thema: Auf die Einstellung (auf das Herz) kommt es an)

Schöpfung. Flanell-Lektion. KEB (siehe Lektion 5, Punkt 7)

OHP 14

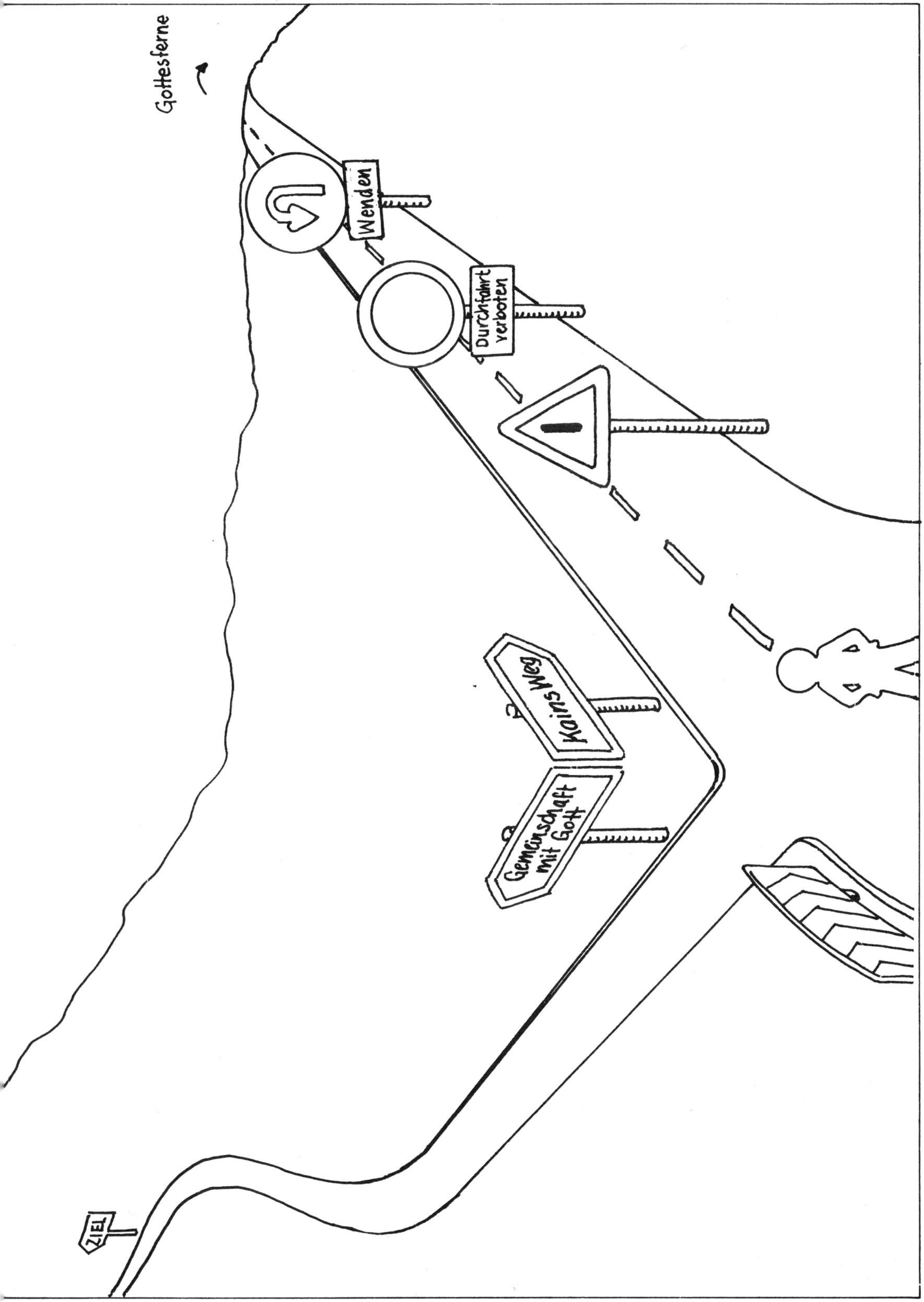
Gottesferne
Wenden
Durchfahrt verboten
Kains Weg
Gemeinschaft mit Gott
ZIEL

Lektion 8

1 Mo 6,1-9,19

Noah

Lernvers
Von nun an, alle Tage der Erde, sollen nicht aufhören Saat und Ernte, Frost und Hitze, Sommer und Winter, Tag und Nacht.
1. Mose 8, 22

1. Zum Textverständnis

vgl. Mt 24, 37; Lk 17, 26-27; Hebr 11, 7; 1 Petr 3, 20; Jes 54, 9

1.1. Zusammenhang/Inhalt

Da die Menschen so böse (besonders deutlich wird das im sexuellen Bereich) sind, reut es Gott, daß er sie geschaffen hat. Er beschließt, die Menschheit durch eine Flutkatastrophe zu vernichten. Aufgrund seines gottesfürchtigen Lebens erfährt Noah 120 Jahre vorher vom Vorhaben Gottes. Er bekommt den Auftrag, ein Rettungsschiff (die Arche) zu bauen, damit alle, die in der Arche sind, das Gericht Gottes überleben können. Da die Menschen Noahs Botschaft nicht glauben, werden nur er, seine Familie und von jeder Tierart eine bestimmte Anzahl gerettet. Nach dem Gericht schließt Gott einen Bund mit Noah und allen Lebewesen (9, 9 u. 10). Als Zeichen des Bundes setzt Gott den Regenbogen ein.

1.2. Personen

– Gott: der heilige, gerechte u. liebende Gott, dessen Worte in Erfüllung gehen
– Noah: = Trost oder Ruhe (1 Mo 5, 29 Bedeutung seines Namens), Sohn Lamechs, wurde 950 Jahre alt (1 Mo 9, 29), predigte 120 Jahre Gericht u. Gnade (Prediger der Gerechtigkeit 2 Petr 2, 5), ein gläubiger, gerechter, gottesfürchtiger Mann (1 Mo 6, 9/Hebr 11, 7)
– Noahs Söhne: Sem, Ham, Jafet
– Noahs Frau u. seine drei Schwiegertöchter
– die gottlosen Menschen: 1 Mo 6, 1-7, interessant ist, was Gott in V. 5 über das Herz des Menschen sagt

1.3. Orte/Gegend

Als konkreter Ort wird das Gebirge Ararat genannt (1 Mo 8, 4), in der Nähe des Wan-Sees in Armenien (vgl. Brockhaus Kommentar).

1.4. Zeit

1656 Jahre nach der Schöpfung Adams, etwa um 3000 bis 2500 v. Chr. (vgl. Bibel-Panorama).
Noah war insgesamt 1 Jahr und 10 Tage in der Arche (vgl. 1 Mo 7, 11 u. 13 mit 1 Mo 8, 13 u. 14) – ein Wunder Gottes!

1.5. Begriffserklärungen

6, 13: Arche (lat. arca = Kasten), Material: Goferholz (Luther übersetzt Tannenholz), Maße: 135 m lang, 22,5 m breit, 13,5 m hoch mit 1 Elle = 45 cm, das ist bei 3 Etagen eine Wohnfläche von über 9000 qm (Kinder können mit Zahlen wenig anfangen, deshalb nimmt man besser bekannte Vergleichsmöglichkeiten, z. B. Fußballplatz, vierstöckiges Mehrfamilienhaus, ...), Rauminhalt entspricht angeblich 522 Eisenbahn-Containern, Gewicht ca. 30 000 Tonnen. Es wird nicht berichtet, daß die Arche ein Steuerruder besaß. Sie konnte also nur dahingleiten. Kurs, Richtung, Geschwindigkeit und Ziel lagen in Gottes Hand.
6, 17: Wasserflut/Sintflut (= große, andauernde Flut)
Gott kündigte die große Flut vorher an (6, 17). Nach 1 Mo 2, 5 war Regen bis zu Noahs Zeiten wahrscheinlich unbekannt auf der Erde. Auch deshalb war es für Noahs Zeitgenossen unverständlich, daß er ein so riesiges Schiff

auf dem Trockenen erbaute und nicht wie sonst üblich am Meer. Umso erschrockener waren die Menschen, als der erste Regen fiel.
Für den Herrn Jesus ist die Sintflut ein historisches Ereignis (Mt 24, 39). Auch daraus wird ersichtlich, daß der biblische Bericht keine Sage oder Mythos ist, wie heute oftmals behauptet wird, sondern Wahrheit.
Dieses Gericht Gottes beendete einen Abschnitt der Menschheitsgeschichte und ermöglichte einen Neuanfang.

2. Zielgedanke

Noah lebte anders – ein Vorbild für uns
(Eigenschaften Noahs, Motivation seines Handelns, „Erfolg" seines Tuns: bei Gott, bei den Menschen seiner Zeit, für sich und seine Familie)
Andere Möglichkeit:
Gott richtet und rettet – Gericht und Gnade
(Illustration der beiden wichtigen Eigenschaften Gottes: Seine Heiligkeit erfordert das Gericht über die Sünde, in seiner Liebe bietet er Rettung in der Arche – bis heute gelten dieselben Prinzipien Gottes.)

3. Vorschläge zur Durchführung für die „kleine" Gruppe

3.1. Vorüberlegungen

Kinder sind gute Beobachter. Sie lernen von klein an durch Beobachtung. Wenn ein dreijähriges Kind mit seinen Puppen spielt, redet es mit ihnen, wie die Eltern mit ihrem Kind sprechen. Oft findet man die gleichen Redewendungen im Kind-Puppe-Gespräch wieder. Aber nicht nur das Reden, sondern das ganze Verhalten wird nachgeahmt. Von daher ist es so wichtig, daß Eltern, Mitarbeiter usw. gute Vorbilder sind. Solch ein Vorbild ist Noah. Wir stellen den Kindern das vorbildliche Verhalten Noahs vor und betonen besonders sein Verhältnis zu Gott. Als gottesfürchtiger, gehorsamer Mensch lebte er unwillkürlich anders als die Menschen seiner Umgebung. Auch das ist eine wichtige Erfahrung, die die Kinder sehr früh bei ihren Beobachtungen machen. Mit zunehmendem Alter empfinden sie, ob sich die Erwachsenen wirklich wie Christen verhalten. Hier haben wir eine große Verantwortung.
Es besteht die Gefahr, das Gericht Gottes auszuschmücken. Wir sollten gerade bei den jüngeren Kindern die Grausamkeit der Flut nicht überbetonen, sondern vielmehr auf die Rettungsmöglichkeit und das Verhalten Noahs hinweisen.

3.2. Einstiegsmöglichkeiten

3.2.1. Wir zeigen ein Bild von der Arche (siehe ‚Bibel im Bild' oder ‚Biblia Vision'). Da die Geschichte sehr bekannt ist, lassen wir die Kinder erstmal erzählen.

3.2.2. Wir nehmen ein einfaches Rätsel. Die Kinder müssen sechs Namen verschiedenen Tieren zuordnen. Wir erzählen und lassen die Kinder raten, um welche Person es sich handelt.

siehe OHP-Vorlage 15 a

3.3. Durchführung

Einerseits können wir die Geschichte ohne Bilder erzählen, da sie viel Handlung enthält. Andererseits gibt es gutes Bildmaterial, so daß man die bekannte Geschichte den Kindern dadurch besonders attraktiv machen kann (Bilder siehe Hinweis unter 3.2.1).

Folgende Schwerpunkte sollten wir berücksichtigen:
– Bosheit der Menschen im Gegensatz zur Gerechtigkeit Noahs
– Gott sieht, redet, warnt, kündigt Gericht und eine Rettungsmöglichkeit an.
– Was macht Noah mit den Anweisungen Gottes? – Gehorsam

– Reaktionen der Menschen: Noah wird verlacht, verspottet; niemand hört auf Noah.
– Noah glaubt Gott, geht durch die Tür in die Arche (Hinweis auf Joh 10, 8 Jesus Christus ist die einzige Tür).
– Gott schließt die Tür zu, d. h., Gott allein kann sie auch wieder aufschließen (zu spät!).
– Noah und seine Familie sind während des Gerichts in der Arche.
– Noahs Verhalten nach dem Verlassen der Arche: Er baut Gott einen Altar (Dankbarkeit).
– Gott schließt mit Noah einen Bund, das sichtbare Zeichen ist bis heute der Regenbogen (siehe auch unter 6.).

3.4. Zur Festigung

siehe OHP-Vorlage 15 b

3.4.1. Die Kinder wiederholen die Geschichte, indem sie das Rätsel lösen (vergrößern, auf Folie kopieren, bunt malen).

3.4.2. Wir basteln mit den Kindern ein Wandbild aus farbigem Tonpapier (Landschaft, Arche, Tiere, ...). Tierschablonen werden vorgegeben (Schablonen herstellen).

3.4.3. Die Kinder malen ein kopiertes Bild (z. B. Arche mit Regenbogen) bunt (siehe z. B. ‚Bibel im Bild') und zeichnen die Tiere ein (siehe Strichzeichnungen).

4. Vorschläge zur Durchführung für die „große" Gruppe

4.1. Vorüberlegungen

Noah lebte anders – Christen leben anders. Für viele Kinder ergeben sich hier Spannungen. Wenn sie sich in der Schule zu Jesus Christus bekennen, stehen sie schnell als Außenseiter da. Deshalb wollen wir ihnen am Beispiel Noahs Mut machen. Gott belohnt ein konsequentes Leben für ihn.
Nun ist es heute teilweise modern geworden, anders, alternativ zu leben. Wir wollen deutlich machen, daß es nicht darum geht, prinzipiell anders zu sein, grundsätzlich in die Opposition zu gehen, sondern so zu leben, wie Gott es in seinem Wort sagt.

4.2. Einstiegsmöglichkeiten

Lieder siehe 5.

4.2.1. Wir singen das Lied „Sei ein lebend'ger Fisch". Wir unterhalten uns über die Aussagen des Liedes und leiten auf unser Beispiel „Noah" über.

4.2.2. Wir stellen die Frage nach dem ersten „Schiffbauer" und Seefahrer in der Bibel, beschreiben die Arche und leiten dann auf die Zusammenhänge über.

4.2.3. Wir verteilen ein Rätsel (siehe OHP 15b), erarbeiten so einige Fakten der Geschichte und leiten dann auf die Anwendung über.

4.3. Durchführung
(siehe 3.3.)
Folgende Schwerpunkte können wir vertiefen:
– Woher kommt die Bosheit des Menschen? (siehe Lektion 6 u. 1 Mo 6, 5 das böse Herz, der sündige Zustand, Mt 15, 19)
– Gott kündigt Gericht und Gnade an.
– Gottes exakte Anweisungen und Noahs Gehorsam (6, 14 u. 22)

siehe auch 1.2.

– Noahs Botschaft (1 Petr 2, 5)
– Noahs Ausdauer und Geduld
– Noahs Glauben (Hebr 11, 7): Er vertraut Gott bedingungslos, z. B. baut er auf dem Trockenen, obwohl noch kein Wasser da ist.
Wir sollten besonders die Eigenschaften Noahs herausarbeiten und abschließend notieren, es sind erstrebenswerte Tugenden: Glauben, Gottesfurcht, Reinheit, Treue, Gehorsam. Fleiß, Ausdauer, Geduld, ...

4.4. Zur Festigung
4.4.1. Bastelarbeit: Arche aus Streichhölzern auf Pappe kleben

4.4.2. Erarbeitung eines tabellarischen Arbeitsblattes (Gegenüberstellung damals : heute)
Die Tabelle macht deutlich, daß immer Gott der Handelnde ist.

siehe OHP-Vorlage 16

5. Liedvorschläge
Die Menschen waren bös' ... (aus: Sing' mit uns ein neues Lied, Bd. 2, 98)
Ich hörte viel von Noah ... (aus: Wir loben Dich, Heft 2, 22)
Noah baute eine Arche ... (aus: Wir loben Dich, Heft 3, 58)
Sei ein lebend'ger Fisch ... (aus: Jungschar- u. Teenagerlieder, Heft 2, 91)

6. Vorschläge zum Bibelspruchlernen
Der Spruch ist eine Aussage bzgl. des Bundes Gottes mit Noah. Jeder kann bis heute die Richtigkeit dieser Aussage nachprüfen. Wir können den Bibelvers auf Folie schreiben und evtl. mit Bildern aus Lektion 4 illustrieren.
Bevor wir den Bibelvers erklären, unterhalten wir uns mit den Kindern über die Frage: Was kann man jedes Jahr beobachten?

Illustrationen siehe Lektion 4

7. Literaturhinweis/Arbeitshilfen

Bibel-Panorama. Christliche Verlagsgesellschaft, Dillenburg 1974
(der biblische Heilsweg in farbigen Darstellungen)
Biblia Vision. Freiversammlungs-Verlag, Wuppertal
(24 vierfarbige Bilder auf Karten 26 x 36 cm)
Brockhaus Kommentar zur Bibel Bd 1. Brockhaus, Wuppertal 1980
(eine Auslegung)
Die Bibel im Bild, Heft 10. Deutsche Bibelstiftung, Stuttgart
(vierfarbiges Bibel-Comic von Adam bis Abraham)
Erste Schritte mit der Bibel, Heft 1. Bibellesebund, Winterthur 1977
(Bibeltext mit Erklärungen, Rätseln u. Liedern mit einem aktuellen Bezug zum Leben des Kindes für neun Tage, pro Tag eine Seite)
Eschner, Horst: Werkbuch biblischer Unterricht. Brunnen Verlag, Gießen 1981 (Lektion für 9 - 12jährige)
Gibbs, A.: Schritte durch die Bibel Bd 1. Lektion 5 + 6. Christliche Verlagsgesellschaft, Dillenburg 1982 (Textanalysen)
Jakobi, E.: Der gute Start Bd 2. Lektion 46. Bibellesebund, Marienheide 1980
(Land in Sicht – ein Andachtsentwurf)
Thompson Studienbibel. Hänssler Verlag, Neuhausen-Stuttgart 1986

aus: Meyer, W.: Für Helle Köpfe Bd 2, CVD

aus: Meyer, W.: Für Helle Köpfe Bd 1, CVD

RETTUNG

OHP 16

	ZEIT NOAHS	HEUTE
Zustand des Menschen		
Gottes Warnung		
Gottes Rettungsweg		
Gottes Einladung		
Gottes Gericht	zwei Gruppen von Menschen	zwei Gruppen von Menschen

Mögliche Lösung:

	ZEIT NOAHS	HEUTE
Zustand des Menschen	Gedanken seines Herzens nur böse 1 Mo 6, 5	Alle haben gesündigt Rö 3, 23
Gottes Warnung	Es war genügend Zeit, denn der Bau der Arche dauerte lange (evtl. 120 J.). Die Arche war eine deutliche und sichtbare Warnung.	Wie oft haben wir Gottes Botschaft und Warnung gehört (s. Hebr 3, 7)? Die Menschen besitzen die Bibel; außerdem weist die Schöpfung auf Gott hin (Rö 1, 20 – 22).
Gottes Rettungsweg	Der Plan zur Rettung und die Anweisungen kamen von Gott (Baumaterial, Vorsorge an Nahrungsmitteln, 1 Mo 6, 14 ff). Es gab nur einen Zugang zur Arche, die Tür. Durch die Arche wurden alle gerettet, die hineingingen.	Gott plante und schuf auch die Voraussetzungen für unsere Rettung (Eph 2, 8 – 10). Der Herr Jesus ist die Tür (Joh 10, 9). Durch den Glauben an den Herrn Jesus kann jeder gerettet werden (u. a. Joh 3, 16).
Gottes Einladung	Sie galt jedem, in der Arche war reichlich Platz.	Jeder kann kommen (Joh 6, 37 b).
Gottes Gericht	zwei Gruppen von Menschen in der Arche gerettet | außerhalb der Arche verloren	zwei Gruppen von Menschen Gläubige gerettet | Ungläubige verloren (Joh 3, 36)

Lektion 9

1 Mo 11, 1-9

Turmbau zu Babel

Lernvers
Wer sich aber selbst erhöhen wird, wird erniedrigt werden; und wer sich selbst erniedrigen wird, wird erhöht werden.
Matthäus 23, 12

1. Zum Textverständnis

1.1. Zusammenhang/Inhalt

vgl. Ps 33, 10; Ps 49, 12

Die Wiederbevölkerung der Erde geschah nach der Sintflut durch die drei Söhne Noahs. Die Menschen sollten sich über die ganze Erde zerstreuen. Das war der Wille Gottes (Jes 45, 18). Kurze Zeit nach dem Neuanfang Gottes mit seinen Geschöpfen wird das sündige, egoistische Herz des Menschen sehr deutlich sichtbar. Entgegen dem Willen Gottes versammeln sie sich in einer Ebene, um einen gewaltigen Turm zu bauen. Sie wollen groß und berühmt werden. Gott vereitelt den Plan, das Gegenteil tritt ein: Sie werden über die Erde zerstreut.

1.2. Personen
- Gott (beobachtet, beurteilt, bestraft)
- Bewohner von Babel, Nachkommen Noahs

1.3. Orte/Gegend
- Land Schinar (Sinear)

erste Erwähnung in 1 Mo 10, 10, gleich Babylonien, östlich von Palästina, eine reichbewässerte, fruchtbare Ebene

siehe auch Lexikon zur Bibel

In Schinar legte Nimrod den Anfang seines Königreiches mit den Städten Babel, Erech, etc.
Von hier aus erweiterte er sein Königreich: Assur (Ninive, etc.).
- Stadt Babel

Allgemein ist eine Stadt ein fester Wohnsitz im Gegensatz zu z. B. beweglichen Zelten. Sie ist eine Niederlassung, die durch Befestigungsbauten gegen ihre Umgebung geschützt ist.
Am Beipiel der Stadtentwicklung in den Anfängen der Menschheitsgeschichte wird jedoch die (neg.) Entwicklung der Fähigkeiten und Kräfte des von Gott entfernten Menschen deutlich. (Gegensatz: Menschen in göttlicher Tradition lebten in Zelten, vgl. Abraham).
Die erste Stadt: (1 Mo 4, 17) Henoch (Hanoch) = Hingabe, Heiligung.
Erbauer: Kain (benennt sie nach seinem Sohn).
Hier zeigt das Erbauen einer Stadt zunächst die Tendenz, sich auf der Erde einzurichten. Kain meinte, gut ohne Gott leben zu können und begann daher, so gut er konnte, die Welt zu verschönern, um sie zu einem angenehmen Ort zu machen. Er machte sich seßhaft in der Welt.
In Babel beginnt das Bemühen des Menschen, seinem eigenen Namen auf der Erde Geltung zu verschaffen. Die Stadt wird hier zum Ausdruck der Festigkeit und Erweiterung menschlicher Macht und Stärke. Sie wird Sitz und Zentrum des ersten Königreiches.
Babel steht in enger Verbindung mit ihrem Gründer Nimrod. Er ist der erste Gewaltige auf der Erde, ein gewaltiger Jäger vor dem Herrn. (Er könnte auch der Initiator des Turmbaus gewesen sein: vgl. 10, 10 mit 11, 2 und 10, 11 mit 11, 8.)
Er vereint Menschen, gründet Städte und ein Königreich = Macht, Selbständigkeit.
Zweckvereinigung: Förderung menschlicher Interessen, Großmachen des eigenen Namens.
Babel verkörpert schon damals (im Ansatz) Zentrum und Symbol widergöttlicher Weltmacht.

Später erscheint Babel (oder Babylon) stets als ein mächtiger Einfluß auf der Erde, der ununterbrochen im Streit liegt mit allem, was seinen Ursprung im Himmel hat. Hier wird Babel mit „verwirren" in Verbindung gebracht. Die Babylonier haben den Namen jedoch als „Gottespforte" aufgefaßt (die griech.-lat. Form von Babylon beruht auf der Mehrzahlform „bab-ilami = Pforte der Götter).
Eskalation: Der Turm als Wahrzeichen der Überhebung des Menschen.

1.4. Zeit

Nach 1 Mo 10, 25 könnte sich der Turmbau und die Sprachenverwirrung zur Zeit Pelegs ereignet haben. Sein Name bedeutet nämlich „Teilung, Spaltung".
Grobeinteilung: Sintflut – Babel – Abraham
Nach der Flut macht Gott einen Neuanfang. Man könnte sagen, daß Satan dies ebenso tat. Dies macht Gottes Gericht und einen erneuten Anfang (mit Abraham) notwendig.

1.5. Begriffserklärungen

V. 1: „ein und diesselbe Sprache (Wörter)" – Volk.
Beide Begriffe müssen mit den Kindern abgeklärt werden. (Evtl. ausländische Kinder in Sonntagschule/Schulklasse/Kindergarten. Evtl. selbst Fremdsprache sprechen.)
V. 3: Asphalt (vgl. 14, 10)
= Erdharz: erhärtetes Erdöl
Hauptfundort: südlicher Teil des Toten Meeres („Asphaltmeer"). Verwendung: Dichten von Schiffen, Einbalsamiern von Leichen, Herstellung wasserdichter Böden, Mörtel.
V. 4: Turm: Man nimmt an, daß es sich bei diesem Turm um einen Treppenturm gehandelt hat.
V. 4: „sich einen Namen machen" – muß für die Kinder erklärt werden.

vgl. Abb. in Lexikon zur Bibel

2. Zielgedanke

Der Mensch kann nicht tun, was er will; Gott läßt das nicht zu.
Andere Möglichkeit (besonders für die Älteren):
Selbstverwirklichung führt ins Chaos; nur die Bindung an Gott garantiert ein erfülltes Leben.

3. Vorschläge zur Durchführung für die „kleine" Gruppe

3.1. Vorüberlegungen

Schon die kleinen Kinder werden heute vielfach dazu angehalten, das zu tun, was ihnen Spaß macht, ihnen gefällt (Lustprinzip), Autoritäten und Anordnungen (z. B. von Eltern) kritisch zu hinterfragen und sich gegebenenfalls dagegen zu wehren.
So ist es wichtig, ihnen schon früh zu zeigen, daß dies gegen den Willen Gottes verstößt.
Gott ist ein Gott der Ordnung. In dieser Ordnung hat Gott bestimmte Autoritäten eingesetzt, von denen er selbst die höchste ist. Nicht der Mensch selbst, seine Wünsche und Ziele sind maßgeblich für die Lebensgestaltung, sondern der Wille Gottes.

3.2. Einstiegsmöglichkeiten

3.2.1. Wir zeigen den Kindern ein Bild von einem hohen Turm.
Warum bauen die Menschen so hohe Türme? (gute Aussicht; guter Empfang von Radiowellen; vielleicht auch, um zu zeigen, was sie können; …)

3.2.2. Anspiel
Einige Kinder wollen etwas bauen (z. B. Haus aus Duplo-Steinen). Jeder macht nur das, was der andere sagt. Der Bau geht gut voran. Doch plötzlich verstehen sie die Sprache des anderen nicht mehr. Die Verständnisschwierigkeiten führen sie ins Chaos.

siehe OHP-Vorlage 17

3.3. Durchführung

Erzählen der Geschichte mit OHP-Vorlage (kann auch als einfache Tafelskizze entwickelt werden):

1. Schritt (Strichmännchen mit Sprechblasen-Text)
Die Nachkommen Noahs haben alle dieselbe Sprache und dieselben Wörter (1).

siehe 1.

2. Schritt (Pfeile nach innen)
Sie sammeln sich gegen das Gebot Gottes in einer Ebene.

3. Schritt (Turm)
Entschluß und Durchführung des Turmbaus schildern.

4. Schritt (Auge)
Gott beobachtet und vereitelt den Plan der Menschen.

5. Schritt (Strichmännchen mit Sprechblasen-Fragezeichen)
Sprachenverwirrung, die Sprache als Geschenk Gottes, ohne Sprache geht's nicht, Gottes wirkungsvolles Eingreifen (die Verwirrung läßt sich verbal gut illustrieren).

6. Schritt (Pfeile nach außen)
Das Ergebnis der Verständnis-Schwierigkeiten ist die Zerstreuung. Gott kommt zum Ziel. Bis zu einem bestimmten Punkt läßt Gott die Menschen gewähren, dann setzt er ihnen Schranken.

3.4. Zur Festigung

Die Kinder erhalten die einzelnen Kreise der OHP-Vorlage. Sie müssen sie in der richtigen Reihenfolge aufkleben. Anschließend können die Kinder erklären, was sie aufgeklebt haben (d. h., sie erzählen die Geschichte noch einmal mit eigenen Worten).

4. Vorschläge zur Durchführung für die „große" Gruppe

4.1. Vorüberlegungen

Hier läßt sich schon eher das zugrundeliegende Prinzip des Strebens nach Autonomie und Selbstverwirklichung herausarbeiten.
Die älteren Kinder kennen dieses Bemühen, einmal groß herauszukommen. Es gilt hier, die Alternative der Bindung an Gott aufzuzeigen.

4.2. Einstiegsmöglichkeiten

4.2.1. Sprachprobleme in der Schule (Fremdsprachenunterricht, Ausländerkinder). Wieso haben wir unterschiedliche Sprachen?

4.2.2. Die Kinder sehen jeweils zwei Kreise (siehe 3.3. Schritt 1 u. 5/Schritt 2 u. 6). Hier werden zwei Gegensätze ausgedrückt. Die Kinder sollen erraten, auf welche biblische Geschichte sie zutreffen.

4.3. Durchführung

Die Geschichte kann von den Kindern selbst gelesen und erarbeitet werden. Es können weitere Gegensatzpaare gesammelt und an einer Tafel oder Tapete fixiert werden. Beipiele:

menschliche Einigkeit (laßt uns: V. 3, wir wollen: V. 4)	göttliche Einheit (laßt uns: V. 7)
menschlicher Entschluß (eine Stadt und einen Turm zu bauen, um sich einen Namen zu machen)	göttlicher Entschluß (ihre Sprache zu verwirren)
menschliche Ziele (wir wollen uns einen Namen machen)	göttliches Nein (dies ist erst der Anfang ihres Tuns – Verwirrung)
menschliches Geltungsbewußtsein (der Turm mit seiner bis an den Himmel reichenden Spitze)	göttliche Größe (Gott muß herabfahren – so klein ist der Turm in den Augen Gottes – um sich diesen Turm anzusehen)
Spracheneinheit	Sprachenverwirrung
völkische Einheit	Zerstreuung

Konsequenzen: Da, wo der Mensch ohne Gott und an Gott vorbei plant, muß Gott einen Riegel vorschieben. Er läßt es nicht zu, daß der Mensch sich überhebt.
Ohne oder gegen Gott steuert die Menschheit ins Chaos.
Das Prinzip der Ursünde „Wir wollen sein wie Gott", beantwortet Gott mit Gericht.
Hier ist das, was der Mensch zu verhindern sucht, logische Konsequenz seiner Bemühungen.
Selbstverwirklichung führt nicht in die Freiheit, sondern letztendlich, konsequent zu Ende gedacht, ins Chaos.
Im Gespräch kann man durch Leitfragen Hilfen zur Auswertung geben: „Was bedeutet es, sich einen Namen zu machen?", „Warum verhindert Gott den Weiterbau?", etc.

4.4. Zur Festigung

Hier eignet sich der Bilder-Denkzettel Nr. 3, Selbstverwirklichung.
Mit Hilfe von sechs Bildern wird ein Mensch dargestellt, der „an seinem Leben baut", um groß herauszukommen.
Es läßt sich eine gute Verbindung zum bibl. Text herstellen und erleichtert die Übertragung.

siehe unter 7.

5. Liedvorschläge

Es geht ohne Gott ... (aus: Jungschar- u. Teenagerlieder, Heft 2, 22)
Jesus gibt uns mehr, ... (aus: Sing' mit uns ein neues Lied, Bd 2, 47)
O, vergiß nicht Gottes Wort! ... (aus: Wir loben Dich, Heft 3, 59)
Paß auf, kleines Auge, ... (aus: Singet froh ihr Kinder alle, 20/besonders die 7. Strophe: Paß auf, kleines Ich, werd' nicht groß ...)
Wenn Gott dich ruft, ... (aus: Kommt und singt, 28)

6. Vorschläge zum Bibelspruchlernen

Wer hoch klettert, kann auch tief fallen (z. B. die ersten Kletterkünste eines kleinen Kindes). Es gibt auch Menschen, die innerlich ‚hoch klettern'. Denke an eingebildete Schüler deiner Klasse! Es ist schwer mit stolzen Leuten, die meinen, sie seien die größten, besten, schönsten, stärksten, ..., umzugehen. Wie sieht das bei uns selbst aus?
Die Geschichte dieser Lektion ist eine gute Illustration für den Hochmut gegenüber Gott. Hochmütige werden erniedrigt (siehe auch L 6 Sündenfall – Der Wunsch des Menschen, so sein zu wollen wie Gott.).
Wenn man den Spruch auf Folie schreibt, könnte man zur Illustration ein Siegerpodest zeichnen. Die meisten Menschen möchten ganz oben stehen.

7. Literaturhinweis/Arbeitshilfen

Die Bibel im Bild, Heft 10. Deutsche Bibelstiftung, Stuttgart (vierfarbiges Bibel-Comic von Adam bis Abraham – 5 Bilder zum Turmbau ...)
Gibbs, A.: Schritte durch die Bibel Bd. 1. Lektion 7. Christliche Verlagsgesellschaft, Dillenburg 1982
Selbstentfaltung. Bilder – Denkzettel 3. Atelier Giebeler, Mozartstraße 9, 7430 Metzingen (Verteilblatt mit Bildergeschichte und Text)

OHP 17

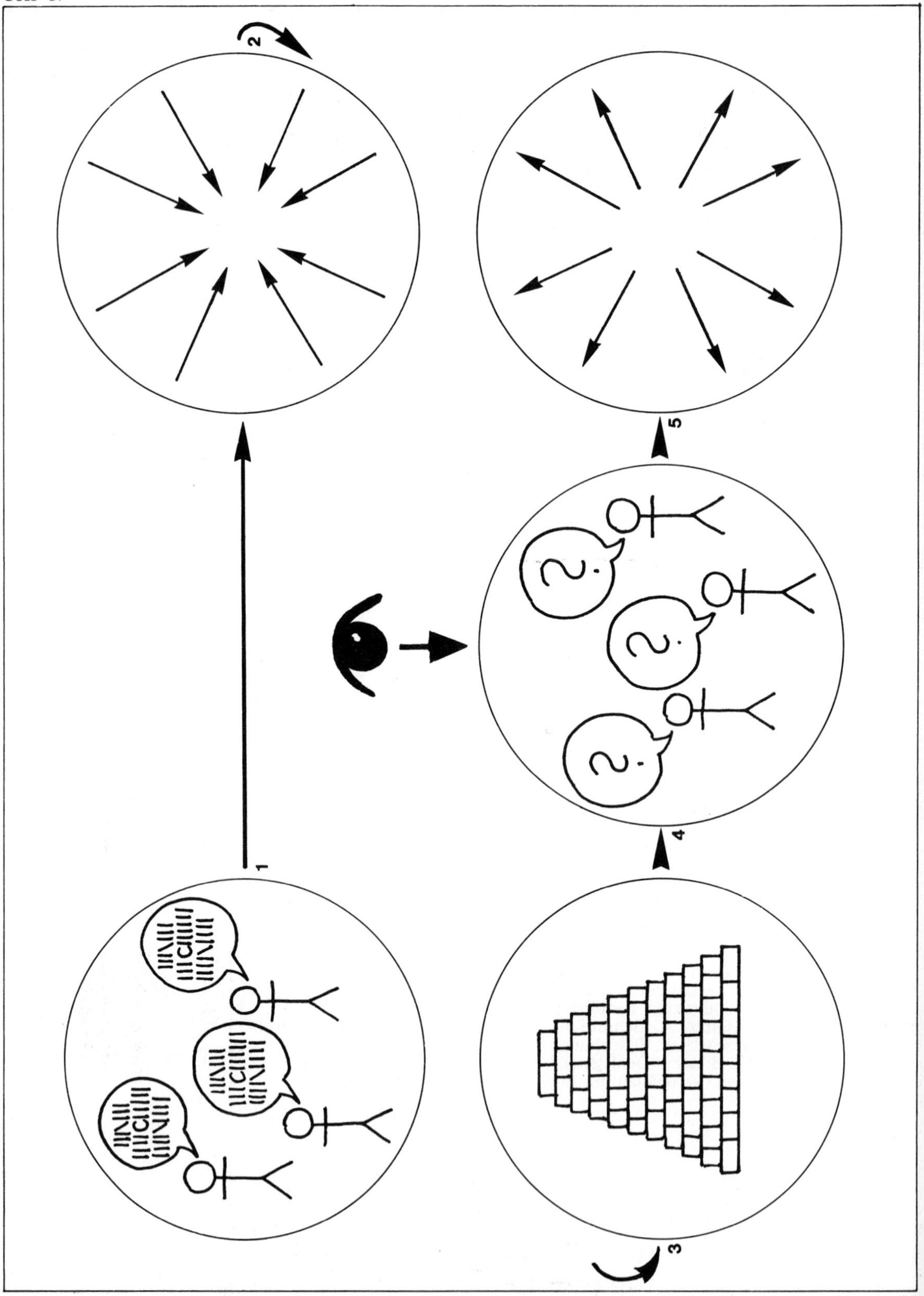

Lektion 10

Mk 12, 41-44

Die Gabe der armen Witwe

Lernvers
Der HERR sieht nicht auf das, worauf der Mensch sieht. Denn der Mensch sieht auf das, was vor Augen ist, aber der HERR sieht auf das Herz.
1. Samuel 16, 7

1. Zum Textverständnis

1.1. Zusammenhang/Inhalt
Der Herr Jesus ist nach Jerusalem gekommen, um bald am Kreuz zu sterben. Das Volk hat ihn großartig als König des kommenden Reiches empfangen. Einige Tage hat er im Tempel gelehrt. Die geistlichen Führer des Volkes, die Schriftgelehrten, haben versucht, ihn durch Fangfragen zu Fall zu bringen, was ihnen aber nie gelungen ist.
Wieder befindet sich der Herr Jesus mit seinen Jüngern im Tempel. Er erklärt den Menschen, daß der Christus der Sohn Gottes ist. Die vielen Leute hören ihm gespannt zu. Am Ende seiner Predigt zeigt er ihnen die Scheinfrömmigkeit der Schriftgelehrten. Sie lieben es, angesehen zu sein.
Jetzt beobachtet der Herr Jesus, wie die Menschen ihr Geld in den Opferkasten legen. Es kommen viele Reiche, die eine Menge Geld hineinlegen. Eine arme Witwe gibt hingegen ihren geringen Lebensunterhalt. Der Herr Jesus erklärt seinen Jüngern, warum die Frau mehr als alle anderen eingelegt hat.

1.2. Personen
– der Herr Jesus Christus auf dem Weg zum Kreuz
– die Jünger Jesu
– das Volk, u. a. Reiche und eine arme Witwe (siehe 1.5.)

1.3. Orte/Gegend
siehe Lexikon zur Bibel
– Jerusalem: Hauptstadt Judäas, unter röm. Besatzung, durch den Tempel religiöses Zentrum der Juden
– Tempel: nach der babylonischen Gefangenschaft wieder aufgebaut, im Jahre 515 v. Chr. eingeweiht, durch Herodes den Großen von dem Jahre 20 v. Chr. an umgebaut und verschönert, wurde erst wenige Jahre vor der Zerstörung Jerusalems (70 n. Chr.) fertiggestellt/Heiligtum der Juden, zentrale Stätte für Opfer, Gebet und Gottesdienste
– Schatzkasten (Gotteskasten): 13 Gefäße, waren im Vorhof des Tempels aufgestellt, für Tempelsteuer und freiwillige Gaben für gottesdienstliche Zwecke

1.4. Zeit
– in der letzten Woche vor dem Tod Jesu

1.5. Begriffserklärungen
V. 42: Witwe = Eine Witwe war in Israel durch das Gesetz geschützt (5 Mo 24, 17) und hatte außerdem einige Sonderrechte (z. B. 5 Mo 24, 19 - 21). Angewiesen auf die durch das Gesetz für sie Verantwortlichen (5 Mo 25, 5ff; Jes 1, 17) lebte sie in sehr ärmlichen Verhältnissen (z. B. 1 Kö 17, 10 - 12). Es gab keine Sozialversicherungen. Man erkannte eine Witwe an der besonderen Witwenkleidung (1 Mo 38, 19).
V. 42: Scherflein (Lepton) = kleinste Münze, heute würden wir von 1 Pfennig sprechen, obwohl ihr Gegenwert in DM nur ca. 1/4 von 0,01 DM beträgt.
V. 42: Pfennig (Quadrans) = Gegenwert in DM beträgt ca 1/2 von 0,01 DM, also 1/2 Pfennig. Zum Vergleich: Der Tageslohn eines Arbeiters betrug damals ca. 1 Drachme bzw. 1 Denar. Die Witwe gab etwa den 64. Teil eines Tageslohnes (ihr gesamter Lebensunterhalt).

2. Zielgedanke

Gott beurteilt anders. (Hinter einer Tat steckt mehr als man sieht. Das, was in unseren Gedanken, Herzen ist, können Menschen zwar nicht erkennen, aber Gott sieht es. Gott kennt den Grund, warum wir etwas tun. Dadurch wird unser Handeln von ihm richtig beurteilt.)
Andere Möglichkeit:
Wer den Herrn Jesus liebt, ist opferbereit.

3. Vorschläge zur Durchführung für die „kleine" Gruppe

3.1. Vorüberlegungen

Die meisten Menschen wollen beachtet und bewundert werden. Sie sind ichbezogen. Diese Grundhaltung entstand durch die Sünde, prägt die Gesellschaft und findet man leider schon bei Kindern. Manchmal versuchen Kinder, entweder eine Vorrangstellung zu erreichen, oder denken sich Wege aus, Liebe und Beachtung zu bekommen, damit sie nicht am Rande einer Gruppe stehen. Wenn ihre Bemühungen fehlschlagen, führt dieses zu ungewolltem Verzicht (Resignation und Frustration). Wir wollen dem Kind zeigen, daß Gott uns und unsere Bedürfnisse kennt. Er weiß, was wir denken und warum wir gerade **so** handeln. Durch die Vergebung und die Gemeinschaft mit ihm kommen wir los von unserem Egoismus.
Wir wollen den Kindern beim Abbau egoistischen und auch egozentrischen Denkens und Handelns helfen, indem wir gerade den jüngeren die tiefe Liebe der Frau zum Herrn Jesus zeigen.

3.2. Einstiegsmöglichkeiten

3.2.1. Direkter Einstieg: Die Situation in Jerusalem beim Einzug des Herrn Jesus illustrieren (Vorsicht! Nicht zu ausführlich beschreiben, da sonst der Gesamtschwerpunkt verschoben wird. Evtl. dann bei der Situation im Tempel „Jesus predigt" beginnen.).

3.2.2. Gegenstandslektion: Wir zeigen den Kindern einige Geldscheine (z. B. 10 DM, 20 DM, 50 DM) und im Gegensatz dazu ein paar Pfennige. Wir könnten uns über Taschengeld oder reiche, angesehene bzw. arme, verachtete Menschen unterhalten. Dann leiten wir auf die Person der Geschichte über.

siehe auch 4.2.1.

3.3. Durchführung

3.3.1. Wir erzählen die Geschichte unter Verwendung des Sprech-Zeichnens. Während wir die Geschichte erzählen, zeichnen wir einfache Bilder auf die Tafel, auf großen Karton oder auf eine Folie.

Bild 1

Der Herr Jesus kommt nach Jerusalem. Großartiger Empfang, triumphaler Einzug. (Nicht zu ausführlich berichten, nur kurz wegen des Zusammenhangs!)

siehe OHP-Vorlage 18 (Bilder 1 - 4)

Bild 2

Der Herr Jesus lehrt tagsüber im Tempel. Viele Menschen hören ihm zu. Er erzählt den Menschen von Gott und von der Beziehung des Menschen zu Gott.

Bild 3

Der Herr Jesus setzt sich vor den Schatzkasten und beobachtet die Menschen (Reiche — viel Geld/arme Witwe — sehr wenig Geld). Schon hier können wir die Gedanken der Gruppen erwähnen: Die Reichen geben viel — aus ihrem Überfluß — Ansehen, Macht; die arme Witwe gibt sehr wenig — gesamter Lebensunterhalt, sie liebt Gott.

siehe OHP-Vorlage 18a

Bild 4 (in vier Schritten, Teile A – D, entwickeln)
Der Herr Jesus erklärt seinen Jüngern, wie Gott beurteilt. Zur Verdeutlichung entwickeln wir Bild 4 in vier Schritten. Wenn wir mit Folie arbeiten, legen wir die vier Teile A – D nach und nach aufeinander und vervollständigen so das Bild.
Zur Aufteilung:
Teil A: Beide Seiten wollen etwas für Gott geben. Die Reichen geben viel, die Witwe sehr wenig, aber alles, was sie hat.
Teil B: Das Herz der Reichen: Sie geben Gott aus ihrem Überfluß und besitzen bei den Menschen viel Ansehen, Macht, Einfluß usw....
Teil C: Das Herz der Witwe: Sie zeigt durch ihre Gabe, daß sie Gott liebt. Sie vertraut ihm, daß er sie auch jetzt versorgen wird, wo sie nichts mehr besitzt.
Teil D: Die Reichen sind **um sich selbst** bemüht. Ihr Ansehen ist ihnen wichtiger, als die lebendige Beziehung zu Gott. Die Witwe lebt in der Gemeinschaft **mit Gott und für Gott.** Er liebt sie und wird sie versorgen. Sie ist für ihn wertvoll und brauchbar.

siehe OHP-Vorlage 18 (Bild 4)

3.3.2. Wir erzählen die Geschichte anhand der Gegenstandslektion (Geldscheine, Pfennige) und entwickeln am Ende Bild 4.

3.4. Zur Festigung

Bastelarbeit: Material: leere Cola- bzw. Limonadendosen, Pappscheiben, Plakafarben oder Tapetenreste, Klebstoff.
Der Mitarbeiter bereitet für die Kinder die Pappscheibe vor, die den Geldschlitz enthält. Der Schlitz ist 3,2 cm lang und 0,3 cm breit und deckt sich dann genau mit der Dosenöffnung. Die Kinder können die Dosen mit Plakafarbe anmalen, mit Tapetenresten bekleben oder ein Herz mit der Aufschrift „Mein Herz für Jesus" auf den Deckel und den Bibelvers aus 1 Sam 16, 7 außen herum kleben.
Es wird ein Schildchen befestigt, das den Zweck des Opfers (z. B. Mission) angibt.

siehe 4.4.1. u. 6. (Vorlagen kopieren, ausschneiden, aufkleben)

4. Vorschläge zur Durchführung für die „große" Gruppe

4.1. Vorüberlegungen

Nicht jeder Einsatz für Gott, nicht jede christliche Aktivität geschieht aus dem Motiv der Liebe. Es kann auch eine Betriebsamkeit vorhanden sein, die Bewunderung von anderen Menschen erhaschen will. Es kommt nicht in erster Linie darauf an, Unmengen an Zeit, Geld, Besitz usw. für Gott zu opfern. Gott sieht das Herz an! Er weiß, ob dort Liebe, Treue und Vertrauen zu ihm zu finden sind. Einsatz „für ihn" aus Egoismus kann Gott nicht gebrauchen. Wenn wir Gott lieben, ist es egal, ob wir reich oder arm sind, ob wir viel oder wenig geben können. Wichtig ist, was wir für uns behalten und wie es in unserem Inneren aussieht.

4.2. Einstiegsmöglichkeiten

4.2.1. Gespräch über Reichtum/Armut und ihre Folgen bzw. Probleme

4.2.2. Gespräch: Wir unterhalten uns mit den Kindern über Menschen, die sie selbst gerne wären (z. B. Idole wie Stars, Sportler usw.) und fragen, warum sie gerade diese Personen sein möchten. Wir stellen ihnen dann die beiden Menschengruppen unseres Textes vor.

4.3. Durchführung

siehe OHP-Vorlagen 18 u. 18a

4.3.1. Wir erzählen die Geschichte mit den Bildern 1 – 4 (siehe 3.3.1.).
Ergänzung zu Bild 2:
Bei der Predigt des Herrn Jesus über die Schriftgelehrten stellen wir schon deren Scheinfrömmigkeit heraus, die wir nachher auch bei den Reichen anwenden können.

4.3.2. Wir erzählen die Geschichte aus Sicht der Jünger. Vorteil: Wir können die menschliche Beurteilung der Situation besser verdeutlichen. Das hilft den Kindern bei der Erarbeitung der Tabelle (siehe 4.4.2.).

4.4. Zur Festigung

4.4.1. Bastelarbeit: Ein Herz aus rotem, festem Karton: Wir schneiden eine Tür hinein und kleben von hinten ein Stück Papier vor das entstandene Loch. Außen könnten wir groß „Mein Herz für Jesus" und innen den Bibelvers aus 1 Sam 16, 7 schreiben.

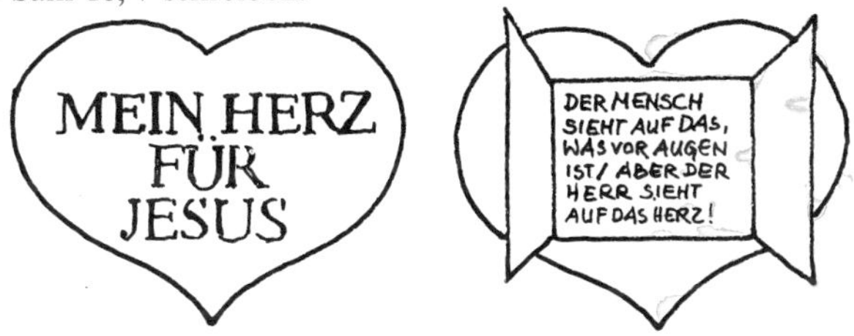

4.4.2. Wir erarbeiten mit den Kindern eine tabellarische Gegenüberstellung: Unsere Beurteilung – Gottes Beurteilung. Wir lassen die Kinder ihre Meinung in die dafür vorgesehene linke Spalte schreiben. Nachdem die linke Seite besprochen worden ist, füllen wir mit den Kindern die rechte Seite (Beurteilung Gottes) aus.
Beispiel:

VERGLEICH:

Unsere Beurteilung	**Gottes Beurteilung**
A) Die Reichen:	
– viel Geld – mehr als viele andere – Achtung und Ansehen bei den Menschen – gutes Verhältnis zu Gott	– vom Überfluß – aus Ehrsucht – zum eigenen Nutzen – trotzdem kein gutes Verhältnis zu Gott
B) Die Witwe:	
– wenig Geld, geringer Betrag – weniger als alle – Verachtung bei den Menschen – kein gutes Verhältnis zu Gott	– mehr als alle anderen – alles, was sie hatte – aus Liebe – eigener Verzicht – Gott freut sich darüber

4.4.3. Die Kinder tragen in ein leeres Herz ein, wie ein Herz für den Herrn Jesus aussehen könnte.

5. Liedvorschläge

Das Beste, was ich habe, ... (aus: Kommt und singt, 46)
Ein Mensch sieht, was vor Augen ist, ... (aus: Wir singen miteinander, 28)
Geben ist seliger als nehmen ... (aus: Das Wort Gottes ist lebendig, 81)
Laßt uns nicht lieben mit Worten ... (aus: Sing' mit uns ein neues Lied, Bd. 1, 83)

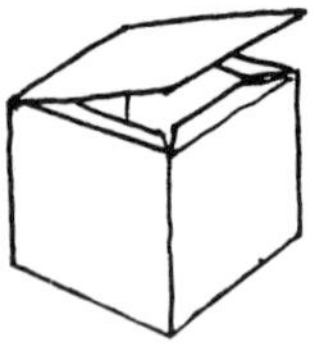

6. Vorschläge zum Bibelspruchlernen

6.1. Wir zeigen den Kindern einen verschlossenen Kasten mit verschiedenen, ausgefallenen Gegenständen, die sie durch Schütteln (später durch Tasten) erraten müssen. Wenn wir wissen wollen, was wirklich drin ist, müssen wir hineinschauen.

6.2. Die Worte „Herz", „Mensch" und „Augen" ersetzen wir nach und nach durch entsprechende Symbole. Dafür sind Flanelltafel, Tageslichtschreiber oder Tafel gut geeignet.

7. Literaturhinweis/Arbeitshilfen

Jakobi, E.: Der gute Start Bd. 1. Bibellesebund, Marienheide 1979 (ein Andachtsentwurf)
Jakobi, E.: Werkbuch Kinderstunden. Brunnen, Gießen 1985 (ein Stundenentwurf: Wir lieben Gott – wie die Frau am Opferkasten)
Jesus, der gute Hirte Bd. 2. Hrsg.: Ludwig-Hofacker-Vereinigung. Hänssler, Stuttgart 1981 (Die Begebenheit wird für Kinder erzählt.)

OHP 18

Bild 1/Folie 1

Bild 2/Folie 2

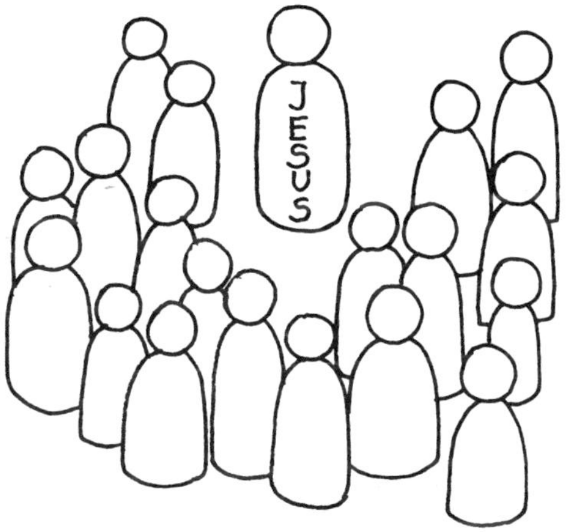

Bild 3/Folie 3

Bild 4/Folie 4

OHP 18 a

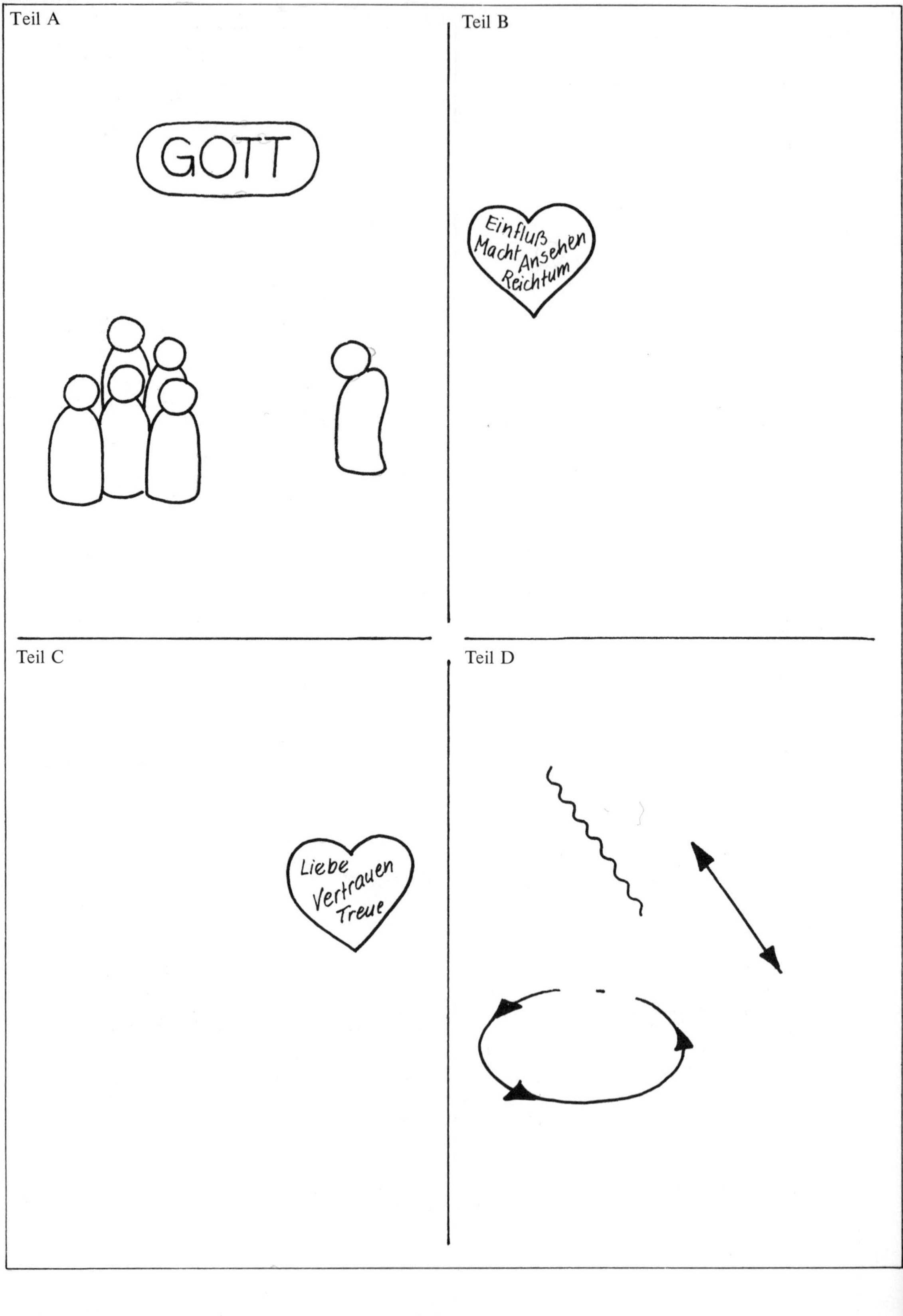
Teil A
GOTT
Teil B
Einfluß
Macht Ansehen
Reichtum
Teil C
Liebe
Vertrauen
Treue
Teil D

Lektion 11

Mk 14, 3-9

Salbung in Bethanien

Lernvers
Wir lieben, weil er uns zuerst geliebt hat.
1. Johannes 4, 19

1. Zum Textverständnis

1.1. Zusammenhang/Inhalt

Kurz vor seiner Gefangennahme befindet sich der Herr Jesus in Bethanien im Haus Simons. Eine hier unbenannte Frau bringt ihre ganze Liebe, Dankbarkeit und Zuneigung zum Ausdruck, indem sie ein Alabasterfläschchen zerbricht und das kostbare Salböl auf das Haupt ihres Herrn gießt (Anm.: Johannes berichtet von der Salbung der Füße. Beides steht im Einklang mit der unterschiedlichen Berichterstattung.). Sie erhebt ihn zu ihrem Herrn und König, und der Herr Jesus selbst sagt, daß sie das für sein Begräbnis getan hat. Sie tat das Höchste, was sie konnte. Demgegenüber steht der Geiz oder die Gewinnsucht einiger Anwesenden. Der Herr Jesus lobt die Frau und gibt ihr sogar ein bleibendes Andenken bis heute.

Parallelstellen:
Mt 26, 6 - 13; Joh 12, 1 - 8

1.2. Personen

– der Herr Jesus
– Simon, der Aussätzige, war sicher von dem Herrn Jesus geheilt worden (Aussatz, siehe Lexikon zur Bibel, Stichwort Krankheiten)
– unbenannte Frau, nach Joh 12, 3 Maria, Schwester von Martha und Lazarus
– einige Anwesende (V. 4: die Jünger nach Mt 26, 8/Judas nach Joh 12, 4/ der auferweckte Lazarus nach Joh 12, 2/u. a.)

1.3. Orte/Gegend

– im Haus Simons des Aussätzigen
– in Bethanien (= Haus des Elends), kleiner Ort nahe bei Jerusalem, etwa 2,7 km entfernt oder eine halbe Stunde Fußweg

siehe Lexikon zur Bibel

siehe OHP 18 b

1.4. Zeit

6 Tage vor dem Passahfest/vor der Gefangennahme (nach der genauen Datierung von Joh 12,1/die Berichte von Mk und Mt ließen „wohl aus homiletischen Erwägungen die zeitliche Reihenfolge unbeachtet" (Brockhaus, S. 94), vgl. auch Thompson-Studienbibel)

1.5. Begriffserklärungen

V. 3: zu Tisch liegen = Man lag auf Bänken oder Polstern oder hockte um niedrige Tische (bei festlichen Mahlzeiten) oder um eine ausgelegte Lederdecke bzw. Matte, die auf dem Boden oder einer niedrigen Platte ausgebreitet wurde.
V. 3: Alabasterfläschchen = hergestellt aus einer marmorähnlichen, feinkörnigen Abart eines harten Gipses, wurde für Schalen, Vasen und Kunstgegenstände verwendet, läßt sich leicht bearbeiten und polieren.
V. 3: Narde = eine aromatische Flüssigkeit aus Wurzeln und Stengeln eines Baldriangewächses aus dem Himalayagebiet
V. 5: Denar = Der Wert eines Denars entsprach zur damaligen Zeit dem Tageslohn eines Arbeiters.
V. 8: salben = hier eine äußerliche, an einer Person vollzogene Handlung zur Ehrung des Gastes und als vorweggenommene Totensalbung

2. Zielgedanke

Wer den Herrn Jesus liebt, gibt ihm gerne alles. (Gewinnsucht paßt nicht zur Liebe)

3. Vorschläge zur Durchführung für die „kleine" Gruppe

3.1. Vorüberlegungen

Aus der natürlichen Vater- bzw. Mutter-Kind-Beziehung kennt das Kind normalerweise Liebe und Zuneigung zu einer Bezugsperson. Liebende, fürsorgende Eltern ernten Gegenliebe – besonders bei den jüngeren Kindern. Liebe und Zuneigung zum Herrn Jesus wird geweckt, wenn Kinder sein Wesen, seine Reden und Taten, ihn selbst kennenlernen. Das ist unsere Aufgabe. Das „Judasdenken" ist den Kindern nicht fremd. Sie müssen lernen, abzugeben bzw. zu teilen. Denn sie haben bereits die Anlage, etwas besitzen zu wollen. Aber wo echte Liebe ist, strebt man nicht nach Gewinn.

3.2. Einstiegsmöglichkeiten

3.2.1. Gespräch: Nenne Dinge, die du gern hast! In welchen Situationen und aus welchem Grund hast du diese Dinge abgegeben? (Je lieber man eine Person hat, desto leichter fällt es, mit dieser Person zu teilen bzw. ihr etwas zu schenken.)

3.2.2. Gegenstandslektion: Wir bringen verschiedene wertvolle Gegenstände mit und lassen die Kinder selbst entscheiden, was am wertvollsten ist. Das kann sicherlich unterschiedlich ausfallen. Trotzdem ist es nicht schwer, daran anzuknüfen.

3.2.3. Wir zeigen ein Gipsfläschchen (Bild), nennen den Wert (Inhalt!) und leiten auf die Geschichte über.

siehe OHP-Vorlage 19 für Flanelltafel: Bilder vergrößern, bunt malen, mit Haftstreifen hinterkleben. Für Tageslichtschreiber: Bilder vergrößern, auf Folie kopieren

3.3. Durchführung

Erzählen mit Bildern:

Bild 1

Was passiert in Simons Haus? Der Herr Jesus und andere Gäste (siehe 1.2.) liegen zu Tisch. Da kommt eine Frau herein und geht auf den Herrn Jesus zu. Was hat sie in der Hand? Was will sie?

Bild 2

Das Unglaubliche geschieht! Sie zerbricht eine Flasche und gießt den ganzen Inhalt auf das Haupt des Herrn Jesus. Wie das riecht!

Empörung und Zorn bei einigen Anwesenden. Was hätte man für den Erlös des kostbaren Inhalts nicht alles kaufen können! Immerhin war es soviel wert wie der Jahreslohn eines Arbeiters.

siehe Lernvers Lektion 10

Der Herr Jesus setzt sich für die Frau ein. Er hat eine andere Wertvorstellung und nimmt sie in Schutz. Er erkennt die große Liebe in ihrem Herzen zu ihm (Wiederholungsmöglichkeit von 1 Sam 16, 7).

Bild 3

Von diesem Ereignis wird heute noch in der ganzen Welt erzählt (V. 9).

3.4. Zur Festigung

3.4.1. Die Kinder könnten ein Fläschchen formen (Knetmasse, Keraquick, Gips) und anhand dieses Gegenstandes die Geschichte nacherzählen.

siehe OHP-Vorlage 19

3.4.2. Die einzelnen Bilder 1 – 3 könnten kopiert und bunt ausgemalt werden.

4. Vorschläge zur Durchführung für die „große" Gruppe

4.1. Vorüberlegungen

Wir sollten mit den älteren Kindern das „Wie" und „Warum" von Marias und unseren eigenen Taten besprechen.

„Wie" – Maria nimmt die richtige Haltung dem Herrn Jesus gegenüber ein. Liebe ist verbunden mit Achtung und Ehrfurcht. Diese Haltung wird den Kindern viel zu wenig vorgelebt und gelehrt. Allzuoft wird der Herr Jesus als guter Freund und Kumpel degradiert. Diesen Abbau von Autoritätsachtung beobachten wir in allen Bereichen.

„Warum" – Marias Motive waren sauber. Kinder kennen berechnendes Handeln. Da wird z. B. einer alten Frau geholfen, **nur** um Geld zu bekommen. Handeln aus Liebe geschieht ohne Berechnung und Erwartung einer Gegenleistung. Wir müssen versuchen, bei den Kindern echte Liebe zum Herrn Jesus zu wecken; daraus entwächst ganz selbstverständlich richtige Nächstenliebe. Wir wollen Vorschläge geben, wie wir uns gegenseitig zur Liebe für den Herrn Jesus anspornen können (Hebr 10, 24), z. B. kranke, behinderte und alte Menschen besuchen und eine Bibelspruchkarte oder Blumen mitbringen, den Eltern im Haushalt helfen, Traktate verteilen etc. ...

4.2. Einstiegsmöglichkeiten

4.2.1. Gespräch: Wie können wir einem Menschen zeigen, daß wir ihn lieben? Worin kann sich in unserem Leben die Liebe zum Herrn Jesus zeigen? (Sammlung praktischer Beispiele, evtl. bei den älteren Kindern noch vor der Überleitung auf die Geschichte die Frage nach den Motiven stellen, siehe 4.1.)

4.2.2. Bilderrätsel

Rätsel z. B. auf Folie kopieren oder für jedes Kind kopieren

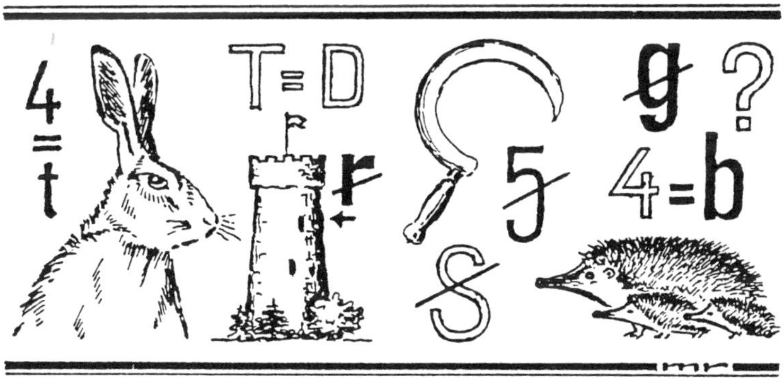

Lösung: Hast du mich lieb?

aus: Meyer, W.: Für helle Köpfe Bd. 2, S. 35. CVD

Überleitung z. B. mit folgender Aufgabe: Beachtet in der folgenden Geschichte das Verhalten der verschiedenen Personen! Wie würdet ihr als Beobachter die Frage (Hast du mich lieb?) für die einzelnen Personen beantworten?

4.3. Durchführung

Anstelle der Bilder (vgl. 3.3.) können beim Erzählen Symbole benutzt werden. Dabei könnte man auf Einzelheiten im Bericht zu sprechen kommen (siehe 1.).

siehe OHP-Vorlage 20

Symbol 1
Tisch als Zeichen der Gemeinschaft (zu Tisch liegen, siehe 1.5.)

Symbol 2
Die zerbrochene Flasche

Symbol 3
Vergleich: der Wert der Salbe damals und heute. Was könnte heute alles für einen Jahreslohn gekauft werden?

Symbol 4
Herz. Wie groß ist meine Liebe zu dem Herrn Jesus, und was bewirkt sie heute bei mir? (siehe 4.2.1. und Zielgedanke, 2.)

Symbol 5
Erfüllung der göttlichen Verheißung, z. B. auch in dem Moment, wo wir mit den Kindern darüber reden.

4.4. Zur Festigung

siehe auch Vorschlag 3.4.1.

4.4.1. Zwei Gruppen einteilen, die die entsprechende Ansicht vertreten: Pro und Contra – für oder gegen das Handeln der Frau. Eine Begründung für die Pro-Gruppe beinhaltet der Lernvers (siehe 6.). Hier sollte auch der Zielgedanke (2.) „Wer liebt, gibt alles!" vertieft werden.

4.4.2. Warum salbte Maria den Herrn Jesus? Was hatte sie bisher mit ihm erlebt?
(Sie kannte ihn als den Sohn Gottes, sie saß bestimmt mehrmals zu seinen Füßen, um ihm aufmerksam zuzuhören (Lk 10, 39 und 42). Sie kannte ihn als den tröstenden, helfenden, liebenden Herrn, der ihren toten Bruder auferweckte (Joh 11, 1-46).)

4.4.3. Wir kneten ein Salbenfläschchen aus Plastilin.

5. Liedvorschläge

Das Beste, was ich habe, ... (aus: Kommt und singt, 46)
Gott braucht nicht nur große Leute ... (aus: Sing mit uns ein neues Lied, Bd. 1, 51)
Lasset uns ihn lieben, ... (aus: Das Wort Gottes ist lebendig, 103)
Laßt uns nicht lieben mit Worten ... (aus: Sing mit uns ein neues Lied, Bd. 1, 83)
Wir wollen uns von Herzen lieben ... (aus: Sing mit uns ein neues Lied, Bd. 1, 33)

6. Vorschläge zum Bibelspruchlernen

siehe 4.2.1.

6.1. Wir illustrieren anhand praktischer Beispiele, was „den Herrn Jesus lieben" bedeutet. Dann klären wir die Frage: Worin zeigt sich die Liebe des Herrn Jesus zu uns? Er liebte uns, als wir ihn noch gar nicht kannten.

6.2. Spruch auf Tapetenrolle schreiben, immer nur ein Wort aufwickeln, bis der ganze Spruch zu sehen ist.

6.3. Spruch durch Symbole ersetzen

6.4. Lied „Lasset uns ihn lieben, ..." (siehe 5.)

7. Literaturhinweis/Arbeitshilfen

Brockhaus Kommentar zur Bibel III (TB). Brockhaus, Wuppertal 1987 (Textanalyse)
Gibbs, A. u. a.: Schritte durch die Bibel Bd. 2, Lektion 197. Christliche Verlagsgesellschaft, Dillenburg 1983 (Textanalyse)
Jakobi, E.: Werkbuch Kinderstunden. Brunnen, Gießen 1985 (ein Stundenentwurf: Wir lieben Jesus – wie Maria aus Bethanien)
Jesus Christus – Herr der Welt Bd. 3. Hrsg.: Ludwig-Hofacker-Vereinigung. Hänssler, Stuttgart 1982 (Die Begebenheit wird für Kinder erzählt.)
Thompson Studienbibel. Hänssler Verlag, Stuttgart 1986

OHP 18 b

Die Lage Bethaniens und Bethphages

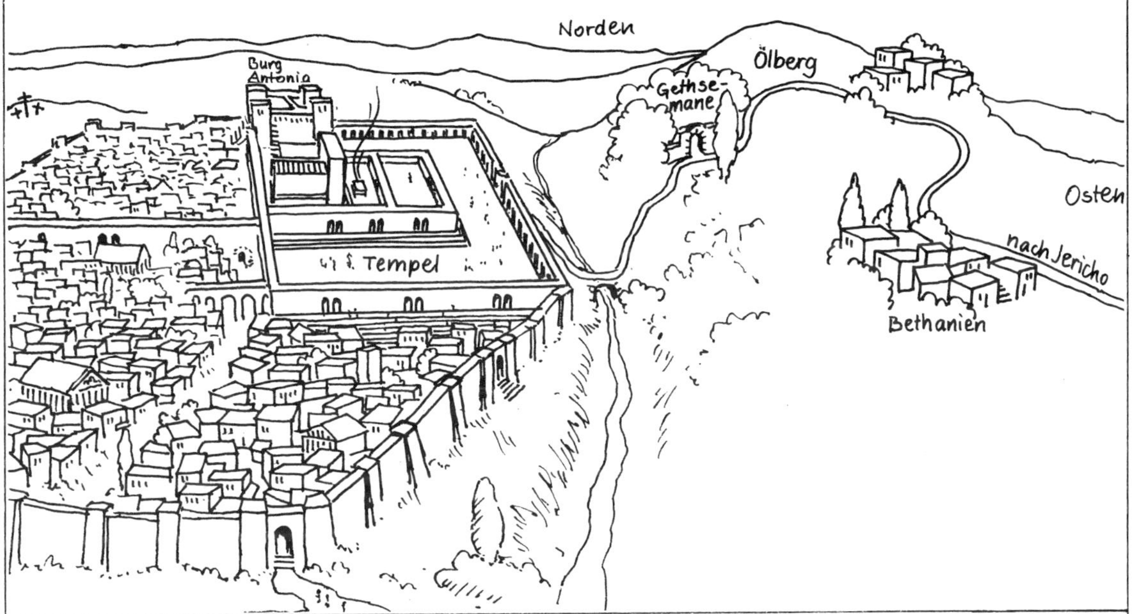

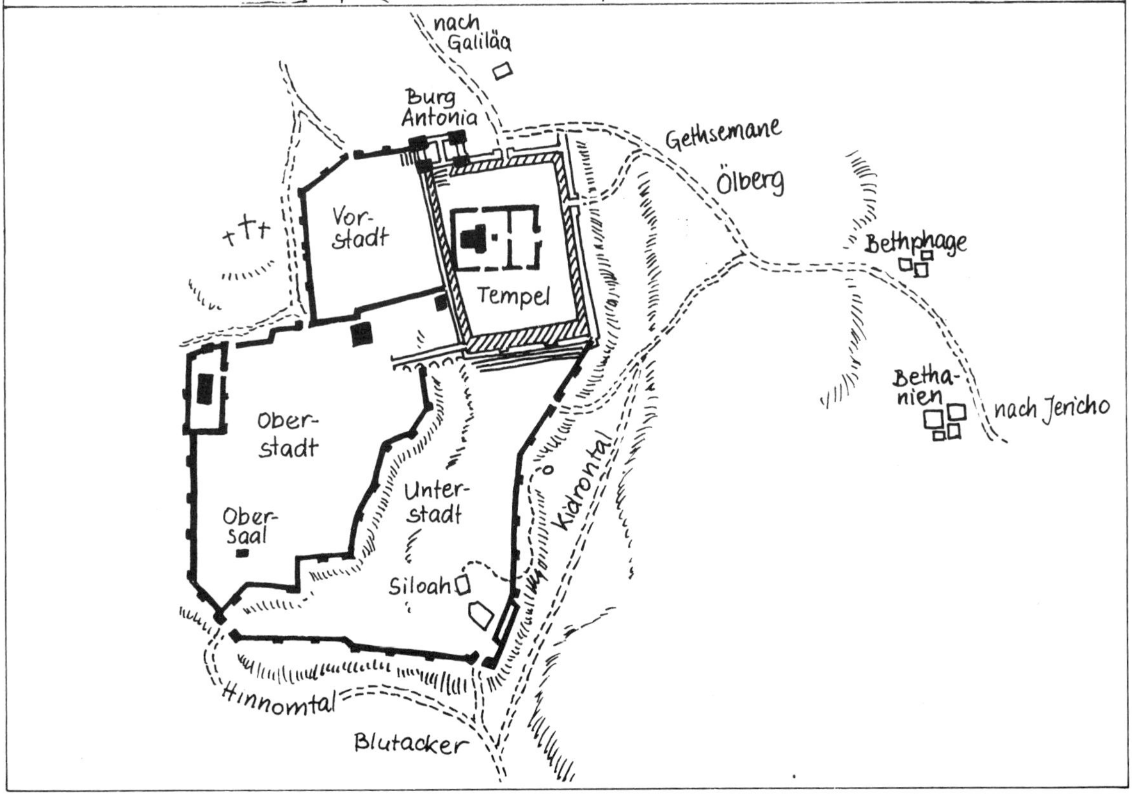

OHP 19

Bild 1

Bild 2

Bild 3

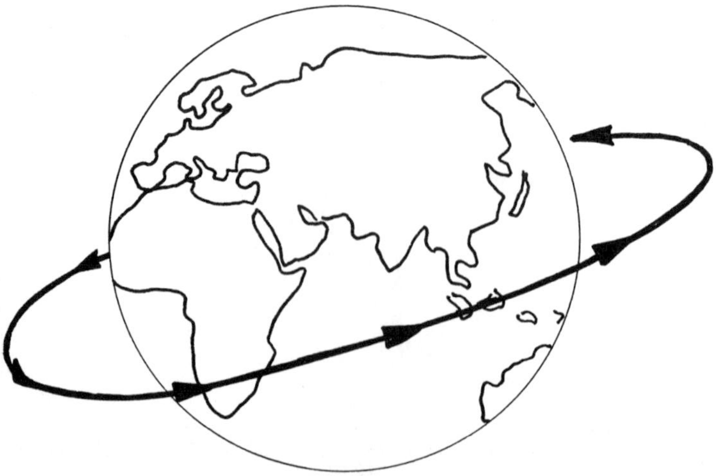

OHP 20

Symbol 1

Symbol 2

Symbol 3

Symbol 4

Symbol 5

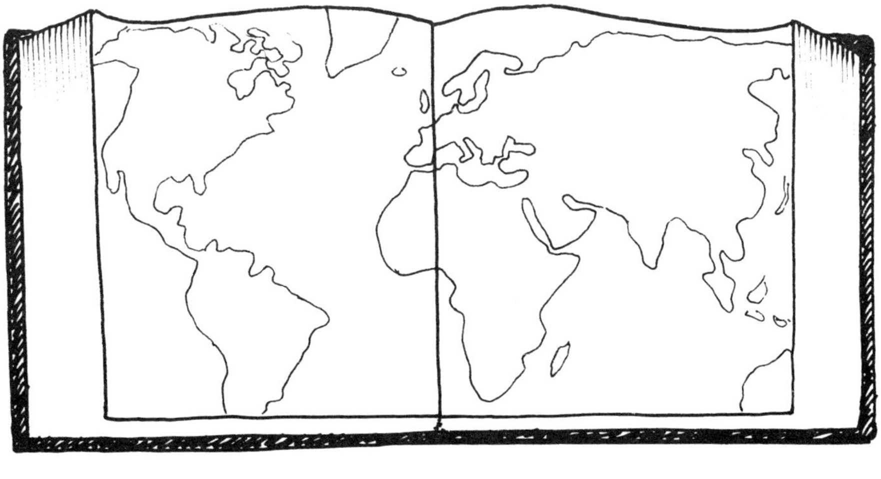

Lektion 12

Mk 14, 32-65

Gethsemane, Gefangennahme

Lernvers
Er erniedrigte sich selbst und wurde gehorsam bis zum Tod, ja, zum Tod am Kreuz.
Philipper 2, 8

1. Zum Textverständnis

1.1. Zusammenhang/Inhalt

Parallelstellen
Mt 26, 36 - 68
Lk 22, 39 - 55; 63 - 71
Joh 18, 2 - 24

Nach der Einsetzung des Abendmahls geht der Herr Jesus mit den Jüngern außer Judas in den Garten Gethsemane. Nur drei Jünger nimmt der Herr mit sich, die mit ihm wachen sollen. Während er im Gebet ringt, schlafen sie ein, und Judas, der Verräter, kommt mit den Soldaten. Der Herr wird gefangengenommen und in der Nacht vor dem Hohen Rat verhört, falsch beschuldigt und mißhandelt.

1.2. Personen

siehe auch Lektion 13, 1.2.

– der Herr Jesus Christus
– die Jünger – besonders Petrus, Jakobus und Johannes, Judas
– eine große Menge Bewaffneter (siehe 1.5.)
– ein junger Mann, der nackt flieht, d. h. der Mantel fehlt (V. 51)
– der amtierende Hohepriester Kaiphas (vgl. Mt 26,57) von 18 - 36 n. Chr.
– der Hohe Rat, Synedrium: Die höchste Behörde der Juden (außer dem röm. Statthalter) bestand aus 71 Mitgliedern (Hohenpriester, Schriftgelehrte, Älteste) unter dem Vorsitz des Hohenpriesters.

1.3. Orte/Gegend

siehe Lexikon zur Bibel

– Jerusalem: 760 m ü.d.M., Hauptstadt, unter römischer Besatzung
– Garten Gethsemane (Ölkelter): Garten am Fuße des Ölbergs in nord-östl. Richtung an der Grenze Jerusalems

1.4. Zeit

– Abend vor der Kreuzigung des Herrn Jesus

1.5. Begriffserklärungen

V. 36: „Nimm diesen Kelch von mir weg! Doch nicht, was ich will, sondern was du willst!" Kelch = Leidenskelch (vgl. 10, 38) „Es war die Qual, die seine sündlose Seele darüber empfand, „zur Sünde gemacht" zu werden (2 Kor 5, 21), dem göttlichen Urteilsspruch zu verfallen und den Tod, der „der Sünde Lohn" ist (Röm 6, 23), in all seiner Bitterkeit schmecken zu müssen" (Brockhaus, S. 97).

Aber er war bereit, den Wunsch seines Vaters zu erfüllen und ihm zu gehorchen.
Wir haben hier die zentrale und entscheidende Aussage am Anfang der Leidensgeschichte.
V. 43: eine große Menge = nach Joh 18, 3 eine Kohorte (militärische Einheit der Römer von etwa 600 Mann) und Diener des Hohen Rates.
V. 56: falsches Zeugnis = falsche Beschuldigungen
V. 58: diesen Tempel = Tempel seines Leibes (der Körper des Herrn, Joh 2, 19 - 22).

2. Zielgedanke

Die Not des Herrn Jesus und seine vollkommene Bereitschaft, den Willen seines Vaters zu tun aus Liebe zu uns Menschen.
Andere Möglichkeit:
– Gehorsam bis zum Tod (Phil 2, 8)
(Hier sollte es in erster Linie um den Herrn Jesus, seine Not und seinen Gehorsam gehen. In Lektion 13 wird das negative Verhalten der Menschen beleuchtet.)

3. Vorschläge zur Durchführung für die „kleine" Gruppe

3.1. Vorüberlegungen

Der Text zeigt uns eine Seite aus dem Leben des Herrn Jesus, die wir schwer nachempfinden können. Er steht vor der letzten und schwersten Wegstrecke seines menschlichen Lebens: Der Sündlose, soll zur Sünde gemacht werden, um stellvertretend für die Menschheit die Strafe für die Sünde auf sich zu nehmen. Wir müssen den Kindern mit sehr viel Einfühlungsvermögen seine Situation schildern und Ausschmückungen vermeiden. Der Bibeltext reicht aus.
Kinder kennen Angst- und Einsamkeitsgefühle. Sie wissen auch, was es heißt, zu Unrecht geschlagen zu werden und sich z. B. älteren Kindern gegenüber nicht wehren zu können. Vielleicht kann man da anknüpfen. Sünde hat zu tun mit Trennung, Schmerz und Tod. Der Herr Jesus war bereit für unsere Sünde zu sterben. Er ließ sich freiwillig gefangennehmen, schlagen. Er hätte sich das nicht gefallen lassen müssen. Er war der Mächtigste der Welt. Aber er ließ es über sich ergehen, **weil er uns liebt.** Diesen Gedanken sollten wir für die jüngeren Kinder in den Mittelpunkt stellen.

3.2. Einstiegsmöglichkeiten

3.2.1. Wir fragen die Kinder, warum sie schon einmal Angst hatten.

3.2.2. Wir sprechen mit den Kindern über Situationen, wo sie von anderen zu Unrecht beschuldigt worden sind.

3.3. Durchführung

Den langen Text müssen wir mehrmals lesen, um ihn gut erzählen zu können. Dabei sollten wir, der Altersgruppe entsprechend, die Schwerpunkte setzen.

3.3.1. Erzählen der Geschichte mit Flanellbildern (siehe u. 7. „Leben Christi 4").
(Anm.: Die Person des Herrn könnte man durch ein Kreuz ersetzen.)

3.3.2. Erzählen der Geschichte mit einfachen Strichzeichnungen/Symbolen

siehe OHP-Vorlage 21

Bild 1: Der Herr Jesus betet im Garten Gethsemane. Er weiß, was auf ihn zukommt.
Bild 2: Gefangennahme: die große Menge mit Schwertern, Stöcken, Fackeln, der Judaskuß, verlassen von allen
Bild 3: Anklage vor dem Hohen Rat, falsche Beschuldigungen durch falsche Zeugen
Bild 4: Der Herr Jesus wird angespuckt, mit Fäusten ins Gesicht geschlagen.
Nach jeder Szene betonen wir die Liebe des Herrn Jesus zu uns.

3.4. Zur Festigung

3.4.1. Beispielgeschichte: „Dr. Guyon gab sein Leben für die Stadt Marseilles" (siehe u. 7. Textheft zur Lektion 21 „Leben Christi 4").

3.4.2. Bilder 1 – 4 für die Kinder kopieren. Sie sollen die Geschichte mit den Bildern unter der Fragestellung, wie hat der Herr Jesus gelitten und worin zeigt sich seine Liebe, noch einmal nacherzählen.

4. Vorschläge zur Durchführung für die „große" Gruppe

4.1. Vorüberlegungen

Wir können den Gedanken des Leidens aus Liebe für die älteren Kinder vertiefen. Wir versuchen das Geheimnis seiner Bereitschaft zum Leiden zu verdeutlichen. Der Herr Jesus konnte ruhig und gelassen den schrecklichen Stunden entgegensehen, nachdem er sich bewußt dem Willen Gottes untergeordnet hatte und so auch eine tiefe Geborgenheit bei seinem Vater erfuhr (Kraft durch Beten). Hier kommt der heilsgeschichtliche Aspekt hinzu (V. 41: die Stunde ist gekommen, siehe auch 4.4.4.). Jesus Christus erfüllte die vielen Verheißungen hinsichtlich der Lösung des Sündenproblems, indem er sich als Retter hingab.
Die Kinder kennen den Druck, eine Aufgabe erfüllen zu müssen, die wichtig und notwendig, aber auch mit vielen Schwierigkeiten verbunden ist. Korrekte Erledigung des Auftrags und Gehorsam machen sich bezahlt. Diese Vorfreude gab auch dem Herrn Jesus Kraft (vgl. Hebr 12, 2).

4.2. Einstiegsmöglichkeiten

Gespräch: Nenne Gründe, weshalb du bereit bist, auch schwierige Aufgaben für deine Eltern zu lösen!
(Liebe zu den Eltern, Gehorsam, Aufgabe als Sinnerfüllung, Ausblick auf Belohnung), Überleitung auf die Situation des Herrn Jesus in Gethsemane etc. (andere Möglichkeiten siehe 3.2.).

4.3. Durchführung

Erzählen mit Hilfe der Bilder 1 - 4 (siehe 3.3.2.)
Ergänzungen:
siehe OHP-Vorlage 21
zu Bild 1: – Der Text beschreibt uns die innere Verfassung des Herrn Jesus: bestürzt, geängstigt, betrübt bis zum Tod (von den Kindern heraussuchen lassen).
– Kernaussage seines Gebets: Nicht, was ich will, sondern was du willst! Gott wünscht sich diese Haltung von jedem.
– Bedeutung des Gebets
zu Bild 2: – Der Herr Jesus wurde verraten (V. 43 - 45) und von seinen Jüngern verlassen (V. 50). Sie hatten Angst.
zu Bild 3 u. 4: – Lügengeschichten und widersprüchliche Aussagen bringen die Verhandlung nicht zum „gewünschten" Ziel, deshalb stellt der Hohepriester die Frage nach der Gottessohnschaft. Mit dem „Ich bin es" (V. 62) fällt er sein Todesurteil.

4.4. Zur Festigung

4.4.1. Zähle auf, was dem Herrn Jesus alles angetan wurde!
6 Wörter, die mit „v" beginnen: verlassen, verraten, verleugnet, verklagt, verleumdet, veachtet.

siehe OHP-Vorlage 22
4.4.2. Die Kinder erhalten eine Kopie von OHP-Vorlage 22, nennen die Stationen und beschreiben das Geschehen.

4.4.3. Erarbeitung einer Gegenüberstellung: Wie verhielt sich der Herr Jesus, als ihm soviel Ungerechtigkeit entgegenschlug, und wie hätten wir uns verhalten?

4.4.4. Vertiefung des heilsgeschichtlichen Aspekts:
Warum war es notwendig, daß der Herr Jesus diesen schweren Leidensweg ging? (siehe 1.5./3.1./4.1.)

5. Liedvorschläge

Herr Jesus, heute sag ich dir: Hab Dank, ... (aus: Kommt und singt, 51)
Hört das Lied der finstern Nacht, ... (aus: Unser Kinderliederbuch, 135)
Ja, das ist wahr ... (aus: Kommt und singt, 2)

Jesus Christus starb für mich ... (aus: Jungschar- und Teenager-Lieder, Heft 2, 40)
Jesus ging ans Kreuz ... (aus: Kommt und singt, 48)
Jesus zieht auf einem Eselsfohlen ... (aus: Unser Kinderliederbuch, 136)
Liebte Gott der Herr uns nicht ... (aus: Wir loben Dich, Heft 1, 65 Strophen 1, 3 u. 4).

6. Vorschläge zum Bibelspruchlernen

Begriffe „Selbsterniedrigung" und „Gehorsam bis zum Tod": Der Herr Jesus machte von seinem Recht keinen Gebrauch, sondern ging den untersten Weg, um seinen Auftrag zu erfüllen. Der Reiche wurde arm, der Mächtige ließ sich schlagen, der Gerechte läßt sich beschuldigen etc..

Wir erstellen ein Bibel-Memory:
Den Bibelvers für jedes Kind in 8 Teilen auf Karton schreiben. Karten gut mischen. Jedes Kind bekommt 8 Karten, die es, so weit es geht, in richtiger Reihenfolge ordnet. Nun gibt das erste Kind einem anderen eine Karte, die es nicht benötigt und erhält eine andere zurück. Wenn es diese Karte gebrauchen kann, behält es sie, andernfalls gibt es sie das nächste Mal weiter, wenn es an die Reihe kommt.
Wer zuerst die 8 Karten in richtiger Reihenfolge liegen hat, darf den Vers laut vorlesen. Es können auch zwei oder mehr Karten auf einmal ausgetauscht werden.

Er erniedrigte	und	am Kreuz.
Philipper 2, 8	ja, zum Tod	wurde gehorsam
sich selbst	bis zum Tod,	

7. Literaturhinweis/Arbeitshilfen

Brockhaus Kommentar zur Bibel III (TB). Brockhaus-Verlag, Wuppertal 1985
Gibbs, A. u. a.: Schritte durch die Bibel Bd. 3, Lektion 212. Christliche Verlagsgesellschaft, Dillenburg 1983 (Textanalyse: Die Leidensgeschichte des Herrn Jesus)
Jakobi, Elisabeth: Der gute Start Bd. 1. Bibellesebund, Marienheide 1979 (Bildbetrachtung zur Gefangennahme Jesu)
Jakobi, Elisabeth: Der gute Start Bd. 3. Bibellesebund, Marienheide 1981 (ein Andachtsentwurf zu Mk 14 u. 15)
Jesus Christus – Herr der Welt Bd. 3. Hrsg.: Ludwig-Hofacker-Vereinigung. Hänssler, Stuttgart 1982 (in drei Lektionen werden die Bibelabschnitte für Kinder erzählt)
Leben Christi 4, 6 Flanell-Lektionen (u. a. vom Garten Gethsemane zum Gerichtssaal). KEB, 3565 Breidenbach (Textheft, Bilder, Bibelverse)

OHP 21

Bild/Symbol 1

Bild/Symbol 2

Bild/Symbol 3

Bild/Symbol 4

OHP 22

Auf dieser Ansicht von Jerusalem könnt ihr euch überlegen, was sich alles von Gründonnerstag bis Ostersonntag in den einzelnen Gebäuden und am Ölberg abgespielt hat.

A. Haus mit dem Obersaal
B. Stadtmauer
C. Bach Kidron
D. Landgut Gethsemane (Ölberg)
E. Palast des Hohenpriesters
F. Palast des Pilatus (des römischen Statthalters)
G. Palast des Herodes Antipas (des Landesfürsten von Galiläa)
H. Burg Antonia (römische Kaserne)
J. Gerichtsstätte (Golgatha)
K. Tempel, von Herodes erneuert
L. Tempelmauer
M. Unterstadt (Stadt Davids)

Lektion 13
Mk 15,1-20
Anklage, Barabbas

Lernvers
Er war verachtet und von den Menschen verlassen, ein Mann der Schmerzen und mit Leiden vertraut.
Jesaja 53, 3 a

1. Zum Textverständnis

Parallelstellen:
Mt 27, 1 - 31
Lk 22, 66 - 23, 25
Joh 18, 22 - 19, 16

1.1. Zusammenhang/Inhalt

Nach der Verurteilung und Anklage durch falsche Zeugen (Verstoß gegen das 8. Gebot), wurde der Herr Jesus jetzt vor das weltliche Gericht gebracht. Israel war von den Römern besetzt und somit lag die Rechtsprechung bei ihnen (Einleitung des Zivilprozesses). Pilatus war röm. Statthalter in der Provinz Juda. Es folgte die Frage nach der politischen Machtstellung „König der Juden".
Der „Teufel Neid" hatte die Herzen der Hohenpriester (normalerweise Mittler zwischen Gott und Menschen) erfüllt, und sie verurteilten den Herrn Jesus Christus, den Sohn Gottes. Pilatus erkannte die Unschuld des Herrn an und verurteilte gegen sein Gewissen (Volksmeinung) und gegen das röm. Recht. Für den Sohn Gottes, den Schuldlosen war kein Platz. (Joh 1, 11 u. Lk 2, 34 beachten). Die falsche Wahl wird getroffen. „Ein Unschuldiger stirbt für die Schuldigen".

1.2. Personen

– Jesus Christus, der unschuldige Sohn des lebendigen Gottes. Der Schöpfer läßt sich von dem Geschöpf verurteilen.
– Hoherpriester: Priester und HP waren durch Mose auf Gottes Wort eingesetzt, Aaron und seine Nachkommen zum Dienst am Heiligtum bestimmt (2 Mo 28, 1; 3 Mo 4 + 16 + 21).
Der Hohepriester ging am großen Versöhnungstag mit dem Opfer ins Heiligtum. Priester und HP waren die Mittler zwischen Gott und den Menschen. Im NT wird Jesus Christus als der HP vorgestellt und löst damit das aaronit. Priestertum ab. Er ist der einzige Mittler (1 Tim 2, 5a; Joh 14, 6; Hebr 5, 7 - 10).
siehe Lektion 12, 1.2.
– Älteste und Schriftgelehrte: Siehe rev. Elberf. Ü. Erklärung zu Mt 26, 59, Fußn. 61.
Schriftgelehrte: Jüd. Klasse, die hauptsächlich das Studium des Gesetzes und ihre Auslegung betrieben (Mt 22, 35). Werden auch Gesetzeslehrer und Rabbiner genannt. Achteten auf die Unterweisung und genaue Einhaltung der Gesetze. Fungierten oft als Richter und waren auch als Mitglieder an den Sitzungen des Hohen Rates beteiligt (Mt 26, 57).
– Pilatus: Röm. Statthalter in Judäa in der Zeit von 26 - 36 n. Chr. Die Überlieferung sagt, daß er Selbstmord begangen hat (Eusebius).
siehe Lexikon zur Bibel
– Das Volk (Sammelbegriff: Männer, Frauen usw.): Gefühlsmäßig aufgeladen von den Schriftgelehrten etc. Wie schnell schlug die Stimmung um, vom Hosianna (Mk 11) zum „Kreuzige ihn".
– Barabbas: Ein Volksaufrührer, der für ein freies Israel kämpfte und dabei zum Mörder wurde.
An Barabbas sehen wir, was die Gnade bewirkt. Er wurde begnadigt durch Pilatus. Sünder werden begnadigt durch die Stellvertretung Christi (2 Kor 5, 21).
– Die Kriegsknechte (röm. Soldaten): Im Kampf erprobt, abgehärtet, tun ihre Pflicht im Dienst des Kaisers.

1.3. Orte/Gegend

Jerusalem (siehe Lektion 12, 1.3.), im Amtshaus des Pilatus, auch Prätorium genannt: offizieller Amtssitz des röm. Statthalters.

1.4. Zeit

– am frühen Morgen des Hinrichtungstages (zwischen 6.00 und 9.00 Uhr, um 9.00 Uhr war die Kreuzigung)

1.5. Begriffserklärungen

siehe auch 12, 1.

(z. T. schon oben erwähnt)
V. 6: Gewohnheit, einen Gefangenen loszugeben: Über diese Gewohnheit wissen wir nicht mehr, als uns das NT berichtet (Parallelstellen lesen).
V. 16: Schar (siehe Lektion 12, 1.5.)
V. 17: Purpurgewand = „scharlachroter Soldatenmantel, mit dem sie Jesus als einen gescheiterten Soldatenkönig und Anführer verspotteten" (Brockhaus, S. 99).

2. Zielgedanke

Jesus Christus, der unschuldige, sündlose Sohn Gottes, wird für dich und mich verurteilt. (Kurz: Ein Unschuldiger wird verurteilt.)

3. Vorschläge zur Durchführung für die „kleine" Gruppe

3.1. Vorüberlegungen

vgl. Lektion 12, 3.1.

Kinder reagieren sehr empfindlich, wenn sie zu Unrecht bestraft werden. Ihr Gerechtigkeitsempfinden ist sehr früh ausgeprägt. Da ein kleines Kind oft der schwächere Partner ist, weiß es sich dann nicht anders zu helfen, als verzweifelt zu weinen. Wir dürfen beim Erzählen der Leidensgeschichte Jesu dieses Empfinden nicht überstrapazieren, sollten daran aber durchaus anknüpfen.

3.2. Einstiegsmöglichkeiten

3.2.1. Beispielgeschichte: Tobias wird beschuldigt, der Unruhestifter in der Klasse zu sein (Auslöser). Er bekommt Strafarbeit auf, geht zum Lehrer und beteuert seine Unschuld, aber vergeblich. Tobias muß die Strafe verbüßen. Am nächsten Tag kommt es heraus: Thomas war der Anführer.

siehe Liedblatt S. 87

3.2.2. Lied: Für mich gingst du nach Golgatha, ... (siehe 5.)

3.3. Durchführung

3.3.1. Erzählen mit Flanellbildern (siehe u. 7. „Leben Christi 4")

siehe OHP-Vorlage 23

3.3.2. Erzählen mit einfachen Strichzeichnungen/Symbolen (Fortsetzung von Lektion 12, 3.3.2.)
Bild 5: Der Herr Jesus gebunden vor Pilatus. Die Hohenpriester klagen ihn an.
Bild 6: Das Volk hat die Wahl: Barabbas oder Jesus Christus.
Bild 7: Der Herr Jesus wird gegeißelt.
Bild 8: Der Herr Jesus bekommt einen „Spottmantel" an, eine Dornenkrone auf etc.
Wir sollten versuchen (zumindest ab Bild 6), daß die Kinder sich mit der Rolle des Barabbas identifizieren: „Diese grausame behandlung ließ der Herr Jesus an meiner Stelle über sich ergehen."

3.4. Zur Festigung

siehe OHP-Vorlage 24

3.4.1. Bastelarbeit: Kreuze mit Lernvers und Symbolen ausschneiden und zusammenkleben. (Evtl. Symbole für Flanelltafel herstellen und noch einmal kurz besprechen.)

siehe OHP-Vorlagen 21 u. 23

3.4.2. Die kleinen Kärtchen mit Bildern 1 – 8 an die Kinder verteilen. Die Kinder können sie sortieren, anmalen oder kommentieren.

4. Vorschläge zur Durchführung für die „große" Gruppe

4.1. Vorüberlegungen

Die älteren Kinder versuchen sich schon eher wirkungsvoll gegen ungerechte Behandlung zu wehren (vgl. 3.1.). Sie machen das z. B. durch Aggressionen oder Regressionen deutlich. Wir müssen immer bemüht sein, Gerechtigkeit durch unser Reden und Handeln zu demonstrieren. Auf diesem Hintergrund erzählen wir die traurige Geschichte von der ungerechten Behandlung unseres Herrn.

Wir zeigen den Kindern den Gegensatz zwischen den ungerechten, grausamen, herzlosen und widersprüchlichen Reaktionen der Menschen und dem gerechten Verhalten des Sohnes Gottes. (Dieselben Menschen, die gerufen hatten „Hosanna dem Sohn Davids!", schrien jetzt „Kreuzige ihn!".) Hier prallen zwei Welten aufeinander: der sündlose Sohn Gottes und der durch und durch sündige Mensch.

An dieser Stelle können wir dann überleiten auf die Notwendigkeit des stellvertretenden Todes des Herrn Jesus, auf seine Liebe zu uns und die Möglichkeit, von der Sünde befreit zu werden.

4.2. Einstiegsmöglichkeiten

4.2.1. Direkter Einstieg: Da läuft er durch die Stadt, wo will er hin? Das ist er doch oder ... Er ist frei ... Ein anderer ist an seine Stelle getreten ... (So kann es gewesen sein ...).

4.2.2. Beispielgeschichte: Was aus dem „wilden Michel" wurde (Krug, H.). Hier besonders auf die Begnadigung hinweisen. Anschließend leiten wir über auf die Begnadigung des Barabbas. Nachdem wir die Leiden des Herrn herausgestellt haben, können wir nochmal auf Michel und seine Lebensveränderung zurückgreifen: Das ist nur möglich, weil Jesus Christus für die Sünde gestorben ist.

siehe 7.

4.3. Durchführung

siehe 3.3.

4.3.1. Erzählen der Geschichte aus der Sicht des Pilatus (Verdeutlichung seines inneren Konfliktes: Gerechtigkeitsempfinden gegen den Druck der Hohenpriester, V. 10/seine Unsicherheit/seine Verlegenheit/sein Verhängnis: Entscheidung gegen Jesus Christus zu Gunsten des Volkes, V. 15)

siehe auch „Vor Pilatus ..." (in: Jesus Christus – Herr der Welt) u. „Waschschüssel, Richterstuhl" (Busch, Gegenstände)

4.3.2. Erzählen der Geschichte mit einfachen Strichzeichnungen/Symbolen Ergänzung zu 3.3.2.:

siehe 3.3.2.

zu Bild 5: Vertiefung des Pilatusgespräches: „König der Juden" – Pilatus versteht es politisch, der Herr sieht es geistlich (Joh 18, 36). Das Schweigen Jesu verwundert Pilatus, weil er es nicht gewohnt ist (Erfüllung von Jes. 53, 7).
zu Bild 6: Herausarbeiten des Gegensatzes zwischen Jesus Christus und Barabbas: Was hat der Herr Jesus getan und was Barabbas?

4.4. Zur Festigung

siehe 3.4.

Gegenüberstellung: Die unglaubliche Wahl des Volkes

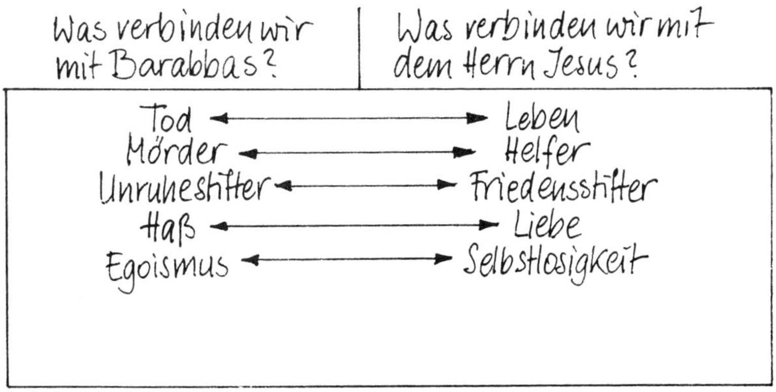

weitere Vorschläge siehe Lektion 12, 5.

5. Liedvorschläge

Für mich gingst du nach Golgatha ... (aus: Sing mit uns ein neues Lied, Bd. 2, 79)

Ihr Freunde, laßt euch sagen: Sie haben ihn geschlagen ... (aus: Unser Kinderliederbuch, 138)

Jesus kam in diese Welt ... (aus: Sing mit uns ein neues Lied, Bd. 1, 37), 1. u. 2. Strophe)

6. Vorschläge zum Bibelspruchlernen

Wir haben es mit einer prophetischen Aussage etwa aus der zweiten Hälfte des 8. Jh. v. Chr. zu tun. Sie trifft exakt auf den wahren Knecht Gottes, Jesus Christus, zu (Glaubwürdigkeit der Bibel). Das, was über ihn gesagt wird, finden wir in Bibeltexten Mk 14 u. 15.

Die Aussage „mit Leiden vertraut" kann in zweifacher Hinsicht gedeutet werden: Er hat selbst gelitten und hat sich freiwillig auf die Leiden der Menschen eingelassen, um ihnen als der Heiland zu helfen („ unsere Leiden getragen" – Jes 53, 4).

siehe 3.4.1.

Bastelarbeit „Kreuz"

7. Literaturhinweis/Arbeitshilfen

Brockhaus Kommentar zur Bibel III (TB). Brockhaus-Verlag, Wuppertal 1985

Busch, Wilhelm: Gegenstände der Passion. Schriftenmissions-Verlag, Neukirchen-Vluyn 1977

Jakobi, Elisabeth: Der gute Start Bd. 1, Lektion 14. Bibellesebund, Marienheide 1979 (Andacht, gemeinsame Texterarbeitung)

Jesus Christus – Herr der Welt Bd. 3. Hrsg: Ludwig-Hofacker-Vereinigung. Hänssler, Stuttgart 1982

Krug, Hildegard: Was aus dem „wilden Michel" wurde, Aufblick-Heft 12 111. SJD.

Leben Christi 4, 6 Flanell-Lektionen. KEB, Breidenbach

Symbole zu den Leiden Jesu (acht Symbole zum Ausschneiden und Hinterkleben für die Flanelltafel mit zwei Textblättern). KEB, Siegerland Neunkirchener Weg 2, 5908 Neunkirchen

OHP 23

Bild/Symbol 5

Bild/Symbol 6

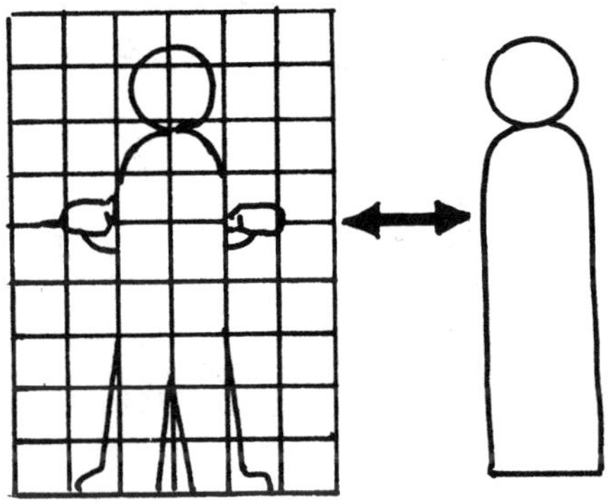

Bild/Symbol 7

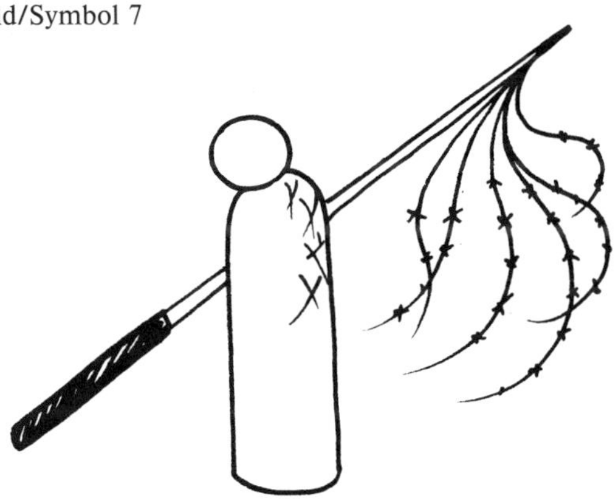

Bild/Symbol 8

Für mich gingst du nach Golgatha

1. Für mich gingst du nach Golgatha,
für mich hast du das Kreuz getragen,
für mich ertrugst du Spott und Hohn,
für mich hast du dich lassen schlagen.

REFRAIN: Herr, deine Liebe ist so groß,
daß ich sie nie begreifen kann,
doch danken will ich dir dafür.
Herr, deine Liebe ist so groß,
daß ich sie nie begreifen kann.
Ich bete dich an.

2. Für mich trugst du die Dornenkron,
für mich warst du von Gott verlassen.
Auf dir lag alle Schuld der Welt,
auch meine Schuld; ich kann's nicht fassen.

REFRAIN: Herr, deine Liebe ist so groß ...

3. HERR JESUS CHRISTUS, alle Schuld
hast du für immer mir vergeben.
Du hast mich froh und frei gemacht,
du schenkst mir neues, ew'ges Leben.

REFRAIN: Herr, deine Liebe ist so groß ...

Text u. Melodie Margret Birkenfeld

Beide Kreuze ausschneiden und mit dem Rücken aneinander kleben.

(Abdruck mit freundl. Genehmigung der KEB, Deutschland)

Lernvers
Ich bin die Auferstehung und das Leben; wer an mich glaubt, wird leben, auch wenn er gestorben ist.
Johannes 11, 25

Lektion 14
Mk 15,42-16,8
Grablegung und Auferstehung des Gekreuzigten

1. Zum Textverständnis

1.1. Zusammenhang/Inhalt

Parallelstellen:
Mt 27, 57 - 61; 28, 1 - 8
Lk 23, 50 - 24, 12
Joh 19, 38 - 20, 13

Jesus Christus war auf Golgatha gekreuzigt worden. Viele Neugierige hatten das beobachtet. Von denen, die ihm nachgefolgt waren, hatten viele Frauen aus Galiläa (Mt 27, 55) das Sterben ihres Herrn von fern miterlebt, wobei Maria Magdalena, Maria, die Mutter des Jakobus, und Salome namentlich genannt werden. Sie hatten den sterben sehen, von dem sie — und auch seine Jünger — erwarteten, daß er ihre messianische Hoffnung auf Aufrichtung des Reiches erfüllen würde.
Vor Anbruch des Sabbat erbittet sich Joseph von Arimathia den Leib Jesu und bestattet ihn in seinem eigenen, noch unbenutzten Felsengrab. Die beiden Frauen mit Namen Maria sehen ihm dabei zu, auch wie das Grab mit einem schweren Rollstein verschlossen wird.
Am frühen Morgen des ersten Wochentages gehen die beiden Frauen zum Grab, um den Leib Jesu nach damaliger Sitte einzubalsamieren. Auf dem Weg machen sie sich Sorgen darüber, wer ihnen den schweren Stein von dem Eingang des Grabes wegwälzen könnte.
Zu ihrer Überraschung ist das Grab geöffnet. Bei ihrem Eintritt sehen sie einen Jüngling in weißen Kleidern. Er bringt ihnen die Botschaft, daß der Gekreuzigte auferstanden ist und lebt. Sie erhalten den Auftrag, es den Jüngern zu sagen, damit sie nach Galiläa gingen, wo sie den Auferstandenen sehen würden. Bestürzt und voller Furcht fliehen sie aus der Gruft.

1.2. Personen

— Joseph von Arimathia: ein angesehener Ratsherr, der an Jesus als den Messias glaubte und nicht in seine Hinrichtung eingewilligt hatte.
— Pilatus (siehe Lektion 13, 1.2.)
— der Hauptmann
— Maria Magdalena: ihr hatte der Herr Jesus sieben Dämonen ausgetrieben (Lk 8, 2; Mk 16, 9)
— Maria, die Mutter des Jakobus (des Kleinen) und des Joses
— Salome, die Frau des Zebedäus und Mutter von Johannes und Jakobus
— ein Jüngling in weißem Gewand — ein Engel

1.3. Orte/Gegend

Bei Jerusalem: ein Garten in der Nähe Golgathas (Joh 19, 41) mit einem neuen Grab; am Eingang des Grabes

1.4. Zeit

— am Rüsttag oder Vorsabbat: Freitag nach unserer Einteilung (ein ereignisreicher Tag für den Herrn Jesus: Verhör durch Pilatus, Kreuzigung, Grablegung)
— am 1. Tag der Woche früh am Morgen, dem 3. Tag von der Kreuzigung an (dem heutigen Sonntag)

1.5. Begriffserklärungen

V. 43: Ratsherr = Mitglied des Hohen Rates, der höchsten jüdischen Religions-, Rechts- und Verwaltungsbehörde (vgl. auch Lektion 12)
V. 43: „der selbst auch das Reich Gottes erwartete" = ein gottesfürchtiger Jude, der um die messianischen Verheißungen des AT wußte und die Errich-

tung eines neuen Königreiches unter der Herrschaft des Messias erwartete. Da die Juden Jesus Christus verworfen haben, liegt die Errichtung dieses Reiches noch in der Zukunft (1000jähriges Reich).

V. 44: der frühe Tod = Gekreuzigte lebten manchmal bis zu zwei Tagen. Der Herr Jesus übergab, nachdem er sechs Stunden am Kreuz gehangen hatte, ganz bewußt und souverän sein Leben in die Hand seines Vaters (Joh 19, 30).
V. 46: Gruft (siehe Lexikon zur Bibel, Stichwörter „Grab" und „Grab Jesu")
V. 1: Salben = die Behandlung eines Leichnams vor dem Begräbnis mit wohlriechenden Ölen

2. Zielgedanke

Jesus Christus hat den Tod besiegt.
Andere Möglichkeiten:
– Jesus Christus, der Gekreuzigte, war tot und ist auferstanden.
– Die Schrift wurde erfüllt: „Bei einem Reichen war er in seinem Tode" (Jes 53, 9 – schwierig, aber für die älteste Gruppe evtl. möglich).

3. Vorschläge zur Durchführung für die „kleine" Gruppe

3.1. Vorüberlegungen
Das Thema „Grablegung" kann nicht ohne Bezugnahme auf das Thema „Tod" im Sinne von leiblichem Tod behandelt werden. Dabei müssen wir davon ausgehen, daß viele Kinder auch in diesem Alter schon Filmszenen gesehen haben, in denen Menschen – meist auf gewalttätige Weise – zu Tode gebracht werden. Wer schon Kinder beim Spiel solcher Szenen beobachtet hat, wird das mit Erschrecken bestätigen.
Andererseits wird bei Todesfällen in der näheren Umgebung der Kinder ja häufig versucht, die Kinder von dieser Tatsache möglichst fernzuhalten. Dadurch ist „Tod" in den Vorstellungen der Kinder häufig etwas Fernes mit wenig Bezug zur Wirklichkeit.
Um einerseits die Niedergeschlagenheit der Frauen auf dem Weg zum Grab und andererseits ihre Bestürzung angesichts der Tatsache der Auferstehung zu verstehen, muß den Kindern etwas vermittelt werden von der Endgültigkeit des leiblichen Todes und von der Grablegung als zwingender Folge des Todes. Nur so können sie irgendwann auch einmal eine Ahnung von dem bekommen, was „geistlicher Tod" bedeutet. Nur auf diesem Wege können sie auch etwas von dem Wunder der Auferstehung begreifen.

3.2. Einstiegsmöglichkeiten
Wenn eines der Kinder schon in der näheren Umgebung erlebt hat, was geschieht, wenn ein Mensch gestorben ist, könnte man darüber sprechen (u. U. erst über Erlebnisse bei dem Tod von Tieren sprechen – sensible Kinder). Der Verstorbene wurde auf dem Friedhof beerdigt. Wie haben die Angehörigen darauf reagiert? (mit Tränen, Trauer, Niedergeschlagenheit)
Sollte noch kein Kind solche Erfahrungen gemacht haben, kann man davon ausgehen, daß die Kinder einen Friedhof kennen und eine Ahnung davon haben, wozu er dient und was dort geschieht. Darüber sprechen wir kurz.

3.3. Durchführung
Wir knüpfen nun an die Lektion der vergangenen Woche an: Der Herr Jesus ist am Kreuz gestorben. Er ist tot. Auf den Tod folgt die Beerdigung. Wir erzählen nun die Geschichte der Grablegung durch Joseph von Arimathia. Dabei zeigen wir, daß es einer klaren Entscheidung bedurfte, verbunden mit viel Mut, sich auch nach seinem Tod zu diesem Gekreuzigten zu bekennen.

Flanellbilder, siehe 7., Leben Christi 4

Dabei ist es nötig, an Hand eines Bildes oder — besser noch — an einem einfachen Modell zu zeigen, wie ein Grab zu der damaligen Zeit ausgesehen hat. Wir erwähnen dabei auch den Brauch, den Leichnam zu salben, was aber wegen der Eile vor dem Sabbat bei dem Leib des Herrn Jesus nicht mehr geschehen konnte.

siehe OHP-Vorlage 25

Dadurch kann die Absicht der Frauen klar gemacht werden. Wir versuchen, die Niedergeschlagenheit der Frauen und ihre Enttäuschung zu vermitteln: sie erwarten einen Toten; die größte Sorge ist der Stein, der weggerollt werden muß. Je deutlicher diese Aussichtslosigkeit der Situation wird, in der sich die Frauen zu befinden glauben, desto besser ist die Überraschung und das Erschrecken der Frauen zu verstehen.
Die Gefahr ist hier, daß die Phantasie des Erzählers über die Schrift hinausgeht und die wichtigste Tatsache, die Auferstehung, zu kurz kommt.

3.4. Zur Festigung
Wenn wir mit einem Modell eines Grabes (z. B. aus Styropor) gearbeitet haben, können wir in der nächsten Stunde das leere Grab zeigen, um noch einmal über die Auferstehung zu sprechen.

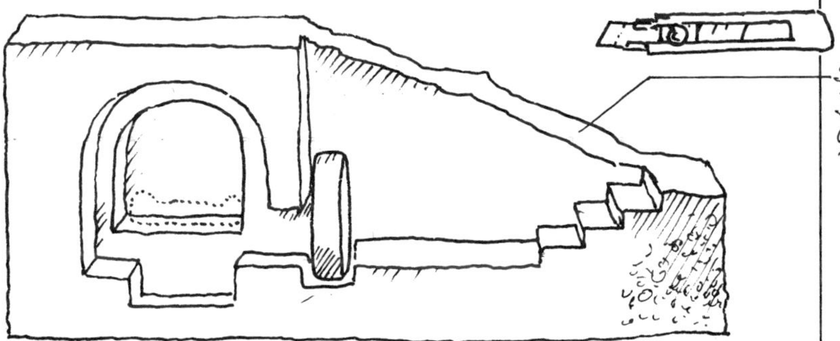

4. Vorschläge zur Durchführung für die „große" Gruppe

4.1. Vorüberlegungen
Im Prinzip gilt hier dasselbe wie für die kleine Gruppe. Dabei muß bei vielen größeren Kindern noch mit einer stärkeren Abstumpfung gegenüber dem Thema „Tod" gerechnet werden. Im Spiel oder im Film haben sie unzählige Male erlebt, daß der, der als „tot" bezeichnet wurde, nachher immer noch lebte. Tod muß also ganz klar gezeigt werden als das Ende aller körperlichen Lebensvorgänge.

4.2. Einstiegsmöglichkeiten
4.2.1. Nach einem kurzen Rückblick auf die vorherige Lektion, bei der wir das Geschehen der Kreuzigung auch zeitlich einordnen innerhalb des Wochenablaufs (unter Einführung der Begriffe „Sabbat", „Vorsabbat", „Rüsttag"), lesen wir Mk 15, 42 - 47 miteinander.

siehe 1.4.

4.2.2. Wir lösen gemeinsam oder in Kleingruppen das Rätsel „Unermeßlich frohe Botschaft". Hier werden auch noch einige Fakten der letzten beiden Lektionen wiederholt. Mit dem Lösungssatz „Das Grab ist leer" können wir dann in den Bibeltext einsteigen.

siehe OHP-Vorlage 26

4.3. Durchführung
Wir sprechen über das Gelesene, den zeitlichen Ablauf, darüber, was es heißt, daß Joseph „das Reich Gottes erwartete", und erklären, wie ein Grab zu dieser Zeit ausgesehen hat. Eine Skizze oder ein Modell ist dabei sehr hilfreich.

siehe OHP-Vorlage 25

Daß Joseph von Arimathia „es wagte", zu Pilatus zu gehen, sollte ebenfalls Gegenstand des Gesprächs sein.
Wir lesen Mk 16, 1 vor, um zu zeigen, warum die Frauen noch einmal zum

Grab gehen. Nun versuchen wir miteinander, uns in die Situation der Frauen auf dem Weg, ihre Gespräche, ihre Gedanken und Erwartungen und in ihre Hoffnungslosigkeit hineinzuversetzen. Nur so können wir die Überraschung, das vollkommen Unerwartete des Geschehens in der Gruft deutlich machen, das zu Bestürzung und Flucht führte.

4.4. Zur Festigung

4.4.1. Die Kinder erzählen aus der Sicht der Frauen vom Grab den übrigen (den Jüngern) das, was sie erlebt haben und geben den Auftrag weiter, nach Galiläa zu gehen, dahin, wo der Auferstandene zu sehen sein wird.

siehe OHP-Vorlage 27

4.4.2. Wiederholung der Passionsgeschichte mit Hilfe einer Landkartenskizze von Jerusalem. Die Kinder können die Nummern 1 bis ___ in der Reihenfolge der Stationen nach dem biblischen Bericht einsetzen und kommentieren.

4.4.3. Basteltip: Steine beschriften. Material: Glatte Steine, die auf einer Seite flach sind, damit sie stehen können. Plakafarbe und feine Pinsel oder Filzstifte. Jedes Kind kann einen Stein beschriften mit der „Osterbotschaft" **Jesus lebt** oder **Der Herr ist auferstanden.**

5. Liedvorschläge

Christus ist auferstanden ... (aus: Sing mit uns ein neues Lied, Bd. 2, 80)
Ganz früh am Ostermorgen ... (aus: Wir singen miteinander, 8)
Jesus ist auferstanden, ... (aus: Wir loben Dich, Heft 1, 10)
Kommt und seht: das Grab ist leer! ... (aus: Kommt und singt, 50)
Was suchet ihr den Lebendigen ... (aus: Wir loben Dich, Heft 1, 60)

6. Vorschläge zum Bibelspruchlernen

Den illustrierten Lernvers auf Folie oder Papier kopieren und den Kindern erklären.

siehe OHP-Vorlage 28

Wir üben den Lernvers miteinander, wobei nur bei den Wörtern „Auferstehung", „Leben" und „leben" alle aufstehen.

7. Literaturhinweis/Arbeitshilfen

Büchel, Monika (Hrsg.): Der gute Start Bd. 4. Bibellesebund, Marienheide 1986 (ein Andachtsentwurf, Texterarbeitung und Bastelarbeit zum Thema „Auferstehung")
Gibbs, A. u. a.: Schritte durch die Bibel Bd. 3, Lektion 216. Christliche Verlagsgesellschaft, Dillenburg 1983 (Textanalyse)
Jesus Christus – Herr der Welt Bd. 3. Hrsg.: Ludwig-Hofacker-Vereinigung. Hänssler, Stuttgart 1982 („Die Grablegung Jesu" u. „Jesu Auferstehung" – die Begebenheit wird für Kinder nach dem Bibeltext aus dem Mk-Evangelium erzählt)
Leben Christi 4, 6 Flanell-Lektionen (u. a. die Auferstehung Jesu). KEB, Breidenbach
Meyer, Walter: Für helle Köpfe Bd. 3, CVD 1983 (ca. 54 biblische Rätsel für Kinder)

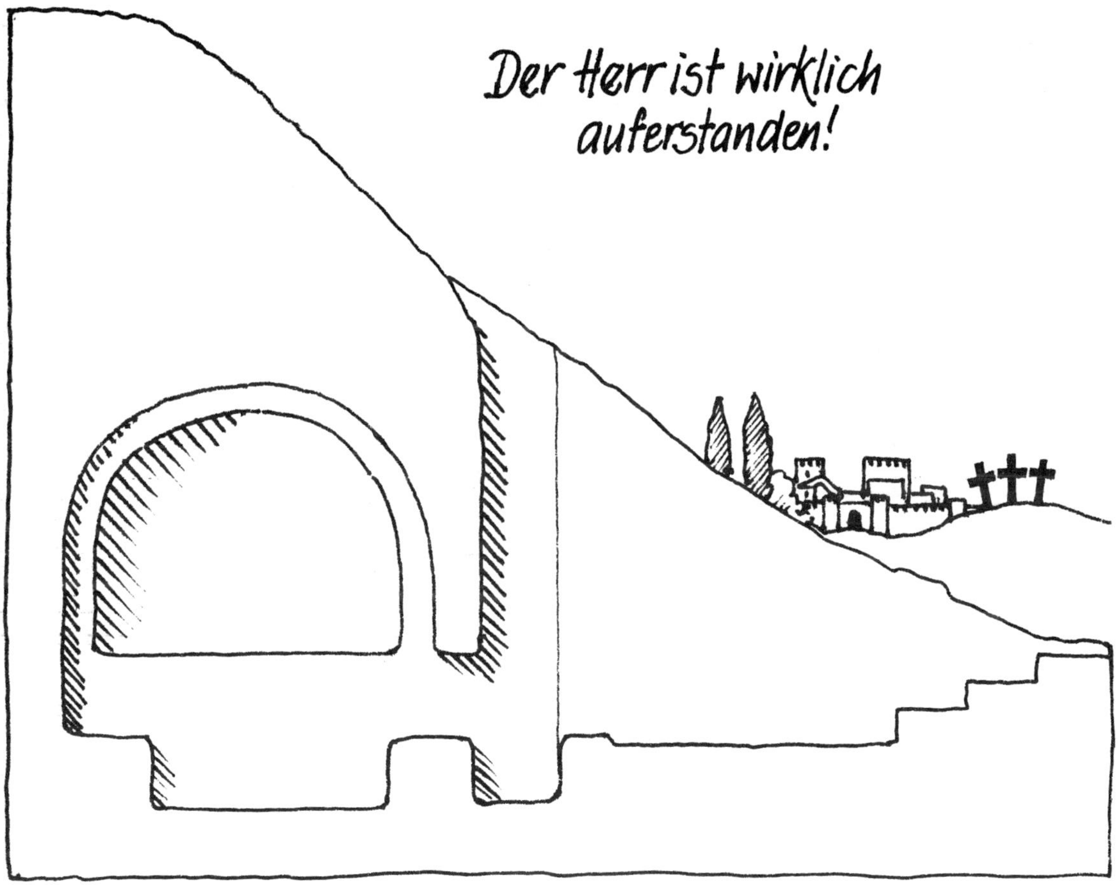

Zeichnung auf Folie übertragen / kopieren. Figuren aus Tonpapier ausschneiden und als Schattenspiel beim Erzählen nach und nach auflegen.

OHP 26

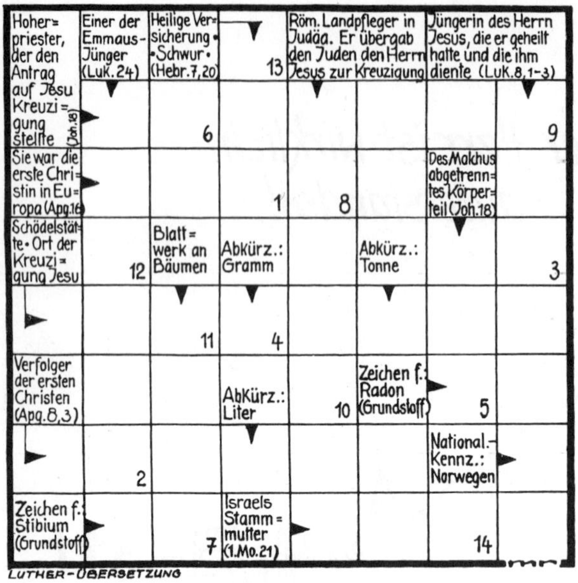

Lösungswort: Buchstabenreihe 1–14. Der Herr Jesus siegte über den Tod und er lebt. Ohne seine Auferstehung, diese herrliche Tatsache, wäre unser Glaube nichtig. Nun aber triumphieren wir: Gott hat uns, die wir an den Herrn Jesus glauben, »mit dem Christus auferweckt und mitsitzen lassen in der Himmelswelt« (Eph. 2, 6).

aus: Meyer, W.: Für helle Köpfe, Bd. 3, CVD

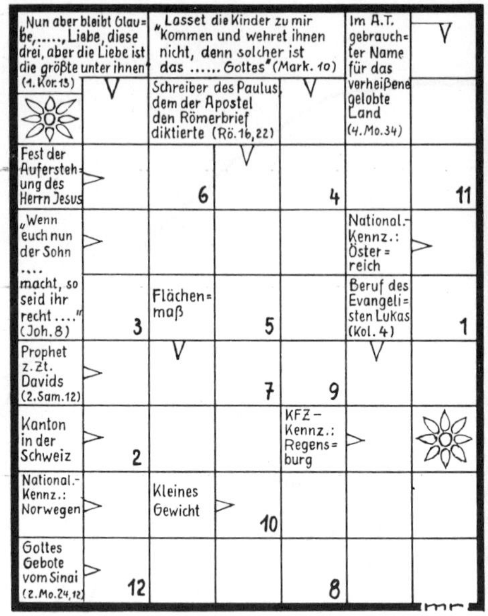

Wie heißt das Lösungswort (Buchstabenreihe 1–12), das von diesem gewaltigen Sieg redet?

aus: Meyer, W.: Für helle Köpfe, Bd. 2, CVD

OHP 28

Jesu letzter Weg durch Jerusalem

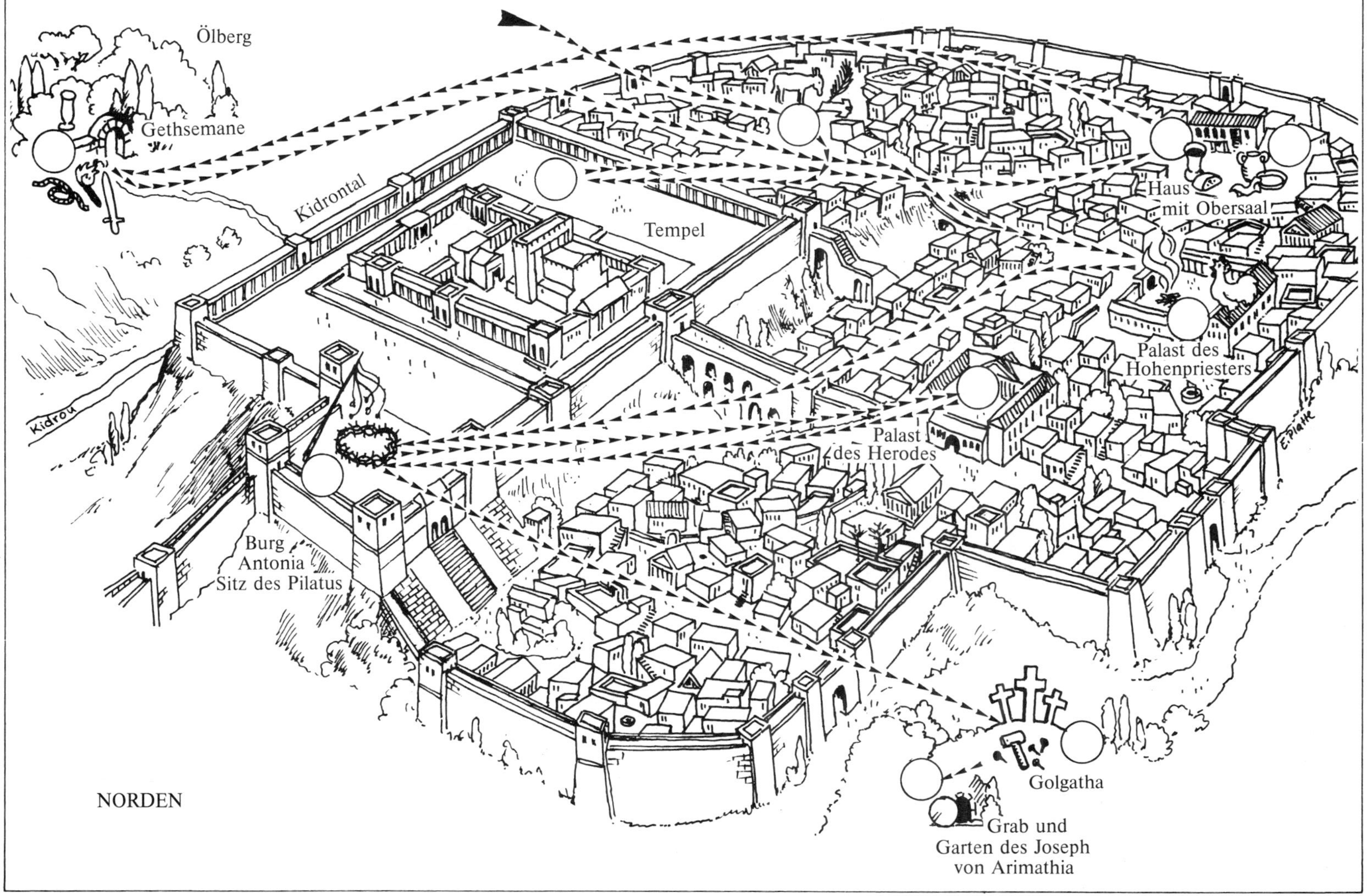

Lektion 15

Dan 1

Daniel und seine Freunde

Lernvers
Jeder nun, der mich vor den Menschen bekennen wird, den werde auch ich bekennen vor meinem Vater, der in den Himmeln ist.
Matthäus 10, 32

1. Zum Textverständnis

1.1. Zusammenhang/Inhalt

siehe Karte OHP-Vorlage 29

Nach der Belagerung Jerusalems durch den babylonischen König Nebukadnezar läßt Gott es zu, daß ein Teil des Volkes (u. a. aus dem königlichen Geschlecht) ins Exil nach Babel geführt wird.
Unter den Weggeführten befinden sich Daniel und drei seiner Freunde. Sie sollen als junge, schöne, verständige Männer drei Jahre lang in der königlichen Ausbildungsstätte erzogen werden, um dann dem König zu dienen. Sie werden umbenannt und in das kulturelle und religiöse Milieu Babyloniens eingeführt.
Sie weigern sich allerdings, die Tafelkost des Königs zu essen, und erbitten Einsicht bei ihrem Vorgesetzten, daß sie sich nicht verunreinigen müssen. Sie einigen sich auf einen Test: Nachdem sie zehn Tage nur Wasser und Gemüse zu sich genommen haben, ist ihr Aussehen besser als das aller anderen jungen Männer. Gott belohnt sie mit Weisheit und Verstand und der König findet in ihnen die verständigsten Diener und Berater, die allen anderen zehnfach überlegen sind.

1.2. Personen

siehe Lexikon zur Bibel u. Maier

– Daniel („Gott hat gerichtet, Recht verschafft" oder „Gott ist es, der mir Recht verschafft"): aus dem Stamm Juda, adliger Abstammung, wurde als junger Mensch (ca. 15/16 J.) in die Gefangenschaft nach Babel geführt, lebte dort etwa 70 J., einflußreicher Staatsdiener, Traumdeuter, Prophet; Umbenennung am Königshof in Beltschazar ((der Gott) Bel schirme sein Leben)
– Daniels Freunde: Hananja („Gott ist gnädig"), sein chaldäischer Name „Schadrach" (wahrscheinlich: „ich bin sehr in Ehrfurcht vor dem babylonischen Gott")/Mischael („Wer gehört zu Gott?"), sein chaldäischer Name „Meschach" (Bedeutung unklar, evtl. „Wer gehört aku (= dem Mondgott)?")/ Asarja („Gott ist der Helfer"), sein chaldäischer Name „Abed-Nego" („Diener des Nebo" = babyl. Gott). Die hebr. Namen enthalten den Namen Gottes, das mißfiel dem Obersten der Hofbeamten (V. 7). Er gab ihnen neue Namen, die sich auf babyl. Götzen bezogen.
– Jojakim („Jahwe richtet auf"): im Jahre 608 v. Chr. mit 25 J. vom ägyptischen König Necho zum König von Juda gemacht, Sohn des Königs Josia, ungerecht und gottlos, starb 597 v. Chr.
– Nebukadnezar („Nebo schütze den Sohn"): Herrscher von Babylonien (605 - 562 v. Chr.), Ausweitung der babyl. Herrschaft, ließ mächtige Bauten errichten, ungewöhnliche militärische Fähigkeiten, besiegte als Kronprinz den Pharao bei der Schlacht von Karkemisch am Euphrat
– Aschpenas = Oberster der Hofbeamten: verantwortlich für das königliche Personal, genießt besonderes Vertrauen des Königs (heute: Kabinetts- oder Staatsminister)
– Söhne Israels: außer Daniel u. seinen Freunden hatte man vermutlich 700 junge Judäer weggeführt (Beschreibung V. 4)
– Wahrsagepriester, Beschwörer (V. 20): Magier, Zauberer, Wahrsager, sie hatten Beraterfunktion, machten Aussagen über die Zukunft und halfen mit bei wichtigen Entscheidungen (tiefes Heidentum!)

1.3. Orte/Gegend

– Jerusalem: politisches und religiöses Zentrum (Tempel) der Juden, zentrale Lage auf der Höhe des Gebirges Juda, 760 m ü. d. M.

– Land Schinar (V. 2): Ebene Babyloniens, die zwischen Euphrat und Tigris liegt (alttestamentlicher Name für Babylonien)
– Babel: im Altertum bedeutendste Stadt des Vorderen Orients, Hauptstadt Babyloniens, am Ufer der Euphrat, unter Nebukadnezar erlebte Babel eine neue Blütezeit, prunkvolle Bauten, 80 km südl. des heutigen Teheran, heute eine unbewohnte Gegend (Erfüllung von Jer 50, 39) – in der Bibel ein Sinnbild widergöttlicher Weltmacht
– Palast des Königs: gewaltige Anlage mit zahlreichen Innenhöfen und Gebäudekomplexen

siehe Lexikon zur Bibel

1.4. Zeit

– 605 v. Chr. Nach der Schlacht bei Karkemisch besetzt die babylonische Armee ganz Syrien und Palästina bis zum „Bach Ägyptens". (Auf dem Rückweg nehmen die Babylonier einige ausgewählte Männer und Geräte aus dem Tempel mit in ihre Heimat.)
– Im dritten Regierungsjahr Jojakims (nach babyl. Zählung wird das Thronbesteigungsjahr nicht mitgerechnet)

siehe Karte
OHP-Vorlage 29

1.5. Begriffserklärungen

V. 2: Geräte des Hauses Gottes = wertvolle Gegenstände für den Dienst im Tempel, gehörten zum Tempelschatz, wurden in das „Haus seines Gottes" (= Gott Marduk) nach Babel gebracht.
V. 4: Chaldäer = Volksstamm aus Chaldäa mit der Hauptstadt Ur, siedelten sich 1000 v. Chr. im Süden Babyloniens an, übernahmen die babyl. Zivilisation, wurden das Rückgrat des neubabyl. oder chaldäischen Reiches, auch eine Bezeichnung für eine bestehende babyl. Priesterklasse, die sich mit Traumdeutung und Astrologie beschäftigte.
V. 8: Tafelkost des Königs = Speisen und Getränke stammten teilweise aus Götzenopfern, geweihte Speisen im Rahmen eines heidnischen Rituals; außerdem waren den Babyloniern die Reinheitsvorschriften aus dem mosaischen Gesetz unbekannt, was z. B. das Essen von Schweinefleisch betraf (3 Mo 11). Die Bitte Daniels war ein Risiko auf Leben und Tod (V. 9 Gottes Hilfe!).
V. 12: Gemüse = Hier geht es nicht um eine vegetarische Lebensweise, sondern um die Gefahr der Verunreinigung (V. 8).

2. Zielgedanke

Gott belohnt Treue und Gehorsam.
Andere Möglichkeiten:
– Mut zum Zeugnis
– Kompromißloses Leben nach Gottes Geboten

3. Vorschläge zur Durchführung für die „kleine" Gruppe

3.1. Vorüberlegungen

Kinder, die früh im Elternhaus gelernt haben, nach biblischen Maßstäben zu leben, machen in ihrer Umwelt (Freundeskreis, Kindergarten etc.) ähnliche Erfahrungen wie Daniel und seine Freunde. Sie werden in einer antigöttlichen Umgebung groß. Heidnische Bräuche werden im christlichen Abendland wieder groß geschrieben. Durch Film und Spielzeug werden Kindern z. B. in die Gepflogenheiten weißer und schwarzer Magie eingeführt. Hier treten Spannungen auf, für alle, die nach der Bibel erzogen werden. Da prallen unterschiedliche Wertvorstellungen und Tugenden aufeinander.
Es ist unsere Aufgabe, die Welt der Kinder in die Zeit Daniels zu projezieren, damit sie sich dort wiederfinden und gleichzeitig erleben, daß ein Bekenntnis zu Gott und seinem Wort immer Gottes Bekenntnis zu uns bewirkt. Gott belohnt Treue. Wir sollten vor allen Dingen auch den Kindern mit der Geschichte Mut machen, die die einzigen in ihrer Familie sind, die dem Herrn Jesus nachfolgen wollen.

3.2. Einstiegsmöglichkeiten

3.2.1. Gespräch: Viele Kinder gebrauchen ständig schlimme Wörter. Wie verhältst du dich?

3.2.2. Beispielgeschichte: Alle ärgern Kai. Aber Uwe hält zu ihm. Am nächsten Tag treffen sie sich. Kai bedankt sich bei Uwe und verspricht ihm, in einer ähnlichen Situation zu ihm zu halten.

3.2.3. Da in der Geschichte viel Handlung vorkommt, bietet sich auch ein direkter Einstieg an: Soldaten kommen, Gefangennahme, der lange Marsch (siehe Karte OHP 29) etc.

3.3. Durchführung

siehe 7.

3.3.1. Geschichte mit Flanellbildern (Daniel, KEB) oder Bildkarten (Biblia Vision) erzählen. Wir betonen: die Schwierigkeiten der neuen Lebenssituation, den Mut der vier Freunde, den Vorsatz Daniels (V. 8), die Hilfe Gottes

siehe 4.3. u. OHP-Vorlage 30

3.3.2. Wir benutzen die Symbole (OHP 30) und entwickeln schrittweise die Geschichte (siehe 4.3.). Für die jüngeren Kinder sollten wir uns auf einige wenige Schwerpunkte beschränken (siehe 3.3.1.).

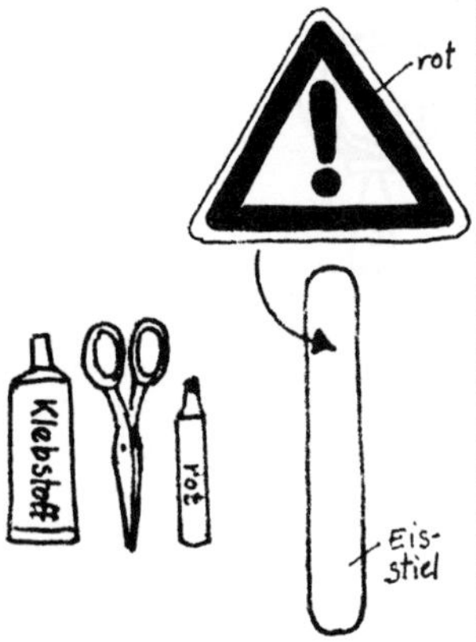

3.4. Zur Festigung

3.4.1. Die Kinder malen ein Szenenbild der Geschichte (evtl. eine schwarzweiß-Vorlage bunt malen lassen).

3.4.2. Je nach Wahl des Einstiegs bietet sich zur Vertiefung ein Gespräch über die beiden Themenkreise 3.2.1. oder 3.2.2. an.

3.4.3. Bastelarbeit: Verkehrszeichen „Achtung". Material: Pappe in Form vom Verkehrszeichen, Eisstiele, Filzstifte, Klebstoff. Wir bereiten die Form des Verkehrszeichens vor. Ausschneiden können es die Kinder u. U. selbst. Das Verkehrszeichen wird angemalt (Vorlage mitbringen) und der Eisstiel angeklebt.
Wo kann man uns mahnen „Achtung! Gefahrenstelle"?

4. Vorschläge zur Durchführung für die „große" Gruppe

4.1. Vorüberlegungen

Wir leben in einer Zeit, die grundsätzlich wenig von biblischen Wertvorstellungen hält. In der Schule wird man genötigt zu betrügen, an die Evolution zu glauben, usw. (dabei scheinen die „Ungläubigen" die besseren Karten zu haben, so wie bei Daniel der heidnische König den Erfolg auf seiner Seite hat).
Deshalb ist bereits für Kinder wichtig, die richtigen Überzeugungen zu erhalten und diese auch gegenüber Erwachsenen (Lehrern) zu vertreten. Daniel ist, wie auch Mose und Joseph, dafür ein Vorbild, da er sich in einer noch ungünstigeren Ausgangsposition befand als ein Schulkind in unserer Zeit:
– Aus dem Familienband gerissen,
– in eine neue, ungewohnte Kultur und Sprache versetzt,
– ohne religiöse, geistliche Unterstützung,
– dem Einfluß ungöttlicher Denk- und Lebensgewohnheiten ausgesetzt.
Daher ist der Text eigentlich ein Mahnruf an gläubige Eltern und Erzieher, bereits in jungen Menschen eine solche Glaubensfestigkeit zu erziehen.

4.2. Einstiegsmöglichkeiten

Wir fragen die Kinder, ob sie schon einmal für einige Zeit von zu Hause weg waren, z. B. auf Klassenfahrt, im Krankenhaus, bei Verwandten, ...
„Was hat euch dabei gefallen, was habt ihr vermißt, habt ihr Heimweh gehabt, habt ihr euch zu dem Herrn Jesus bekannt, ... ?
(andere Möglichkeiten siehe 3.2.)

4.3. Durchführung

siehe OHP-Vorlage 30

Wir erzählen die Geschichte in acht Schritten. Technischer Tip: OHP-Vorlage 30 auf Folie kopieren, Kreise 1 – 8 mit Papierkreisen abdecken und nach

und nach freilegen. Das Thema in der Mitte nicht abdecken, damit es sich einprägt.
Kreis 1: Gefangennahme, geschichtliche Situation, junge Männer werden aus der Familie herausgerissen.
Kreis 2: Wegstrecke von Jerusalem bis Babel (Luftlinie ca. 860 km, schätzungsweise 1300 km Fußweg – mühsame, lange Reise) Wie ist es den Gefangenen ergangen? Was haben sie gedacht? Vielleicht hatten sie Zweifel an der Liebe Gottes.
Kreis 3: Das Leben in der Stadt Babel und am Königshof/heidnische antigöttliche Umgebung/Gefahren für das Glaubensleben/innere Spannung/Einsamkeit (siehe 4.2.).
Kreis 4: Schulunterricht, Lehrplan und Unterrichtsziele des Aschpenas, Gefahr der Beeinflussung damals und heute.
Kreis 5: Nachdem wir ausführlich das negative Umfeld geschildert haben, konzentrieren wir uns nun auf die Kernaussage des Kapitels. V. 8: Daniels Entschluß im Herzen (Zentrale aller Entscheidungen und Willensentschlüsse). Entscheidende Frage: Wie sieht es im Herzen aus? Daniels Liebe zu Gott zeigt sich in Treue und Gehorsam zu seinem Wort.
Kreis 6: Das „Nein" zur Tafelkost (Begründung siehe 1.5.) Gespräch im Sinne von 3.2.1. möglich.
Kreis 7: Gottes Belohnung: Gott gibt Daniel Gnade (V. 9), die zehn Tage der Prüfung (Wieviel mögen Daniel und seine Freunde gebetet haben!?), sie bestehen die Prüfung, den Vergleich.
Kreis 8: Gottes Belohnung: Gott gibt Kenntnis und Einsicht (V. 17), königliche Ehren, besondere Aufgaben, zehnfache Überlegenheit (V. 20).

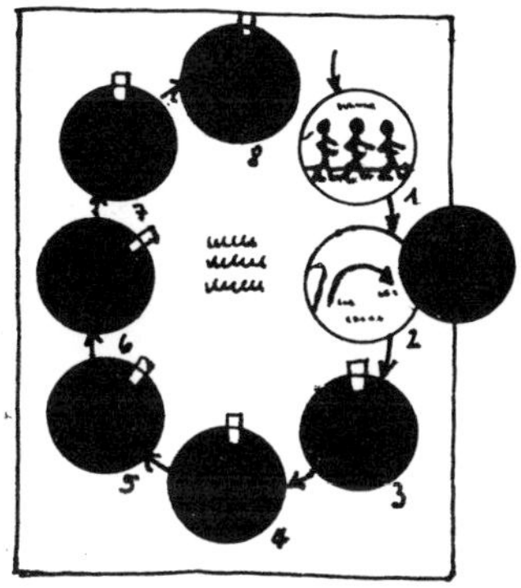

4.4. Zur Festigung

4.4.1. Folgende Fragestellungen können benutzt werden, um den Inhalt zu vertiefen:
a) Zu welchen Dingen, Situationen müssen wir „Nein" sagen (V. 8)?
b) Was wird Daniel in den 10 Tagen der Prüfung gemacht haben?
c) Was tut Gott in dieser Geschichte (vgl. Ps 33, 15 u. 18)?
d) Daniel konnte sich auf eine Verheißung aus 2 Mo 23, 25 stützen. Welche Bedingung mußte Daniel erfüllen, damit Gott seine Zusage einlöste? (vgl. für uns heute Mt 6, 33)

4.4.2. Arbeitsblatt: OHP 30 kopieren, Begriffe aus den Kreisen löschen (Tipp-Ex), Blatt für jedes Kind kopieren, Begriffe eintragen und Geschichte wiederholen lassen.

5. Liedvorschläge

Fest und treu, wie Daniel war ... (aus: Jesu Name nie verklinget, Bd. 1, 182)
Halte Gott die Treue ... (aus: Sing' mit uns ein neues Lied, Bd. 1, 50)
Ich sitze oder stehe ... (aus: Jungschar- und Teenager-Lieder, Heft 1, 41)
Meine Zeit steht in Gottes Hand ... (aus: Wir loben Dich, Heft 1, 7)
Sage nein zum Bösen ... (aus: Sing' mit uns ein neues Lied, Bd. 1, 48)
Sei ein lebend'ger Fisch ... (aus: Sing' mit uns ein neues Lied, Bd. 1, 32)
Wir sind so froh ... (aus: Jungschar- u. Teenagerlieder, Heft 1, 92)

6. Vorschläge zum Bibelspruchlernen

Wir sollten die Kinder darauf hinweisen, welche Bedeutung das öffentliche Bekenntnis zu Jesus Christus (bzw. Gott z. Zt. Daniels) damals und heute hat (Röm 10, 9): Gespräch über Schwierigkeiten, Hemmungen, aber auch die anschließende Freude beim/nach dem Zeugnisablegen. Im zweiten Teil des Verses sehen wir den Herrn Jesus in seiner Mittlerrolle für uns beim Vater (vgl. Offb 3, 5). Der Herr Jesus hilft beim Zeugnisgeben und belohnt Zeugenmut (siehe Dan 1).

7. Literaturhinweis/Arbeitshilfen

Biblia Vision. Freiversammlungs-Verlag, Wuppertal (24 vierfarbige Bilder auf Karton 26 x 36 cm zu Daniel, davon 4 Bilder zu Dan 1: Wegführung, beim Unterricht in Babel, Tafelkost, die vier Freunde nach bestandener Prüfung)

Daniel, 6 Flanell-Lektionen (u. a. Dan 1, Daniel im fremden Land). KEB, Breidenbach (Text, Bilder, Bibelverse, Arbeitsheft)

Gibbs, A.: Schritte durch die Bibel, Bd. 1, Lektion 123. Christliche Verlagsgesellschaft, Dillenburg 1982 (Textanalyse)

Jakobi, E.: Der gute Start Bd. 2. Lektion 9. Bibellesebund, Marienheide 1980 (Andacht in Spielform und Gruppenarbeit zu Dan 1)

Maier, Gerhard: Der Prophet Daniel, Wuppertaler Studienbibel. Brockhaus-Verlag, Wuppertal 1982 (Textanalyse)

OHP 29

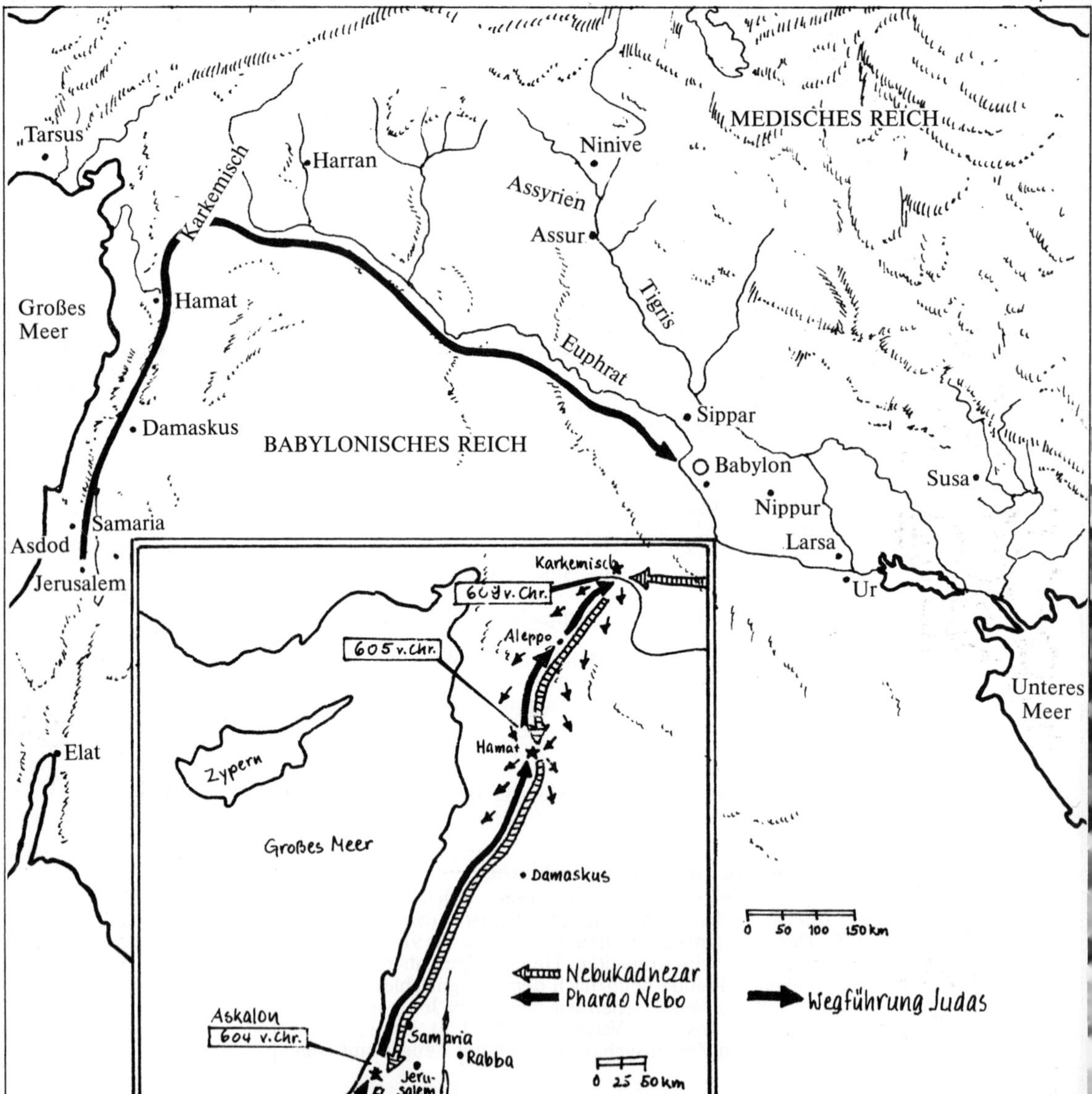

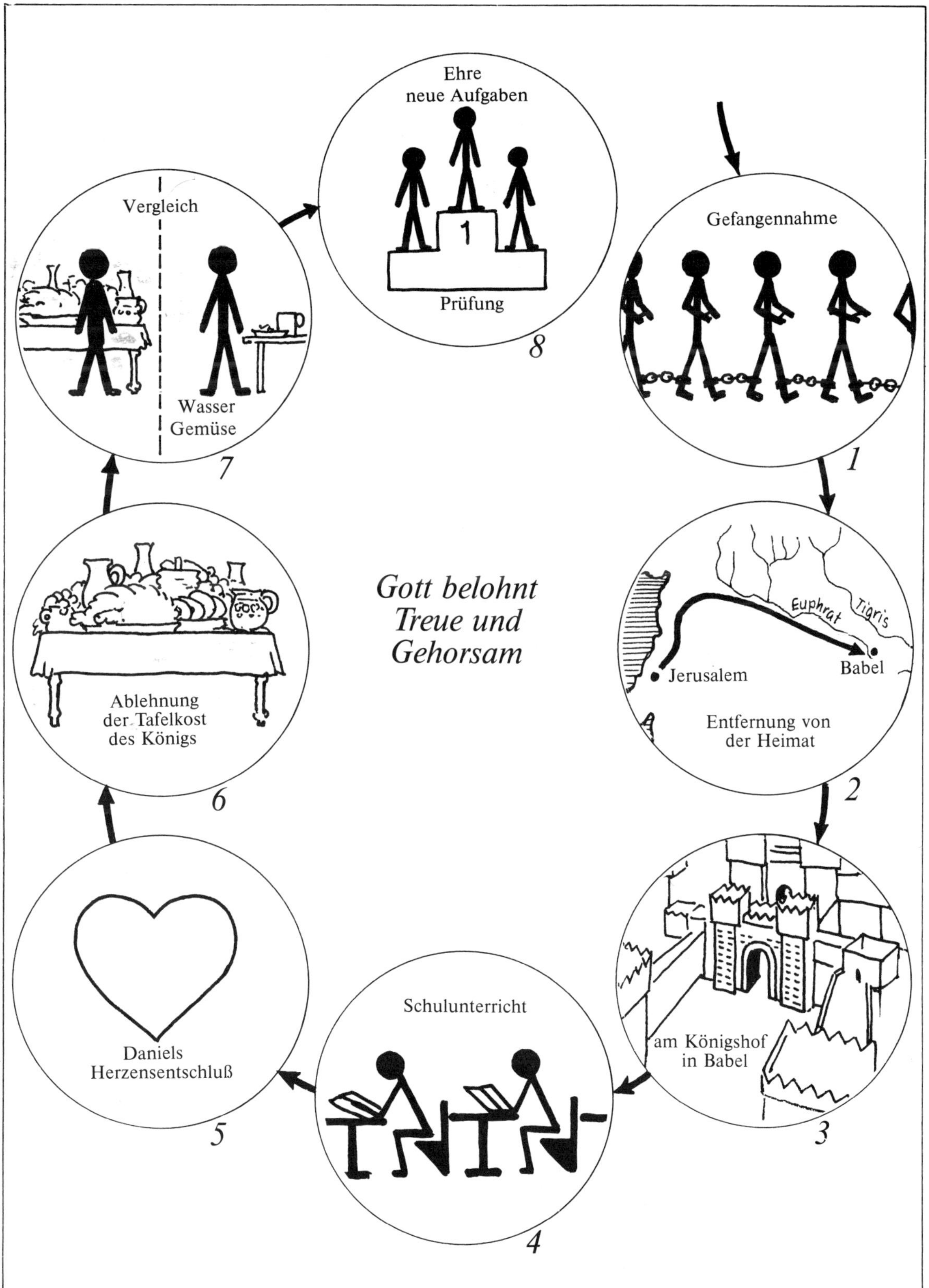
Gefangennahme
1
Euphrat
Tigris
Jerusalem
Babel
Entfernung von
der Heimat
2
am Königshof
in Babel
3
Schulunterricht
4
Daniels
Herzensentschluß
5
Ablehnung
der Tafelkost
des Königs
6
Vergleich
Wasser
Gemüse
7
Ehre
neue Aufgaben
1
Prüfung
8
Gott belohnt
Treue und
Gehorsam

Lektion 16

Dan 2

Nebukadnezars Traum

Lernvers
Gott aber, sollte er das Recht seiner Auserwählten nicht ausführen, die Tag und Nacht zu ihm schreien, und sollte er es bei ihnen lange hinziehen?
Lukas 18, 7

1. Zum Textverständnis

Parallelstelle:
Dan 7 (besonders V. 27)

1.1. Zusammenhang/Inhalt

Daniel und seine drei israelitischen Freunde sind Diener am babylonischen Königshof geworden. Gott beschenkte sie mit Einsicht und Verstand. Sie wurden dadurch zehnmal klüger und verständiger als alle anderen Berater des Königs.
Nebukadnezar träumt einen Traum. Als er erwacht, ist er darüber sehr erschrocken und läßt alle Sterndeuter und Wahrsager zu sich rufen. Er fordert von ihnen, daß sie ihm den Traum nacherzählen und deuten. Darüber sind die Männer bestürzt! Sie können es nicht und sagen es dem König, daß kein Mensch auf der Erde dazu fähig ist. Nebukadnezar ist über deren Hilfslosigkeit so erzürnt, daß er den Befehl gibt, sie alle umzubringen. Nun sind auch Daniel und seine Gefährten in Gefahr! Daniel geht zum Chef der Leibwache und bittet um Audienz beim König. Nebukadnezar gewährt Daniel eine Frist, damit er die Deutung ansagen kann. In einer Nacht zeigt Gott Daniel den Traum einschl. Bedeutung, nachdem die vier gottesfürchtigen Männer ihn im Gebet angerufen haben. Daniel lobt zunächst seinen Gott für die Erhörung und teilt dem König den Traum samt der Bedeutung mit: Er sah ein Standbild aus vier verschiedenen Metallen und Ton. Ein Stein kam gerollt, traf das Bild an seinen Füßen, und dieses wurde vollständig zerstört. Der Stein dagegen wurde zu einem großen Berg und erfüllte die ganze Erde. Daraufhin gibt Nebukadnezar Gott die Ehre, beschenkt Daniel großzügig und befördert ihn und seine Freunde in gehobene Stellungen.

siehe Lektion 15, 1.2.

1.2. Personen

– König Nebukadnezar
– Wahrsager, Beschwörer, Zauberer und Sterndeuter
– Daniel (wirkte v. 605 - 530 v. Chr.)
– Arjoch, Chef der Leibwache
– Schadrach, Meschach und Abed-Nego, die drei Freunde Daniels (V. 49/für Daniel tragen sie allerdings noch ihre hebräischen Namen, V. 17)

siehe Lektion 15, 1.3.

1.3. Orte/Gegend

Babel (oder Babylon) am Fluß Euphrath, ca. 860 km östlich von Jerusalem, nordwestlich vom persischen Golf im heutigen Irak. Babel wird erstmals in 1. Mose 10, 10 und dann in 1. Mose 11, 9 erwähnt. Diese Stadt verkörpert Zentrum und Symbol für widergöttliche Weltmacht.

1.4. Zeit

Wörtlich: „im zweiten Jahr seiner Regierung", ca. 603/602 v. Chr. (Thronbesteigungsjahr wurde extra gerechnet, am Ende der 3jährigen Ausbildung Daniels)

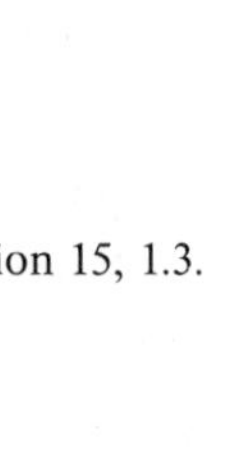

1.5. Begriffserklärungen

V. 2: „Wahrsagepriester, Beschwörer, Zauberer, Sterndeuter" = Die Geheimgelehrten bzw. Berater am Königshof. Man nannte sie auch „Chaldäer". Der Volksname Chaldäer wurde eine Berufsbezeichnung für Astrologen/Okkultisten (ebenso V. 4 u. 10).
V. 4: „aramäisch" = Eine dem Hebräischen sehr nahestehende Sprache, die zur Verkehrssprache in Vorderasien wurde. Zur Zeit Jesu war Aramäisch

Volkssprache der Juden.
V. 14: „Leibwächter" (oder Trabanten) = Sie hatten die Aufgabe, am Palasteingang Wache zu stehen und kündigten als Vorläufer das Kommen des Herrschers an. Ferner wurden sie zu wichtigen Sonderaufgaben herangezogen.
V. 31: „das Bild im Traum" = Nebukadnezar sah ein Standbild aus 4 verschiedenen Metallen und Ton. Dann einen Stein, der das Bild umstieß, sich zu einem großen Berg erhöhte und die ganze Erde erfüllte. Bedeutung:

siehe OHP-Vorlage 33

1. Metall: das babylonische Reich – wird abgelöst durch
2. : das medo-persische Reich – wird abgelöst durch
3. : das griechische Reich – wird abgelöst durch
4. : das (geteilte) römische Reich – wird abgelöst durch den
Stein : Jesus Christus und das Reich Gottes!

2. Zielgedanke

In der schwierigen Situation (Tod vor Augen!) schütten die vier gottesfürchtigen Männer ihre Herzen vor Gott aus. Sie richten im Vertrauen ihren Blick von der Not auf den hin, der alle Dinge (auch Träume) weiß, der die nicht enttäuscht, die sich ihm anvertrauen!

Andere Möglichkeit:
Die Reiche dieser Welt vergehen – Gottes Reich kommt und bleibt ewig bestehen.

3. Vorschläge zur Durchführung für die „kleine" Gruppe

3.1. Vorüberlegungen

Damals wie heute gibt es Situationen und Krisen, die Alt und Jung bedrohen. Auch manches Kind wird in seinem „Kinderleben" nicht vor Schwierigkeiten und lebensbedrohlichen Ereignissen bewahrt. Da hört es die Nachricht, daß ein Elternteil unheilbar erkrankt ist und vielleicht bald sterben wird. Oder das Kind bekommt nach mehrfachem Ehestreit mit, daß die Eltern von Scheidung sprechen. Ein Krankenhausaufenthalt wird für ein Kind unumgänglich u. a. m.
Wir müssen den Kindern zeigen, daß es jemand gibt, der helfend eingreifen kann: Gott, den Vater im Himmel! Er wartet darauf, daß wir unser Herz vor ihm ausschütten und ihm in **allen** Situationen vertrauen. Das ist sicher nicht immer leicht, besonders, wenn menschliche Hilfe nichts mehr nützt. Doch für Gott ist nichts unmöglich!

3.2. Einstiegsmöglichkeiten

3.2.1. Wovor habt ihr schon einmal Angst gehabt?

3.2.2. Beispiel für eine akute Notlage: Ein schwerer Unfall auf einer Autobahn ... Wie gut, daß es **Notrufsäulen** gibt, wo man telefonisch **Verbindung** zum **Rettungsdienst** aufnehmen kann.

3.3. Durchführung

siehe OHP-Vorlage 31

3.3.1. Die Geschichte wird mit sog. Strichmännchen (auf OHP oder Tafel) erzählt:

1. Skizze:
Nebukadnezar träumt und ist erschrocken.
2. Skizze:
Wahrsager sind hilflos. Todesurteil – auch für Daniel und seine Freunde.
3. Skizze:
Die Vier flehen zu Gott. Gott erhört und zeigt den Traum – Dank an Gott!
4. Skizze:
Daniel berichtet Nebukadnezar den Traum über die politischen Ereignisse auf der Erde und deutet ihn.
5. Skizze:
Nebukadnezar zeigt Daniel und seinen Gefährten seinen Dank, indem er sie reich belohnt (Ämter).

Schlußfolgerungen:
Wir sagen den Kindern, daß Gott das ernstliche, gläubige Gebet erhört. Die Gebetserhörung kommt allerdings manchmal
1. zu einem anderen Zeitpunkt, als sie es wünschen und
2. auf eine andere Weise, als sie es wünschen,
3. ist ein NEIN von Gottes Seite her auch eine Erhörung.

Allezeit dürfen sie wissen: „Du bist bei mir!"(Ps 23) und: „Du machst alles gut!"

siehe 7.

3.3.2. Wir erzählen die Geschichte mit Bildkarten (Biblia Vision) oder mit Flanellbildern (Daniel, KEB).

3.4. Zur Festigung

siehe auch 4.4.1.

3.4.1. Sammeln von Gebetsanliegen, Kinder zum regelmäßigen Beten für konkrete Anliegen ermuntern, in der nächsten Stunde noch einmal aufgreifen.

siehe OHP-Vorlage 32

3.4.2. Bastelarbeit

4. Vorschläge zur Durchführung für die „große" Gruppe

4.1. Vorüberlegungen

Wir erwähnten schon bei den jüngeren Kindern, daß sie sich oft mit Not und Problemen konfrontiert sehen und in diesen Situationen auch das Gebet als Hilfe erfahren sollen. Bei den älteren Kindern können wir einen Schritt weitergehen. Wir zeigen ihnen, daß jede Situation, in die Gott uns hineinführt, (selbstverschuldetes Leid ausgenommen) einen tiefen Sinn hat. Wir können eine Teilantwort der häufig gestellten „Warum-Frage" geben. Die Ratlosigkeit in Babel nutzte Gott, um Daniel und seine Freunde in eine besondere Position am Königshof zu bringen.
Außerdem kann für diese Altersgruppe auch der heilsgeschichtliche Aspekt der Traumdeutung interessant sein:
– Gott hat alles in seiner Hand, auch die Weltpolitik.
– Gott weiß um die Entwicklung der Weltreiche (Hinweis auf erfüllte Prophetie in der Geschichte, siehe auch 1.5. und 7., Maier) und wird am Ende sein Reich aufrichten (im Traum der Stein).
– Gott bringt einen König zum Nachdenken.

4.2. Einstiegsmöglichkeiten

4.2.1. Rätsel/Geheimschrift: Innerhalb eines Wortes werden immer zwei nebeneinanderstehende Buchstaben vertauscht (bei ungerader Anzahl bleibt der letzte Buchstabe stehen): (Gott gibt ein Rätsel auf)

OGTT IGTB IEN ÄRSTLE UAF

Überleitung auf Nebukadnezars Traum/weiterer Gedanke: Wenn Gott ein Rätsel aufgibt, weiß er auch die Lösung.

4.2.2. Gespräch: Wir versetzen uns in die Lage eines Todgeweihten (ein Ertrinkender, ein Schwerverletzter im verunglückten Auto, jemand in einer Grube verschüttet, im Wald verirrt usw.). Was würden wir tun?

4.3. Durchführung

Ergänzungen zu 3.1.1.:

zur 1. Skizze: Was träumt Nebukadnezar? Hinweis auf das Standbild, genaue Erklärung ohne Deutung

zur 3. Skizze: Wir wollen die Kinder lehren, in verzwickten Situationen nicht zu resignieren. Das bedeutet, daß sie **als erstes** in ihrer Not zum Herrn Jesus rufen. Wenn sie ihm ihre mißliche Lage anvertraut haben, dann sollten sie es auch ihm überlassen, **wie** und **wann** er handelt, (vertiefende Bibelstellen: Ps 37, 5 und Phil 4, 6-7).

zur 4. Skizze: Bedeutung der Traumdeutung, evtl. Landkarten zu den vier Weltreichen mitbringen/Gottes Wort geht in Erfüllung (Hinweis auf Glaubwürdigkeit der Bibel)!

siehe 3.3. und OHP-Vorlage 31
siehe OHP-Vorlage 33

siehe OHP-Vorlage 38
siehe 1.5. u. 4.4.1.
siehe 4.1.

4.4. Zur Festigung

4.4.1. Vertiefung des (heils)geschichtlichen Aspekts:

– Haupt von Gold: Gold hat die höchste Wertigkeit und ist bildungsfähiger (siehe Nebukadnezar in Kap. 4, er regierte 43 J., das letzte Jahr im geheilten, gottesfürchtigen Zustand). Mit dem klugen und tüchtigen König wird eine neue Regierungsform mit einer Einheitsreligion eingeführt. Die Zeit der Nationen beginnt. Gott hat sich von seinem Volk Israel zurückgezogen (Gericht).

vgl. auch Dan 7
Buchempfehlung: „Vorausgesagt ...“ von M. Kobialka (siehe 7.)

– Brust und Arme von Silber: Brust als passiverer Teil = Meder unter Darius, Arme als tätiger Teil = Perser unter Kores/im Vergleich zum Haupt geringere Wertigkeit und größerer Umfang. Kores (od. Kyrus), der Perser entläßt die Juden (Esra 1, 1). Daniel bleibt im Ministeramt und hat im 3. Jahr der Regierung Kores' das letzte Gesicht (Dan 10).

– Bauch und Lenden von Erz: griechisches Weltreich unter Alexander dem Großen über die ganze damals bekannte Welt, letztlich ergibt sich eine Vierteilung (härteres Metall – geringerer Wert)

– Schenkel aus Eisen: das Ost- und Weströmische Reich. Die Dauer reicht bis ins 6. Jh. n. Chr., das härteste Material = das stärkste Weltreich vernichtet alle bisher existenten Herrschaftsstrukturen.

– Füße aus Eisen und Ton: die Aufgliederung des mächtigen Reiches in der Endzeit unter 10 Königen. Dieses letzte Weltreich ist der Angriffspunkt des Steines. Damit wird die Gesamtkonzeption der bisherigen Weltreiche vernichtet.

– Stein: durchlaufende biblische Symbolik, sie bezeichnet Gott bzw. seinen Sohn, den Messias. Er baut das ewige Reich auf, das nicht zerstört werden wird. Beginn ist die Erscheinung Jesu Christi in Macht und Herrlichkeit.

Zur Illustration: Stille Landkarte abbilden, die die Mitarbeiter für jedes Kind fotokopieren können. Zur Vertiefung können die Kinder die in der Traumauslegung genannten Länder eintragen.

4.4.2. Beispielgeschichte zum Thema „ausdauerndes Beten“: Warum stürzt die Mauer ein? (aus St. John, P.: So groß ...)

siehe 7.

Die Missionarin und Künstlerin Lilias Trotter arbeitete in Algerien (N-Afrika) unter moslemischen Frauen. Eine harte Arbeit, die sie oft ins Gebet trieb. Manchmal war sie mutlos. Doch ein besonderes Erlebnis machte sie sehr nachdenklich: An einem frühen Morgen, Lilias schlief noch, krachte plötzlich die Zwischenwand zum Nachbarhaus (Bäckerei) zusammen. Für den erst unerklärlichen Vorfall fand der Baumeister nach gründlichen Nachforschungen eine Erklärung: Seit über 20 J. steht im Keller eine Knetmaschine für den Brotteig. Jede Nacht haben sich die Erschütterungen dieser Maschine auf das Haus übertragen, bis dann an diesem Morgen die letzte kleine Erschütterung das Haus zum Einsturz brachte.

Für die Missionarin war das ein deutlicher Hinweis, wie ständiges Beten die Festung von Sünde in ihrer Stadt erschüttern und zum Einsturz bringen kann. Gott hat Mittel und Wege, um Menschenherzen zu erreichen.

5. Liedvorschläge

Bittet, so wird euch gegeben, ... (aus: Kommt und singt, 38)
Danke, Herr Jesus, hab' Dank, ... (aus: Jungschar- u. Teenagerlieder, Heft 1, 4)
Ich hörte viel von Noah ... (Ich hörte viel von Daniel, sein Beten gab ihm Löwenmut. aus: Jungschar- u. Teenagerlieder, Heft 1, 40)
Immer auf Gott zu vertrauen ... (aus: Jungschar- und Teenagerlieder, Heft 1, 43)

6. Vorschläge zum Bibelspruchlernen

Der Lernvers ist aus dem Gleichnis vom ungerechten Richter. Das Gleichnis an sich erklärt den Vers.
Auserwählte = Menschen, die Gottes Ruf gehört haben und ihm gefolgt sind. Zur Illustration können wir die betenden Hände einsetzen. Vielleicht kann man mit der Vorlage ein Lesezeichen oder Kärtchen gestalten.

siehe OHP-Vorlage 34

7. Literaturhinweis/Arbeitshilfen

Biblia Vision. Freiversammlungs-Verlag, Wuppertal (24 vierfarbige Bilder auf Karton 26 x 36 cm zu Daniel, davon 3 Bilder zu Dan 2)
Daniel, 6 Flanell-Lektionen (u. a. Dan 2, Daniel wird zum Herrscher erhöht). KEB, Breidenbach (Text, Bilder, Bibelverse, Arbeitsheft)
Gibbs, A.: Schritte durch die Bibel Bd. 1, Lektion 124. Christliche Verlagsgesellschaft, Dillenburg 1982 (Textanalyse)
Jakobi, E.: Der gute Start Bd. 2, Lektion 10. Bibellesebund, Marienheide 1980 (Andacht, Erzählung und Gespräch zu Dan 2)
Kobialka, Martin: Vorausgesagt – Daniel sieht die Zukunft. Verlag und Schriftenmission der Evangelischen Gesellschaft, Wuppertal 1987 (die geschichtlichen Ereignisse beleuchten in packender Erzählform die prophetischen Aussagen)
Maier, G.: Der Prophet Daniel, Wuppertaler Studienbibel. Brockhaus, Wuppertal 1982 (Textanalyse)
St. John, Patricia: So groß ist Gott. Bibellesebund, Marienheide 1986 (über 40 Beispielgeschichten zum Glaubensbekenntnis, u. a. Warum stürzt die Mauer ein?, S. 124, vgl. Punkt 4.4.2.)

OHP 31

Hier falzen

NOTRUF

Als die „Notrufnummer" Gottes kann man den Vers aus Psalm **50,15** bezeichnen, dort sagt Gott dir: „Rufe mich an in der Not, so will ich dich erretten, und du sollst mich preisen."

Diesen alten Feuermelder kannst du ausschneiden, falten, anmalen und dann in deine Bibel als Gebetskärtchen legen. Schreibe auf die Innenseiten auf, wofür du beten und danken kannst.

Die Bibel sagt: „Seid um nichts besorgt, sondern laßt in allem durch Gebet und Flehen mit Danken eure Anliegen vor Gott kundwerden." (Phil. 4,6)

Innenseiten

Ich will beten / danken für:

____

____

____

____

____

____

____

____

____

____

____

____

____

OHP 33

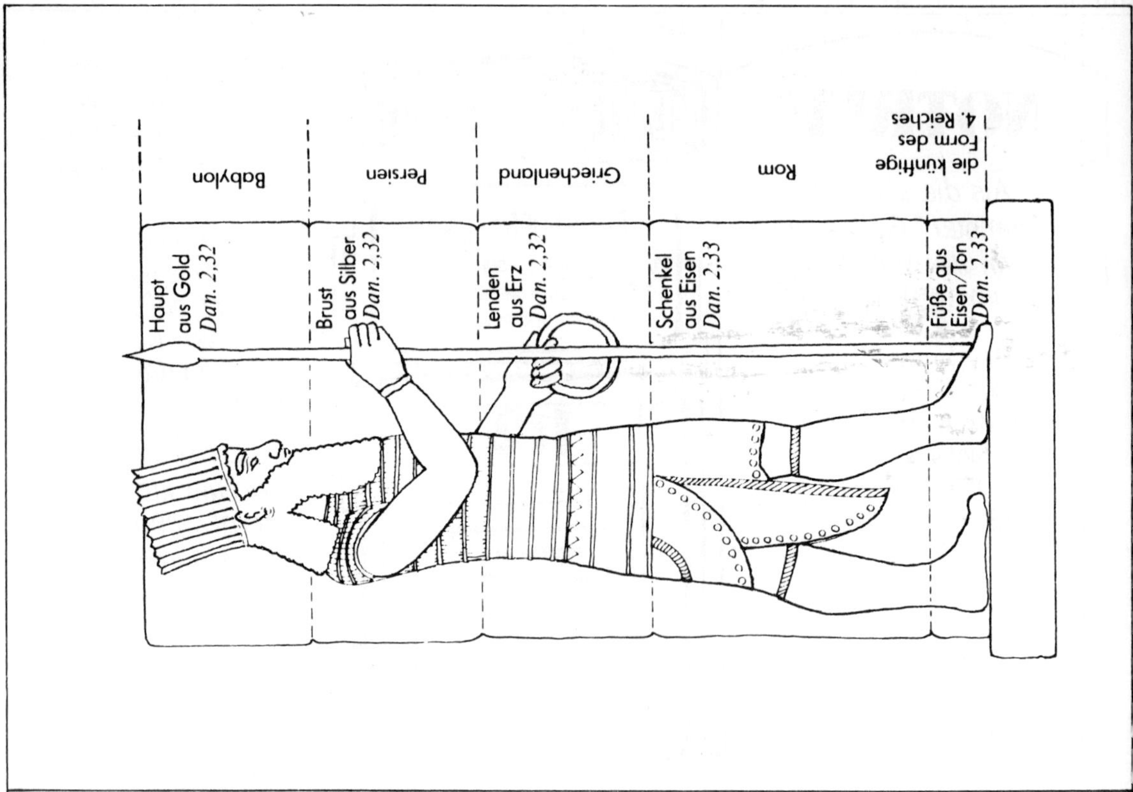
Haupt aus Gold *Dan. 2,32*
Brust aus Silber *Dan. 2,32*
Lenden aus Erz *Dan. 2,32*
Schenkel aus Eisen *Dan. 2,33*
Füße aus Eisen/Ton *Dan. 2,33*
Babylon
Persien
Griechenland
Rom
die künftige Form des 4. Reiches

OHP 34

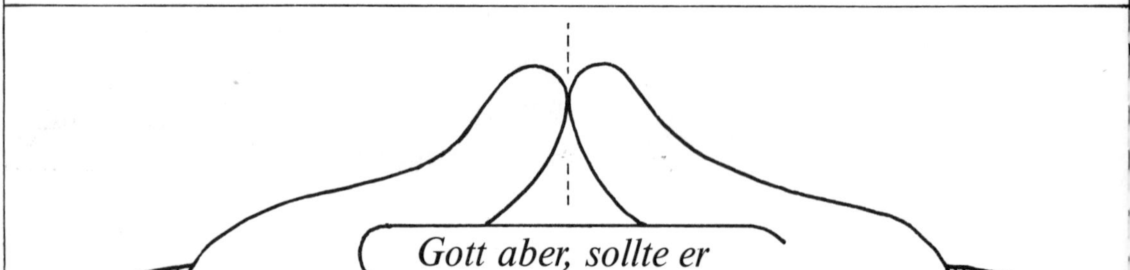
Gott aber, sollte er
das Recht seiner
Auserwählten nicht ausführen,
die Tag und Nacht
zu ihm schreien, und sollte
er es bei ihnen lange
hinziehen?
Lukas 18, Vers 7

Lektion 17

Dan 3

Drei Männer im Feuerofen

Lernvers
Das Volk, das seinen Gott kennt, wird sich stark erweisen und entsprechend handeln.
Daniel 11, 32 b

1. Zum Textverständnis

1.1. Zusammenhang/Inhalt
Durch Daniels Fürsprache werden Schadrach, Meschach und Abed-Nego Verwalter über die Provinz Babel (Dan 2, 49). So gehören sie zu den Obersten des Landes.
Leider hat Nebukadnezar seine großen Worte (Dan 2, 47) schnell vergessen. Er zitiert die Obersten seines Reiches in die Ebene Dura zur Einweihung (Anbetung) seines Standbildes. Alle sollen beim Einsetzen der Musik vor dem Bild niederfallen.
Schadrach, Meschach und Abed-Nego bleiben stehen, obwohl ihnen die Todesstrafe droht. Sie werden vor den König gebracht und weigern sich erneut, das Bild anzubeten. Wütend befiehlt Nebukadnezar, sie in den Feuerofen zu werfen. Seine stärksten Männer kommen dabei um vor Hitze.
Doch plötzlich sind vier Männer im Ofen, sie verbrennen nicht. Gott hat einen Engel geschickt. Nebukadnezar ruft die Männer heraus und ehrt ihren Gott.

1.2. Personen
– Schadrach, Meschach und Abed-Nego, König Nebukadnezar, Sterndeuter (siehe Lektion 15, 1.2.)
siehe Lektion 15
– Herold (V. 4): Verkündiger, Ausrufer des Königs
– die Obersten des Reiches: sie werden in V. 2 aufgelistet
– der vierte Mann (V. 25): Engel, Bote Gottes, Engel sind dienstbare Geister (Hebr 1, 14)
siehe Lexikon zur Bibel

1.3. Orte/Gegend
Ebene Dura in der Provinz Babel
siehe Lektion 15

1.4. Zeit
Wir finden keine genaue Zeitangabe, etwa um 600 v. Chr., nach der Traumdeutung (siehe Lektion 16, 1.4.).

1.5. Begriffserklärungen
V. 1: Standbild aus Gold = Höhe 60 Ellen = ca. 30 m (so hoch wie ein zehnstöckiges Haus), Breite 6 Ellen = ca. 3 m
V. 4: „ihr Völker, Nationen und Sprachen" = babyl. Reich war ein Vielvölkerstaat
V. 5: verschiedene Musikinstrumente, Musik spielte im Leben Babels eine große Rolle
siehe Lexikon zur Bibel
V. 6. 19 – 22: Feuerofen = wohl ein Brennofen für Ziegelsteine. Die Öffnung war oben, seitlich gab eine Tür den Blick ins Innere frei. Babylonien war wegen der hohen Brandziegelproduktion als Land der Öfen bekannt.

2. Zielgedanke

Gott läßt uns nicht im Stich.
Andere Möglichkeit:
Wer Gott treu ist (Mut zum Zeugnis), erlebt seine Treue.

3. Vorschläge zur Durchführung für die „kleine" Gruppe

3.1. Vorüberlegungen

Kinder in Schulen und Kindergärten haben es heute besonders schwer, treue Christen zu sein. Die Mehrzahl der Lehrer und Erzieher beeinflussen sie (oft unbewußt) gegen göttliche Maßstäbe und Wahrheiten (z. B. Angriffe auf elterl. Autorität, Evolution, Aufklärung in Sexualkunde).
Diese Themen sind durchaus in Vorschuleinrichtungen üblich. Die Freizeitindustrie ist geprägt durch Fantasiespiele und -filme. Magisches Spielmaterial ist „in".
Da wird ein Kind schnell zum Außenseiter, wenn es nicht mitmacht. Wir müssen die Kinder ermutigen, standhaft zu sein. Sie werden die Hilfe Gottes dabei erfahren.

3.2. Einstiegsmöglichkeiten

3.2.1. Direkter Einstieg:
„Sie waren tatsächlich alle (Benennungen V. 3) gekommen. Sie sollten das gewaltige, goldene Bild anbeten. Es ist so hoch wie ein zehnstöckiges Haus, knapp 3 m breit. Was hat das zu bedeuten? Da – Musik! Alle stürzen auf ihre Knie. Nein! Drei Männer bleiben gerade stehen! ... Wie kommen sie dazu, sich dem Befehl des Königs zu widersetzen? Nebukadnezar hatte befohlen, daß alle Obersten seines Landes kommen und sein Bild anbeten sollten. Wer sich weigerte, sollte verbrannt werden. ..."

3.2.2. Gespräch über Außenseitererlebnisse:
„Nenne Erlebnisse, bei denen du dich ganz allein fühltest, weil du wußtest: Ich kann das nicht mitmachen, was meine Freunde vorhaben!"

3.3. Durchführung

3.3.1. Erzählen mit Flanellbildern (Daniel, KEB), Anwendungen bei den einzelnen Erzählschritten anbringen:
1. Schritt: (siehe Einstieg 3.2.1.)
2. Schritt: Sterndeuter zeigen die Drei an.
3. Schritt: vor dem König, mögliche Gefühle der drei Männer (z. B. vorherige Erfahrungen mit dem Feuer: Verbrennungen sind äußerst schmerzhaft)
Schwerpunkt: das mutige Bekenntnis
4. Schritt: Feuerofen
Schwerpunkt: große Freude über die Bewahrung durch den Engel Gottes
5. Schritt: Nebukadnezars Reaktion: Erschrocken, Herausrufen der Drei, Ehre dem Gott der drei Freunde (wie am Ende von Daniel 2)

3.3.2. Erzählen aus der Sicht von einem der drei Freunde. So kann man gut die inneren Spannungen zum Ausdruck bringen.

3.4. Zur Festigung

siehe OHP-Vorlage 35
Bild kopieren, vergrößern

Die Kinder können das Bild bunt malen.

4. Vorschläge zur Durchführung für die „große" Gruppe

4.1. Vorüberlegungen

Bis jetzt werden, meines Wissens, in Deutschland wenig Götzenbilder angebetet, aber Götzen gibt es genug; und zwar Götze im Sinne von: Alles, was mir lieber ist als der Herr Jesus. So können durchaus „gute Dinge" zu Götzen werden (könnte durch eine Collage konkret werden, siehe 4.4.). Für manche Freizeitbeschäftigung nehmen wir uns zuviel Zeit. Wenn wir Gott wirklich lieben mit unserem ganzen Herzen, mit unserer Kraft und unserem Verstand (Mt 22, 37), dann haben wir für ihn und seine Aufgaben mehr Zeit, Ideen und Freude. Hier zeigt sich heute, ob wir Gott an erste Stelle setzen. Bei den drei Freunden hing das Leben von ihrem Verhalten ab, bei uns möglicherweise: Anerkannt- und Beliebtsein, Zensuren etc.

siehe 3.1. u. 2 Mo 20, 1 - 5

Die drei Freunde handelten nach dem Grundsatz: Man muß Gott mehr gehorchen als den Menschen (Apg 5, 29). Wir sollten den Kindern deutlich zeigen, daß dieser Grundsatz noch heute gilt, allerdings nur dann, wenn tatsächlich Ungehorsam gegenüber Gottes Wort erwartet wird. Denn heute ist es leider modern geworden, sich gegen alles aufzulehnen, was „von oben" (Regierung/Autoritäten) kommt. Diesem Denken müssen wir entgegenwirken. Das beste Beispiel liefert der Herr Jesus selbst. Er hat nie eine Demonstration gegen die römische Besatzungsmacht angezettelt.

4.2. Einstiegsmöglichkeiten

4.2.1. Gespräch: „Wer von euch hatte schon einmal Schwierigkeiten (Nachteile), weil er sich zum Herrn Jesus bekannte?"

4.2.2. Gespräch: „Nenne Beispiele aus deiner Umgebung, wo die ersten Gebote aus 2 Mo 20, 1 - 5 übertreten werden!"

4.3. Durchführung

4.3.1. Daniel 3 mit verteilten Rollen lesen lassen (Erzähler, Herold, Sterndeuter (Kläger), König, die drei Freunde, evtl. noch Staatsräte V. 24). Anschließend werden einige Fragen zur Erarbeitung des Textes gestellt:
– Wer waren die drei Männer? (Wiederholung von Dan 1, Lektion 15)
– Warum beteten sie das Bild nicht an? (2 Mo 20)
– Was sind die Kläger für Leute, wie bringen sie ihre Klage beim König vor? (schmeichelnde Rede V. 10, eifersüchtig auf die Stellung der Juden V. 12 u. vgl. Dan 2, 48. 49)
– Wie reagiert der König? (zornig, wütend, aber will auch vermitteln)
– Warum wurde er schließlich so wütend? (Antwort der drei Freunde V. 16 - 18, solch ein gottbewußtes Auftreten war dem König sicher noch nie begegnet)
– Wie war es den drei Freunden möglich, ihren Gott so mutig zu bekennen? (sie sprechen von „unserem" Gott V. 17, festes Vertrauen in seine Person, sie hatten persönliche Erfahrungen mit ihm gemacht; da war ein tiefes Bewußtsein, daß Gott immer richtig handelt; das Wissen um Verheißungen, Zusagen; Erfahrungen in der Geschichte ihres Volkes; der Wunsch, Gott allein zu dienen; ...)
– Wie handelt Gott? (gegen menschl. Erfahrungen, vgl. V. 22; Gott macht ganze Sache V. 27)
– Wie antwortet der König auf Gottes Handeln? (Verherrlichung Gottes, Würdigung der Haltung der drei Freunde, Gott tritt an die Stelle des Standbildes)

4.3.2. Erzählen der Geschichte mit Symbolkärtchen/ Folienstücken. Verschiedene Pfeile zeigen die Beziehungen auf. Hinweise zu den Symbolen, Ergänzungen zu 4.3.1.:

siehe OHP-Vorlage 36

Symbol 1
Drei Männer: Wer sind sie? (siehe Dan 1 u. 2, 30)

Symbol 2
Gottes Wort/Gebot ist auch heute voll gültig. Wer Gott liebt, hält seine Gebote (Joh 14, 15). Nur im Gehorsam seinem Wort gegenüber, kann man auch mit Gottes Hilfe rechnen.

Symbol 3
Gebot des Königs, Anbetung des Standbildes: zu Nebukadnezars eigener Ehre, Einheitsreligion, für die drei Freunde ein starker Druck der Masse, „gegen den Strom schwimmen"
Symbol 4
Kläger beim König (Kinder kennen auch Situationen, wo sie verpetzt wurden.)
Symbol 5
Verhör vor dem König
Symbol 6
Feuerofen
Symbol 7
Gott, sein Gebot und seine Verherrlichung im Mittelpunkt

4.4. Zur Festigung

Collage: Die Kinder bekleben große Plakate zu dem Thema: Das hält mich vom Herrn Jesus zurück. Aus Zeitgründen sollten wir passende Bilder zum Ausschneiden und Papierstreifen zum Beschriften vorbereitet haben.

5. Liedvorschläge

siehe Lektionen 15 und 16, Punkt 5

6. Vorschläge zum Bibelspruchlernen

Welches Gottesbild haben wir? Kennen wir **unseren** Gott? Wer ist er? Wir müssen den Kindern etwas von der Größe Gottes vermitteln. Dabei sollten wir von Gott als dem Schöpfer ausgehen. Wir lernen Gott kennen, indem wir die Bibel lesen. Nur wer Gottes Wort und damit seinen Willen kennt, kann auch danach handeln.
Für die Kinder kann das Vater-Kind-Verhältnis ein gutes Beispiel sein. Wer seinen Vater kennt und weiß, was er kann, geht mit entsprechenden Bitten zu ihm.
Wir schreiben die einzelnen Worte (Artikel und Nomen zusammen stehen lassen) des Bibelverses auf Kärtchen/Folienstücke, legen sie ungeordnet in den Feuerofen und lassen sie von den Kindern sortieren. Die Kinder können auch einen auf Karton kopierten Feuerofen mit Spruch (OHP 37b) bunt malen und als Postkarte mit nach Hause nehmen.

siehe OHP-Vorlage 37 a u. b

7. Literaturhinweis/Arbeitshilfen

Daniel, 6 Flanell-Lektionen (u. a. Dan 3). KEB, Breidenbach
Gibbs, A.: Schritte durch die Bibel Bd. 1, Lektion 125. Christliche Verlagsgesellschaft, Dillenburg 1982 (Textanalyse)
Jakobi, E.: Der gute Start Bd. 2, Lektion 11. Bibellesebund, Marienheide 1980 (Andacht als Erzählung und in Gesprächsform zu Dan 3)

Cornelia Gerhardt

OHP 36

OHP 37 a

OHP 37 b

DAS BABYLONISCH-CHALDÄISCHE REICH
um 600 v. Chr.

DAS MEDO-PERSISCHE REICH
um 450 v. Chr.

DAS GRIECHISCHE REICH
um 300 v. Chr. – – – – → Eroberungsfeldzug Alexanders

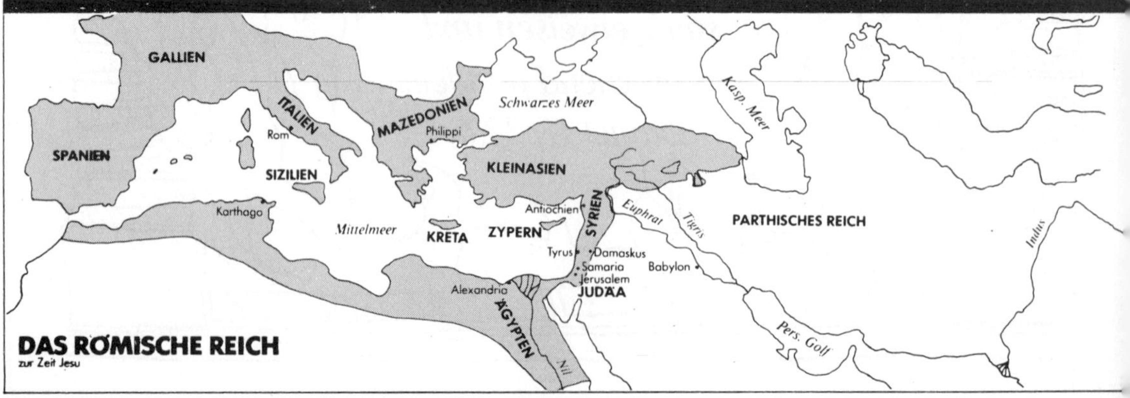

DAS RÖMISCHE REICH
zur Zeit Jesu

Lektion 18

Dan 5

Belsazars Fest

Lernvers:
Irrt euch nicht, Gott läßt sich nicht spotten! Denn was ein Mensch sät, das wird er auch ernten.
Galater 6, 7

1. Zum Textverständnis

1.1. Zusammenhang/Inhalt

Der König Belsazar hat in seiner Festhalle ein riesengroßes Fest veranstaltet. Geladen sind 1000 hohe Herren, seine Frauen und Nebenfrauen. Durch reichhaltigen Genuß von Alkohol fängt er an, Gott zu lästern. Er befiehlt, die goldenen Gefäße zu holen, die sein Großvater Nebukadnezar aus dem Tempel von Jerusalem geraubt hat. Damit zeigt er, wie gering er den Gott Israels achtet. Belsazar trinkt mit seinen Gästen zur Ehre seiner Götzen aus diesen heiligen Gefäßen.
Plötzlich erscheint eine Hand und schreibt etwas an die vor ihm liegende Wand. Eine Nachricht, die er nicht entziffern kann. Entsetzen, Angst und Panik erfaßt ihn. Daniel wird geholt, um diese Schrift zu deuten. Furchtlos lehnt er die Belohnung des Königs ab, verurteilt entschieden das sündige Tun des Königs. Dann übersetzt er jedes Wort und legt es aus. Noch in dieser Nacht wird Belsazar umgebracht.

Einzelheiten siehe 1.5.

1.2. Personen

– Belsazar: Enkel Nebukadnezars (Ausdruck „Vater" [V. 2] ist im Sinne von „Vorfahre" zu verstehen. Er war nicht Alleinherrscher, sondern Mitregent neben seinem Vater Nabunaid, 556 - 539 v. Chr.)

siehe Lexikon zur Bibel

– Tausend Gewaltige: Man weiß nicht, welches Amt sie während dieser Zeit bekleideten.

– Beschwörer, Sterndeuter, Zeichendeuter: Alle drei Gruppen befassen sich mit Wahrsagerei.

siehe Lektion 15, 1.2.

– Babylonische Götter: Die Babylonier verehrten in ihren prachtvollen Tempeln eine große Zahl von Göttern und Göttinnen. Manche hatten bestimmte Aufgaben. Adad war z. B. der Wettergott, Sin der Mondgott, Nergal der Gott der Krankheit, Ischtar die Göttin der Liebe usw.

– Königin: Wahrscheinlich die Mutter Belsazars, am Königshof zu Babylon nahm die „Königinmutter" den höchsten Rang ein. Auf ihre Veranlassung hin wird Daniel herbeigerufen.

vgl. Maier S. 219 (siehe 7)

– Daniel: Er war zu dieser Zeit kein hoher Regierungsbeamter mehr. Er war völlig in den Hintergrund getreten.

siehe Lektion 15, 1.2.

1.3. Orte/Gegend

– Babylon: Hauptstadt des babyl. Reiches, prunkvollste Stadt des Orients, galt als uneinnehmbar

siehe Lektion 15, 1.3.

– Festsaal: In der Südburg war dieser Saal, ca. 52 m lang, 17 m breit, 20 m hoch. Ausgrabungen haben gezeigt, daß die Palastwand einen dünnen weißen Gipsbewurf aufwies.

vgl. Brockhaus-Kommentar (siehe 7.)

1.4. Zeit

539 v. Chr., 23 Jahre nach Nebukadnezars Tod, die letzten 24 Stunden des babylonischen Reiches sind angebrochen (V. 30)

siehe Anm. rev. Elberfelder Bibel

1.5. Begriffserklärungen

V. 26: Mene, mene, tekel upharsin = Daniel übersetzt und geht dabei von der Bedeutung der Wortstämme aus, von denen die Gewichtsbezeichnungen abgeleitet sind: zählen, wiegen, teilen.
mene: „gezählt", d. h. die Tage des Königs (des Reiches) sind gezählt.
tekel: „gewogen", d. h. Belsazar ist gewogen und zu leicht befunden worden (Waage: ein Bild göttlichen Gerichts).
upharsin: „geteilt" o. „zerteilt", d. h. das Reich ist zerteilt und wird den Medern und Persern gegeben.

2. Zielgedanke

Gotteslästerung zieht Strafe nach sich
Andere Möglichkeiten:
– Biblisches Wissen ohne Umsetzung ins praktische Leben führt zur Verhärtung des Herzens.
– Wer entspricht vor Gott dem richtigen „Gewicht"?

3. Vorschläge zur Durchführung für die „kleine" Gruppe

3.1. Vorüberlegungen

Wir müssen es den Kindern erklären, warum es so gotteslästerlich war, aus den Gefäßen, die für Gott geheiligt waren, zu trinken und die eigenen Götter zu rühmen.
Da nicht alle Kinder um die Gefahr des Alkohols wissen, sollten wir sie behutsam darauf aufmerksam machen, welche schrecklichen Sünden unter dem Alkoholeinfluß getan werden können. Gott straft nicht willkürlich, sondern seine Gerichte leiten sich aus seiner Heiligkeit ab.

3.2. Einstiegsmöglichkeiten

3.2.1. Kinder fragen, was geschehen kann, wenn man übermütig und ausgelassen ist.

Lieder siehe 5.

3.2.2. Wir singen mit den Kindern das Lied „Dies sind die heiligen Zehn bote", sprechen über die Verse 3 u. 4 und leiten somit zur Geschichte über.

3.2.3. Wir erraten den Namen Belsazar mit einem Bilderrätsel.

3.3. Durchführung

siehe 7.

Die Geschichte kann mit Flanellbildern (Daniel, KEB) oder Bildkarten (Biblia Vision) erzählt werden. „Dies sind die heiligen Zehn Ge-
Folgende Schwerpunkte können wir setzen:
– Wie reagiert Gott auf Belsazars Lästerung?
– Wie verhält sich Daniel, als ihm für die Deutung der Schrift Macht und Ehre angeboten wird?
– Welche Bedeutung hat die „Geheimschrift"?
– Wie verhält sich der König, als er die Deutung Daniels hört?

vgl. Lektion 3, 4.4.1.

3.4. Zur Festigung

3.4.1. Um die Geschichte zu vertiefen, bereiten wir Fragen vor, die mit „Ja" oder „Nein" beantwortet werden: „JA-NEIN-Stuhl"

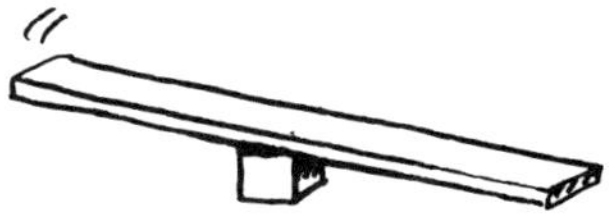

3.4.2. Das „zu leicht erfunden" kann mit einer improvisierten Waage/Wippe (siehe Zeichnung) verdeutlicht werden.

4. Vorschläge zur Durchführung für die „große" Gruppe

4.1. Vorüberlegungen

Da sich in unserer heutigen Zeit bei vielen ein falsches Gottesbild eingeprägt hat, die Heiligkeit Gottes und seine Liebe allzu menschlich interpretiert wird, sollten wir in aller Ehrfurcht auf Gottes Heiligkeit hinweisen: Gott urteilt nach heiligem Recht, ist absolut wahr und straft erst dann, wenn der Mensch seine Warnung und Rettung total abgelehnt hat (vgl. die Prophezeiung Jeremias, Jer 50, 30 ff, ca. 60 J. vorher).

4.2. Einstiegsmöglichkeiten

4.2.1. Fragen an die Kinder:
– Wie heilig ist Gott? (Gottes Wesen, s. Arbeitsb. f. d. bibl. Unterricht) siehe Materialkiste
– Wie schwerwiegend ist eine Gotteslästerung?

4.2.2. Beispiel für einen Gotteslästerer: „Der berühmte französische Rationalist Voltaire war ein Gotteslästerer. Er behauptete, daß die Bibel innerhalb von hundert Jahren nur noch als Antiquität zu finden sein würde. Innerhalb von fünfzig Jahren nach seinem Tod gebrauchte die Genfer Bibelgesellschaft seine Druckerpresse und sein Haus, um Mengen von Bibeln herauszubringen. Als Voltaire 1778 starb, hatte er ein schreckliches Ende. Seine Krankenschwester sagte: „Für alles Geld Europas möchte ich keinen Ungläubigen mehr sterben sehen! Er schrie die ganze Nacht um Vergebung." (In diesem Zusammenhang sollten wir darauf hinweisen, daß Gott nicht immer sofort handelt.)

4.2.3. Brainstorming: „Was meint ihr zu den Themen: Alkohol, Gotteslästerung und seine Folgen?" Wir notieren die Antworten auf Folie oder Tafel (für alle sichtbar).

4.3. Durchführung

Die einzelnen Schritte des Erzählens (siehe die unterstrichenen Aussagen) sind auf einer OHP-Folie vorbereitet und werden nach und nach sichtbar. Die vier Erzählschritte können mit den Skizzen 1 – 4 illustriert werden. siehe OHP-Vorlage 39b

Schritt 1: „Das ausschweifende Festmahl"
– Übermäßiger Alkoholgenuß; Gotteslästerung
Schritt 2: „Die rätselhafte Schrift an der Wand"
– Die Reaktion des Königs
– Das Versagen der Beschwörer und Wahrsager
– Gott gebraucht die Königsmutter
– Das Gespräch zwischen Belsazar und Daniel
– Der König verspricht Daniel Großes
– Daniels Zurückweisung und seine Rede:
a) Jede menschliche Macht ist von Gott gegeben
b) Hochmut stürzt in den Abgrund
c) Ziel der göttlichen Strafe ist Umkehr und nicht Vernichtung
d) „Du hast dein Herz nicht gedemütigt, obwohl du alles wußtest!"
Schritt 3: „Daniel deutet die Schrift"
Schritt 4: „Das Gericht Gottes trifft ein"

4.4. Zur Festigung

4.4.1. „mene" = gezählt
Ein Glas mit Perlen o. ä.; die Kinder müssen schätzen, wie viele im Glas enthalten sind. Da nur der Mitarbeiter die Perlen vorher „gezählt" hat, sollte er darauf die Betonung legen.
„tekel" = gewogen
Eine Waage mit Waagschalen auf eine OHP-Folie/Tafel zeichnen oder fotokopieren (siehe Skizze) und über das Verteilen der Gewichte sprechen. siehe OHP-Vorlage 39a

„upharsin“ = zu leicht (siehe Waage)
Übertragung: Gott hat die Tage des Königreiches gezählt und ihm ein Ende gesetzt. „Auf Gottes Waage gewogen“ bedeutet für Belsazar Gericht. Selbst seine Kenntnisse über Gottes Handeln und seine Heiligkeit nützen ihm nichts.
Der persönliche Bezug kann mit einer „Stille-Arbeit“ durchgeführt werden. Jedes Kind bekommt Papier und Schreibzeug, um folgende Fragen persönlich beantworten zu können:
1. Wie wird mein Gewicht auf der „Waage Gottes“ ausfallen?
2. In welchen Situationen kann ich mein Herz verhärten?

siehe 7.

4.4.2. Zu empfehlen ist auch das Anspiel „Belsazar“ aus: ... sag es weiter „Jesus liebt dich“

5. Liedvorschläge

Dies sind die heiligen Zehn Gebote, ... (aus: Kommt und singt, 19)
Nur wer klein bleibt, ... (aus: Die bunte Liederkiste, 32)
Treue fängt schon im Kleinen an ... (aus: Wir loben dich, Heft 2, 41)
Wer mein Wort hört ... (aus: Sing’ mit uns ein neues Lied, Bd. 1, 84)
Wer wird bestehen ... (aus: Wir loben dich, Heft 4, 81)

6. Vorschläge zum Bibelspruchlernen

Zur Illustration, siehe OHP-Vorlage 31c

Den ersten Teil des Lernverses, Galater 6, 7 erraten die Kinder anhand einer Geheimschrift. Der Vers läßt sich leicht erklären. Das Gesetz „von Saat und Ernte“ veranschaulichen wir durch Beispiele aus der Natur.

Lösungsschlüssel:

A	B	C	D	E	F
1	2	3	4	5	6
G	H	I	J	K	L
7	8	9	10	11	12
M	N	O	P	Q	R
13	14	15	16	17	18
S	T	U	V	W	X
19	20	21	22	23	24
Y	Z				
25	26				

Lernvers 7 1 12 1 20 5 18 (6 Vers 7)

9 18 18 20   5 21 3 8   14 9 3 8 20

7 15 20 20   12 1 5 19 19 20   19 9 3 8

14 9 3 8 20   22 5 18 19 16 15 20 20 5 14

7. Literaturhinweis/Arbeitshilfen

Arbeitsbuch für den biblischen Unterricht. Christliche Verlagsgesellschaft, Dillenburg 1987 (siehe Materialkiste Heft 1)
Biblia Vision. Freiversammlungsverlag, Wuppertal (24 vierfarbige Bilder auf Karton 26 x 36 cm zu Daniel, davon 3 Bilder zu Dan 5)
Brockhaus Kommentar zur Bibel II(TB). Brockhaus, Wuppertal 1987 (Textanalyse)
Daniel, 6 Flanell-Lektionen (u. a. Dan 5, Daniel liest die geheimnisvolle Handschrift). KEB, Breidenbach
(Text, Bilder, Bibelverse, Arbeitsheft)
Gibbs, A.: Schritte durch die Bibel, Bd. 1, Lektion 127. Christliche Verlagsgesellschaft, Dillenburg 1982 (Textanalyse)
Maier, G.: Der Prophet Daniel, Wuppertaler Studienbibel.
Brockhaus-Verlag, Wuppertal 1982 (Textanalyse)
... sag es weiter: „Jesus liebt dich“, Heft 7. Christliche Verlagsgesellschaft, Dillenburg (Anspiele, Gedichte, Lieder etc., u. a. das Anspiel „Belsazar“)

OHP 39 a

OHP 39c

Irrt euch nicht,
Gott läßt sich nicht verspotten!
Denn was ein Mensch sät,
das wird er ernten!

Galater 6,7

OHP 39 b

Lektion 19

Dan 6

Daniel in der Löwengrube

Lernvers
Der Engel des HERRN lagert sich um die her, die ihn fürchten, und er befreit sie.
Psalm 34, 8

1. Zum Textverständnis

1.1. Zusammenhang/Inhalt

König Darius ernannte 120 Satrapen (Statthalter), die sein Land verwalten sollten. Über die Satrapen setzte er drei Minister. Da sich Daniel in seiner Stellung auszeichnete, kam es zu Haß und Neid bei seinen Kollegen. Sie setzten alles daran, um Daniel zu beseitigen. Daniel wurde unschuldigerweise verhaftet und zum Tod verurteilt: Er wurde in die Löwengrube geworfen. Gott rettete ihn auf wunderbare Weise. Die Ankläger traf die Strafe, die sie Daniel zugedacht hatten.
Der Bericht mündet in ein Bekenntnis des Königs zum Gott Daniels, der rettet, befreit und Wunder tut.

1.2. Personen

– König Darius: Sohn des Königs Ahasveros (Dan 9, 1), übernahm nach der Eroberung Babylons mit 62 Jahren das Reich Medo-Persien. Sein Name bedeutet: „Besitzer des Guten". Er war es, der das gesamte Reich in einheitliche Verwaltungsbezirke aufteilte, in denen jeweils ein Statthalter (Satrap) die Regierungsgewalt ausübte.

siehe OHP-Vorlage 38 (Lektion 17)

– Daniel: Bisher lebte Daniel in der „Stille" als ein vornehmer Diener. Er war ca. 80 Jahre alt, als er das Amt des Ministers unter Darius antrat. Daniel hatte viele Neider, denn er war einer der „Weggeführten", ein Nichtperser. Seine jüdische Abstammung löste den Antisemitismus aus. Daniel war in seinem Amt treu, zuverlässig, wahrhaftig und vertrauenswürdig. Keine Korruption, kein Vergehen konnte ihm nachgewiesen werden. Er wirtschaftete nichts in die „eigene Tasche", weder ökonomisch noch politisch (für den Orient bemerkenswert).

siehe auch Lektion 15, 1.2.

– Minister: „Chefminister", Staatsmann, Verwaltungschef. Die Minister waren den Satrapen übergeordnet, eine Zwischeninstanz zwischen dem König und den Satrapen.
– Satrapen: Statthalter, „Reichsbeschützer".
Die Satrapen mußten regelmäßig den Ministern Bericht erstatten und Rechenschaft ablegen. Korruption und Nachlässigkeit waren damals an der Tagesordnung. In „Bibellesen leicht gemacht" heißt es: „Daniel befolgte alle Steuervorschriften und nahm nie Bestechungsgelder an. Da die Statthalter aber ohne diese Gelder ihre hohen Lebenskosten in Babylon nicht bestreiten konnten, waren sie darauf angewiesen, daß Daniel ihren Steuerbetrug nicht aufdeckte."

siehe Mears, 7.

1.3. Orte/Gegend

– in Medo-Persien, wahrscheinlich in der Stadt Babylon (Ort wird nicht genannt)

siehe auch Lektionen 15 u. 16 u. OHP 38

– Obergemach in Daniels Haus (V. 11): Ein abschließbarer, oberer Raum, der die nötige Ruhe bot, um zu beten (vgl. 1 Kö 17, 19)
– Löwengrube: Auch Graben genannt, war ein unterirdischer zisternenähnlicher Zwinger, in dem die Löwen in Babylon gefangen gehalten wurden. Die Perser übten die Strafe der Hinrichtung in der Form, daß man die Verurteilten durch Löwen zerreißen ließ. Die Öffnung der Grube wurde durch einen Stein verschlossen (V. 18). Auf diesen Stein kam ein doppeltes Siegel: das des Königs und das seiner Mächtigen.

1.4. Zeit
um das Jahr 539 v. Chr.

1.5. Begriffserklärungen
V. 9: „Das Gesetz der Meder und Perser, das unaufhebbar ist." (siehe V. 13b u. Ester 1, 19 u. 8, 8)
V. 11: „offene Fenster nach Jerusalem" = Daniels Sehnsucht nach dem Land seiner Jugend, nach der Wohnung Gottes (Tempel) (siehe 1 Kö 8, 48).
V. 11: „dreimal am Tag betete er" = abends, morgens, mittags. Auch der fromme Jude betete zur Zeit des Herrn Jesus dreimal täglich.
V. 11: „er kniete auf seine Knie" = Ausdruck einer inneren Haltung gegenüber Gott, Ehrfurcht, Demut und Konzentrationshilfe. Erstaunlich ist, daß der vielbeschäftigte Staatsmann sich täglich Zeit zum Beten nahm, trotz „Terminkalender", drückender Verantwortung und einer andersartigen Umwelt.
V. 14: Die Anklage läßt auf längere detektivische Beobachtungen schließen.
V. 15: bis Sonnenuntergang = scheint darauf hinzudeuten, daß die Hinrichtung noch am selben Tag ausgeführt werden mußte.
V. 17: Die Verhaftung und das Urteil geschahen schnell und kurz.
Man <u>brachte</u> Daniel ... = Verhaftung.
Man <u>warf</u> ihn ... = Die Ausführung des Urteils.
V. 17: „Dein Gott, dem du ohne Unterlaß dienst, er möge dich retten" = Die Perser waren in der Regel religiöser und toleranter als die Babylonier. Darius hoffte, daß der Gott Daniels einen guten Menschen wie Daniel retten würde.
Darius stellte dem Daniel in den voraussichtlich letzten Augenblicken seines Lebens ein gutes Zeugnis aus.
V. 19: „fastend" = bei vielen Völkern, insbesondere im alten Orient, ein religiöser Brauch. Normalerweise gehören Fasten und Beten zusammen. So ist die Vermutung vielleicht zulässig, daß Darius auch um das Leben Daniels zu „seinem Gott" betete.
V. 20: „bei der Morgenröte" = Der König mußte aus juristischen Gründen warten, bis die Morgendämmerung anbrach. Von Sonnenuntergang bis zum ersten Tageslicht waren ca. 8 - 10 Stunden verstrichen.
V. 23: „der Engel" = Engel werden im AT als die starken Helden gezeigt, die im Auftrag Gottes den Gottesfürchtigen auf allen Wegen behüten, seine Feinde besiegen etc. (vgl. Dan 3, 28).
V. 25: das Todesurteil über die Ankläger = Der König befahl, Daniels Ankläger in die Löwengrube zu werfen. Einige Ausleger sagen, daß nicht nur die beiden Ministerkollegen, sondern auch die 120 Satrapen sterben mußten. Im Zuge der Sippenhaftung wurden auch ihre Kinder und ihre Frauen bestraft. Offenbar haben die Perser die Sippenhaftung öfters angewandt.
V. 27: Das Schreiben des Königs: „Daß man vor dem Gott Daniels zittere und sich fürchte!" = Verboten ist, den Gott Daniels verächtlich zu machen und zu lästern. Angeordnet ist, den Gott Daniels zu respektieren. Von einer Bekehrung kann hier keine Rede sein.

vgl. „Schritte durch die Bibel" (siehe 7.)

2. Zielgedanke

Standhaft und entschlossen, Gott treu zu bleiben.
Andere Möglichkeiten:
– Die Liebe zu Gott war stärker
– „Ich möchte sein wie Daniel"
– Treu bis in den Tod

3. Vorschläge zur Durchführung für die „kleine" Gruppe

3.1. Vorüberlegungen
Dieser Bericht eignet sich besonders dazu, der heutigen „Vorbildlosigkeit" entgegenzuwirken. Beispielhaft können wir den Kindern Daniels Standhaftig-

keit und Treue vor Augen malen. Sein Vorbild wird bei den Kindern einen tiefen Eindruck hinterlassen. Achten wir beim Erzählen dieser Geschichte darauf, daß das Verhalten Daniels und das Wunder Gottes in der Löwengrube besonders herausgestellt werden. Allerdings sollten wir, um der ängstlichen Kinder willen, die Szene in der Löwengrube nicht zu sehr ausmalen, sondern vielmehr die Größe und Allmacht Gottes herausstellen.

3.2. Einstiegsmöglichkeiten

Wir beginnen mit einem Wortspiel (ab dem zweiten Schuljahr einsetzbar), schreiben das Wort „NEID" auf OHP-Folie und fragen: „Welche Wörter sind in dem Wort Neid enthalten?" (LÖsung: Ei, die, ein, dein, nie, Eid). Im Gespräch klären wir mit den Kindern: „Was ist Neid? In welchen Situationen sind wir neidisch? Wie sind die Auswirkungen?" Die Überleitung zur Geschichte sollte nun nicht schwerfallen.

3.3. Durchführung

siehe 7. u. OHP-Vorlage 40

Anhand von Bildkarten, Flanellbildern oder des Bildes (siehe OHP-Vorlage 40) erzählen wir die Geschichte. Wer sich informieren möchte, wie er die Geschichte kindgemäß erzählen kann: „Die Kinderbibel" von Anne de Vries (kl. Ausgabe).

Schwerpunkt, siehe 3.1. und folgende Textanalyse:

- Seine Vertrauensstellung, V. 1-3
- Seine Feinde, V. 4-9
- Seine Treue, V. 11-12
- Seine Verfolgung, V. 12-17
- Seine Rettung, V. 19-23
- Die Bestrafung der Feinde, V. 25
- Der Befehl des Königs, V. 26-29
- Persönlicher Bezug: Standhaft sein und bleiben schaffen wir nicht aus eigener Kraft. Wir können es aber, wenn wir dem Herrn Jesus unser Leben übergeben haben und aus Liebe zu ihm die Sünde meiden und seine Gebote halten.

3.4. Zur Festigung

siehe OHP-Vorlage 40

Die Kinder ein Bild zur Geschichte malen lassen oder ein fertiges Bild zum Ausmalen mitbringen. Dabei aber auf eine realistische Darstellung achten, um die Gefährlichkeit der Löwen nicht zu verniedlichen.

4. Vorschläge zur Durchführung für die „große" Gruppe

4.1. Vorüberlegungen

„Das kenn ich schon!" – Welcher Mitarbeiter hat nicht diesen Satz schon gehört? Um das Ziel der Geschichte trotz ihres Bekanntheitsgrades zu erreichen, wollen wir die „Großen" zur Mitarbeit und zum Nachdenken anregen. Durch ein Arbeitsblatt und das Gespräch haben wir die Möglichkeit, Daniel als nachahmenswertes Vorbild hervorzuheben. Den persönlichen Bezug können wir so formulieren, daß er ein Ansporn für Christen und Nichtchristen wird:

- Mut zum Anderssein
- Mut zur Standhaftigkeit
- Mut zur Treue und Hingabe an den Herrn

4.2. Einstiegsmöglichkeiten

4.2.1. Anspiel: Szene einer Außenseiterrolle, ohne Worte dargestellt

4.2.2. Rate: „Wer bin ich?" – Kurzer Steckbrief über Daniel. „Höhen und Tiefen liegen in meinem Leben dicht beieinander. Zweimal ist das Todesurteil über mich gesprochen worden. Beide Male blieb ich nicht nur am Leben, sondern wurde mit Ehre und Anerkennung überschüttet. In jeder Hinsicht, so sagte man von mir, war ich außergewöhnlich. Alle meine Erfolge kamen aus meinem starken Glauben an Gott und intensivem Gebet. Deshalb konnte ich bescheiden und doch gewinnend verschiedenen Königen die Wahrheit sagen. Ich weiß, was es heißt in der Regierung einen hohen Posten zu haben, aber auch im Abseits stehen zu müssen. Wer bin ich?" (vgl. Riedel, siehe 7.)

siehe OHP-Vorlage 38, Lektion 17

4.2.3. Landkarte: Das Medo-Persische Reich – Wie groß war es?

4.3. Durchführung

Bevor wir auf die Einzelheiten der Geschichte eingehen, lesen wir mit den Kindern Dan 6 reihum. Dabei betonen wir, daß sie den Text aufmerksam verfolgen sollen, da anschließend ein Teil des Textes mit eingebauten Fehlern vorgelesen wird.

– „Was ist falsch?" Der Mitarbeiter liest nun den folgenden Text vor. Wer einen Fehler entdeckt, muß anhand der Bibel beweisen, wie es richtig lauten muß.

– Daniel in der Löwengrube (11 Fehler):

„Z. Zt. des Königs Darius war Daniel Minister im Land der Meder und Perser. Er war ein außergewöhnlicher Mann, übertraf seine Kollegen und die 120 Statthalter. Aus Neid suchten diese Männer nun einen Grund, um Daniel beim König anzuklagen. Doch sie fanden nichts. Nur seine Religion bot ihnen eine Angriffsmöglichkeit. Auf die Bitte der Minister ließ der König ein Schriftstück anfertigen, das **nach Wunsch geändert werden** durfte, und zwar nach dem Gesetz der Meder und **Juden.** Der Inhalt des Gesetzes lautete folgendermaßen: Wer sich innerhalb von **drei** Tagen an irgend einen Gott oder Menschen mit einer Bitte richtet, außer an den König, soll in den Löwen**käfig** geworfen werden.

Als Daniel das erfuhr, ging er in das **Erdgeschoß** seines Hauses. Es hatte offene Fenster nach Jerusalem. **Zweimal** am Tag **stand** er vor seinem Gott und pries ihn.

Die Männer sahen es und verklagten Daniel vor dem König. Da befahl der König schweren Herzens, Daniel in die Löwengrube zu werfen. Ein **Brett** wurde gebracht und auf die Öffnung der Grube gelegt. Der König versiegelte es mit dem **Siegelring seiner Gewaltigen.** Dann ging er in seinen Palast, **aß gut** zu abend und **schlief fest ein** usw. "

siehe OHP-Vorlage 41

– Anschließend verteilen wir das Arbeitsblatt. Nachdem die Kinder es ausgefüllt haben, gehen wir gemeinsam alle Fragen und Antworten durch. Hierbei wird es unweigerlich zu guten Gesprächen kommen.

4.4. Zur Festigung

Frage 12 auf dem Arbeitsblatt (OHP 41) besonders besprechen

5. Liedvorschläge

Denn ich bin gewiß ... (aus: Jesu Name nie verklinget, Bd. 4, 1059)
Fest und treu wie Daniel ... (aus: Jesu Name nie verklinget, Bd. 1, 182)
Laß mich an dich glauben, wie Daniel es tat ... (aus: Wir loben Dich, Heft 2, 31, 2. Strophe)
Nicht jeden Tag ist Sonnenschein ... (aus: Wir loben Dich, Heft 3, 56)
Sei ein lebend'ger Fisch ... (aus: Sing mit uns ein neues Lied, Bd. 1, 32)
Zwei kleine Augen schaun auf Gott ... (aus: Wir loben Dich, Heft 3, 76)

6. Vorschläge zum Bibelspruchlernen

s. Dan 6, 23

Die Erfahrung Davids läßt sich sehr leicht auch auf Daniel übertragen. Tatsächlich schickt Gott einen Engel.
Wir können die Geborgenheit, die in diesem Vers zum Ausdruck kommt, sehr schön mit Händen verdeutlichen, die wir schützend um eine Puppe legen.
Wir müssen allerdings vorbeugend sagen, daß es sich hier nicht um eine Garantie für ein unfallfreies Leben handelt.

7. Literaturhinweis/Arbeitshilfen

Biblia Vision. Freiversammlungs-Verlag, Wuppertal (24 vierfarbige Bilder auf Karton 26 x 36 cm zu Daniel, davon 12 Bilder zu Dan 6)

Daniel, 6 Flanell-Lektionen (u. a. Dan 6, Daniel in der Löwengrube). KEB, Breidenbach (Text, Bilder, Bibelverse, Arbeitsheft)

Gibbs, A.: Schritte durch die Bibel Bd. 1, Lektion 128. Christliche Verlagsgesellschaft, Dillenburg 1982 (Textanalyse)

Mears, H. C.: Bibellesen leicht gemacht. Brockhaus, Wuppertal 1971 (eine allgemeinverständliche Einführung in das AT u. NT)

Riedel, Bodo: Dreimal darfst du raten Bd. 1. Oncken Verlag, Wuppertal 1986 (100 Personen aus Bibel und Glaubensgeschichte in Rätseln vorgestellt)

Vries, Anne de: Die Kinderbibel. F. Bahn Verlag, Konstanz (ca. 100 Geschichten der Bibel auf 250 S. für Kinder erzählt)

Wenn Sandra ihr Puzzle fertig hat, ist eine stolze Löwenfamilie zu sehen. Ein Teil fehlt noch, doch welches ist das richtige?

OHP 40

OHP 41

DANIEL

1. Welches Amt hatte Daniel unter der Königsherrschaft des Darius? (Daniel 6,3):
2. Warum waren die Minister und Satrapen (Statthalter) neidisch auf Daniel? (Vers 5):
3. Welche Eigenschaften hatte Daniel? (Streiche durch, was nicht zutrifft:)

freundlich - ehrlich - treu - gewissenhaft - angeberisch - unbestechlich - konsequent - einschmeichelnd - zuverlässig aufrichtig - rechthaberisch - kompromißbereit - ängstlich.

4. Was für ein Gesetz forderten die Minister und Satrapen (Statthalter)? (Verse 7-10)
5. Wie hätte Daniel der Gefahr aus dem Weg gehen können, als er von dem Gesetz erfuhr?
6. Wie verhielt sich Daniel? (Vers 11)
7. Welche negativen Folgen hatte das Gebet für Daniel?(Verse 12 und 17a)
8. Welche Hoffnung hatte der König und warum? (Vers 17)
9. Wie wird Daniel gerettet? (Vers 23)
10. Warum wird Daniel gerettet? (Vers 23b und 24b)
    Er war .... und er .... Gott.
11. Was war die Folge von Daniels Treue? (Verse 27 und 28)
12. Welche Eigenschaften Daniels möchtest du auch besitzen, und für welche Situation brauchst du sie?

Lektion 20

Apg 1, 1-14

Himmelfahrt

Lernvers
Dieser Jesus, der von euch weg in den Himmel aufgenommen worden ist, wird so kommen, wie ihr ihn habt hingehen sehen in den Himmel.
Apostelgeschichte 1, 11 b

1. Zum Textverständnis

1.1. Zusammenhang/Inhalt

Parallelstellen:
Mt 28, 16 - 20
Lk 24, 43 - 53
Mk 16, 19. 20

Lukas schließt an seinen ersten Bericht, das Lukasevangelium, an (Vers 1). Dort schreibt er von allem, „was Jesus angefangen hat, zu tun und auch zu lehren" bis zu seiner Himmelfahrt. Damit drückt er indirekt aus, daß er nun in der Apostelgeschichte von dem berichtet, was Jesus weiterhin tat, und zwar durch seine Jünger.
Der erste Abschnitt (1, 1 - 14) überschneidet sich mit dem Ende des Lukasevangeliums, gibt jedoch eine detailliertere Darstellung des Geschehens bis zur Himmelfahrt.
Lukas berichtet, daß die Jünger den Befehl hatten, in Jerusalem zu bleiben und auf die Verheißung des Vaters (gemeint ist die Ausgießung des Heiligen Geistes) zu warten. Währenddessen hat der Herr sich 40 Tage lang immer wieder als der Auferstandene gezeigt und mit ihnen über die Dinge des Reiches Gottes geredet.
Es ist offensichtlich, daß der Herr Jesus seine Jünger auf seinen Weggang (Himmelfahrt) und auf die sich daran anschließende Zeit vorbereiten will. Dies tut er im Wesentlichen auf dreierlei Weise:
a) Er stellt sich in vielen sicheren Kennzeichen als lebendig dar. (Diese „vielen sicheren Kennzeichen" sollte man einmal näher untersuchen, denn durch sie wird die Auferstehung des Herrn zum bestbezeugten Ereignis des NT.).
b) Er unterweist sie im Wort (vgl. Lk 24, 45).
c) Er verweist immer wieder auf die Verheißung des Vaters (V. 4).

1.2. Personen

– der Herr Jesus (hier mit dem Auferstehungsleib und den Merkmalen der Kreuzigung)
– zwei Männer in weißen Kleidern (V. 10): Engel verkünden als Boten Gottes seine Wiederkehr.
– die elf Jünger (genannt in V. 13)
– Maria, die Mutter Jesu (V. 14). Sie wird hier zum letzten Mal erwähnt. Ob sie auch Zeugin der Himmelfahrt ist oder nur hinterher mit den Jüngern zusammenkommt, ist nicht eindeutig zu klären.
– die Brüder des Herrn (Mt 13,55). Sie werden hier zum ersten Mal zusammen mit den Jüngern erwähnt. Sie scheinen in der Zwischenzeit ihre ablehnende Haltung gegenüber dem Herrn Jesus aufgegeben zu haben.

1.3. Orte/Gegend

– Obersaal (V. 13):
Der sogenannte Obersaal (Lk 22, 12 ff) scheint seit dem Zusammenkommen vor der Kreuzigung der Ort zu sein, an dem sie sich aufzuhalten pflegten. D. h., daß sicherlich einige der Zusammenkommen der Jünger mit dem Herrn hier stattgefunden haben. Hier bereitete er sie auf seine Kreuzigung vor, hier zeigte er sich als der Auferstandene und hier sind die Jünger zusammen nach seiner Himmelfahrt und Erhöhung.
Der Obersaal oder das Obergemach wurde oft auf dem Dach eines Hauses errichtet und war durch eine Außen- oder Innentreppe zu erreichen. Hier konnte man sich ungestört zur Ruhe oder zum Gebet zurückziehen.
Es kann sich dabei durchaus um größere Räume oder ganze Stockwerke gehandelt haben.

siehe auch
Lexikon zur Bibel
Skizze eines Hauses mit Obersaal, vgl. Teringo, S. 42/43 (siehe 7. u. Materialkiste)

siehe Lexikon zur Bibel u. OHP-Vorlage 27

– Ölberg
Er liegt ca. 1 km von der Stadt entfernt, gegenüber dem Tempelplatz. Von Jerusalem durch das Kidrontal getrennt, bietet er einen Überblick über die ganze Stadt. Am westl. Fuß des Berges liegt der Garten Gethsemane.

Zeichnung für die Kinder auf Papier oder Folie kopieren

1.4. Zeit

Die einzige Zeitangabe finden wir in V. 3: 40 Tage ließ der Herr sich von den Aposteln sehen.
Weil man annimmt, daß die Himmelfahrt am letzten dieser Tage stattfand, liegt der Himmelfahrtstag im christlichen Kalender am 40. Tag nach Ostern.

1.5. Begriffserklärungen

V. 9: Wolke = Schon im AT ist die Wolke ein Zeichen für die Gegenwart Gottes. Sie verbarg die Herrlichkeit Gottes (vgl. 2 Mo 40, 34).
V. 10: Himmel = Himmel ist hier nicht das, was wir über uns sehen, sondern der für uns unsichtbare Bereich, in dem Gott wohnt. Die englische Sprache ist da genauer. Sie hat zwei Wörter für „Himmel": sky = Sternenhimmel u. heaven = Gottes Himmel. Die **Auffahrt** zum Himmel deutet auf die Erhöhung Jesu hin.

2. Zielgedanke

Auch wenn der Herr Jesus in den Himmel zurückgekehrt ist, und wir ihn nicht sehen können, ist er doch bei uns. Eines Tages wird er zurückkommen und uns (die Kinder Gottes) zu sich holen. Die Zwischenzeit sollen wir nutzen, um ein Zeugnis für ihn zu sein.
Andere Möglichkeit (vor allem für die älteren Kinder):
Gott nimmt seinen Sohn nach vollendetem Werk, nach Tod und Auferstehung, zu sich. Der Herr Jesus wird von Gott erhöht (vgl. Phil 2, 9 – 11).

siehe 4.4.

3. Vorschläge zur Durchführung für die „kleine" Gruppe

3.1. Vorüberlegungen

Vielen Kindern dieser Altersgruppe macht die Trennung von lieben Angehörigen oder Freunden Schwierigkeiten. Z. B. wenn sie allein im Kindergarten bleiben müssen oder eingeschult werden und sich ohne ihre Eltern in einer fremden Umgebung zurechtfinden müssen.

Eigentlich müßte allen Kindern eine derartige Situation vertraut sein, daß sie plötzlich ohne eine oder mehrere vertraute Personen klarkommen müssen (z. B. auch bei Wegzug eines Freundes).

3.2. Einstiegsmöglichkeiten

3.2.1. Gespräch mit den Kindern über ihre Erlebnisse im Zusammenhang mit Trennung von vertrauten Personen.

3.2.2. Beispielerzählung (Freund zieht weg, Mutter geht ins Krankenhaus, Einschulung, etc.)

3.3. Durchführung

Von beiden Einstiegsmöglichkeiten läßt sich leicht ein Übergang finden zur Situation der Jünger. Diese sollte nun etwas ausführlicher geschildert werden (3jähriges Zusammensein; sie hatten alles aufgegeben, hatten schon nach der Kreuzigung geglaubt, alles sei aus und vorbei; nun wird ihr Herr ihnen wieder genommen).
Wir sollten darauf achten, daß diese Schilderung nicht zu sachlich verläuft, denn das Verhältnis der Jünger war auch durch ihre Liebe zum Herrn, durch ihr Vertrauen und durch ihre Abhängigkeit von ihm geprägt. Er hatte sie geführt und viele Entscheidungen für sie getroffen. Jetzt stehen sie allein da.
Die Ereignisse können aus der Sicht der Jünger erzählt werden. Beim Erzählen können vier Schwerpunkte gesetzt und dazu die folgenden Bilder benutzt werden:

siehe OHP-Vorlage 42

1. Der Herr Jesus nimmt Abschied (Bild 1)
2. Der Herr Jesus gibt eine Aufgabe (Bild 2)
3. Der Herr Jesus verspricht Hilfe (Bild 3)
4. Der Herr Jesus kommt wieder (Bild 4)

Bei den jüngeren Kindern sollte die Anwendung auf die ersten beiden Punkte beschränkt sein:
– Wir sehen den Herrn Jesus nicht, aber er ist trotzdem bei uns. Die Kinder zählen auf, wo und wann der Herr Jesus überall bei uns ist.
– Auch wir haben die Aufgabe, für den Herrn Jesus ein Zeugnis zu sein. Wo können wir das? Fangen wir wie die Jünger in der engsten Umgebung an!

3.4. Zur Festigung

Wir bekleben mit den Kindern eine 6seitige Faltkarte.

siehe OHP-Vorlage 44

Ausführungsmöglichkeit 1: Die Kinder erhalten eine Kopie der Karten 1-6, falten 1-3 und bekleben die Rückseiten von 1 mit Bild 2, von 6 mit Bild 3 und von 5 mit Bild 4.
Ausführungsmöglichkeit 2: Als Leporello 6 Blätter nebeneinander im Zick-Zack-Falz oder im Wickelfalz.
Über die 6 Aussagen sollte mit den Kindern gesprochen werden (Zusammenfassung der Lektionen 13, 14 u. 20).

4. Vorschläge zur Durchführung für die „große" Gruppe

4.1. Vorüberlegungen

Bei der älteren Gruppe könnte die Problematik des Abschiednehmens (vgl. 3.1.) in den Hintergrund treten und stattdessen mehr die Zeit zwischen Himmelfahrt und Wiederkommen des Herrn Jesus beleuchtet werden. Kinder kennen Situationen, in denen die Zeit der Abwesenheit der Eltern, eines Lehrers, etc. sinnvoll genutzt werden soll. Sie bekommen Aufgaben und auch Hilfen in die Hand, um die Aufgaben zu erfüllen.

siehe auch OHP-Vorlage 43

Wir können also die Tatsache der Himmelfahrt nutzen,
– um den Kindern die Verheißungen des Herrn Jesus groß zu machen (siehe 3.),
– um die Kinder wie die Jünger in die Verantwortung zu stellen,
– um den heilsgeschichtlichen Aspekt zu beleuchten (siehe 4.4.).
Hier muß jeder seiner Gruppe entsprechende Schwerpunkte sehen.
Anm.: Die Himmelfahrt sollte nicht als übernatürliches Ereignis ausgeschmückt werden. Den älteren Kindern sollte der Begriff Himmel erklärt werden.

siehe 1.5.

4.2. Einstiegsmöglichkeiten

4.2.1. Alltagssituationen eines Schülers: Der Lehrer läßt die Schüler eine Zeit allein. Er stellt ihnen Aufgaben und gibt ihnen Hilfen und Tips, damit sie sie lösen können.
Was passiert, sobald der Lehrer raus ist? Was erwartet der Lehrer? Wie sieht das aus, wenn später die Aufgaben besprochen werden?

4.2.2. Anhand eines Brainstormings erarbeiten wir die Zeit zwischen Auferstehung und Himmelfahrt.
Beispiel: In 40 Tagen kann viel geschehen. Wir wollen einmal zusammentragen, was der Herr Jesus in den Tagen nach seiner Auferstehung tat. Dazu könnten wir auch ein Arbeitsblatt mit der Aufgabenstellung und einigen Bibelstellen für die Kinder kopieren. Sie notieren in Stichworten die Ereignisse. (Zur eigenen Vorbereitung: 1 Kor 15, 5 - 8; Mk 16, 9 - 14; Lk 24, 30 - 49; Joh 20, 14 - 21, 14; Apg 1, 1 - 7.)
So finden wir auch leicht den Anschluß an Lektion 14.

4.3. Durchführung

siehe 3.3.

Ergänzung zu 3.3.: Bei den älteren Kindern wenden wir jeden der vier Schwerpunkte an:

siehe OHP-Vorlage 42

zu 2.: Der Herr Jesus gibt seinen Jüngern einen konkreten Auftrag. Sie sollen Zeugen sein. Was bedeutet das? (Zeuge kann man nur von dem sein, was man erlebt hat. Zeugnissein beschränkt sich nicht auf das Reden, sondern meint auch das entsprechende Handeln.) Wie sieht die Situation für die Jünger aus? (Sie sollen zuerst Zeugnis in ihrer Umgebung sein, in der Stadt, wo der Herr Jesus gekreuzigt wurde. Sie müssen mit Widerstand rechnen. Trotz Schwierigkeiten erfüllen die Jünger die Aufgabe. Die Apostelgeschichte bezeugt das.)

siehe Lektion 21

zu 3.: Wenn der Herr Jesus eine Aufgabe gibt, schenkt er auch gleichzeitig die nötige Kraft. Auf diese Kraft, den Heiligen Geist, sollen sie warten. Heute gilt: Jedes Kind Gottes bekommt bei der Bekehrung von Gott den Heiligen Geist geschenkt. Damit hat jeder, der an den Herrn Jesus glaubt, diese Kraft in sich.
zu 4.: Die Zusage der Engel (V. 11) hat die Jünger ebenfalls angespornt. Jesus Christus kommt wieder. Das ist die Zukunft der Christen. Wir zeigen den Kindern also: Verheißung und Auftrag sind miteinander verbunden.

4.4. Zur Festigung

siehe 2.

Anhand von Phil 2, 9 - 11 können die heilsgeschichtlichen Gedanken herausgestellt werden.

siehe OHP-Vorlage 43

Zur Illustration kann die Graphik OHP 43 benutzt werden. Zwei Aspekte seiner Erhöhung:
– die Erhöhung als Antwort auf seine Erniedrigung/Ehre und Verherrlichung durch Gott
– die Erhöhung zum Herrn und Herrscher, vor dem sich jeder beugen muß/ Ehre und Verherrlichung durch Menschen.
Gerade bei den älteren Kindern ist es wichtig, den Herrn Jesus als unumschränkten Herrn und Herrscher zu zeigen.
Das hat Folgen für das persönliche Leben und legt uns die Verpflichtung auf, ihn entsprechend zu ehren.

Ein weiterer Gedanke, der anhand der Graphik OHP 43 vertieft werden kann: Abschiednehmen ist nicht schön. Trennung bringt oft Trauer und Schmerz. Aber wie reagieren die Jünger (siehe Lk 24, 52)? Warum sind die Jünger nicht niedergeschlagen, sondern froh? Sie wissen,
– daß der Herr wiederkommt (V. 11)
– daß er beim Vater ist
– daß er eine Wohnung für sie bereitet (Joh 14, 1. 2)
– daß er sie zu sich holen wird (Joh 14, 3)
– daß er sie nicht alleine läßt (Joh 14, 15 - 18 + 16, 7)
– daß sie durch das Gebet auch jetzt noch mit ihm in Verbindung stehen (V. 14)
– daß er von Gott belohnt wird für seinen Dienst auf der Erde (Phil 2, 9 - 11)
Die Antworten könnten von den Kindern nach Vorgabe der Bibelstellen herausgesucht werden.

5. Liedvorschläge

Alles ist so schön in des Vaters Haus, ... (aus: Wir loben Dich, Heft 3, 1)
Ich bin bei euch alle Tage ... (aus: Wir loben Dich, Heft 4, 15)
Jesus ging zum Vater wieder ... (aus: Sing' mit uns ein neues Lied, Bd. 2, 82)
Jesus hat es verheißen ... (aus: Jungschar- u. Teenagerlieder, Heft 2, 77)
Wir sind Fackeln für Jesus, ... (aus: Wir loben Dich, Heft 1, 73)
Zeugen Jesu sind gesandt ... (aus: Wir loben Dich, Heft 2, 57)

6. Vorschläge zum Bibelspruchlernen

Jesus Christus kommt wieder – das ist die herrliche Aussage der Boten Gottes. Wir sollten hier nicht spekulieren, wann und wie das Wiederkommen des Herrn Jesus sein wird, sondern sollten mit Hilfe des Bibelverses noch einmal den Zielgedanken (2.) untermauern. Die Begriffe „Aufnahme in den Himmel" und „Wiederkommen" lassen sich mit der OHP-Vorlage 43 veranschaulichen. Vielleicht kann man den älteren Kindern eine Kopie dieser Vorlage geben, auf die sie dann den Bibelvers schreiben.

Differenzierung zwischen 1. u. 2. Kommen (siehe Gibbs, 7)

7. Literaturhinweis/Arbeitshilfen

Apostelgeschichte, 1. Teil, 7 Flanell-Lektionen (u. a. Auferstehung und Himmelfahrt). KEB, Breidenbach
Gibbs, A. u. a.: Schritte durch die Bibel Bd. 3, Lektion 221. Christliche Verlagsgesellschaft, 1983 (Textanalyse)
Jesus Christus – Herr der Welt Bd. 3. Hrsg.: Ludwig-Hofacker-Vereinigung. Hänssler, Stuttgart 1982 (Die Begebenheit wird für Kinder erzählt.)
Leben Christi 4, 6 Flanell-Lektionen (u. a. Himmelfahrt). KEB, Breidenbach
Teringo, J. R.: Mit Jesus durch das Land der Bibel. VLM, Bad Liebenzell 1986 (ein empfehlenswertes Handbuch über das Leben in Palästina im 1. Jh. n. Chr. mit vielen Zeichnungen)

siehe auch Materialkiste

Aus 10 Wörtern kann man 5 Wortpaare bilden. Keines von ihnen ist im biblischen Wortlaut zu finden, aber alle umschreiben sie je ein bekanntes Ereignis aus dem Leben des Herrn Jesus auf der Erde. Aus den eingekreisten Buchstaben entsteht ein neues Wort: Als solches hat sich der Herr Jesus bezeichnet.

Wer kennt die Evangelien?

OHP 42

1
Der Abschied
2
Der Auftrag
Ap.2,1
Jerusalem
Ap.8,5
Samaria
Ap.8,26
bis ans Ende der Welt
macht zu Jüngern
=mein Herz für Jesus
taufet sie
=Bedeutung d. Taufe
lehret sie
=Bedeutung d. Bibel
3
Das Versprechen
Fr. alle
So. bis
Mi. bei
So. siehe
Fr. Mth.
Mi. des
Mo. ich
Di. Vollendung
Do. Zeitalters.
Di. bin
Sa. 28,20
Sa. Tage
Do. euch
Mo. zur
(Mit dem fortlaufenden Datum die Reihenfolge des Spruchs finden.)
4
Er kommt!

OHP 43

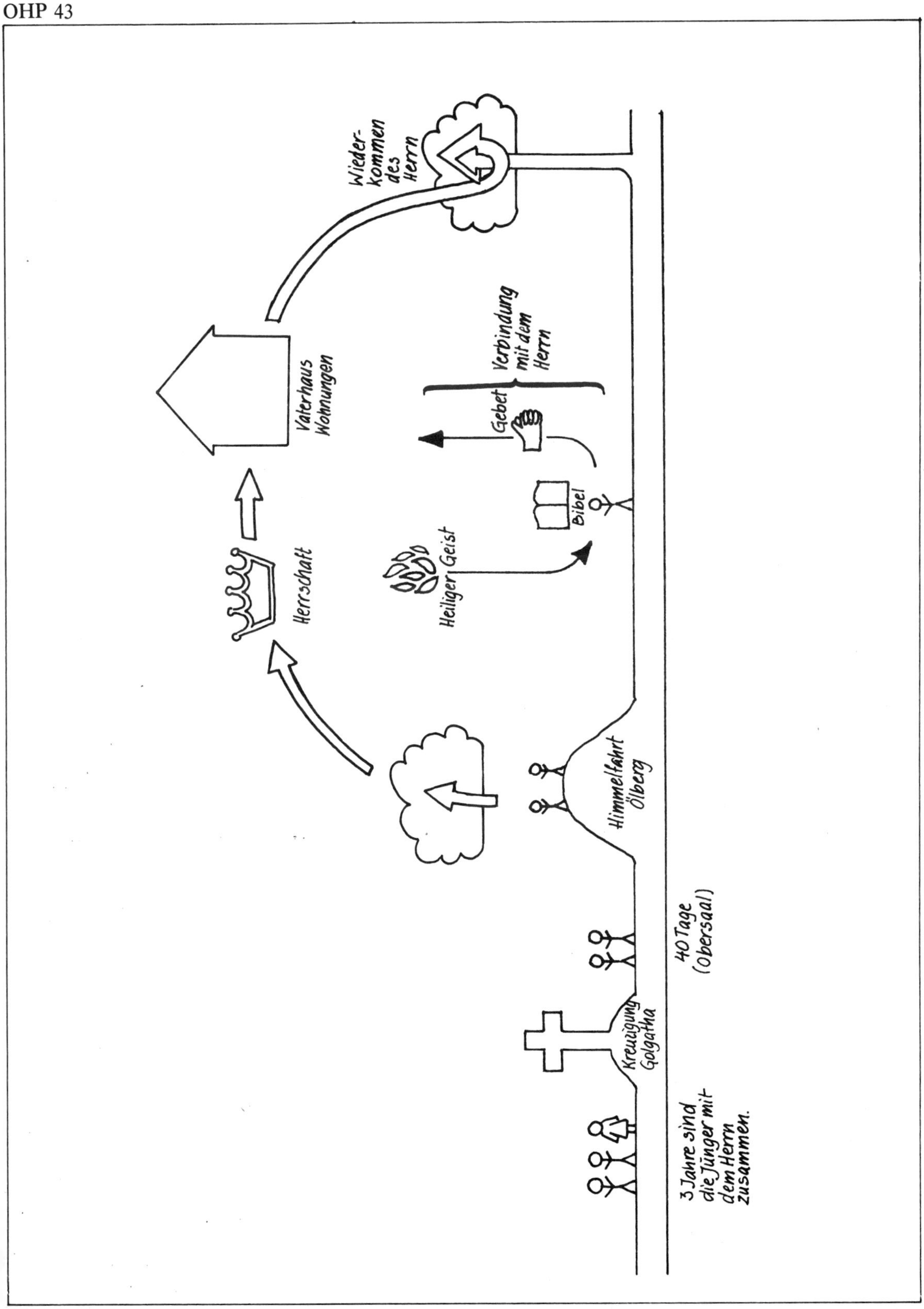

3 Jahre sind die Jünger mit dem Herrn zusammen.
Kreuzigung Golgatha
40 Tage (Obersaal)
Himmelfahrt Ölberg
Herrschaft
Heiliger Geist
Bibel
Gebet
Verbindung mit dem Herrn
Vaterhaus Wohnungen
Wieder-kommen des Herrn

OHP 44
1 Jesus Christus starb für unsere Sünden.
2 Jesus Christus ist auferstanden.
3 Jesus Christus ist bei seinem Vater im Himmel.
4 Jesus Christus gibt uns Aufgaben
Schule
Kinderzimmer
Spielplatz
Mission
5 Jesus Christus bewahrt uns
6 Jesus Christus kommt wieder.
1. Möglichkeit:
2. Möglichkeit:
Zick-zack-Falz
Wickelfalz

Lernvers
Gott hat uns nicht einen Geist der Furchtsamkeit gegeben, sondern der Kraft und der Liebe und der Besonnenheit.
2. Timotheus 1, 7

Lektion 21

Apg 2

Pfingsten

1. Zum Textverständnis

1.1. Zusammenhang/Inhalt
Vor seiner Himmelfahrt hat der Herr Jesus seinen Aposteln die Sendung des Heiligen Geistes versprochen, der sie zum Zeugendienst befähigen würde. In Jerusalem sollen sie gemeinsam auf dieses Ereignis warten. Das Warten macht sie nicht untätig. Die Apostel und die übrigen Jünger bereiten sich vor, indem sie beten und in der Schrift lesen. Sie empfangen Unterweisung und gehorchen dem Wort Gottes (Wahl des 12. Apostels als Ersatz für Judas). Die Ausgießung des Geistes ist dann der letzte und entscheidende Akt zur Entstehung der urchristlichen Gemeinde und Mission.
Apg 2 beschreibt die näheren Umstände dieses Ereignisses und stellt die Grundlagen des christlichen Gemeindelebens, der „Gemeindeorganisation" und der Missionsstrategie vor:
– die Umstände der Ausgießung des Heiligen Geistes (Sturmwind, Zungen wie von Feuer, Aufhebung der Grenzen der Verständigung/Sprachbarriere)
– das „Publikum" der ersten Missionsveranstaltung der Apg (auch als Andeutung der Reichweite des Evangeliums)
– die erste Missionspredigt (V. 14 - 36)
– das erste Bekehrungsgespräch (V. 37 - 41)
– eine Beschreibung des urchristlichen Gemeindelebens (V. 42 - 47)

1.2. Personen
– die zwölf Apostel mit Petrus als Wortführer (vgl. Mt 16, 18. 19)
– weitere Jünger (vgl. Apg 1, 14. 15)
– Juden und Proselyten aus Jerusalem und aus der „Zerstreuung"
– die Gläubiggewordenen
– der Heilige Geist

1.3. Orte/Gegend
Jerusalem – nach alttestamentlichen Verheißungen der Sammelort des gläubigen Überrestes in Israel und der zentrale Ort endzeitlichen Geschehens (vgl. Joel 3, 1 - 5!; Micha 4, 1. 2; Jes 60, 1 - 4)
Das Versammlungshaus war möglicherweise Bestandteil des Tempelbezirks, wo sich schnell eine große Zuhörermenge bilden konnte.

1.4. Zeit
50. Tag nach Ostern, 10. Tag nach der Himmelfahrt; wahrscheinlich der Tag nach dem Sabbath (also Sonntag); die dritte Stunde des Tages entspricht unserer Zeit von etwa 9 Uhr vormittags.

1.5. Begriffserklärungen
V. 1: Pfingsten (griech. pentekoste = der fünfzigste (Tag)) = griechische Bezeichnung für das alte jüdische Wochenfest zum Abschluß der siebenwöchigen Haupterntezeit nach dem Passah. Es gehört zu den drei großen jüdischen Wallfahrtsfesten (Passah, Laubhütten, Pfingsten) (vgl. 2 Mo 23, 16; 34, 22 und 5 Mo 16, 9). Es ist das kleinste der Wallfahrtsfeste, besaß aber zur Zeit des Urchristentums einen gewissen politischen Charakter. Mehrfach kam es am Pfingstfest zu Volkszusammenrottungen und Demonstrationen gegen die römische Besatzungsmacht.

V. 2. 3: Sturmwind, Zungen wie von Feuer = Wind, Sturm und Feuer sind schon im AT Begleiter des Erscheinens Gottes (vgl. 1 Kö 19, 11; Jes 66, 15; Ps 50, 3; 2 Mo 3, 2; 13, 21; 19, 18) und Zeichen seiner Gegenwart und Nähe. Die Feuerzungen von Pfingsten zeigen an, daß Gott von nun an durch seinen Geist in an Christus glaubenden Menschen gegenwärtig ist. Wind und Sturm verdeutlichen entfesselnde, in Bewegung bringende Lebendigkeit und weisen auf die Kraft des Hl. Geistes hin, Menschen „in Bewegung zu bringen" (pneuma = Geist bedeutet auch gleichzeitig ‚Wind' vgl. Joh 3, 8).
V. 4: Sprachen o. Zungen = Reden in einer anderen, d. h. nicht erlernten (Mutter-)Sprache. Hier, als Begleiterscheinung der Geistausgießung, ist das Reden in Sprachen über das Phänomen als solches hinaus Mittel der Verkündigung und nicht irgendeine Form der religiösen Selbsterfahrung. Durch den Geist Gottes werden Sprachbarrieren überwunden, alle hören von „den großen Taten Gottes". Dieses Geschehen zu Pfingsten ist die Erfüllung der alttestamentlichen Verheißungen Joel 2, 28–32 und Jes 28,11. 12 (vgl. 1 Kor 14, 21. 22) und damit ein Zeichen für die Juden, daß Gott hier der Handelnde ist.
V. 11: Die großen Taten Gottes = Die Zuhörer waren Juden bzw. dem Judentum nahestehende Proselyten. Die großen Taten Gottes waren wahrscheinlich alttestamentl. Zeugnisse vom Handeln Gottes, welche den Juden bekannt waren und die auch ohne weiteres als solche akzeptiert wurden (die Erschaffung der Welt, die Befreiung aus Ägypten usw.). Die Predigt des Petrus führt diese Erzählung fort, indem er von der größten Tat Gottes spricht: Sein neues Heilshandeln in Jesus Christus (vgl. den Aufbau der Predigten des Stephanus und Paulus in Kap. 7 und 13).
V. 10: Proselyten = durch Anerkennung des Gesetzes, Beschneidung und Proselytentaufe in die Gemeinde Israels aufgenommene Heiden.

2. Zielgedanke

Der Heilige Geist entfacht einen „Sturm der Begeisterung" und läßt uns „Feuer und Flamme" sein für unseren Herrn.
Er entfaltet seine Kraft in der Gemeinschaft der Gläubigen und setzt eine ungeheure Dynamik frei, die uns mit der frohen Nachricht des Evangeliums von Jesus Christus gleichsam „herausplatzen" läßt.

3. Vorschläge zur Durchführung für die „kleine" Gruppe

3.1. Vorüberlegungen

Der Hl. Geist ist keine abstrakte Größe, sondern eine Person. Er wird im allgemeinen als die dritte Person der göttlichen Dreieinheit bezeichnet. Wäre der Hl. Geist nur eine Kraft, dann könnten wir uns derselben bedienen. Als Person haben wir ihm zu gehorchen und ihm zur Verfügung zu stehen.
Er hat etwas zu tun mit Lebendigkeit und spontaner Freude, Staunen und Begeisterung, gleichzeitig aber auch mit einer geistlichen Nüchternheit. Er gibt Mut und Zuversicht im Eintreten für den Glauben.
Das haben die Jünger Pfingsten erfahren. Die Wartezeit nach der Himmelfahrt war vorbei. Sie waren nicht mehr allein. Ihr Herr hatte sein Versprechen eingelöst (Joh 16, 7). Nun bekamen sie in dem Hl. Geist einen Beistand und wurden so auch in die Verantwortung bzgl. ihres Auftrags (Apg 1, 8) gestellt. Ihre Gemeinschaft hatte eine neue Qualität bekommen.
Das sind einige Schwerpunkte, die wir den Kindern deutlich machen sollten, damit sie eine richtige Vorstellung von der Person des Hl. Geistes bekommen. Wir können bei den Kindern an ihrer spontanen Offenheit, Unbeschwerlichkeit und Freude anknüpfen, die sie z. B. in der Gemeinschaft mit lieben Menschen erleben.

3.2. Einstiegsmöglichkeiten

Wir zeigen Fotos von Personen (wenn möglich Kinder), deren Mimik den Ausdruck von a) Trauer, Niedergeschlagenheit, Desinteresse und b) Begeisterung, Freude zeigt (Stummer Impuls).

Im Gespräch vergleichen wir die Bilder miteinander. Wir lassen beschreiben, was diese Gesichter „ausstrahlen" (z. B. vor Freude strahlen, leuchtende Augen usw.). Wir fragen, was diese Stimmung wohl bewirkt haben könnte (schlechte bzw. gute Nachricht, etwas Tolles entdeckt haben usw.).
Überleitung: Die Jünger haben nach der Himmelfahrt des Herrn Jesus etwas erfahren, was sie ähnlich begeisterte und froh machte ... siehe 3.1.
Alternativen: Mit Hilfe eines Fotos von einer zusammenströmenden Menge oder einer kurzen Schilderung (Einkaufsstraße; Leute bleiben stehen, um einem Straßenmusikanten zuzuhören o. ä.) Gespräch anregen über die Frage, warum Menschen mitten auf der Straße zusammenströmen.

3.3. Durchführung

Wir erzählen die Begebenheit von Pfingsten nach folgenden Schwerpunkten: siehe OHP-Vorlage 45:

– die *Ausgangssituation der Apostel und Jünger* nach der Himmelfahrt schildern (Beschäftigung mit der ‚Schrift', Gebet, Vorbereitungen, gespanntes aber nicht passives Erwarten, „wie es nun weitergeht", Zusammenwachsen zu einer gleichgesinnten Mannschaft im Bewußtsein einer gemeinsam zu erfüllenden Aufgabe) Bild 1
– die *Ausgießung des Hl. Geistes,* der die Versammelten „in Bewegung bringt" (vgl. Kap. 4, 31!), und ihre Auswirkung schildern (er fährt wie ein „Sturmwind" durch ihre Herzen und ein „Feuer" der Begeisterung erfaßt sie, sie erkennen, daß Gott in ihren Herzen ist, große Freude erfüllt sie und löst ihre Zungen) Bild 2
– *Perspektivwechsel: Zusammenströmen der Menge,* die Situation aus der Sicht der Herbeieilenden schildern (Was ist da los? Gibt es einen Volksaufstand? Ein Wunder, die Männer reden von Gott und das in jeder unserer Muttersprache ...) Bild 3
Steigerung der Spannung: Was geht da eigentlich vor sich? Kann denn niemand erklären, was es damit auf sich hat? – Endlich tritt einer heraus ...
– *Perspektivwechsel: Petrus* faßt sich ein Herz ... Kurze Zusammenfassung der Predigt (Gott hat vor langer Zeit versprochen, daß dies geschehen wird; das hängt mit Jesus Christus zusammen ... wir warten darauf, daß er wiederkommt ... die an ihn glauben gehören zum Volk Gottes ... Gott will, daß ihr dazu gehört ... Umkehr, Glaube an den Herrn Jesus ...) Bild 4
– *Reaktion der Menge* (die ihn aufnehmen und sich taufen lassen, bekommen von Gott seinen Geist geschenkt, und eine wunderbare neue Gemeinschaft entsteht) Bild 5
– *Schilderung des Gemeindelebens* (Liebe, Kraft, Dynamik): das „Feuer" der Begeisterung greift um sich. Viele Herzen werden von der Liebe „angesteckt" ... Bild 6

Hinweise zur Illustration:
Die Illustrationen zu den 6 Szenen können auf Folie übertragen und farblich ausgestaltet werden (sie können auch als Vorlagen für Flanellfiguren dienen.) Auf jeden Fall sollten die Flammen/Feuerzungen als Symbole für den Hl. Geist farblich hervorgehoben werden. Die Sprechblasen der 3. Szene können in versch. Farben ausgemalt werden, um die „bunte" Vielfalt der Sprachen anzudeuten. Die „Satzzeichen" der Szenen 4 + 5 müssen für die ‚kleine' Gruppe evtl. wegfallen. Sprech- und Denkblasen dürften den Kindern aber von Comics her bekannt sein. siehe OHP-Vorlage 45

3.4. Zur Festigung

3.4.1. Das Symbol Feuer für den Hl. Geist noch einmal aufgreifen und seine Bedeutung aus der Geschichte heraus übertragen (Licht – Erkennen, Wärme – Liebe, Feuer breitet sich aus – Kraft des Evangeliums, Menschen zur Umkehr zu bringen, ihre Herzen für Jesus „zu entfachen" u. a.). Klärung der Frage: Wer hat heute den Hl. Geist? siehe 4.3.

3.4.2. *Bastelvorschlag 1:* Herstellen einer Wendescheibe (2 runde Pappdeckel gegeneinanderkleben, vorher einen mehrfach zusammengedrehten Wollfaden mittig dazwischenlegen; passende Papierscheiben mit zwei verschiedenen Darstellungen bemalen und so aufkleben, daß sie bei schnellem Drehen zu einem Gegenstand verschmelzen) (Motive: brennende Fackel/„entflammtes" Herz o. a.) siehe OHP-Vorlage 46

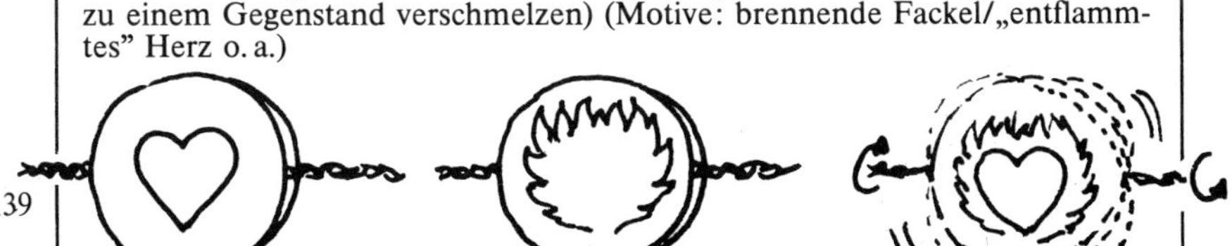

siehe 3.1.

siehe dazu ‚Arbeitsbuch für den bibl. Unterricht', Frage 54 (s. Materialkiste)

4. Vorschläge zur Durchführung für die „große" Gruppe

4.1. Vorüberlegungen

Bei den älteren Kindern sollten wir den Gedanken, daß der Hl. Geist eine Person ist, noch stärker betonen. Zur Illustration der Trinität könnte das nebenstehende Dreieck herangezogen werden. Hier bieten sich auch Beispiele aus der Natur an, die die Kinder vom Grundschulunterricht her kennen (z. B. die drei Aggregatzustände des Wassers).

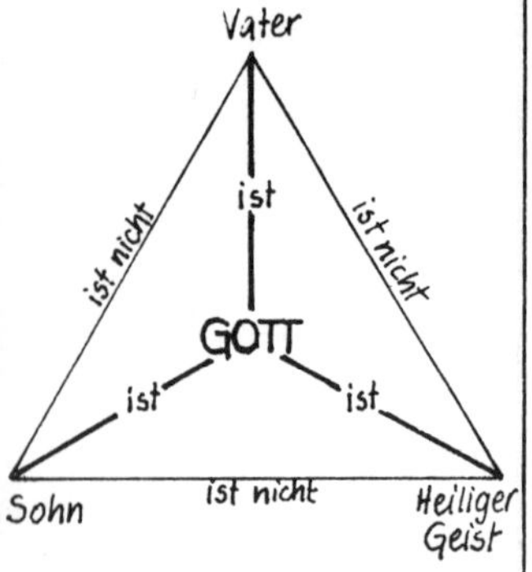

Den älteren Kindern sind außerdem aus dem Alltag meist schon Zeichen und Symbole bekannt (z. B. Straßenverkehr, Sport ...). Sie sind ansatzweise in der Lage, zu begreifen, daß Zeichen und Symbole über sich selbst hinausweisen auf eine Wirklichkeit, die so komprimiert in Worten nicht ausgedrückt werden kann (z. B. „Mercedes-Stern" – er war lange Zeit als Symbol für Wohlstand ein begehrtes Sammelobjekt). Die Bibel kennt für die Person und Wirkung des Hl. Geistes einige Zeichen und Symbole, die eine Hilfe sind, eine nicht sichtbare Wirklichkeit anschaulich und verständlich zu machen (Taube, Öl, Wind, Feuer usw.). Diese Symbole stehen für eine jeweils unterschiedliche Bedeutung und Aussageabsicht. Eine Erschließung der Pfingstgeschichte ist daher auch von den Symbolen Wind und Feuer her möglich.

4.2. Einstiegsmöglichkeiten

siehe auch 3.2.

4.2.1. Ausgehend von Verkehrszeichen o. ä. nach der Bedeutung und dem Sinn u. Zweck solcher Zeichen fragen.
Überleitung: Auch die Bibel spricht vom Hl. Geist in Zeichen und Bildern, damit wir besser verstehen wie er wirkt und was er tut ...

4.2.2. Bildl. Darstellungen der Symbole für den Hl. Geist zeigen, Gespräch unter den Leitfragen: Was ist dargestellt? Was kennt ihr schon? In welcher biblischen Geschichte ist es euch begegnet?
Herausarbeitung des Zusammenhangs zwischen Feuer und Pfingsten.

4.2.3. Bildimpuls: Olympisches Feuer, Fackelläufer (= ausgehend von einem bestimmten Ort verbreitet sich die olympische Idee in der ganzen Welt)

siehe auch 3.3. u. OHP-Vorlage 45

4.3. Durchführung

Unter Verwendung der Illustrationen die Pfingstgeschichte erzählen. Den Akzent mehr auf die Klärung der verwendeten Symbole bzw. Erscheinungsweisen des Hl. Geistes legen: Warum ist gerade hier von Feuer und Wind die Rede? Wind – es „bewegt" sich etwas ... Feuer – Licht: was im Herzen ist, „strahlt" auch aus den Gesichtern; Wärme: die Herzen sind „entflammt" für den Herrn Jesus. Es entsteht Liebe und Geborgenheit; Verzehrende, um sich greifende Kraft: Das Evangelium, die durch den Hl. Geist entfesselte Botschaft breitet sich schnell aus. Weiterhin die Frage klären: Wer bekommt heute den Hl. Geist? (Gott schenkt jedem beim Zeitpunkt der Bekehrung als Antwort auf Buße und Glauben seinen Geist = Wiedergeburt.)

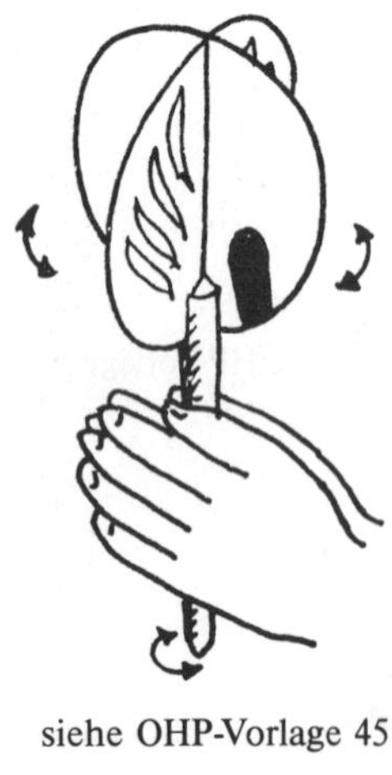

4.4. Zur Festigung

4.4.1. *Bastelvorschlag 2:* durch Verschmelzungseffekt fängt die Fackel bei schneller Drehung des Quirls an zu „brennen"! Material: 2 runde Pappdekkel, etwas stärkeres Zeichenpapier (je zwei Ausschnitte nach der Vorlage für die Vorder- und Rückseite der Pappdeckel), Holzstab, Klebstoff, Zeichenstifte (je nach Akzentuierung bei der Erzählung sind natürlich auch andere Motivzusammenstellungen möglich)

4.4.2. Illustrationen fotokopieren, ausmalen und mit Überschriften versehen; dabei die Szenen im Gespräch noch einmal entschlüsseln und auf die Sprechsymbole eingehen.

siehe OHP-Vorlage 45

5. Liedvorschläge

Gott hat uns nicht einen Geist ... (aus: Das Wort Gottes ist lebendig, 95)
Jedes Gotteskind ... (aus: Sing' mit uns ein neues Lied, Bd. 1, 49)
Jesus hat ein Feuer angezündet ... (aus: Sing' mit uns ein neues Lied, Bd. 1, 31)
Jesus heißt uns leuchten ... (aus: Wir loben Dich, Heft 3, 46)
Jesus sandte seinen Geist ... (aus: Sing' mit uns ein neues Lied, Bd. 2, 83)
Wie schön ist es ... (aus: Sing' mit uns ein neues Lied, Bd. 1, 27)

6. Vorschläge zum Bibelspruchlernen

Die Begriffe „Kraft", „Liebe", „Besonnenheit" mit dem Symbol „Feuer" verbinden, um die innere Beziehung zur Pfingstgeschichte deutlich zu machen. Zu dem Bibelvers das entsprechende Lied „Gott hat uns nicht einen Geist ..." (siehe 5.) lernen.

7. Literaturhinweis/Arbeitshilfen

Apostelgeschichte, 1. Teil, 7 Flanell-Lektionen (u. a. Pfingsten). KEB, Breidenbach
Gibbs, A.: Schritte durch die Bibel, Bd. 3, Lektionen 222, 223. Christliche Verlagsgesellschaft, Dillenburg 1983 (Textanalyse)
Jakobi, E.: Der gute Start Bd. 1, L 21. Bibellesebund, Marienheide 1979 (eine Bibelarbeit für die Jungschar zu Apg 2)
Neudorfer, H. W.: Apostelgeschichte, 1. Teil, Edition C-Bibelkommentar, Bd. 8. Hänssler, Stuttgart 1986
Theologisches Begriffslexikon zum NT. Hrsg.: Coenen, L. u. a. Brockhaus, Wuppertal 1986 (Stichwort: Geist [pneuma])

1
2
3
4
!
?
?
5
!
!
6

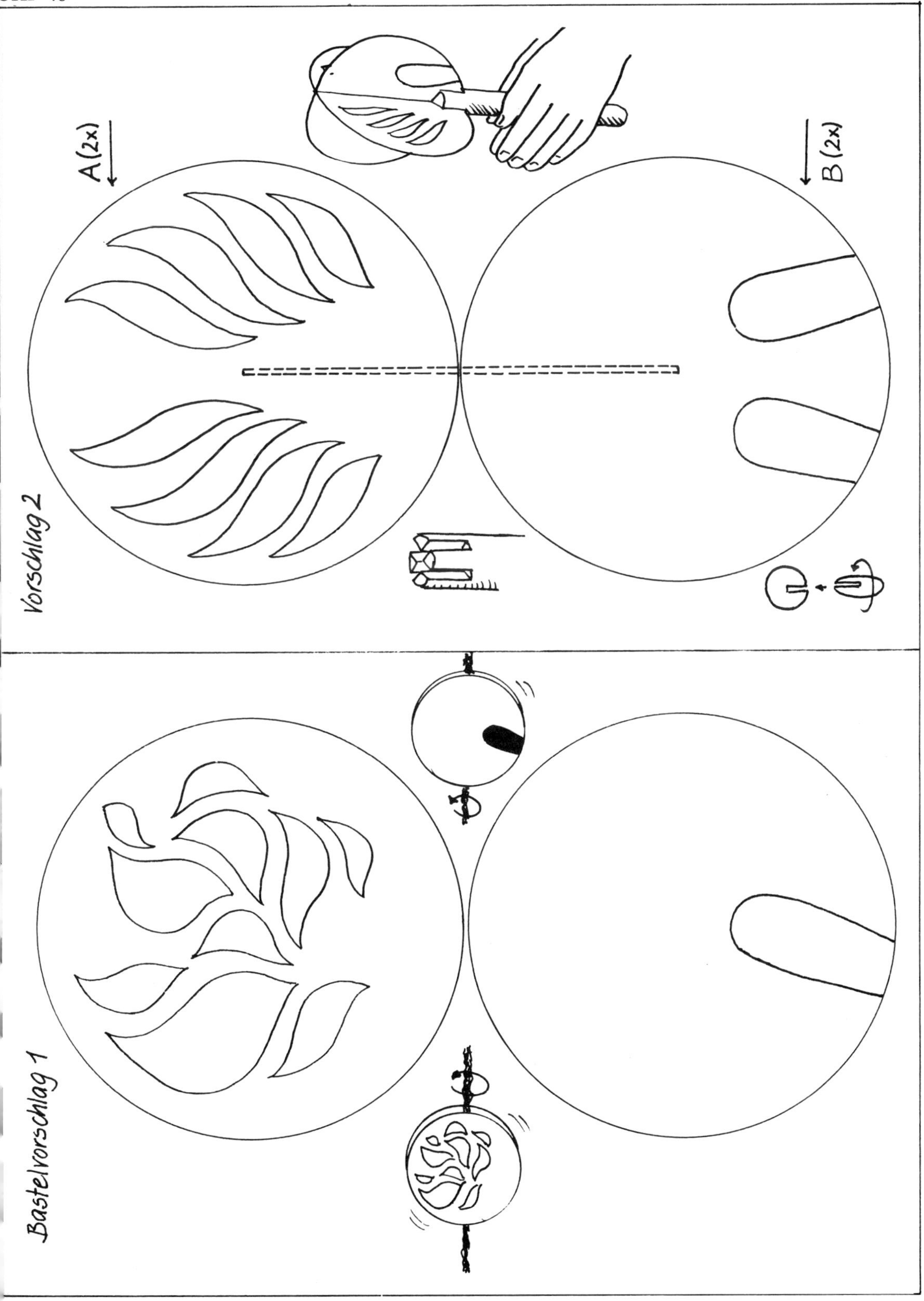
Bastelvorschlag 1
Vorschlag 2
A (2x)
B (2x)

Lektion 22

Apg 3

Heilung eines Lahmgeborenen

Lernvers
Es ist in keinem anderen das Heil; denn auch kein anderer Name unter dem Himmel ist den Menschen gegeben, in dem sie errettet werden müssen.
Apostelgeschichte 4, 12

1. Zum Textverständnis

1.1. Zusammenhang/Inhalt

Beim Pfingstfest hat Petrus vor vielen Menschen gepredigt und ihnen den einzigen Weg zu Gott aufgezeigt: JESUS CHRISTUS. Daraufhin haben sich viele Menschen bekehrt, die sich dann als Gemeinde versammelt haben. Während Petrus und Johannes wie gewohnt zum Gebet in den Tempel gehen, treffen sie einen Mann, der schon von Geburt an gelähmt ist. Dieser erwartet, wie von allen Menschen, auch von ihnen etwas Geld zum Leben. Leider muß Petrus ihm sagen, daß auch sie kein Geld haben, aber er spricht ihn im Namen Jesu Christi gesund.
Als der Mann sofort aufsteht und vor Freude umherspringt, werden die Tempelbesucher auf diesen bekannten Bettler aufmerksam. Natürlich bestaunen die Leute Petrus und Johannes, denn sie sind erschrocken, daß der Lahme plötzlich gehen kann. Doch Petrus weist von sich weg auf den Herrn Jesus hin. Er erklärt, daß der Mann allein durch den Glauben an den Namen des Herrn Jesus gesund geworden ist. Dann spricht er die Leute direkt an. Auch sie müssen Buße tun; um gerettet zu werden.

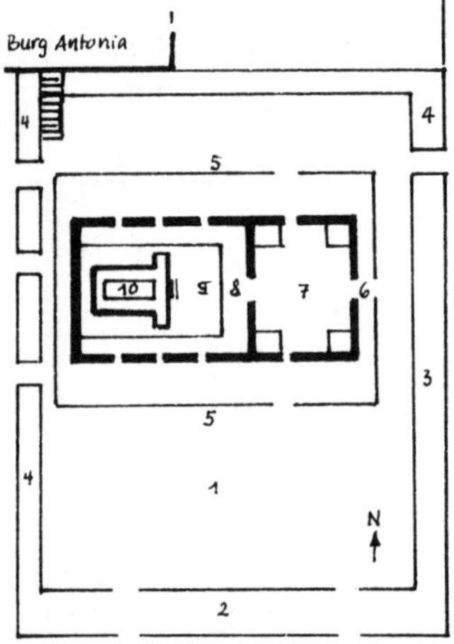

Tempelanlage zur Zeit Jesu
1. Vorhof der Heiden
2. Königliche Säulenhalle
3. Säulenhalle Salomos
4. Säulengalerie
5. Niedrige Mauer
6. Schöne Pforte
7. Vorhof der Frauen
8. Vorhof der Männer
9. Vorhof der Priester
10. Tempel mit dem Allerheiligsten

1.2. Personen

- zwei Jünger, Petrus und Johannes
- ein von Geburt an lahmer Mann, Alter: über 40 Jahre (Apg 4, 22)
- das Volk im Tempel

1.3. Orte/Gegend

– Jerusalem: Hauptstadt Judäas, politischer und religiöser Knotenpunkt, durch den Tempel das Zentrum des Judaismus im ersten nachchristlichen Jahrhundert
– Tempel: Heiligtum der Juden, welches durch Herodes den Großen von dem Jahre 20 v. Chr. an umgebaut und verschönert wurde. Fertigstellung erst wenige Jahre vor der Zerstörung Jerusalems (70 n. Chr.), auch für die Christen in der ersten Zeit zentrale Stätte für Gebet und Gottesdienste
– Säulenhalle Salomos: Die Tempelanlage wurde durch drei verschiedene Säulenhallen umgeben. Sie umrahmten den Vorhof der Heiden, in dessen Mitte sich das eigentliche Tempelgebäude befand. Die Säulenhalle Salomos war die östliche Säulenhalle und lag direkt vor der „Schönen Pforte"
– Schöne Pforte: Um von dem Vorhof der Heiden in den Vorhof der Frauen zu gelangen, mußte man über eine Treppe von zwölf Stufen hinaufgehen. Dann konnte man durch neun Tore weiter ins Innere gelangen. Vier Tore im Norden, vier Tore im Süden und ein Tor, das schönste und prächtigste, die „Schöne Pforte", im Osten.

1.4. Zeit

- Kurz nach dem Pfingstgeschehen (siehe Lektion 21)
- zur neunten Stunde, also *gegen* 15.00 Uhr, zur Zeit des Gebetes

1.5. Begriffserklärungen

V. 1: Stunde des Gebets = Die Juden hatten täglich regelmäßige Gebetszeiten. Um 9, 12 und 15 Uhr.

V. 1: neunte Stunde = Man teilte damals die Zeit zwischen Sonnenaufgang und Sonnenuntergang in zwölf Teile ein. Dabei fiel also die 6. Stunde auf 12 Uhr und die 9. Stunde auf *etwa* 15 Uhr.
V. 2: Almosen = Im AT hatte jeder Fromme die Pflicht, den Armen wohlzutun (3 Mo 19, 9 ff).
Im NT war Betteln nicht ungewöhnlich. Almosen-geben und Almosen-erbetteln war in die Gesellschaft „integriert". In jeder Synagoge sollte durch einen Armenkasten für die Armen gesorgt werden.
V. 6: Nazoräer = Eigentlich: Nazarener, weil Jesus aus Nazareth kam. Man nimmt an, daß bei „Nazoräer" das hebr. Wort nezer (= Sproß) mitklingt.
V. 6: Geh' umher = Als Apostel hatten Petrus und Johannes besondere Vollmacht. Daher war es ihnen möglich, Zeichen und Wunder zu wirken und auch Menschen „im Namen Jesu" gesund zu sprechen (vgl. Apg 13, 11 usw.).

2. Zielgedanke

Rettung (Heilung) nur durch Jesus Christus. (Alle menschlichen Versuche scheitern, Gott bietet die Vergebung als Geschenk für uns an, aber die Voraussetzung für dieses Geschenk ist der Glaube an den Herrn Jesus.)
Andere Möglichkeiten:
– Petrus hilft anderen, Nächstenliebe
– „Ehrsucht nicht gefragt", Petrus gibt dem Herrn Jesus die Ehre
– Petrus bekennt den Herrn Jesus, der missionarische Lebensstil
– Vergebung (Heilung) bringt Freude
– Wer den Herrn Jesus mutig bekennt, erfährt die Hilfe Gottes

3. Vorschläge zur Durchführung für die „kleine" Gruppe

3.1. Vorüberlegungen

Die notvolle Situation des Kranken können wir uns heute schlecht vorstellen. In unserem Sozialstaat gibt es so viele Einrichtungen und Hilfsmöglichkeiten, daß Kinder selten mit wirklich hilflosen Kranken in Berührung kommen. Deshalb sollten wir die Situation des lahmen Mannes beschreiben, um ihn dann in der Anwendung als Bild für den hilflosen Menschen in Bezug auf die Sünde vorzustellen. Jeder Mensch ist von Geburt an Sünder und kann sich nie selbst von der Sünde befreien. Jeder müßte elend in diesem Zustand sterben, wenn es keine Heilung durch Glauben an Jesus Christus gäbe. Bei dieser Art der Anwendung müssen wir unbedingt darauf achten, daß die Kinder nicht Krankheit als Folge einer persönlichen Sünde sehen, daß Krankheit nicht unbedingt eine Strafe Gottes ist und daß Heilung von Sünde nicht gleich Heilung von Krankheit bedeutet.
Da heute wenig von Sünde gesprochen wird und der Begriff oft gar nicht mehr in moderne Denkschemata hineinpaßt, ist es gut, wenn wir diese Begebenheit nutzen, um den Kindern die Wahrheit über den Menschen zu sagen. Einen moralisierenden Sündenbegriff sollten wir allerdings vermeiden. Deshalb ist es angebracht, das Hilfsangebot Gottes in seinem Sohn und die göttliche Liebe und Fürsorge in den Mittelpunkt zu stellen.

3.2. Einstiegsmöglichkeiten

3.2.1. Wir fragen die Kinder, welche Krankheiten sie schon einmal gehabt haben, leiten dann auf den lahmen Mann über, und betonen seine notvolle Situation (siehe 3.1.). Dazu versuchen wir, den Kindern deutlich zu machen, daß er sehr, sehr lange krank ist.

3.2.2. Gegenstandslektion: Wir bringen den Kindern Medizin mit Tropfen, Tabletten in verschiedenen Größen und verschiedenen Farben (Placebos). Wir erzählen den Kindern, daß es auch Krankheiten gibt, bei denen keine Medizin hilft und leiten so auf die Geschichte über.
(Diese Einstiegsmöglichkeit läßt sich gut mit der Durchführung 3.3.2. kombinieren.)

3.3. Durchführung

siehe OHP-Vorlage 47

3.3.1. Wir erzählen die Geschichte und verwenden dabei einige Bilder mit schematischen Darstellungen, die zwar zeichnungsgemäß sehr knapp gehalten sind, aber sehr viel ausdrücken (Bild 1 - 4).
Bild 1 (viele Leute, Petrus u. Johannes): Petrus und Johannes gehen wie gewohnt in den Tempel zum Gebet.
Bild 2 (der Lahme, Petrus u. Johannes): Petrus redet mit dem Kranken und „macht" ihn gesund (Schilderung der notvollen Situation u. Heilung in dem Namen des Herrn Jesus).
Bild 3 (der Lahme lobend, viele Menschen, Petrus u. Johannes): Der Kranke ist gesund und gibt vor allen Leuten Zeugnis (die Freude über die Heilung u. das Zeugnis aus der Erfahrung).
Bild 4 (Petrus redend, viele Menschen): Petrus predigt den Glauben an den Herrn Jesus (Anwendung, siehe 3.1.).
Die Predigt des Petrus muß vor dem Erzählen genau überdacht werden. Vorsicht, daß der Gedanke „Petrus weist alle Ehre von sich" nicht zu einem zweiten Schwerpunkt oder Zielgedanken wird, sonst muß der Gesamtschwerpunkt von Anfang an anders gesetzt werden!

3.3.2. Wir erzählen die Geschichte in der „Ich-Form" aus der Sicht des lahmen Mannes. Dabei können wir gut den Unterschied der inneren Verfassung des Mannes vor und nach der Heilung verdeutlichen.

3.4. Zur Festigung

siehe OHP-Vorlage 48

3.4.1. Wir vertiefen den Begriff „Rettung nur durch Jesus Christus". Dazu verwenden wir die Bilder 5 und 6. Zunächst zeigen wir den Kindern das Bild 5 und erklären ihnen mit einfachen Worten den Zustand der Menschen (Hinweis zur Anwendung, siehe 3.1.).
Bild 5: Durch die Sünde von Gott getrennt – keine Möglichkeit, die Schlucht zu überwinden – Folge: Ewiger Tod, ewige Trennung von Gott. Wenn wir die Kinder jetzt Lösungsvorschläge nennen lassen, kommen sie natürlich sehr schnell darauf, daß es eine Brücke geben muß, um über die Kluft zu kommen. Dann zeigen wir ihnen Bild 6. Diese Brücke baut Gott.

3.4.2. Wir malen mit den Kindern auf weißem Papier, Format DIN A 4 oder DIN A 3, ein Bild. Wir verwenden entweder Wachsmalkreide, Buntstifte oder Wasserfarben. Als Motiv wählen wir das Bild Nr. 6 oder ein Bild mit ähnlicher Aussage. Die Kinder können die Bilder 1 - 4 farbig ausmalen.

Bitte auch 3.1. berücksichtigen

4. Vorschläge zur Durchführung für die „große" Gruppe

4.1. Vorüberlegungen

Sündenvergebung ist das Geschenk Gottes und die notwendige Voraussetzung für die Gemeinschaft mit ihm. Dennoch versuchen viele Menschen auf eigenen Wegen diese Gemeinschaft zu bekommen. Verschiedene Religionen und Sekten bieten auch Möglichkeiten dazu an. Werkgerechtigkeit, Askese usw. auf der einen Seite oder meditative Praktiken auf der anderen Seite sollen die Verbindung zum Übersinnlichen, Göttlichen herstellen. Aber es sind Wege, die niemals zu Gott führen!

Anhand dieser Geschichte erarbeiten wir mit den Kindern, daß es für den lahmen Mann <u>nur durch den Glauben</u> an Jesus Christus Heilung gab. Und auch für uns heute ist es nur durch den Glauben an den Herrn Jesus möglich, von der Sünde befreit zu werden und die Gemeinschaft mit Gott zu bekommen.

4.2. Einstiegsmöglichkeiten

4.2.1. Gespräch über das Thema „Krankheit"; Folgen, Probleme usw.

4.2.2. Aktuelle Reportage: Große Schlagzeilen in der Jerusalemer Morgenpost: „Sensationelle Heilung im Tempelbezirk. Fremde Mächte im Spiel, oder lebt Jesus doch noch ..."

4.3. Durchführung

siehe OHP-Vorlage 47

4.3.1. Wir erzählen die Geschichte und benutzen dabei die Bilder 1 - 4 (auf Pappe oder OHP-Folie).

Ergänzung:
zu Bild 4 (Predigt des Petrus):
Hier können wir ausführlicher ein paar (!) verschiedene Punkte der Predigt erzählen, die aber den Gesamtschwerpunkt unterstützen.

Z. B.: Jesus – a) wurde schon im AT verheißen
b) Knecht Gottes
c) Heiliger und Gerechter
d) Fürst des Lebens
e) von den Menschen verachtet und getötet
f) von Gott auferweckt
g) heilt
h) errettet

Hier bitte nicht alle Punkte erarbeiten, sondern nur einige herausnehmen, z. B.: b), e), f), g) u. h).

4.3.2. Wir lesen mit den Kindern gemeinsam die Geschichte. Danach produzieren wir mit Hilfe eines Kassettenrecorders und eines vorgefertigten „Textbuches", das wir für alle kopiert haben, ein spannendes Hörspiel.
In Gruppenstunden, wo nicht genügend Zeit für das Hörspiel bleibt, kann mit Hilfe eines Arbeitsblattes das Ereignis vertieft weden, z. B.: Welche Bezeichnungen für den Herrn Jesus benutzt Petrus in seiner Predigt? (siehe 4.3.1.)

4.4. Zur Festigung

4.4.1. Nach der Erzählung (Pkt. 4.3.1.) arbeiten wir die Übertragung heraus (vgl. Pkt. 3.4.1.):
Das Bild 5 besprechen wir mit den Kindern und lassen sie eigene Lösungsvorschläge nennen (gute Werke, Spenden, Taufe, Kirche gehen, Oma helfen, usw., diese Vorschläge können in die von den Menschen ausgehenden Brükken eingetragen werden, sie reichen aber nie bis auf die andere Seite). Dann zeigen wir die Lösung auf Bild 6. Gott kam zu uns in Jesus Christus.

siehe OHP-Vorlage 48, läßt sich auch gut als Folgeskizze entwickeln

4.4.2. Zunächst erarbeiten wir mit den Kindern das Hörspiel (Pkt. 4.3.2.): Handlung, Spielverlauf, Szenen, Geräusche, Technik, usw.
Die Handlung besteht zuletzt aus einem Interview mit Petrus, der eine Erklärung zu dem Geschehen abgibt. Durch die gemeinsame Erarbeitung vertieft sich a) die Handlung der Geschichte und b) auch die Botschaft „durch den Glauben an Jesus Christus geheilt" sehr gut.

5. Liedvorschläge

Alles hat er mir erlassen ... (aus: Sing' mit uns ein neues Lied, Bd. 1, 45)
Jesus kann alles ... (aus: Sing' mit uns ein neues Lied, Bd. 2, 30)
Laß die Freude in dein Herz hinein ... (siehe unten)
Sag, kennst du wohl den wunderbaren Namen ... (aus: Jesu Name nie verklinget, Bd. 1, 22)
Silber und Gold hab ich nicht ... (aus: Wir loben Dich, Heft 2, 39)

6. Vorschläge zum Bibelspruchlernen

6.1. Ein Kind muß versuchen, in einem Irrgarten, der auf eine OHP-Folie gezeichnet oder auf Papier kopiert ist, den richtigen Weg vom Start zum Ziel zu finden. *Nur eine* Möglichkeit ist richtig.

6.2. Den Spruch auf Folie schreiben. Als Illustrationen zeichnen wir einen Wegweiser mit vielen Hinweisschildern.

6.3. Rätsel: Lösung: Nur *ein Name* rettet

siehe OHP-Vorlage 49

7. Literaturhinweis/Arbeitshilfen

Apostelgeschichte, 1. Teil, 7 Flanell-Lektionen (u. a. Der Gelähmte wird gesund). KEB, Breidenbach
Gibbs, A. u. a.: Schritte durch die Bibel Bd. 3, Lektion 224. Christliche Verlagsgesellschaft, Dillenburg 1983 (Textanalyse)
Jakobi, Elisabeth: Der gute Start Bd. 1. Bibellesebund, Marienheide 1979 (Rätsel und Erzählung)

Jesus wirkt durch seine Boten Bd. 4 . Hrsg.: Ludwig-Hofacker-Vereinigung. Hänssler, Stuttgart 1982 (Apg 3 - 4, 14 wird für Kinder erzählt)
Vries, Anne de: Großes Erzählbuch der biblischen Geschichte. Friedrich Bahn Verlag, Konstanz 1983 (Die Begebenheit wird für Kinder erzählt.)

OHP 47

OHP 48

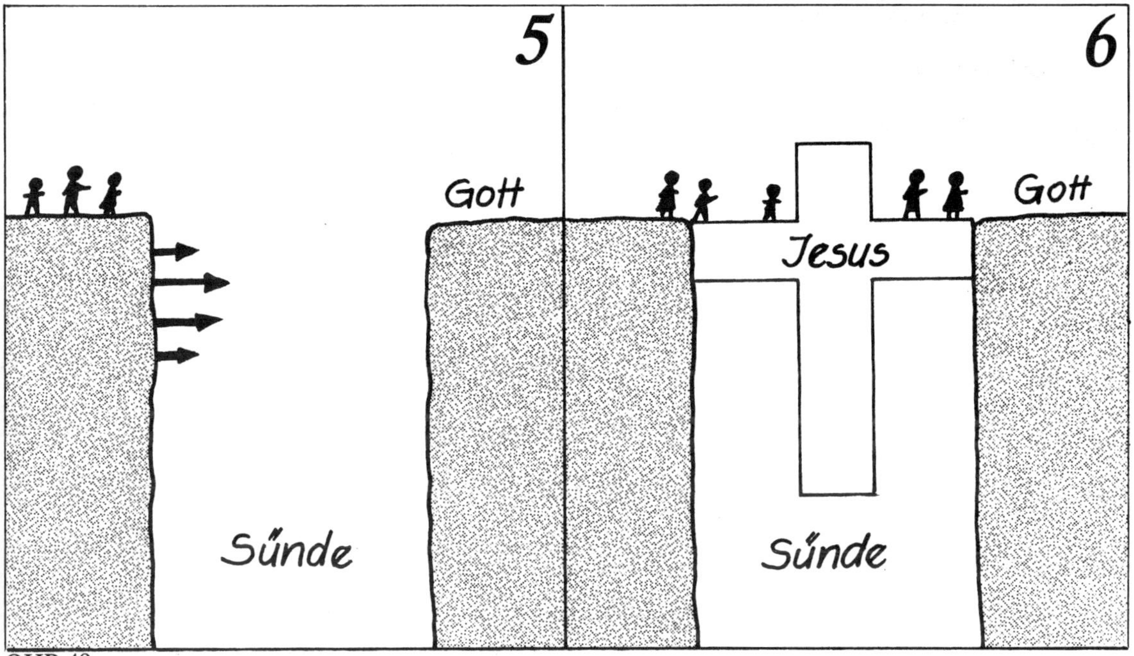

OHP 49

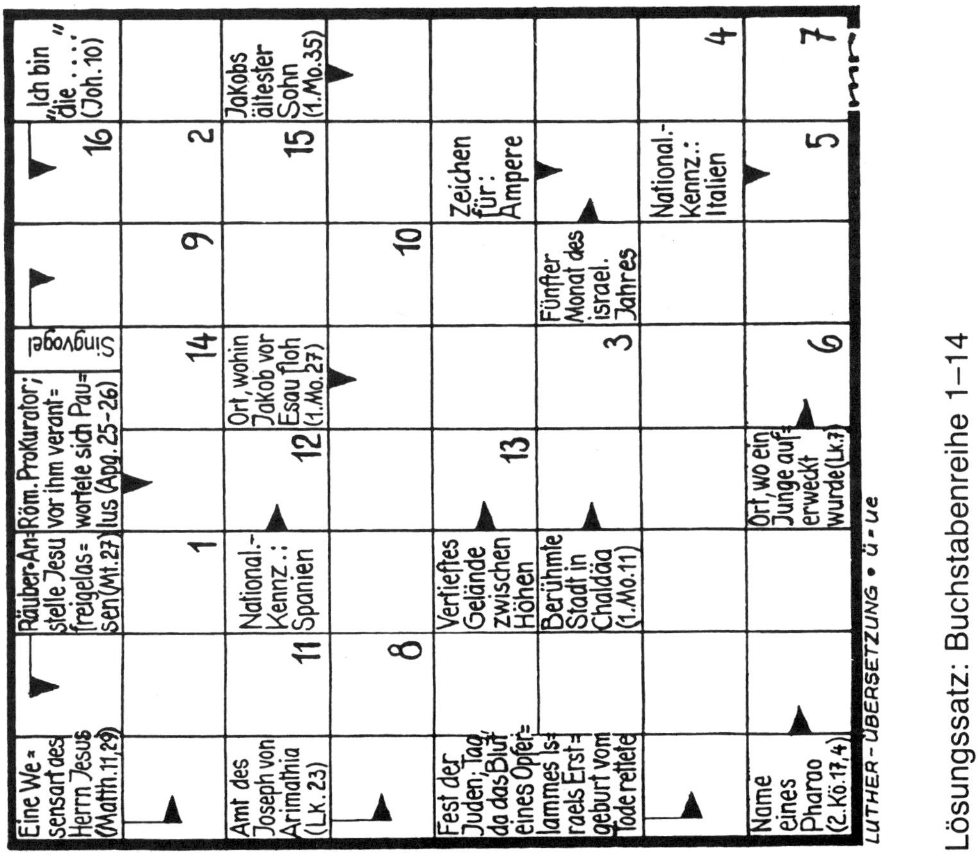

aus: Meyer, W.: Für helle Köpfe, Bd. 3, CVD

Lektion 23

Jos 1, 1-9

Josuas Berufung

Lernvers
Habe ich dir nicht geboten: Sei stark und mutig? Erschrick nicht und fürchte dich nicht! Denn mit dir ist der HERR, dein Gott, wo immer du gehst.
Josua 1, 9

1. Zum Textverständnis

1.1. Zusammenhang/Inhalt

Das Volk Israel steht nach 40 jähriger Wanderung durch die Wüste vor den Grenzen des verheißenen Landes Kanaan. Der Führer des Volkes, Mose, ist gestorben (5 Mo 34) und Josua ist offiziell zu dessen Nachfolger bestimmt (4 Mo 27, 18; 5 Mo 34, 9) worden. Gott gibt jetzt den konkreten Auftrag, das Land zu erobern. Einem erneuten Versprechen Gottes („Das ganze Land will ich euch geben") folgen die Anweisungen für Josuas persönliches Leben, die von höchster Bedeutung sind.

1.2. Personen

– Gott spricht zu Josua
– Kurzer Überblick über das Leben Josuas bis Jos 1:

siehe auch Lektion 25, 1.2.

Sein erstes Auftreten
2 Mo 17, 9: Josua als Heerführer im Kampf gegen Amalek. Er trägt hier bereits große Verantwortung, indem er das Heer zusammenstellt und den Kampf anführt. 2 Mo 17, 14: Schon hier wird deutlich, daß Josua einmal die Nachfolge Moses antreten soll. Früh wird er von Gott geprägt für seine Aufgabe!
Sein weiteres Erscheinen
2 Mo 24, 13: Josua darf mit Mose auf den Sinai steigen, während selbst die Ältesten warten müssen. Er wird „Diener" Moses genannt (später noch öfter). 2 Mo 33, 11: Josua verläßt nicht die Nähe Gottes!
Josua als Kundschafter
4 Mo 13, 4 - 16: Unter der Liste der 12 Kundschafter erscheint Josua als Hoschea. Er ist der Sohn Nuns aus dem Stamme Ephraim. In 1 Chr 7, 20 - 28 läßt sich sein Stammbaum bis auf Ephraim zurückverfolgen. Mose benennt Hoschea in Vers 16 dann in Josua um.
4 Mo 14, 6: Josua trauert über die Reaktion des Volkes auf die falschen Botschaften der 10 Kundschafter. Er und Kaleb erinnern das Volk an Gottes Versprechen. Sie werden fast dafür gesteinigt.
4 Mo 27, 18. 22: Gott belohnt Josuas Vertrauen.
Moses Tod – Josua wird sein Nachfolger
4 Mo 14, 30. 38: Mose setzt Josua offiziell als seinen Nachfolger ein. Beachte: Josua besitzt den Geist Gottes! Im AT wird das nur von wenigen gesagt. Seine Befähigung als neuer Führer kommt alleine von Gott.
4 Mo 34, 17: Josua wird zum Landesverteiler bestimmt.
5 Mo 3, 21. 22: Er erhält eine erste Ermunterung für seine künftigen Aufgaben. Gott verspricht ihm den Sieg über alle feindlichen Könige.
5 Mo 31, 14 - 23: Mose und Josua werden aufgefordert, ein Lied aufzuschreiben (das „Lied Moses"). Gott macht Josua ein erneutes Versprechen (23): „Ich will mit dir sein".
5 Mo 34, 9: Nach Moses Tod tritt Josua dessen Nachfolge als Führer des Volkes an. Nochmals die Aussage, daß Josua den Geist Gottes hat. Israel erkennt Josua an.
Vor der Landeinnahme
Jos 1: Gott redet nach dem Tod Moses mit Josua über dessen weiteres Leben: Er gibt ihm die Verheißung, mit ihm zu sein und ihm zu helfen. Besonders interessante Verse in Bezug auf Gottes Versprechen: 1, 6 - 9.

1.3. Orte/Gegend
– Schittim: Das Volk Israel befindet sich am Ostufer des Jordan, bei Schittim (s. Karte). Schittim lag ca. 25 km östlich von Jericho (s. Kap. 2, 1; 3, 1).
– Jordan: Wichtigster und größter Fluß Palästinas, verläuft von Norden nach Süden auf ca. 140 km Länge und mündet ins Tote Meer. Bei Jericho ist der Jordan bis 6 m tief und ca. 30 m breit.

siehe OHP-Vorlage 50

1.4. Zeit
Aus Jos 4, 19 läßt sich der genaue Tag bestimmen: Der 7. Tag des ersten Monats, genau 40 Jahre nach dem Auszug aus Ägypten (2 Mo 12, 3) war Israel in Kanaan angekommen. Der erste Monat entspricht den Monaten März und April in unserer Zeit.

1.5. Begriffserklärungen
V. 4: Wüste und Libanon = Mit „Wüste" ist wohl das Gebiet östlich des Jordan gemeint. Der „Libanon" ist ein Gebirge im Norden Palästinas (s. Karte).
V. 4: großer Strom = Der Euphrat im Norden
V. 4: Land der Hetiter = Das Volk der Hetiter war weitläufig im Norden Kanaans angesiedelt, bis in die heutige Türkei.
V. 4: großes Meer gegen Sonnenuntergang = das Mittelmeer
V. 7: Gesetz = Damit ist gemeint, was Mose auf Anweisung Gottes aufgeschrieben hatte, also die 5 Bücher Mose („Pentateuch" 2 Mo 24, 4; 5 Mo 34, 9. 24).
V. 8: nicht von deinem Munde weichen; darüber sinnen Tag und Nacht = Damit soll eine Kontinuität ausgedrückt werden: Das Gesetz Gottes, also Gottes Wort, sollte *Lebensinhalt* in Josuas Leben sein! Darüber hinaus sollte er das Wort Gottes weitergeben ans Volk.

siehe Lexikon zur Bibel

2. Zielgedanke

Gott gibt uns Aufgaben und Verheißungen. (Wenn Gott einen Auftrag gibt (V. 2), gibt er auch genaue Anweisung (V. 2 - 5), Zielvorstellung (V. 6), Mut und Kraft zur Ausführung (V. 6. 7. 9), Mittel (V. 7. 8) und Gelingen (V. 8). Er übernimmt die Verantwortung!)
Andere Möglichkeiten:
– Gott hält seine Versprechen
– Die Wichtigkeit des Wortes Gottes für unser Leben
– Gott redet zu uns (wie? was? wann? warum?)

3. Vorschläge zur Durchführung für die „kleine" Gruppe

3.1. Vorüberlegungen
Durch viele negative Einflüsse ist das Gottesbild bei den Kindern oft total verbogen. Leider tragen auch Darstellung und Bücher im evangelikalen Raum dazu bei. Gott ist nicht der „liebe Gott" mit weißem Bart und wallendem Mantel, der gerne ein Auge zudrückt, wenn wir Fehler machen. Gott ist auch nicht der Mann mit dem erhobenen Zeigefinger. Gott ist absolut wahr und gerecht, er ist die Liebe in Person.
Für die jüngeren Kinder können wir diesen Bibeltext nutzen, um ihnen einen Puzzlestein zum richtigen Gottesbild zu geben. Deshalb legen wir den Schwerpunkt auf den Zielgedanken: Gott hält seine Versprechen. Die Kinder sollen erkennen: Was er in seinem Wort sagt, stimmt! Gleichzeitig zeigt uns der Text auch, daß Gott von uns erwartet, daß wir nach seinem Wort handeln (V. 7).
Ziel: Die Kinder sollen sich fest auf Gott verlassen (in allem!), seinen Willen kennenlernen und ihn gerne erfüllen.

siehe dazu Arbeitsbuch zum biblischen Unterricht „Vom Wesen Gottes" Fragen 9 - 11 (siehe Materialkiste)

3.2. Einstiegsmöglichkeiten

Wir fragen die Kinder, was sie schon einmal jemandem versprochen haben, z. B. den Eltern, Geschwistern, Freunden etc. Dann sprechen wir darüber, wie schwer es ist, ein Versprechen einzuhalten. Im Gespräch sollte klar werden, daß wir jedes Versprechen, ob „groß" oder „klein" einhalten müssen. Wir leiten über auf Gottes Versprechen an das Volk Israel (beachte V. 3!).

3.3. Durchführung

siehe OHP-Vorlage 51
Erarbeitung mit der OHP-Vorlage:
siehe 1.2.
Bild 1 (Person)
Wir erzählen den Kindern etwas über Josua (Nachfolger Moses, Führer des Volkes, etc.).
Bild 2 (Kreis mit Landkarte)
Gottes Versprechen: Israel soll das Land Kanaan bekommen.
Bild 3 (Kreis mit Bibel)
Überleitung zum praktischen Teil: Wir sammeln mit den Kindern Aussagen, was Gott uns heute verspricht, z. B.: Ich bin bei euch (Rückblick auf Lektion 20), Joh 1, 12, Aussagen aus Joh 10 (der gute Hirte) u. Ps 23 etc.
Wir machen den Kindern bewußt, daß die Bibel viele Versprechungen enthält. Dann leiten wir zu den beiden Bedingungen über.
Bild 4 u. 5 (Hören und Tun)
Damals wie heute müssen wir das Wort Gottes hören (Hinweis auf Erzählen von bibl. Geschichten, Kinderstundenbesuch, Gemeindebesuch etc.), beachten und tun. Praktisches Beispiel: Eltern versprechen ihrem Kind einen Lohn, Hilfe, etc., wenn es dies oder jenes erledigt. Was geschieht, wenn das Kind ungehorsam ist?

3.4. Zur Festigung

3.4.1. Bilder kopieren und jedem Kind zum Ausmalen geben.

3.4.2. Wir verteilen die einzelnen Bilder (Folienstücke) an die Kinder, lassen sie der Reihe nach auflegen/anheften und das Wichtigste der Stunde noch einmal wiederholen.

3.4.3. Spiel: Wir verbinden einem Kind die Augen. Es muß auf Anweisung einen Parcour durchlaufen, am Ende bekommt es eine kleine Belohnung. Variante: die anderen Kinder rufen dazwischen. Das Hören wird erschwert. Lehre: Wer richtig hört und handelt, wird belohnt. Gehorsam lohnt sich.

4. Vorschläge zur Durchführung für die „große" Gruppe

4.1. Vorüberlegungen

siehe 2.
Für die älteren Kinder legen wir den Schwerpunkt auf die Aufgaben und die Verheißungen Gottes. Aufgrund der weitverbreiteten Passivität innerhalb der Christenheit sollten wir so früh wie möglich betonen, daß Gott für jeden eine Aufgabe hat, daß er sich wünscht, daß diese Aufgaben erledigt werden, daß er die Ausrüstung dafür schenkt und wir selbst den größten Gewinn und Segen dabei haben. Die Kinder sollen erkennen, daß ein sinnvoll ausgefülltes Leben immer nur ein Dienstleben für Jesus Christus sein kann. Dabei wollen wir nicht den vollzeitlichen Dienst betonen, sondern das tägliche Leben mit seinen Dienstmöglichkeiten beleuchten. Gott will auch nicht nur bestimmte Leute gebrauchen, sondern jeden.
Außerdem sollten wir betonen, wie wichtig es ist, sich ganz und genau nach dem Wort Gottes zu richten.

4.2. Einstiegsmöglichkeiten

4.2.1 Gespräch über Hausaufgaben: Sinn und Zweck (lernen; wiederholen; vertiefen; eigene Erfahrungen mit dem im Unterricht gelernten Stoff sammeln; erfahren, wo Lücken sind; ...)/die Aufgabenstellung beinhaltet Lösungshilfen/der Umfang der Aufgaben ist normalerweise zu bewältigen etc. Dann leiten wir über auf die Aufgabe Gottes für Josua (siehe dazu auch Zielgedanke, 2.).

4.2.2. Wir sammeln Erlebnisse der Israeliten auf ihrer 40jährigen Wüstenwanderung (evtl. in Quizform). Vielleicht kennen die Kinder einige Geschichten, in denen Josua erwähnt wird (siehe 1.2.). Die entsprechende Karte kann eine gute Hilfe sein. So wird auch der geschichtliche Zusammenhang hergestellt.

siehe OHP-Vorlage 50

4.3. Durchführung

4.3.1. Erarbeitung mit der OHP-Vorlage: Ergänzung zu 3.3.:

siehe 3.3. u. OHP-Vorlage 51

zu Bild 1
ausführliche Schilderung des Lebens Josuas
zu Bild 3 – 5
Wir müssen das Wort Gottes *kennen.* Bei den älteren Kindern können wir zusätzlich die sog. „Stille Zeit", das persönliche Bibelstudium, betonen.
Josua wird in V. 7 u. 8 zweimal aufgefordert, nach dem Wort Gottes zu handeln. Zwischen beiden Aufforderungen stehen drei praktische Tips:

siehe auch „Josuas Vorbereitung" in Gibbs, Lektion 58 (siehe 7.)

– an das Wort Gottes halten (weder nach rechts noch nach links abweichen, z. B. Gesetze hinzufügen oder Dinge, die uns nicht passen, weglassen)
– von dem Wort Gottes reden
– über das Wort Gottes nachdenken

Wenn das Wort Gottes eine so wichtige Rolle in unserem Leben spielt wie bei Josua, dann handeln wir auch danach.

4.3.2. Wir lesen mit den Kindern den Bibeltext und erarbeiten gemeinsam die Schwerpunkte. Beispiel: Wir schreiben alle Aufforderungen Gottes an Josua heraus. Was sollte Josua tun? Anschließend stellen wir den Aufgaben die Zusagen Gottes tabellarisch gegenüber. Der Text enthält mehr Zusagen (V. 3. 4. 5. 6. 7. 8. 9) als Aufgaben (V. 2. 6. 7. 8. 9).

4.4. Zur Festigung

4.4.1. Welche Aufgaben stellt Gott uns heute? Was sollen wir für Gott „erobern"? (siehe Apg 1, 8; Lektion 20). Wir tragen Beispiele zusammen und sprechen über Gründe, weshalb die Aufgaben erledigt werden oder auch nicht.

4.4.2. Wodurch werden wir zum Dienst für den Herrn Jesus angespornt? Der Bibeltext enthält mindestens drei wichtige Hinweise:
a) Durch die Erfahrung anderer mit Gott (V. 3. 5. 7: Gott erinnert Josua an sein Verhältnis zu Mose.)
b) Durch das Wort Gottes (V. 7. 8: Das Wort Gottes ist der Kompaß, das Handbuch, die Kraftquelle für das Leben.)
c) Durch die Nähe Gottes (V. 5. 9: Gott selbst ist bei uns.)

5. Liedvorschläge

Das Wort des Herrn ist wahrhaftig ... (aus: Wir singen miteinander, 36)
Der Herr ist meine Stärke ... (aus: Sing' mit uns ein neues Lied, Bd. 1, 86)
Gott weiß immer einen Weg ... (aus: Sing' mit uns ein neues Lied, Bd. 1, 62)
Halte Gott die Treue ... (aus: Sing' mit uns ein neues Lied, Bd. 1, 50)
Jesus, dich will ich ehren ... (aus: Sing' mit uns ein neues Lied, Bd. 2, 50)
Meine Schafe hören meine Stimme ... (aus: Wir singen miteinander, 25)
Wie kann man jung sein ... (aus: Wir loben Dich, Heft 2, 45)

6. Vorschläge zum Bibelspruchlernen

Wir kopieren die Vorlage und zerschneiden sie als Puzzle. Die Kinder kleben den Spruch auf und malen die Bilder bunt.

siehe OHP-Vorlage 50a

Beim Erklären betonen wir den Zusammenhang zwischen den Aufforderungen an Josua und der Zusage Gottes „denn ...".
Das ist die stärkste Verheißung, die ein Mensch bekommen kann.

7. Literaturhinweis/Arbeitshilfen

Büchel, Monika (Hrsg.): Der gute Start Bd. 4, L 19. Bibellesebund, Marienheide 1986 (Andachtsentwurf mit Interview)

Gibbs, Alfred P.: Schritte durch die Bibel Bd. 1, Lektion 58. Christliche Verlagsgesellschaft, Dillenburg 1982 (Texterarbeitung)

Gott ist treu – Das Leben Josuas. Hrsg.: Christliche Jugendpflege e.V., Basdahl 1978 (Bibelarbeitsheft mit 9 Lektionen, u. a. zu Jos 1)

Gott steht zu seinem Wort Bd. 6. Hrsg.: Ludwig-Hofacker-Vereinigung. Hänssler, Stuttgart 1987 (Jos 1 - 5 wird für Kinder erzählt)

Jakobi, E.: Der gute Start Bd. 1, L 1. Bibellesebund, Marienheide 1979 (Andachtsentwurf)

Josua, 6 Flanell-Lektionen (u. a. Josua wird Israels Führer). KEB, Breidenbach (Text, Bilder, Merkvers, Bastelbogen)

OHP 51

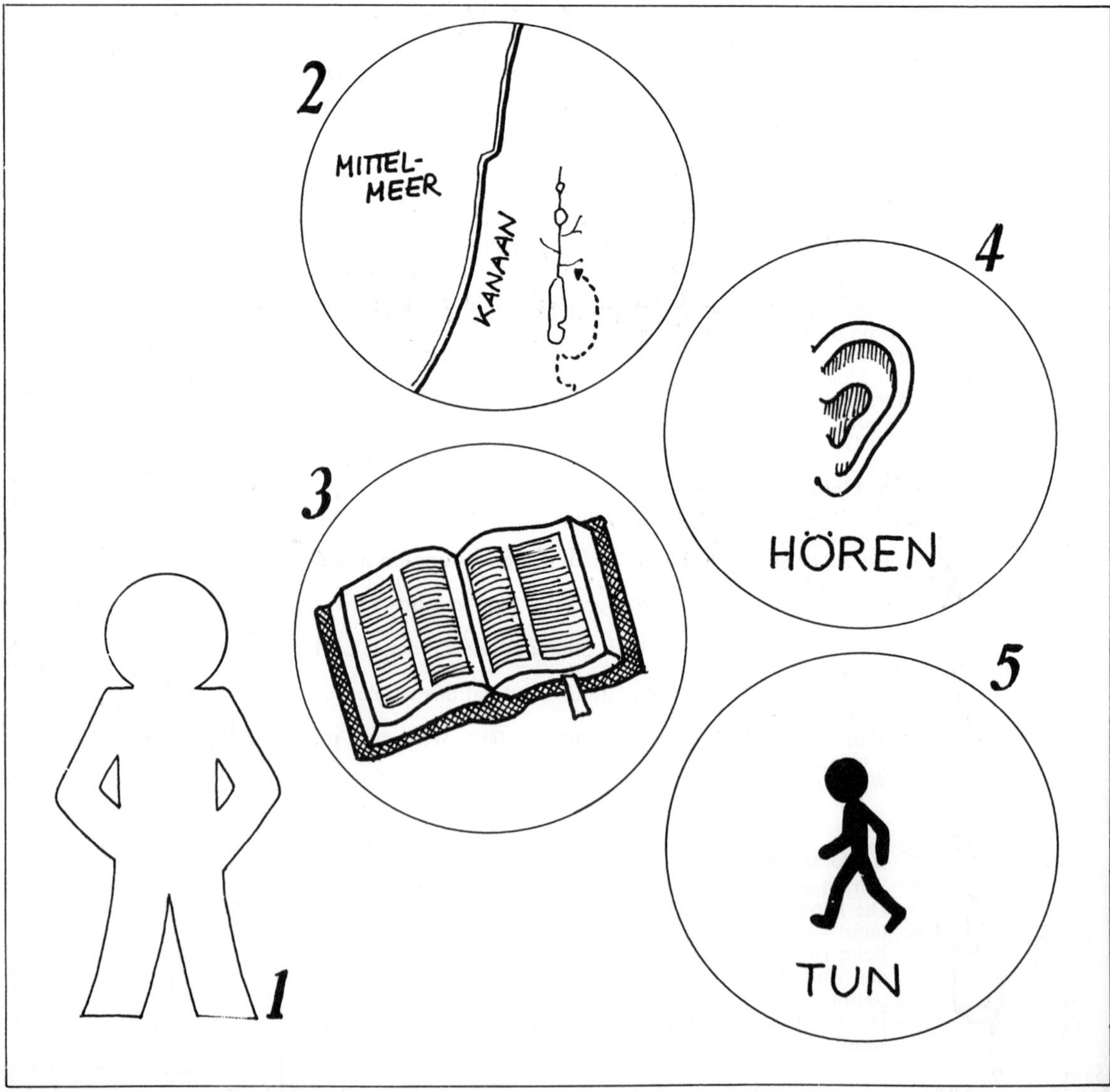

Habe ich dir nicht geboten:
Sei stark und mutig?
Erschrick nicht und fürchte
dich nicht! Denn mit dir
ist der HERR, dein Gott,
wo immer du gehst.
Josua 1,9

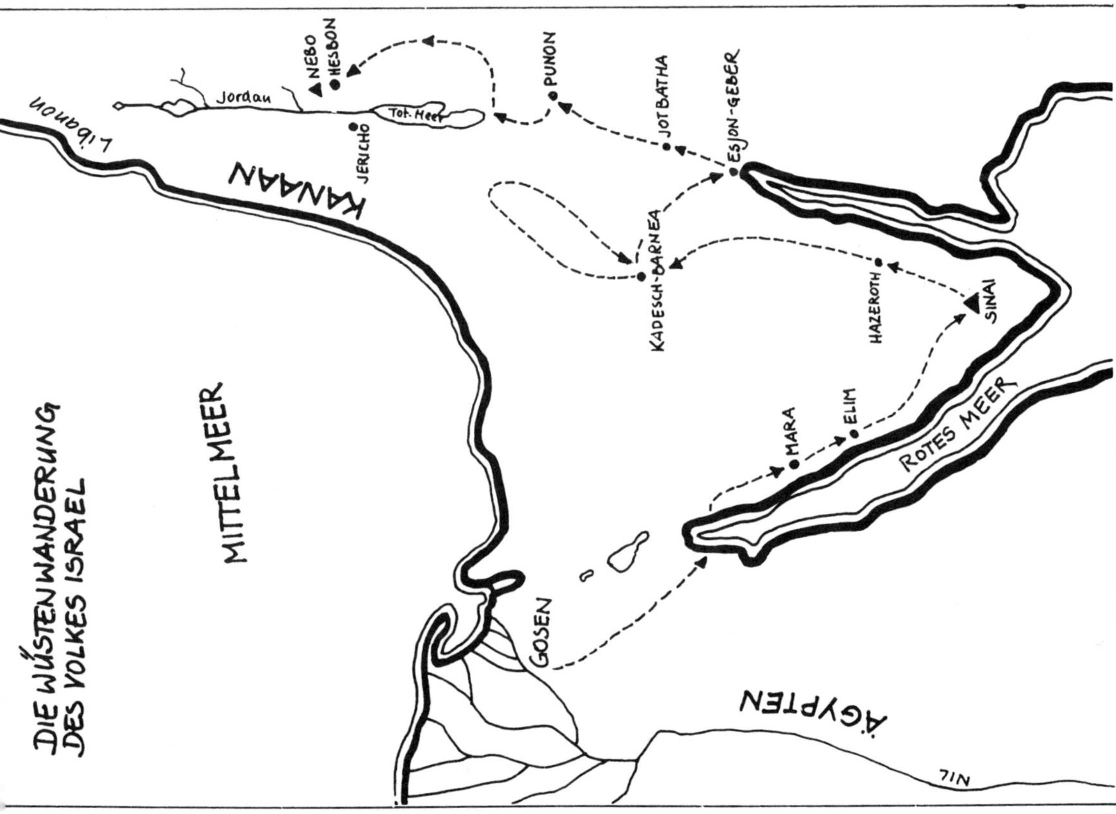

Lektion 24

Jos 2, 1-24

Kundschafter in Jericho

Lernvers
Seid aber Täter des Wortes und nicht allein Hörer.
Jakobus 1, 22 a

1. Zum Textverständnis

1.1. Zusammenhang/Inhalt

Nachdem das Volk Israel wegen des Unglaubens der Kundschafter (4 Mo 13) 40 Jahre nicht in das verheißene Land durfte, sendet Josua nun nochmals Kundschafter aus, damit sie sich das Land und die Stadt Jericho ansehen. Sie kundschaften Jericho aus und werden dort durch Rahab vor der Verhaftung gerettet, können zurückkehren und so Josua einen Bericht erstatten.

1.2. Personen

– Josua (siehe 1.2. von L 23 u. 25)
– zwei Kundschafter Israels
– Soldaten in Jericho
– Rahab: Eine Hure in Jericho, versteckte die Kundschafter, wurde deshalb bei der Einnahme Jerichos nicht umgebracht (Jos 6, 25), war überzeugt von der Realität des allmächtigen Schöpfer- und Bundes-Gottes Israels (= Glaube, Hebr 11, 1. 31), bat um Gnade (V. 12), wurde gerettet durch den Glauben (Hebr 11, 31) und gerechtfertigt durch ihr Handeln (Jak 2, 25). Obwohl sie Heidin war und als Prostituierte zur untersten Gesellschaftsschicht gehörte, wurde sie in den Stammbaum Jesu eingereiht (Mt 1,5) – ein Beispiel der vollkommenen Gnade Gottes.

1.3. Orte/Gegend

siehe Karte OHP-Vorlage 50
siehe Lektion 26, 1.2.

– Schittim: ca. 25 km Luftlinie östlich von Jericho, aber durch den Jordan getrennt
– Jericho: Palmenstadt genannt, lag in einer fruchtbaren Ebene der Jordansenke, 250 m unter dem Meeresspiegel, ca. 15 km vom Toten Meer entfernt, durch mehrere Quellen gut versorgt.
– Haus Rahabs: Das Haus war in der Stadtmauer; d. h. es war an die Stadtmauer angebaut (V. 15). So konnten die Kundschafter leicht flüchten.

1.4. Zeit

etwa im 13. Jh. v. Chr.

1.5. Begriffserklärungen

V. 1: Kundschafter = Aufklärer, Spion, Ausforscher, Erkunder
V. 7: Furt = durchschreitbare Stelle in einem Fluß
Anm. zu V. 4 u. 5: Der Text wirft die Frage auf: Wie ist Rahabs Lüge zu bewerten, und wie paßt das zu dem Zeugnis, das Rahab im NT ausgestellt wird?
1. Rahab log – daran kann man nicht herumdeuteln. Gott hätte auch ohne Lüge den Kundschaftern und Rahab helfen können.
2. Rahabs Lüge ist nicht zu entschuldigen. Hier wird Rahabs Schwäche im Glauben sichtbar.
3. Wir müssen aber berücksichtigen, in welcher Umgebung sie lebte. Sie kannte das Gesetz Gottes nicht. Ihr Gewissen hatte zweifellos einen schwachen Schimmer davon, daß lügen böse sei, aber ihre Moralvorstellung war von ihrer gottlosen Umwelt geprägt. Bis heute ist es unter manchen Orientalen weit normaler zu lügen, als die Wahrheit zu sprechen. Große Lügner werden dort oft als Genies angesehen.

Wir fassen zusammen: Rahab log, aber wir müssen ihre Lüge auf dem Hintergrund ihres vergangenen Lebens und ihrer Umgebung sehen. Für uns, die wir das „ganze Gesetz" (= Bibel) kennen, ist auch eine Notlüge Sünde (vgl. Spurgeon, S. 46 ff).

siehe 7.

2. Zielgedanke

Gott bietet Gnade und erwartet praktischen Glauben.
Andere Möglichkeiten:
– Gottes Gnade kann jeden Menschen erreichen, egal, welches Vorleben er hat und aus welcher Umgebung er kommt.
– Gott belohnt den Glauben (Hebr 11, 31), der selbstverständlich praktische Konsequenzen hat (Jak 2, 25).
– Wer gehorsam mit Gott geht (wie hier die Kundschafter), den verläßt Gott nicht. Gott kann ihn auch in scheinbar ausweglosen Situationen beschützen.

3. Vorschläge zur Durchführung in der „kleinen" Gruppe

3.1. Vorüberlegungen

Den jüngeren Kindern sollten wir die Größe und Gnade Gottes vorstellen, um weitere Puzzlestückchen zum richtigen Gottesbild beizutragen (siehe 3.1., L 23). Gott macht uns so viele unverdiente Geschenke, daß wir nur staunen und danken können. Wir sollten so intensiv wie möglich versuchen, die Kinder zur Dankbarkeit Gott gegenüber zu erziehen.
Der Begriff der Gnade kann am Beispiel der Rahab illustriert werden. Gott nahm sie auf, obwohl sie Heidin und dazu noch Prostituierte war (siehe 1.2.) und zu den Feinden Israels gehörte. Gnade ist ein unverdientes Geschenk. Wir erhalten etwas umsonst, obwohl wir normalerweise dafür bezahlen müßten. Gott schenkt uns Leben, obwohl wir den Tod verdient haben.
Rahab fand zu Gott:
1. Sie hörte etwas von Gottes Taten mit dem Volk Israel (V. 9 – 11).
2. Sie dachte darüber nach.
3. Sie nahm die Gelegenheit wahr (Zusammentreffen mit den Kundschaftern des Volkes Gottes), um Gnade zu erbitten.
Hier sehen wir, wie wichtig es ist, den Kindern Geschichten Gottes zu erzählen, damit sie erkennen, wie groß und mächtig er ist.
Anm.: Wir sollten es vermeiden, mit den Kindern über Rahabs „Beruf" zu sprechen.

3.2. Einstiegsmöglichkeiten

3.2.1. Wir sprechen mit den Kindern über Geschenke und den Dank dafür. Vielleicht können einige Kinder auch von Erlebnissen berichten, wo sie etwas geschenkt bekamen, was ihre Wünsche weit übertroffen hat. Dann leiten wir auf Rahab über.

3.2.2. Direkter Einstieg: Wir erzählen von den großen Taten Gottes und verdeutlichen, wie sich die Nachrichten darüber in Jericho ausbreiteten. Davon hörte auch Rahab ...

3.2.3. Wir zeigen den Kindern ein Bild von einer befestigten Stadt und sprechen mit ihnen über die Vorbereitungen im Hinblick auf die Eroberung. Was würdet ihr tun, wenn ihr diese Stadt einnehmen solltet? So leiten wir über auf die Aussendung der Kundschafter.

siehe evtl. OHP-Vorlage 60

3.3. Durchführung

Da die Geschichte viel Handlung enthält und sich auch gut erzählen läßt, kommen wir mit wenigen Bildern aus. Auf der OHP-Vorlage sind zwei Bilder (Stadt Jericho, Haus Rahabs), um die günstige Lage des Hauses zu zeigen. Wer mehr Bilder sucht, findet sie z. B. in „Spione in Jericho" oder kann Flanellbilder benutzten.

siehe OHP-Vorlage 52

siehe 7.

Folgende Schwerpunkte sollten wir uns bei der Vorbereitung anhand des Bibeltextes herausarbeiten:

– Kundschafter unterwegs (Durch das offene Stadttor gelangen sie zu Rahab. Als die Soldaten nach ihnen fragen, sind sie auf Rahab angewiesen. Sie werden nicht von ihr verraten, sondern versteckt.)

– Rahab. Wie verhält sie sich? (siehe 1.2. u. 3.1.) Als „gute Bürgerin" hätte sie die Kundschafter ausliefern müssen, aber sie hatte den Gott Israels als den einzig wahren erkannt und sich so für ihn und sein Volk und damit gegen ihr Volk entschieden.)

– Das Gespräch zwischen Rahab und den Kundschaftern (V. 9 - 11: ihr Bekenntnis zu Gott / V. 12: ihre Bitte um Gnade / V.13: ihre Bitte für ihre Familie / V. 14: ihre Hoffnung, das Versprechen der Kundschafter / V. 15 - 16: ihre praktische Fluchthilfe / V. 17 - 21: die Absprache, das sichtbare Zeichen, die rote Schnur, als Garantie für ihre Rettung)

Je jünger die Kinder sind, desto weniger Details sollten wir erzählen bzw. vertiefen (siehe 3.1.).

3.4. Zur Festigung

3.4.1. Spiel: Da das Seil ein wichtiger Gegenstand in der Geschichte ist (besonders auch was die Hoffnung Rahabs auf Rettung betrifft), knoten wir mit den Kindern Seilstücke aneinander.

Dazu bilden wir zwei gleichstarke Gruppen, geben jedem Kind ein Stück von dem Seil (Kordel) und knoten um die Wette.

siehe OHP-Vorlage 54

3.4.2. Lied „Rahab"

4. Vorschläge zur Durchführung für die „große" Gruppe

siehe 3.1.

4.1. Vorüberlegungen

Neben der Größe und Gnade Gottes legen wir bei den älteren Kindern die Betonung auf den praktischen Glauben der Rahab. Das Wort „glauben" erleben die Kinder in unserer Sprache häufig als Synonym für „hoffen". Sie verbinden es mit vielleicht, wahrscheinlich, vermuten, also einem gewissen Unsicherheitsfaktor. Die Bibel meint genau das Gegenteil: Glauben heißt „überzeugt sein". Dieser Glaube hat dann auch unwillkürlich Taten zur Folge, denn eine Überzeugung wird sichtbar. Genauso war es bei Rahab. Die Aufnahme der Kundschafter (Feinde der Stadtbewohner) wird in Hebr 11, 31 als praktische Auswirkung ihres Glaubens gerühmt.

4.2. Einstiegsmöglichkeiten

4.2.1. Rätsel: Eine Minibiographie in 3 mal 3 Sätzen. Es kommt darauf an, nach möglichst wenig Sätzen die Person (hier Rahab) zu erraten:

A: Sie ist eine Heidin und wird doch ins Volk Israel aufgenommen.
Sie verdient ihren Lebensunterhalt auf eine anstößige Weise.
Sie wird zu einer Stammutter Jesu.

B: Sie nimmt zwei Männer in ihr Haus auf und versteckt sie dort eine Zeitlang.
Das, was sie den beiden erzählt, dient dem ganzen Volk Israel zur Ermutigung.
Sie bittet die beiden um Hilfe für sich und ihre Familie.

C: Die beiden Männer sind Kundschafter Israels und kommen zu ihr nach Jericho.
Mit einem Seil läßt sie die beiden an der Stadtmauer herab.
Sie hängt eine rote Schnur ins Fenster – ein Zeichen für die israelitischen Soldaten.

(aus: Riedel, S. 44)

siehe 3.1.

4.2.2. Gespräch über den Begriff „Glauben": Wo kommt das Wort in euren täglichen Gesprächen vor? Was meint ihr, wenn ihr das Wort „Glauben" benutzt?

4.3. Durchführung

4.3.1. Wenn wir Kinder mit einem hohen Wissensstand haben, könnten wir die Geschichte von ihnen erzählen lassen (gegenseitig ergänzen bzw. korrigieren), ansonsten erzählen wir sie selbst. Die Einzelheiten (siehe 3.3.) können anhand des Bibeltextes und von Fragen mit den Kindern erarbeitet werden.

Bildmaterial u. Schwerpunkte zum Text siehe 3.3.

4.3.2. Schrittweise Erarbeitung des Textes um das Stichwort Glaube:

Zur eigenen Erarbeitung an der Tafel oder auf dem Tageslichtschreiber

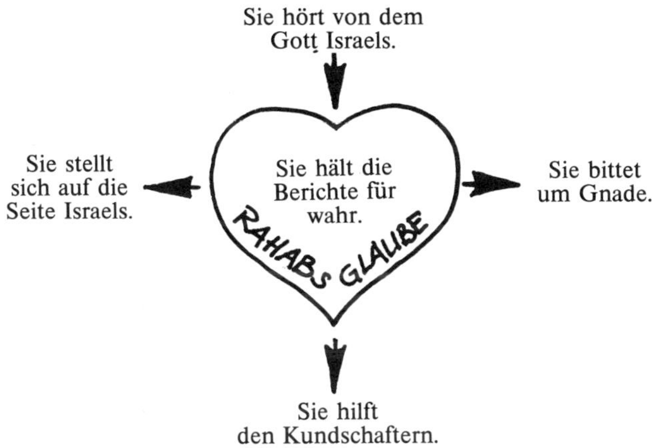

Die Pfeile vom Herzen weg zeigen die praktischen Auswirkungen ihres Glaubens. Dieser Glaube wurde von Gott belohnt: Rettung mit Familie (Jos 6, 23) u. Aufnahme in den Stammbaum des Herrn Jesus (Mt 1, 5).
Hier sollten wir auch mit der Anwendung ansetzen: Wie wird mein Glaubensbekenntnis praktisch sichtbar? (Nächstenliebe / Hilfsbereitschaft / Zeugnis für den Herrn Jesus / Bereitschaft zum Verzicht / ...)

siehe 4.1.

4.4. Zur Festigung

4.4.1. Wir kopieren den Bibeltext (V. 8–21) und lassen einen breiten Notizrand auf der Kopie. Dann sollen die Kinder das Gespräch einmal aufschlüsseln und in Stichworten den Hauptgedanken auf dem Rand notieren (siehe 3.3.).
Zur Vereinfachung könnte man die Hauptgedanken vorgeben, numerieren und die Nummern an die richtige Stelle an den Textrand schreiben lassen:
z. B. 1 Rahabs Bekenntnis zu Gott
2 Rahabs Bitte um Gnade
3 Rahabs Bitte für ihre Familie
4 Rahabs Hoffnung
etc.
So lernen die Kinder, systematisch am Bibeltext zu arbeiten.

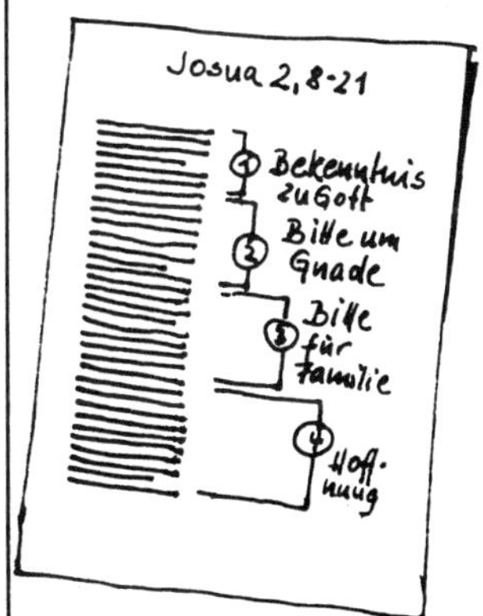

4.4.2. Rollenspiel: Der Text eignet sich gut, um ihn spielerisch darzustellen. Hierbei müssen sich die Akteure (Kinder) mit den einzelnen Personen der Geschichte identifizieren, das setzt eine gewisse Kenntnis des Textes voraus. *Anm.:* Nur zu empfehlen, wenn genügend Zeit zur Verfügung steht, also auf jeden Fall mehr als eine Stunde.

5. Liedvorschläge

Gott braucht nicht nur große Leute ... (aus: Sing' mit uns ein neues Lied, Bd. 1, 51)
Gottes Güte ist unsere Chance ... (aus: Sing' mit uns ein neues Lied, Bd. 1, 34)
Gott weiß immer einen Weg ... (aus: Sing' mit uns ein neues Lied, Bd. 1, 62)
Gott will, daß allen, allen Menschen geholfen werde ... (aus: Wir singen miteinander, 22)
Laßt uns nicht lieben mit Worten ... (aus: Sing' mit uns ein neues Lied, Bd. 1, 83)
Rahab ... (aus: Singspiel „Jericho", Martina Uhr – siehe L 26, 7.)
Weise mir, Herr, deinen Weg ... (aus: Sing' mit uns ein neues Lied, Bd. 2, 18)

siehe OHP-Vorlage 54

siehe OHP-Vorlage 53

6. Vorschläge zum Bibelspruchlernen

Da der Spruch sehr kurz ist, könnten wir ihn von den Kindern (ab 8 J.) aus der „Morseschrift" übersetzen lassen. Beispiel zur Veranschaulichung aus dem Alltag des Kindes: Die Mutter bittet das Kind, Kartoffeln aus dem Keller zu holen. Das Kind hört die Bitte, gehorcht aber nicht. Das Gehörte muß in die Tat umgesetzt werden.

7. Literaturhinweis/Arbeitshilfen

Gibbs, A. u. a.: Schritte durch die Bibel Bd. 1, Lektion 59. Christliche Verlagsgesellschaft, Dillenburg 1983 (Textanalyse)

Josua, 6 Flanell-Lektionen (u. a. Das rote Seil am Fenster). KEB, Breidenbach

Riedel, Bodo: Dreimal darfst du raten Bd. 1. Oncken-Verlag, Wuppertal 1986 (100 Personen aus Bibel- und Glaubensgeschichte in Rätseln vorgestellt)

Spione in Jericho. Die Bibel im Bild, Heft 2. Deutsche Bibelstiftung, Stuttgart (vierfarbiges Bibel-Comic von der Aussendung der Kundschafter (4 Mo 13) bis zum Tod Josuas)

Spurgeon, H. C.: Der gute Kampf des Glaubens, Oncken Verlag 1978, S. 32–54 (Kurzpredigten)

OHP 53

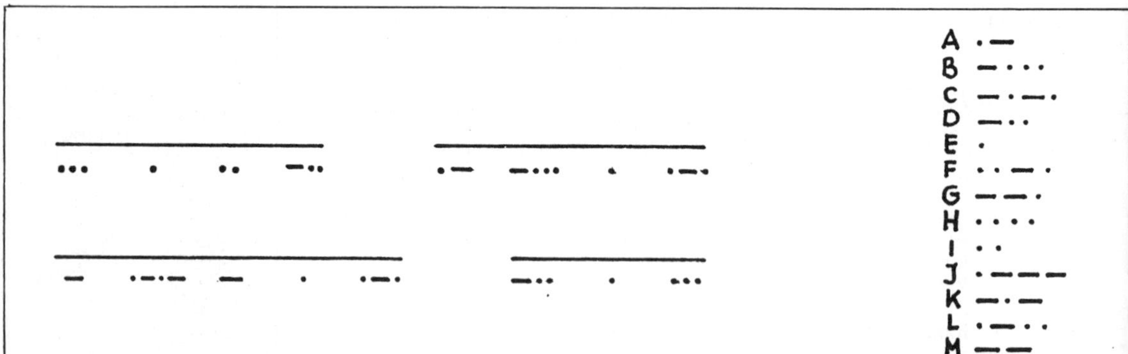

JERICHO

Das Haus in der
stadtmauer

RAHAB

Vorspiel: Eine Strophe summen

© Text und Melodie: Martina Kausemann

1. Jch bin Rahab, die kanaa - niti - sche Frau, hör' diese Worte und
2. Zwei Kundschafter kamen vom Volk Jsra - el, er - forschten die Stadt ganz nach
3. Die Boten des Königs durchsuchten mein Haus. Jch sagte, sie eilten zur
4. Die Männer erzählten von ihrem Gott. Dem, der Jhm gehorsam ist,

1. weiß doch genau, das Haus in der Mauer, das mir gehört,
2. Gottes Be-fehl. Sie waren be-droht und taten mir leid. Auf dem
3. Stadt längst hinaus, wenn ihr hinter-herjagt und euch be-eilt, könnt
4. hilft Er in Not. Jch glaubte darann, alle konnten es sehn, die

1. steht nicht mehr lang, denn die Stadt wird zerstört.
2. Dache versteckt ich sie für kurze Zeit.
3. ihr sie erreichen, sie sind noch nicht weit.
4. Schnur hing im Fenster aus Karmesin.

*) Gitarre gezupft.

Lektion 25

Jos 1,10-18 + 3+4

Jordan

Lernvers

Wenn wir aber mit Christus gestorben sind, so glauben wir, daß wir auch mit ihm leben werden, da wir wissen, daß Christus, aus den Toten auferweckt, nicht mehr stirbt. Römer 6, 8. 9a

1. Zum Textverständnis

1.1. Zusammenhang/Inhalt

Josua ist der von Gott berufene Nachfolger Moses. Er soll das Volk Israel in das verheißene Land bringen. Das Volk erkennt seine von Gott verliehene Autorität an und verspricht: „Alles, was du uns geboten hast, werden wir tun, und wohin immer du uns sendest, werden wir hingehen." (Jos 1, 16). Obwohl 2 1/2 Stämme Israels ihr Erbteil bereits östlich des Jordan zugeteilt bekommen haben, soll das *ganze* Volk das Land Kanaan erobern. 40000 Männer von Ruben, Gad und dem halben Stamm Manasse ziehen gerüstet vor der Bundeslade und dem übrigen Volk her. Durch ein Wunder bestätigt Gott, daß er noch derselbe ist, der sein Volk auch aus Ägypten herausgeführt hat. Das ganze Volk zieht trockenen Fußes durch den Jordan. Dort errichten die Israeliten aus 12 Steinen eine Gedenkstätte und schlagen in Gilgal ihr erstes Lager im verheißenen Land auf.

1.2. Personen

– Josua: Sein Name bedeutet ‚Jahwe ist Rettung'. Er stammt aus dem Haus Josefs, das damals größte Autorität in Israel besessen hat. Sein Großvater Elischama hat während der Wüstenwanderung den Stamm Ephraim angeführt (4 Mo 1, 10). Sein Vater heißt Nun (4 Mo 13, 8. 16). Josua ist in Ägypten geboren und hat am Auszug teilgenommen (4 Mo 32, 11 ff). Er begleitet Mose auf den Berg Sinai (2 Mo 24, 13) und ist ständiger Aufseher in der Stiftshütte (2 Mo 33, 11). Als Heerführer, Feldherr und Kundschafter beweist er Glauben und Mut. Josua und Kaleb werden für ihr Vertrauen belohnt, indem sie allein aus ihrer Generation ins verheißene Land kommen. Gott erwählt ihn zum Nachfolger Moses. Er soll sein Volk ins gelobte Land bringen (4 Mo 27, 18–23). Josua nimmt das Land ein, indem er 31 Könige besiegt (Jos 11, 23). Er teilt den 12 Stämmen Israels das Erbe aus (Jos 23, 4).

siehe auch Lektion 23, 1.2.

siehe auch Lektion 23, 1.2.

– Volk Israel (Söhne Israels): Gott hat sich Israel, bestehend aus 12 Stämmen, zu seinem Volk erwählt (5 Mo 7, 7), durch das er sich vor den Augen aller Völker verherrlichen möchte. Etwa 430 Jahre (2 Mo 12, 40) lebt das Volk unter ägyptischer Vorherrschaft und dient fremden Göttern (Jos 24, 14). Durch ein Wunder rettet Gott sein Volk aus der Hand der Ägypter und führt es durch die Wüste.
Zur Zeit des Einzugs in Kanaan zählt das Volk etwa 2,5 Mio. Menschen.

– 2½ Stämme (5 Mo 3, 18): Beachte: Nur 40000 von 110580 Kriegsleuten ziehen mit über den Jordan! (4 Mo 26, 7. 18. 34). Wieviel versäumen diese rund 70000 Männer!? siehe 1.1.

– Aufseher: Schreiber; eine Beamtenbezeichnung (Jos 2, 10)

– Priester: Leviten; Nachkommen Aarons (4 Mo 3, 32); Träger der Bundeslade waren die Söhne Kehats (4 Mo 4, 15).

– Feinde (3, 10): Heidnische Ureinwohner des Landes, die Gott wegen ihrer Sünde vernichten will (5 Mo 9, 4).

siehe auch Lexikon zur Bibel

Kanaaniter: Sie bewohnten den Küstenbereich und die fruchtbaren Ebenen (1 Mo 10, 15 ff).

Hetiter: Sie bildeten weder in Sprache noch in Herkunft eine erkennbare Einheit. siehe OHP-Vorlage 56a

Hewiter: (Vgl. Jos 9, 3 ff)

Perisiter: Z. Zt. der Eroberung lebten sie auf dem Gebirge. (Jos 11, 3; 17, 15)

Girgasiter: Ihr genauer Wohnsitz ist unbekannt.

Amoriter: Hauptvolk des Landes; sie stehen oft für alle Kanaaniter; heidnischer Götzendienst (5 Mo 7, 1; 1 Mo 15, 16; Jos 10, 5).
Jebusiter: Einwohner Jerusalems (= Jebus). Erst David (!) hat die Stadt mit ihrer Burg erobert, die Einwohner jedoch nicht vertrieben.
– Kinder: Das ganze (!) Volk nahm an der Eroberung teil. Die Kinder sollten die großen Taten Gottes sehen und an ihn glauben. Gedenkstätten wurden errichtet, damit die Kinder später nach ihrer Bedeutung fragen.
– *Alle Völker* sollen durch die Wunder Gottes Allmacht erkennen (Jos 2, 10. 11; 4, 23. 24).

1.3. Orte/Gegend

– Adam / Zaretan (Jos 3, 16): liegt von Jericho ca. 25 km flußaufwärts an der Mündung des Jabbok, so daß das Flußbett möglicherweise über 40 km trocken lag. (Dies belegen auch außerbibl. Quellen.)
– Gilgal (Jos 4, 19): Erstes Lager der Israeliten im verheißenen Land. Dieser Ort grenzt im Osten an Jericho. Der Name bedeutet „wegwälzen" und bezieht sich auf das Abwälzen der Schande der ägyptischen Gefangenschaft.
– Kanaan, das verheißene Land: Ein fruchtbares Land, das Gott bereits Abraham versprochen hat, um es seinen Nachkommen zu geben (1 Mo 17, 8; 5 Mo 8, 7-9).
– Jericho (vgl. L. 26)
– Jordan (vgl. L. 23) Bei Hochwasser schwillt der Fluß auf eine Breite von 1 km an.
– Salzmeer / Meer der Ebene = Totes Meer (Jos 3, 16)
– Schilfmeer / Rotes Meer (Jos 4, 23): Auf der Flucht vor den Ägyptern zog das Volk Israel dort hindurch (2 Mo 15, 19).
siehe OHP-Vorlage 50
– Schittim (Jos 3, 1): Letzter Lagerplatz Israels in der Ebene Moab vor dem Jordanübergang (4 Mo 25, 1; 33, 49).

1.4. Zeit

– Ende der 40 jährigen Wüstenwanderung, etwa im 13. Jh. v. Chr.. Die Israeliten feierten das Passahfest (Jos 5, 10) 40 Jahre nachdem sie es zum ersten Mal in Ägypten gefeiert hatten.
– Erntezeit (Jos 3, 15), in der Zeit führt der Jordan Hochwasser.

1.5. Begriffserklärungen

Lade des Bundes des Herrn (Jos 3, 3), Bundeslade (3, 14), Lade des Herrn (4, 5), Lade des Zeugnisses (4,
Ein mit Gold überzogener Kasten aus Akazienholz, der als Zeichen der Gegenwart und Herrlichkeit Gottes im Allerheiligsten stand. Sie beinhaltete die beiden steinernen Tafeln mit den 10 Geboten, die Zeichen des Bundes Gottes mit seinem Volk Israel, sowie den goldenen Krug mit Manna und den gesproßten Stab Aarons. Als Zeichen der Gegenwart Gottes wurde sie von den Priestern dem Volk auf seinen Wanderungen durch die Wüste vorangetragen.
Der Abstand zwischen der Lade und dem Volk betrug 2000 Ellen (Jos 3, 4), d. h. etwa 1050 m.

2. Zielgedanke

DENK-MAL des Glaubens
Andere Möglichkeiten:
– Gehorsam ist „KINDERleicht"
– Wo sind die 70 000? (Kriegsleute aus Ruben, Gad, Manasse)

3. Vorschläge zur Durchführung für die „kleine" Gruppe

3.1. Vorüberlegungen

Zu allen Zeiten haben Kinder gefragt: Warum? Wieso? Weshalb? ... Auf

diese Weise lernen sie ihre Umwelt kennen und befriedigen ihren Wissensdrang.
Wie verhalten wir uns? Ist uns diese Fragerei lästig, unangenehm, peinlich? Kinder sind ausgezeichnete Beobachter. Was sehen sie an uns Mitarbeitern, in unseren Familien und Gemeinden?
„Warum macht ihr das?" fragen sie und meinen damit vielleicht die sonntägliche Mahlfeier, die Taufe o. ä.. Können wir ihnen die Fragen beantworten, oder versuchen wir nur möglichst geschickt auszuweichen?
Vielleicht bietet der vorliegende Bibeltext einmal Gelegenheit zum Nachdenken, wie wir den uns anvertrauten Kindern die in der Gemeinde praktizierten symbolischen Handlungen in einer ihnen entsprechenden Weise erklären. Wenn Kinder merken, daß sie ehrliche, verständliche Antworten bekommen, werden sie auch weitere Fragen stellen.

3.2. Einstiegsmöglichkeiten
12 Kieselsteine mitbringen (evtl. auch aus Modelliermasse, Knete o. ä. selbst formen).
Frage: Könnt ihr euch vorstellen, daß Steine eine Geschichte erzählen? (Ideen sammeln) Ein Kind bitten, die Steine zu einem Haufen aufzuschichten.

3.3. Durchführung
Wir stellen uns eine jüdische Familie vor, die vor vielen Jahren in der Nähe von Jericho gewohnt haben könnte. Eines Tages berichten die Kinder, sie hätten einen merkwürdigen Steinhaufen am Jordanufer entdeckt. Sie fragen die Eltern, wer sie dort aufgebaut hat ...
Der Vater antwortet, indem er die Geschichte erzählt:

Bibeltext gründlich lesen!

– Vorbereitungen für den Durchzug (1, 10 - 18)
– Aufbruch von Schittim u. drei Tage Rast am Jordan (3, 1)
– Anweisungen der Aufseher bzgl. der Bundeslade (3, 3 - 5)
– Mahnung Josuas zur Heiligung, weil Gott ein Wunder tun will (3, 5)
– Durchzug, Betonung auf die vorherziehende Bundeslade als sichtbares Zeichen der Gegenwart Gottes legen (3, 6 - 17)
– Aufrichtung der Gedenksteine: 12 Steine aus dem Jordan bei Gilgal und 12 Steine in der Mitte des Jordan, dort wo die Priester mit der Bundeslade standen (4, 1 - 24)

Beim Erzählen betonen wir immer wieder die Allmacht Gottes. Für Gott, den Schöpfer, ist es kein Problem, den Jordan zu stoppen.
Bei der Anwendung gehen wir von den 12 Steinen aus (4, 21): Welche Zeichen gibt Gott heute? Was bedeuten sie? (siehe Bibelstellen) z. B. der Regenbogen (1 Mo 9, 16 - 17), die Schöpfung (Röm 1, 20), Brot und Wein beim Abendmahl (Lk 22, 19 - 20)

3.4. Zur Festigung
Jedes Kind baut ein „Denkmal" aus Steinen. Je 12 Steine aus Knete, Modelliermasse o. ä. formen und auf einen Pappdeckel aufbauen. Mit Zahnstocher und Papier kann noch ein Fähnchen gebastelt werden. Darauf steht „Gilgal" oder der Lernvers.

4. Vorschläge zur Durchführung für die „große" Gruppe

4.1. Vorüberlegungen
Kinder lernen viel, indem wir ihre W-Fragen geduldig, kindgemäß und gründlich beantworten. Wir haben die Möglichkeit, über diesen Weg grundlegende Wahrheiten zu vermitteln. (Denken wir z. B. an die Taufe!)
Die „Großen" sollten zum selbständigen Nachdenken angehalten werden. Wichtig ist die Beziehung zum NT.

siehe 3.1.

4.2. Einstiegsmöglichkeiten
Die Buchstaben des Wortes DENKMAL werden einzeln auf kleine Folienstücke oder Flanellkärtchen geschrieben (zusätzlich einen Bindestrich anfertigen! DENK-MAL). Ein Kind versucht das Wort zusammenzusetzen.

Gespräch: Was ist ein Denkmal? (Definition erarbeiten/Lexikon!)
Welche Denkmäler kennt ihr? (z. B. in eurer Stadt)
„Denkmäler" der Bibel (2 Mo 12, 14; 2 Mo 16, 32; 2 Mo 28, 12; 4 Mo 15, 39; Jos 4, 7; Jos 24, 27; Mt 26, 13; Lk 22, 19; Röm 6, 4)

4.3. Durchführung

Möglicherweise ist das im Text beschriebene Ereignis auch den älteren Kindern noch nicht sehr geläufig. Es ist daher ratsam, den Bibeltext erst einmal auszugsweise lesen zu lassen.

siehe Abschnitte unter 3.3.

Wir legen den Schwerpunkt auf das Denkmal in Gilgal. Ergänzungen zu 3.3.: *Frage:* Was sagen uns die 12 Steine? (Antworten nach jedem verlesenen Abschnitt zusammentragen und notieren. Möglichst 12 Punkte finden.)
z. B.: Gott ist allmächtig / Gott sorgt für sein Volk / Vertrauen lohnt sich / Nicht menschliche Leistung bewirkt das Wunder / Glaube ist ein Wagnis / Gehorsam ist „KINDERleicht" / Kein Märchen! / Am Ziel! / Die Schande ist vorbei / Gott bahnt einen Weg / Gott hält, was er verspricht / Die Errettung – Gottes Werk / Gott will, daß *alle* gerettet werden / Für Gott gibt es keine ausweglose Situation / Sag es weiter!

4.4. Zur Festigung

siehe OHP-Vorlagen 55 u. 56

Arbeitsblatt 1: Beschriften der 12 Steine (siehe Punkte unter 4.3.)
Arbeitsblatt 2: DENK-MAL! Beantwortung der sechs Fragen.
(Lösungen: a = Sünde, b = ewiger Tod, c = Jesus Christus, d = Himmel, e = Taufe, f = Abendmahl)

siehe Areitsbuch für den bibl. Unterricht, Materialkiste

Über die Themen Taufe und Abendmahl sollten wir mit den Kindern möglichst ausführlich ins Gespräch kommen.

5. Liedvorschläge

siehe OHP-Vorlage 57

Alle Völker ... (aus: Singspiel „Jericho", Martina Uhr)
Josua war bange ... (aus: Wir loben Dich, Heft 4, 29)
Vertraut auf Gott ... (aus: Singspiel „Jericho", Martina Uhr)
Wer Gott folgt ... (aus: Jesu Name nie verklinget, Bd. 5, 1370)

siehe OHP-Vorlage 58 (nähere Angaben zum Singspiel „Jericho", siehe Lektion 26, 7.)

6. Vorschläge zum Bibelspruchlernen

Eine Folie anfertigen, auf der nur das Symbol, sowie verschieden lange Linien für die einzusetzenden Wörter zu sehen sind.
Von einer weiteren Folie werden Wörter einzeln ausgeschnitten und von den Kindern den entsprechenden Linien zugeordnet.
Bevor die Kinder damit anfangen, sollten sie versuchen, die Bedeutung des Symbols zu erkennen.

7. Literaturhinweis/Arbeitshilfen

weitere Angaben siehe Lektion 23, 7

Gibbs, A. u. a.: Schritte durch die Bibel Bd. 1, Lektion 60. CV, Dillenburg 1983 (Textanalyse)
Gott ist treu – Das Leben Josuas (Bibelarbeitsheft)
Jakobi, Elisabeth: Der gute Start Bd. 1, Lektion 2. BLB, Marienheide 1979 (ein Andachtsentwurf / Anleitung zum pers. Bibelstudium)
Vries, Anne de: Großes Erzählbuch der bibl. Geschichte AT. Friedrich-Bahn-Verlag, Konstanz 1974

OHP 55

Die Botschaft der 12 Steine in Gilgal — ARBEITSBLATT 1

OHP 56 — ARBEITSBLATT 2

DENK-MAL

a) Der Jordan trennt die Wüste vom Land Kanaan. Was trennt dich von Gott? ________________

b) Die Israeliten wurden vor den Fluten des Jordan gerettet. Wovor will Gott dich retten? ________________

____

c) Gott bahnt auch dir einen Weg! Wie heißt er?

____

d) Kanaan war die neue Heimat der Israeliten. Wie heißt die neue Heimat aller Gläubigen? ________________

____

e) Gilgal ist ein Ort des Zeugnisses, aber auch ein Ort des Gedächtnisses an die wunderbare Errettung der Israeliten. Worin bezeugen Kinder Gottes heute ihre Errettung? ________________

f) Wobei erinnern sie sich immer wieder an ihre Errettung? ________________

(Lösung: Sünde / ewiger Tod / Jesus Christus / Himmel / Taufe / Brotbrechen)

OHP 56 a

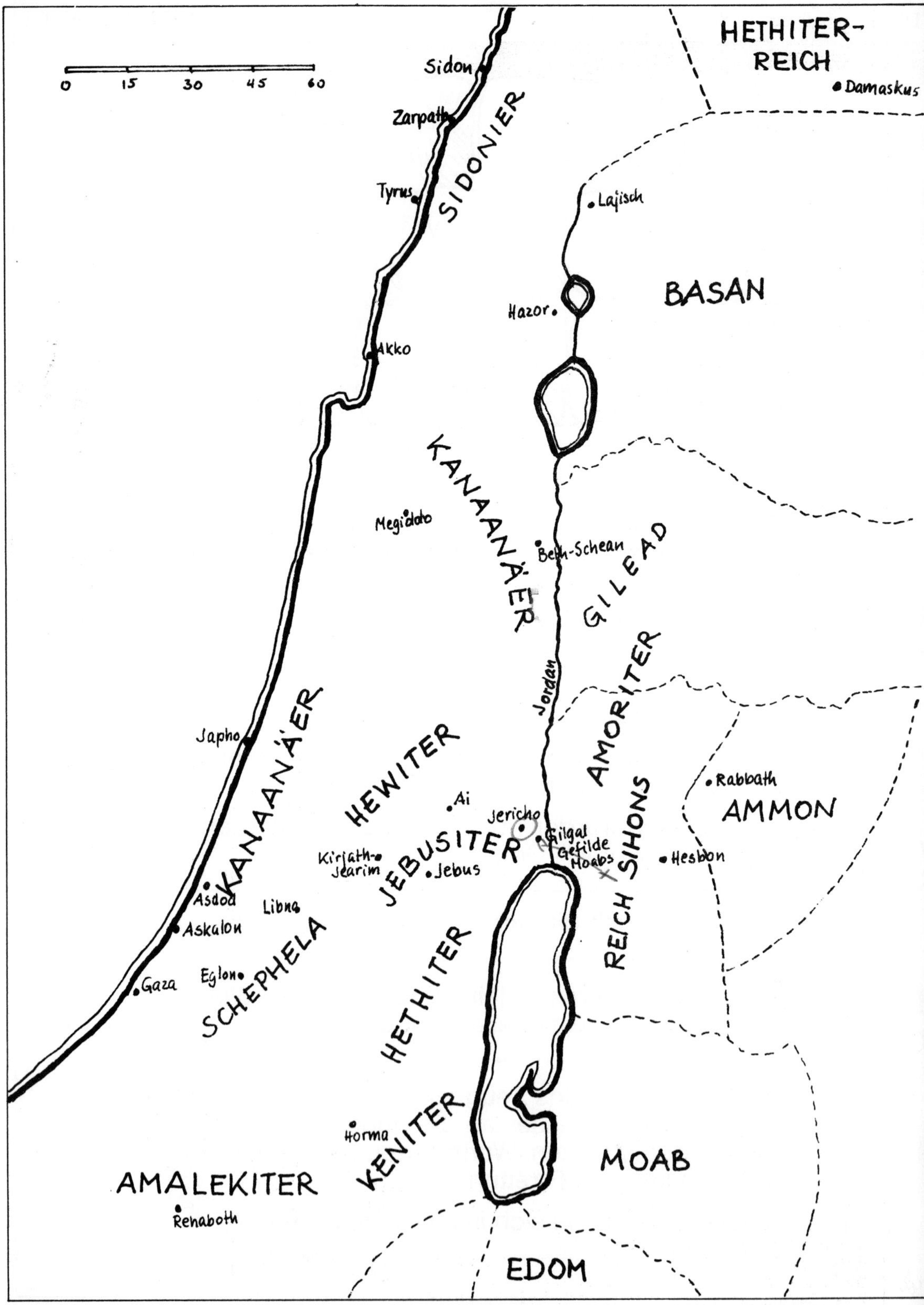
0 15 30 45 60
HETHITER-REICH
Damaskus
Sidon
Zarpath
SIDONIER
Tyrus
Lajisch
BASAN
Hazor
Akko
KANAANÄER
Megiddo
Beth-Schean
GILEAD
Jordan
AMORITER
KANAANÄER
Japho
HEWITER
Rabbath
AMMON
Ai
Jericho
Gilgal
Gefilde Moabs
SIHONS
Hesbon
Kirjath-Jearim
JEBUSITER
Jebus
Asdod
Libna
Askalon
REICH
SCHEPHELA
HETHITER
Eglon
Gaza
Horma
KENITER
MOAB
AMALEKITER
Rehaboth
EDOM

Lektion 26

Jos 6

Einnahme Jerichos

Lernvers
Gott aber sei Dank, der uns den Sieg gibt durch unseren Herrn Jesus Christus!
1. Korinther 15, 57

1. Zum Textverständnis

1.1. Zusammenhang/Inhalt

Nach seinem Durchzug durch den Jordan befindet sich das Volk Israel nun in dem verheißenen Land Kanaan. Jetzt heißt es, das Land zu erobern. Als nächstes muß die befestigte Stadt Jericho eingenommen werden. Die Einnahme geschieht nicht nach menschlichen Überlegungen, sondern durch vertrauensvolles Handeln nach Gottes Anweisungen.

1.2. Personen

– Josua: Gott bestätigt seinen Dienst: 1. Überquerung des Jordan, 2. Begegnung mit dem Engel vor Jericho (Jos 5, 13 ff), 3. die Mauern von Jericho stürzen ein

siehe Lektionen 23 u. 25, 1.2.

– König von Jericho (V. 2:) Wie auch andere kanaanitische Städte war Jericho ein Stadtstaat, der von einem König regiert wurde.
– 7 Priester (mit Widderhörnern): Sie gingen vor der Bundeslade her.

siehe Lexikon zur Bibel

– Rahab und Verwandte (V. 23): Die einzigen Überlebenden von Jericho.
– Boten/Kundschafter (V. 22)
– Heer des Volkes Israel (V. 7): diszipliniert; gut organisiert; Einigkeit; Unterordnung unter die Führung Josuas; Heiligung.

1.3. Orte/Gegend

– Jericho: Die Stadt lag in der fruchtbaren Jordanebene, etwa 250 m unter dem Meeesspiegel. Ein wichtiger Handelsweg führte durch den von einer dicken Mauer umgebenen Stadtstaat. Die Mauer war so dick, daß sogar Häuser auf ihr gebaut wurden. Ihre Einwohner waren gekennzeichnet von Sünde, Unmoral und Götzendienst. Die tüchtigen Krieger und Riesen versetzten die umliegenden Völker in Furcht und Schrecken.

siehe Lektion 24, 1.2.

Nur vor dem Gott Israels fürchteten sie sich (Jos 2, 9 ff). Die Stadttore waren verriegelt. Keiner durfte ein- noch ausgehen. Nach der Zerstörung lag ein Fluch auf Jericho (Jos 6, 26; 1 Kö 16, 34).
– außerhalb des Lagers (V. 23): Rahabs Familie waren Heiden und damit unrein; letztlich wurden sie jedoch mit den Israeliten gleichgesetzt (vgl. Brockhaus).

1.4. Zeit

– Eine Woche lang umzogen die Israeliten täglich die Stadt.
– Am siebten Tag, ... früh, beim Aufgang der Morgenröte (V. 15)

siehe Lektion 25, 1.4.

1.5. Begriffserklärungen

V. 4. 6. 8. 12. 16. ...: die Zahl 7 = Die Zahl 7 erhält hier eine besondere Bedeutung. Sie deutet auf Vollständigkeit, Endgültigkeit und Vollendung hin.
V. 5: Widderhörner bzw. Hall- / Jubel-Posaunen = Gebogene Tierhörner, auf denen normalerweise nur ein Ton gespielt werden konnte. Bei einem Angriff wurden sie anhaltend geblasen, um die Feinde zu erschrecken. Es gab auch Hörner (Trompeten), die gestoßen wurden, z. B. um das Signal zum Aufbruch oder Angriff zu geben (4 Mo 10, 8. 9). Die 7 Priester mit den Instrumenten gingen vor der Bundeslade her.
V. 17 + 18: Bann = Alles was in Jericho war, wurde dem Verfügungsbereich der Israeltien entzogen / Gericht Gottes über die Sünde / Schutz für sein Volk (Bewahrung vor Verunreinigung), 3 Mo 27, 28. 29

2. Zielgedanke

Vertrauen – Gehorchen – Siegen
Andere Möglichkeiten:
– Alle sind dabei (hören die Anordnungen Gottes durch Josua, handeln, haben teil am Sieg)
– Gott bestätigt im Dienst (die dreifache Bestätigung für Josua, siehe 1.2.)

3. Vorschläge zur Durchführung für die „kleine" Gruppe

3.1. Vorüberlegungen

Bei den jüngeren Kindern können wir den Gedanken „alle sind dabei" betonen, denn diese Geschichte zeigt uns u. a., daß Gott will, daß das ganze Volk die Anweisungen Gottes hört, beachtet und am Sieg teilnimmt.
Auch in unseren Gemeinden sollten wir den Kindern das Gefühl geben, daß sie dazu gehören und ihren „Beitrag" leisten können. Damals mußten sie lernen, daß Schweigen bzw. Schreien seine Zeit hat, daß Gehorsam dem Wort Gottes gegenüber (auch dann, wenn die Anweisungen, menschlich gesehen, unsinnig sind) belohnt wird.
Dieser Text kann uns anspornen, die Kinder mehr ins Gemeindeleben mit einzubeziehen (z. B. Lieder mit der Sonntagschule vorsingen, Kindertraktate beim Straßeneinsatz verteilen, eine Weihnachtsfeier o. ä. gestalten ...).

3.2. Einstiegsmöglichkeiten

Ein Teil fehlt!
Die Kinder sollen ein einfaches Puzzle zusammenbauen, bei dem ein Teil fehlt. Man kann zwar erkennen, was das Bild darstellen soll, aber das Puzzle ist eben nicht *vollständig!*
Übertragung: jeder zählt bei Gott. Er will, daß *alle* dabei sind! (z. B. in den Kinder- oder Gemeindestunden)
Ein zweites Beispiel:
In einem Etui mit 6 Farbstiften fehlt eine Farbe (z. B. grün). Die Kinder würden laut protestieren, wenn man sie ein Landschaftsbild mit den übrigen Farben malen ließe. Die fehlende Farbe gehört unbedingt dazu, sonst wird das Bild nicht schön.

3.3. Durchführung

Wir stellen uns vor, was sich in einer israelitischen Familie vor der Einnahme Jerichos abgespielt haben mag: Vater: „Kinder – hört nur! Das ist das Signal zum Aufbruch für uns. (Auf einer selbstgebauten Trompete einige Töne spielen – s. 3.4.1.) Ihr wißt ja, wenn die Priester in ihre Hörner stoßen, bedeutet es, daß das ganze Volk aufbrechen soll. Josua hat befohlen: ALLE sollen mitkommen. Ihr dürft selbst miterleben, wie Gott uns den Sieg gibt. Heute werden wir *einmal* um die Stadt Jericho ziehen. Habt nur keine Angst. Uns wird nichts passieren, denn Gott ist mit uns. Kinder, ich sage es euch noch einmal: Keiner von uns darf ein Wort sprechen. Gott hat es ausdrücklich gesagt!"
Die Familie verläßt das Zelt und schließt sich dem aufbrechenden Zug an. Alles verläuft schweigend. Ganz vorne setzen sich schon die gerüsteten Kriegsleute in Bewegung, dann die Priester mit den Hörnern und der Bundeslade und schließlich das ganze Volk.
Nach jedem Tag kehrt das Volk ins Lager zurück. Dort kann auf Fragen der Kinder geantwortet werden, z. B.: Warum passiert denn gar nichts? Wie sind die Leute in der Stadt? ...
Zur Illustration können wir die beiden Bilder OHP 59 benutzen. Wir singen zwischendurch ein Lied aus dem Singspiel „Jericho" (siehe 7.), um die Erzählung aufzulockern. Die Anwendung könnte entsprechend den Ausführungen unter 3.1. das Gespräch abschließen.

siehe OHP-Vorlagen
59 u. 63

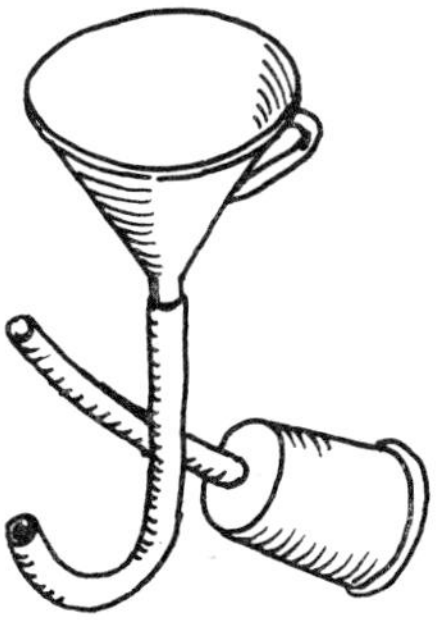

3.4. Zur Festigung

3.4.1. Wir bauen eine Schlauchtrompete (Horn): Dazu schieben wir ein Schlauchende über einen Trichter oder auch durch ein Loch in einem Joghurtbecher.(Mundstücke können evtl. aus Ton angefertigt werden.)

3.4.2. Jericho-Spiel:
Ein Stuhlkreis stellt die Stadtmauer von Jericho dar. Alle Kinder und Mitarbeiter marschieren schweigend um die „Stadt". Ein Kind (oder mehr) blasen fortwährend auf einem selbstgebauten Horn (evtl. auch auf einem Blockflötenkopf). Als Zählhilfe fertigen wir einen Kalender an. Nach jeder Runde darf ein Kind im „Lager" einen Tag abreißen.
Nach dem letzten Rundgang ertönt das Hornsignal. Beim Geschrei (?) der Kinder stürzen die „Mauern" ein. (Das ist vielleicht nicht überall erwünscht, macht den Kindern aber riesigen Spaß!)
Dieses Spiel kann natürlich durch Requisiten noch erweitert werden.

Gebrauchsfertige Trompetengeräte
Einige Gebrauchsgegenstände eignen sich bereits ohne jede Veränderung als Trompeten, wenn man sie entsprechend anbläst, wie z. B. Trichter verschiedener Größen, Gießkannen, Schläuche, Röhren ...

Längstrompeten
(1) Einfaches Rohr oder Schlauch
(2) Rohr mit Schalltrichter
(3) Aus Schlauch und Trichter zusammengebautes Instrument.

Verschiedene Trichterformen: Trichter einer Kindertrompete, Steckvase, Autoscheinwerfer, Trichter, Konservendose, Plastikflasche, übergestülpte Dose.

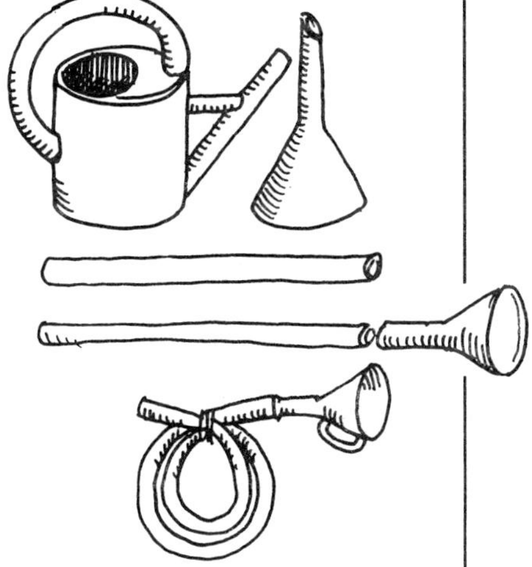

4. Vorschläge zur Durchführung für die „große" Gruppe

4.1. Vorüberlegungen

Ist die Geschichte bereits bekannt, können Kinder ab 9 J. daraus auch schon Prinzipien Gottes erkennen, Rückschlüsse herleiten und das Erkannte mit Gottes Kraft und Hilfe praktizieren. Siege und Erfolge will wohl jeder! In diesem Kapitel gibt Gott ein „Erfolgsrezept", er verdeutlicht ein Prinzip. Es lautet: VERTRAUEN / GEHORCHEN / SIEGEN.
Der allmächtige Gott verhalf seinem Volk zum Sieg. Er tat etwas für den Menschen Unmögliches, aber für ihn war es eine „Kleinigkeit". Es war ein Wunder, das wir auch als Werk Gottes den Kindern erzählen sollten, um ihn groß zumachen. Alle menschlichen Erklärungsversuche (z. B. Erdbeben) haben hier keinen Platz.

4.2. Einstiegsmöglichkeiten

Das Gedicht „Einer aus Jericho" (aus: Singspiel „Jericho", siehe 7.) vortragen. Anschließend sollen die Kinder noch einmal mit eigenen Worten wiedergeben, was sie über die Stadt wissen (z. B. Lage, Bewohner, Fruchtbarkeit ...).

siehe OHP-Vorlage 60

4.3. Durchführung

– Kurze Wiederholung der Ereignisse von Gilgal und Hinweis auf die Begegnung Josuas mit dem Engel vor Jericho (Jos 5, 13 – 15).
– Welche Verheißung gab Gott Josua (und dem Volk)? (Jos 1, 8) Welche Anweisungen gibt Gott für die Einnahme Jerichos? (z. B. die Stadt 7 Tage

siehe OHP-Vorlage 61

lang umziehen; Schweigemarsch; in die Hörner stoßen; Kriegsgeschrei des ganzen Volkes; ...) Was wollte Gott mit dem Umwandern Jerichos erreichen? (OHP 61, die Kinder sollen die zwei richtigen Antworten herausfinden)
– Es gibt im Leben verschiedene Grundsätze, an die man sich halten muß, um etwas zu erreichen (z. B. gründlich vor einer Klassenarbeit lernen, um eine gute Note zu bekommen).
Welches Prinzip Gottes wird in dieser Geschichte deutlich? VERTRAUEN / GEHORCHEN / SIEGEN! (Möglichst von den Kindern erarbeiten lassen.)
– Übertragung: Wie können wir heute ein sieghaftes Leben führen? Wenn wir Gott und seinem Wort vertrauen sollen, müssen wir erst einmal seinen Willen erfahren! (Bibellese u. Gebet). Ein gemeinsamer Sieg bleibt nicht ohne Zeugniskraft in unserer Umgebung.

siehe OHP-Vorlage 62

4.4. Zur Festigung

Vertiefung der Anwendung durch die OHP-Vorlage 62 (erst auf Folie gemeinsam erarbeiten, dann als Arbeitsblatt den Kindern geben):
– Unser Jericho heute = Sünde in uns und um uns (In die Steine der Mauer werden verschiedene Sünden eingetragen.)
– Siegreiche Einnahme meines Jerichos nur möglich durch: (Die 5 Worte mit G werden nach und nach eingetragen und besprochen. Die zentrale Aussage zum Schluß sollte heißen: Sieg über Sünde ist nur möglich, wenn der Herr Jesus im Mittelpunkt meines Lebens ist.)

siehe OHP-Vorlage 63

5. Liedvorschläge

Mauerbrecher laßt uns sein ... (aus: Wir singen miteinander, 30)
Seltsam war die Schlacht von Jericho ... (aus: Singspiel „Jericho", M. Uhr)
Sie zogen um die Stadt ... (aus: Sing' mit uns ein neues Lied, Bd. 1, 89)

6. Vorschläge zum Bibelspruchlernen

Der Bibelvers wird auf 7 „Steine" (Pappen) verteilt geschrieben. In der Kinderstunde werden die „Steine" von Kindern mit Wäscheklammern an eine Schnur gehängt (in der richtigen Reihenfolge natürlich!). Die beiden Schnurenden werden von zwei Kindern gehalten oder im Raum festgebunden. Nach und nach werden die „Steine" abgenommen. Zwischendurch wird der Vers von den Kindern immer wieder gesagt.

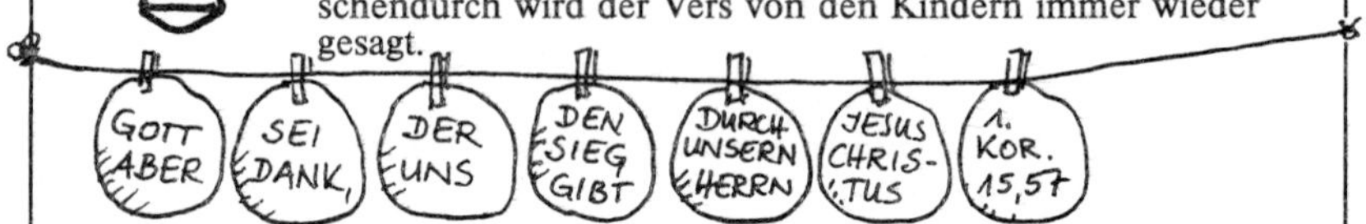

7. Literaturhinweis/Arbeitshilfen

Brockhaus Kommentar zur Bibel Bd. 1 (TB). Brockhaus-Verlag, Wuppertal 1987
Eroberung einer befestigten Stadt. Hörspiel – Kassette. Verlag Schulte + Gerth (u. a. zwei Hörspiele, in denen es um Josua und Jericho geht)
Singspiel „Jericho" (Ein Singspiel für Kinder ab 6 Jahren, die mit der Geschichte (Jos 1 - 6) und den Grundgedanken der Bibel vertraut sind – von Martina Uhr, Frankenthal)

weitere Literatur, siehe Lektion 25, 7.

LOBLIED DER ISRAELITEN (Josua 4,24)

Vorspiel: Refrain instrumental

©Text und Melodie: Martina Kausemann

Abkürzungen: BF = Blockflöte, HT = Handtrommel, X (BF) = Xylophon (Baßflöte)

Hinweis: Als 3. Strophe ist eine Improvisation möglich
z.B. auf dem Altxylophon mit den Tönen c, d, f, g, a (F-Pentatonik)

Nachspiel: Refr. instrumental

Refrain: volle Begleitung mit großer Klangbreite
Strophe: Begleitung zurückhaltend

VERTRAUT AUF GOTT

© Text und Melodie: Martina Kausemann

2. Vertrau auf Gott! Verlaß dich auf Sein Wort!
Und bleib im Kampf nicht steh'n, bleib im Kampf nicht steh'n,
so wirst du Siege seh'n.

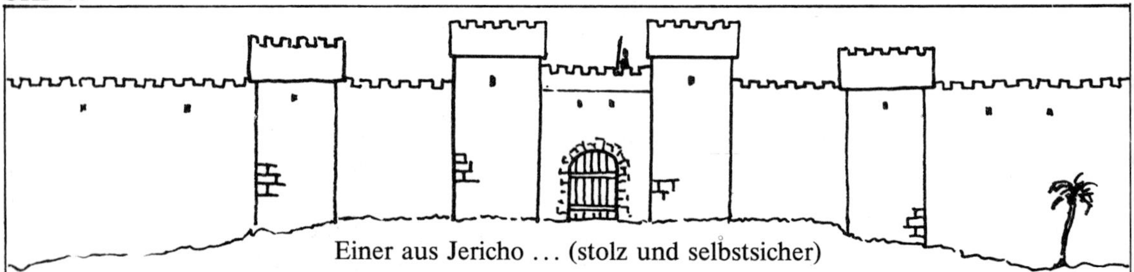

Einer aus Jericho … (stolz und selbstsicher)

1. Jericho heißt uns're Stadt,
die dicke, starke Mauern hat.
Und stören Feinde uns're Ruh,
dann riegeln wir die Tore zu.

2. Wir fürchteten bisher nicht sehr
der Feinde große, mächt'ge Heer'.
In uns'rer Stadt ist uns nicht bang,
die dicken Mauern halten lang.

3. Denn Jericho, die schöne Stadt,
die Gärten viel und Palmen hat,
dazu auch Quellen und Brunnen schön,
es ist eine Lust sie anzusehn.

4. Auf einem Hügel liegt die Stadt,
die dicke, stolze Mauern hat.
Der Feind, will er die Stadt gewinnen,
muß erst über den Jordan schwimmen.

5. Nein, nein uns braucht nicht bange sein,
wir lassen keine Fremden 'rein.
Die Mauern mit den Toren schwer,
sind so gut wie ein ganzes Heer.

Martina Kausemann

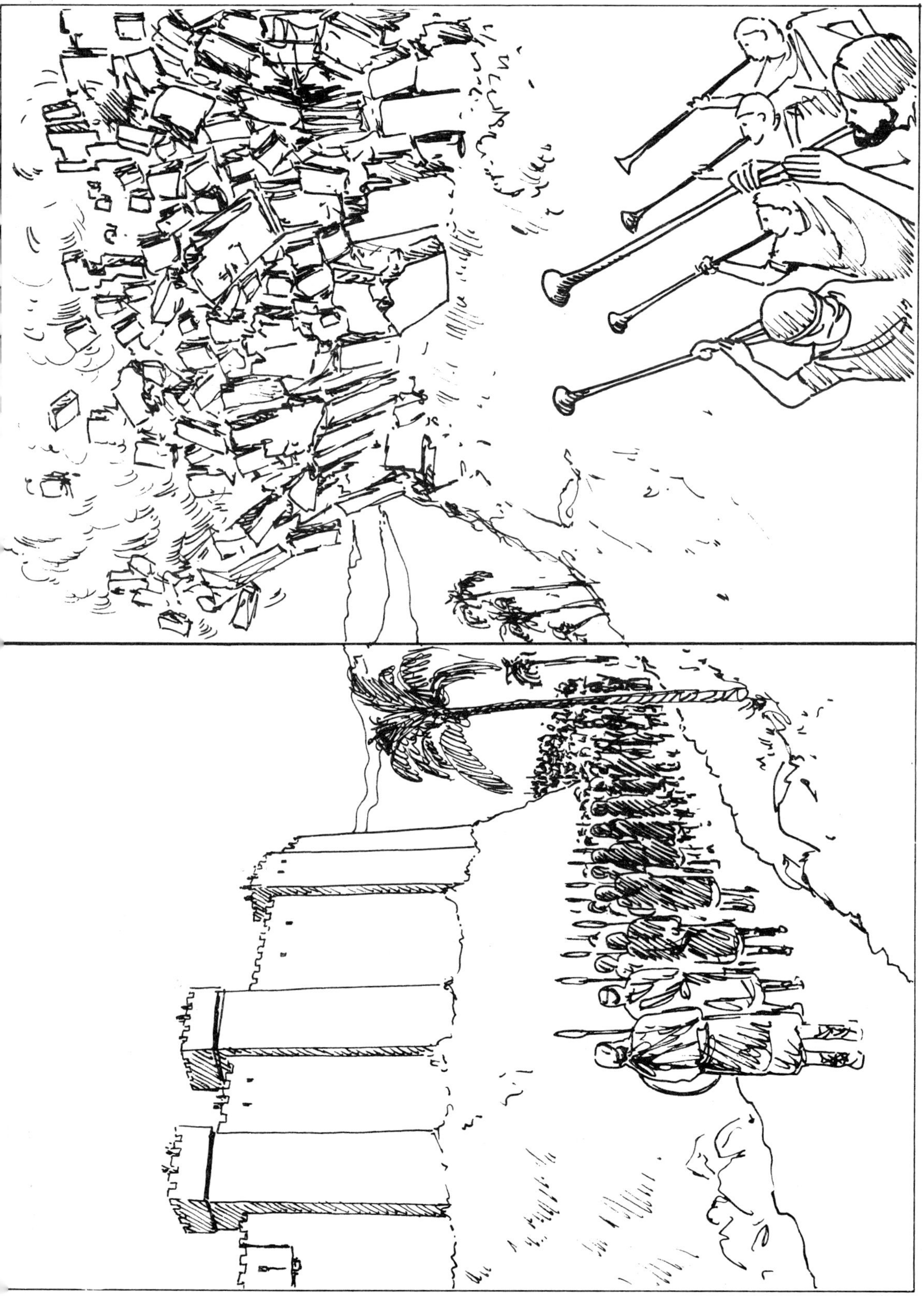

OHP 61

Was wollte Gott mit dem Umwandern Jerichos erreichen? Gott wollte …

1. Zeit gewinnen,

2. die Israeliten für den Kampf trainieren,

3. dem Volk deutlich machen, daß sie aus eigener Kraft Jericho nicht erobern könnten

4. den Bewohnern von Jericho Angst machen,

5. daß es den Israeliten nicht langweilig würde,

6. daß die Israeliten Gott ganz vertrauten.

Richtige Antworten ankreuzen

(aus: Gott ist treu, S. 27)

OHP 62

Ⓐ Unser Jericho heute = Sünde in uns und um uns

Ⓑ Siegreiche Einnahme meines Jerichos nur möglich durch

DER SIEG

Satz: Martina Kausemann

AX = Altxylophon
BX = Baßxylophon
O = Handtrommel
–•– = Triangel

2) Die feste Mauer Jerichos
lief um die ganze Stadt.
Dagegen konnten sie nicht an,
doch sie folgten Gottes Rat. Refr.

3) Mit Klugheit, mit Begeisterung,
mit Taktik, Mut und Kraft,
ohne Gott, aus sich heraus,
hätten sie es nicht geschafft. Refr.

4) Gehorsam gegen Gottes Wort
gab Josua bekannt:
„Wir ziehen täglich um die Stadt.
Sie ist in unsrer Hand." Refr.

5) Mit Gottes Lade gingen sie
ganz still um Jericho.
Sie fragten nicht nach Sinn und Zweck. –
Ihr Herr befahl es so. Refr.

6) Am siebten Tag, da zog das Volk
gleich sieben Mal herum.
Beim Klang des Lärmhorns schrie es laut
und die Mauern stürzten um. Refr.

Mel.: Spiritual nach: Joshua faught the battle of Jericho (aus: Songs junger Christen, Bd. 1, 167) (Text: N.N.)

Lektion 27

Jos 7-8

Achan und Ai

Lernvers
Wer seine Verbrechen zudeckt, wird keinen Erfolg haben; wer sie aber bekennt und läßt, wird Erbarmen finden.
Sprüche 28, 13

1. Zum Textverständnis

1.1. Zusammenhang/Inhalt

Die Stadt Jericho ist gefallen und vernichtet. Josua trifft Vorbereitungen, um weiter ins Landesinnere vorzustoßen. Er schickt Kundschafter nach Ai. Auf deren Lagebeurteilung hin führt er den Angriff nur mit ca. 3 000 Mann aus, wird in die Flucht geschlagen und verliert etwa 36 Mann. Durch seine anschließende Befragung Gottes erfährt er, daß Sünde im Volk ist und Gott sich deshalb von ihnen zurückgezogen hat. Die Sünde Achans wird aufgedeckt und gerichtet. Ein erneuter Vorstoß nach Ai wird erfolgreich abgeschlossen: Die Stadt wird eingenommen und verbrannt, ihre 12 000 Bewohner werden getötet.

1.2. Personen

- Gott
- Josua
- Achan und seine Söhne und Töchter (7, 1. 24)
- das Volk Israel
- die Bewohner von Ai

siehe Lektionen 23 u. 25

1.3. Orte/Gegend

Die Stadt Ai war für Israel das nächste Hindernis auf dem Weg zur Eroberung des Landes. Auf steil ansteigendem Gelände westlich von Jericho (östlich von Bethel, V. 2) gelegen, war sie für das zentrale Bergland von strategischer Bedeutung. Sie beherrschte die Hauptroute von Gilgal ins Landesinnere.

siehe Lexikon zur Bibel u. Brockhaus Kommentar

1.4. Zeit

etwa im 13. Jh. v. Chr.

1.5. Begriffserklärungen

V. 1: Bann, Gebanntes = Die Einwohner Jerichos und alles, was sich in der Stadt befand, wurde unter einen besonderen „Bann" getan. Alles was in Jericho war wurde dem Verfügungsbereich der Israeliten entzogen/Gericht Gottes über die Sünde/Schutz für sein Volk (Bewahrung vor Verunreinigung), 3 Mo 27, 28. 29. Es wird ausdrücklich vor den Folgen eines Verstoßes gegen diesen Bann gewarnt (Jos 6, 18): das Lager Israels würde dadurch zum Bann gemacht! Den Übertreter traf dasselbe Schicksal wie das Gebannte (vgl. 6, 24 mit 7, 15 u. 7, 25). Achan nahm, was verflucht war und stahl, was Gott gehörte.
V. 1: versch. Namen = Abstammung Achans/Namen sind wichtig für die Ermittlung des Täters (siehe V. 16 ff).
V. 14. 16: treffen = Der Schuldige wurde durch das Los ermittelt. Der Vorgang des Losens wurde in Israel zu best. Anlässen (z. B. um den Willen Gottes zu erfragen) eingesetzt, aber nicht genauer beschrieben.

siehe Lexikon zur Bibel (Los)

V. 21: Mantel aus Sinear = Sinear ist der hebräische Name für Babylon. Der Name stand für Erfolg und Macht, denn Babylon war die kulturelle Metropole von Mesopotamien. Was aus Babylon kam, galt als schick. Der Mantel war ein elegantes Kleidungsstück und kennzeichnete den Träger als Mann von Welt.

2. Zielgedanke

Wo Sünde ist, kann Gott nicht sein.
Andere Möglichkeiten:
- Die Sünde des einzelnen hat oft negative Folgen auch für andere Menschen. Sünde ist keine Privatsache.
- Wenn eine Sünde zwischen Gott und Mensch steht, kann Gott nicht helfen.
- Gott deckt Sünde auf und bestraft sie.

3. Vorschläge zur Durchführung für die „kleine" Gruppe

3.1. Vorüberlegungen

Von Natur aus haben wir Menschen - also auch die Kinder - den Drang, Sünde zu verbergen. Niemand spricht gern über seine Sünden. Hierbei wird jedoch außeracht gelassen, daß die Sünde vor Gott nicht vertuscht werden kann, auch wenn dies den Menschen gegenüber meist gelingt. Es kommt also darauf an, Sünde aus der Sicht Gottes zu sehen. Es gilt, den Kindern zu zeigen, daß das Gewissen nicht dadurch erleichtert werden kann, daß man Sünde vor den Menschen verbirgt. Vor Gott bleibt sie dennoch bestehen. Solange sie nicht vor Gott bekannt und aufgedeckt wird, ist das Verhältnis zu Gott und Menschen gestört. Erst das Aufdecken der Sünde führt zu Vergebung und macht den Weg frei für Gottes Handeln.

3.2. Einstiegsmöglichkeiten

siehe Bild 3, OHP-Vorlage 66

3.2.1. Bild von Achan beim Vergraben der gestohlenen Sachen - Gespräch über die Situation, Hinweis auf mögliche Rechtfertigung für sein Handeln - Warum blickt er sich vorsichtig um?

siehe 7.

3.2.2. Beispielerzählung: „Der Junge, der das Licht mied" (aus: St. John, Patricia: So groß ist Gott, S. 165 ff).
Inhaltsangabe: Kurz vor Weihnachten. Dave und Billy sind auf dem Heimweg. Es ist bereits dunkel. Das Warenangebot in der Stadt faszinierte sie. Billy kann der Versuchung nicht widerstehen und stiehlt an einem Marktstand Orangen. Ab diesem Zeitpunkt meidet er das Licht und überlegt, wo er sie zuhause verstecken kann. Der Vater kommt den Jungen mit einer Laterne entgegen. Er leuchtet ihnen den Weg. Doch Billy läuft im Abseits. Plötzlich stolpert er, verliert die Orangen, und sein Vater weiß nun den Grund, weshalb Billy das Licht mied. Billy „nimmt den Kopf unter den Arm" und bezahlt die Orangen am Marktstand.

siehe 3.4.

(Die Geschichte vielleicht nicht ganz zu Ende erzählen.)

3.3. Durchführung

siehe OHP-Vorlage 66 (Bilder können auch für die Flanelltafel vorbereitet werden.)

Erzählung der Geschichte anhand der OHP-Vorlage:
Bildfolge des Geschehens

Bild 1

- Lebhafte Schilderung: Kriegsgeschrei in der ganzen Stadt, alles wird aus den Häusern geholt, um es zu verbrennen (Bann erklären).
- Achan in einem der Häuser: Er entdeckt einen schönen Mantel (Selbstgespräch: Entschuldigungen für den Verstoß gegen die Anordnung, alles zu verbrennen).

Bild 2

- Achan nimmt auch von dem Silber und Gold an sich und versteckt es in seiner Kleidung, um es zu seinem Zelt zu bringen.

Bild 3

- Seine Beute vergräbt er nun im Boden unter seinem Zelt. Seine Mitbewohner (Söhne, Töchter) scheinen dies wohl mitbekommen zu haben, denn sie werden ja später mit ihm gerichtet.
- Kriegszug und Niederlage gegen Ai (Überheblichkeit, fehlendes Gebet, Verzweiflung)

Bild 4

- Josua betet zu Gott. Gottes Antwort: Sünde als Ursache für die Niederlage.

- Der Schuldige wird ermittelt. Anhand der Eingrenzung Achans läßt sich sehr gut die Situation eines „Ertappten" veranschaulichen. Welche Gedanken gingen Achan durch den Kopf? (Hier kann die Erzählung aus der Sicht Achans fortgesetzt und richtig spannend erzählt werden. Er merkt, wie sich die Schlinge zuzieht, gerät langsam in Panik, etc.)

Bild 5

- Achan wird wegen seiner Sünde gerichtet. Kein Bekenntnis (er legt ein Geständnis auf Anordnung Josuas ab, nachdem das Los auf ihn gefallen war, V. 19)! Nun ist es zu spät! Auch das Eingestehen seiner Sünde nutzt ihm nun nichts mehr!

Bild 6
siehe 1.5.

- Ai wird erneut angegriffen und besiegt. (Wichtig als positive Auswirkung der Bereinigung von Schuld!) Der Aufwand ist jetzt allerdings bedeutend höher: „verlorener Boden" ist schwer wiedergutzumachen.

3.4. Zur Festigung

3.4.1. Beispielerzählung zu Ende führen (sie kann auch erst hier erzählt werden)

siehe 3.2.2.

3.4.2. Arbeitsblatt mit OHP-Vorlage zum Ausmalen

siehe OHP-Vorlage 66

4. Vorschläge zur Durchführung für die „große" Gruppe

4.1. Vorüberlegungen

In unserer Gesellschaft wird nur ungern über Sünde bzw. Schuld gesprochen. Sie wird entschuldigt, beschönigt, geleugnet, verdrängt. Gottes Gebote werden längst nicht mehr als absoluter Maßstab angesehen. Entweder wird Gott selbst geleugnet, oder man spricht ihm das Recht ab, Gehorsam zu erwarten. Verliert man aber diesen absoluten Maßstab, so gibt es auch keine Schuld im absoluten Sinne, d. h. man kann sein Fehlverhalten anders interpretieren, Umstände und Personen dafür verantwortlich machen oder sogar als situativ richtiges Verhalten darstellen. So werden viele Dinge, die in der Bibel als Sünde bezeichnet werden, in unserer Gesellschaft längst nicht mehr als solche angesehen.

siehe auch 3.1.

Das Beispiel Achans und seiner Sünde eignet sich, den Kindern zu zeigen, wie ernst Gott Sünde nimmt und daß er sie richten muß. Hier zeigt sich, daß Gottes Maßstäbe und Anordnungen verbindlich und Zuwiderhandlungen zum Schaden des Menschen sind, auch wenn heute vielfach anders gedacht wird.

Zusätzlich könnten weitere Aspekte beleuchtet werden:
- der Prozeß der Entscheidung für die Sünde (sehen, verlangen, nehmen, V. 21/vgl. Eva im Garten Eden, Lektion 6)
- individuelle Sünde kann sich auf eine Gemeinschaft auswirken
- Sünde verunehrt Gott (vgl. das Gebet Josuas)

4.2. Einstiegsmöglichkeiten

siehe auch 3.2.

Situation aus dem Straßenverkehr:
Bild mit Stop-Schild, roter Ampel, etc. zeigen (Signal: Halt!)/kurzes Gespräch über Sinn und Zweck dieser Anordnung/Frage: Was passiert bei Nichtbeachtung? (Strafzettel, Unfall, Verletzte, Tote etc.)/Hier könnte auch darauf hingewiesen werden, daß die Mitinsassen eines Autos vom Fehlverhalten des Fahrers mitbetroffen sein können./Gott setzt uns Menschen auch Stop-Schilder und rote Ampeln!

4.3. Durchführung

Die Geschichte kann ähnlich wie unter 3.3 anhand der OHP-Vorlage erzählt werden. Folgende Aspekte können zusätzlich berücksichtigt werden:

siehe OHP-Vorlage 66

- Gott hat den Israeliten ein klares Stop-Schild gesetzt. Achan handelte dem entgegen und Israel ist mitbetroffen (Parallele zum Einstieg).
- Achan wird zur Rede gestellt und beschreibt, wie es zur Sünde kam (Gegenüberstellung zu Eva, vgl. Jak 1, 14. 15). Über die Augen kommt der Wunsch des Besitzens in die Gedanken. Vom Wunsch zur Tat ist es meist nicht mehr weit. Hier kann mit den Kindern über eigene ähnliche Erfahrungen nachgedacht werden. Wichtig: Wie kann dieser Prozeß rechtzeitig gestoppt werden?

siehe 4.1.
siehe 4.4.2.

siehe 3.1.

- Im Zusammenhang mit der „Ermittlung" Achans als Verursacher der Niederlage kann die Tatsache, daß Gott unsere geheimsten Sünden sieht, herausgearbeitet werden.
- Der Lohn der Sünde ist der Tod. Dies gilt grundsätzlich für jede Sünde. Doch weil der Herr Jesus für unsere Sünden gestorben ist, gilt auch, daß sie vergeben und nicht mehr gerichtet werden, wenn wir sie bekennen.
- Die Bereinigung der Schuld macht den Weg frei zum Sieg!

4.4. Zur Festigung

4.4.1. Die Ereignisse können von den Kindern szenisch nachgespielt und so in ihren wesentlichen Aussagen wiederholt werden:
- Nach dem Sieg über Jericho: Josua gibt Gottes Anweisungen bekannt.
- In Jericho: Achan schafft etwas von der Beute zur Seite. Er führt ein Selbstgespräch und rechtfertigt sein Handeln.
- Männer aus dem Heer Israels kehren nach der Niederlage zurück. Sie sind betroffen und verzweifelt, verstehen nicht, wie es zur Niederlage kommen konnte.
- Josua berichtet von Gottes Antwort auf sein Gebet und läßt das Volk geordnet antreten. Der Schuldige wird ermittelt.
- Achan wird zur Rede gestellt und gerichtet.
- Josua entwirft Plan und Taktik für den zweiten Angriff auf Ai.
- Die Krieger kehren mit Beute beladen ins Lager zurück (8, 27).

siehe OHP-Vorlage 65

Hilfen, siehe Lektion 28, 4.3.2.

4.4.2. Erarbeitung einzelner Stufen bei der Verstrickung in Sünde anhand einer Gegenüberstellung von 1 Mo 3 und Jos 7. Inhalt der Stufen: sehen, begehren, nehmen, verstecken, verschweigen (verderben). Das Schaubild zeigt den Kindern auch, daß sie möglichst auf einer niedrigen Stufe der Versuchung widerstehen sollten (konkrete Hilfen nennen). Je weiter die Verstrikkung fortschreitet, desto wahrscheinlicher ist das endgültige Verderben.

4.4.3. Geheimschrift: Wir schreiben mit Pinsel oder Feder und Zitronensaft den Satz „Vor Gott kann nichts verborgen bleiben" auf ein saugfähiges Blatt Papier. Die Schrift wird erst sichtbar, wenn wir das Blatt bügeln.

5. Liedvorschläge

Auch die kleinen bösen Dinge ... (aus: Sing' mit uns ein neues Lied, Bd. 1, 60)
Es geht ohne Gott in die Dunkelheit ... (aus: Jungschar- u. Teenagerlieder, Heft 2, 22)
Gott sieht mich immerzu ... (aus: Kommt und singt, 7)
Jesus sieht die Gedanken ... (aus: Sing' mit uns ein neues Lied, Bd. 2, 39)
Paß auf kleines Auge ... (aus: Singt froh ihr Kinder alle, 20)
Sage nein zum Bösen ... (aus: Sing' mit uns ein neues Lied, Bd. 1, 48)

6. Vorschläge zum Bibelspruchlernen

siehe 7.
Der Vers sollte zunächst mit der Geschichte (Achan) in Verbindung gebracht werden.

Illustration: Bilder-Denkzettel Nr. 16 „Wohin mit meiner Schuld?" Bild 1 (Titel) - Bild 2 - Bild 7 – Bild 8

7. Literaturhinweis/Arbeitshilfen

Gibbs, A.: Schritte durch die Bibel Bd. 1, Lektion 62. Christliche Verlagsgesellschaft, Dillenburg 1982 (Textanalyse)
Jakobi, E.: Der gute Start Bd. 1, L 3. Bibellesebund, Marienheide 1979 (Bibelarbeit, Stundenbild)
Josua, 6 Flanell-Lektionen (u. a. Achans Sünde). KEB, Breidenbach
St. John, Patricia: So groß ist Gott. Bibellesebund, Marienheide 1986 (über 40 Beispielgeschichten zum Glaubensbekenntnis, u. a. Der Junge, der das Licht mied. S. 165, vgl. Punkt 3.2.2.)
Wohin mit meiner Schuld? Bilder-Denkzettel Nr. 16. Vocamus Atelier Giebeler, Mozartstr. 9, 7430 Metzingen (Verteilblatt mit Bildergeschichte und Text als Diaserie oder als kompletter Satz [24 BDZ] direkt beim Atelier bestellen)

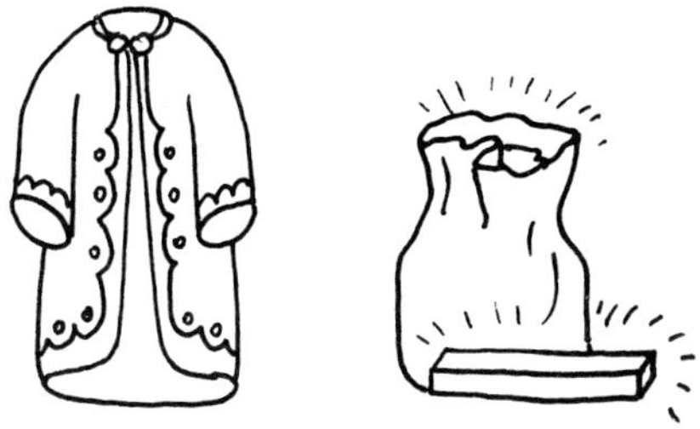

1. Mose 3,6.8.24

Josua 7,21.25

begehren	*nehmen*	*sehen*
verstecken	*verschweigen*	

1. Achan entdeckt einen schönen Mantel …

2. … nimmt von dem Silber und Gold …

3. … und vergräbt alles unter seinem Zelt.

4. Josua betet nach der Niederlage zu Gott.

5. Achan wird entdeckt …

6. … und gerichtet.

Lektion 28

Jos 9

List der Gibeoniter

Lernvers
Wachet und betet, damit ihr nicht in Versuchung kommt.
Markus 14, 38 a

1. Zum Textverständnis

1.1. Zusammenhang/Inhalt
Israel hat im Kampf gegen die Bewohner von Ai Niederlage (durch die Sünde Achans) und Sieg (durch die Sühnung der Schuld Achans) erlebt. Eindrucksvoll hat Gott seinem Volk gezeigt, was es für Folgen hat, wenn seine Gebote mißachtet werden und wie hoch der Preis für die Tilgung der Schuld ist. Auf den Siegeszug Israels reagieren die Bewohner des Landes unterschiedlich. Die einen rotten sich zum offenen Kampf gegen Israel zusammen; andere, wie die Gibeoniter, greifen zur List, um dem drohenden Untergang zu entgehen. Ihr Plan gelingt. Denn Israel verbündet sich mit den Gibeonitern ohne Gott zu fragen. Die Folgen für Israel:
- sie müssen den bedrängten Gibeonitern Beistand leisten (Jos 10, 4 - 15)
- Gott erkennt diesen Bund an. Als Saul später die Gibeoniter ausrotten will, müssen als Sühnung dafür sieben Nachkommen Sauls sterben (2 Sam 21, 1 - 14)
- die ständige Gegenwart der Gibeoniter (2 Sam 21, 2) im Zentrum Kanaans war eine Erinnerung an den alten Fehler.

1.2. Personen
- Gibeoniter: Sie bewohnten 4 Städte (gehörten zum Gebiet Benjamins) / Ausgrabungen zeigen, daß sie Spezialisten für Wasserbau waren. Daher bestimmt Josua sie zu Wasserschöpfern (V. 21).

siehe 1.1. u. 1.3.

- Gibeoniter, Hetiter, Amoriter, Kanaaniter, Perisiter, Hewiter und Jebusiter: Sie waren größer und stärker als Israel, aber Gott hatte sie in Israels Hand gegeben. Sie sollten ausgerottet werden (s. 5 Mo 7, 1 ff).

siehe Lektion 25, 1.2.

- Josua u. das Volk (Söhne Israel [V. 17], ganze Gemeinde [V. 19], Fürsten der Gemeinde).

siehe Lektionen 23 u. 25

1.3. Orte/Gegend
- Gibeon, Kefira, Beerot und Kirjat-Jearim (V. 17) liegen im Mittelteil Kanaans. Dadurch, daß diese Städte jetzt für Israel zugänglich waren, wurde ein Keil zwischen die Bewohner Kanaans getrieben. Von dort aus führte Israel erfolgreich zuerst einen Süd- und anschließend einen Nordfeldzug.

siehe Karte (OHP-Vorlage 67)

- Gibeon = Hügelstadt; später Levitenstadt im Stamm Benjamin; eine große Stadt (Jos 10, 2); vermutlich ca. 10 km nördlich von Jerusalem; vorübergehend stand dort das Zelt der Zusammenkunft (2 Chr 1, 3).
- Gilgal, im Lager der Israeliten (V. 6).

siehe Lektion 25, 1.3.

1.4. Zeit
- Allgemein nimmt man an, daß die Eroberung Kanaans etwa im 13. Jahrhundert v. Chr. stattfand.
- nach der Eroberung der Stadt Ai.

1.5. Begriffserklärungen
V. 14: aßen von ihrer Speise = Israel verpflichtete sich damit nach damaliger Sitte zu dauernder Freundschaft.

2. Zielgedanke

Versuchung durch andere - was ist das und wie können wir uns davor schützen? (Beten als eine Schutzmöglichkeit, s. Lernvers).
Andere Möglichkeiten:
- Falsche Selbständigkeit ist gefährlich.
- Gott vergibt Fehler, die Folgen bleiben oft bestehen.

3. Vorschläge zur Durchführung für die „kleine" Gruppe

siehe Lektion 27

3.1. Vorüberlegungen

In der letzten Woche konnten wir den Kindern zeigen, wie das Besitzenwollen materieller Dinge zur Versuchung wird. Das Einfallstor sind die Augen (Lust der Augen). Achan unterlag, und das hatte tödliche Folgen.

Gruppensituation beachten! Thematik ist für Vorschulkinder evtl. zu schwer.

Hier finden wir eine andere Art von Versuchung. Der Feind begegnet dem Volk Gottes mit einem gut durchdachten Plan. Er appelliert an das Gefühl (Mitleid, Nächstenliebe, soziale Hilfeleistung) der Männer Gottes und möchte gern einen Bund schließen (geheuchelte Demut und Unterwürfigkeit). Eine List Satans, die uns heute verstärkt begegnet: Die Christenheit ist geprägt von Bündnissen und Kompromissen, das lähmt die Schlagkraft der Kampftruppe Gottes. Gott ist immer für klare Fronten und duldet keine Kompromisse auf Kosten seiner Anordnungen. Nun - wie können wir diesen Gedanken der „kleinen" Gruppe deutlich machen?
Wenn wir an „ihre Welt" denken, dann kennen sie solche Zugeständnisse im Umgang mit ihren Spielkameraden. Unbewußt werden vielleicht die Anordnungen der Eltern untergraben. Durch die Massenmedien und z. B. in Kindergärten werden systematisch antigöttliche Gedanken (z. B. Evolution, Kritik an Autoritäten, Esoterik) eingeträufelt, die den Kindern als etwas Gutes, Harmloses, Normales und gar nicht im Widerspruch zur Bibel Stehendes vorgestellt werden. Und das ist gerade die große Gefahr - kein offener Kampf, sondern kleinschrittiger Abbau der Beziehung zum Wort Gottes. Weiterhin wird oft der Begriff der Toleranz anerzogen und leider auch auf die Haltung biblischen Wahrheiten gegenüber übertragen. Wir können den Kindern behutsam die Strategie des Feindes anhand von Jos 9 zeigen und ihnen vor allen Dingen das beste Rezept an die Hand geben: Gebet und biblische Information.

3.2. Einstiegsmöglichkeiten

3.2.1. Direkter Einstieg mit Gegenständen: alte, abgenutzte Kleider, Schuhe, ausgetrocknetes Brot etc. Menschen, die solche Kleidung tragen und altes Brot bei sich haben, scheinen entweder sehr arm zu sein oder haben einen weiten Weg hinter sich. Solche Männer kamen in das israelitische Lager. (Sie täuschten mit ihrem Aussehen eine lange Reise vor.)

3.2.2. Problemorientierter Einstieg: „Ach, das ist doch nicht so schlimm. Das machen die anderen doch auch. Da werden deine Eltern schon nichts gegen haben. Los, gehen wir. Das macht bestimmt Spaß." – Kinder im Gespräch, einer zieht den anderen vom Gebot der Eltern ab (anhand konkreter Beispiele verdeutlichen).

3.3. Durchführung

siehe OHP-Vorlage 68

Wir erzählen die Geschichte mit fünf Schwerpunkten (vom Einstieg hängt die Reihenfolge ab). Zur Illustration können wir die OHP-Vorlagen benutzen.
1. Schwerpunkt (Gottes Gebot 5 Mo 7, 1 ff, Jos 1, 7)
Gottes Wort kennen und beachten
2. Schwerpunkt (Versuchung, die List der Gibeoniter, Jos 9, 3 - 14)
3. Schwerpunkt (Bund zwischen Israel und den Gibeonitern, Jos 9, 15)
4. Schwerpunkt (der Fehler Israels, Jos 9, 14 b)
Sie fragen nicht nach dem Willen Gottes. Den Willen Gottes erfahren wir heute aus der Bibel.

5. Schwerpunkt (Die Israeliten erkennen, daß sie einer List zum Opfer gefallen sind, Jos 9, 16 - 27.)
Auf der Karte wird deutlich, daß die Gibeoniter nun mitten unter dem Volk wohnen.

3.4. Zur Festigung
3.4.1. Die Kinder spielen die Geschichte in 5 Szenen (siehe 5 Schwerpunkte unter 3.3.).

3.4.2. Die Kinder malen Symbol 2 (Kleider) bunt.

siehe OHP-Vorlage 68

3.4.3. Gespräch über die Strategie des Feindes: Wie verhielten sich die Gibeoniter?
Übertragung auf das Leben der Kinder

siehe 3.2.2.

4. Vorschläge zur Durchführung für die „große" Gruppe

4.1. Vorüberlegungen
Je älter die Kinder werden, desto stärker werden sie mit den „gibeonitischen" Reden und Angeboten konfrontiert. Die Verführungsversuche nehmen zu. Manchmal geht es ihnen wie den Israeliten: Die Lüge wird erst offenbar, wenn es zu spät ist. Außerdem schlägt ihnen schon der Vorwurf der Intoleranz entgegen, wenn sie unmißverständlich an den absoluten Aussagen der Bibel festhalten. Die beste Waffe ist ein an der Bibel geschärftes Denken und ein regelmäßiges Gebetsleben. Wir sollten diese Altersgruppe auch ermuntern, das Gespräch bzw. die Gemeinschaft mit anderen Christen zu suchen, um sich z. B. auch Rat zu holen für das richtige Verhalten.

siehe 3.1.

4.2. Einstiegsmöglichkeiten
4.2.1. Gespräch: Versuchung durch andere - was ist das? (Jemand verführt mich zu einer Handlung, die letztendlich zum eigenen Schaden oder zum Schaden anderer ist; ein Verhalten, das den Normen Gottes mehr oder weniger entspricht.) Die Kinder berichten aus eigener Erfahrung.

siehe auch 3.2.

4.2.2. Silbensalat:
mit - en - frie - schluß - gen - fol - dens - schlimm (Friedensschluß mit schlimmen Folgen). Unter dieser Überschrift wird der Text anhand von drei Leitfragen erarbeitet.

siehe 4.3.1.

4.2.3. Zusammentragen von Beispielen für Situationen, wo wir (oder andere) lieber selbst entscheiden wollten, statt nachzufragen. Gründe: Wunsch nach Selbständigkeit (Unabhängigkeit), Befürchtung einer anderen Entscheidung, Unüberlegtheit, ...

4.3. Durchführung
4.3.1. Die Kinder lesen den Bibeltext (Jos 9, 3 - 27) in verteilten Rollen (Gibeoniter, Josua, israelitische Führer) und beantworten die drei Leitfragen zu dem Lösungssatz unter 4.2.2.:
Wie kam es dazu?
Welche Folgen hatte der Friedensschluß?
Wo lag der Fehler der Israeliten?

siehe 4.2.2.
muß gut vorbereitet werden

4.3.2. Wir erzählen die Geschichte mit fünf Schwerpunkten und benutzen dazu die OHP-Vorlage oder Flanellbilder (Josua, KEB).
Ergänzung zu 3.3.:
2. Schwerpunkt
Die Gibeoniter stellen es schlau an, sie vermischen Lüge („aus einem fernen Land") mit Wahrheit („was sie von Gott gehört hatten") und geben sich viel Mühe mit ihrer Verkleidung.
Der Teufel versucht Menschen zu verführen. Auch er ist listig und kann sich verstellen (2 Kor 11,14; 1 Petr 5, 8).
4. Schwerpunkt
Die Israeliten fragen nicht nach Gottes Willen, obwohl sie kurz vorher (Jos 8, 30 - 35) Gottes Geboten zugestimmt haben. Entweder sind sie vergeßlich oder wollen selbständig sein (Gründe, siehe 4.2.3.). Wir müssen Gottes Wort

siehe 3.3.
siehe OHP-Vorlage 68
oder 7.

siehe auch 4.1. u. Lernvers

siehe 5.

kennen (Möglichkeiten: Bibellesen, Kinderstunde, Gemeinde, ...) und auch beachten. Hier sollten wir den Kindern klar zeigen, wie sie sich vor den Versuchungen des Teufels schützen können. Hierzu könnten wir die fünf „G" zusammentragen (Glauben, Gottes Wort, Gehorsam, Gebet, Gemeinschaft) und das Lied „Kennst du schon die fünf „G"..." singen.
Diesen geistlichen Kampf müssen wir ihnen an konkreten Beispielen verdeutlichen.

4.4. Zur Festigung

siehe OHP-Vorlage 69

4.4.1. Ausmalen von Buchstabenfeldern. Lösung: Wachet und betet. Wir betonen noch einmal, welchen Fehler die Israeliten gemacht haben (V. 14 b), und worauf es heute ankommt.

die letzte der 6 Josua-Lektionen

4.4.2. Zusammenfassung der Josua-Lektionen: Da es sich hier um die letzte Josua-Lektion handelt, könnten wir mit den Kindern die Josua-Geschichten wiederholen. Möglichkeiten:

siehe OHP-Vorlagen der Lektionen 23 - 28

- Wir kopieren auf ein Blatt zu jeder Lektion ein typisches Symbol/Bild und lassen die Kinder diese den Geschichten zuordnen
(z. B.: L 23 = Kreis mit Ohr/L 24 = Rahabs Haus/L 25 = Karte mit Jordan/ L 26 = Stadtmauer/L 27 = Achan versteckt etwas/L 27 = Kleider).

siehe OHP-Vorlage 70

- Wir lernen das Lied „Mit den Augen ...".
Vor allen Dingen die zweite Strophe paßt gut zum Leben Josuas.

5. Liedvorschläge

Gottes Wort ist die Wahrheit ... (aus: Die bunte Liederkiste, 16)
Kennst du schon, kennst du schon die fünf „G"... (aus: Die bunte Liederkiste, 28)
Lies die Bibel ... (aus: Wir loben Dich, Heft 4, 71)
Weise mir, Herr, deinen Weg ... (aus: Sing' mit uns ein neues Lied, Bd. 2, 18)
Wie kann man jung sein ... (aus: Sing' mit uns ein neues Lied, Bd. 2, 23)

6. Vorschläge zum Bibelspruchlernen

siehe OHP-Vorlage 71

Wir sollten den Kindern die Begriffe „wachsen" und „Versuchung" erklären (siehe dazu 3.1./3.2.2./4.1./4.2.1./4.3.2.).
Zur Illustration können wir das Kreisrätsel benutzen.

7. Literaturhinweis/Arbeitshilfen

Brockhaus Kommentar zur Bibel I (TB). Brockhaus, Wuppertal 1987 (Textanalyse)
Gibbs, A.: Schritte durch die Bibel Bd. 1, L 63. Christliche Verlagsgesellschaft, Dillenburg 1982 (Textanalyse)
Gott steht zu seinem Wort Bd. 6. Hrsg.: Ludwig-Hofacker-Vereinigung. Hänssler, Stuttgart 1987 (Die Begebenheit wird für Kinder erzählt.)
Josua, 6 Flanell-Lektionen (u. a. Die Geschichte der Gibeoniter). KEB, Breidenbach
Redpath, Alan: Geistlicher Kampf. Francke, Marburg 1977 (Seelsorgerliche Studien zum Buch Josua, zu Jos 9: Feindliche Kriegskunst, S. 86 ff)

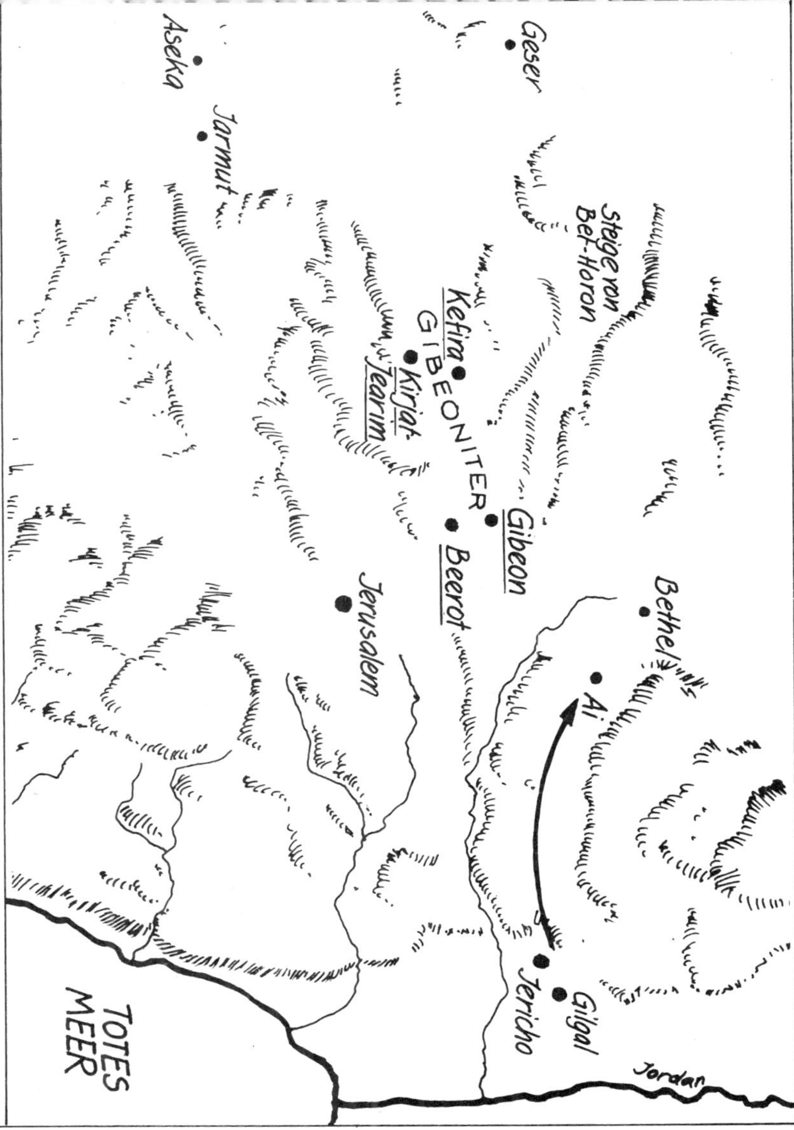

rdvgfhkstuwumtrzblrjgrlkmptsbr
zuawguadrblumnthbicehhutgrandn
bweschertdghzurtbnhoknbhnmeztu
ploxchovwraaetkoeamaeodgaeoeak
kmomnuazsodferanmmxolkahcdedhk
ncedaretzacxowoqyvkekhogmnahkl
lhaeheagfezterawintermebviomrt
tzepdmemdsoeasweaarossawnhoutz
hkindingsschrbnidrnmlkrrptgsdf
chsdrfghdluztbnmhklcxrtzsfkhnm
rmslkhgfdfghjklmnebnmcvdsfghjk
lmhqwrtzuipsdfghjoklxcvbnmwrtn
igabnomheaakhgfaoasdghkjhgfdss
svebuambonnoghartenssdrtwnunim
msodiesrombefgautomssdfghrtwzu
unagratuahgatzoiuenmuzptrwqshg
gkhoeeuuennohhreootzurgfmnnubi
issumhunhgtfrtzuhgtzhkmngzbuhg
hdjbhjkuhgtzmnbftrghjklpiumngh
chavchgbjuztrdiuzbnhgmkljhfrtz
tzebnmhzgbdssiounhjklpptnasswq
wrotzfuihbnggkesrtzwrtbvgohfjn
nmoaonmuootzeaeaeuroovbeaeaeun
sdewretatrebvcahgfakkahnbomuni
kleinegeoeachronumeoeamunakhgd
dreinatozrwtzuavdromnhuttonhdf
klaeombnoeartdolkjnoaammbokluz
klichndrswirdbitthrrjsusnigguz

Malt alle Buchstaben a, e oder o farbig aus! Verbindet sie dann farbig miteinander, ihr erhaltet 3 Worte.

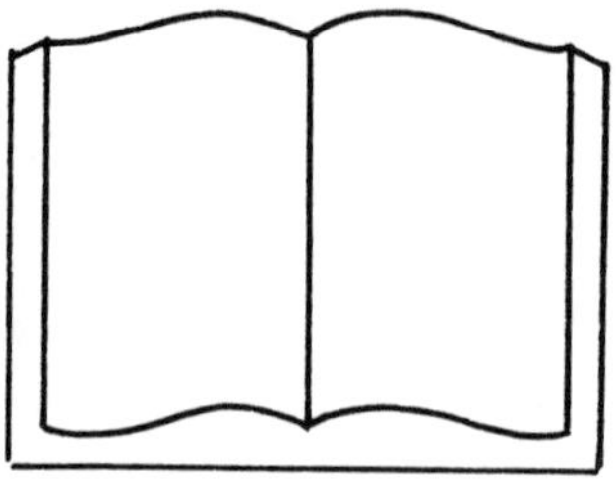

1. Gottes Gebot

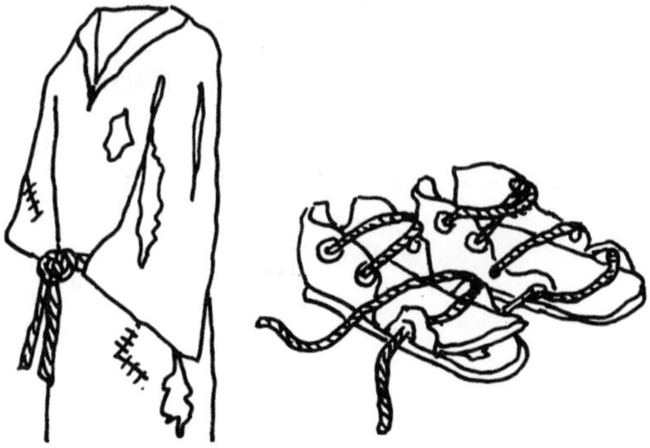

2. alte, abgenutzte Kleidung

3. Bund mit den Feinden

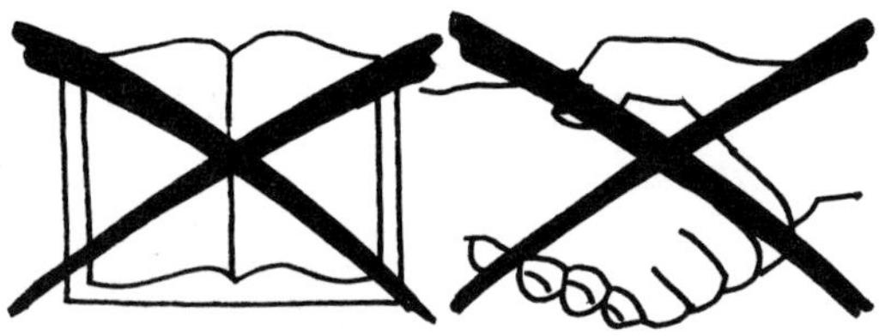

4. Der große Fehler

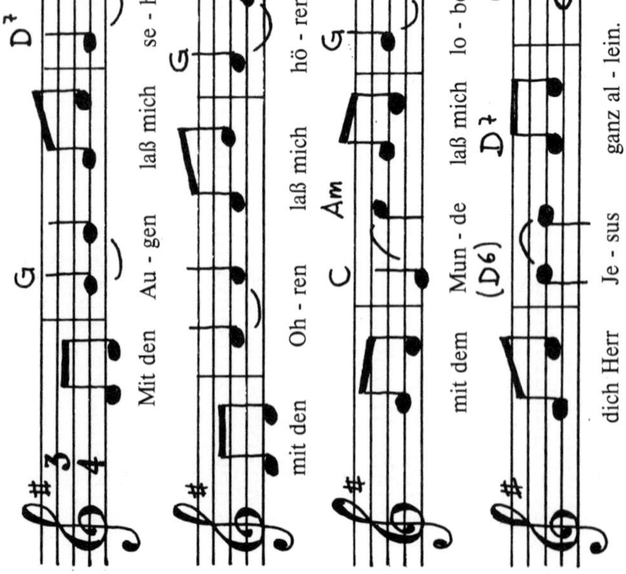

Mit den Augen laß mich sehen,
mit den Ohren laß mich hören,
mit dem Munde laß mich loben,
dich HERR JESUS *ganz allein.*

Mit den Händen laß mich dienen,
mit den Füßen laß mich folgen,
mit dem Herzen laß mich lieben,
dich HERR JESUS *ganz allein.*

Text und Melodie: unbekannt, Satz: Rehe 1988

Beginne bei der ersten Silbe (mit dem Punkt gekennzeichnet) und verfolge dann die Pfeile!

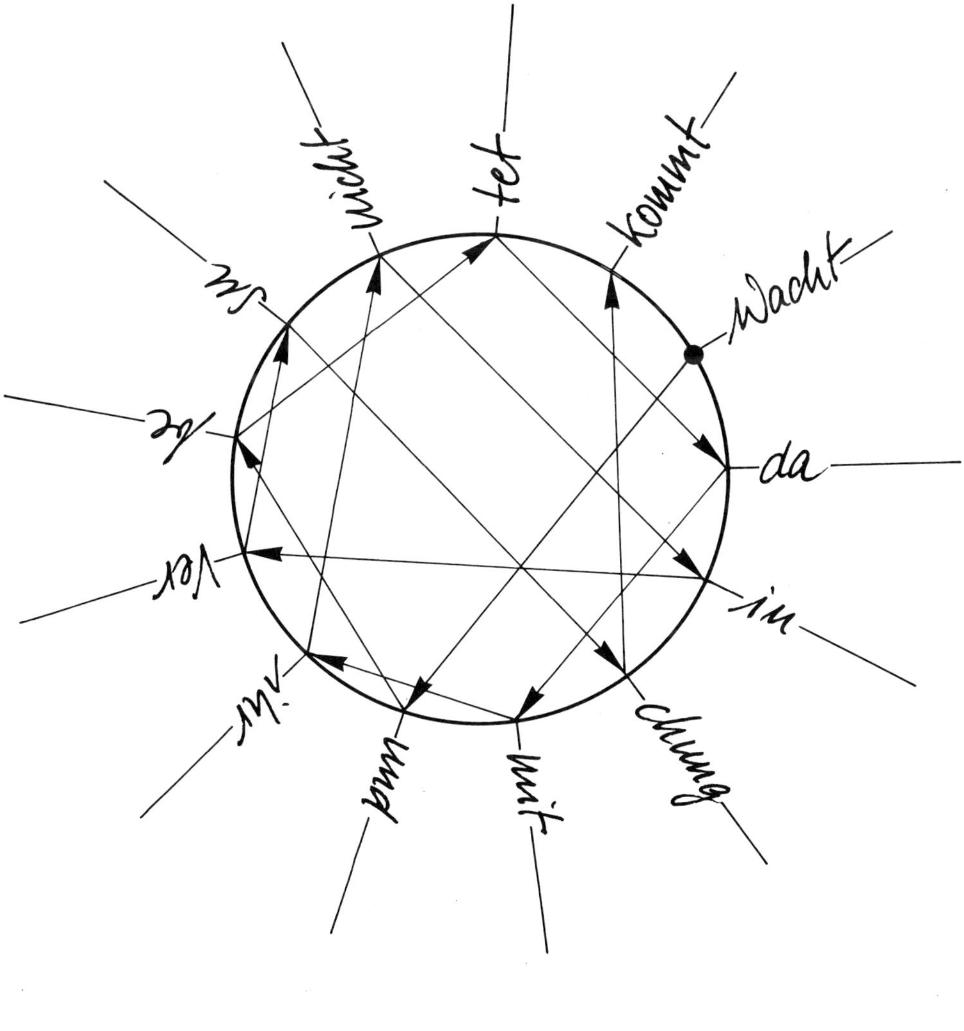

Schreibe den Bibelvers auf und suche den Vers aus dem 14. Kapitel des Markus-Evangeliums!

Markus 14, Vers ________.

Lektion 29

Mk 4, 35-41

Sturmstillung

Lernvers
Vertraue auf den HERRN mit deinem ganzen Herzen und stütze dich nicht auf deinen Verstand! Auf allen deinen Wegen erkenne nur ihn, dann ebnet er selbst deine Pfade. Sprüche 3, 5. 6

1. Zum Textverständnis

Parallelstellen: Mt 8, 23 - 27; Lk 8, 22 - 25

siehe OHP-Vorlage 72

1.1. Zusammenhang/Inhalt
Nachdem wir im Mk-Evangelium einige Reden des Knechtes Gottes gelesen haben, unterstreicht Mk in vier aufeinanderfolgenden Berichten die Vollmacht der Reden durch das entsprechende Handeln des Herrn Jesus. Wir sehen den Sohn Gottes als Herrn über Naturgewalten, über dämonische Gewalten und über Krankheit und Tod.
Das Tagewerk vielfältiger Verkündigung am Ufer des Sees Genezareth endet mit einer Fahrt ostwärts über den See, um sich den Volksmengen zu entziehen. Andere Schiffe folgen. Auf dem See bricht ein Sturm los, der die Jünger in Not und Lebensgefahr bringt. Sie wecken den schlafenden Herrn und erleben, wie er Sturm und Wellen gebietet. Der Herr Jesus tadelt den Unglauben der Jünger. Sein Eingreifen bewirkt Erschrecken, Furcht und Verwunderung.

1.2. Personen
- Jesus Christus, der Lehrer, der Herr der Natur und der Seelsorger
- seine Jünger
- das Volk

siehe OHP-Vorlage 72
siehe Lexikon zur Bibel

1.3. Orte/Gegend
an und auf dem See Genezareth (21 km lang, größte Breite 12 km, liegt 208 m unter d. M., von Bergen umgeben)

siehe Thompson Studienbibel, S. 1821

1.4. Zeit
- am Ende des 2. Jahres des öffentlichen Auftretens Jesu (also ca. 1 Jahr vor seiner Kreuzigung)
- am Abend (V. 35)

1.5. Begriffserklärungen
V. 37: „heftiger Sturmwind" (Lukas: „fiel ein Sturm") = Für das Seegebiet sind plötzlich einfallende Stürme charakteristisch. Unter bestimmten Luftdruckverhältnissen stürzen Fallwinde mit unhgeheurer Heftigkeit von den umliegenden Bergen auf den See, wobei die schmalen Ufer den Wellen keinen Auslauf lassen. Die heftigen, unvermuteten Stürme bringen selbst erfahrene Fischer in Not.
V. 38: „hinten im Schiff" = Das im Januar '86 am Seeufer geborgene Boot (3 m x 8 m) aus der Zeit um Christi Geburt hat ein ausgeprägtes Heck, das vermutlich durch eine Plattform überdacht war.
V. 38: „Kopfkissen" = vermutlich ein hölzerner oder lederner Rudersitz

2. Zielgedanke

Auch wenn wir Angst haben, Jesus Christus ist da; er ist der Herr über die Naturgewalten.
Andere Möglichkeiten:
- Der Herr Jesus bewahrt nicht vor der Not, sondern in der Not.
- Der Glaube wird in Notsituationen geprüft.

3. Vorschläge zur Durchführung für die „kleine" Gruppe

3.1. Vorüberlegungen

Angst gehört zu den Urerfahrungen des Kindes. Angst vor Dunkelheit, Angst vor dem Gewitter, Angst vor Krankheit etc.; in diesen Ängsten sucht ein Kind meist die Nähe seiner Mutter. Das Gefühl von Geborgenheit und Nähe eines Stärkeren hilft, die Angst abzubauen.
Wir brauchen uns bei den jüngeren Kindern nicht zu bemühen, ihnen das Wunder bzw. die Macht des Herrn Jesus deutlich zu machen. Für sie ist eigentlich klar, daß der Sohn Gottes alles kann. Wir sollten ihnen vielmehr die Möglichkeit des Glaubens zeigen. Die Kinder sollen lernen, dem „schlafenden" (= für uns unsichtbaren und oft nicht spürbaren) Herrn zu vertrauen. Mitten in der Bedrohung können sie wissen: Er ist da. Er ist der Herr. Bei ihm ist alles in besten Händen.

3.2. Einstiegsmöglichkeiten

3.2.1. Gespräch über Thema „Angst": Wovor hast du Angst? Was tust du? — siehe 3.2.

3.2.2. Direkter Einstieg, z. B. mit einer spannenden Schilderung der Situation im Boot (zur Illustration: Bild von einem damaligen Fischerboot) — siehe OHP-Vorlage 73

3.3. Durchführung

Da die Geschichte viel Spannung und Handlung enthält, sollten wir den Schwerpunkt auf das Erzählen legen („mehr Wort als Bild"). Zur Illustration könnte höchstens das Bild eines Bootes benutzt werden. — siehe OHP-Vorlage 73
Schwerpunkte beim Erzählen:
- Angst der Jünger, Aufregung, Durcheinander (Segel einholen, Wasser schöpfen) – und der Herr Jesus schläft (anstrengender Tag, viele Reden und Gespräche hinter sich). Das regt sie noch mehr auf. Deshalb ihr Vorwurf: „Ist es dir egal, ...?"
- Was die Jünger zur Verzweiflung treibt, ist für den Herrn eine Kleinigkeit. Nur zwei Worte von ihm ändern die Lage total. Jesus Christus ist der Herr der Natur. Lied: „Er kann alles ..." — siehe 5.
- Der Herr rügt nicht den respektlosen Ton der Jünger, sondern ihren Unglauben. Die Jünger hatten kein Vertrauen in den *schlafenden* Herrn. Sie glaubten nicht, daß seine bloße Anwesenheit ihnen helfen könnte. (Ein Rest von Vertrauen zeigt sich, indem sie sich überhaupt an ihn wenden.)
- Die Jünger jubeln nicht vor Freude, nicht einmal von Dank ist die Rede; nur staunendes Erschrecken, neue Furcht kommt auf. Der Herr Jesus sollte helfen, aber daß er so helfen könnte, daß er Herr über die Naturgewalt ist, haben sie wohl nicht erwartet.

Gott kann mehr, als wir uns denken können. Gott ist größer, als wir uns vorstellen können. Gott handelt oft anders, als wir es erwartet haben. Lied: „Mein Gott ist so groß ..." — siehe 5.

3.4. Zur Festigung

3.4.1. Gespräch über die Frage: Was wollen wir tun, wenn wir das nächste Mal Angst haben? (Mögliche Antworten: beten/daran denken, daß der Herr Jesus größer ist als alles/dem Herrn Jesus vertrauen/... Vergleich: Suche nach Hilfe und Geborgenheit bei den Eltern.) — siehe 3.1.

3.4.2. Die Kinder malen das Schiff bunt und um das Schiff Wellen. Dabei lassen wir die Geschichte von den Kindern nacherzählen. — siehe OHP-Vorlage 73

3.4.3. Basteln eines Papierschiffchens — siehe OHP-Vorlage 74

4. Vorschläge zur Durchführung für die „große" Gruppe

4.1. Vorüberlegungen

Je älter die Kinder werden, desto deutlicher empfinden sie die Gefahr und Bedrohung unserer Zeit: Arbeitslosigkeit, Umweltverschmutzung, Krankheit, Terror, atomare Bedrohung, ... Was tun? Gegen die Umstände auflehnen und sogar Gott noch einen Vorwurf machen, ist der falsche Weg. Vielmehr müssen wir lernen, dem Herrn Jesus zu vertrauen. Aber dazu müssen wir ihn kennen. Es gibt Kinder, die viel *über* Jesus Christus wissen. Doch es geht darum, ihn wirklich als Herrn kennenzulernen und mit seiner Hilfe zur rechten Zeit zu rechnen. Die Jünger wußten um Wunder und Machttaten, sie schrien sogar zu ihm um Hilfe. Aber sie kannten ihn letztlich (noch) nicht. Wer den Herrn Jesus wirklich kennt, vertraut ihm in jeder Situation. Echter Glaube zeigt und beweist sich in Krisen. Echter Glaube schreibt nichts vor, er überläßt Gott Zeit und Art der Hilfe.

4.2. Einstiegsmöglichkeiten

Erweiterung von 3.2.1.
siehe 4.1.

4.2.1. Gespräch über Problemkreis „Angst": Wovor haben Menschen (wir) heute Angst?

4.2.2. Gespräch: Der Herr Jesus war wirklich Mensch. Er hatte Hunger (Mk 3, 20). Er war müde (Mk 4, 38). Und doch leuchtete immer wieder auf, daß er mehr war als ein Mensch. - Beispiele nennen lassen. - Dann gerieten sogar seine Jünger ins Staunen Dann fragten sie sich: Wer ist dieser Mann eigentlich? So geschah es, ...

4.3. Durchführung

siehe 3.4.1.

4.3.1. Geschichte erzählen (ergänzende Schwerpunkte, siehe 4.3.2.)

siehe 1.

4.3.2. Bibeltext lesen und erarbeiten:
- Fragen zum Text klären
- Zusammenhang verdeutlichen
- V. 40: Der Herr Jesus wirft seinen Jüngern Unglauben vor. Erarbeitung einer Tabelle:

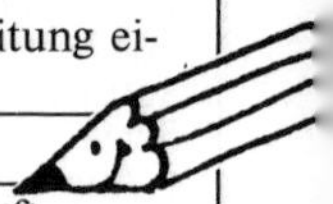

Was war ihr Unglaube	*Was wäre dann Glaube?*
Angst/Verzweiflung	Mut/Hoffnung/Durchhaltekraft
Ruhe verlieren	Gelassenheit
Ärger über den Herrn	Vertrauen zum Herrn
Vorwürfe	Dank im Voraus
den Herrn zur Hilfe zwingen wollen	Geduld/auf Gottes Eingreifen warten können

(Tabelle schriftlich festhalten)

- Übertragung:
Auch in unserem Leben gibt es „Stürme". Dann „steht uns das Wasser bis zum Hals". - Beispiele bringen lassen. - habe ich den Herrn Jesus überhaupt in meinem Boot? Wenn ja, will ich lernen: (Sätze jeweils von den Kindern ergänzen lassen!)
A) Wenn der Herr einen Auftrag gibt, dann ... TRÄGT ER DIE VERANTWORTUNG. Mein Teil ist der Gehorsam. (V. 35)
B) Wenn der Herr das Ziel bestimmt, dann ... SORGT ER DAFÜR, DASS DIESES ZIEL ERREICHT WIRD - trotz aller Widrigkeiten - (V. 35)
C) Wenn der Herr nicht in Unruhe gerät („schläft"), dann ... BESTEHT FÜR MICH KEIN GRUND ZUR AUFREGUNG. Der Herr ist i m m e r der Herr! (V. 38)
D) Wenn der Herr mich tadeln muß, dann ... LÄSST ER MICH TROTZDEM NICHT IM STICH. Aber er erwartet, daß ich ihm zuhöre und lernen will! (V. 40)
Im Leben mit dem Herrn Jesus geht nicht immer alles glatt. Aber jeder Sturm ist ein Test für mein Vertrauen zum Herrn, soll seine Allmacht zeigen und seine Ehre größer machen.

4.4. Zur Festigung

4.4.1. Vergleich von Markus 4 mit Apostelgeschichte 27, 13 - 44 (Sturm und Schiffbruch auf der Romreise des Paulus):
Angst der Jünger - Zuversicht des Paulus. Gottes Eingreifen in beiden Fällen. Vertiefung des Gedankens: Der Herr Jesus bewahrt nicht vor der Not, sondern in der Not.

Arbeitsblatt vorbereiten.
siehe 4.3.2.

4.4.2. Arbeitsblatt: Die Gedanken A - D und die Tabelle (u. 4.3.2.) könnten als Lückentext auf einem Arbeitsblatt für die Kinder vorbereitet werden.

5. Liedvorschläge

Der Sturmwind heult ... (aus: Sing' mit uns ein neues Lied, Bd. 1, 90/Text handelt von der Begebenheit)
Er kann alles ... (aus: Jungschar- und Teenagerlieder, Heft 2, 21)
Hu-uh, hörst du den Wind ... (aus: Wir loben Dich, Heft 3, 36)
Jesus kann alles ... (aus: Sing' mit uns ein neues Lied, Bd. 2, 30)
Manchmal fühl ich mich so einsam ... (aus: Wir singen miteinander, 40)
Mein Gott ist so groß ... (aus: Wir loben Dich, Heft 1, 58)
Nicht jeden Tag ist Sonnenschein ... (aus: Sing' mit uns ein neues Lied, Bd. 1, 24)

6. Vorschläge zum Bibelspruchlernen

Wir stellen den Kindern zwei Fragen:
Was habe ich zu tun?
- auf den Herrn vertrauen
- nicht auf meinen Verstand stützen (= verlassen)
- ihn erkennen auf allen Wegen (= kennenlernen, auf ihn achten; Wege suchen, auf denen er ist)

Was tut dann Gott?
- er ebnet meine Pfade (= Hindernisse werden weggeräumt, das Vorwärtskommen wird leichter)

7. Literaturhinweis/Arbeitshilfen

Gibbs, A.: Schritte durch die Bibel Bd. 2, L 167. Christliche Verlagsgesellschaft, Dillenburg 1983 (Textanalyse)
Jakobi, E.: Werkbuch Kinderstunden. Brunnen, Gießen 1985 (Stundenentwurf: Wir fürchten uns - wie die Jünger im Boot)
Jesus wirkt in der Kraft Gottes Bd. 1. Hrsg.: Ludwig-Hofacker-Vereinigung. Hänssler, Stuttgart 1981 (Die Begebenheit wird für Kinder erzählt.)
Leben Christi 3, 6 Flanell-Lektionen (u. a. Sturmstillung). KEB, Breidenbach (Textheft, Bilder, Merkverse)
Rienecker, Fritz: Das Evangelium des Markus (Wuppertaler Studienbibel). Brockhaus, Wuppertal 1982 (Textanalyse)
Thompson Studienbibel. Hänssler, Stuttgart 1986

OHP 72

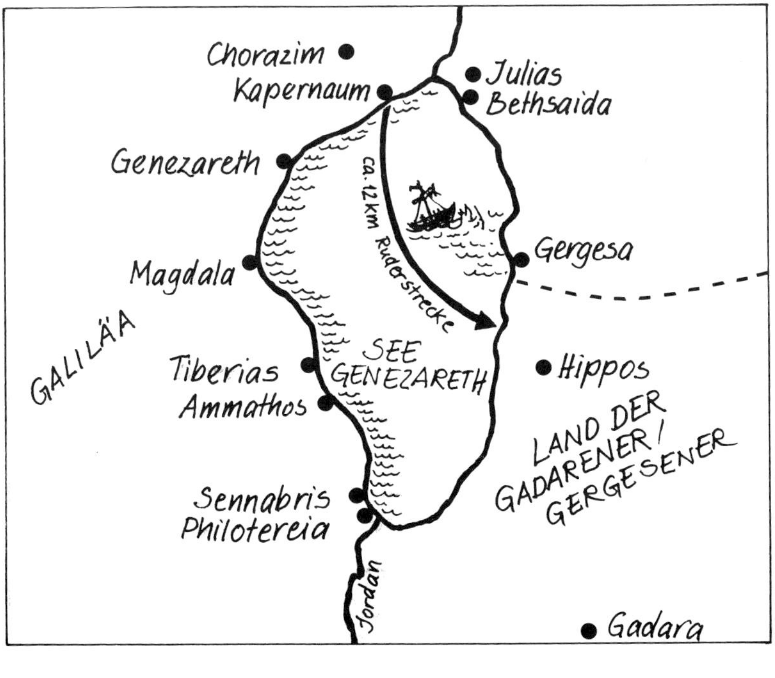

OHP 73

OHP 74

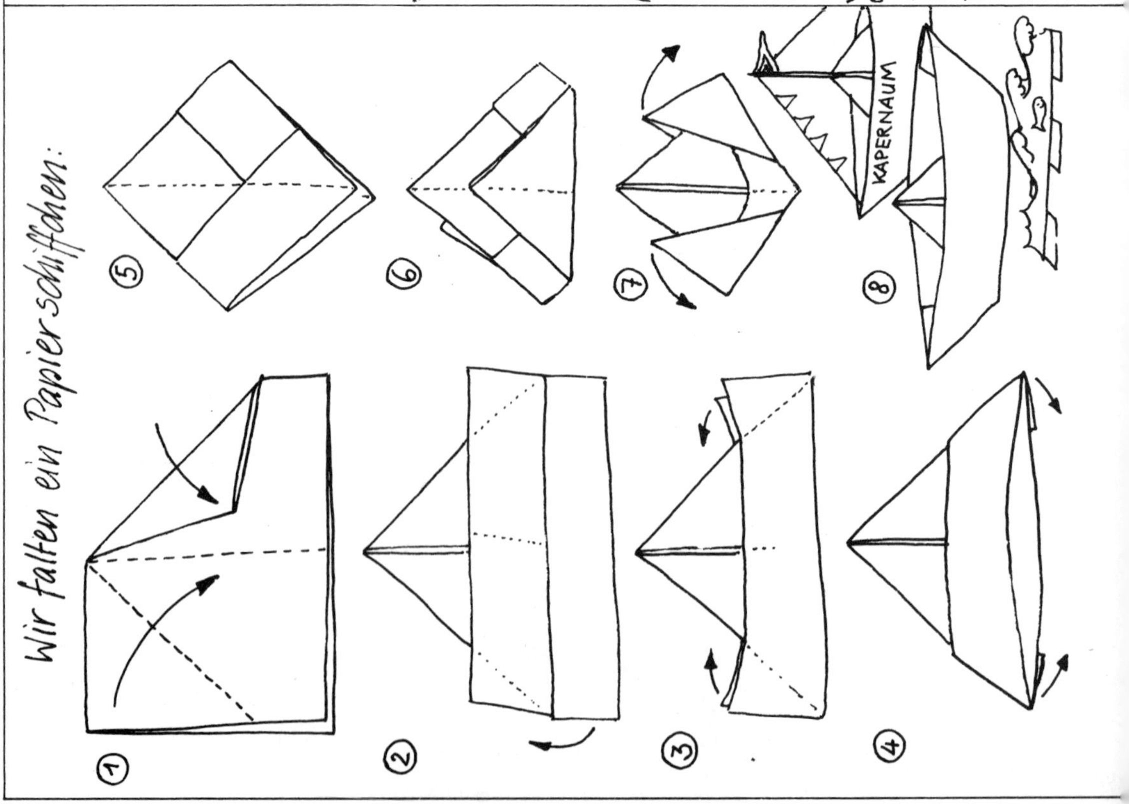

Lektion 30

Mk 5, 21-24. 35-43

Auferweckung der Tochter des Jairus

Lernvers
Ich bin der HERR, dein Gott, der deine Rechte ergreift, der zu dir spricht: Fürchte dich nicht! Ich, ich helfe dir!
Jesaja 41, 13

1. Zum Textverständnis

1.1. Zusammenhang/Inhalt

Parallelstellen:
Mt 9, 18–26
Lk 8, 40–56

Menschenmassen wollen Jesus Christus hören: Neugierige, Suchende, Wundersüchtige, Kranke, Arme. Viele Beweggründe. Leute aus allen Schichten des Volkes. Die einen offen, bereit und die anderen kritisch, verschlossen.
Etwas Außergewöhnliches passiert: Ein wichtiger Mann des jüdischen Synedriums, des geistlichen Ältestenrates (Kirchenbehörde) kommt mit einer großen Not zu Jesus Christus. Er ist sicherlich bekannt. In unserem Text fallen uns folgende Dinge auf:
A) Ein Synagogenvorsteher fällt dem Herrn Jesus *zu Füßen* (V. 22): Das ist eine ungewöhnliche Szene. Nie hätten sich die Juden dieser oberen geistlichen Schicht mit Jesus Christus *öffentlich* eingelassen (denke an Nikodemus bei Nacht). In solchen Kreisen fiel man nur vor Jahwe nieder. Niederfallen war ein Zeichen tiefster Erniedrigung im hebräischen Denken.
Wir entdecken: Not läßt Schranken fallen. Not lehrt beten und hoffen.
B) Der Synagogenvorsteher sagt, *wie* der Herr Jesus helfen soll (V. 23 „lege ihr die Hände auf"): Eine konkrete Bitte! Was macht der Herr Jesus? Er nimmt das Mädchen an der Hand (V. 41).
C) Der Herr Jesus heilt unterwegs eine Frau(V. 24 - 34):Ein „Stop" auf dem Weg, ein „Warte" läßt uns ungeduldig werden. Der Herr Jesus fällt nicht in Hektik; keine Eile ist im Text zu spüren. Er hat Zeit, Gebet zu erhören (siehe auch Joh 11, Lazarus).
D) Der Herr Jesus *überhört* anscheinend Tatsachen, weil er *über* der Sache steht. Er ist Herr über Kranke *und* Tote (V. 35).
E) Unglaube und Zweifel werden durch „Belächeln" deutlich (V. 39): Sieg über den Tod traut man Jesus Christus doch nicht zu. Hier kommt die Frage an uns alle heran: Glauben wir wirklich daran, was der Herr Jesus in Kap. 9, 23 sagt: „Dem Glaubenden ist alles möglich"!?

1.2. Personen

- Jesus Christus, der Knecht Gottes im unermüdlichen Einsatz, der Herr über den Tod
- Jünger (nach V. 37: Petrus, Jakobus und Johannes)
- Jairus (griech. Form von Jair = „Er [Gott] möge aufwachen"), Synagogenvorsteher und seine Frau
- Volksmenge
- Weinende und Heulende
- die Tochter des Jairus, ein 12j. Mädchen. Sie stirbt, während der Herr Jesus unterwegs ist.

siehe 7.:
Gibbs, L 157

siehe auch 1.1. u.
Lexikon zur Bibel
siehe 1.5.

1.3. Orte/Gegend

- am NW-Ufer des Galiläischen Meeres. Das Ufer war Tummelplatz der Dorfjugend; Informationsquelle neuester „israelitischer" Nachrichten. Oft trafen sich auch Älteste des Volkes zu einer Unterredung. Für die Fischer war das Seeufer Stützpunkt und Handelsplatz. Da war etwas los!
- Kapernaum, im Haus des Synagogenvorstehers

siehe OHP-Vorlage 72

siehe Thompson Studienbibel, S. 1821

1.4. Zeit

am Ende des 2. Jahres des öffentlichen Auftretens Jesu (also ca. 1 Jahr vor seiner Kreuzigung). Zwei ereignisreiche Zeiten liegen hinter ihm: Sturmstillung und Heilung eines Besessenen im Land der Gerasener.

Rekonstruktion einer Synagoge in Kapernaum, die möglicherweise an der Stelle der Synagoge stand, in der Jairus Vorsteher war.

1.5. Begriffserklärungen

siehe auch 1.1.

V. 22: Synagogenvorsteher = leitete zusammen mit dem Kantor (Musikmeister) und dem Rabbiner (Lehrer) den jüd. Gottesdienst, an dem mindestens 10 erwachsene Männer anwesend sein mußten (Apg 13, 15) / Synagoge = Schule oder Versammlungshaus der Juden.
V. 38: Heulende und Klagende = in der Regel wurden bei Todesfällen Klageleute, bes. Klagefrauen gemietet, um die Toten zu beklagen. Es war also mehr ein Schauspiel, als ein echtes Trauern. Deshalb schickte der Herr Jesus sie auch weg! Oft geschah dieses Klagen in Form von Schmuck und Schuhe ablegen, Trauergewand anlegen, sich in Asche wälzen, Staub auf das Haupt streuen usw.
V. 39: „es schläft" = aus der Sicht Gottes ist der Tod ein Schlaf (Joh 11, 11/ 1 Thess 4, 13)
V. 41: „Talitha kum" = Da Mk sein Evangelium für Nichtjuden schrieb, wird hier der jüd. Ausdruck mit Übersetzung genannt.
V. 43: Schweigegebot = Der Herr Jesus wollte keine Begeisterung über Wunder auslösen, sondern suchte Menschen, die wirklich *an ihn* glauben (vgl. Mk 1, 45/Joh 6, 2).

2. Zielgedanke

Der Herr Jesus greift immer zum richtigen Zeitpunkt ein.
Andere Möglichkeiten:
- Der Herr Jesus spricht Mut zu und „überhört" Meinungen, die nicht mit dem Wort Gottes übereinstimmen.
- Der Herr Jesus hat Macht über den Tod.

3. Vorschläge zur Durchführung für die „kleine" Gruppe

3.1. Vorüberlegungen

Krankheit, Tod und Trauer sind den Kindern bekannt. Mit der Angst des Vaters können sich selbst die jüngeren Kinder identifizieren. Das wird z. B. deutlich, wenn man Kinder in der Mutter- und Vaterrolle beim Puppenspiel beobachtet. Doch wir sollten diesen negativen Aspekt sehr behutsam behandeln und vielmehr zeigen, was der Vater in seiner Not macht und wie der Herr Jesus reagiert.

3.2. Einstiegsmöglichkeiten

siehe OHP-Vorlage 75, Bild 1

3.2.1. Stummer Impuls: Wir zeigen das Bild von dem knienden und bittenden Mann. Bevor wir zur Geschichte überleiten, könnten wir ähnliche Erlebnisse der Kinder sammeln.

3.2.2. Akustischer Impuls: Stimmengewirr, Plätschern im Wasser (Volksmenge am Strand) etc. auf Kassette aufnehmen, den Kindern vorspielen. Gespräch: Was ist da los? Überleitung zur Geschichte.

3.2.3. Direkter Einstieg: „Ein Mann wirft sich vor Jesus Christus hin. Ihm ist egal, was die vielen Menschen ringsum denken. Er hat nur einen Wunsch. Das macht ihm echte Not. Was ist los? ..."

3.3. Durchführung

Wir erzählen die Geschichte in vier Schwerpunkten. Dazu können wir vier Bilder einsetzen (es geht auch ohne, da man die Geschichte sehr spannend erzählen kann):

siehe OHP-Vorlage 75

1. Schwerpunkt

Bild 1

Der Herr Jesus und die Volksmenge am Seeufer. Ein Synagogenvorsteher (erklären!) wirft sich vor Jesus Christus nieder. Seine Familiensituation beschreiben und seine Bitte nennen.

2. Schwerpunkt

Bild 2

Der Herr Jesus unterwegs. Die schlechte Nachricht des Boten. Die mutmachenden Worte des Herrn. Der Herr erwartet Vertrauen.

3. Schwerpunkt

Bild 3

Die klagenden und ungläubigen Menschen. Sie wissen nicht, wer der Herr Jesus wirklich ist.

4. Schwerpunkt

Bild 4

Der Herr Jesus hilft, er hat Macht über den Tod! (Wir müssen den Eindruck vermeiden, daß der Herr Jesus immer so direkt hilft wie bei dieser Begebenheit.) Eine Voraussetzung ist der Glaube des Vaters (evangelistische Anwendung möglich).

3.4. Zur Festigung

3.4.1. Stegreif-Nachspiel (eine „greif"-bare Möglichkeit, aktiv am Bibelgeschehen teilzunehmen): Die Kinder spielen die Geschichte nach, nachdem wir sie vorher darauf aufmerksam gemacht haben, daß sie während der Geschichte gut aufpassen („Bibeldetektive" spielen).

3.4.2. Zusammentragen von anderen Begebenheiten aus dem NT, wo sich *Jesus Christus* als *Herr über den Tod* zeigt: Lazarus (Joh 11), Jüngling von Nain (Lk 7), seine Auferstehung

3.4.3. Ausmalen der vier Bilder

siehe OHP-Vorlage 75

4. Vorschläge zur Durchführung für die „große" Gruppe

4.1. Vorüberlegungen

siehe 3.1.

Bei den älteren Kindern betonen wir stärker das Verhalten des Vaters, vor allen Dingen seinen Glauben. Geduldiges Warten auf die Hilfe des Herrn ist ein zweiter Gedanke, den wir in dieser Altersgruppe unterstreichen sollten.

siehe 1.1., C

Drittens können wir mit den Kindern über unsere eigene Haltung zum Tod sprechen. Der Tod ist ein sicheres Ereignis, das uns allen bevorsteht. Der Tod gleicht dem Hindurchtauchen eines Schwimmers durch einen reißenden Fluß. Ein angenehmes Erwachen am anderen Ufer ist nur möglich, wenn wir in engster Bindung an den Auferstandenen (Todesüberwinder) leben, d. h. glauben.

4.2. Einstiegsmöglichkeiten

siehe auch 3.2.

4.2.1. Kreuzworträtsel: Wir lösen gemeinsam oder jedes Kind einzeln das Rätsel.

siehe OHP-Vorlage 76 (auf Folie kopieren oder für jedes Kind auf Papier)

Lösung: NEUES LEBEN. Anschließend sprechen wir über die beiden Wörter. Wir kommen unwillkürlich zum Thema Tod und leiten auf den Wunsch des Vaters für seine Tochter über.

(Die Kinder lernen gleichzeitig das Aufschlagen von Bibelstellen.)

mit der Bibel arbeiten!

4.2.2. KEB-Lektion „Jesus Christus, Arzt aller Menschen": Wenn wir das Firmenschild erarbeitet haben, leiten wir über auf die Geschichte. (Dieser Vorschlag sollte nur genommen werden, wenn wir die KEB-Lektion nicht bei Lektion 3 eingesetzt haben.)

siehe OHP-Vorlagen 5 u. 6 (Lektion 3)

siehe 3.3. u. OHP-Vorlage 75 Bild 1

4.3. Durchführung

Wir sollten den Bibeltext mit den Kindern lesen. Ergänzungen zu dem Vorschlag unter 3.3:

zu 1. Schwerpunkt

Was tut Jairus? (kommt, sieht, fällt nieder, bittet) Jairus ist ein suchender, ein auf den Herrn Jesus ausgerichteter, ein demütiger und hilfloser und ein bittender Mensch (Anwendung!).

Not lehrt beten! *Was sagt Jairus?* (Tochter todkrank = er nennt die Not/ komm = bittet um Hilfe/lege … = konkrete Bitte/sie wird gerettet und lebt = Glaube)

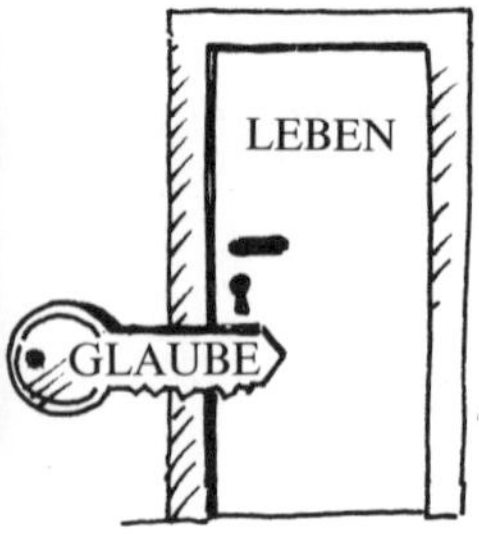

Bild 2

zu 2. Schwerpunkt

Zwei Hindernisse für Jairus: Der Herr wird von einer kranken Frau aufgehalten (Jairus muß Geduld lernen) und aus seinem Haus kommt die schlechte Nachricht vom Tod seiner Tochter (Jairus' Vertrauen wird geprüft). Was sagt der Herr? (V. 36: Fürchte dich nicht; glaube nur!) Der Glaube ist der Schlüssel zum Leben.

Bild 3

zu 3. Schwerpunkt

Wo Glaube ist, wird auch der Unglaube sichtbar. Zeugen der Macht Jesu werden die Glaubenden!

Bild 4

zu 4. Schwerpunkt

Der Glaube wird belohnt. Wann und wie (nicht immer so, daß Krankheit und Tod weichen!) der Glaube belohnt wird, das bestimmt allein der Herr Jesus. Wer den Herrn Jesus erlebt, kann nur ehrfürchtig staunen.

4.4. Zur Festigung

4.4.1. Collagen: Auf eine Pappe kleben wir Zeitungsabschnitte mit Todesanzeigen, Unfällen, Katastrophen, Hungersnöten, auf eine andere schreiben wir Verheißungen Gottes (z. B. V. 36; Jes 41, 13; Offb 21, 4).

Womit sind die Verheißungen verbunden? (mit der Tatsache, daß der Herr Gott ist und mit unserem Glauben)

siehe 4.3.

4.4.2. Arbeitsblatt, auf dem die Kinder die vier Fragen beantworten: Was tut Jairus? Was sagt Jairus? Was erlebt Jairus? Was können wir von Jairus lernen?

5. Liedvorschläge

weitere Vorschläge, siehe Lektion 29, 5.

Danke, Herr Jesus … (aus: Jungschar- und Teenagerlieder, Heft 1, 4, 1. Strophe)

Glaubst du auch … (aus: Sing' mit uns ein neues Lied, Bd. 2, 48)

6. Vorschläge zum Bibelspruchlernen

Weil der HERR unser Gott ist, haben wir keinen Grund zur Furcht. Je besser wir die Macht und Stärke einer Person kennen, desto weniger fürchten wir uns. „Das Ergreifen der rechten Hand" deckt sich mit der Handlung des Herrn in der Geschichte (V. 41). Ein schönes Bild für Hilfsbereitschaft.

siehe 4.4.1.

Durch das Suchen der Verheißungen mit den älteren Kindern kommen wir der Schrift sehr nahe. Im Suchen verbindet sich das „Hören" mit dem „Erfahren" der Verheißungen Gottes.

Für die Jüngeren konzentrieren wir uns vielleicht auf einen Satz: „Fürchte dich nicht, spricht der HERR, ich helfe dir!"

7. Literaturhinweis/Arbeitshilfen

genaue Angaben siehe Lektion 29, 7

Gibbs, A.: Schritte …, L 157

Jakobi, E.: Werkbuch Kinderstunden …, L 33

Jesus wirkt …

Leben Christi 2, Flanell-Lektionen (u. a. Jairus). KEB, Breidenbach

Thompson Studienbibel. Hänssler, Stuttgart 1986

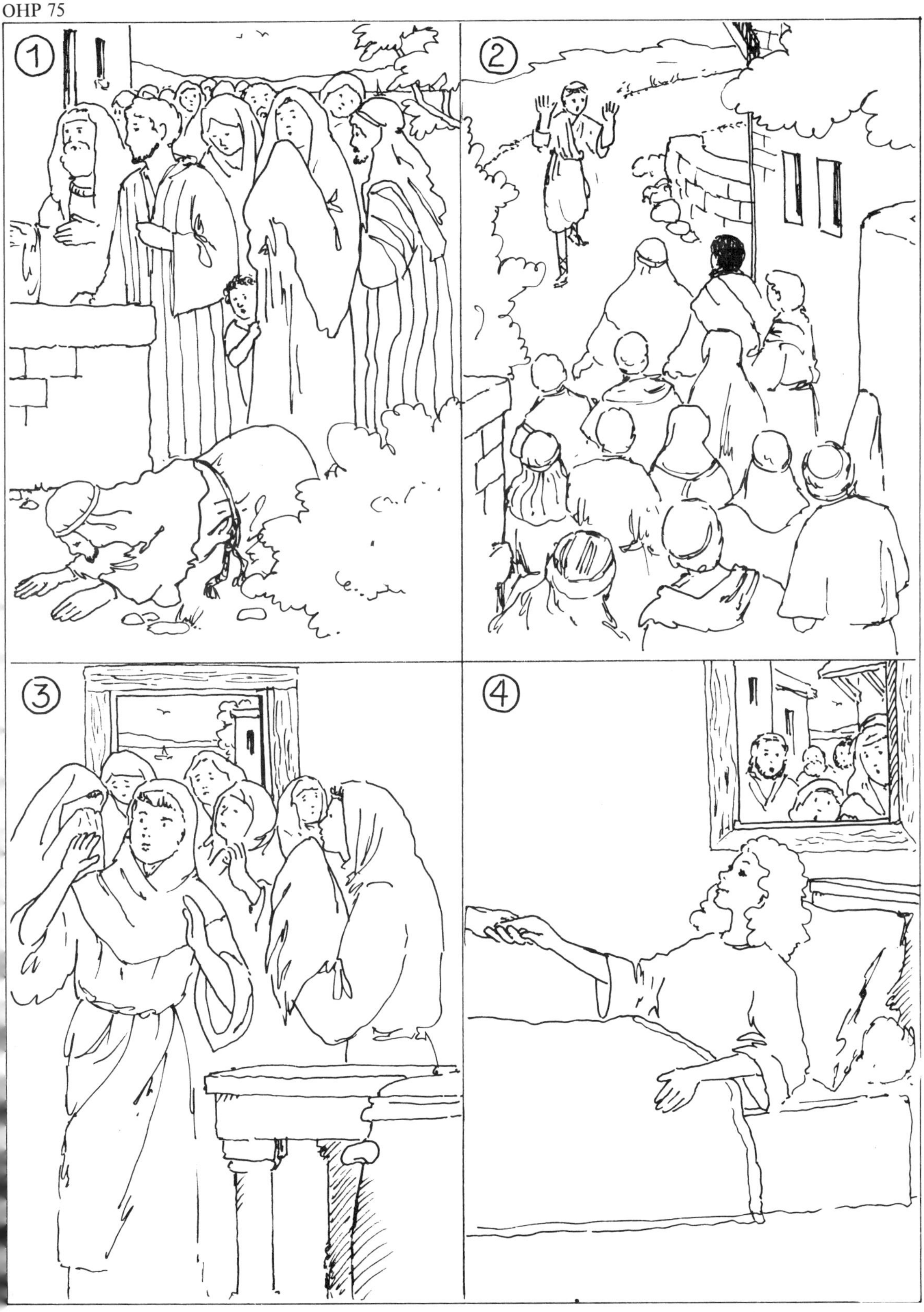
1
2
3
4

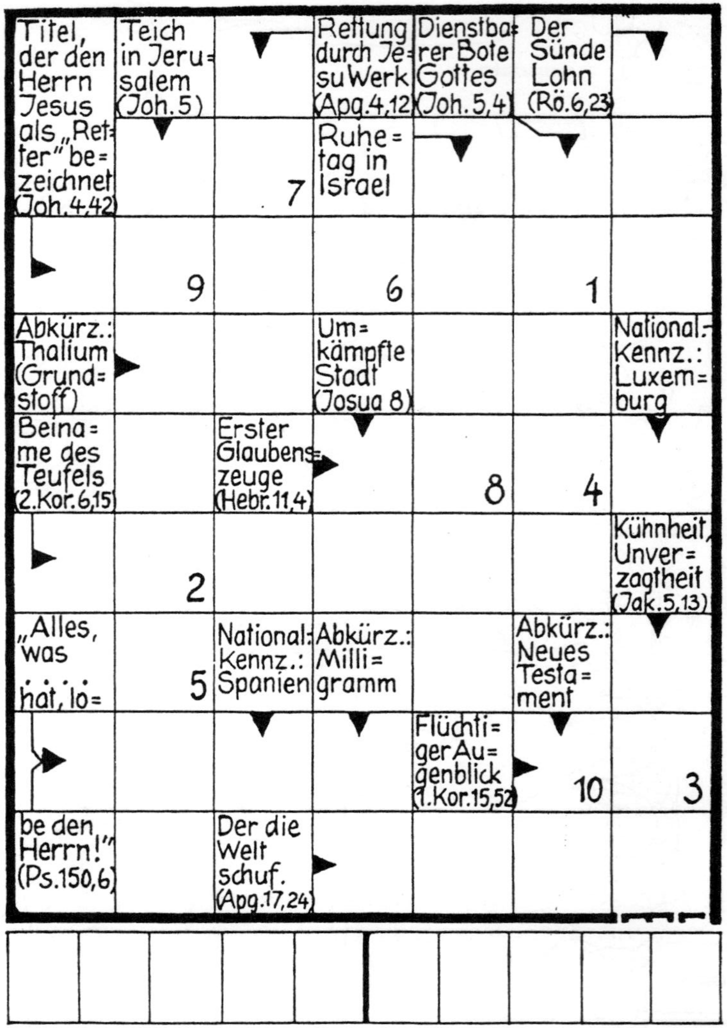

Lösung: Buchstabenreihe 1-10

aus: Meyer, W.: Für helle Köpfe, Bd. 4, S. 44, CVD

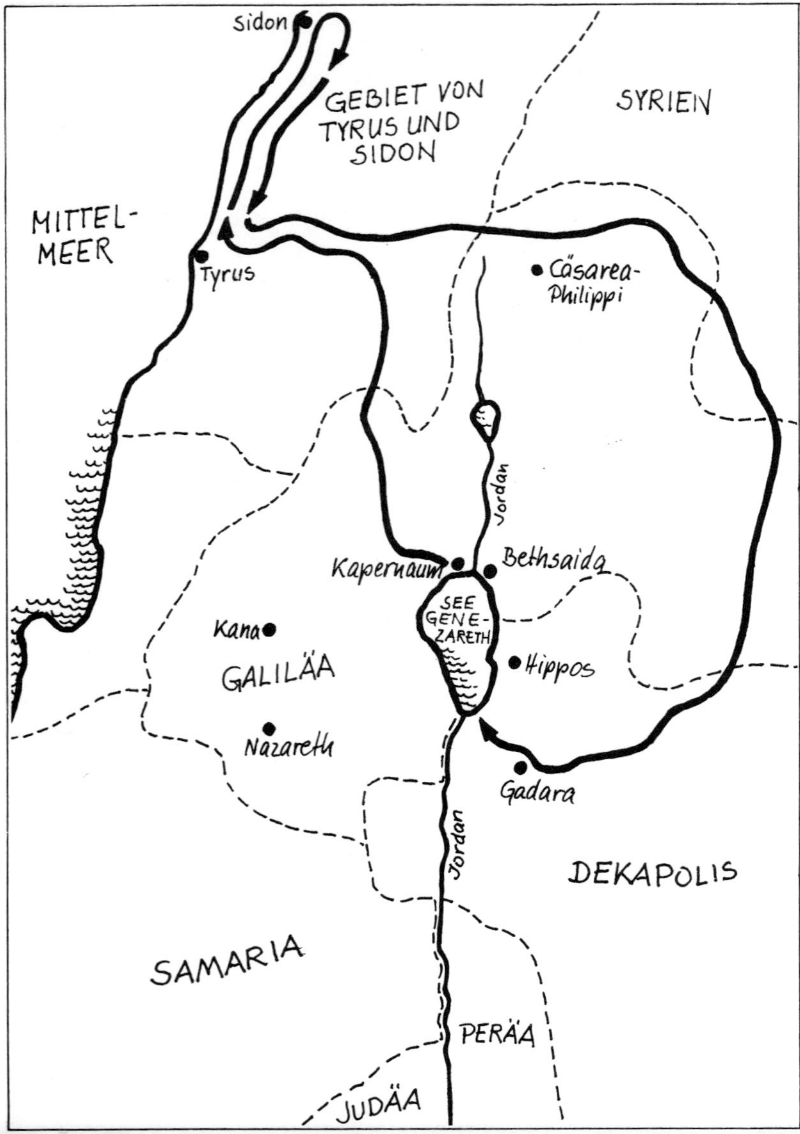

Lektion 31

Mk 7, 31-37

Heilung eines Taubstummen

Lernvers
Er hat alles wohlgemacht; er macht sowohl die Tauben hören als auch die Stummen reden.
Markus 7, 37 b

1. Zum Textverständnis

1.1. Zusammenhang/Inhalt

Der Herr Jesus kommt nach großem Umweg aus dem Gebiet von Tyrus, wo er die Tochter der Syro-Phönizierin geheilt hat, in das Zehnstädtegebiet. Man bringt einen Tauben zu ihm, der mit Mühe redet, und bittet für ihn (beachte die Parallelität zu Mk 2, 1 - 12). Der Herr Jesus heilt ihn. Es werden viele interessante Einzelheiten über Jesu Vorgehen bei dieser Heilung berichtet:

siehe Lektion 2

- die Absonderung von der Volksmenge („allein mit Jesus"!)
- die verschiedenen Anrührungen Jesu, einschließlich des Gebrauchs von Speichel, der für heilkräftig galt
- der Blick zum Himmel; so konnte der Taubstumme verstehen, daß die Heilung von oben, von Gott her erbeten werden mußte
- das Seufzen oder Stöhnen zeigt das tiefe Mitempfinden des Herrn
- Ephata: das leicht von den Lippen ablesbare Machtwort Jesu.

1.2. Personen

- der Herr Jesus: Er erweist sich hier als der verheißene Messias, der heilt (s. Jes 35, 5) - und zwar in Einzeltherapie (7, 33).
- „sie" (V. 32, die den Taubstummen zu ihm bringen): Menschen, die den Kranken liebhaben und um seine Heilung besorgt sind. Sie glauben dem Herrn Jesus und daran, daß er ihren Freund heilen kann. Ihr Glaube läßt sie aktiv werden.
- die Volksmenge: Frauen, Männer, Kinder, Schaulustige, Glaubende, Zweifler usw. Vielleicht verstehen einige von ihnen, daß sich hier die Verheißung aus Jes 35, 5 erfüllt (7, 37).
- der Taubstumme: Ein Tauber, der mit Mühe redete (was meist die Folge von Taubheit ist). Er kann die frohe Botschaft nicht hören und kann seine Zunge nicht zu dem gebrauchen, wozu Gott sie ihm gegeben hat. Er ist von Gesprächen (der üblichen Kommunikation) und damit von der Gemeinschaft mit anderen ausgeschlossen.

siehe 7.: Gibbs, L 161

1.3. Orte/Gegend

Ein Blick auf die Karte zeigt den großen Umweg: Der Herr kommt aus dem Gebiet von Tyrus und geht über Sidon (nördlich) an den See von Galiläa (südöstlich) in das Zehnstädtegebiet. Der Grund für diesen Umweg ist unklar. Vielleicht versuchte der Herr, für die Unterweisung seiner Jünger die notwendige Abgeschiedenheit zu finden. Das Zehnstädtegebiet (griech.: Dekapolis) war ein Zusammenschluß von 10 (und mehr) benachbarten hellenistischen Städten als Schutz gegen räuberische Stämme. Der Landstrich wurde auch „Landschaft der Gerasener" genannt (Lk 8, 26), hier hatte der geheilte Besessene schon von dem Herrn Jesus Zeugnis abgelegt (Mk 5, 19).

siehe OHP-Vorlage 77

1.4. Zeit

Teilt man die Zeit der öffentlichen Wirksamkeit Jesu ein in: das erste Jahr des öffentlichen Auftretens, das Jahr der Beliebtheit, das Jahr des Widerstandes, die letzten Monate, so fällt diese Begebenheit ins Jahr des Widerstandes. Die allgemeine Beliebtheit ist vorbei, jetzt gibt sich der Herr Einzelnen als der verheißene Messias zu erkennen.

siehe Thompson Studienbibel, S.1826 ff

1.5. Begriffserklärungen

V. 32: stumm/„redete mit Mühe" = Offensichtlich war der Kranke nicht völlig stumm (evtl. auch Hinweis, daß es kein angeborenes Leiden war). Nach heutigem Verständnis würde man ihn als schwer sprachbehindert bezeichnen.
V. 33: „beiseite" = Der Herr Jesus als weiser und verständnisvoller Arzt: Der Taube hätte nach seiner Heilung als erstes das Getöse der Volksmenge gehört (unangenehme Erfahrung), er sollte aber die Stimme des guten Hirten hören.

siehe auch 1.1.

V. 34: Die Gestik des Herrn = Er macht dem Kranken damit verständlich, was er tun will.
V. 36: „Schweigegebot" = Der Herr Jesus wollte nicht als „Wunderheiler" bekannt werden, sondern durch die persönliche Begegnung mit Einzelnen Glauben an Gott, den Vater, wecken (s. dazu auch 1, 44; 3, 12; 5, 43; 8, 26).

2. Zielgedanke

Ohr und Stimme von ihm und für ihn! Gebrauchst du sie so?!
Andere Möglichkeiten:
- Der Herr Jesus kann gesund machen (er ist ein weiser Arzt).
- Allein mit dem Herrn Jesus! (Jesus Christus heilt / handelt nicht pauschal. Nur ganz allein mit ihm kannst du heil werden.)

3. Vorschläge zur Durchführung für die „kleine" Gruppe

3.1. Vorüberlegungen

Gern glauben die Kinder, daß der Herr Jesus auch diesen Mann heilen kann. Sie sind fasziniert von dem Heilungsvorgang. Hier liegt eine Gefahr: Es ist kein Rezept zum Nachmachen. Wir sollten nicht zu genau darauf eingehen. Allerdings können wir gerade anhand dieser Begebenheit das Feingefühl des Herrn Jesus beleuchten: Wie begegnet er einem behinderten Menschen? Funktionen und Möglichkeiten von Ohr und Stimme sind bei den Kleineren leicht klarzumachen: Sie hören und erzählen selbst gern spannende Geschichten.

3.2. Einstiegsmöglichkeiten

siehe OHP-Vorlage 78a

3.2.1. Wir sprechen über Gehör und Stimme anhand von Mund und Ohr. Wie fühlt man sich, wenn man nicht sprechen (z. B. wegen Heiserkeit) und nicht hören kann?

3.2.2. Spiel: Der Mitarbeiter versucht, ohne Worte den Kindern eine Botschaft zu übermitteln, die erraten werden muß. Zu Gestik und Mimik darf der Mund lautlos bewegt werden.

3.3. Durchführung

zur Illustration: Personenzeichnungen, OHP-Vorlage 78b
s. 1.2. u. 1.5.

Der Mitarbeiter schlüpft in die Rolle des Taubstummen, der nach seiner Heilung einem Freund, der nicht dabei war, sein Erlebnis erzählt.
Schwerpunkte:
- sein Zustand vorher (das Unangenehme der Krankheit beschreiben)
- seine Freunde bringen ihn zum Herrn, vielleicht ohne daß er genau weiß, wohin sie gehen

siehe 1.5.

- seine Gefühle bei der Begegnung mit Jesus Christus: Sicher hat er mit den Augen jede Bewegung des Herrn mit höchster Spannung verfolgt und deshalb gut behalten.

siehe Lektion 29, 1.1.

- das Heilungserlebnis (beschreiben, was er hörte, wahrscheinlich zuerst den Herrn / Beantwortung der Frage: Wer ist Jesus Christus?)
- der Einsatz von Ohr und Stimme nach der Heilung für seinen Heiland (V. 36: „er redete richtig" - Wozu gebrauchen wir Ohr und Stimme?)

3.4. Zur Festigung

3.4.1. Basteln einer Pappscheibe zum Um- oder Aufhängen: Vorlage für jedes Kind kopieren/Kreise bunt malen/Kreise ausschneiden und zusammenkleben/Faden durch das Loch ziehen. Wir sprechen über die Symbole:
- Der Herr Jesus heilte den Kranken und hat uns Ohren und einen Mund gegeben.
- Was machen wir mit diesen Geschenken? Worauf hören wir? Was reden wir? Kann der Herr Jesus sich darüber freuen? (Der „Anhänger" bietet viel Gesprächsstoff!)

siehe OHP-Vorlage 79

3.4.2. Liedstrophen: Paß auf, kleines Ohr ... / Paß auf kleiner Mund ... oder Mit den Augen laß mich ...

siehe 5.
siehe OHP 70, Lektion 28

4. Vorschläge zur Durchführung für die „große" Gruppe

4.1. Vorüberlegungen

Das Eingegliedertsein in Gruppen gefällt Kindern und wird von Schule und Vereinen stark gefördert. „Einzelgänger" ist fast ein Schimpfwort. Isolationsgefühle und -ängste gehören zu den frühesten Kindheitserfahrungen.
Am Beispiel des Kranken sehen die Kinder einen isolierten Menschen, der durch eine persönliche Begegnung mit Jesus Christus gemeinschaftsfähig wird. Jedoch die Heilung geschieht in einer gewissen Abgeschiedenheit von der Volksmenge (Gründe s. o.). Der Herr Jesus möchte uns erst einmal persönlich begegnen, deshalb nimmt er uns beiseite („in die Stille führen").

siehe 1.1. u. 1.5.

4.2. Einstiegsmöglichkeiten

4.2.1. Gespräch über die Krankheit (u. a. das Isolationsproblem herausarbeiten) und anschließend Bibeltext lesen.

4.2.2. Direkter Einstieg über den Erlebnisbericht des Taubstummen

siehe 3.3.

4.2.3. Wir „schreiben" einen Satz (z. B. Zielgedanke) oder ein Wort aus der Geschichte (z. B. Ephata) in Zeichensprache (ist bekannt, gebrauchen die Schüler z. B. untereinander in der Schule). Wenn die Kinder ihn/es richtig genannt haben, leiten wir über zur Geschichte.

4.3. Durchführung

Wir zeigen das Zehnstädtegebiet auf der Karte und beschreiben die vermutliche Situation (blühender Handel, Musik, Gespräch, Ärzte ...). Inmitten dieses bunten Treibens ist ein Taubstummer, eingekapselt in seiner Einsamkeit. Wir erzählen die Geschichte und heben dabei besonders V. 33 hervor. Der Taubstumme lernt in der Abgeschiedenheit den Herrn Jesus kennen. (Die Kinder sollen einmal die Gründe für das „WIE" der Handlung nennen.)
Anwendungsmöglichkeit: Hier ist ein eindrucksvolles Bild dafür, wie die Gemeinschaft (Gespräch Gottes mit dem Menschen) durch den Sündenfall unterbrochen wurde und wiederhergestellt werden kann: allein durch die persönliche Begegnung mit dem Heiland. (Dinge nennen lassen, die kein Heil verschaffen.)

siehe OHP-Vorlage 77
siehe auch 3.3.
siehe 4.1.
siehe 4.4.

4.4. Zur Festigung

4.4.1. Schwerhörigkeit bzgl. der Stimme Gottes heute: Warum hören Menschen nicht auf den Herrn Jesus? Betäubung, Berieselung (laute Musik, immer Lärm um den Ohren), sie wollen nicht hören (schlechte Gewissen/Sie wissen, daß das Wort Gottes schonungslos Sünden aufdeckt.), Ablenkung (Da sind andere Stimmen, die dagegensprechen.) ...

siehe auch 3.4.1.

4.4.2. Vertiefung des heilsgeschichtlichen Gedankens:
Ausgehend vom Sündenfall ruft Gott bis heute: „Adam (Mensch), wo bist du?" (1 Mo 3, 9). Aber der natürliche Mensch will weder hören, noch antworten, er stellt sich taub und stumm (s. Jes 50, 2 – 5; 66, 4 – 5a; 1 Kor 2, 14).

Lieder über die Größe des Herrn, siehe Lektion 29, 5.

5. Liedvorschläge

Jesus sprach zum Stummen ... (aus: Wir loben Dich, Heft 3, 49)
Paß auf, kleines Auge ... (aus: Singet froh ihr Kinder alle, 20)
Zwei Augen gab der Heiland mir ... (aus: Wir loben Dich, Heft 3, 73

6. Vorschläge zum Bibelspruchlernen

Die Menschen zitieren eine prophetische Aussage aus Jes 35, 5, die in ihrem ganzen Umfang in Erfüllung geht, wenn der Herr auf dieser Erde sein Reich aufrichten wird. Das Ereignis hier ist ein Schatten dieses ersehnten Endzustandes. Der Herr Jesus offenbart sich als der verheißene, heilbringende Messias.
Wir sollten den Kindern dem Alter entsprechend die Zusammenhänge erklären und sie auf jeden Fall darauf hinweisen, daß der Herr alles kann, aber erst zu seiner Zeit hilft.
Als Anreiz zum Erarbeiten und Lernen können wir den Kindern den Spruch in Geheimschrift kopieren.

siehe OHP-Vorlage 80

7. Literaturhinweis/Arbeitshilfen

genaue Angaben, siehe Lektion 29, 7.

Brockhaus Kommentar zur Bibel III (TB). Brockhaus-Verlag, Wuppertal 1985
Gibbs, A.: Schritte ..., Lektion 161
Jesus wirkt ...
Rienecker, F.: Markus ...
Thompson Studienbibel, Hänssler, Stuttgart 1986

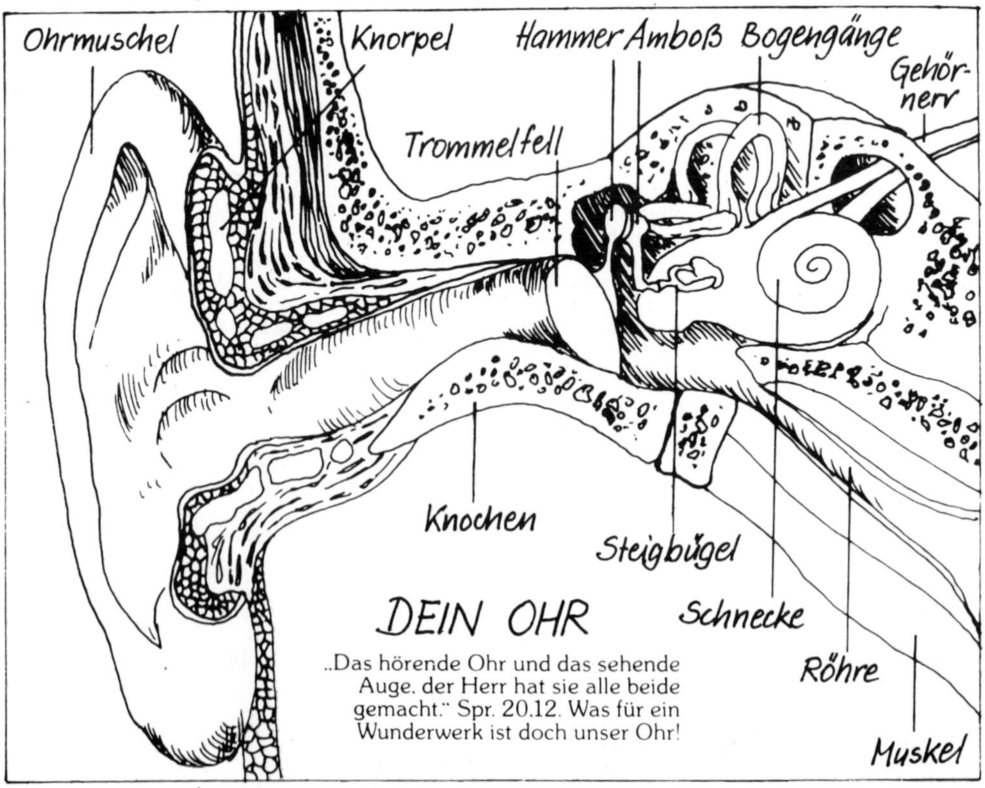

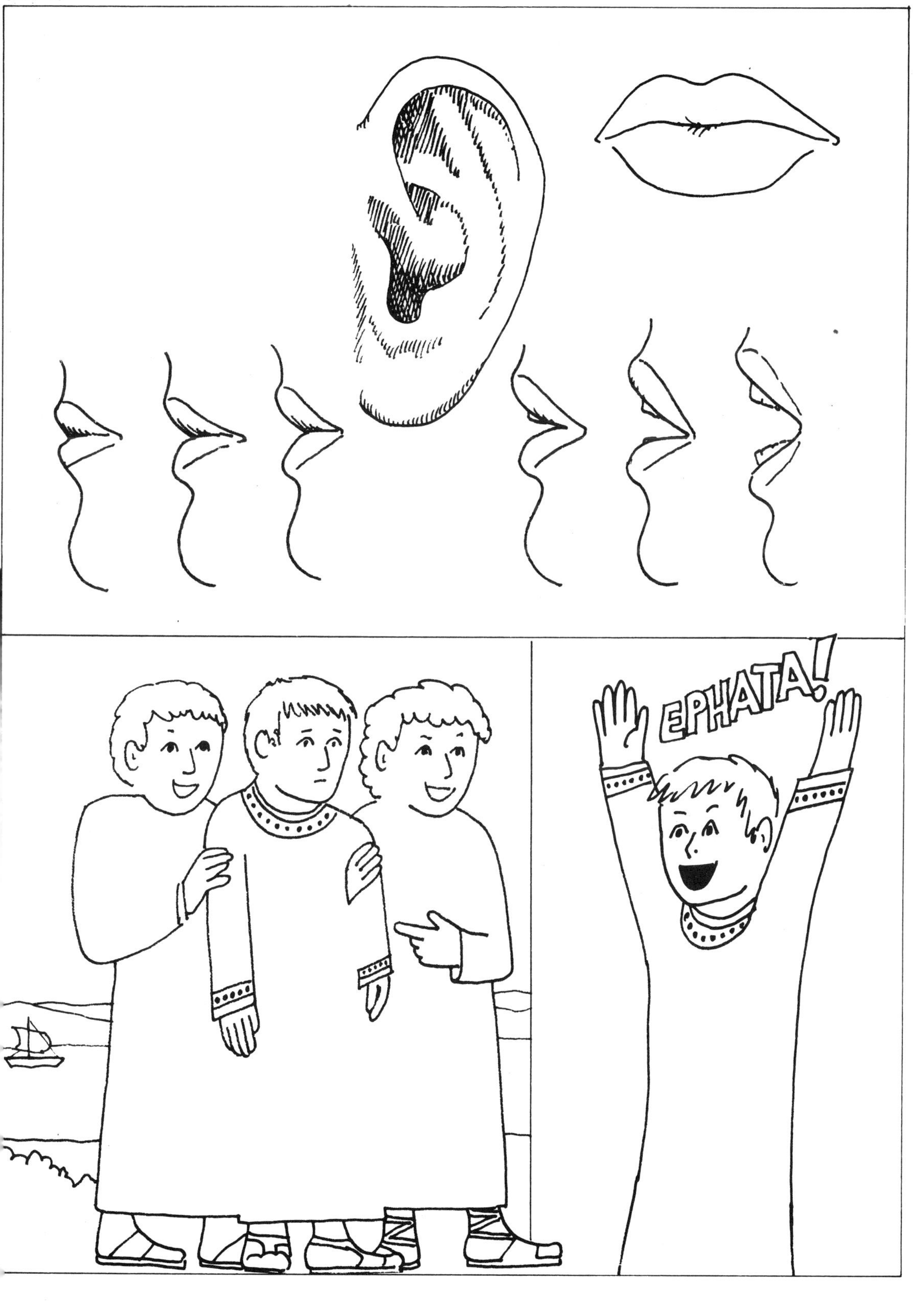
EPHATA!

G E H E I M !!!

ER ___ JCV ____ CNNGU W__________ QJNIGOCEJV,

ER _____ OCEJV _U OWOHL DIE _____ VCWDGP

______ JQGTGP, ALS AUCH ___ FKG ______ UVWOOGP

_____ TGFGP' ______ OCTMWU 7,37B

Achtung: Geheimschrift! So kannst du sie knacken: Schreibe über jeden Buchstaben den Buchstaben, der zwei Stellen vorher im Alphabet steht! (Beispiele: über W schreibe U, über B schreibe Z!)

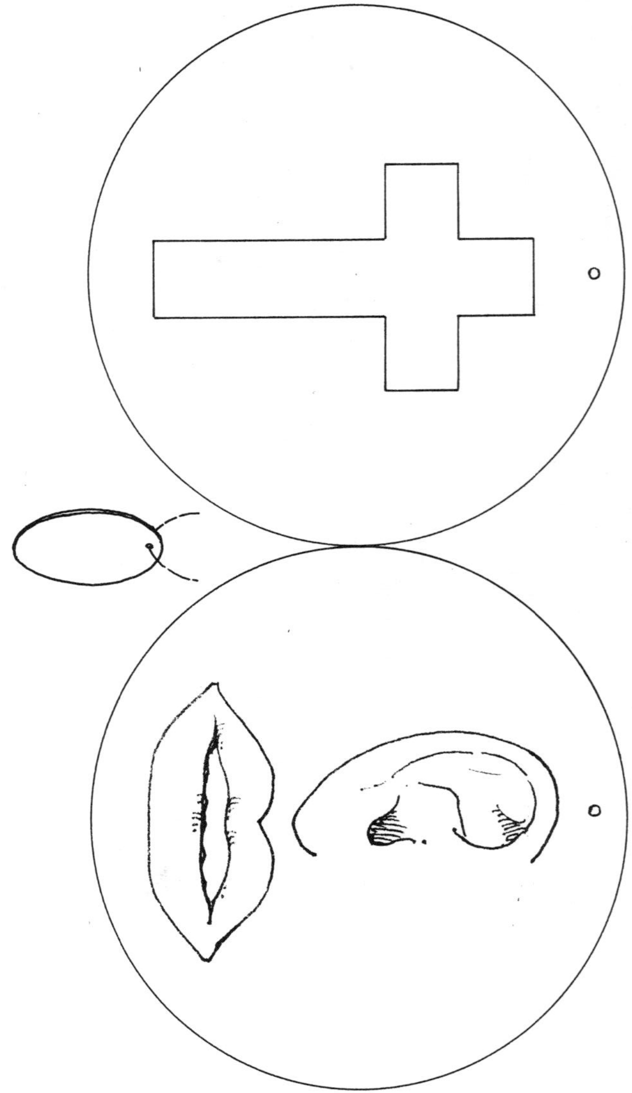

Lektion 32

Mk 10, 13-16

Der Herr Jesus und die Kinder

Lernvers
Jesus spricht: Laßt die Kinder zu mir kommen! Wehret ihnen nicht, denn solchen gehört das Reich Gottes.
Markus 10, 14

1. Zum Textverständnis

1.1. Zusammenhang/Inhalt

Nach einer gesetzlichen Unterredung mit den Pharisäern über die Ehe werden Kinder zum Herrn gebracht, damit er sie anrührt (Hände auflegt). Weil aber die Jünger die Kinder geringachteten, bzw. den Herrn durch sie nicht stören wollen, werden sie (die Erwachsenen und Kinder) abgewiesen. Dabei ist es noch nicht lange her, daß der Herr ein Kind in seine Arme genommen und es vor die Jünger gestellt hat (9, 36). Er ist über das Verhalten der Jünger entrüstet (griech.: aganaktein = ärgerlich, erzürnt sein). Der folgende Ausspruch (V. 14) ist eine Kernaussage für die Legitimation und Zielsetzung der Kinderarbeit. Hier ist ein deutliches Gebot des Herrn. Zum Abschluß nimmt der Herr Jesus die Kinder auf seine Arme (Luther übers.: herzte sie) und segnet sie.

Parallelstellen:
Mt 19, 13 - 15
Lk 18, 15 - 17

1.2. Personen

- der Herr Jesus: hat Zeit für die Kinder, liebt sie, segnet sie und zeigt das Typische des Kindes als Voraussetzung zum Eintritt in das Reich Gottes
- die Jünger: Kinder abweisend, unverständig, schätzen den Wert des Kindes falsch ein, vom damaligen Denken geprägt (die Kleinen und Unmündigen brauchen keine Beachtung, die Unreifen verstehen das sowieso nicht)
- Kinder: Alter unbestimmt (Lk 18, 15: kleine Kinder - vermutlich eine Gruppe von Vorschulkindern)
- sie: Erwachsene (Eltern, handelt sich wohl nicht ausschließlich um Mütter) bringen die Kinder

1.3. Orte/Gegend

Der Herr Jesus ist mit seinen Jüngern auf der letzten Reise nach Jerusalem. Er kommt von Ephraim (Joh 11, 54) und hält sich bei dieser Begebenheit in Judäa und Peräa auf, in der Gegend östlich des Jordans und nördlich des Toten Meeres.

siehe Thompson Studienbibel, S. 1830

1.4. Zeit

- in den letzten Tagen vor der Kreuzigung

siehe auch Lexikon zur Bibel

1.5. Begriffserklärungen

V. 14. 15: Reich Gottes = Zunächst handelt es sich um Gottes uneingeschränkte Zusage an sein Volk Israel und Gottes Herrschaft über die ganze Welt. Die königliche Regierung auf dieser Erde beginnt mit der Geburt Jesu, die Bergpredigt zeigt die Regeln dieses Reiches; die Verwerfung Jesu durch sein irdisches Volk Israel verlagert die irdische Königsherrschaft auf die Zeit nach dem 2. Wiederkommen Jesu in Macht und Herrlichkeit (das sog. 1000jährige Reich).
Hierbei können wir unterscheiden zwischen dem irdischen Bereich des Reiches (für Israel) und dem himmlischen Bereich (Gemeinde). Durch Bekehrung und Wiedergeburt wird man Bürger dieses Reiches (Joh 3, 3). Das Reich Gottes auf dieser Erde wird zu Ende sein, wenn der Herr es seinem Vater übergibt (1 Kor 15, 24). Zusammenfassend können wir erklären: In das Reich Gottes kommt jeder, der sich der Herrschaft Gottes unterwirft (Buße) und Jesus Christus (das Reich Gottes in Person) aufnimmt (Glauben).
V. 16: segnen = „die Zuwendung von göttlichem Heilsgut an Menschen, sei es durch Gott selbst oder durch in der Macht Gottes handelnde Menschen" (Lexikon zur Bibel)

2. Zielgedanke

Der Herr Jesus hat Zeit für dich.
Andere Möglichkeiten:
- Auf dem Weg zu Jesus Christus gibt es Hindernisse.
- Kinder sollen zu Jesus Christus geführt werden.

3. Vorschläge zur Durchführung für die „kleine" Gruppe

3.1. Vorüberlegungen

Wir müssen sowohl eine rein sachliche Vermittlung des Textes, als auch eine emotionale Überbetonung der Zuwendung des Herrn vermeiden.
Der Text kommt den Kindern sehr entgegen, weil sie sich leicht mit der Rolle der Kinder damals identifizieren können. Kinder empfinden die Hektik und das Zeitproblem von Eltern bzw. Erwachsenen. Sie spüren ebenfalls, wenn sie nicht ernstgenommen werden. Wenn wir ihnen das Wesen und Verhalten des Herrn Jesus groß machen wollen, müssen wir ihnen durch ein Verhalten im Sinne des Herrn Brücken bauen. Das ist der beste Weg, um den Kindern zu zeigen, daß sie jederzeit zum Herrn Jesus kommen können und von ihm nicht enttäuscht werden.

3.2. Einstiegsmöglichkeiten

siehe 5.

3.2.1. Lied: Ja, Gott hat alle Kinder lieb ...

3.2.2. Bilder aus Zeitungen etc. mit Kindern und z. T. Erwachsenen (traurige, fröhliche, hilfsbedürftige, einsame, kranke, verstoßene Kinder). Gespräch über die Situation von Kindern und ihr Verhältnis zu Erwachsenen

3.2.3. Gespräch über Erlebnisse, wo Erwachsene keine Zeit für die Kinder hatten. (Achtung! Die Erwachsenen dürfen wir nicht schlecht machen, sondern wir sollten Gründe nennen lassen, weshalb sie sich vermutlich so verhalten haben und dann das positive Verhalten des Herrn Jesus vorstellen.)

3.3. Durchführung

zur Illustration: ein größeres Bild (Foto, Poster) mit einer Kinderschar

3.3.1. Wir erzählen die Begebenheit aus der Sicht eines Kindes.
Schwerpunkte:
- der arbeitsreiche Tag des Herrn Jesus
- der Wunsch einiger Erwachsener, daß Kinder zum Herrn Jesus kommen
- die Abweisung durch die Jünger
- das Eingreifen des Herrn
- der Herr Jesus mit den Kindern (Anwendung, siehe Zielgedanke)

siehe 2.

siehe OHP-Vorlage 81

3.3.2. Wir erarbeiten die Geschichte mit Hilfe der OHP-Vorlage:

Bild 1 — *Kindergruppe*
Eine „bunt gemischte" Kinderschar (Unterschiede in: Alter, Herkunft, Familie, Interessen) wird von ihren Eltern zum Herrn Jesus geführt. Was haben sie vielleicht alles schon vorher von/über den Herrn Jesus gehört?

Bild 2 — *das Stopschild auf dem Weg zum Herrn Jesus*
Die Kinder sind gespannt, was sie bei dem Herrn Jesus erleben. Sie werden erst einmal enttäuscht (die Reaktion der Jünger).

Bild 3 — *„freie Fahrt" zu Jesus Christus*
Der Herr Jesus öffnet den Kindern den Weg zu sich.

Bild 4 — *die Kinder bei dem Herrn Jesus*
Der Herr Jesus liebt sie, nimmt sie auf, segnet sie etc. Es ist der Wunsch des Herrn Jesus, daß Kinder bei ihm sind.

3.4. Zur Festigung

siehe OHP-Vorlage 82

3.4.1. Basteln einer Sonnenblende: Vorlage auf Papier kopieren, Schrift bunt malen, ausschneiden, Faden (Gummikordel, Länge je nach Kopfumfang) in den beiden Löchern verknoten (für die kleineren Kinder sollten die Blenden vielleicht soweit vorbereitet werden, daß sie nur noch bunt gemalt werden müssen)

3.4.2. Lieder: „Laßt die Kinder zu mir kommen ...” oder „Jesus sagt: Laßt die Kinder zu mir kommen ...”

siehe 5.

4. Vorschläge zur Durchführung für die „große” Gruppe

4.1. Vorüberlegungen

Den älteren Kindern sollten wir nicht nur zeigen, daß der Herr Jesus immer Zeit für sie hat, sondern ihnen auch deutlich machen, wie sie in das Reich Gottes hineinkommen können. Außerdem können wir ihnen zeigen, daß auf dem Weg in die Gemeinschaft mit dem Herrn Jesus Hindernisse sind, die uns abhalten wollen, zu ihm zu kommen (z. B. schlechter Einfluß von Freunden, Medien, Schule etc.). Was hält (lenkt) uns ab, in die Jungschar, Sonntagschule und Gemeinde zu gehen? Es sollte unser Anliegen sein, die Kinder anzuhalten, selbst zu kommen und andere mitzubringen. Kinder gehören auch in die normalen Gemeindestunden (z. B. 2 Chr 20, 13; Neh 12, 43; Mt 21, 15).

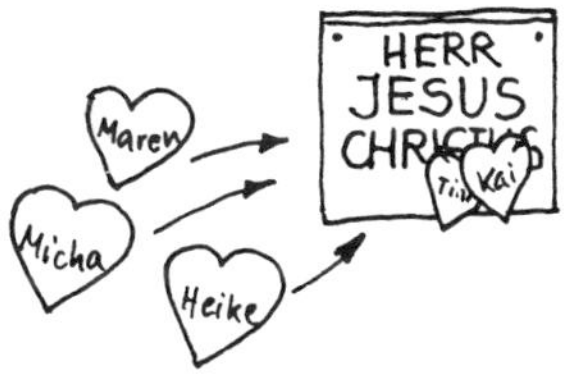

4.2. Einstiegsmöglichkeiten

4.2.1. Spiel: Jedes Kind erhält ein Herz, schreibt seinen Namen hinein und versucht es zu einem aufgestellten Schild (Aufschrift: JESUS CHRISTUS) oder Kreuz (evtl. an der Flanelltafel) zu bringen. Ein Mitarbeiter versucht das zu verhindern. Die Kinder kommen wahrscheinlich von selbst auf den Bibeltext.

4.2.2. Da der Bibeltext sehr kurz ist, schreiben wir ihn als Lückentext auf ein Blatt und kopieren es für jedes Kind. Die Kinder sollen folgende Wörter einsetzen: Kinder, ihm, er, sie, Jesus, Kinder, mir, ihnen, ich, Kind, er, sie, seine, sie, sie (Wörter, die sich auf die Kinder und den Herrn Jesus beziehen). Notfalls können die Kinder in der Bibel nachsehen. So wird gleich deutlich, um wen es geht: den Herrn Jesus und die Kinder.

Arbeitsblatt mit Bibeltext

4.3. Durchführung

Bibeltext lesen, nicht verstandene Begriffe erklären (s. 1.5.), Anwendung anhand der OHP-Vorlage, Ergänzungen zu 3.3.2.:

siehe 3.3.2.
siehe OHP-Vorlage 81

zu Bild 2

Hindernisse auf dem Weg zum Herrn Jesus; vielleicht auch Antworten sammeln, die man bekommt, wenn man andere einlädt (keine Zeit, ich will ausschlafen, ich darf nicht). Zur Illustration können Hürden oder Stopschilder (z. B. für den Tageslichtschreiber oder die Flanelltafel) vorbereitet werden, in die die einzelnen „Hindernisse” (Antworten) geschrieben werden.

siehe auch 4.1.

zu Bild 3

Der Herr Jesus nimmt sich Zeit für uns. Wir können jederzeit zu ihm kommen. Niemand ist zu klein oder zu gering. Frage klären: Was bedeutet das ganz praktisch: „das Reich Gottes aufnehmen wie ein Kind” (V. 15)? Was ist das Typische für ein Kind? (hilflos, mittellos, vertrauensvoll)

siehe 1.5.

zu Bild 4

In der Gemeinschaft mit dem Herrn Jesus wird man gesegnet, reich beschenkt. Wir betonen den Wert und die Notwendigkeit der Gemeinschaft mit Jesus Christus und den Christen.

segnen, siehe 1.5.
siehe 4.1.

4.4. Zur Festigung

Wir besprechen mit den Kindern, ob es nicht eine gute Sache wäre, wenn jeder selbst einen Freund, Schulkameraden usw. zur nächsten Stunde mitbringen würde. Dazu lädt jeder mit einer selbstgebastelten Karte ein. Jedes Kind schneidet sich aus farbigem Tonpapier eine Karte (Postkartengröße) zurecht. In die Mitte der Karte schreiben wir:

Der Herr Jesus spricht:
„Laßt die Kinder zu mir kommen!”

Dann wird die Karte mit Datum, Uhrzeit der nächsten Stunde und Adresse beschriftet. Die Kinder können die Karte nach eigenen Vorstellungen bemalen bzw. verzieren.

Bei der nächsten Gelegenheit sollen sie gleich einladen und dafür beten, daß das eingeladene Kind auch kommt (wenn möglich, es persönlich abholen).

siehe auch 3.4.1.

evtl. auch Karte mit Lernvers nehmen, siehe OHP-Vorlage 83

5. Liedvorschläge

Der Kinderfreund ist Jesus ... (aus: Wir loben Dich, Heft 1, 25)
Hallo! Kommt zur Kinderstunde ... (aus: Wir singen miteinander, 19)
Herr Jesus, dir vertrau ich ... (aus: Die bunte Liederkiste, 21)
Ja, Gott hat alle Kinder lieb ... (aus: Sing' mit uns ein neues Lied, Bd. 1, 26)
Jesus hat die Kinder lieb ... (aus: Die bunte Liederkiste, 5)
Jesus lädt die Kinder ein ... (aus: Wir loben Dich, Heft 3, 21)
Jesus liebt mich ganz gewiß ... (aus: Wir loben Dich, Heft 4, 66)
Jesus sagt: Laßt die Kinder zu mir kommen ... (aus: Die bunte Liederkiste, 24)
Laßt die Kinder zu mir kommen ... (aus: Wir loben Dich, Heft 1, 66)
Müde von des Tages Lasten ... (aus: Singet froh ihr Kinder alle, 95)
Suchst du einen Freund ... (aus: Wir singen miteinander, 20)

6. Vorschläge zum Bibelspruchlernen

siehe 4.3.

Der Spruch muß erklärt werden: „wehret ihnen nicht" (Hindernisse nennen), „solchen gehört das Reich Gottes" („solchen" = denen, die *wie* die Kinder kommen / „gehört" = diese sind Reichsbürger / „Reich Gottes", siehe 1.5.). Zur Illustration kopieren wir den Spruch auf Folie.

siehe OHP-Vorlage 83
siehe 5.

Der Bibelvers prägt sich gut ein, wenn wir die entsprechenden Lieder singen.

7. Literaturhinweis/Arbeitshilfen

siehe Lektion 31, 7.

Brockhaus Kommentar ...
Jakobi, E.: Werkbuch Kinderstunden. Brunnen, Gießen 1985 (ein Stundenentwurf: Wir freuen uns – mit den Kindern, die zu Jesus kamen)
Jesus, der gute Hirte Bd. 2. Hrsg.: Ludwig-Hofacker-Vereinigung. Hänssler, Stuttgart 1981 (Die Begebenheit wird für Kinder erzählt.)
Thompson Studienbibel. Hänssler, Stuttgart 1986

OHP 83

OHP 81

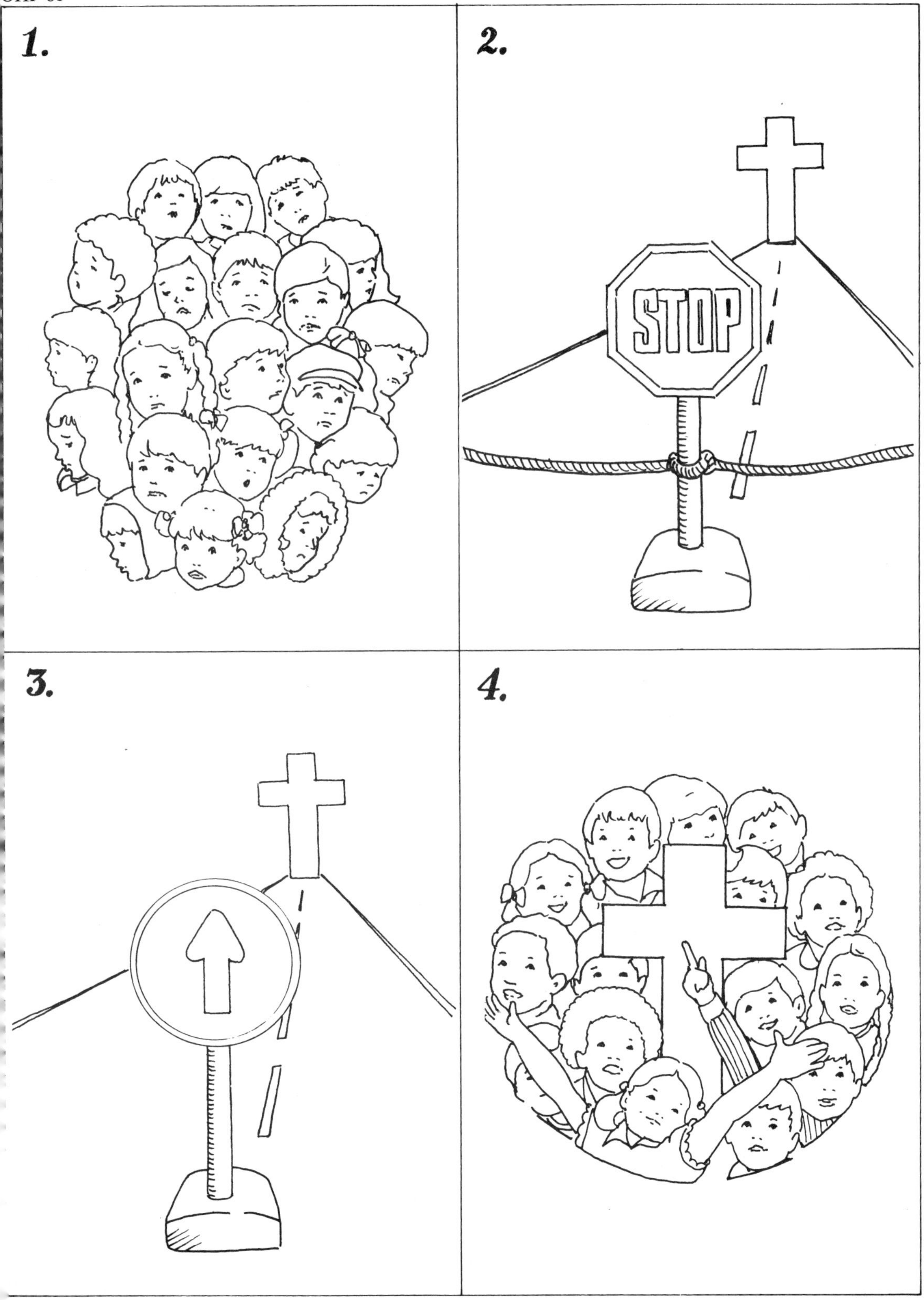

(Originalgröße, 1:1)

Lektion 33

Mk 10, 17-27

Der reiche Jüngling

Lernvers
Was nützt es einem Menschen, die ganze Welt zu gewinnen und sein Leben einzubüßen?
Markus 8, 36

1. Zum Textverständnis

1.1. Zusammenhang/Inhalt

Parallelstellen:
Mt 19, 16 - 30
Lk 18, 18 - 30

Nach der Segnung der Kinder wird der Herr Jesus sehr direkt von einem reichen, jungen Mann nach den Werken gefragt, durch die man das ewige Leben erwerben kann. Da er alle Gebote, die ihm Jesus Christus nennt, von Jugend an gehalten hat, soll er nun sein Leben ganz Gott geben, indem er seinen Reichtum an die Armen verteilt und dem Herrn Jesus nachfolgt. Weil der Jüngling dies nicht tut, spricht Jesus Christus zu den Anwesenden über die Schwierigkeiten, den der Reichtum den Menschen bereitet und sie hindert, sich Gott ganz anzuvertrauen. Denen aber, die nachfolgen, wird ein großer Lohn zugesprochen.

1.2. Personen

- Jesus Christus
- der Fragesteller: jung (24 - 40 J.), eifrig, wohlerzogen (V. 17; Mt 19, 20), Verständnis für Sitte und Moral (V. 20), reich (V. 22), Oberster (Lk 18, 18 - wahrscheinlich ein Mitglied des Hohen Rates, Vorsteher der jüdischen Gemeinde, angesehen)
- Jünger (Petrus)

1.3. - 1.4. Orte/Gegend - Zeit

nach der Segnung der Kinder

siehe Lektion 32
1.3. u. 1.4.

1.5. Begriffserklärungen

siehe Lexikon zur Bibel

V. 17: Lehrer = Bezeichnung für Männer, die als Beauftragte angesehen werden, Gottes Willen zu lehren
V. 17: ewiges Leben = der junge Mann denkt wahrscheinlich an ein Weiterleben nach dem Tod; im Sinn des Johannes-Evangeliums ist es ein gegenwärtiger Besitz (z. B. Joh 5, 24; 1 Joh 5, 12) und meint: Leben für immer in der Gemeinschaft mit Gott
V. 18: „niemand ist gut als nur einer, Gott" = Der Herr wehrt sich gegen das werkgerechte Denken der religiösen Elite. Das Attribut „gut" steht selbst ihm in der Lehrerrolle nicht zu, sondern allein Gott. Das ändert nichts an der Tatsache, daß der Herr Jesus als der Sohn Gottes absolut gut ist.
V. 21: Schatz im Himmel = Ein sicherer, beständiger Reichtum, den man nur im Gehorsam gegenüber Gott bekommt.
V. 23: in das Reich Gottes hineinkommen = ewige Gemeinschaft mit Gott, indem man Gott den ersten Platz im Leben einräumt
V. 25: Nadelöhr = Der Herr Jesus denkt an ein tatsächliches Nadelöhr und nicht an ein so benanntes Stadttor Jerusalems. Man beachte den Gegensatz: das größte Tier und die kleinste Öffnung nach damaligem Verständnis.

Reich Gottes,
siehe Lektion 32, 1.5.
vgl. Brockhaus Kommentar

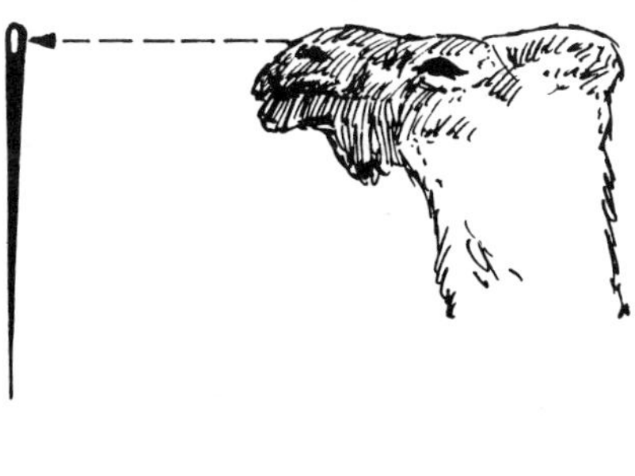

2. Zielgedanke

Der Herr Jesus ist wichtiger als alles.
Andere Möglichkeiten:
- Wer den Herrn Jesus liebt, gibt ihm gerne alles.
- Mit guten Werken kann sich niemand das ewige Leben erarbeiten.

3. Vorschläge zur Durchführung für die „kleine" Gruppe

3.1. Vorüberlegungen

Kinder dieser Altersstufe können es sich schon vorstellen, was es bedeutet, alles wegzugeben. Sie können daher die Entscheidung nachempfinden, vor die dieser Mann gestellt wurde. Vorsicht! Es ist wichtig, den Eindruck zu vermeiden, daß man seinen ganzen Besitz weggeben muß, wenn man dem Herrn Jesus nachfolgen will. Ebenso muß der Eindruck bei den Kindern vermieden werden, daß Reichtum (an sich) von Gott trennt („Die Reichen kommen in die Hölle und die Armen in den Himmel" = humanistische und sozialistische Theologie!).
Es muß deutlich werden, daß die Einstellung zum Besitz und schließlich zu Gott das Ausschlaggebende ist! Alles was mir wichtiger ist als der Herr Jesus, hindert mich, ihm ganz nachzufolgen. Wenn ich ihn liebe, steht er in meinem Leben an der ersten Stelle.

3.2. Einstiegsmöglichkeiten

weitere Möglichkeit, siehe Lektion 11, 3.2.1.

3.2.1. Wir füllen einem Kind die Hände mit Papiergeld oder Dingen, die selbst einem kleinen Kind nutzlos erscheinen. Dann bieten wir ihm etwas Wertvolles an, evtl. auch etwas Leckeres zum Essen (Apfel, Schokolade). Es kann nur zugreifen, wenn es die anderen Dinge aus der Hand legt.

3.2.2. Direkter Einstieg (Geschichte läßt sich gut erzählen) mit einem kurzen Rückgriff auf die letzte Stunde: Der Herr Jesus zeigt, daß er uns liebt, und wir immer zu ihm kommen dürfen. Er wünscht sich, daß wir seine Liebe erwidern. Und das zeigt sich ...

3.3. Durchführung

siehe 7.

siehe 1.2.

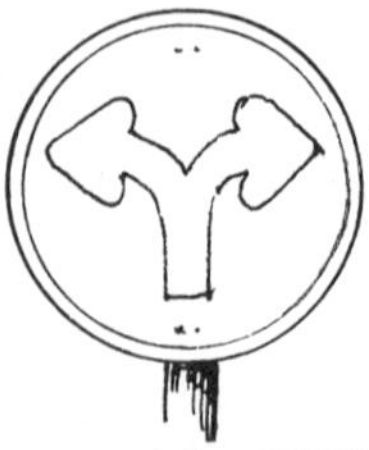

Wir erzählen die Geschichte aus der Sicht eines Jüngers (Beobachterrolle). Zur Illustration können Flanellbilder (Leben Christi 3) benutzt werden.
Schwerpunkte:
- der Besuch: Was ist das für ein Mann? (sein äußeres Erscheinungsbild beschreiben). Wie begegnet er dem Herrn Jesus? Welches Anliegen hat er?
- das Gespräch: Das Halten der Gebote sollten wir nicht negativ darstellen, sondern deutlich machen, daß das allein nicht ausreicht. Wir sollten einige Gebote von den Kindern nennen lassen und auf die Konsequenzen bzgl. der Einhaltung des ersten Gebotes hinweisen (s. Mk 12, 29).
- die Entscheidung: Er will nicht loslassen. Entweder - oder! Es gibt nur zwei Möglichkeiten. Über seine Entscheidung sind beide traurig.
- der Vergleich: Wer nicht loslassen will, hat keine Chance.

siehe OHP-Vorlage 84 und 1.5.

Anwendung: Ist der Herr Jesus mir wichtiger als alles? Dinge aufzählen lassen. (Evangelistische Anwendung gut möglich.) Gott kann unsere Einstellung ändern, bei ihm ist alles möglich.

3.4. Zur Festigung

siehe OHP-Vorlage 84

3.4.1. Die Kinder malen die OHP-Vorlage bunt (z. B. auch die Buchstaben des Spruchs) und evtl. in den Geldsack oder die Höcker Dinge, die ihnen lieber sein könnten als der Herr Jesus.

3.4.2. Unter dem Gedanken „Unser Reichtum soll anderen helfen" eine Sammelaktion anregen (z. B. für ein Kinderheim, Mission, ...)

4. Vorschläge zur Durchführung für die „große" Gruppe

4.1. Vorüberlegungen

Von Kindern wird heutzutage viel gefordert. Wir sollten darauf achten, daß der Herr Jesus nicht als der Fordernde im negativen Sinn dasteht. Er will unser Bestes. Wenn wir ewiges Leben haben wollen, darf uns nichts lieber sein als er. Das fällt uns leicht, wenn wir darüber nachdenken, was er für uns getan hat.
Die Kinder sind vom Leistungsdenken geprägt. Das können wir bzgl. des Erwerbs des ewigen Lebens anhand dieser Begebenheit abbauen.
Die Frage und der Wunsch nach dem ewigen Leben muß wahrscheinlich bei einigen Kindern erst geweckt werden. Deshalb sollten wir gerade das Anliegen des Mannes sehr deutlich machen. — siehe 3.1.

4.2. Einstiegsmöglichkeiten

4.2.1. Gespräch: Was ist in unserem Leben wichtig? Was bestimmt unser Leben?

4.2.2. Bilderrätsel: Über den Lösungssatz („Folge mir nach!") kommen wir ins Gespräch. Wie reagieren Menschen auf den Ruf des Herrn Jesus? (siehe auch Lektion 3) Überleitung zur Geschichte — siehe OHP-Vorlage 85 (auf Folie oder für jedes Kind kopieren)

4.3. Durchführung

Wir lesen den Bibeltext oder lassen die Geschichte von einem Kind erzählen (Begebenheit ist vielen bekannt) und von den anderen die Einzelheiten ergänzen (evtl. am Bibeltext gemeinsam überprüfen).
Ergänzungen zu den Schwerpunkten: — siehe 3.3.
- der Besuch: die Sehnsucht des Mannes verdeutlichen; sein ehrliches Fragen und die Dringlichkeit seines Anliegens kommt in seiner Haltung zum Ausdruck (V. 17: lief, fiel - ein Mann in seiner Position!) — siehe 4.1.
- das Gespräch: Der junge Mann will nicht nur Gesetzesübertretungen vermeiden, sondern zu überschüssigen guten Werken kommen, deren Lohn das ewige Leben ist! (Rechtfertigung vor Gott nicht durch eigenen Werke!) Seine Antwort (V. 20) wertet der Herr Jesus nicht als Hochmut. Nach jüd. Gesetzesauffassung ist die Einhaltung möglich. Die Ehrlichkeit und das ernsthafte Bemühen wecken noch mehr Liebe beim Herrn (V. 21). — siehe 1.2.
- die Entscheidung: Nach außen hin hat der Mann alles, aber er ist traurig. Warum?
- *der Vergleich:* Der Herr Jesus verurteilt nicht die Reichen, sondern die Haltung, Reichtum als etwas anzusehen über das wir verfügen, auf das wir unser Vertrauen setzen und das sich darum zwischen Gott und uns schiebt. — siehe OHP-Vorlage 84

4.4. Zur Festigung

4.4.1. Gespräch über die beiden Herzen: Worin besteht der Unterschied? Alle Bereiche meines Lebens sollten von dem Herrn Jesus bestimmt werden und auf ihn hin ausgerichtet sein. Die Kinder können die Herzen ausschneiden, zusammenkleben, die Dinge anstreichen oder ergänzen, die ihnen zu schaffen machen. — siehe OHP-Vorlage 86; siehe 2.

4.4.2. Collage kleben mit Dingen, die uns von der Nachfolge abhalten können (oder Dinge, die die Kinder sehr gern haben möchten). Anschließend Gespräch: Welchen Platz wollen wir dem Herrn Jesus einräumen? — genügend Kataloge mitbringen

5. Liedvorschläge

Alle meine guten Taten ... (aus: Sing' mit uns ein neues Lied, Bd. 1, 46)
Bei Gott sind alle Dinge möglich ... (aus: Wir loben Dich, Heft 4, 11)
Das Beste, was ich habe ... (aus: Kommt und singt, 46)
Du gibst das Leben ... (aus: Jungschar- und Teenagerlieder, Heft 2, 11)
Es ist niemand zu groß ... (aus: Jungschar- und Teenagerlieder, Heft 2, 23)
Gott braucht nicht nur große Leute ... (aus: Sing' mit uns ein neues Lied, Bd. 1, 51)
Sei ein lebend'ger Fisch ... (aus: Sing' mit uns ein neues Lied, Bd. 1, 32)

6. Vorschläge zum Bibelspruchlernen

Erklärung: Ein Mensch kann alles besitzen, aber z. B. aufgrund einer Krankheit hat er nichts davon. Kindern ist bewußt, daß ein Toter von seinem Reichtum nichts mehr hat. Es muß also im Leben um mehr gehen. Wir suchen etwas Dauerhaftes, was der Tod nicht zerstören kann: Schätze im Himmel, ewiges Leben, Leben mit dem Herrn Jesus. Wer nur Schätze auf dieser Erde sammelt (und wenn er die ganze Welt gewinnt), verliert letztendlich alles (sein Leben), weil das „Weltgewinnen" sein Leben ausmachte.

siehe OHP-Vorlage 87

Illustration: Vorlage für die Flanelltafel oder den Tageslichtschreiber als Puzzle vorbereiten. Beim Lernen Teile ergänzen oder wegnehmen.

7. Literaturhinweis/Arbeitshilfen

genaue Angaben, siehe Lektion 29, 7.

Brockhaus Kommentar zur Bibel III. (TB). Brockhaus, Wuppertal 1987 (Textanalyse)
Gibbs, A.: Schritte ..., Lektion 162
Jakobi, E.: Werkbuch ..., Lektion 19 (Stundenentwurf)
Jesus wirkt ...
Leben Christi 3, 6 Flanell-Lektionen ...

OHP 84

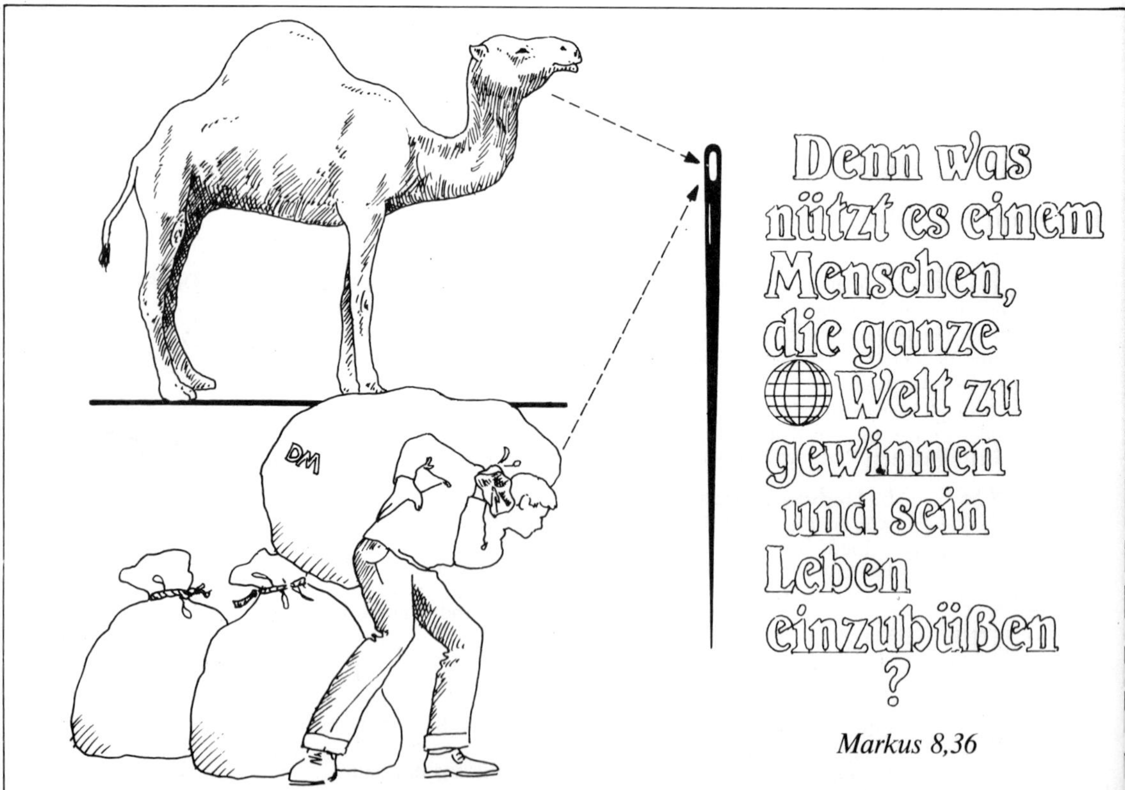

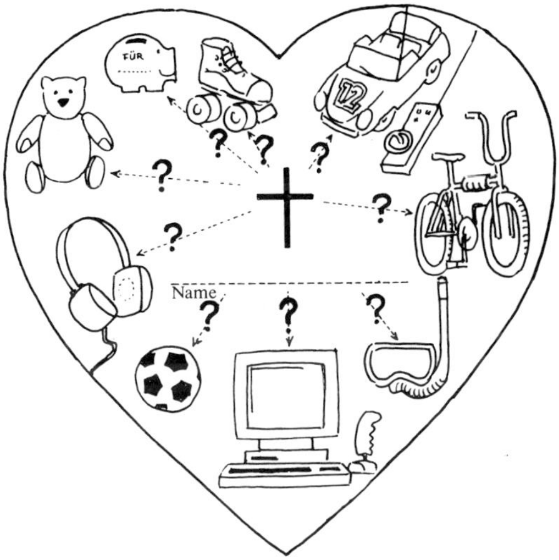

Nachfolgen heißt = Der Herr Jesus ist ________ als alles!

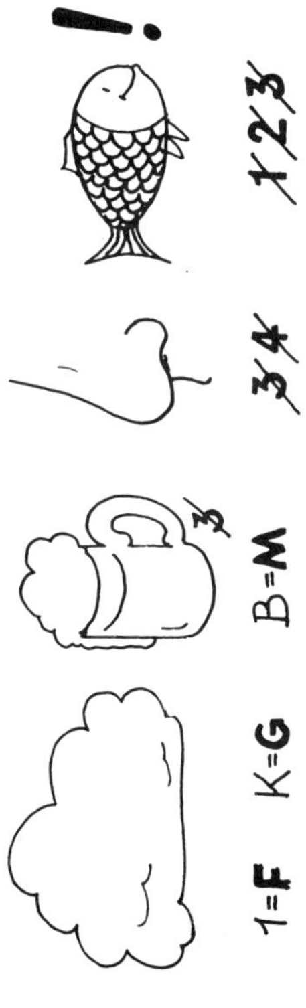

OHP 87

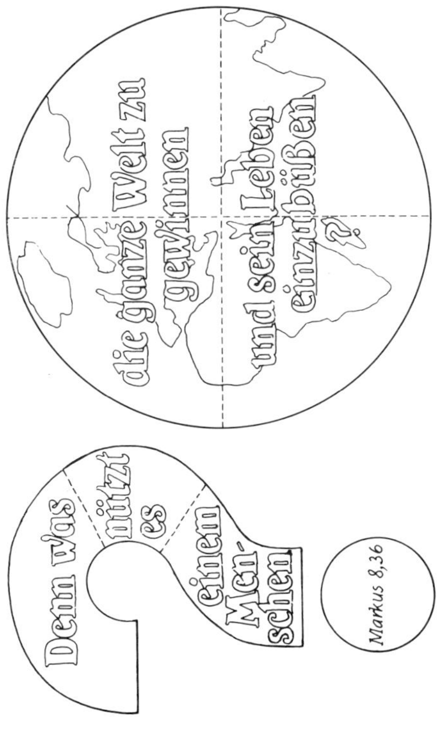

Lektion 34

Mk 10, 46-52

Bartimäus

Lernvers

Rufe mich an am Tag der Not; ich will dich erretten, und du wirst mich verherrlichen!
Psalm 50, 15

1. Zum Textverständnis

1.1. Zusammenhang/Inhalt

Parallelstelle: Mt 20, 29-34

Der Herr Jesus geht mit seinen Jüngern zum Passahfest nach Jerusalem. Eine große Volksmenge zieht mit ihm. Als sie Jericho verlassen, sitzt ein blinder Bettler am Weg, der laut schreiend den Herrn Jesus um Erbarmen bittet. Obwohl die Volksmenge droht, daß er schweigen solle, schreit er weiter, bis der Herr Jesus ihn ruft. Der Herr Jesus kann den blinden Bettler heilen, weil dieser alles von ihm erwartet. Sein Glaube hat ihm geholfen. Dankbar lobt Bartimäus Gott und folgt dem Herrn nach.

1.2. Personen

- der Herr Jesus
- Bartimäus: Sohn des Timäus, ein blinder Bettler, folgt nach der Heilung dem Herrn Jesus nach
- die Jünger
- eine große Volksmenge (Sammelbegriff - aufgliedern)

1.3. Orte/Gegend

siehe auch Lektionen 24 u. 26 u. Lexikon zur Bibel

- Jericho: das neutestamentliche Jericho war berühmt wegen seiner Palmen (Palmenstadt). Heute ist Jericho eine von großen Palmenpflanzungen umgebene fruchtbare Oase am Ostrand des kahlen jüdischen Berglandes.
- an der Straße, die von Jericho nach Jerusalem führt (Wegstrecke von etwa 25 km und 1000 m steil hinauf durch die zerklüftete judäische Wüste)

1.4. Zeit

in den letzten Tagen vor der Kreuzigung, vor dem triumphalen Einzug in Jerusalem

1.5. Begriffserklärungen

V. 47: „ein blinder Bettler" = Bettler hatten früher keinerlei soziale Absicherung. Sie waren auf die Nächstenliebe und Hilfe der Menschen angewiesen. (Mk erwähnt im Gegensatz zu Mt nur einen Bettler.)
V. 47: „Jesus, der Nazarener" = Beiname Jesu, Hinweis auf seinen Heimatort Nazareth in Galiläa (Mt 2, 23)
V. 48: „Jesus, Sohn Davids" = Bartimäus erkennt, daß der Herr Jesus der verheißene Messias aus dem Geschlecht Davids ist.
V. 50: „Gewand" = kein Anzieh-, sondern ein Umlegekleidungsstück (quadratisches Tuch), diente nachts als wärmende Decke
V. 51: „Rabbuni" = Lehrer, Meister, respektvolle Anrede der geistlichen Lehrer im Spätjudentum. Spätere jüdische Schulen unterschieden 3 Stufen der Ehrerbietung: Rab, Rabbi und Rabbuni, von denen die letzte Anredeform die höchste war.

2. Zielgedanke

Der Herr Jesus hört dich.

Andere Möglichkeiten:
- Wer sich glaubend an den Herrn Jesus wendet, erfährt Hilfe. Wichtig ist, daß man auf die Stimme des Herrn hört und sich nicht von Menschen abhalten läßt.
- Der Herr Jesus überhört keinen.

3. Vorschläge zur Durchführung für die „kleine" Gruppe

3.1. Vorüberlegungen

Kinder dieser Altersgruppe haben kaum Erfahrungen mit blinden Menschen. Deshalb müssen wir versuchen, ihnen den hilflosen Zustand des Bartimäus bewußt zu machen. So können wir ihnen den Grund seines ausdauernden Schreiens besser erklären. Die Tatsache, daß der Herr Jesus helfen kann, wird von den Kindern nicht angezweifelt.

3.2. Einstiegsmöglichkeiten

3.2.1. Spiel: „Ich sehe etwas, was du nicht siehst, und das ist ..." - Gegenstände etc. im Raum raten lassen. Anschließend Gespräch über „Blindsein" - Was würde das für uns bedeuten? Überlegt einmal, wofür ihr die Augen braucht?

3.2.2. Spiel: Gegenstände mit verbundenen Augen ertasten oder sich mit verbundenen Augen von einem anderen Kind führen lassen. Die Kinder sollen die Unsicherheit, die Hilflosigkeit, das „auf einen Führer angewiesen sein" erfahren.

3.3. Durchführung

Zur Illustration können wir einige Bilder aus dem Bilderbuch „Bartimäus", Flanellbilder oder die OHP-Vorlage benutzen. Inhaltliche Schwerpunkte:

siehe 7.
siehe OHP-Vorlage 88

- die Stadt Jericho, der Weg nach Jerusalem
- der blinde Bettler (Blindheit, Bedeutung damals, auf Hören angewiesen – Was hatte er vermutlich von dem Herrn Jesus gehört?) Bild 1
- der Ruf um Erbarmen (Ausdruck seiner Hilflosigkeit und seines Vertrauens, Ruf trotz Bedrohung)
- die Reaktion des Bartimäus auf den Befehl des Herrn (Gehorsam, springt auf, läßt alles liegen, läuft in die Richtung, aus der er die Stimme des Herrn gehört hat)
- die Frage seines Herrn (der Herr möchte, daß Bartimäus seinen Wunsch formuliert)
- der geheilte, glückliche, nachfolgende Bartimäus Bild 2

Hinweis auf das Kreuz: Zwischen den beiden Zuständen des Bartimäus steht der Herr Jesus: Er hört, hilft und verändert.

3.4. Zur Festigung

3.4.1. Papiermosaik herstellen siehe OHP-Vorlage 89

3.4.2. „Blindenbild" herstellen: Die Kinder erhalten eine Kopie mit vorgezeichneten Punkten und durchstechen die Punkte mit einer Nadel (Papier beim Durchstechen auf eine weiche Unterlage z. B. auf ein Stück Teppich legen). Auf der Rückseite kann das Bild ertastet werden.

3.4.3. Die Kinder versuchen mit verbundenen Augen zu malen (z. B. Bartimäus). Spiele, siehe auch 3.2.

4. Vorschläge zur Durchführung für die „große" Gruppe

4.1. Vorüberlegungen

Bei den älteren Kindern können wir vielleicht eher auf Erlebnisse mit blinden Menschen (weißer Stock, Armbinde, Blindenhund) zurückgreifen. Je älter die Kinder werden, desto besser können sie den Wert gesunder Augen (Gesundheit überhaupt) begreifen. Wir können ihnen zeigen, daß die Notlage Bartimäus veranlaßt, trotz Widerstand alles zu versuchen, um zu Jesus Christus zu kommen. Das gelingt ihm, weil der Herr Jesus zu seinen Verheißungen steht: „Wer mich sucht, wird mich finden." Dieses Prinzip sollten wir den Kindern zeigen und sie auch ermutigen, sich nicht von anderen Menschen an einem Leben mit dem Herrn Jesus hindern zu lassen (evangelistische Anwendung gut möglich).

siehe 3.1.

4.2. Einstiegsmöglichkeiten

Spiele, siehe 3.2.

4.2.1. Gespräch über Blindheit

4.2.2. Wir schreiben den folgenden Satz auf und lassen entweder fünfmal den gleichen Anfangsbuchstaben (B) suchen oder geben B vor und lassen die Wörter vervollständigen:
Der blinde Bettler Bartimäus bittet um Barmherzigkeit.
Da die Begebenheit sehr bekannt ist, können wir sie von den Kindern erzählen lassen.

4.3. Durchführung

Illustrationsmöglichkeiten, siehe 3.3.

4.3.1. Möglichst mit der Bibel arbeiten! Schwerpunkte
- Blindheit (Übertragung auf heute: geistliche Blindheit des sündigen Menschen für die göttlichen Dinge; 2 Kor 4, 4; Eph 4, 18)
- Ruf um Erbarmen („erbarme dich meiner" – eine ganz persönliche Angelegenheit; Bitte um Barmherzigkeit ist ein Ausdruck von totaler Hilfslosigkeit, Bsp.: Geschichte vom barmherzigen Samariter)
- siehe 2. Funktion der Volksmenge (Hindernis auf dem Weg zum Herrn Jesus; Hindernisse heute; wichtig: nicht abhalten lassen, sondern auf den Herrn Jesus hören)
- Prinzip: „Wer mich sucht, wird mich finden."
- das Mittel zum Heil ist der Glaube und der Gehorsam (er hört auf das Wort des Herrn, er befolgt es schnell und läßt alles hinter sich, was ihm auf dem Weg hinderlich sein könnte, z. B. sein Gewand)
- die Frage des Herrn (der Herr Jesus möchte, daß wir unsere Not und unseren Wunsch offen aussprechen; er spricht den Willen des Menschen an; leider wollen sich auch heute viele nicht helfen lassen)
- siehe 1.4. die letzte Chance (der Herr Jesus war das letzte Mal in dieser Gegend)

4.3.2. Geschichte aus der Sicht des Bartimäus erzählt

siehe auch 3.4.

4.4. Zur Festigung

Beispiel (Lernvers), siehe OHP-Vorlage 90
siehe OHP-Vorlage 91

4.4.1. Die Kinder sollen einen Merksatz (siehe z. B. 2.) aus der Blindenschrift übersetzen. Arbeitsblatt vorbereiten und mit Blindenalphabet für jedes Kind kopieren.

siehe 4.2.2.

4.4.2. Erarbeitung eines Merksatzes mit Wörtern, die mit „B" beginnen (Fortsetzung von 4.2.2.):
Der blinde Bartimäus wird vom Volk bedroht, aber der Herr Jesus belohnt seinen Glauben.

siehe 7.

4.4.3. Spiele aus der „Blindenolympiade" (Mitarbeiterzeitschrift KONTAKTE)

5. Liedvorschläge

Der arme, blinde Mann ... (aus: Sing' mit uns ein neues Lied, Bd. 1, 85)
Die Sonne, die Erde, die Wolken ... (aus: Sing' mit uns ein neues Lied, Bd. 1, 93)
Dir geschehe, wie du geglaubt hast ... (aus: Kommt und singt, 41)
Jesus kann alles ... (aus: Sing' mit uns ein neues Lied, Bd. 2, 30)
Rufe mich an in der Not ... (aus: Wir loben Dich, Heft 1, 62)
Zwei Augen gab der Heiland mir ... (aus: Wir loben Dich, Heft 3, 73)

6. Vorschläge zum Bibelspruchlernen

Diese Aufforderung meint die vertrauensvolle Hinwendung zu Gott. Man erfährt Hilfe, und das löst Lob aus. Die Hilfe sieht nicht immer so aus, wie wir uns das vorstellen.

zur Illustration, siehe auch OHP-Vorlage 32

Der Spruch kann in Telefone geschrieben werden (auf Folie oder für die Flanelltafel). Die Kinder müssen die Telefone in der richtigen Reihenfolge anordnen. Beim Abfragen nehmen wir das eine oder andere weg.

siehe OHP-Vorlage 92

Der Bibelspruch kann aus der Blindenschrift übersetzt werden. Arbeitsblatt und Blindenalphabet für jedes Kind kopieren.

siehe OHP-Vorlagen 90 u. 91.

7. Literaturhinweis/Arbeitshilfen

Bartimäus (aus der Reihe: Was die Bibel erzählt). Deutsche Bibelgesellschaft, Stuttgart 1985 (vierfarbiges Bilderbuch mit Zeichnungen von Kees de Kort)

Gibbs, A.: Schritte ... Bd. 2, Lektion 194

genauere Angaben, siehe Lektion 29

Jakobi, E.: Der gute Start Bd. 3, L 11. Bibellesebund, Marienheide 1981 (Bibelarbeit mit Beispielgeschichte)

Jakobi, E.: Werkbuch ..., Lektion 28 (Stundenentwurf)

Jesus wirkt ...

KONTAKTE, Jungscharteil Nr. 2/86. Christl. Jugendpflege e.V., 2740 Basdahl (Mitarbeiterzeitschrift – Andachtsvorschlag mit Spiel „Blindenolympiade", ca. 20 Spiele für „Blinde")

Leben Christi 2, 6 Flanell-Lektionen ...

OHP 89

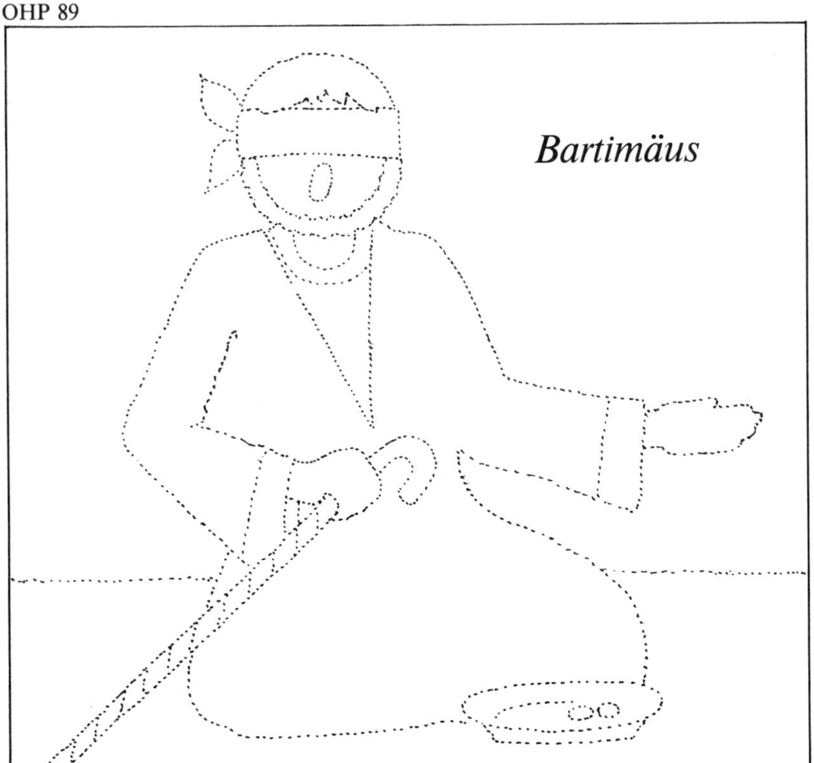

Ein Papiermosaik

Hergestellt von einer Kindergruppe.

Material: gummiertes, mattes Buntpapier und festeres Papier oder Tapete für den Hintergrund.

Mit wenigen Bleistiftstrichen werden die Umrisse des Bartimäus angedeutet.
Die Papiermosaiksteine kann man reißen oder schneiden, und zwar etwa 1 cm^2 groß.
Beim Aufkleben sollte zwischen den „Steinen" ein Abstand von ungefähr 1 mm sein (bei Rundungen „Steine" zurechtschneiden bzw. -reißen.) Zuerst werden die Umrisse geklebt und dann die Flächen.
Es macht viel Spaß, mit anderen zusammen Bartimäus herzustellen.
Er kann ruhig ca. 1 m groß werden.

aus: Erzählen, Basteln, Raten (CVD).

OHP 88

OHP 91

Blindenalphabet

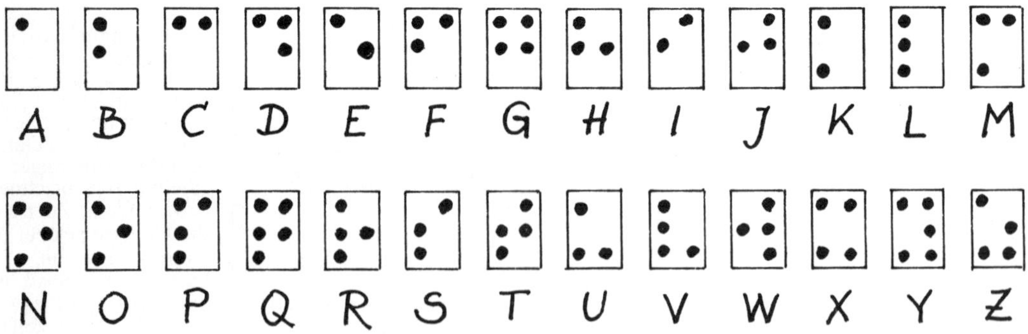

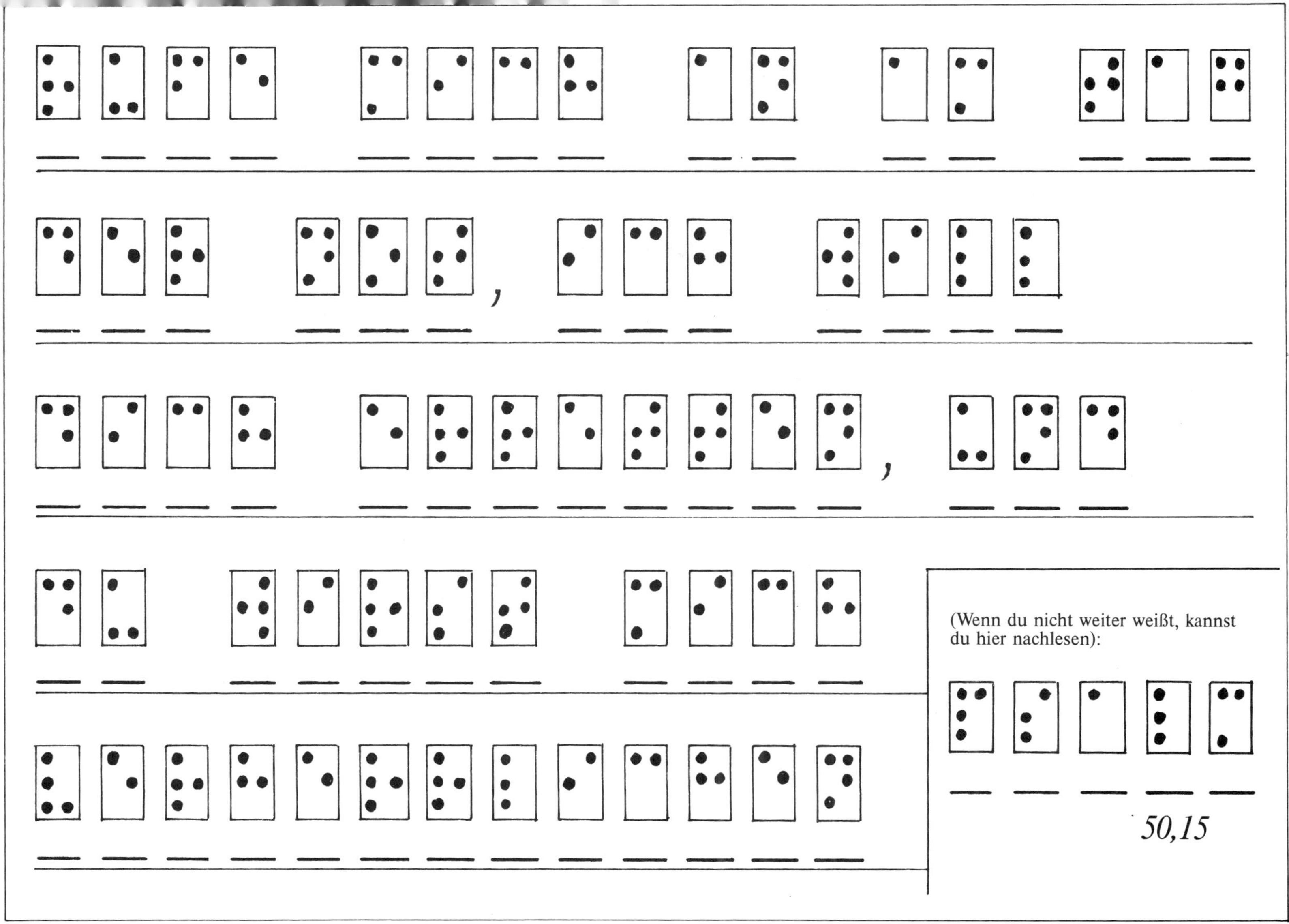
(Wenn du nicht weiter weißt, kannst du hier nachlesen):
50,15

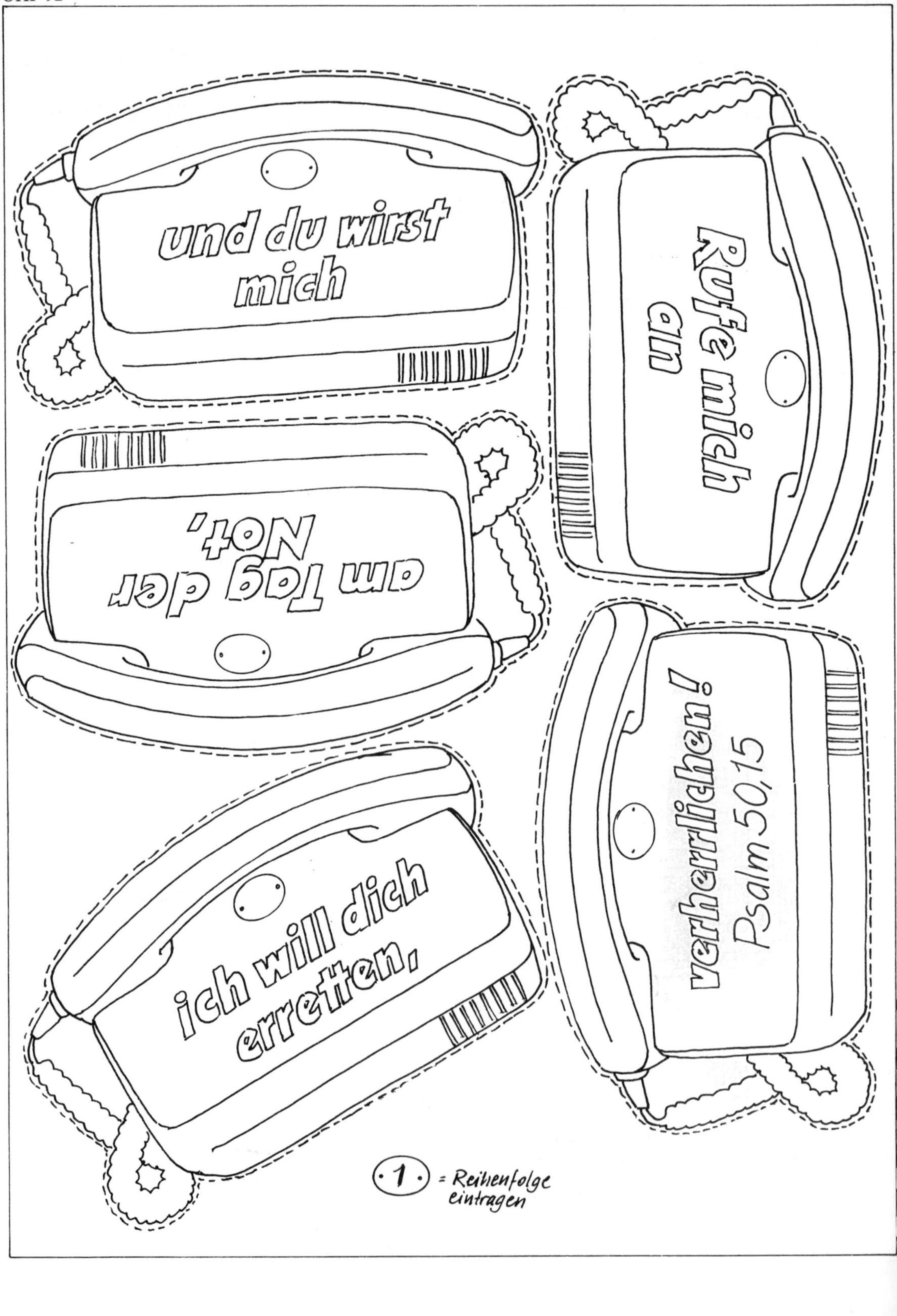
und du wirst mich
Rufe mich an
am Tag der Not,
ich will dich erretten,
verherrlichen! Psalm 50,15
1 = Reihenfolge eintragen

Lektion 35

Mk 10, 32-45

Wahre Größe im Reich Gottes

Lernvers
Wenn jemand der Erste sein will, soll er der Letzte von allen und aller Diener sein.
Markus 9, 35

1. Zum Textverständnis

1.1. Zusammenhang/Inhalt
Der Herr Jesus befindet sich auf dem Weg nach Jerusalem, der letzten „Station" seines Lebens auf dieser Erde. Er weiß, was ihn erwartet. Seine Jünger und wohl einige andere Menschen gehen mit ihm. Nach Mk 8, 31 ff und 9, 30 ff macht er hier nun die dritte Leidensankündigung.
Diese Ankündigungen werden von den Jüngern nicht verstanden (Lk 18, 34). Vielmehr kommen Jakobus und Johannes und begehren für sich die Ehrenplätze neben ihrem Herrn. Daraufhin macht der Herr Jesus ihnen deutlich, welches die richtige Gesinnung für ihr Leben sein muß: nämlich die, die er in seinem Leben gezeigt hat.

Parallelstellen:
Mt 20, 17 - 28
Lk 18, 31 - 34

1.2. Personen
- Jesus Christus
- die „Zwölf" (Jünger: s. Mk 3, 16 - 19). In ihrer Gegenwart macht er die Leidensankündigung (32 - 34). Namentlich werden Jakobus u. Johannes, die Söhne des Zebedäus, erwähnt.
- die Mutter Jakobus' und Johannes' (Mt 20, 20) namens Salome (s. Mk 15, 40; Mt 27, 56).
- „die ihm nachfolgten" (32). Aus der Tatsache, daß er die Zwölf in besonderer Weise zu sich nimmt, ist anzunehmen, daß noch mehr Menschen dabei waren.

1.3. Orte/Gegend
Der Herr Jesus kommt gerade von „jenseits des Jordan" (10, 1) und ist auf dem Weg nach Jerusalem, jedoch noch vor Jericho (10, 46).

1.4. Zeit
nach 11, 1; 11, 19 und 14, 1 wenige Tage vor der Gefangenschaft des Herrn Jesus

1.5. Begriffserklärungen

V. 32: „... sie erschraken ... fürchteten sich ..." = Die Jünger hatten noch ein falsches Bild von ihrem Herrn. Noch immer rechneten sie mit dem großen König, der sie von den Römern befreit. Deshalb erschraken sie vor seinen Aussagen über die Leiden.
V. 34: „geißeln" = Foltermethode der Römer. Ein Gefangener wurde mit einer Peitsche geschlagen, in deren Riemen Metallsplitter oder Knochenstücke eingeflochten waren. Dem Verurteilten wurde so der Rücken bis auf die Nerven und Knochen zerschlagen!
V. 37: „zur Rechten und Linken sitzen" = die Ehrenplätze bei einem Gastmahl
V. 38: „Kelch", „Taufe" = Hier ein Bild von Leid, Entbehrung und Tod (s. auch Mk 14, 36; Joh 18, 11; Lk 12, 50; Röm 6, 3 ff).
V. 39: „Den Kelch ... werdet ihr trinken ... mit der Taufe ... werdet ihr getauft werden ..." = Der Herr Jesus nimmt seine Jünger beim Wort (selbst in ihrer überheblichen Aussage), evtl. ein prophetischer Ausspruch (s. Apg. 12, 2; Offb 1, 9).
V. 45: „Lösegeld" = Damals üblicher Begriff für das „Lösen" von Sklaven (= loskaufen) aus ihrer Sklaverei
V. 45: „... für viele ..." = Das Wort, das hier gebraucht wird, meint „die Gesamtheit, die viele einzelne umfaßt ..." (s. Brockhaus Kommentar). siehe 7.

2. Zielgedanke

Jesus Christus denkt und urteilt anders als wir Menschen. Seine Lebenseinstellung war geprägt von „dienen" und „geben", unsere oft von „bedient werden wollen" und „nehmen". Jesus Christus will uns Vorbild und Hilfe sein, unsere Gesinnung der seinen ähnlicher werden zu lassen (s. Phil 2, 5 ff).
Andere Möglichkeiten:
- Der Herr Jesus will uns ein richtiges Bild über sich selber geben (32 - 34). (Wissen wir, wer der Herr Jesus *wirklich* ist?)
- Der Herr Jesus macht deutlich, daß Nachfolge auch Entbehrung und Leid bedeuten (38 ff). (Wissen wir, was Nachfolge bedeutet?)

3. Vorschläge zur Durchführung für die „kleine" Gruppe

3.1. Vorüberlegungen
Unser Text enthält kaum Handlung. Aber das Anliegen des Textes können wir faßlich machen, da gerade die Thematik des Zielgedankens in unserer Zeit ein großes Problemfeld ist. In unserer Konsumgesellschaft wird das Kind von klein auf in eine bestimmte Richtung geprägt: „Nimm, was du kriegen kannst." Daraus erwachsen Egoismus, Neid und letztlich ein Streben nach Einfluß, Macht, Besitz ...
Das widerspricht voll und ganz der Einstellung des Herrn Jesus und soll auch der Lebensweise eines Christen widerstreben.
Weil die kleinen Kinder ebenfalls in dieser Gesellschaft groß werden, muß ihnen schon frühzeitig der Wunsch kommen, den Herrn Jesus als Vorbild anzuerkennen, ihn „nachzuahmen". Nicht fehlen darf natürlich die größte Erniedrigung der Weltgeschichte: Der Kreuzestod des Herrn.

3.2. Einstiegsmöglichkeiten
3.2.1. Wir zeigen den Kindern ein mitgebrachtes „Geschenk": ein großer, leerer Karton ist wunderbar eingepackt (Geschenkpapier, Schleife ...). Die Kinder dürfen auspacken und werden enttäuscht sein, da das „Geschenk" leer ist. Wir leiten über: Nicht die äußere Erscheinung, nicht der erste Eindruck ist entscheidend, sondern das, was „dahinter steckt". Darauf erzählen wir die Geschichte.

3.2.2. Die Kinder bekommen eine Limonadenflasche (gefüllt mit Wasser) und testen sie (Strohhalm). Trotz richtigen Etiketts ein falscher Inhalt. Überleitung wie 3.2.1.

3.3. Durchführung
siehe OHP-Vorlage 93
3.3.1. Zur Illustration können wir die vier Kreise benutzen. Wir setzen vier Schwerpunkte:
Kreis 1: die Jünger mit dem Herrn Jesus unterwegs im Gespräch (Worüber unterhalten sie sich? Was sagt der Herr Jesus ihnen bzgl. seiner Zukunft?)
Kreis 2: der Wunsch der beiden Jünger, bzw. ihrer Mutter (Hier können wir die Kinder gut abholen. Sie denken ähnlich.
siehe 5.
Lied: Wir stehen so gern ganz vorne an ...)
Kreis 3: die Antwort des Herrn Jesus (Er denkt und beurteilt anders. Wir
siehe 3.2.
wollen über unser Verhalten zu Hause und unter Freunden nachdenken.)
„Kreis" 4: das Vorbild – Jesus Christus (Er handelt anders, s. V. 45, evtl. Rückgriff auf Lektion 1, Wiederholung des dortigen Lernverses

3.3.2. Wir erzählen die Geschichte aus Joh 13, 1 - 17 (Fußwaschung) als praktisches Beispiel aus dem Leben unseres Herrn. Der Herr Jesus hat seine Dienstbereitschaft bewiesen.

3.4. Zur Festigung
Spiel-Staffel mit zwei Gruppen (wenn räumlich möglich):
Die Kinder stellen sich hintereinander auf; beim Startzeichen muß immer der Erste der Gruppen nach hinten rennen und sich dort anstellen. Ist er angekommen, darf der nächste usw. Gewonnen hat die Gruppe, die als erste eine bestimmte Strecke zurückgelegt hat. Somit muß im Spiel der Erste immer Letzter werden.

4. Vorschläge zur Durchführung für die „große" Gruppe

siehe 3.1.

4.1. Vorüberlegungen

Die etwas älteren Kinder stecken durch Schule, Vereine, Freund etc. schon voll in unserer Gesellschaft und werden von ihr geprägt. Hier treten schnell Konflikte auf: Wie soll sich das Kind verhalten in den verschiedensten Lebenssituationen? Wie steht es mit dem Geltungsdrang, dem „Durchboxen" und „Übervorteilen"?

Wir müssen den Kindern die göttlichen, geistlichen Werte und Maßstäbe deutlich und - vor allem - wichtig machen! Gott beurteilt anders, als wir das so oft machen würden (s. z. B. Offb 2, 9; 3, 1; 3, 17 u. a.). Vor allem sollten wir deutlich machen, daß eine Errettung *ohne* Erniedrigung unseres Herrn Jesus *nicht* möglich gewesen wäre.

4.2. Einstiegsmöglichkeiten

4.2.1. Wir lassen die Kinder zusammentragen, welche Lebensziele sie schon jetzt haben und was sie erreichen möchten im Leben (in der Schule der Beste sein, viel Geld, schnellstes Auto etc.). Dann leiten wir auf die Geschichte über, als biblisches Beispiel für ähnliches Denken.

4.2.2. Wir unterhalten uns mit den Kindern über Beurteilungsmaßstäbe: Wonach beurteilt der Lehrer in der Schule: Schönheit? Größe? Stärke? Wonach beurteilt der Trainer im Sportverein? Schöne Stimme? Viel Geld? Es kommt eben auf den richtigen Beurteilungsmaßstab an. In der Schule: Leistung, Fleiß, Intelligenz. Im Sportverein: Schnelligkeit, Kraft ...
Bei Gott? Überleiten auf die Geschichte.

4.3. Durchführung

siehe 3.3. u. OHP-Vorlage 93

Mit Hilfe der OHP-Vorlage erarbeiten wir schrittweise die Kernaussage des Textes (Mk 9, 35). Ergänzungen zu 3.3.:
zu Kreis 1: Der Herr Jesus gibt wichtige Teilinformationen bzgl. seiner Zukunft: Ort des Geschehens, Überlieferung, Verurteilung, Überlieferung an die Nationen (Römer), Verspottung, Geißelung, Tod, Auferstehung (genaue Zeitangabe!). Das macht uns den Herrn Jesus noch wertvoller: Er wußte genau um seinen schweren Weg und ging ihn dennoch ganz zielbewußt. Das ist echter Dienst und Erniedrigung (V. 45).
zu Kreis 2: Das Ansinnen der zwei Jünger ruft Ärger bei den anderen hervor (eine typische Reaktion auf solche Bestrebungen).
zu Kreis 3: Die Antwort des Herrn enthält auch den Gedanken: Die Erhöhung ist nur nach dem Leiden möglich und dazu seid ihr noch nicht bereit (Selbsterniedrigung als Voraussetzung zur Erhöhung durch Gott, Phil 2, 8. 9).

siehe Lektion 20, 4.4.

4.4. Zur Festigung

siehe OHP-Vorlage 94

Ausführliche Erklärung des Lernverses mit OHP-Vorlage: „Wenn jemand der Erste sein will" (zusammentragen lassen, wie dies normalerweise möglich werden kann) „soll er der Letzte von allen ..." (Paradox!? Anhand des Lebens Jesu zeigen: Jemand, der wahre Größe und Macht besitzt, braucht sie nicht nach außen hin zu demonstrieren, bzw. damit zu prahlen. Der Herr Jesus gab freiwillig auf, was er besaß. „und aller Diener sein" (Die Aussage geht noch weiter - nicht nur der Letzte, sondern auch Diener [Sklave] sein, s. Joh 13)

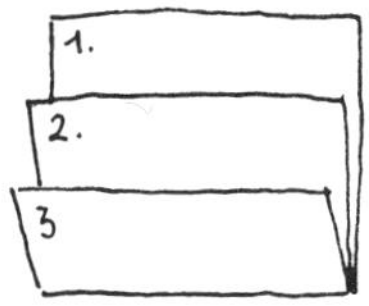

5. Liedvorschläge

Gott braucht nicht nur große Leute ... (aus: Sing' mit uns ein neues Lied, Bd. 1, 51)
Ich sing euch kein Lied ... (aus: Wir singen miteinander, 21)
Lies die Bibel ... wenn du wachsen willst ... (aus: Wir loben Dich, Heft 4, 71)
Nur wer klein bleibt ... (aus: Die bunte Liederkiste, 32)
Wir stehen so gern ganz vorne an ... (aus: Kommt und singt, 14)

6. Vorschläge zum Bibelspruchlernen

6.1. Wir schreiben die einzelnen Wörter auf einzelne Blätter (bei den älteren Kindern einzelne Silben). Bei vorgegebener Bibelstelle lassen wir das „Puzzle" zusammenlegen. Evtl. in 2 Gruppen: Wer ist schneller?

Illustration, siehe OHP-Vorlage 94

6.2. Wie 6.1., nur mit Folienstücken auf dem OHP.

Erklärung, siehe 4.4.

6.3. Den Bibelvers miteinander lernen und den Kindern für zuhause einen Briefumschlag mitgeben, in denen die einzelnen Silben oder Wörter enthalten sind. Als „Aufgabe" für die nächste Stunde: Den Vers auf ein Papier kleben und ein Bild dazu malen (passend z. B. die Begebenheit aus Joh. 13, 1 - 17; evtl. den Text angeben). Zur nächsten Stunde das Bild mit Vers mitbringen lassen und evtl. das schönste belohnen.

7. Literaturhinweis/Arbeitshilfen

Brockhaus Kommentar zur Bibel III (TB). Brockhaus Wuppertal 1987 (Textanalyse)

1

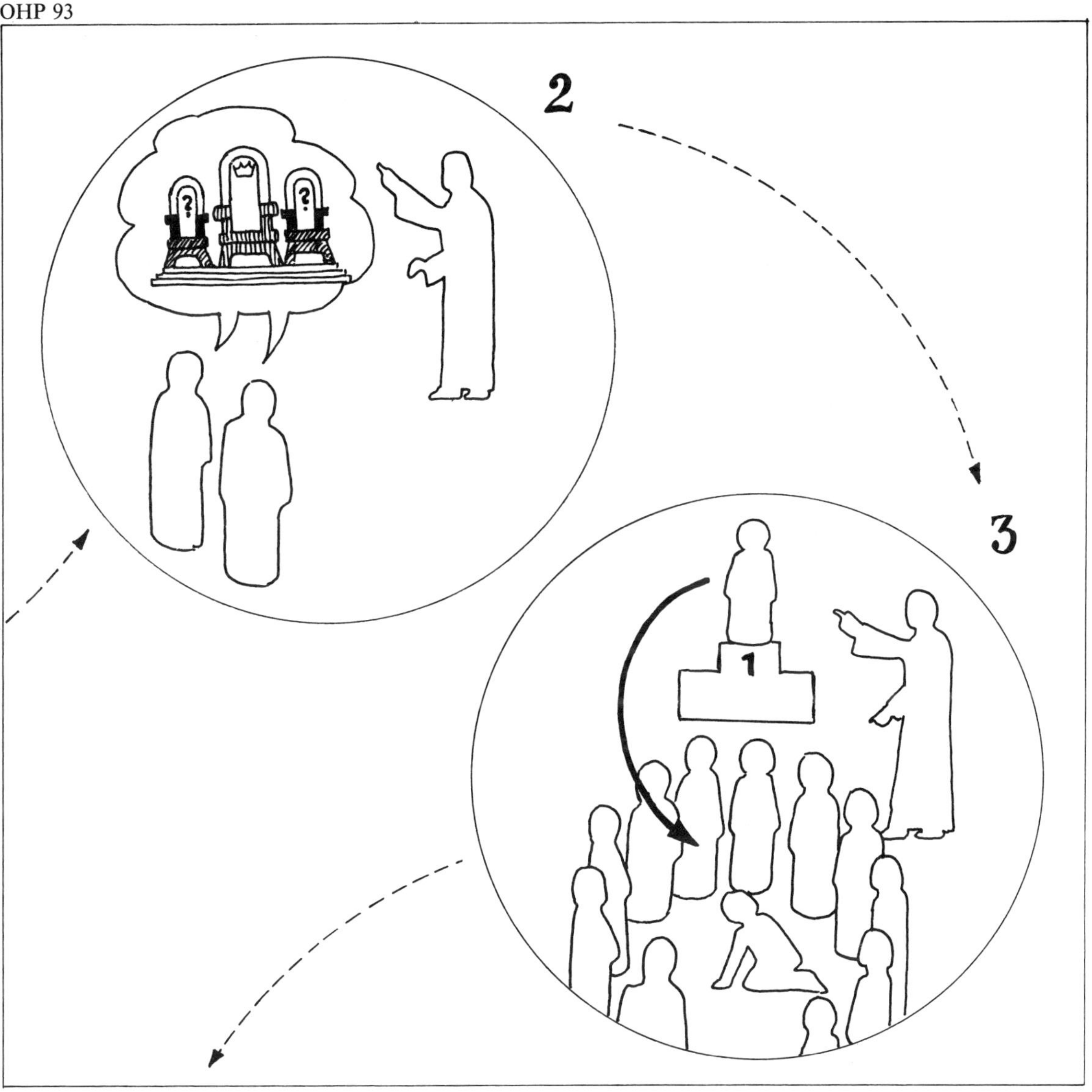
2
?
?
3
1

4
Der Sohn des Menschen
ist nicht
, um
, sondern
um zu
und sein Leben zu geben
als
2
1
5
10
für
Markus 10,45

1

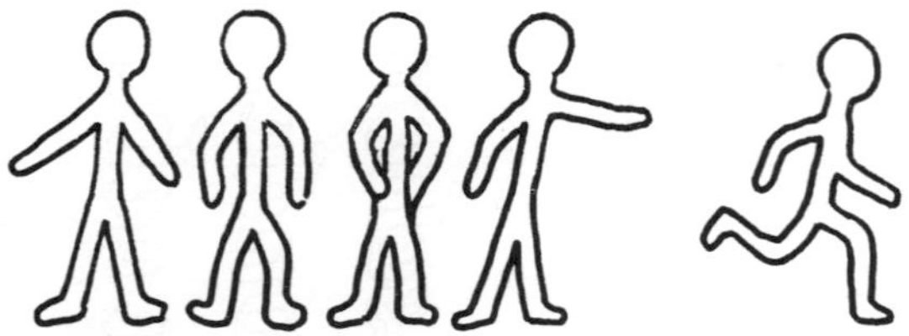

Wenn jemand der Erste sein will,

2

soll er der Letzte von allen

3

und aller Diener sein. Markus 9,35

Lektion 36

Ri 4-5

Debora und Barak

Lernvers
Der HERR ist meine Stärke und mein Loblied, und er ist mir zum Heil geworden.
Jesaja 12, 2b

1. Zum Textverständnis

1.1. Zusammenhang/Inhalt

Die Geschichte von Debora und Barak steht in einem Zyklus von Richtergeschichten, die immer nach dem gleichen Schema ablaufen: Das Volk Israel vergißt die Wohltaten Gottes, sondert sich nicht ab, sondern verwischt die Grenzen zwischen dem Glauben an Jahwe und Baal. Diese Verwischung geht über einen längeren Zeitraum in ganz kleinen Schritten vor sich, bis der alte Glaube ganz vergessen ist.

Grundsätzliches zum Richterbuch

Es geht hier unter anderem um ...
- die Problematik der Absonderung / Heiligung für Gott und um die Frage, inwieweit ich das, was die anderen machen, mitmachen kann (Kulturbereich Kanaan: Anpassung an die Kultgesetze Kanaans, d. h. auch Opferung Baals)
- die Problematik des freien Willens des Menschen. Gott läßt es zu, wenn wir uns von ihm abwenden, läßt uns aber auch die Konsequenzen tragen (Not und Entbehrung, Verfolgung durch die Feinde Israels)
- die Hauptwesenszüge Gottes: seine absolute Heiligkeit und seine unendliche Liebe, Gnade und Barmherzigkeit (Eph 2, 4-10)
- die Allmacht Gottes und die Ohnmacht Baals (vgl. 1 Sam 12, 6-11)
- die Regierung Gottes, sie beruht auf Gerechtigkeit - Ungehorsam bedeutet Leid und Unterdrückung.

Im Augenblick der größten Not besinnt sich das Volk auf Gott und kehrt um. Gott greift ein und rettet, indem er einen Richter schickt, der das Volk wieder zum Frieden führt, wobei in allen Richtergeschichten deutlich zum Ausdruck kommt, daß Gott allein der Handelnde ist. Die Richter sind seine Werkzeuge.

siehe OHP-Vorlage 95

Nachdem das Volk seine Not erkannt hat, wendet es sich an Debora, die schon Richterin ist. Sie läßt Barak holen und erinnert ihn an seine Aufgabe. Wichtige Vorankündigung in 4, 9: Gott wird den Sieg auf ungewöhnliche Weise schenken: Gott bedient sich eines Wolkenbruchs, denn was hätten Baraks Leute zu Fuß in einer offenen Feldschlacht im Flußtal des Kischon gegen das mit schnellen Streitwagen ausgerüstete Heer Siseras ausrichten können? Die Wagen bleiben im Schlamm stecken. Gott bedient sich der Tat Jaels, einer Frau, die nicht zum Volk Israel gehört.

siehe Lexikon zur Bibel

In allen Richtergeschichten handelt Gott auf ungewöhnliche Weise und mit ungewöhnlichen, ganz „banalen" Mitteln, um seine Größe zu offenbaren: Ochsenstecken (3, 31) - Nagel (4, 21) - Posaunen, Krüge, Fackeln (7, 20) - Mühlstein (9, 53) - Eselskinnbacken (15, 15), vgl. 1 Kor 1, 27.
Das Siegeslied Deboras besingt die wunderbaren Taten Gottes (vgl. 2 Mo 15) und ruft zum Dank auf für die wunderbare Errettung.

vgl. Rahab, Lektion 24

1.2. Personen

- Debora (Biene), V. 4: Prophetin und Richterin
- Barak (Blitz), V. 6: wird von Debora an seinen Auftrag erinnert, nimmt die Funktion des Heerführers wahr; ist einer der Väter des Glaubens (Hebr 11, 32)
- Jabin: kanaan. König von Hazor, vermutlich Nachkomme des Jabin aus Jos 11, 1-10
- Sisera: Feldherr des Jabin
- Jael: kenitische Frau. Die Keniter und Israeliten waren sich gegenseitig nicht feindlich gesonnen. Mose war mit Kenitern verschwägert gewesen.

siehe Lexikon zur Bibel

1.3. Orte/Gegend
- Debora - Palme (Ortsangabe s. V. 5)
- Haroschet-Gojim (Wald der Nationen): nicht genau zu lokalisieren, jedenfalls in einem Waldgebiet westl. des Sees Genezareth

siehe Karte, OHP-Vorlage 96

- Hazor: nördl. des Sees Genezareth, von Josua erobert (Jos 11, 10)
- Kischon: Fluß in S-N-Richtung, nördl. des Karmel in der Ebene Jesreel, mündet ins Mittelmeer
- Tabor: Berg im S-W des Sees Genezareth
- Terebinthe in Zaanannim: T = verhältnismäßig kleiner, schattenspendender Baum / Wohnort Hebers und seiner Frau Jael, zwischen dem Jordan und dem Berg Tabor

1.4. Zeit
um 1200 v. Chr. (Richterzeit vom Tod Josuas bis zur Monarchie [1. König Saul] dauerte ca. 350 J.)

1.5. Begriffserklärungen
V. 4: Richter = hatte die Funktion der Leitung des Volkes nach Mose und Josua und wurde von Gott zur Rettung des Volkes eingesetzt. Er hatte teilweise oder ganz folgende Funktionen: Heerführer, Prophet, Richter, Mittler zwischen Gott und dem Volk, Priester (letzter Richter: Samuel). Die Richter übten ihr Amt nicht für ganz Israel aus, ihre Tätigkeit war örtlich begrenzt. Die einzelnen Richterzeiten überlappen teilweise.
V. 3: Streitwagen = von den Ägyptern erfunden, von den Hetitern verbessert. Zur damaligen Zeit modernstes Kriegsgerät, gegen das jedes noch so große Heer zu Fuß machtlos war. Die Wagen waren mit zwei Leuten besetzt, dem Wagenlenker und dem Bogenschützen/Schildträger.
V. 19: Milchschlauch = Sauermilch mit einer einschläfernden Wirkung (vgl. 5, 25)
V. 21: Zeltaufbau war Frauenarbeit
Die geschichtlichen Einzelheiten bezüglich des Verhaltens der verschiedenen Stämme im Deboralied treten hier in den Hintergrund.

2. Zielgedanke

Gott ist stärker und handelt anders, als wir denken.
Andere Möglichkeiten:
- Gott rettet auf ungewöhnliche Weise.
- Gottvertrauen bringt Sieg.
- Aus der Errettung erwächst die Dankbarkeit (das Siegeslied Deboras und das neue Siegeslied, Offb 14, 3 u. 15, 3).

3. Vorschläge zur Durchführung für die „kleine" Gruppe

3.1. Vorüberlegungen
Der Kreislauf von Schuldigwerden und Vergebung ist ein Kreislauf, den wir jeden Tag an uns selbst erleben, in der Schule, zu Hause, im Kreis der Spielkameraden. Dieser Gedanke sollte im Hintergrund aller Richtergeschichten stehen.
Jeder einzelnen Richtergeschichte liegt ein weiterer Gedanke zugrunde, nämlich der, daß Gott auch aus persönlicher Not auf wunderbare und ungewöhnliche Weise rettet, wenn wir ihm ganz vertrauen. Die Geschichte von Debora und Barak ist sehr „blutrünstig", und es paßt so gar nicht in unser „Schema" hinein, daß Gott sich des Meuchelmordes einer Frau bedient, um zu seinem Ziel zu kommen. Bei der Durchnahme dieser Geschichte soll der Schwerpunkt auf das außergewöhnliche Handeln und die Macht Gottes gelegt werden und nicht so sehr auf die Details.

Härte und Brutalität nicht ausschmücken

3.2. Einstiegsmöglichkeiten

3.2.1. Gespräch: Erzählt einmal, wie jemand aus großer Not errettet wurde. (Es kommen bestimmt viele Beispiele, die die Kinder vielleicht auch mit Tieren erlebt haben oder kennen.) Das ungewöhnlichste Beispiel greifen wir auf und leiten über.

3.2.2. Lieder: „Alle Völker ...” oder „Vertraut auf Gott ...” - Anschließend könnten wir die Einnahme Jerichos wiederholen und dann auf die Geschichte überleiten.

siehe OHP-Vorlagen 57 u. 58

3.3. Durchführung

In groben Zügen an die Lektionen 23-28 anknüpfen: Israel zieht in das Land Kanaan ein. Beim Erzählen können wir Flanellbilder oder die OHP-Vorlage einsetzen. Wir können folgende Schwerpunkte setzen:

siehe 7.

siehe OHP-Vorlage 97

Bild 1: 20 Jahre wird das Volk Israel von den Kanaanitern gequält (der Ernte beraubt, bestohlen, geschlagen, als Sklaven eingesetzt etc.). Wie kann es so weit kommen? (Anwendung möglich: Ungehorsam zieht Strafe nach sich.)
Bild 2: Einige Israeliten suchten die Richterin Debora auf. Debora, eine gottesfürchtige Frau, weiß, was zu tun ist. Eine Wende deutet sich in der Geschichte Israels an. (Baraks „Feigheit” sollte ruhig erwähnt werden.)

Bibeltext genau lesen

Bild 3: Sammlung der Israeliten auf dem Berg Tabor. Baraks Not: das ungleiche Kräfteverhältnis (allein 900 eiserne Streitwagen), eine ausweglose Situation.
Bild 4: Deboras Glaube, Baraks Gehorsam (V. 14) und Gottes wunderbares Eingreifen: Wolkenbrüche und Schlammbad. Kein gutes Terrain für Pferde und Räder (Anwendung: Gott handelt anders, einfach und wirkungsvoll. Traust du Gott alles zu?)
Bild 5: Sisera flieht. Der gefürchtete Heerführer wird von einer Frau getötet.
Bild 6: Der großartige Sieg, Debora und Barak singen ein Lied zur Ehre Gottes. Dankbarkeit nach erfahrener Hilfe.

siehe Lernvers

3.4. Zur Festigung

3.4.1. Die Kinder malen ein kopiertes Bild mit einem im Schlamm versinkenden Streitwagen bunt. Wir singen dazu das Lied „Gott weiß immer einen Weg”.

siehe OHP-Vorlage 97, Bild 4
siehe 5.

3.4.2. Wettkampf mit ungleichen Voraussetzungen, z. B. Punktesammeln durch Ballwerfen in einen Eimer, ein Gruppe hat mehr Bälle und deshalb auch die größere Chance zu siegen. Wir vergleichen die Voraussetzungen mit denen vom Kampf zwischen Israel und den Kanaanitern. Wer hat das Kräfteverhältnis auf den Kopf gestellt?

siehe 2.

4. Vorschläge zur Durchführung für die „große” Gruppe

4.1. Vorüberlegungen

Prinzipiell gilt dasselbe wie für die „kleine” Gruppe. Wir sollten auf die Frage vorbereitet sein, warum sich Gott eines Mordes bedient, um sein Volk zu retten. Hier muß mit aller Deutlichkeit von Gottes Heilshandeln gesprochen werden und von seiner Heiligkeit, die niemanden neben sich duldet, es sei denn, es handelt sich um erlöste Sünder. Das Prinzip von Abfall - Not - Buße - Rettung in der Richterzeit sollte klar herausgestellt werden.

4.2. Einstiegsmöglichkeiten

4.2.1. Stummer Impuls: Wir zeigen das Denkmal des Glaubens von Gilgal (als Folie oder 12 Steine aufgeschichtet) und lassen die Kinder zusammentragen, woran die Israeliten erinnert werden sollen. Dann können wir auf die schlimme Situation überleiten und erarbeiten, wie es dazu gekommen ist. (Wichtig ist, daß die Kinder die geschichtlichen und geistlichen Zusammenhänge erkennen.)

siehe Lektion 25, OHP-Vorlage 55

4.2.2. Gespräch: Wo hat Gott in ausweglosen Lagen wunderbar geholfen und Sieg geschenkt? Wir könnten die Orte notieren und das Gemeinsame (Offenbarung der göttlichen Macht und Vertrauen einzelner Menschen) aufzeigen. Wenn wir so starten, kann sich der Zielgedanke wie ein roter Faden durch die ganze Stunde ziehen.

siehe 3.3.

4.3. Durchführung

Ergänzungen zu 3.3.:

siehe OHP-Vorlage 97

zu Bild 2: Anwendung: Wenn wir anfangen nach Gottes Willen zu fragen, kann er uns am ehesten helfen.
zu Bild 3: Selbst Schild und Lanze hatten die Feinde den Israeliten weggenommen (Ri 5, 8). Sie waren aus menschlicher Sicht den Feinden in jeder Hinsicht hilflos ausgeliefert. (Anwendung: Oft haben Menschen, die Gott verspotten, für eine gewisse Zeit mehr Macht, Einfluß und Gelingen, als Kinder Gottes. *Aber* - Gott ist stärker.)
zu Bild 4 u. 5: Gott hilft auf seine Art. (Anwendung: Gott bestraft Sünde, belohnt Buße und schenkt Rettung.)

siehe auch 4.4.1.

zu Bild 6: Wir sprechen über das Siegeslied und betonen V. 3 und 31.

4.4. Zur Festigung

4.4.1. Gespräch über Ri 5, 31 und das Lied „Die Gott lieben, werden sein wie die Sonne"

siehe OHP-Vorlage 98

vergleiche OHP-Vorlage 96

4.4.2. Wir kopieren für jedes Kind die Stille-Karte und lassen den Bach Kischon (Kison) und die Orte eintragen, die im Text erwähnt werden. Die „leere" Karte wird in den folgenden Lektionen ergänzt.

siehe 1.1. u. OHP-Vorlage 95

4.4.3. Als graphische Unterstützung für den Gesamtzusammenhang der Richtergeschichten können wir eine Sinuskurve (Auf und Ab) aufzeichnen. So wird der Kreislauf besonders anschaulich.

5. Liedvorschläge

Alle Völker ... (OHP 57)
Die Gott lieben ... (aus: Jungschar- und Teenagerlieder, Heft 2, 13)
Gott weiß immer einen Weg ... (aus: Sing' mit uns ein neues Lied, Bd. 1, 62)
Seid stark in dem Herrn ... (aus: Die bunte Liederkiste, 48)
Vertraut auf Gott ... (OHP 58)

6. Vorschläge zum Bibelspruchlernen

Am Beispiel von Ri 4 u. 5 läßt sich der Vers gut erklären.
Für die älteren Kinder:
Die Kinder bekommen den Bibelvers und sollen versuchen, so etwas wie ein Bilderrätsel zu erstellen, indem sie sich Symbole ausdenken. Sie arbeiten zu zweit oder zu dritt. Die Ergebnisse werden vorgestellt, und mit den besten Symbolen wird der Vers neu zusammengestellt.
Etwa so:

7. Literaturhinweis/Arbeitshilfen

Gibbs, A.: Schritte durch die Bibel, Bd. 1, Lektion 66. CV, Dillenburg 1982 (Textanalyse)
Inrig, Gary: Gottes Kraft reicht weiter. CV, Dillenburg 1982 (Ein Gang durch das Buch der Richter, u. a. eine praxisbezogene Auslegung zu Ri 4 u. 5 „Debora: Gottes außergewöhnliche Führerin" - für jeden Mitarbeiter eine gute persönliche Vorbereitung auf die Lektion)
Richter, 6 Flanell-Lektionen (u. a. Debora und Barak). KEB, Breidenbach (Text, Bilder, Bibelverse, Arbeitsheft, Rätsel).

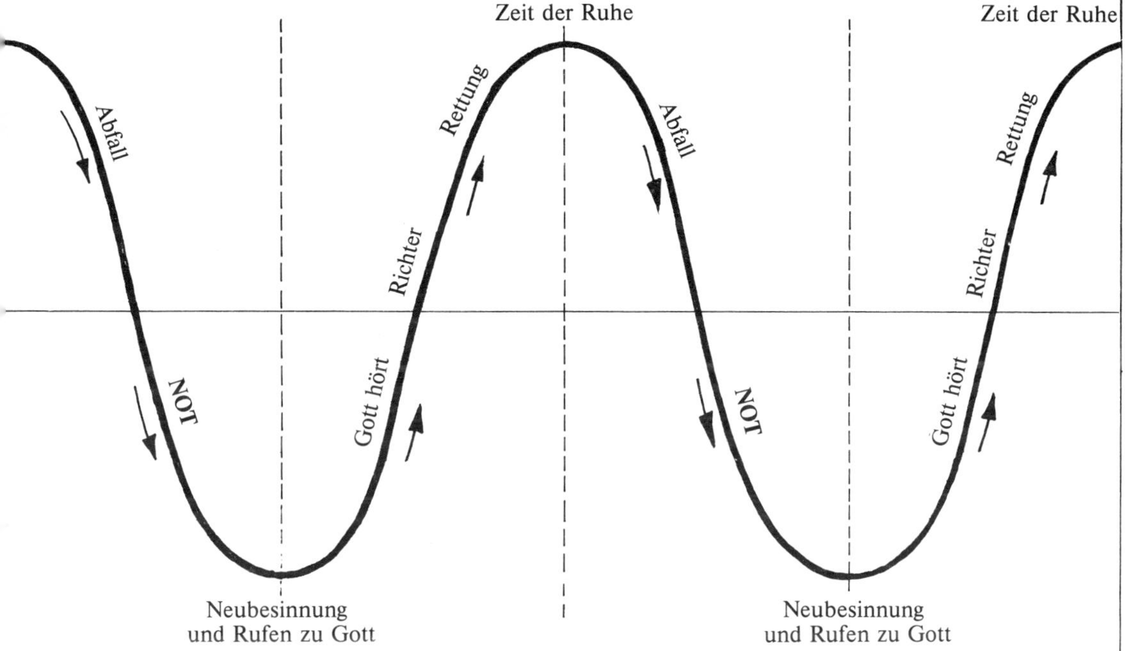
Zeit der Ruhe
Zeit der Ruhe
Abfall
Rettung
Abfall
Rettung
Richter
Richter
NOT
Gott hört
NOT
Gott hört
Neubesinnung
und Rufen zu Gott
Neubesinnung
und Rufen zu Gott

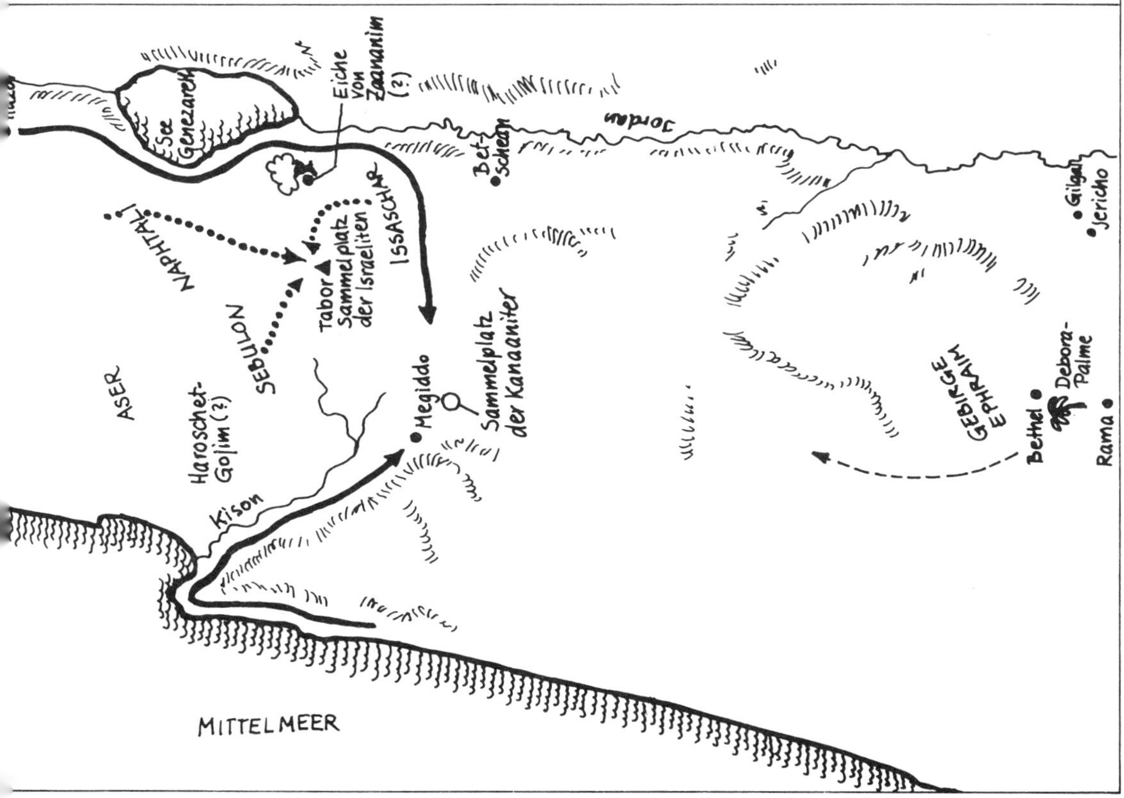
See Genezareth
Eiche von Zaanannim (?)
Jordan
Bet-Schean
Gilgal
Jericho
NAPHTALI
ISSASCHAR
Tabor
Sammelplatz der Israeliten
SEBULON
ASER
Haroschet-Gojim (?)
Kison
Megiddo
Sammelplatz der Kanaaniter
GEBIRGE EPHRAIM
Debora-Palme
Bethel
Rama
MITTELMEER

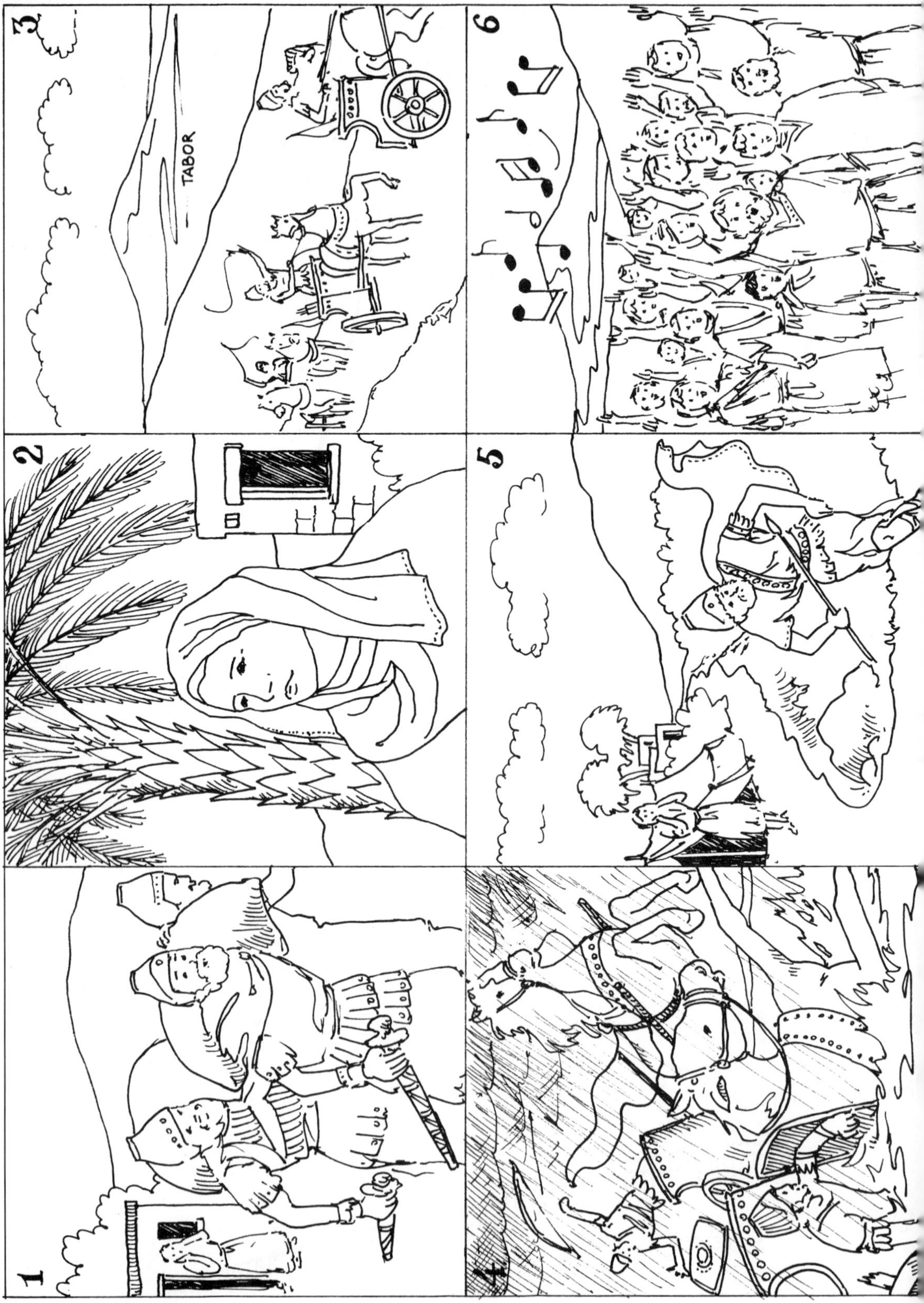
1
2
3
TABOR
4
5
6

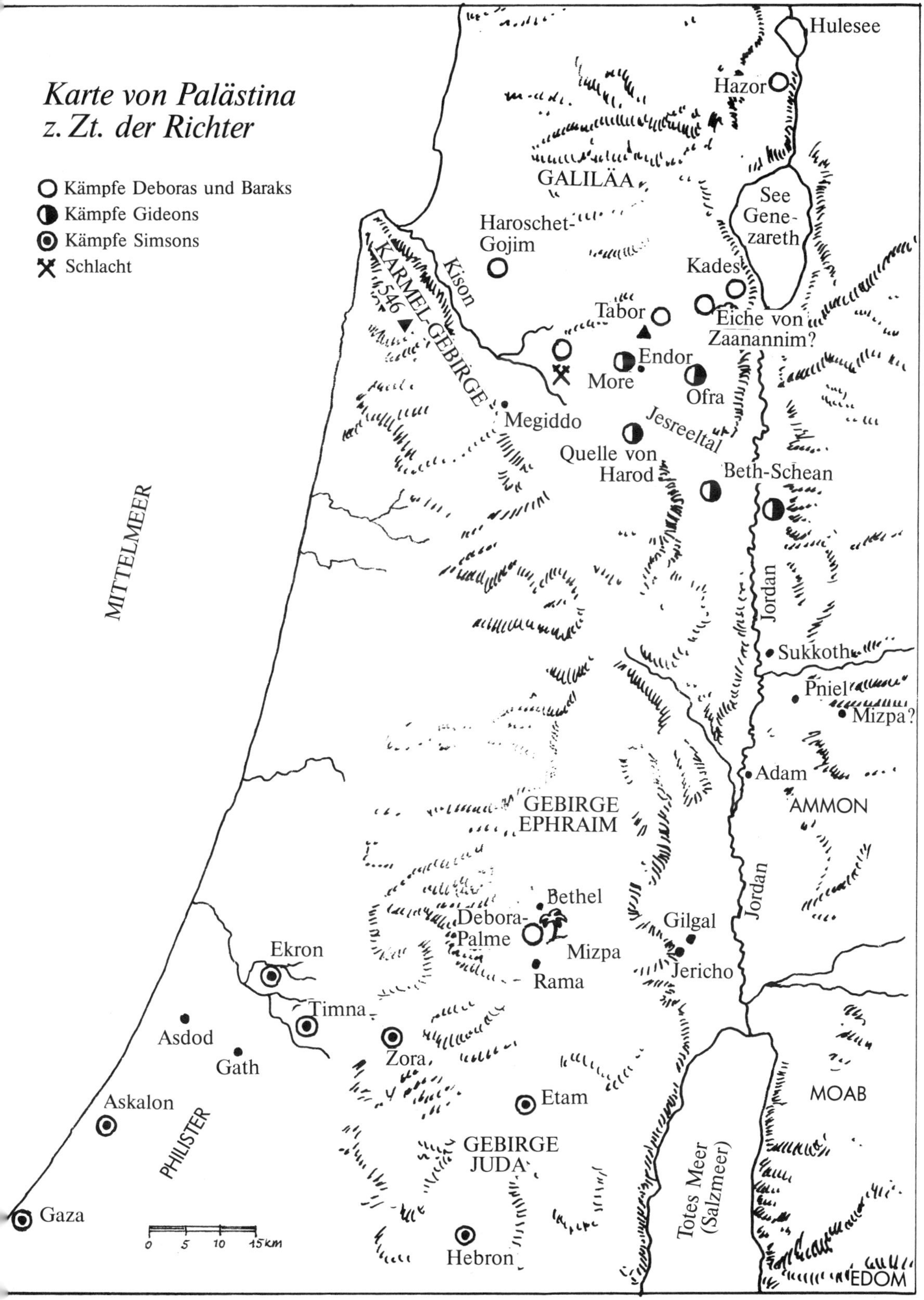
Karte von Palästina
z. Zt. der Richter
Kämpfe Deboras und Baraks
Kämpfe Gideons
Kämpfe Simsons
Schlacht
Hulesee
Hazor
GALILÄA
See Genezareth
Haroschet-Gojim
Kison
KARMEL-GEBIRGE
546
Kades
Tabor
Eiche von Zaananim?
Endor
More
Ofra
Megiddo
Jesreeltal
Quelle von Harod
Beth-Schean
MITTELMEER
Jordan
Sukkoth
Pniel
Mizpa?
Adam
AMMON
GEBIRGE EPHRAIM
Jordan
Bethel
Debora-Palme
Mizpa
Gilgal
Jericho
Rama
Ekron
Timna
Asdod
Gath
Zora
Askalon
Etam
PHILISTER
MOAB
GEBIRGE JUDA
Totes Meer (Salzmeer)
Gaza
0 5 10 15 km
Hebron
EDOM

Lektion 37

Ri 6

Gideons Berufung

Lernvers
Der Herr ist mein Helfer, ich will mich nicht fürchten. Was soll mir ein Mensch tun?
Hebräer 13, 6

1. Zum Textverständnis

1.1. Zusammenhang/Inhalt

siehe Lektion 36

Das Volk Israel ist wieder von Gott abgefallen. Es hat sich nicht an Gottes Gebot gehalten und muß die Konsequenzen dafür tragen (Ri 6, 7–10, vgl. 3 Mo 26). Gott schickt einen unbekannten Propheten, der das Volk auf die Zusammenhänge aufmerksam macht. Ein Engel besucht Gideon und beauftragt ihn, Israel zu retten. Gideon hat zunächst Bedenken (vgl. andere Berufungen: Mose, Jesaja), fordert dann ein Zeichen und erkennt, daß er es mit Gott selbst zu tun hat. Gott ruft persönlich in die Nachfolge. Gideon räumt zunächst bei sich selbst auf und erfährt auf dreifache Weise die Bestätigung Gottes.

1.2. Personen

siehe Lexikon zur Bibel

- Midianiter, Amalekiter u. Söhne des Ostens: Feinde Israels, sie kommen aus den Wüsten östl. und südl. Palästinas u. überfallen das Land. Diese Beduinenvölker fallen in großen Scharen über die Israeliten her und sind wegen ihrer Kamele sehr gefürchtet.
- Gideon: Sohn des Joasch, Nachkomme des Abieser aus dem Stamm Manasse (Jos 17, 2). Glaubensheld (Hebr 11, 32); Gideon („mit verletzter Hand" oder „der, der niederreißt"?) wird umbenannt in Jerub-Baal (Streiter gegen Baal, s. a. V. 32).
- Joasch (der Herr hat gegeben): Vater Gideons, ihm gehört ein Altar des Baal (V. 25)
- Männer der Stadt Ofra, die den Gott Baal ehren und fürchten
- Engel des HERRN: Der unsichtbare Gott offenbart sich im AT an vielen Stellen den Menschen in sichtbarer Gestalt als Engel des HERRN. Deshalb spricht dieser dann auch als Gott in der 1. Person (vgl. 2 Mo 3, 2. 6 u. Ri 2, 1).

1.3. Orte/Gegend

siehe OHP-Vorlage 98

Ofra: Ort am Ausgang der Ebene Jesreel, ca. 80 km nördl. von Bethel

1.4. Zeit

siehe Lektion 36

ca. 47 J. nach dem Sieg Deboras und Baraks (Ri 5, 31 u. 6, 1)

1.5. Begriffserklärungen

siehe Lexikon zur Bibel

s. Skizze Seite 13

V. 11: Terebinthe = ein verhältnismäßig kleiner Baum (bis zu ca. 5 m Höhe), Luther übersetzt meist „Eiche"
V. 11: Kelter = eine in den Felsen gehauene flache Vertiefung, in der zur Zeit der Weinlese aus den Trauben der Saft ausgepreßt wurde (von Keltertretern getreten, s. Skizze). Gideon drischt das Korn in der Kelter, weil die Midianiter das Schlagen der Dreschflegel und das Kreischen der Dreschschlitten auf der Tenne (s. V. 37) hören bzw. sehen würden.
V. 19: ein Efa (Mehl) = Hohlmaß, ca. 22 l
V. 25: Baal, Aschera = kanaanäische Gottheiten, Holzstatue der kanaanäischen Muttergottheit Aschera
V. 34: „der Geist des HERRN umkleidete Gideon" = ihn erfüllte der Geist, wörtl. „kleidete sich mit Gideon„, d. h. vollständige Inbesitznahme
V. 37: Tenne = ebener, offener Platz mit hartem Boden, der vor allem wegen des Worfelns so liegt, daß der Westwind genutzt werden kann.

2. Zielgedanke

Gott ruft persönlich in die Nachfolge und will Menschen gebrauchen, die in ihrer nächsten Umgebung für geordnete Verhältnisse sorgen.
Andere Möglichkeiten:
- Zweifel und Hinderungsgründe will Gott ausräumen.
- Gott macht Mut, ihm zu vertrauen.

3. Vorschläge zur Durchführung für die „kleine" Gruppe

3.1. Vorüberlegungen
Kinder machen oft Erfahrungen mit der Unglaubwürdigkeit ihrer Umwelt: Spielkameraden, Eltern, Erwachsene. Versprechen werden nicht eingehalten, es wird nicht immer die Wahrheit gesagt. Gideon hat beispielhaft erlebt, was Vertrauen auf Gott in einer schlechten Umwelt bedeutet. Menschlich gesehen stand er auf einsamem Posten, aber Gott bestätigt sein Verhalten. Hier können wir die Kinder ermuntern, trotz Widerstand und Ausgelachtwerden auf Gott zu vertrauen. Wir sollten auch schon den jüngeren Kindern das Prinzip des „Gegen-den-Strom-Schwimmens" zeigen und ihnen vor allen Dingen Mut machen, daß sie auf Gottes Seite letztendlich immer besser dran sind, auch wenn es im ersten Moment anders aussieht.

3.2. Einstiegsmöglichkeiten
3.2.1. Direkter Einstieg, da sich die Geschichte hervorragend zum paraphrasierenden Erzählen eignet, d. h. mit eigenen Worten, aber eng am Text entlang.

3.2.2. Bild von Heuschrecken: Was wißt ihr über sie? In manchen Ländern richten sie großen Schaden an. Sie kommen sehr zahlreich und fressen ganze Felder leer. Die Bibel vergleicht manche Völker mit einem Schwarm Heuschrecken.

siehe Bild 1, OHP-Vorlage 99

3.3. Durchführung
Zur Illustration können wir Flanellbilder oder die OHP-Vorlage benutzen. Wir verschaffen uns und den Kindern anhand von vier Szenen einen Überblick von den Zusammenhängen. Je jünger die Kinder sind, desto weniger sollten wir die einzelnen Szenen ausschmücken. Wir sollten einen Gedanken vertiefen und ansonsten nur die Zusammenhänge aufzeigen.

siehe 7. u. OHP-Vorlage 99

1. Szene: Wie Heuschreckenschwärme fallen die Feinde über Israel her. Sie verbreiten Angst und Schrecken. Israel verarmt. (Wir nennen kurz den Grund, das Typische der Richterzeit. Bei den Jüngeren nicht vertiefen.) Wie verhält sich Gideon? (V. 11)

Bild 1

siehe Lektion 36, 1

2. Szene: Gott beauftragt Gideon. Dieser fühlt sich der Aufgabe nicht gewachsen. Deshalb gibt Gott ihm ein Zeichen. Nachdem Gideon erkannt hat, daß Gott auf seiner Seite steht, erhält er einen genauen Auftrag.

Bild 2

3. Szene: Gideon soll in seiner nächsten Umgebung aufräumen. Er kämpft für Gott gegen die Götzen.

Bild 3

4. Szene: Gott ist bereit Gideon weitere Zeichen zu geben. Er ist mit ihm. So wird Gideon im Vertrauen auf Gott gestärkt und auf seine große Aufgabe, Israel von seinen Feinden zu befreien, vorbereitet.

Bild 4

Anwendung: Wir sprechen mit den Kindern über Situationen, wo sie Farbe bekennen mußten und erfahren durften, daß Gott dazu Mut schenkt und hilft.

3.4. Zur Festigung
3.4.1. Bekannte Gestalten der Bibel heraussuchen, die ähnliche Erfahrungen wie Gideon gemacht haben, z. B. Noah, Daniel, Josua. Dazu zeigen wir den Kindern je ein markantes Bild zu den einzelnen Personen (siehe OHP-Vorlagen der entsprechenden Lektionen). Wir lassen die Kinder erzählen und von ihnen die Gemeinsamkeiten mit Gideon nennen.

siehe Lektionen 8, 15–19, 23–28

Vorschlag für die Älteren der „kleinen" Gruppe

3.4.2. Die Kinder malen die OHP-Vorlage bunt.

siehe OHP-Vorlage 99

3.4.3. Spiel „Zeig mir deine Farbe": Zwei Kinder haben je ein Bild auf dem Rücken (z. B. Heuschrecke u. umgehauener Altar). Sie müssen versuchen, das Bild des Anderen zu nennen.
- Gideon arbeitete erst im Verborgenen und wurde dann von Gott beauftragt und befähigt, an die Öffentlichkeit zu treten.

4. Vorschläge zur Durchführung für die „große" Gruppe

4.1. Vorüberlegungen

vgl. 3.1.

Die Berufung Gideons öffnet uns den Blick hinter die Kulissen. Wir erleben mehr als einen großen Kämpfer, der gegen den Strom schwimmt. Die Bibel gibt uns Einblick in seine Gefühlswelt. An dieser Stelle könnten wir die Anwendung für die älteren Kinder erweitern.
Die Kinder sind jetzt in einer Phase der ersten intensiven Umorientierung: Schulwechsel, Ende der Orientierungsstufe (NW), Fremdsprachenunterricht. Sie beginnen, sich auch an anderen Personen als den Eltern zu orientieren. Sie merken, wo in der Erwachsenenwelt manches zerbricht und nicht wieder repariert werden kann und suchen nach neuen Identifikationsmöglichkeiten, die sie u. a. in Stars finden oder in Menschen, die etwas Großes für die Menschheit getan haben. Diese wollen sie als Vorbild haben. Sie erkennen vielleicht, daß es sich lohnt, sich intensiv für eine Sache einzusetzen, aber auch, daß es bittere Rückschläge und Enttäuschungen gibt und man an dem Ziel, das man vor Augen hat, verzweifeln kann. Gideon ist ein Beispiel für einen solchen Mann, mit dessen Gefühlen man sich identifizieren kann und dessen entschiedenes Eintreten für die Sache Gottes als Vorbild gelten kann.

4.2. Einstiegsmöglichkeiten

siehe auch 3.2.
siehe OHP-Vorlage 95
siehe 1.

4.2.1. Wir legen die OHP-Vorlage der letzten Lektion auf und lassen die Kinder die Darstellung erklären. Nach der 40jährigen Ruhephase folgt eine 7jährige Notzeit, weil das Volk von Gott abgefallen ist. So können wir das Wesen der Richtergeschichten noch einmal verdeutlichen.

4.2.2. Gespräch über Situationen, in denen die Kinder aufgrund ihres Glaubens auf einsamen Posten standen. Was habt ihr dabei empfunden?

4.3. Durchführung

siehe 3.3.
siehe OHP-Vorlage 99
siehe 1.

Merksätze links neben die Bilder der OHP-Vorlage 99 notieren

Ergänzungen zu 3.3.:
zur 1. Szene: Beschreibung der geschichtlichen Situation, Hintergrundinformationen einfließen lassen, geistliche Begründung der äußeren Verarmung (s. Worte des Propheten, V. 7–10). Wir können links neben Bild 1 der OHP-Vorlage die Kernaussage schreiben:
Strafe für den Ungehorsam (Anwendung!)
zur 2. Szene: Gideon drischt heimlich Korn. Was hat er wohl gedacht? (Wunsch nach Befreiung, Rückblick auf vergangene Tage [V. 13], Angst vor den Feinden), Gott beauftragt Gideon. Dieser erkennt seine eigene Schwachheit. Gott stärkt ihn durch das Zeichen (V. 17 ff), indem er zeigt, wer er ist. Möglicher Merksatz neben Bild 2: Gott ruft in die Nachfolge und macht Mut.
zur 3. Szene: Gideon erhält einen konkreten Auftrag. Wir können gut verstehen, daß er sich fürchtet (V. 27 – Anwendung). Er erntet Widerstand im eigenen Dorf. Sein Vater hat einen weisen Vorschlag (V. 31). Möglicher Merksatz neben Bild 3: Gideon gehorcht Gott, obwohl es für ihn nicht einfach ist.

vgl. auch Inrig, S. 97 (siehe 7.)

zur 4. Szene: Das Vliesauslegen drückt den Zweifel, den Unglauben und die Unsicherheit Gideons aus. Den Willen Gottes kennt Gideon („wie du geredet hast" V. 36. 37). Wir dürfen Gideon nicht verurteilen, aber aus dieser Begebenheit die große Geduld Gottes mit uns Menschen erkennen. Gott sieht das ehrliche Herz dieses Mannes. Wir sollten auch seine schwierige Situation berücksichtigen (götzendienerische Umgebung, Bedrohung durch den Feind von außen, …). Möglicher Merksatz neben Bild 4: Gott hilft Gideon über seine Zweifel hinweg und stärkt seinen Glauben. (Anwendung, s. 4.1.)

4.4. Zur Festigung

siehe OHP-Vorlage 99 (als Arbeitsblatt)

4.4.1. Die Kinder erhalten eine Kopie der OHP-Vorlage, erarbeiten (evtl. in Kleingruppen) die Merksätze und tragen sie in das Arbeitsblatt ein. Anschließend sprechen wir über die Anwendung der Kernaussagen auf unser Leben.

4.4.2. Gespräch über die Fragen: Wie erkennen wir den Willen Gottes heute? Wie begegnet uns Gott? (Sein Wille, konkrete Aufträge, mutmachende Verheißungen stehen in der Bibel.)

5. Liedvorschläge

Ein frohes Leben ... (aus: Die bunte Liederkiste, 51/vor allem Refr. u. Strophe 2)
Herr Jesus, dir vertrau ich ... (aus: Die bunte Liederkiste, 21)
Immer auf Gott zu vertrauen .. (aus: Wir loben Dich, Heft 2, 26)
Mein Gott ist so groß ... (aus: Wir loben Dich, Heft 1, 58)
Sei ein lebend'ger Fisch ... (aus: Sing' mit uns ein neues Lied, Bd. 1, 32)
Wenn du Jesus kennst ... (aus: (aus: Jungschar- und Teenagerlieder, Heft 1, 83)

weitere Vorschläge, siehe Lektion 36, 5

6. Vorschläge zum Bibelspruchlernen

Zur Erklärung stellen wir die Macht und Größe Gottes der Schwäche und Hilflosigkeit der Menschen gegenüber (zur Illustration könnte man Beispiele aus den bisher behandelten Lektionen anführen, z. B. Sturmstillung L 29 und Einnahme Jerichos L 26).

siehe Lektionen 26 u. 29

Wir können die einzelnen Wörter auf kleine Zettel schreiben, gemischt auf den Boden legen und von den Kindern in der richtigen Reihenfolge sortieren lassen (evtl. zwei Gruppen im Wettkampf).

7. Literaturhinweis/Arbeitshilfen

Brockhaus Kommentar zur Bibel I (TB). Brockhaus, Wuppertal 1987 (Textanalyse)
Feuer am Mittag. Hörspiel über Gideon (Ri 6–8) von Hanno Herzler. ERF (Erzählhilfe u. zum Vorspielen in der „großen" Gruppe geeignet)
Gibbs, A.: Schritte ..., L 67 und 68 ...
Gideon, Flanellbilder mit Erzählvorschlägen für Vorschul- und Schulkinder zu Ri 6 u. 7. Scripture Press Publications
Gott steht zu seinem Wort Bd. 6. Hrsg.: Ludwig-Hofacker-Vereinigung. Hänssler, Stuttgart 1987 (Die Geschichte Gideons wird für Kinder erzählt.)
Inrig, Gary: Gottes Kraft ... (gute praxisorientierte Auslegung)
Jakobi, E.: Guter Start Bd. 1, L 16 u. 17. Bibellesebund, Marienheide 1979 (eine Gruppenarbeit u. Erzählung zu Ri 6 u. 7)
Keller, W. Phillip: Gideon - das Schwert Gottes. Bundes-Verlag, Witten 1981 (eine Auslegung von Ri 6–8)
Richter, 6 Flanell-Lektionen (u. a. Gideon zerstört den Altar Baals, Ri 6 und Gideon besiegt die Midianiter, Ri 7) ...

genauere Angaben, siehe Lektion 36, 7.

Zu 1.5.:
ägypt. Weinkeller (nach einem Grabgemälde). Die Keltertreter halten sich an Stricken fest. Der ausgepreßte Saft fließt in den Behälter und wird in Tonkrüge abgefüllt.

Richter 6: Wir lernen von Gideon

1

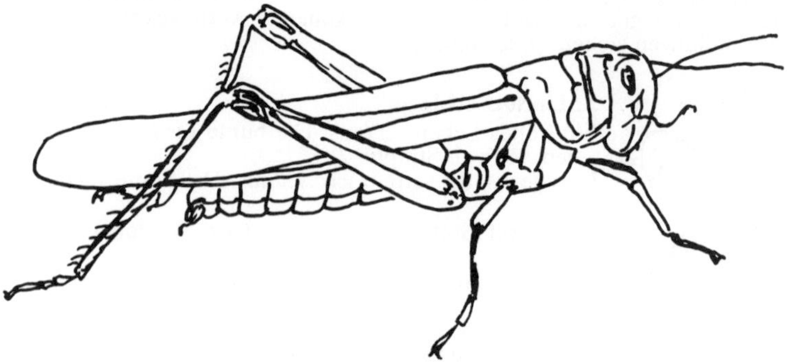

2

3

4

Lernvers
Harre auf den HERRN! Sei mutig, und dein Herz sei stark, und harre auf den HERRN!
Psalm 27, 14

Lektion 38

Ri 7

Gideons Kampf

1. Zum Textverständnis

1.1. Zusammenhang/Inhalt

Die Rettung des Volkes Gottes liegt auf einer einzigen Schulter und geht nicht ohne die Hilfe Gottes. Gott wird, weil Gideon sich als Werkzeug benutzen läßt, mit einem Häufchen von 300 Leuten und mit so „friedlichen" Gegenständen wie Tonkrug, Posaune und Fackel mit einer Übermacht von 135.000 Mann (8, 10) fertig. Den Sieg schenkt ER allein (7, 2).

siehe Lektionen 36 u. 37

1.2. Personen

- Gideon: wird zum großen Vorbild des Volkes, ist gehorsam, vertraut auf Gott (6, 36; 7, 9), steht Gott den ganzen Tag zur Verfügung (7, 1. 19), bleibt bescheiden, läßt alle am Sieg teilhaben (7, 23)
- Israeliten: 300 Leute können sich am Vorbild Gideons ausrichten. Sie sind gehorsam, obwohl das, was sie tun sollen, sinnlos erscheint (mit Fackeln, Krügen und Posaunen kämpfen). 9700 Mitläufer, die, aus welchen Gründen auch immer, für die weitere Mitarbeit nicht tauglich sind. 22.000 Ängstliche, die gar nicht erst mitarbeiten wollen. Neugierige, die zwar kommen, aber dann die Finger davon lassen.
- der HERR bleibt bis zum Schluß der eigentliche Heerführer
- Pura: Bursche, Diener, Waffenträger Gideons
- Midian, Amalek u. die Söhne des Ostens (Anzahl nach 8, 10 135.000)
- Oreb und Seeb: zwei Oberste der Midianiter (V. 25)

siehe Lektion 37, 1.2.

1.3. Orte/Gegend

Rund um die Jesreel-Ebene, vom Hügel More, der Quelle Harod bis in die Jordan-Ebene

1.4. Zeit

- siehe Lektion 37 -

siehe 3.4.2.

1.5. Begriffserklärungen

V. 12: „wie die Heuschrecken ... wie der Sand" = eine unüberschaubare Zahl, Zahlenverhältnis 300 Israeliten : 135.000 = 1 : 450 (zur Illustration: 450 Streichhölzer in eine Styroporplatte stecken u. ein „israelitisches Streichholz")
V. 13: Laib Gerstenbrot = Gerste war in Palästina das am weitesten verbreitete Getreide, Gerstenbrot war das Grundnahrungsmittel für ärmere Leute
V. 16: Hörner (LÜ Posaune) = Hörner von Rindern oder Hammeln (Hinweis auf das Bekenntnis, 1 Kor 14, 8) / Krüge = leere Kannen schützten die Fackeln vor dem Wind und verbargen das Licht bis zum entscheidenden Augenblick / Fackel = Licht in der Dunkelheit, mehrere mit Lappen zusammengebundene Holzstücke, mit Pech oder Fett getränkt
V. 19: „beim Beginn der mittleren Nachtwache" = ca. 22 Uhr, drei Wachen zu je 4 Std.

siehe Brockhaus-Kommentar (u. 7.)

2. Zielgedanke

Gott will, daß wir uns allein auf ihn verlassen und nicht auf unsere eigenen Kräfte und Fähigkeiten.
Andere Möglichkeiten:
- Gott gibt denen Sieg, die ihm vertrauen.
- Gottes Waffen sind anders.
- Gott gebraucht Menschen, die Vorbilder für andere sind (7, 17).

3. Vorschläge zur Durchführung für die „kleine" Gruppe

3.1. Vorüberlegungen

Eigene Fähigkeiten, besondere Begabungen, große Zahlen usw. können für jeden Menschen eine Gefahr werden. Menschliche Leistungen und Erfolge lassen uns allzuoft Gott vergessen. Das Geheimnis echter Stärke ist der Glaube (Hebr 11, 32).
Hier können wir die jüngeren Kinder abholen. So wie sie sich in schwierigen Lagen vertrauensvoll an ihre Eltern klammen, weil sie wissen, daß diese stärker sind und es gut mit ihnen meinen, genauso lernt Gideon, sich ganz auf Gott zu verlassen. Dieses Verhalten Gideons steckt seine 300 Kämpfer an. Wenn Kinder glaub- und vertrauenswürdige Vorbilder in uns Erwachsenen haben, fällt es ihnen viel leichter, das Wesentliche der Gideonsgeschichte zu verstehen. Gerade der Ausspruch: „Seht es mir ab und macht es ebenso!" (V. 17) entspricht ganz dem kindlichen Lernen. Am wirkungsvollsten ist das Lernen am Modell.

3.2. Einstiegsmöglichkeiten

siehe Bild 7
OHP-Vorlage 100

3.2.1. Wir zeigen den Kindern nach und nach je ein Bild (noch besser ist es, wenn wir die Gegenstände mitbringen können) von den drei eigentümlichen Waffen. Sie werden verschiedene Geschichten damit verbinden. Erst wenn sie alle drei Dinge zusammen sehen, werden wohl die meisten Kinder wissen, um welche Geschichte es heute geht.

siehe 3.1.

3.2.2. Bildbetrachtung: ein Kind an den Händen seiner Eltern. Nachdem die Kinder sich dazu geäußert haben, leiten wir auf die Situation Gideons über.

Foto: W. H. Müller

3.3. Durchführung

siehe 7.
siehe OHP-Vorlage 100 (Fortsetzung der OHP-Vorlage 99)

Wir können die Geschichte in vier Abschnitten erzählen. Dazu gibt es Flanellbilder, oder wir benutzen die OHP-Vorlage 100. Bei den jüngeren Kindern arbeiten wir nur mit den Bildern und lassen die Merksätze weg.

Wir starten mit dem letzten Bild der vergangenen Stunde, um den Zusammenhang herzustellen. — Bild 4

1. Szene: 32.000 Israeliten sind bereit mit Gideon in den Kampf zu ziehen. Die großen Zahlen müssen veranschaulicht werden, z. B. 32.000 Leute sind ungefähr soviel Menschen wie die Einwohner von Mettmann. Gott sind das zu viele. Er will nicht, daß sich das Volk hinterher auf die eigene Leistung beruft. Deshalb wird die große Menge zweimal geprüft (Prüfungen kurz erwähnen). 31.700 fallen durch, 300 Mann bleiben übrig. — Bild 5

2. Szene: Bevor es zum Kampf kommt, macht Gott Gideon Mut. Als er sich mit seinem Burschen an das feindliche Lager heranschleicht, erfährt er von einem Traum, den ein Midianiter einem Gefährten erzählt. Gideon wird siegen. Gideon lernt, Gott ganz zu vertrauen. — Bild 6

Anwendung: Gottes Versprechen gehen in Erfüllung.

3. Szene: die eigentümlichen Waffen (für die Altersgruppe nur kurz ohne Anwendung erklären) — Bild 7, siehe 1.5.

4. Szene: Die 300 Mann achten auf das, was Gideon ihnen gesagt hat. Sie tun nicht mehr, als die Hörner blasen, Krüge zerschmettern (die beim Anmarsch den Lichtschein der Fackeln verdecken) und Kriegsgeschrei anzustimmen. Mit dem Krach und den Lichtern in der Dunkelheit sorgt der Herr für totale Verwirrung im Lager der Midianiter. Vertrauen auf Gott, hören und beachten seiner Anweisungen und der richtige Gebrauch seiner Waffen führen zum Sieg. — Bild 8

Anwendung: Für uns ist wichtig, daß wir wissen, was in der Bibel (Licht - Ps 119, 105) steht, was der Herr Jesus (Licht - Joh 8, 12) sagt und daß wir genau das tun.

3.4. Zur Festigung

3.4.1. Die Kinder erhalten die acht einzelnen Bilder (ohne Textrand), sollen sie in der richtigen Reihenfolge hinlegen und die Gideongeschichte mit eigenen Worten wiederholen.

OHP-Vorlagen 99 u. 100 kopieren, in acht Bilder zerschneiden

3.4.2. Wir zählen 450 Streichhölzer ab, teilen sie unter den Kindern auf; diese stecken sie in eine Styroporplatte. Den 450 Streichhölzern stellen wir einen gegenüber. Das ist das Zahlenverhältnis im Kampf Israels gegen die Midianiter. Warum haben die Israeliten trotzdem gesiegt?

siehe 1.5.

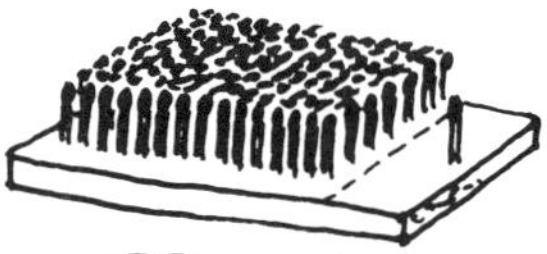

4. Vorschläge zur Durchführung für die „große" Gruppe

4.1. Vorüberlegungen siehe 3.1.

Bei den älteren Kindern ist das Leistungsdenken (z. B. durch Schullaufbahn) noch stärker ausgeprägt. Wenn alles gut läuft und wir für unsere Anstrengungen das bekommen, was wir uns erhofft haben, wird Gott oft unbewußt hintenangestellt. Das will Gott verhindern, weil echter Erfolg nur in der Abhängigkeit von ihm erzielt werden kann. Das widerspricht unserem menschlichen Denken. Wir sollten den Kindern gerade den Gedanken „stark werden in der Gnade" (2 Tim 2, 1) am Beispiel Gideons zeigen (s. a. 2 Kor 12, 10).

4.2. Einstiegsmöglichkeiten

4.2.1. Frage: Wie kann man mit 1 Krug, 1 Fackel und 1 Posaune 450 Leute in die Flucht schlagen?

4.2.2. Wir tragen Beispiele zu dem Gedanken (Gott gerät aufgrund des eigenen Erfolges in Vergessenheit) zusammen. Das wollte Gott in der folgenden Geschichte verhindern. — siehe 4.1.

4.2.3. Rätsel (Lösungswörter: 1 = Salomo, 2 = *Gideon,* 3 = Karmel). Da die Begebenheit einigen Kindern gut bekannt ist, können wir sie, nachdem das Stichwort „Gideon" gefallen ist, von einigen Kindern erzählen lassen, die anderen vergleichen die Erzählung mit dem Bibeltext. — siehe OHP-Vorlage 101

4.3. Durchführung

siehe 3.3.

siehe OHP-Vorlage 100

Bild 5

Ergänzungen zu 3.3.:
zur 1. Szene: Wir erklären die Prüfungen. Ängstliche kann Gott nicht gebrauchen (Angst lähmt). Natürlich haben wir es auch heute mit einem mächtigen Feind zu tun (s. Eph 6, 12), aber Jesus Christus hat ihn besiegt, deshalb brauchen wir uns nicht zu fürchten. Außerdem möchte Gott Kämpfer, die auch in Ruhepausen kampfbereit sind (V. 6). Möglicher Merksatz neben Bild 5: Gott will, daß wir uns allein auf ihn verlassen.

Bild 6

zur 2. Szene: Wodurch bekommt Gideon Kraft? Durch Gottes Verheißung (V. 9 u. 14), durch Gemeinschaft (V. 10), durch Einblick in die Hoffnungslosigkeit des Feindes (V. 13), durch Gebet (V. 15). Möglicher Merksatz neben Bild 6: Gott zeigt Gideon, daß er den Feind in seine Hand gegeben hat.

Bild 7

zur 3. Szene: geistliche Anwendung der Waffen (s. Szene 4 u. 3.1., 1.5., Krug = Leersein für Gott). Der zerbrochene Krug = das Wort Gottes bzw. der Herr Jesus kann erst durch uns in unsere Umgebung leuchten, wenn wir uns nicht auf uns, sondern auf ihn verlassen, wenn wir selbst am Ende sind (Ps 34, 18 - der zerbrochene Krug = ein Bild für den „zerbrochenen" Menschen). Möglicher Merksatz neben Bild 7: Gottes Waffen sind anders.

Bild 8

zur 4. Szene: Die Vorbildrolle Gideons (V. 17) und die Tatsache, daß jeder an seiner Stelle steht (V. 21) kann zusätzlich hervorgehoben werden. Möglicher Merksatz neben Bild 8: Wer Gottes Waffen gebraucht, und Gott vertraut, darf Sieg erleben.

4.4. Zur Festigung

siehe OHP-Vorlagen 99 u. 100

4.4.1. Wir kopieren die beiden OHP-Vorlagen, schneiden sie in 16 Teile und verteilen sie an die Kinder. Sie sollen jedem Bild den richtigen Merksatz zuordnen und die Paare dann in der richtigen Reihenfolge hinlegen (auch als Gruppenwettkampf möglich). So können wir die ganze Gideongeschichte noch einmal zusammenfassen.

4.4.2. Wir ergänzen die Karte um die Orte aus der Gideongeschichte.

siehe OHP-Vorlage 98 u. 101a

4.4.3. Gegenüberstellung und Anwendung der drei Personengruppen: 22.000 (ängstlich, verzagt), 9.700 (nicht mit ganzem Herzen bei der Sache, die Art des Trinkens drückt ihre Haltung gegenüber dem Feind aus), 300 (bedingungsloses Vertrauen, ganze Hingabe). Wir nennen Situationen, in denen wir der einen oder anderen Gruppe gleichen. Wie sieht unser Zeugnis in der Schule, den anderen Hausbewohnern gegenüber aus? Haben wir schon einmal Einladungen für die Kinderstunde verteilt? Sind wir Mitläufer oder setzen wir uns voll ein?

5. Liedvorschläge

- siehe Lektionen 36 u. 37, 5. –

6. Vorschläge zum Bibelspruchlernen

Das Wort „harren" muß erklärt werden. „Harren" hat zu tun mit aushalten, warten, Geduld, Vertrauen.
Wir lernen den Spruch wortweise von hinten. Wir sagen das letzte Wort (HERRN) und lassen es von der Gruppe nachsprechen, dann die beiden letzten Wörter (den HERRN) usw. ...

7. Literaturhinweis/Arbeitshilfen

- siehe Lektion 37, 7. –

Richter 7: Wir verlassen uns auf Gott wie Gideon

5

6

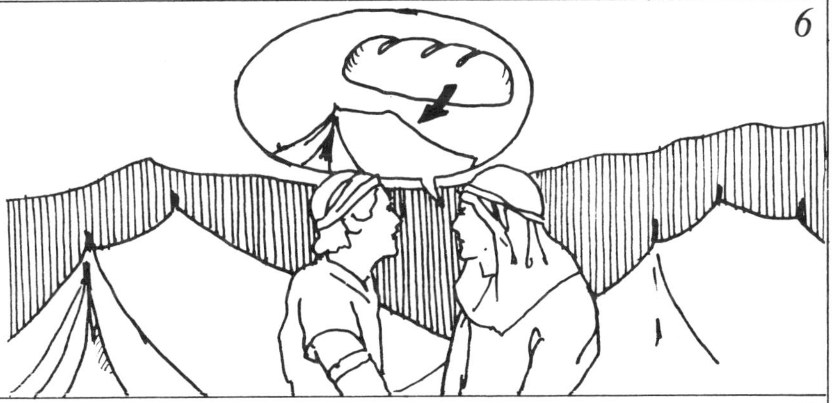

7

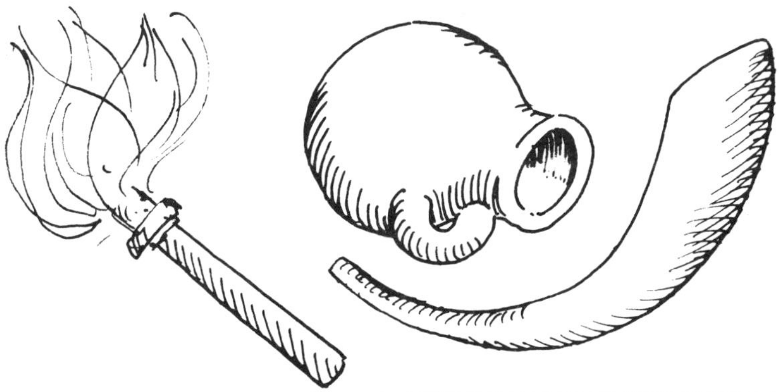

8

1. Wer dichtete das Hohelied?
2. Richter, durch den Gott Israel vom Terror der Midianiter befreite.
3. Schauplatz des Kampfes Elias mit den Baalspriestern

aus: Meyer, W.: Für helle Köpfe Nr. 3, CVD

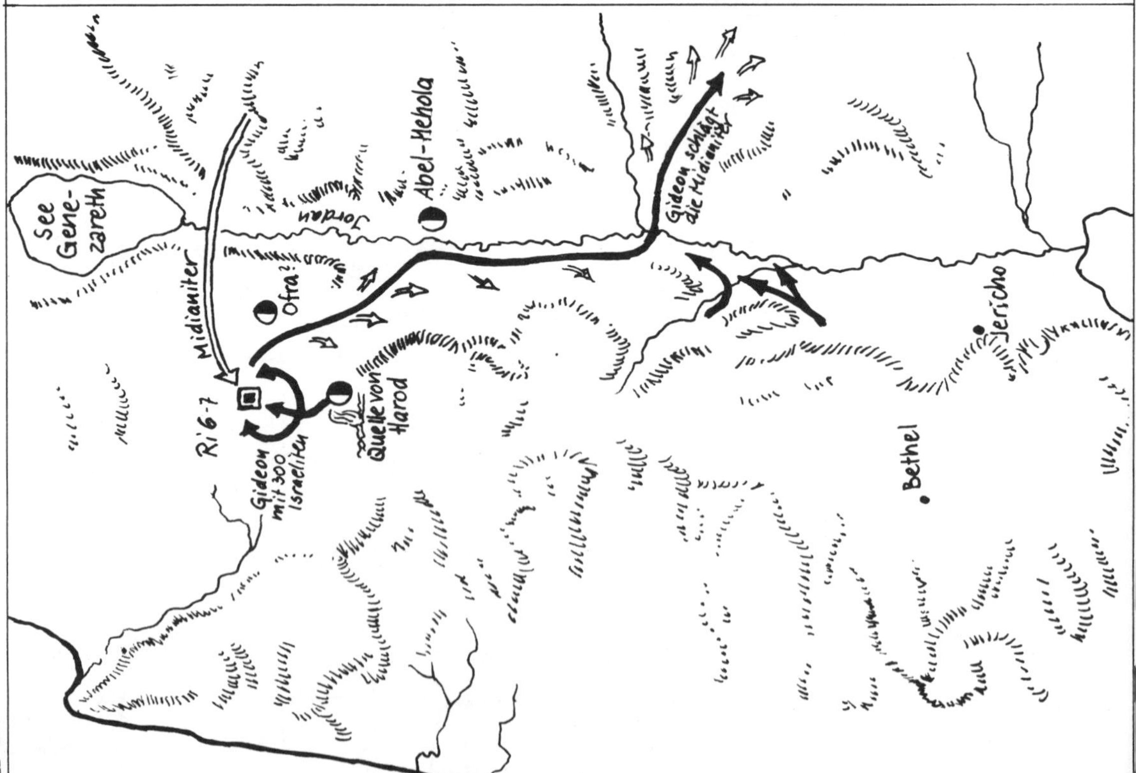

OHP 101 a

Lektion 39
Ri 13-15
Simson

Lernvers
Glücklich der Mann, der nicht folgt dem Rat der Gottlosen, den Weg der Sünder nicht betritt und nicht im Kreis der Spötter sitzt, sondern seine Lust hat am Gesetz des HERRN und über sein Gesetz sinnt Tag und Nacht! Psalm 1, 1. 2

1. Zum Textverständnis

1.1. Zusammenhang/Inhalt

Die Simsongeschichte fällt in das Ende der Richterzeit. Der innere und äußere Zerfall nehmen zu (s. Eli und seine Söhne im Haus Gottes in Silo, 1 Sam 2, 12 ff, das Volk Gottes bildet keine Einheit vgl. 15, 10). Israel wird von den Philistern bedrängt. Durch familiäre Querverbindungen und Austausch von Handelsware wird von seiten des Feindes eine systematische Vermischung betrieben. 40 J. haben die Philister die Oberhand. In dieser Zeit kündigt der Engel des HERRN einem Ehepaar von den Danitern einen Nasiräer Gottes an, der anfangen wird, Israel aus der Hand der Philister zu retten (13, 5 - vgl. Ankündigung Jesu Mt 1, 21).
Durch ein sichtbares Zeichen räumt der Engel des HERRN die letzten Zweifel bei dem Ehepaar weg, daß tatsächlich der HERR mit ihnen gesprochen hat.
Simson wird von dem HERRN erfüllt. Das zeigt sich dann in seiner unglaublichen Kraft (man darf ihn wohl als den stärksten Mann der Menschheitsgeschichte bezeichnen). Allerdings hat er eine Schwäche für die Töchter der Philister. Er heiratet eine Frau aus Timna und bringt sich dadurch in Schwierigkeiten, weil sie von ihren Landsleuten bestochen wird. Doch am Ende rächt sich Simson, so daß er mit einem Knochen 1000 Philister erschlägt. Die Geschichte Simsons ist schwer zu verstehen. Sein Leben ist voller Widersprüche und durchsetzt mit übermenschlichen Erfahrungen. Das zeigt sich schon bei der Ankündigung seiner Geburt (s. V. 3 - 5). Simson hätte ein typischer Richter sein sollen und ist es zeitweise auch gewesen (15, 20).

1.2. Personen

siehe Lexikon zur Bibel
siehe OHP-Vorlage 98
und OHP-Vorlage 101 b

- Philister (13, 1): Feinde Israels, lebten an der Mittelmeerküste, mächtiges Seefahrervolk; die fünf Philisterstädte, Stadtstaaten: Aschdod, Aschkelon, Ekron, Gad, Gaza. „Sie kamen im 12. Jh., einige Generationen nach den Israeliten, nach Kanaan" (Aharoni, S. 56). Sie bekämpften Israel ständig, bis David sie vernichtend schlug.
- Manoach („Rastplatz", 13, 2): Vater Simsons, ein Daniter
- Frau Manoachs (13, 2)
- der Engel des HERRN (13, 3. 17. 18. 20; vgl. V. 18 mit Jes 9, 5)
- Simson („kleine Sonne"): Geweihter des HERRN, wird mit dem Richteramt betraut, trotz seiner schwierigen persönlichen Verhältnisse gebraucht ihn Gott (13, 25; 14, 6. 19; 15, 14). Sein Leben endet kläglich und trotzdem bekennt sich Gott zu seinem Glauben (Hebr 11, 23).
- eine Frau aus Timna von den Töchtern der Philister (14, 1) und ihr Vater (15, 1)
- 30 (Braut)begleiter (14, 11): urspr. die Leibwache des Bräutigams, hier wohl eher zum Schutz der Anwesenden vor dem Bräutigam

siehe Lektion 37, 1.2.
siehe auch 1.1. u. 1.5.

1.3. Orte/Gegend

siehe OHP-Vorlage 98

- Zora (13, 2): Ortschaft im Gebirge Juda, an der Grenze zum Philistergebiet
- Timna (14, 1): philistäischer Ort am Fluß Sorek, ca. 18 km westl. von Zora, im Gegensatz zu Zora lag Timna tief im Tal, Tochterstadt Ekrons
- Aschkelon (14, 19): Küstenstadt der Philister, ca. 36 km südwestl. von Timna
- Felsspalte von Etam (15, 8): wahrscheinlich in der Nähe von Zora
- Lehi („Kinnbacken") in Juda (15, 9), Ramat-Lehi („Kinnbacken-Höhe")

1.4. Zeit

um 1100 - 1050 v. Chr., gegen Ende der Richterzeit; 40 J. Herrschaft der Philister (13, 1) u. 20 J. Richterzeit Simsons werden erwähnt (15, 20)

1.5. Begriffserklärungen

13, 5: Nasiräer = Abgesonderter, Geweihter, ein dem Herrn Geheiligter. Das Gesetz der Nasiräer steht in 4 Mo 6, 1-21. Simsons Mutter muß deshalb einige Nasiräergebote beachten. Das lange Haar ist ein äußeres Zeichen seiner Weihe.
13, 5: „er wird anfangen" = Simsons Lebenswerk wird nicht von ihm beendet, Simson führt Israel nicht zum totalen Sieg (wie Gideon), sondern verhindert die absolute Niederlage.
13, 24. 25: Früh erlebt Simson das Wirken des Heiligen Geistes in sich. Die direkte Auswirkung ist seine legendäre Körperkraft.
14, 2 ff: Es handelt sich wohl nicht um eine normale Heirat, bei der die Braut zu Simson gezogen wäre, sondern um eine Zadiqa-Ehe, bei der die Frau bei ihrer eigenen Familie bleibt und nur von Zeit zu Zeit von ihrem Ehemann besucht wird.

siehe Brockhaus-Kommentar

14, 4: „daß es vom HERRN war" = Gott veranlaßt Simson nicht zum Ungehorsam, aber wegen Simsons Sünde gibt er auch seinen Plan nicht auf. Gott kommt zum Ziel.
14, 6: zerriß den Löwen = von den Hinterbeinen an auseinanderreißen
14, 9: nahm von dem Honig aus dem Kadaver = Verletzung des Nasiräergebots (4 Mo 6, 6), deshalb sagt er seinen Eltern nichts
14, 18: Kalb = hättet ihr nicht meine Frau bearbeitet
15, 1: Ziegenböckchen = Versöhnungsgeschenk
15, 15: Ein alter Eselskinnbacken wäre zu brüchig gewesen.

2. Zielgedanke

Gott will uns gebrauchen, aber wenn wir Grenzen überschreiten, bringen wir uns in Schwierigkeiten.
Andere Möglichkeiten:
- Der Mißbrauch unserer Freiheit muß oft teuer bezahlt werden.
- Wenn wir Gott nicht unser ganzes Leben bestimmen lassen, wird es immer eine halbe Sache bleiben.

3. Vorschläge zur Durchführung für die „kleine" Gruppe

3.1. Vorüberlegungen

grundsätzliche Vorbemerkungen

Je schwieriger, je brisanter, je umfangreicher die Thematik des Bibeltextes ist, desto intensiver müssen wir uns persönlich vorbereiten. Auch dieses Gotteswort hat den jüngeren Kindern etwas zu sagen. Aber wir müssen genau das herausarbeiten, was sie verstehen, verarbeiten und anwenden können.

siehe Lied „Ihr Kinder ...", 5.

Wir sollten den Kindern hier zeigen, daß Gott uns gebrauchen will. Dazu gehört, daß wir uns „gottentsprechend" verhalten. Wenn wir aus den von Gott gesteckten Grenzen ausbrechen, läßt er uns. Aber wir bringen uns selbst in Schwierigkeiten. Hier können wir vielleicht an das Eltern-Kind-Verhältnis anknüpfen.

Vorher abwägen, was die Kinder verkraften können!

Die brutalen Textpassagen dürfen wir nicht ausschmücken und bei den Jüngeren auch ruhig einige Einzelheiten weglassen. Es geht um die Illustration eines Grundgedankens und nicht um die Vermittlung vieler geschichtlicher Einzelheiten. Den Kindern muß auch klar werden, daß Simsons Kraft nicht in den Haaren steckt, denn durch „Samson aus der Sesamstraße" sind manche irregeleitet, „das sind die langen Haare, die ihm Kraft geben" (mystisches Denken). Die Kraft kommt von Gott. Die langen Haare sind nur das äußere Zeichen seiner Abhängigkeit von Gott.

3.2. Einstiegsmöglichkeiten

3.2.1. Gespräch über Grenzen und Gebote, die die Eltern oder z. B. der Staat geben, um uns vor Unfällen zu bewahren. Beispiel: „Du läufst nicht aus dem Garten auf die Straße!" „Wenn die Ampel rot zeigt, mußt du warten." Warum werden uns solche Anweisungen gegeben? Was passiert, wenn wir sie nicht beachten?

siehe 2. u. 3.1.

3.2.2. Stummer Impuls mit Bild 1 oder 4 der OHP-Vorlage. Die Kinder erzählen, was ihnen zu dem Bild bzw. Simson einfällt. Wenn sie „ihr Pulver verschossen haben", ordnen und ergänzen wir die Einzelheiten.

siehe OHP-Vorlage 102

3.3. Durchführung

Wir erzählen die Geschichte unter Berücksichtigung unserer Gruppe mit folgenden Schwerpunkten, wobei wir die vier Bilder an den verschiedenen Stellen einsetzen:
- die Bedrohung durch die Philister
- die Ankündigung des Retters
- der Beweis der göttlichen Gegenwart
- Simson in Timna (Grenzüberschreitung: Er läßt sich auf eine Philisterin ein. Er mißachtet die Warnung seines Vaters - Anwendung!)
- Simson kämpft mit dem Löwen
- die Hochzeitsfeier und das Rätsel
- der Verrat seiner Frau
- die Untreue seiner Frau und die Rache Simsons (die Füchse und die brennenden Felder)
- Simsons Sieg über 1000 Philister (seine Waffe: ein Eselskinnbacken)

Durch die eine Grenzüberschreitung wird Simson seines Lebens nicht mehr froh. Es reiht sich Schwierigkeit an Schwierigkeit. Trotzdem darf er Sieg erleben, weil der gnädige Gott ihm hilft.
Zur Illustration gibt es Flanellbilder oder die 4 Bilder (OHP 102):
Bild 1: Simson kämpft mit dem Löwen.
Bild 2: Simson und die Frau von Timna
Bild 3: Füchse, Fackeln, brennende Felder
Bild 4: Simson erschlägt Philister mit einem Eselskinnbacken.

siehe OHP-Vorlage 102

Bibeltext genau lesen, damit wir beim Erzählen flexibel sind. Wer sicher in der geschichtl. Abfolge ist, kann eher Passagen überspringen.

Je jünger die Kinder, desto weniger Details erzählen.

siehe 7.

3.4. Zur Festigung

3.4.1. Wo handelt Simson gegen den Willen Gottes und seiner Eltern? Das bringt ihm manche Schwierigkeiten. Nennt ähnliche Beispiele! (das Volk Israel - gerade in der Richterzeit; Jona; aus dem eigenen Leben)

evtl. Impulse geben

3.4.2. Die Kinder malen eine Szene aus der Geschichte oder die OHP-Vorlage bunt.

4. Vorschläge zur Durchführung für die „große" Gruppe

4.1. Vorüberlegungen

Bei den älteren Kindern sind die Versuchungen zur Grenzüberschreitung noch größer. Die Umwelt beeinflußt sie stärker. Folgenden Gedanken sollten wir deshalb hinzunehmen: In Simsons Leben spielen die Augen eine ganz besondere Rolle. Er begibt sich in Gefahr, nachdem er die schöne Frau in Timna *gesehen* hat (14, 1. 3). Dieses Einfallstor der Sünde benutzt Satan auch heute.
Weiterhin können wir den Kindern zeigen, daß wir unser *ganzes* Leben von Gott bestimmen lassen sollten, damit wir nicht in solchen Widersprüchen leben wie Simson.

siehe 3.1.

vgl. Lektion 27 (die Augen Achans)

4.2. Einstiegsmöglichkeiten

4.2.1. Wir stellen den Textzusammenhang mit Hilfe der Grafik (OHP 95) her. Israel ist wieder abgefallen von Gott und muß dafür bezahlen.

siehe OHP-Vorlage 95 (Lektion 36)

4.2.2. Wir geben den Kindern das Rätsel Simsons auf: „Aus dem Fresser kam Fraß, und aus dem Starken kam Süßes."- Wer sagt das zu wem? Was ist damit gemeint? - Sollten die Kinder es nicht erraten, nennen wir weitere Einzelheiten aus der Geschichte ohne Namen zu gebrauchen (vgl. auch Personenrätsel: Riedel S. 19).

siehe 7.

siehe 3.3.

4.3. Durchführung

siehe OHP-Vorlage 102

Ergänzungen zu 3.3:
- die Ankündigung des Retters im Vergleich zur Ankündigung Jesu (Mt 1, 21)
- Erklärung des Nasiräertums (s. 1.)
- die Offenbarung Gottes den Eltern Simsons gegenüber
- das Einfallstor der Sünde, die Augen (V. 1. 2. 3. 7 lesen lassen - Anwendung)
- Simson ist immer wieder auf die Hilfe Gottes angewiesen. Nach dem Sieg über die Philister wäre er verdurstet, wenn Gott ihm kein Wasser gegeben hätte (15, 18 ff).

4.4. Zur Festigung

4.4.1. Simsons Kraftquelle - Die Kinder suchen die Verse aus dem Bibeltext, die sehr deutlich zeigen, wo Simson seine Kraft herbekommt („der Geist des HERRN ..." 13, 25; 14, 6; 14, 19; 15, 14 - vor jedem neuen „Kraftakt" gibt Gott ihm, was er braucht, um zu siegen). Wenn wir uns richtig verhalten wollen, sind wir auf die Hilfe Gottes angewiesen.

siehe OHP-Vorlagen 98 u. 101 b

4.4.2. Ergänzung der Landkarte (Orte, s. 1.3.)

siehe OHP-Vorlage 103

4.4.3. Wir lassen von den Kindern das Arbeitsblatt lösen. Merksatz: Gott will uns gebrauchen, aber wenn wir Grenzen überschreiten, bringen wir uns in Schwierigkeiten.

5. Liedvorschläge

siehe auch Lektion 37, 5. - einige Lieder kann man auch hier einsetzen

Herr mach mir deine Wege bekannt ... (aus: Kommt und singt, 34)
Ich hörte viel von Simson ... (aus: Jungschar- und Teenagerlieder, Heft 1, 40, 2. Strophe)
Ihr Kinder, gehorcht ... (aus: Die bunte Liederkiste, 50)
Wie kann man jung sein ... (aus: Sing' mit uns ein neues Lied, Bd. 2, 23)
Wohl dem, der nicht wandelt ... (aus: Das Wort Gottes ist lebendig, 20)

6. Vorschläge zum Bibelspruchlernen

siehe OHP-Vorlage 103 a

Vers 1 läßt sich gut am Beispiel Simsons illustrieren. „Lust am Gesetz ..." = er hat seine Freude an dem, was Gott will und denkt ständig darüber nach. Wir schreiben den Bibel-Vers als Lückentext auf und besprechen ihn gemeinsam. Um die Lösung zu vereinfachen, können die Lücken entsprechend den Buchstaben länger oder kürzer sein.

7. Literaturhinweis/Arbeitshilfen

genauere Angaben, siehe Lektionen 36 u. 37, 7

Aharoni, Y. u. An-Yonah, M.: Der Bibel-Atlas. Hoffmann und Campe, Hamburg 1982
Brockhaus Kommentar ...
Gibbs, A.: Schritte ... L 70 u. 71
Gott steht zu seinem Wort ...
Inrig, G.: Gottes Kraft ...
Richter, 6 Flanell-Lektionen (u. a. Gott erwählt Simson u. Simsons letzter Sieg) ...
Riedel, B.: Dreimal darfst du raten, Bd. 1, Oncken, Wuppertal 1986 (Personen der Bibel in Rätseln vorgestellt)
Simson, der starke Mann. Oncken Kinderbibel Nr. 14. Oncken, Wuppertal 1985 (Bildmaterial für Vorschulkinder)
Samson, Flanellbilder mit Erzählvorschlag zu Ri 13 - 16. Scripture Press Publications

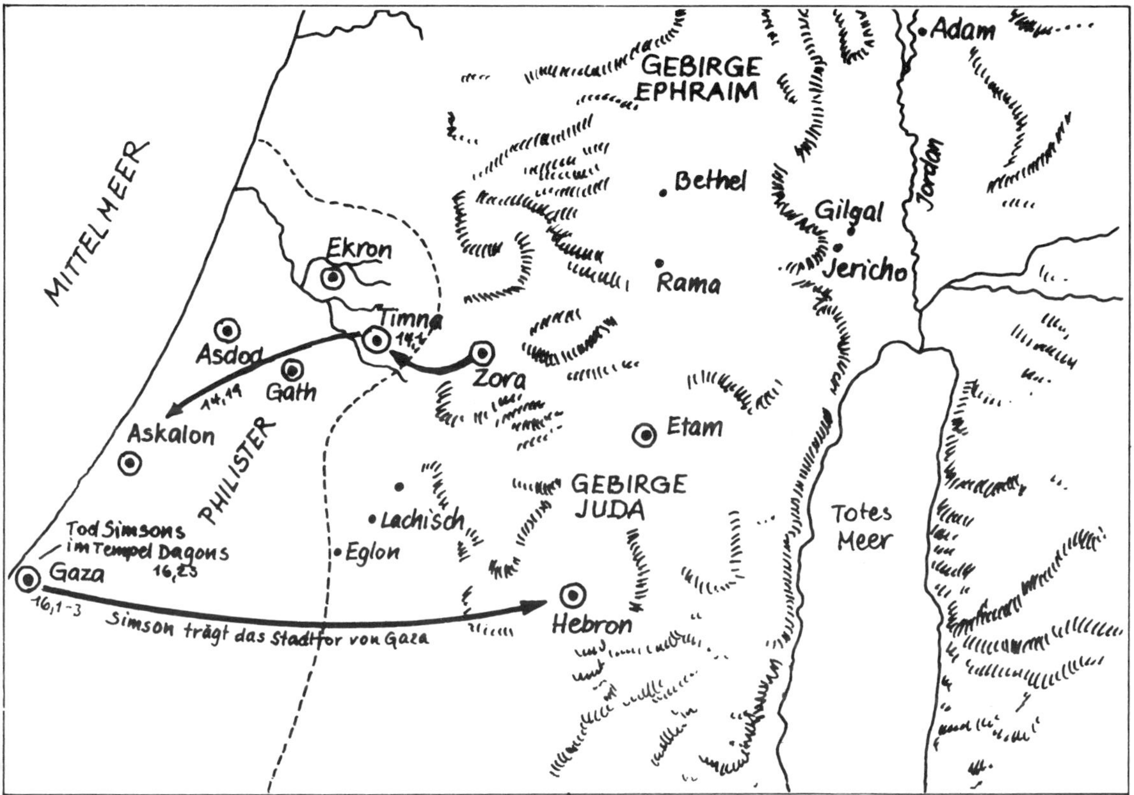

A.

Glücklich der ______,
der nicht ____ dem Rat
der ________,
den ____ der Sünder
nicht ______ und nicht
im ____ der Spötter
sitzt, sondern seine Lust
____ am ______ des
HERRN und ____ sein
Gesetz sinnt ____ und
______! Ps. 1,1-2

Lückenwörter:
Nacht - Gesetz - Mann - Gottlosen - hat - folgt - Weg - betritt - über - Kreis - Tag.

B.

Glücklich der ,
der nicht dem Rat
der Gottlosen,
den der Sünder
nicht , und nicht
im der Spötter
sitzt, sondern seine Lust
hat am des
HERRN und sein
Gesetz sinnt und
D! Ps. 1,1-2

Variante A oder B zum Lernspruch

1
2
3
4
© Cornelia Gerhardt

Merksatz eintragen:

Lektion 40
Ri 16
Simsons Ende

Lernvers
Die auf den HERRN hoffen, gewinnen neue Kraft: sie heben die Schwingen empor wie Adler, sie laufen und ermatten nicht, sie gehen und ermüden nicht.
Jesja 40, 31

1. Zum Textverständnis

fehlende Angaben, Ergänzungen, siehe Lektion 39

1.1. Zusammenhang/Inhalt
Simson nimmt sein Nasiräergelöbnis nicht ernst. Sein Schwachpunkt sind die Frauen der Philister. Und so verrät er auch seiner Geliebten (Delila) sein Geheimnis. Der Geist Gottes kann nicht mehr wirken (16, 20). Er muß die bitteren Konsequenzen tragen. Im Gefängnis kommt er zur Einsicht und Umkehr (Buße), und Gott kann noch einmal durch ihn wirken. Die Simsongeschichte ist typisch für alle Richtergeschichten. Hier zeigt sich der Kreislauf von Schuld und Vergebung am Beispiel einer Person. Simson ist der vorläufig letzte Richter in der Reihe der Richtergestalten. Es folgt eine Zeit der religiösen Verwirrung, die erst durch Samuel beendet wird.

1.2. Personen
- Simson (s. L 39)
- Hure in Gaza
- Delila: (Philister)frau im Tal Sorek, läßt sich von den Fürsten der Philister bestechen, entlockt Simson sein Geheimnis
- Dagon (23): Gott der Philister (vgl. Anm. zu 1 Sam 5, 2)
- ein Junge, der Simson führt (26) u. ca. 3000 Philister (27)

1.3. Orte/Gegend
- Gaza: eine der fünf Philisterstädte an der Mittelmeerküste
- Hebron: ca. 60 km östl. von Gaza
- im Tal Sorek

1.4. Zeit
- siehe Lektion 39 -

siehe 7., Brockhaus-Kommentar

1.5. Begriffserklärungen
V. 6: 1100 (Schekel) Silber = 1100 Silberstücke, ca. 15 kg
V. 7: frische Sehnen = vermutl. Bogensehnen aus gedrehten Därmen
V. 9: Werg = Abfall von Flachs oder Hanf, kurze Fasern, die leicht brennen
V. 13: Haarflechten = Locken
V. 21: Mühle drehen = vermutl. eine Mühle mit Sattelwelle, eine Sklavenarbeit

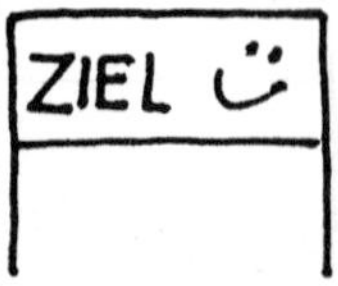

2. Zielgedanke

Leichtfertiger Umgang mit Gottes Gaben und Geboten kann tödliche Folgen haben.
Andere Möglichkeiten:
- Wenn wir Buße tun, vergibt Gott
- Wer dem Herrn Jesus nachfolgen will, muß in Selbstdisziplin leben.
- Wer dem Feind Gottes „den kleinen Finger reicht", kann dabei umkommen.

3. Vorschläge zur Durchführung für die „kleine" Gruppe

3.1. Vorüberlegungen

Kinder behalten sehr gut, was man ihnen verspricht. Sie sind enttäuscht, wenn man nicht das Versprechen hält. Sie selbst aber finden es nicht so schlimm, wenn sie sich nicht an die Abmachung halten, weil sie die Konsequenzen noch nicht absehen können. Ebensowenig können sie Geheimnisse für sich behalten, sind aber enttäuscht, wenn das, was sie einem anderen anvertraut haben, ausgeplaudert wird. Hier finden wir Parallelen zur Simsongeschichte.

3.2. Einstiegsmöglichkeiten

3.2.1. Habt ihr schon einmal erlebt, daß jemand ein Geheimnis, das ihr ihm anvertraut habt, verraten hat? Wie war das für euch? Wie habt ihr euch verhalten? Überleitung: Simson hat sein Geheimnis verraten.

3.2.2. Direkter Einstieg mit dem „Stadttor von Gaza", siehe Bild 5

siehe OHP-Vorlage 104

3.3. Durchführung

Die Geschichte läßt sich gut und spannend erzählen (vor allen Dingen wie sich alles auf den einen Punkt zuspitzt: Simson verrät sein Geheimnis).
Beim Erzählen können wir folgende Schwerpunkte setzen:
- Simsons Kraftakt von Gaza. (Man beachte die Entfernung Gaza - Hebron.)
- Simson und Delila. (Sie verrät ihn für viel Geld.)
- Simson und seine größte Niederlage. (Wieso ist es so weit gekommen? Was ist Simsons Fehler? Er hält sich bei den Feinden auf. Er nennt sein Geheimnis. Delila geht raffiniert vor und ist sehr hartnäckig. - Anwendung: Versuchung durch falsche Freunde.)
- Simson und die Buße. (Der starke Simson verrichtet einen Sklavendienst. Er hat Zeit zum Nachdenken. Sein Verhältnis zu Gott kommt wieder in Ordnung.)
- Simsons letzter Sieg (Gott gibt ihm noch einmal Kraft. Gott hat seine Buße angenommen. Gott vergibt, wenn wir unsere Sünden bekennen. - Anwendung!)

siehe 1.3.

Zur Illustration gibt es Flanellbilder oder die 4 Bilder (OHP 104):
Bild 5: Simson trägt das Stadttor von Gaza.
Bild 6: Simson und Delila.
Bild 7: Simson wird geschoren.
Bild 8: Simson bringt das Haus zum Einsturz.

siehe 7. u.
OHP-Vorlage 104

3.4. Zur Festigung

3.4.1. Gespräch über Versuchung durch falsche Freunde

3.4.2. Die Kinder erhalten die 8 Bilder der Simsongeschichte, sortieren sie und kleben sie nebeneinander. Eine Bildreihe könnte auch im Raum aufgehängt werden. Anschließend stellen wir einige Fragen, die auf seine Kraft und Schwachheit anspielen.

siehe Lektion 28
siehe OHP-Vorlagen 102 u. 104

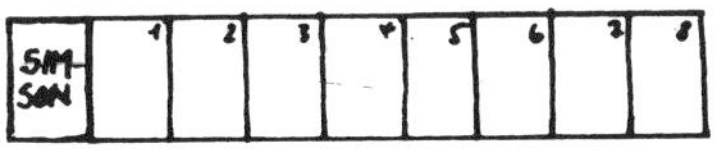

4. Vorschläge zur Durchführung für die „große" Gruppe

4.1. Vorüberlegungen

Kinder sind leicht zu beeinflussen. Wenn jemand eine große Klappe hat, in der Klasse zum Beispiel, hört man mehr auf ihn als auf einen der „Stillen im Lande".
So lassen sich manche Kinder locken und übertreten - vielleicht im ersten Moment unbewußt - irgendwelche Gebote. In der Geschichte finden wir in doppelter Hinsicht den Sieg der Versuchung: Delila läßt sich mit Geld bestechen, Simson läßt sich von Delila überreden.

siehe 3.1.

Außerdem haben wir hier ein eindrucksvolles und trauriges Beispiel für den Satz: Wer sich in Gefahr begibt, kommt darin um. Leichtfertiges Übertreten der Gebote ist gefährlicher als wir denken.

siehe 2.

4.2. Einstiegsmöglichkeiten

4.2.1. Seid ihr schon einmal von jemand zu etwas angestiftet worden, das ihr eigentlich nicht tun wolltet, was habt ihr gemacht?

4.2.2. Gespräch über den Spruch: Steter Tropfen höhlt den Stein. Überlegt auch dazu Beispiele aus eurem Alltag. Überleitung auf die Hartnäckigkeit Delilas.

siehe 3.3.

4.3. Durchführung

Ergänzungen zu 3.3.:

siehe OHP-Vorlage 104

- Hinweis auf die Augen (16, 1). Gerade dieses Einfallstor der Versuchung wird ihm genommen (16, 21). Vgl. auch Lektion 39, 4.1.
- die raffinierte Bearbeitung Simsons durch Delila (V. 6: direkte Frage; V. 13: verstärkter Vorwurf und Frage; V. 15: Drohung, systematische Zermürbung. Simson scheint anfänglich auf sie einzugehen, verheddert sich aber und gibt immer mehr von seinem Geheimnis preis.)
- Simson im Gefängnis. (Worüber denkt er wohl nach? Was ist das für eine Erniedrigung für den starken Mann! Wie ist ihm zumute, als seine Haare anfangen zu wachsen? ...
- Anwendung: der innere Prozeß zur Buße, die Erkenntnis hilflos, blind, geschoren und gekettet zu sein).

Hinweis auf Lernvers

- Simsons Sieg (der letzte, große Glaubensakt - Wie muß sich Simson freuen, als die Säulen unter seinem Druck nachgeben! Gott hat sein Gebet erhört, Zeichen der Vergebung.)

4.4. Zur Festigung

4.4.1. Wir spielen die eine oder die andere Szene. „Delila" soll versuchen, einschmeichelnd auf „Simson" einzuwirken, um ihm das Geheimnis zu entlocken. Durch das Spiel soll deutlich werden, wie leicht man von jemandem beeinflußt werden kann: „Ach komm, sei kein Frosch; geh doch mit; es ist doch nicht so schlimm." Wir überlegen, wo wir etwas preisgeben, wenn wir alles mitmachen.

siehe OHP-Vorlage 98 und OHP 101 b

4.4.2. Ergänzung der Landkarte (Orte, s. 1.3.)

4.4.3. „Leichtfertiger Umgang mit Gottes Gaben" - was hat dieser Ausspruch mit dem Leben Simsons zu tun? Gott will, daß wir unsere Gaben, Fähigkeiten, Zeit, Geld ... sinnvoll für ihn einsetzen.

siehe OHP-Vorlage 105

4.4.4. Zusammenfassung der Richtergeschichten mit Hilfe eines Puzzles: Beidseitig für jedes Kind kopieren (Vorderseite: Symbole; Rückseite: Lernvers, Puzzle kann auch einseitig benutzt werden), zerschneiden, von den Kindern Vorderseite zusammensetzen lassen und vorsichtig umdrehen. Der Lernvers ist zu lesen.

weitere Vorschläge, siehe Lektion 39, 5.

5. Liedvorschläge

Paß auf, kleines Auge, ... (aus: Singet froh ihr Kinder alle, 20)

siehe Puzzle 4.4.4.

6. Vorschläge zum Bibelspruchlernen

Zusammenhang von „auf den Herrn hoffen" und „neue Kraft gewinnen" erklären. Am Beispiel des Adlers zeigen wir, daß dieser Nahrung braucht, damit er Kraft zum Fliegen bekommt. Diese Kraftquelle ist für Simson und uns der Glaube. Weitere Beispiele zur Illustration des Zusammenhangs von Kraft und Nahrung: Läufer, Wanderer.

7. Literaturhinweis/Arbeitshilfen

- siehe Lektion 39, 7. -

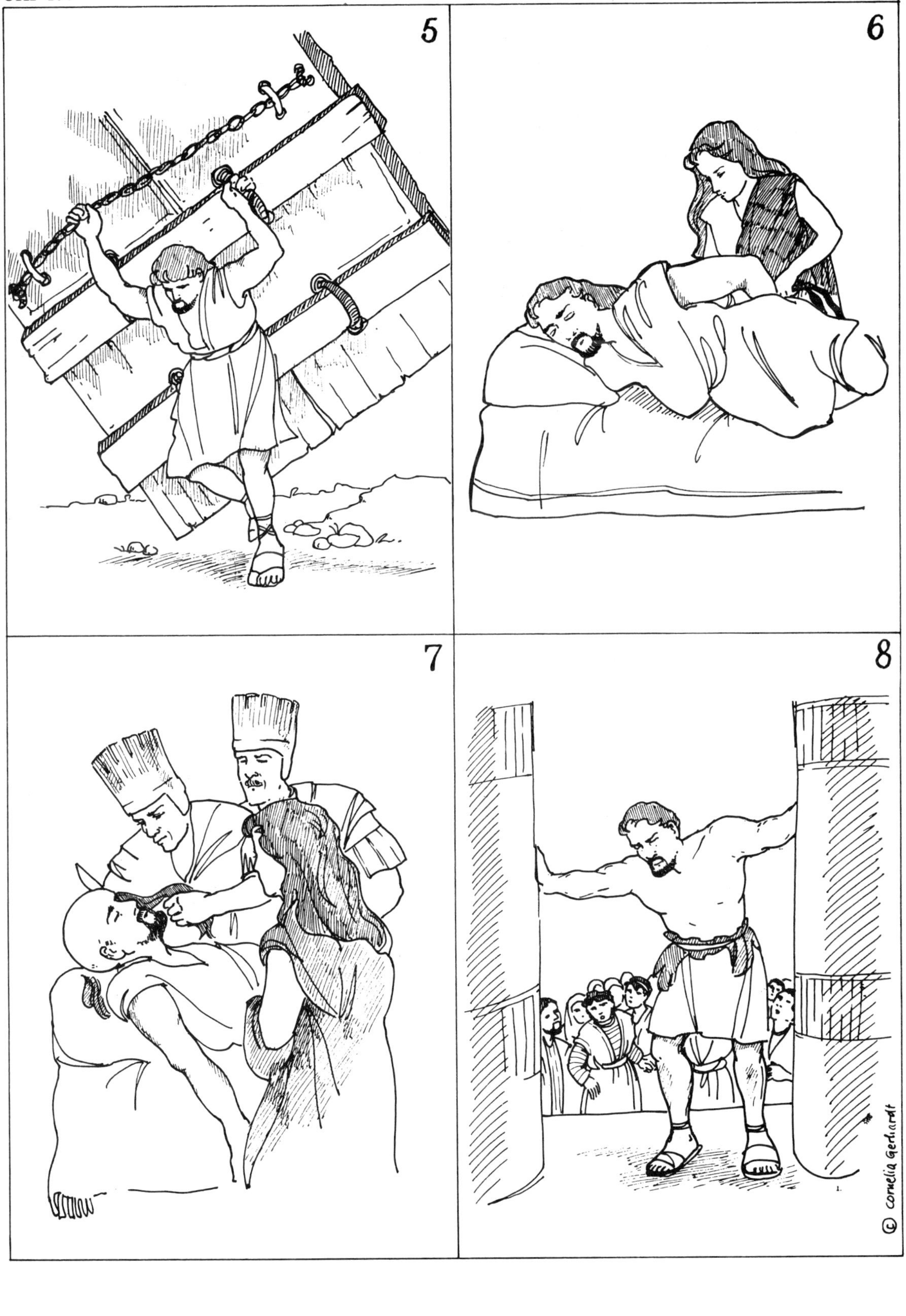
5
6
7
8
© cornelia Gerhardt

Vorderseite (als Puzzle zerschneiden)

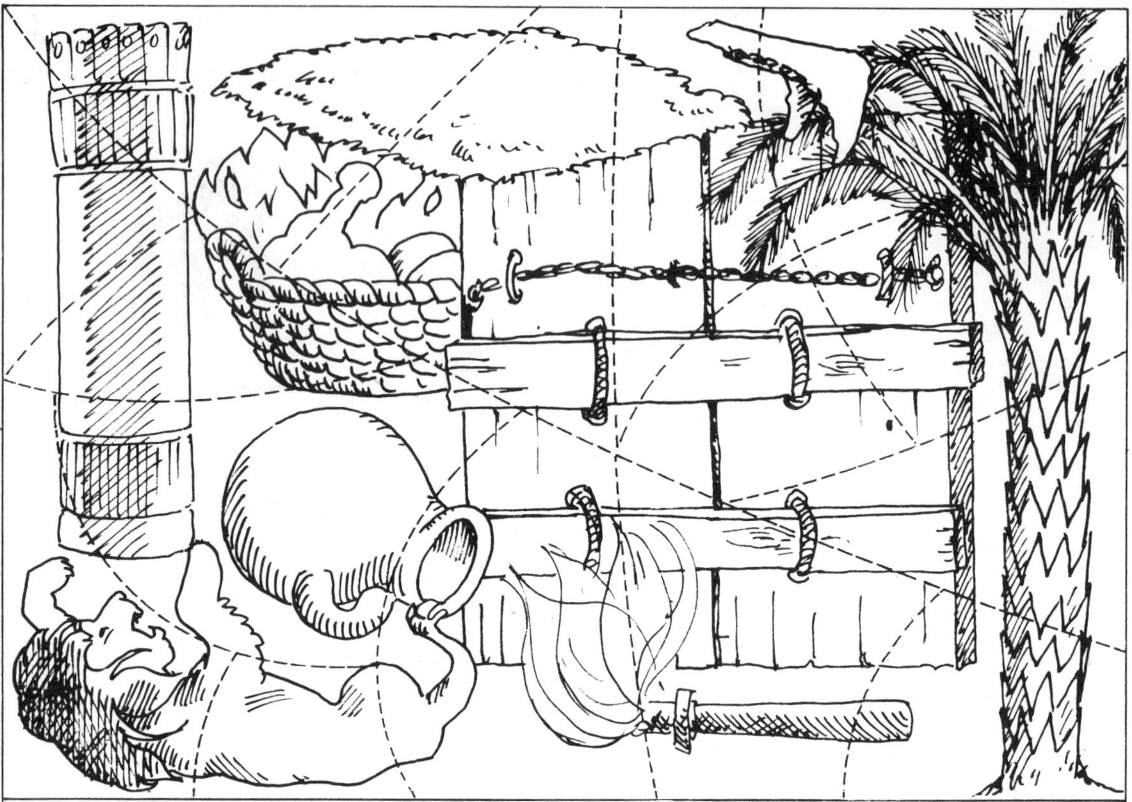

Rückseite

DIEAUFDENHERRNHOFFEN
GEWINNENNEUEKRAFTSIEHEBE
NDIESCHWINGENEMPORWIEDIE
ADLERSIELAUFENUNDERMATTE
NNICHTSIEGEHENUNDERMÜDEN
NICHTJESAJA4031

Lektion 41

1 Sam 1-2,1-10

Samuels Geburt

Lernvers
Keiner ist so heilig wie der HERR, denn außer dir ist keiner. Und kein Fels ist wie unser Gott.
1. Samuel 2, 2

1. Zum Textverständnis

1.1. Zusammenhang/Inhalt

Am Ende der Richterzeit, als das Wort des HERRN und die prophetische Schau in Israel selten war, beginnt Gott neu mit seinem Volk. Er schenkt auf wunderbare Weise Samuel, den Diener, Propheten, Richter und Wegbereiter der Königszeit.
Hanna, eine der beiden Frauen des Ephraimiters Elkana, wird wegen ihrer Kinderlosigkeit durch Peninna, der anderen, mit Kindern beschenkten Frau, vielfach gekränkt und gedemütigt. Trotz der Liebesbeweise ihres Mannes verkümmert Hanna in dieser Not. Im Heiligtum des HERRN in Silo schüttet sie hemmungslos ihr Herz vor Gott aus und erfleht einen männlichen Nachkommen, den sie jedoch Gott weihen möchte. Das Wunder der Geburt geschieht. Hanna löst auch ihr Versprechen ein und gibt ihren Sohn Samuel nach der Entwöhnung zum Dienst ins Heiligtum. Sie preist Gott und verkündet freudig seine Größe und Liebe.

1.2. Personen

- Elkana („Gott hat geschaffen", V. 1): Ephraimiter, vermutl. reich
- Hanna („Anmut, Gnade"): Frau Elkanas, zunächst kinderlos
- Peninna („Koralle, Perle"): andere Frau des Elkana, kinderreich, die Bigamie Elkanas steht eindeutig im Gegensatz zur ursprünglichen Gottesordnung; die bitteren Früchte dieser Lebensweise (Eifersucht, Haß, Zwietracht) bleiben der Familie nicht erspart
- Eli: Hoherpriester, jedoch nur Priester genannt, Nachkomme Aarons, seine als Priester eingesetzten Söhne Hofni und Pinhas verachten die Opfervorschriften Gottes und die Ermahnungen ihres Vaters
- Samuel („von Gott erhört"): erster Sohn der Hanna, später Tempeldiener, Priester und Prophet

1.3. Orte/Gegend

- Ramatajim-Zofim (V. 1. 19): Rama im Gebirge Ephraim, ca. 26 km westl. von Silo, 14 km nordöstl. von Lydda (Lod), später Arimathia, heute Rentis (nicht das Rama nördl. von Jerusalem, bzw. südl. von Bethel)
- Silo: 15 km nördl. von Bethel, seit Josua Mittelpunkt des israel. Gottesdienstes (Jos 18, 1), Nationalheiligtum mit Stiftshütte, Bundeslade u. Jahresfesten (Passah, Pfingsten, Laubhütten)

vgl. Lexikon zur Bibel u. Karte zu Gibbs, Bd. 2

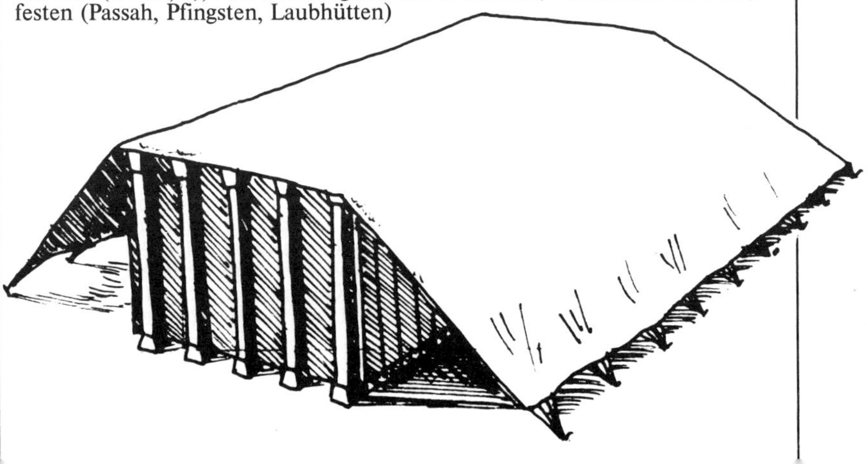

1.4. Zeit
zwischen 1100 u. 1050 v. Chr.

1.5. Begriffserklärungen
1,3: „ging Jahr für Jahr hinauf ... um zu opfern ...“ = jährliches Lob- und Dankopfer (3 Mo 7, 11 ff) für die unverdienten Wohltaten Gottes; Opfermahlzeit mit fröhlichem Charakter (5 Mo 12, 12)
1,5: „... Mutterleib verschlossen“ = Kinderlosigkeit galt als Unglück, Schande, göttliche Strafe (1 Mo 19, 31; 30, 1. 23); deprimierender wirkte auf die Unfruchtbare der Fakt, daß sie eben auch keinen Retter für das irdische Gottesvolk gebären würde und damit wertlos war für die Pläne Gottes
1,6: „ihre Widersacherin reizte sie mit vielen Kränkungen“ = häufiges, gezieltes Aufregen und Aufreizen wahrscheinlich aus Eifersucht, weil Elkana Hanna besonders liebte
1,11: „HERR der Heerscharen“ (Jahwe Zebaoth) = Gott der Heerscharen, der allgebietenden Macht
1,11: „sie legte ein Gelübde ab“ = diesmal zweifaches Versprechen an Gott:
A) Weihung des Sohnes für alle Tage seines Lebens an den Herrn (das ist mehr als levitischer, periodischer Dienst),
vgl. Simson, Lektion 39
B) Bestimmung des Sohnes zum Nasiräer (= Abgesandter für den Herrn) mit folgenden Auflagen: Enthaltung vom berauschenden Getränk, Wachsenlassen des Haares, keine Verunreinigung durch Leichen
vgl. Lexikon zur Bibel
1,22: „wenn der Junge entwöhnt ist“ = Ende der Stillzeit für das Kleinkind mit ca. 2 - 3 Jahren (Den Kindern kann man sagen: „Als er seine Mutter nicht mehr brauchte.“)
1,24: „Schlauch Wein“ = Behälter für Wasser und Wein aus Ziegenleder
2,1: „mein Horn ist erhöht“ = Ausdruck für Mut, Kraft in Anlehnung an das hochtragende Haupt der gehörnten Tiere
2, 1-10 = freudiger, dankbarer Lobpreis Gottes, der seinen Frommen aus der Niedrigkeit heraushilft; Steigerung bis zum prophetischen Zeugnis über den kommenden „Messias Gottes“

2. Zielgedanke

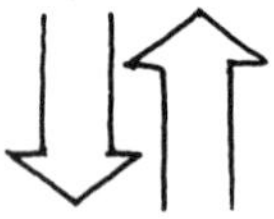

„Von Gott erbeten - für Gott gegeben!“
oder kürzer „Von Gott - für Gott!“
(Auffällig oft steht im Text vom Beten der verschiedensten Leute in den unterschiedlichsten Situationen; sogar die beiden Gebete der Hanna (1, 11 und 2, 1 - 10) sind überliefert. Zweifellos liegt hier ein Schwerpunkt des Textes. Gott reagiert auf Beten, auf das Flehen zu ihm in großer Not. Daß nun die von Gott erbetenen Zuwendungen nicht zu egoistischer Selbstverherrlichung, sondern zu SEINER Ehre eingesetzt werden müssen, verdeutlicht ebenso dieser biblische Bericht. Damit konzentrieren sich die Textaussagen auf diesen wichtigen Grundsatz: „Was wir von Gott erbeten, soll auch für ihn gegeben werden!“)

3. Vorschläge zur Durchführung für die „kleine“ Gruppe

Anwendung!

3.1. Vorüberlegungen
Kinder erbitten und nehmen gern Geschenke, die sie meist dann für sich selbst nur gebrauchen. Es fällt ihnen schwer, mit den empfangenen Gaben auch andere zu erfreuen. Gott verstehen sie oft als den großen Automaten, der auf unser Beten hin das Gewünschte gibt, aber dann keine weiteren Ansprüche zu stellen hat. Wir wollen mit den Kindern den rechten Umgang mit den göttlichen Gaben am Beispiel der Hanna lernen. Wer bekommt, muß eigentlich auch geben.

3.2. Einstiegsmöglichkeiten

3.2.1. Zwei größere, vorher eingeweihte Kinder unserer Gruppe spielen mit dem Mitarbeiter pantomimisch eine Szene, die von den Zuschauern später gedeutet werden soll: Kind A erhält vom Mitarbeiter verschiedene hübsche Puppen; Kind B bekommt nichts und wird immer trauriger; auf die Geste des Bittens hin erhält endlich auch B eine Puppe, die sie liebevoll versorgt und dann mit freudiger Gebärde an den Mitarbeiter zurück gibt. Nach der Deutung besprechen wir die Frage „Warum gibt B die Puppe gern zurück?" Eine wichtige Antwort gibt die Bibel.

3.2.2. Falk und Heike bekamen jeder zum Geburtstag von Vati eine Packung Filzstifte mit leuchtenden Farben (möglichst zeigen!). Beim Lesen eines Buches möchte Vati sich einiges farblich markieren, doch seine Stifte sind nicht greifbar. So bittet er die Kinder um ihre, doch Falk und Heike wollen ihre Stifte nicht ausborgen. Vati wird sehr traurig. Warum? Nehmen und Geben gehören unbedingt zusammen. Wer Freude empfängt, darf auch Freude weitergeben.

3.3. Durchführung

Wir können unsere Erzählung in 4 Schwerpunkte gliedern:
- die Familiensituation Elkanas und der regelmäßige Gang nach Silo,
- Hanna betet in Silo (Elis falsche Beschuldigung und sein Gespräch mit Hanna könnte man bei den Jüngeren weglassen, weil es im Geschehen an sich keine Schlüsselfunktion hat.),
- Gott erhört Hannas Gebet,
- Hanna hält ihr Versprechen.

Zur Veranschaulichung fertigen wir vorher einen Papier-, Velours- oder Stoffstreifen an oder zeichnen die Szenenbilder während des Erzählens an die Tafel oder auf den Tageslichtschreiber:

siehe OHP-Vorlage 106

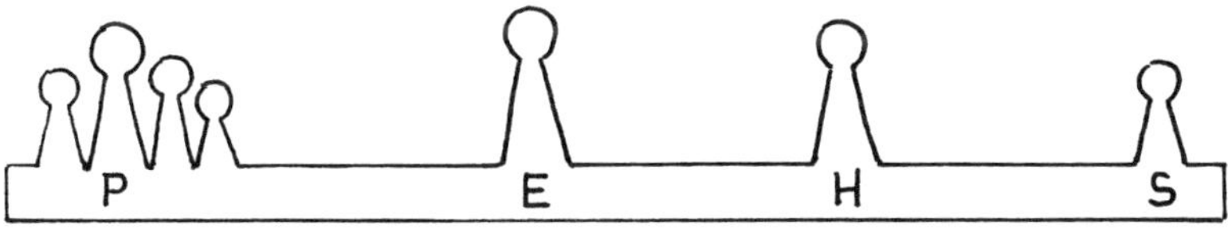

Peninna + Kinder **Elkana** **Hanna** **Samuel**

Zur Darbietung wird dieser beidseitig gleichmäßige Erzählstreifen verschieden gefaltet und angeheftet, so daß diese Szenenbilder entstehen: (Papierstreifen anfeuchten und an die Tafel kleben!)
Szenenbild 1: Familiensituation des Elkana (Samuel hinter Hanna versteckt)
Szenenbild 2: Elkana liebt Hanna trotz Kinderlosigkeit (Er stellt sich zu ihr.).
Szenenbild 3: Peninna kränkt Hanna (stellt sich zwischen die beiden).
Szenenbild 4: Hanna betet.
Szenenbild 5: Samuel wird geboren und liebevoll versorgt.
Szenenbild 6: Hanna gibt Samuel zum Dienst ab.

3.4. Zur Festigung

3.4.1. Gespräch über zwei Fragen: Was tust du, wenn du traurig bist wie Hanna? (Möglichkeiten sammeln und darüber sprechen: Freunde besuchen, spielen, lesen, beten, fernsehen, mit den Eltern sprechen)
Was tust du, wenn du dankbar bist wie Hanna? (anderen helfen, beten, Kranke besuchen, freuen, anderen von deinem Geschenk erzählen, mit anderen teilen)

hier auch weitere Anwendungsmöglichkeiten

3.4.2. Geschichte nachspielen (als Vorlage können die Szenenbilder dienen) und frei erzählen lassen.

3.4.3. Die Kinder erhalten eine Kopie des Erzählstreifens, malen die Figuren bunt, schneiden den Streifen aus und versuchen, die Szenen zu falten.

Erzählstreifen auf festes Papier kopieren

3.4.4. Wir zeigen den Kindern tolle Geschenke, die sie bereits besitzen oder sich sehr wünschen. Gemeinsam überlegen wir, wie wir mit diesen Dingen Gott und auch anderen Menschen dienen könnten. Wie gehen wir mit den Gaben um, die Gott uns täglich schenkt?

siehe 3.1.

4. Vorschläge zur Durchführung für die „große" Gruppe

4.1. Vorüberlegungen

Schulkinder erkennen zunehmend die Grenzen ihres Könnens und erbitten schnell Gottes Hilfe. Haben sie diese erfolgreich erlebt, wird leicht der Geber vergessen und das Geleistete auf das eigene Konto verbucht. Die Bibel mahnt vielfältig: Wer Gottes Gaben empfängt, muß damit den Geber ehren (1 Chr 29, 14; 2 Kor 5, 15 u. a.)! Empfangenes zurückzugeben macht froh.

4.2. Einstiegsmöglichkeiten

Hinweis auf Lernvers möglich

4.2.1. SDG - Was bedeutet diese Abkürzung? Soli Deo Gloria - Allein Gott die Ehre. Das schrieb J. S. Bach unter seine Kompositionen. Warum? Er hatte einen wichtigen Grundsatz begriffen. Welchen?

siehe 3.2.2.

4.2.2. Wir erzählen eine ähnliche Geschichte wie unter 3.2.2.: Vati benötigt das tolle Taschenmesser oder Klappfahrrad der Kinder.

4.2.3. Wir entwickeln einen „Lieferschein" der Gaben, die uns Gott bisher geschenkt hat. Neben der Anzahl der Lebensjahre, Gesundheit, Intelligenz sind auch besondere Begabungen auf sportlichem, musischem, sozialem Gebiet aufgelistet. Auf dem von „Gott" unterzeichneten Lieferschein steht noch der Hinweis: Ich erwarte von dir ...! Was erwartet Gott?

zur Vervollständigung auch 3.3. lesen

4.3. Durchführung

siehe OHP-Vorlage 107

4.3.1. Beim Erzählen entwickeln wir die OHP-Vorlage.
Erläuterungen:
① Familiensituation bei E(lkana): P(eninna) kinderreich, H(anna) kinderlos,
② Hanna verkümmert wegen der ständigen Demütigungen,
③ im Tiefpunkt ihrer Not schüttet sie ihr Herz vor dem HERRN aus und erbittet demütig („deine Magd") einen Sohn,
④ sie lebt auf, auch wenn ihr Problem noch nicht gelöst worden ist (Beten verändert nicht gleich die Situation, aber unsere Haltung den Problemen gegenüber!),
⑤ Gott beschenkt Hanna auf wunderbare Weise, ihr Herzenswunsch wird erfüllt, sie steht mit Peninna auf der gleichen Stufe,
⑥ S(amuel) wird zielgerichtet erzogen,
⑦ Hanna hält Wort und gibt Samuel zum Dienst nach Silo, mit großer Freude lobt sie Gott (Blumen im Herzen).

siehe OHP-Vorlage 107

4.3.2. Von der Skizze (OHP 107) geben wir nur die Reihenfolge und den Tränentropfen vor. Nach der Erklärung der Symbolik (Herz = Mensch) bitten wir die Kinder, sich die Geschichte selbst mit Hilfe der Bibel (1 Sam 1, 1-28) zu erarbeiten. Einige tragen dann ihre Erklärungen vor und vervollständigen die Skizze.

4.3.3. Die Skizze (OHP 107) wird auf eine Papierrolle gezeichnet, schrittweise entrollt und dabei im Gespräch erklärt.

4.4. Zur Festigung

4.4.1. Gespräch über die Aussagen VON GOTT und FÜR GOTT: Gott hört das ernste Flehen derer, die sich in ihrer Not gläubig und demütig an ihn wenden. Gott erhört nach seinem Willen und will sich durch seine Gaben Lob bereiten.
Hanna mißbraucht Gottes Geschenk nicht egoistisch, sondern stellt es dem Geber erneut zur Verfügung. Dabei erfüllt sie überfließende Freude. Von Gott empfangen - für Gott geben! Welche biblischen Personen haben das außer Hanna vorbildlich gelebt? Welche Gaben hast du schon von Gott erbeten? Wie hast du damit Gott geehrt?

4.4.2. Wir zeigen etwas, das auf eine besondere Begabung eines Kindes hinweist (Zeichnung, Bastelei, Zensurenblatt ...). Auf einem angesteckten Schildchen steht „FÜR GOTT!" Frage an alle: Wie kann ich Gott mit diesen Gaben ehren?

4.4.3. Wir basteln einen Geschenkanhänger aus Stoff, Holz oder auch Aufkleber mit der Aufschrift „FÜR GOTT". Zu Hause sollen ihn die Kinder dort anbringen, wo sie sich besonders beschenkt, aber auch von Gott beauftragt sehen; möglicherweise staunen und freuen sich dann viele nicht nur über das Schildchen am Geigenkasten, am Krankenfahrstuhl, an der Kinderstundentasche ..., sondern auch über Kinder, die dem Herrn mit Freuden dienen.

siehe auch Bastelarbeit von Lektion 10 3.4. u. 4.4.1.

Sticker auf Haftetikettenpapier kopieren, ausmalen lassen, ausschneiden aufkleben

5. Liedvorschläge

Alle guten Gaben, alles, was wir haben, kommt, o Gott, von dir, wir danken dir dafür! (aus: Singet froh ihr Kinder alle, 7)

Danke, daß du mich gemacht hast ... (aus: Die bunte Liederkiste, 10)

Das Beste, was ich habe ... (aus: Kommt und singt, 46)

Vergiß nicht zu danken ... (aus: Jungschar- und Teenagerlieder, Heft 2, 80)

Deine Hände, deine Füße ... (aus: Die bunte Liederkiste, 34)

6. Vorschläge zum Bibelspruchlernen

Das Attribut „heilig" muß erklärt werden: ganz, rein, wahr, gerecht, vollkommen, ohne Sünde, einfach gut (besser geht es nicht) – so ist Gott. Es gibt keinen anderen Gott. Dieser Gott ist die beste Grundlage, auf der wir unser Leben aufbauen können. Hanna hat erlebt, daß Gott Vertrauen belohnt und sein Versprechen (Wort) hält.

7. Literaturhinweis/Arbeitshilfen

Der Knabe Samuel, Flanellbilder mit Erzählvorschlag. Scripture Press Publications

Gibbs, A.: Schritte ... Bd. 1, L 73 u. 74 (Textanalyse)

Gibbs, A.: Schritte ... Bd. 2, Karte

Gott steht zu seinem Wort ... (Samuels Geburt und Berufung wird für Kinder erzählt.)

genauere Angaben siehe Lektionen 36 u. 37, 7

Jakobi, E.: Der gute Start Bd. 1, L 22 u. 23. Bibellesebund, Marienheide 1979 (Gruppenarbeit, Wettkampf u. Erzählung zu 1 Sam 1 u. 3)

Kinder der Bibel, 5 Lektionen. KEB, Breidenbach (Text mit Ringbuch, u. a. acht zweifarbige Bilder 33 x 25 cm zu 1 Sam 1–3, Lernverse, Anwesenheitswettbewerb.)

Samuel (Hörspiel) Hörmit-Cassette. Schulte + Gerth, Asslar 1985 (Text und Lieder von M. Birkenfeld, eine ausgezeichnete Hilfe zum Erzählenlernen)

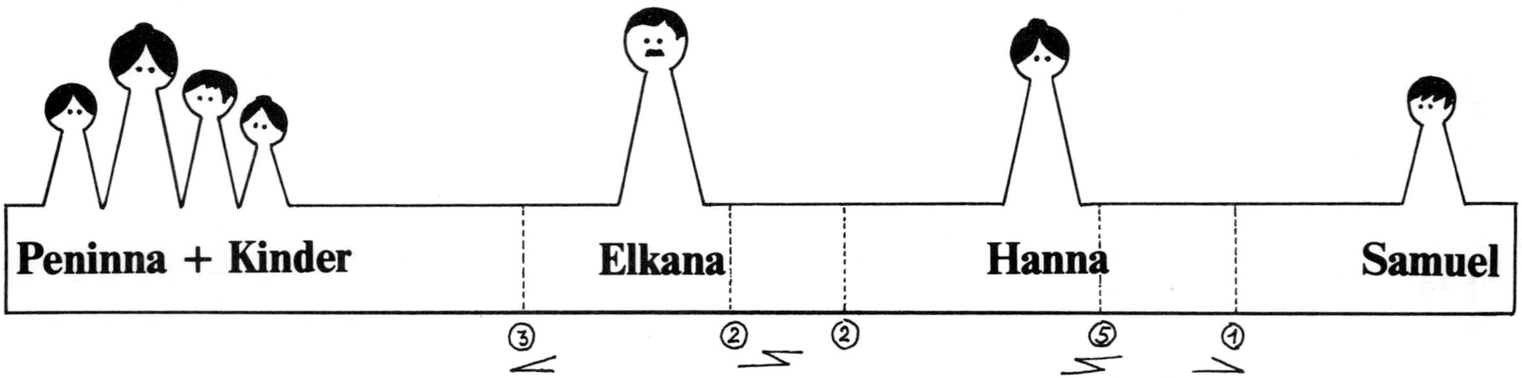

Zur Darbietung wird dieser beidseitig gleichmäßige Erzählstreifen verschieden gefaltet und angeheftet, so daß diese Szenenbilder entstehen: (Papierstreifen anfeuchten und an die Tafel kleben!)

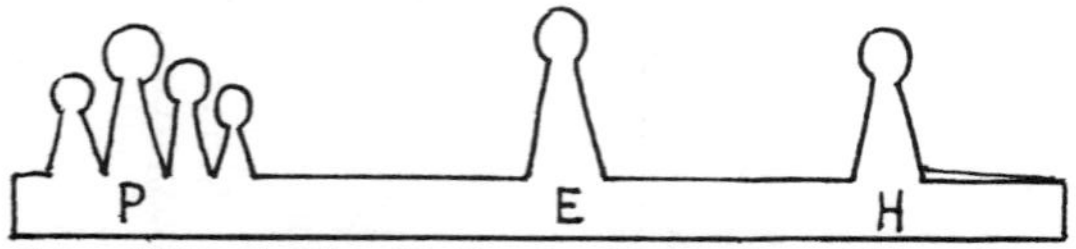

Szenenbild 1: Familiensituation des Elkana (Samuel hinter Hanna versteckt)

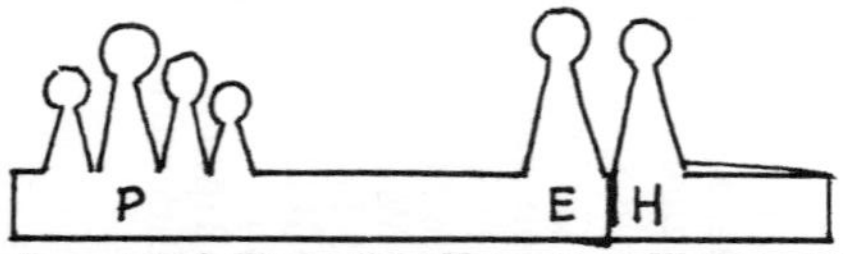

Szenenbild 2: Elkana liebt Hanna trotz Kinderlosigkeit (Er stellt sich zu ihr.).

Szenenbild 3: Peninna kränkt Hanna (stellt sich zwischen die Beiden).

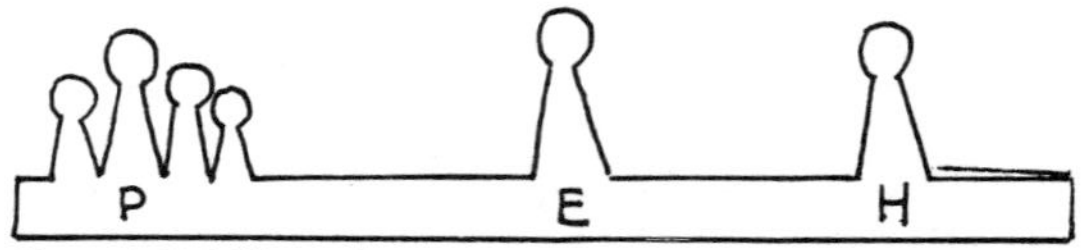

Szenenbild 4: Hanna betet.

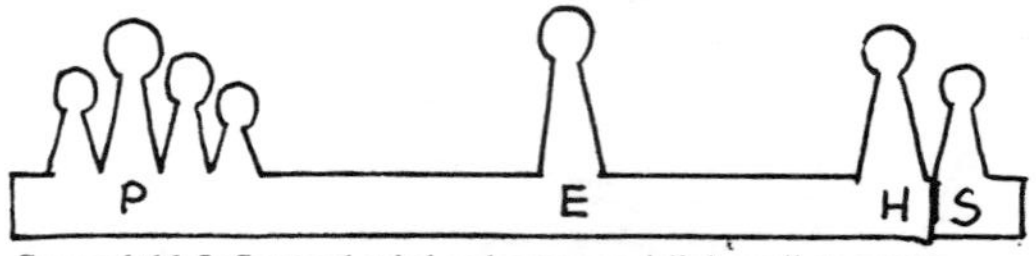

Szenenbild 5: Samuel wird geboren und liebevoll versorgt.

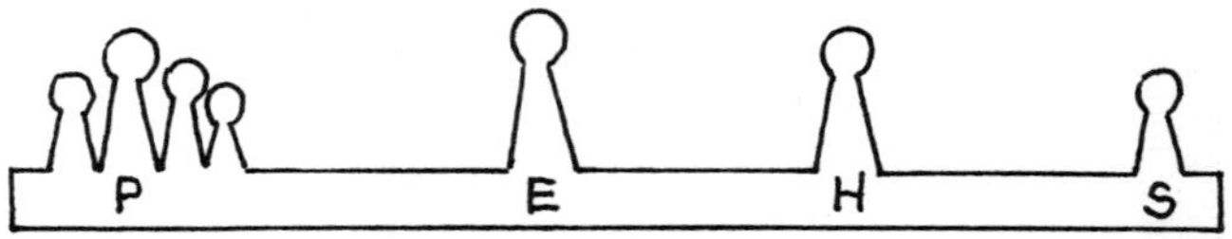

Szenenbild 6: Hanna gibt Samuel zum Dienst ab.

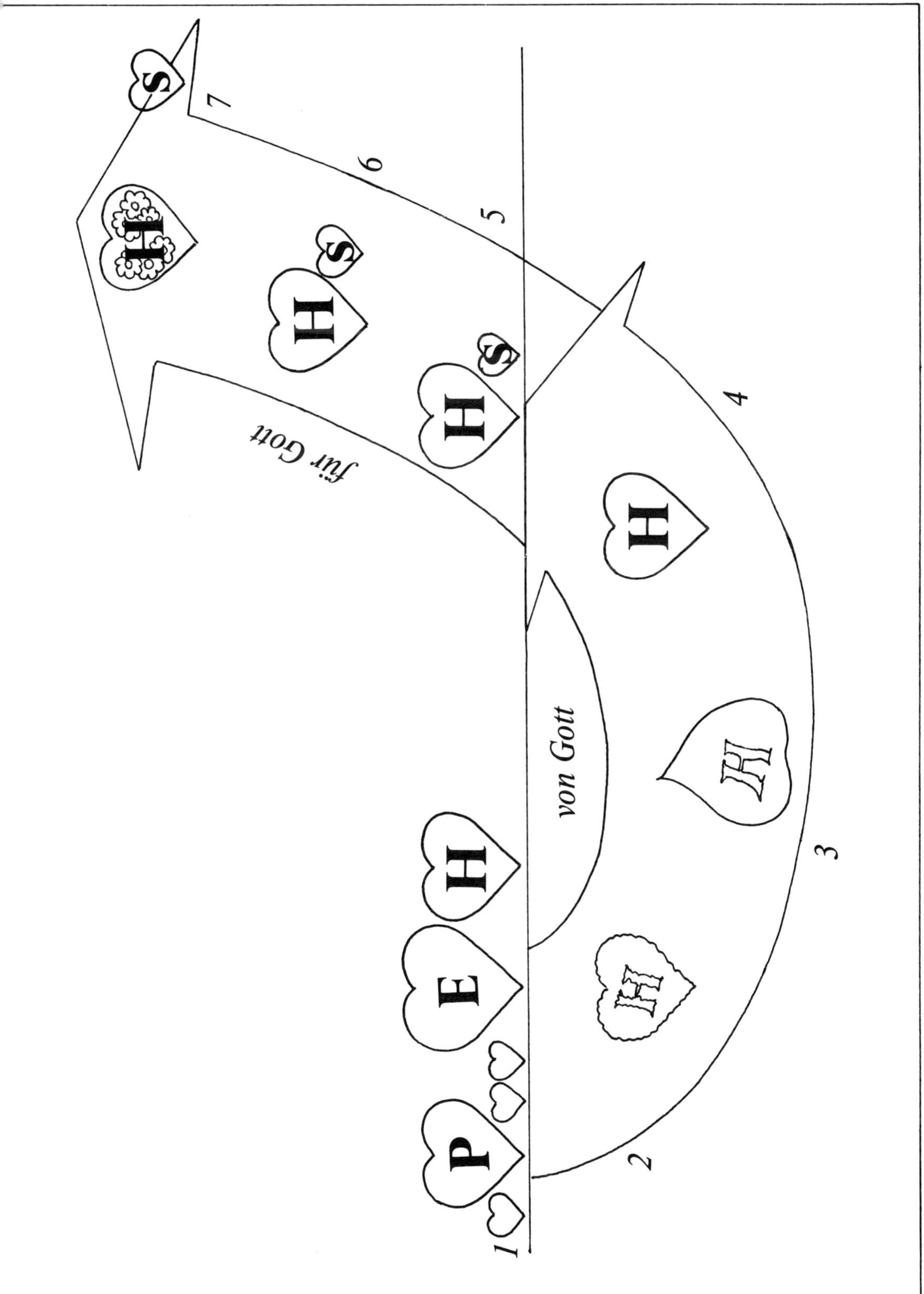

1
P
E
H
2
von Gott
3
H
H
H
4
H
S
5
H
S
H
6
S
7
für Gott

Lektion 42

1 Sam 2,12 - 3,21

Samuels Berufung

Lernvers
Wer mein Wort hört und glaubt dem, der mich gesandt hat, hat ewiges Leben und kommt nicht ins Gericht, sondern er ist aus dem Tod in das Leben übergegangen. Johannes 5, 24

1. Zum Textverständnis

1.1. Zusammenhang/Inhalt

Der von Gott erbetene und für Gott gegebene Samuel dient vor dem Priester Eli in Silo. Durch mehrfaches Rufen Gottes wird er zum Propheten in Israel bestimmt und als solcher bestätigt.
Während Samuel „bei dem HERRN" aufwächst und immer mehr zunimmt an Gunst bei Gott und Menschen, geraten die Priestersöhne Hofni und Pinhas und auch ihr betagter Vater Eli immer mehr in Verruf. Die Söhne verachten bewußt die Opfervorschriften Gottes, mißbrauchen selbstsüchtig die Opfergaben und beleidigen die Opfernden. Der altersschwache Eli tritt diesen Mißständen nicht konsequent genug entgegen und muß mehrfach für sich und seine Nachkommen die göttliche Gerichtsandrohung hören.

1.2. - 1.4.

- siehe Lektion 41 -

1.5. Begriffserklärungen

2, 12: „sie hatten den HERRN nicht erkannt" = keine lebendige Gottesbeziehung, oberflächliche Frömmigkeit und Ungehorsam Gott gegenüber
2, 13: „während das Fleisch noch kochte" = die Opfermahlzeit wurde nach dem eigentlichen Opfer zubereitet und dabei auch Fleisch gekocht
2, 15: „sogar ehe man das Fett als Rauch aufsteigen ließ" = nicht nur nach, sondern bereits vor dem Opfer, vor dem Anzünden der Fettstücke (3 Mo 3, 3-5), rauben sich die Priester hab- und genußsüchtig das frische Fleisch, um es für sich zu braten
2, 17: „die Sünde der jungen Männer war sehr groß" = Gottlosigkeit, Habsucht, Willkür, Gewalt und später auch noch Unzucht und sexuelle Zügellosigkeit (2, 22) kennzeichnen die Verkommenheit der Priesterschaft
2, 18: „umgürtet mit einem leinenen Ephod" = Bekleidungsstück des Priesters, das aus zwei Teilen bestand, nach vorn und hinten über die Schultern gelegt, oben zusammengefügt und durch einen Gürtel um die Hüften zusammengehalten wurde
2, 19: „kleines Oberkleid" = alltägliches Bekleidungsstück
2, 25: „denn der HERR war entschlossen, sie zu töten" = die verstockten Frevler waren zum Strafgericht Gottes bestimmt, da jedes zurechtweisende Wort seine ethische Wirkung verfehlte
2, 27: „und es kam ein Mann Gottes" = vermutlich ein Prophet, der direkt das Wort des HERRN weitergab
2, 28: „alle Feueropfer" = damit ist der Unterhalt gemeint, den die Priester von den Opfern bezogen; darin wird die Fürsorge Gottes für die Leviten und Priester deutlich
2, 31: „deinen Arm und den Arm des Hauses deines Vaters abhauen" = Arm = Kraft, Macht, Nachkommen; abgehauener Arm ... = gebrochene Kraft der Familie, Siechtum, Kurzlebigkeit
2, 32: „Feind im Heiligtum sehen" = vermutlich Hinweis auf den baldigen Sieg der Philister über das Volk Israel und die Bundeslade
2, 32: „Gutes tun wird an Israel" = Heil des Volkes unter der Führung Samuels
2, 33: „doch nicht jeden werde ich dir ... ausrotten" = Ahitob, Sohn Pinhas, blieb am Leben (14, 3); das hohenpriesterliche Amt wurde von den Übriggebliebenen (Ahia, Ahimelech, Abjathar) noch einige Zeit bekleidet, doch zuletzt ganz von ihnen genommen

3, 1: „das Wort des HERRN war selten" = keine unmittelbare prophetische Verkündigung an das Volk, keine lebendige Sehnsucht nach Gottesoffenbarungen im Volk
3, 3: „die Lampe Gottes war noch nicht erloschen" = wahrscheinlich der siebenarmige Leuchter, der vor dem Vorhang im Heiligtum stand und ständig brennen sollte (2 Mo 27, 20. 21)
3, 4: „Samuel lag im Tempel" = wahrscheinlich in einem der Räume für diensttuende Priester und Leviten im Vorhof
3, 10: „der HERR kam und trat herzu" = reale göttliche Erscheinung, die dem mehrfachen Rufen folgte (vgl. Ausführungen zu „Engel des HERRN", Lektion 37, 1.2.)
3, 19: „der HERR ... ließ keins von allen seinen Worten auf die Erde fallen" = Samuels Worte und Anweisungen hatten Gewicht und erfüllten sich
3, 20: „Dan bis Beerscheba" = vom Norden bis in den Süden Israels

2. Zielgedanke

„Die mich ehren, werde auch ich ehren" (2, 30).
(Der Text beschreibt eindrücklich zwei Entwicklungen von Menschen in ihrer Beziehung zu Gott. Während Hanna weiteren Kindersegen erfährt und ihr Sohn zum Priester heranwächst und zum Propheten berufen wird, muß Eli gerade das Gegenteil erleben, nämlich den Verfall seines Hauses. Die so konträr verlaufenden Familiengeschichten werden im Schlüsselvers des Textes (2, 30) deutlich begründet und verallgemeinert.)
Andere Möglichkeiten:
- Zusatz für die Älteren: „Die mich verachten, sollen wieder verachtet werden".
- Gott hat uns auch heute etwas zu sagen, er redet zu uns.
- Gott ruft dich.

3. Vorschläge zur Durchführung für die „kleine" Gruppe

3.1. Vorüberlegungen
Jüngere Kinder freuen sich, wenn sie schon zur Erledigung anspruchsvoller Aufträge gerufen und gebraucht werden. Die Berufung des „kleinen" Samuel zeigt, daß Gott auch schon Kinder in seinen Dienst nehmen kann und sie vor Größeren ehrt. Diese positive Entwicklung arbeiten wir heraus und konzentrieren uns dabei auf den Text 1 Sam 3, 1-21. Gott redet und beauftragt; wenn wir hören und dem Auftrag entsprechend handeln, schenkt Gott Freude und Ehre.

3.2. Einstiegsmöglichkeiten
3.2.1. Ulf und Uta dürfen den Eltern bei einer attraktiven Sache helfen (Holz für Lagerfeuer sammeln, Probefahrt mit neuem Ruderboot, Weinernte bei Onkel Klaus ...). Diese „Ehre" bekommen sie jedoch nur deshalb, weil sie auch die Eltern durch Gehorsam und Pflichterfüllung geehrt haben (Mittagsschlaf gemacht, Kinderzimmer aufgeräumt, in der Küche geholfen ...). Gott will uns auch große Freude schenken, wenn wir ihn ehren.

3.2.2. Die 6jährige Katrin hat unter großer Mühe Ps 23 auswendig gelernt, weil ihr Kinderonkel Uwe sie darum bat. Bei einem Gemeindefest trägt sie das Gelernte vor und bekommt von Onkel Uwe und vielen anderen gute Worte gesagt und kleine Nettigkeiten geschenkt. Warum?

3.2.3. Wir singen die Liedstrophe „Gott braucht nicht nur große Leute ..." und fragen anschließend, ob das wirklich stimmt. Welche „kleinen Leute" ruft Gott denn für seine Sache? siehe 5.

siehe 7.

siehe OHP-Vorlage 108

evtl. von den Kindern legen lassen

3.3. Durchführung

Zur Illustration können wir das Ringbuch (KEB), fertige oder selbstgefertigte Flanellbilder bzw. Figuren als Folienstücke (OHP 108) benutzen. Wir erzählen die Geschichte in Teilschritten und verändern dabei das Bild. Die Konturen der Häuser können durch dicke Wollfäden oder Papierstreifen dargestellt werden.

Erzählschritte / Aktivitäten an der Flanelltafel bzw. auf dem Tageslichtschreiber:

- Samuel dient / „Tempeltüren" öffnen, schließen; Leuchter versorgen; Geräte putzen ... (Anwendung: Wenn wir Gott gerne dienen, hat er uns immer mehr zu sagen.)
- Gott ruft Samuel / Sprechblase „Samuel", Samuel zu Eli und wieder zurück zu seiner Schlafstelle, dreimalige Wiederholung, Hilfestellung durch Eli (V. 9)
- Gott erscheint (beachte Hinweis unter 1.5.) und ruft / Sprechblase umdrehen, jetzt Lichtfleck mit „Samuel, Samuel"
- Gott redet, Samuel hört / Samuel „sitzt aufrecht im Bett", legt sich danach wieder hin, kann aber nicht mehr schlafen. (Anwendung: Gott spricht zu uns durch die Bibel. Wir müssen genau hinhören, was er uns sagt.)
- Samuel dient / s. o.
- Samuel redet zu Eli / Samuel bei Eli
- Samuel als Prophet / viele Leute stehen vor Samuel (Anwendung: Gott kann Samuel weiter gebrauchen, um den Menschen seinen Willen zu zeigen, weil er selbst gelernt hat, Gott zu gehorchen und ihm zu dienen. Das ist eine Ehre für ihn. Sein Gehorsam wird belohnt, der Ungehorsam der „Familie Eli" wird bestraft.)

Alternative für die Illustration:

In Anlehnung an das Bild (OHP 108) verwenden wir für die Häuser verschieden große Kartons, die nach vorn offen sind oder geöffnet werden können, für die Bettgestelle kleine Schachteln, für den Leuchter eine Kerze mit Ständer und für die Personen Spielsteine vom Brettspiel. Für alle gut sichtbar wird diese Anlage aufgebaut und die Geschichte erzählt und gestellt.

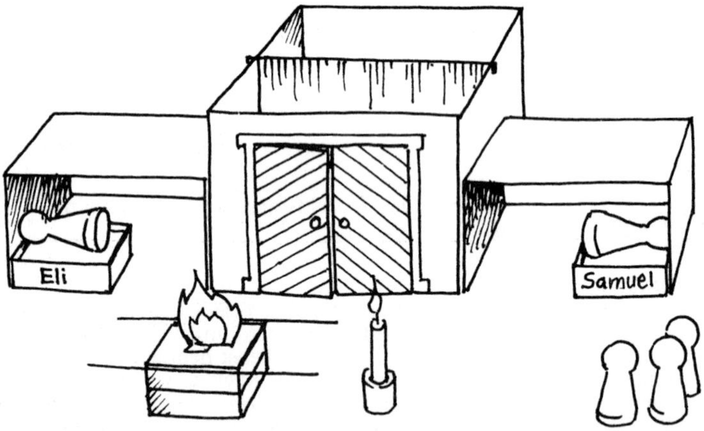

siehe 3.3.

3.4. Zur Festigung

3.4.1. Die Kinder spielen mit Hilfe der Anschauungsmittel die Geschichte nach.

siehe OHP-Vorlage 108a

3.4.2. Wir basteln die Darstellung (OHP 108a). Die Gebäudeumrisse werden durch eine Schablone vorgegeben. Umrisse und Figuren werden auf Pappe gezeichnet. (Wir können auch die Vorlagen 108a kopieren und ausschneiden.) Samuel wird nicht ins Bild eingezeichnet, sondern am oberen Ende eines schmalen Pappstreifens dargestellt, ausgemalt und ausgeschnitten. Diesen Pappstreifen stecken die Kinder von hinten durch die Schnittlinie, die der Mitarbeiter (z. B. mit Japanmesser oder Rasierklinge) eingeschnitten hat. Nun kann Samuel hin- und herlaufen und sogar ins Bett gelegt werden. Auch die Tempeltüren lassen sich öffnen, wenn sie in der Mitte, oben und unten eingeschnitten werden.

siehe 5.

3.4.3. Lied: Ein kleiner Knecht Gottes war Samuel ...

4. Vorschläge zur Durchführung für die „große" Gruppe

4.1. Vorüberlegungen
Was bringt es ein, nach Gottes Maßstäben zu leben? So fragen oft die Größeren. Unser Text gibt darauf eine ermutigende, als auch warnende Antwort.

siehe auch 3.1.

4.2. Einstiegsmöglichkeiten
4.2.1. Die beide Worte „Achten" und „Verachten" werden (an der Tafel) gegenübergestellt. Wir nennen einige Beispiele: Umgang mit Kleingeld, Verhalten gegenüber der Straßenverkehrsordnung, Einnahmevorschriften für Medizin ... und beschreiben die Folgen des Beachtens und Verachtens in diesen Fällen. Zuletzt fragen wir, was die Hochachtung oder Verachtung der göttlichen Ordnungen für uns bedeutet.

4.2.2. Frage: Wodurch redet Gott heute? (durch die Bibel) Dann zeigen wir den Kindern zwei Bibeln - eine zerlesene, vielgebrauchte und eine staubige, ungenutzte. Diese Bibeln verraten einiges über ihre Besitzer. Es könnte sein, daß einer Gottes Wort liest und achtet und der andere es verachtet. Welche Konsequenzen hat das für den Menschen?

siehe auch 4.4.2.

4.3. Durchführung
4.3.1. Die beiden Familiengeschichten unseres Textes werden jede für sich und nacheinander erzählt. In einer Spalte tragen wir (an der Tafel) die wichtigsten Fakten zusammen.

Bibeltext gründlich lesen!

Gott ehren (achten)	**Gott verachten**
Hanna gibt Samuel zum Tempeldienst. = Familienglück (noch 5 Kinder)	Eli duldet das gottlose Treiben seiner Söhne. = Unglück über die ganze Familie
Samuel dient selbstlos! Samuel gehorcht Gott! = Ehre durch Gott und Menschen	Hofni, Pinhas schmarotzen! Hofni, Pinhas sündigen! = Todesurteil für beide am gleichen Tag
X	X

X hier Text von 4.4.1. eintragen

4.3.2. Der Mitarbeiter imitiert einen damaligen „Zeitungsleser", der in verschiedenen Tageszeitungen die Berichte über die positiven und negativen Vorkommnisse im Haus Gottes in Silo verfolgt und kommentiert. (Als Zeitungsnotizen könnten wir ausgewählte Passagen unseres Textes vorlesen.) Die Namen der vorkommenden Personen schreibt er zwischendurch an die Tafel oder auf Folie und hebt die positiven durch Unterstreichungen und Umrahmungen deutlich hervor. Aus der letzten Zeitung verliest er die Nachricht über den Tod Elis und seiner Söhne (1 Sam 4, 10.11.17.18) und streicht anschließend nachdenklich ihre Namen aus.

4.4. Zur Festigung
4.4.1. Die Problemfrage vom Einstieg (4.2.1.) greifen wir noch einmal auf und lassen die Kinder selbst die Konsequenzen des Verhaltens formulieren. In der Tabelle der Durchführungsvariante (4.3.1.) sollte das Ergebnis unter dem Doppelstrich evtl. so eingetragen werden:

siehe 4.3.1.

VON GOTT GEEHRT	VON GOTT VERACHTET

Diesen Schluß bestätigen wir durch den Verweis auf andere biblische Personen. Den Gehorsam des Herrn Jesus Gott gegenüber und die spätere Würdigung durch Gott betonen wir vor allem (Phil 2, 8 u. 9).
Freilich steht für uns die Frage, wie wir Gott ehren können. Einige aktuelle Möglichkeiten des Zeugnisses und Dienstes bieten wir an.
Durch einen evangelistischen Anspruch werden die Kinder zur Entscheidung gefordert, wem sie dienen wollen. Durch das persönliche Zeugnis darf der Mitarbeiter zum Leben mit Gott und dem Herrn Jesus ermutigen.

siehe 4.2.2.
siehe OHP-Vorlage 109 u. Arbeitsbuch für den bibl. Unterricht (Materialkiste)

4.4.2. Vertiefung der Frage: Wodurch redet Gott heute? Hinweis auf die Gottesoffenbarungen (Natur, Geschichte, Gewissen, Bibel, Jesus Christus)

5. Liedvorschläge

siehe auch Lektion 41, 5.

„Befehl“, das klingt ... (aus: Kommt und singt, 13)
Ein kleiner Knecht Gottes ... (aus: Sing' mit uns ein neues Lied, Bd. 2, 54)
Gott braucht nicht nur große Leute ... (aus: Sing' mit uns ein neues Lied, Bd. 1, 51)
Jesus, dich will ich ehren ... (aus: Sing' mit uns ein neues Lied, Bd. 2, 50)
Wenn Gott ruft, dann folge ... (aus: Kommt und singt, 28)
Wer mein Wort hört und glaubt ... (aus: Sing' mit uns ein neues Lied, Bd. 1, 51)

6. Vorschläge zum Bibelspruchlernen

Der Glaube ist auf dem Wort Gottes gegründet und ist das Mittel, um vom Tod zum Leben zu kommen. Wer nicht glaubt, bleibt ein Sünder und damit unter dem Gericht Gottes. Der Glaube zeigt sich im praktischen Verhalten und darin wird deutlich, ob man ein Todeskandidat (mißachten des Wortes Gottes, z. B. Söhne Elis) oder ein Kandidat fürs Leben ist (hören und befolgen [= glauben] des Wortes Gottes, z. B. Samuel).

für die jüngeren Kinder Lernvers kürzen (bis: „hat ewiges Leben“)

Mit „Leben“ ist das göttliche, unsterbliche, ewige Leben gemeint, das ein Christ bei seiner Wiedergeburt bekommt. Wenn wir das Lied zu dem Bibelvers einüben, prägen ihn sich die Kinder leichter ein.

siehe 5.

7. Literaturhinweis/Arbeitshilfen

- siehe Lektion 41, 7. -

OHP 108 a

OHP 108

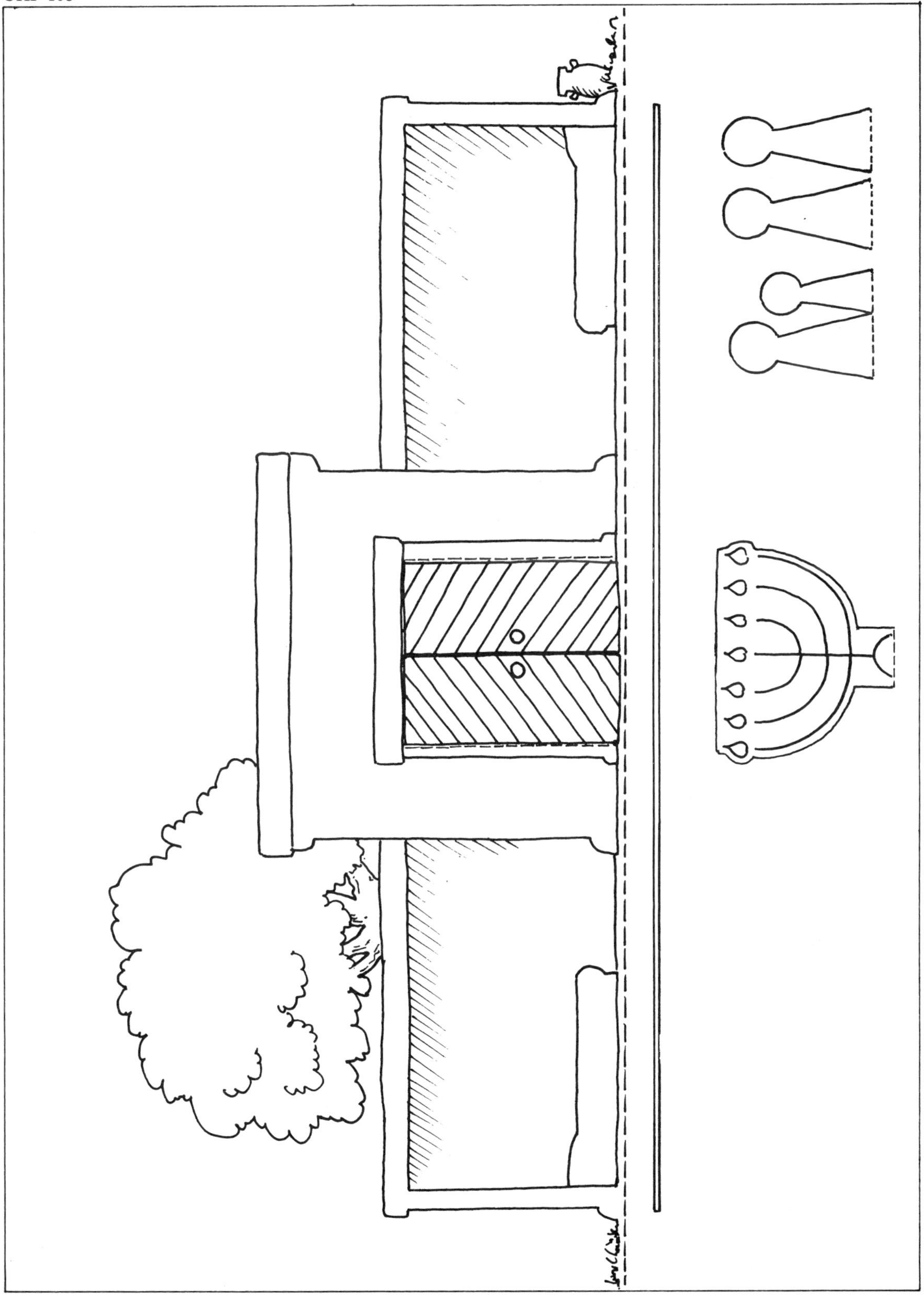

OHP 109

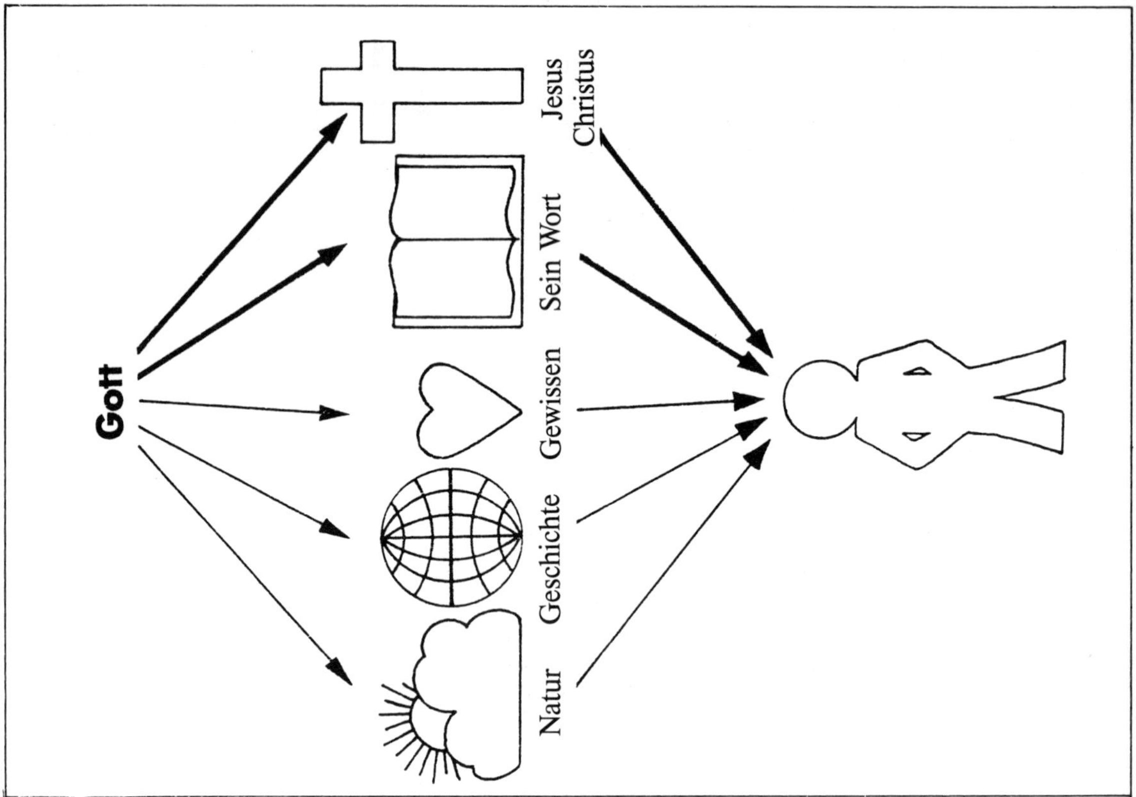

OHP 110

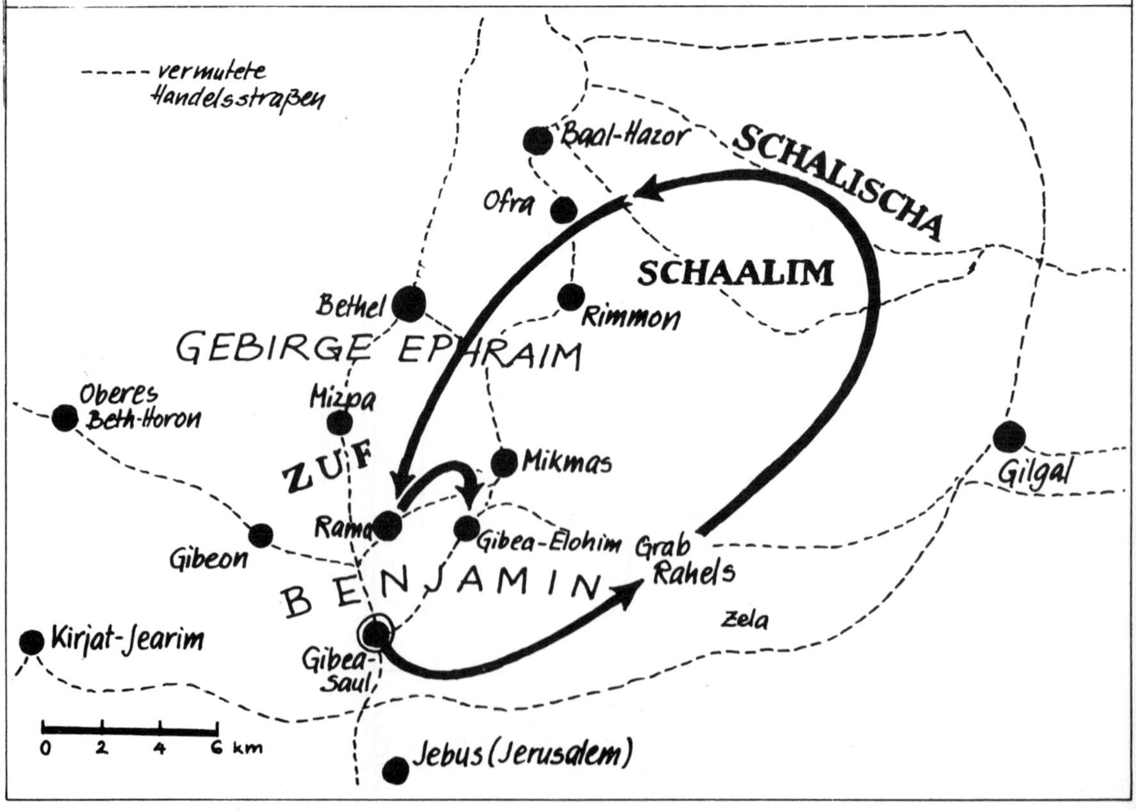

Lektion 43

1 Sam 8 - 10

Sauls Berufung

Lernvers
Halte nun die Gebote des HERRN, deines Gottes, indem du auf seinen Wegen gehst und ihn fürchtest.
5. Mose 8, 6

1. Zum Textverständnis

1.1. Zusammenhang/Inhalt

Samuel, der letzte Richter Israels, ist älter geworden. Seine Söhne, die er als Richter eingesetzt hat, verhalten sich nicht nach seinem Vorbild, also auch nicht so, wie Gott es geboten hat. Deshalb kommen die verantwortlichen Leute Israels (die Ältesten) zu Samuel und wollen einen König haben. Sie betonen dabei ausdrücklich, daß sie ihn wollen *wie auch die anderen Nationen.* Samuel ist bestürzt über diesen Wunsch, aber als Gott ihm sagt, daß er nach dem tun soll, was das Volk will, übernimmt Samuel diesen Auftrag Gottes. Aber er soll das Volk warnen. Saul, ein Mann mit vielen äußeren Vorzügen, kommt an den Ort, wo Samuel gerade für das Volk ein Schlachtopfer bringen will, und Gott macht Samuel klar, daß Saul der Herrscher über das Volk Gottes sein soll. Samuel redet daraufhin zu Saul und salbt ihn dann zum König. In Mizpa wird Saul offiziell als König eingeführt.

zusätzl. Bibelstellen:
2 Mo 16, 8
Ri 8, 22 - 23
1 Sam 12, 12. 17
Apg 13, 20 - 21
Hos 13, 11

1.2. Personen

In diesen 3 Kap. werden sehr viele Personen genannt. Wir sollten uns auf wenige beschränken, die entweder Hauptpersonen sind oder entscheidende Anwendungen für uns bieten.
- Samuel
- Samuels Söhne (Joel und Abija): Ihr Fehlverhalten ist der äußere Anlaß für das Begehren nach einem König. So ist auch heute das Fehlverhalten einzelner oft Grund, Gott zu verwerfen.
- die Ältesten von Israel: Sie handeln formal richtig (5 Mo 17, 14), aber die Motive sind falsch.
- der HERR
- das Volk: Es will nicht hören (Kap. 8, 19).
- Saul (= der Erbetene, 9, 2 u. 10, 20 ff): Sohn von Kisch aus Gibea. Er kommt aus dem Stamm Benjamin und aus einer wohlhabenden Familie. Er ist 40 Jahre lang König über Israel, wobei er wegen seiner persönlichen Sünden und seiner inneren Haltung schon früher von Gott verworfen werden muß. Er stirbt in einer Schlacht gegen die Philister durch Selbstmord.
- der Diener Sauls
- die Mädchen, die herauskommen um Wasser zu schöpfen
- ruchlose Männer: auch Söhne Belials genannt oder Söhne der Bosheit

siehe Lektion 41

Sie sind die Wegweiser zu dem Mann Gottes.

1.3. Orte/Gegend

Hier gilt ebenfalls die Vorbemerkung zu 1.2. Es sind viele Orte genannt, mit denen sich viele biblische Wahrheiten verbinden, aber im Rahmen dieser Lektion sollte darauf nicht näher eingegangen werden.
- Rama
- Gebirge (9, 4): Ein Hochgebiet nördlich der Höhen von Juda, liegt zwischen Ephraim, Rama (in Benjamin), Samaria und Sichem.
- Land Schalischa, Land Schaalim, Land Zuf: Landschaften im Gebiet Ephraim
- Gilgal (siehe Lektion 25, 1.3.)
- Mizpa: ca. 8 km nördl. von Gibea
- Gibea (10, 26): Wohnort Sauls, ca. 5 km nördl. von Jerusalem. Hier hat Saul eine Burg. In Gibea müssen die 7 Söhne Sauls als Sühne für seine Schuld, die er an den Gibeonitern begangen hat, hingerichtet werden.
Zur besseren Übersicht ist es gut, einen Landkartenausschnitt zu zeigen (OHP 110).

s. Lektion 41, 1.3.

siehe OHP-Vorlage 110

1.4. Zeit

vgl. auch Lektion 36, 1.4.

Diese Begebenheit findet ca. 1050 v. Chr. statt. Es ist eine entscheidende Zeit in Israel, weil die Richterzeit beendet wird und gleichzeitig die Epoche der Propheten beginnt. Damit endet dann auch die herausragende Stellung des Priestertums in Israel. Es ist die Zeit des Verfalls und des Abfalls von göttlichen und sittlichen Normen, eingeleitet besonders durch die gottlosen Söhne Elis (1 Sam 2, 12 - 17). Auch die Söhne Samuels sind keine guten Richter, sie lassen sich bestechen und begehen Rechtsbeugung (1 Sam 8, 3). Diese Umstände führen dazu, daß die Ältesten Israels den Wunsch nach einem König äußern.

1.5. Begriffserklärungen

8, 1: Richter (siehe Lektionen 36 - 40)
9, 9: Seher = sagten Ereignisse voraus
9, 25: auf dem Dach (siehe Lektion 2)
10, 1: mit Öl salben = Diese Salbung im AT geschah als Dienstausrüstung eines Menschen für ganz bestimmte Aufgaben. Propheten, Priester und Könige wurden gesalbt, besonders auch Aaron als Hoherpriester und seine Söhne (2 Mo 28, 41; 30, 30; 3 Mo 8, 12. 30). Mit dieser Salbung war auch in Einzelfällen die Gabe des Heiligen Geistes verbunden (Saul: 1 Sam 10, 1. 6; David: 1 Sam 16, 13).
10, 5: Weissagen = Weitergeben göttlicher Offenbarungen (nicht nur prophetischen Charakters)

siehe Lektion 27, 1.4.

10, 20: durchs Los treffen = Gott ließ im AT hin und wieder Menschen durch das Los herausfinden. In Jos 7, 14 - 18 wird so der schuldige Achan ermittelt. Wie das Losen vor sich ging, wird nicht näher beschrieben, eine Andeutung befindet sich in Spr 16, 33.

2. Zielgedanke

Wer gegen Gottes Willen handelt, erntet Nachteile.
(Das Volk will einen König wie die anderen Völker. Dadurch verwirft man den besten aller Könige - Gott selbst. Gott erfüllt das Begehren seines Volkes, nachdem er ihnen die Nachteile ihres Wunsches erklären läßt. Aber das Volk ist blind und taub für die Warnungen Gottes. Wir können uns gegen die Wünsche und Gedanken Gottes durchsetzen. In jedem Fall aber ist das nachteilig für uns.)

3. Vorschläge zur Durchführung für die „kleine" Gruppe

3.1. Vorüberlegungen

Kinder jeder Altersstufe machen Erfahrungen mit ihrem Dickkopf. Sie versuchen ihren Willen durchzusetzen und stoßen dabei auf Widerstand (z. B. der Eltern). Meistens bringt ein hartnäckiges Beharren auf dem eigenen Willen nur Schwierigkeiten. An dieser Stelle können wir überleiten auf das Volk Gottes und seinen Willen damals. Obwohl Gott es durch Samuel warnen läßt, will es unbedingt einen König.
Damals ist das Führen des Volkes durch die Richter, Priester und Propheten viel mehr als heute erlebte Alltäglichkeiten. Man lebt nicht so auf Distanz zu den Regierenden wie heute. Hinter der Führung des Volkes durch die von Gott eingesetzten Personen ist die Leitung Gottes, ja Gott selbst zu spüren. Das müssen wir den Kindern als Basis vermitteln, sonst können sie den verantwortungsvollen Schritt des Volkes nicht verstehen. Am besten erzählen wir kurz, wie Gott sein Volk Israel bis hierher geführt hat.
Nun wählt das Volk eine ganz neue Regierungsform. Die Monarchie löst die Theokratie ab. Ein Mensch ist ihnen lieber als Gott. Dieses dickköpfige Verhalten bringt große Schwierigkeiten mit sich.

3.2. Einstiegsmöglichkeiten

3.2.1. Wir geben jedem Kind einen Buntstift von gleicher Farbe (evtl. schwarz) bis auf eine Ausnahme: ein Kind bekommt eine andere Farbe (vielleicht rot). Damit sollen sie etwas malen (vielleicht zur Geschichte passend einen König). Nach kurzer Zeit soll das Kind mit der anderen Farbe den Stift in die Ecke werfen und auch einen Stift von der gleichen (schwarzen) Farbe wie die anderen haben wollen. So haben wir einen guten Einstieg zum Thema: Verwerfung Gottes.

3.2.2. Wir malen auf OHP-Folie oder auf Pappe eine Gruppe von Menschen, wobei einer um einen Kopf größer ist als die anderen. Dann lassen wir die Kinder erzählen, was ihnen auffällt und was sie für Vorstellungen haben über große und starke Männer.

3.3. Durchführung

Wir erzählen die Geschichte (auszugsweise). Dabei legen wir Wert auf folgende Schwerpunkte:

zur Illustration: Flanellbilder (s. 7) oder 4 Bilder (s. OHP-Vorlage 111)

- Die Menschen wollen einen König haben, sie wollen nicht mehr von Gott geführt werden.
- Gott ist traurig darüber, aber er läßt das geschehen, was sie wünschen. (Bild 1)
- Samuel muß den Leuten sagen, was das Recht des Königs ist. (Bild 2)
- Saul (= der Erbetene) kommt dahin, wo Samuel ist (Saul sucht die Eselinnen) und Gott zeigt diesem, daß dieser der König sein soll. (Bild 3)
- Saul wird zum König gesalbt (ein Zeichen für die Ausrüstung zum Dienst), aber als er öffentlich als König eingeführt werden soll, versteckt er sich. Er ist gar nicht so recht von Gottes Plänen überzeugt. Weil er sich nicht seinen Aufgaben stellen will, kann er auch kein guter König sein. (Bild 4)
- Am Schluß gibt es sogar einige Leute, die Saul verachten und ihm kein Geschenk bringen. Es ist also Streit und Entzweiung im Volk und das kann nicht gutgehen.

Bibeltext gründlich lesen! Das hilft bei einer knappen Darstellung der Zusammenhänge.

3.4. Zur Festigung

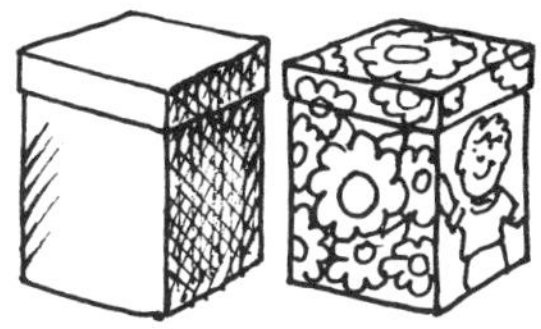

Wir stellen zwei Dosen (evtl. unterschiedlicher Größe) auf den Tisch. Eine davon (die größere) ist schön bunt, die andere grau und nicht besonders ansehnlich. In die bunte Dose legen wir kleine Steine oder Styropor-Material hinein, in die andere für jedes Kind ein Bonbon. Dann lassen wir die Kinder bestimmen, welche Dose sie haben und öffnen möchten. Die meisten werden die bunte nehmen wollen. Wir lassen sie dann öffnen, aber es gibt nur Steine. Dann lassen wir die andere öffnen und jedes Kind erhält ein Bonbon. Dadurch erklären wir den Grundsatz, daß der Mensch das haben will, was gut aussieht, aber nicht unbedingt gut ist, wie das auch bei Saul und dem Wunsch nach ihm war.

4. Vorschläge zur Durchführung für die „große" Gruppe

4.1. Vorüberlegungen

Ein anderer Grundsatz unserer Zeit ist: „Gut ist, was gefällt, was die Allgemeinheit tut und wünscht". Dabei ist der Mensch mit seinen (manipulierten) Bedürfnissen das Maß aller Dinge. Die Bibel kennt dieses Prinzip aber nicht. Gott als der Schöpfer legt die Maßstäbe fest. Sein Wille (auch für die ganz persönliche Lebensführung) ist maßgebend. Daher wollen wir auch klarmachen, daß es das beste ist, ihm die Lebensführung zu übergeben.

siehe 3.1.

Wir sollten hier noch stärker das Bewußtsein prägen, daß das Eintauschen der direkten Führerschaft Gottes gegen den König Saul nur Nachteile bringt. Danach können wir aufzeigen, wie Gott der Gebende ist, während das „Recht des Königs" nur nimmt.

Außerdem wollen wir verstärkt klarmachen, daß es wichtig ist, die Dinge aus Gottes Perspektiven zu sehen und nicht nur nach menschlichen Gesichtspunkten zu urteilen.

4.2. Einstiegsmöglichkeiten

4.2.1. Gespräch: Berichtet einmal von Erlebnissen, wo ihr gegen den Willen eurer Eltern oder Lehrer gehandelt habt und das hinterher bereut habt!

Warum? (Hinweis auf die Weitsicht der Erzieher / Sie haben es gut gemeint, auch wenn man es nicht immer gleich einsehen will.)

4.2.2. Wir lassen die Kinder zusammentragen, was ihnen zu dem Begriff „König" alles einfällt. Sicherlich wird dann alles, was mit Reichtum zusammenhängt, einen Hauptteil der Gedanken ausmachen. Dann fragen wir danach, woher denn der Reichtum kommt. So haben wir die Möglichkeit, auf Steuern und Abgaben zu sprechen zu kommen.

siehe 3.3.

s. OHP-Vorlage 111 (Bei den älteren Kindern können wir auch die Karte [OHP 110] einsetzen.)

Tabelle auf Folie, Tafel oder Plakatkarton schreiben.

4.3. Durchführung

Ergänzung zu 3.3.:

Nachdem wir die Geschichte mit den angegebenen Schwerpunkten erzählt haben, konzentrieren wir uns mit den älteren Kindern auf den Abschnitt 1 Sam 8, 11 – 18. Die Kinder sollen anhand des Textes folgende Tabelle füllen:

Gott gibt:	Der König nimmt:
Freude, Freiheit (Auszug aus Ägypten)	Resultat: Schreien um Hilfe Dienst, Knechtsein
Land Israel	Felder (die besten), Weinberge, Olivengärten
Reichtum (Beispiel: Abraham)	Zehnten der Ernte, Zehnten der Schafe
Seinen Sohn	Söhne und Töchter usw.

4.4. Zur Festigung

4.4.1. Die jeweils 5 Punkte von 4.3. auf kleine Pappkarten schreiben. Dann die Kinder eine Karte ziehen und zuordnen lassen, z. B. zu wem paßt: „Er führte das Volk Israel aus Ägypten in die Freiheit" oder: „Er nahm ihre Söhne und Töchter"?

siehe 2.

Anwendung!

4.4.2. Wir schreiben den Zielgedanken („Wer gegen Gottes Willen handelt, erntet Nachteile.") auf und warten Reaktionen der Kinder ab. Anschließend betonen wir den Zusammenhang der Geschichte und nennen praktische Beispiele (Notlüge, Abschreiben, Ungehorsam, ...). Wo erfahren wir den Willen Gottes? (in der Bibel)

5. Liedvorschläge

Halte Gott die Treue ... (aus: Sing' mit uns ein neues Lied, Bd. 1, 50)
Jesus, dich will ich ehren ... (aus: Sing' mit uns ein neues Lied, Bd. 2, 50)
O, vergiß nicht Gottes Wort (aus: Wir loben Dich, Heft 3, 59)
Mit Jesus will ich gehn ... (aus: Sing' mit uns ein neues Lied, Bd. 2, 60)

6. Vorschläge zum Bibelspruchlernen

Wir können zwei Wege aufzeichnen. An dem einen stehen verschiedene Gebote Gottes, an dem anderen sind keine zu finden. Da wird schnell klar, was der Bibelspruch aussagen will.

7. Literaturhinweis/Arbeitshilfen

David 1, 6 Flanell-Lektionen (u. a. Israel wählt einen König u. Sauls Ungehorsam). KEB, Breidenbach (Text, Bilder, Merkverse, Arbeitsheft)

Gibbs, A.: Schritte durch die Bibel Bd. 1, L 77 u. 78. CV, Dillenburg 1982 (Textanalyse zur Wahl u. Verwerfung Sauls)

Gott steht zu seinem Wort Bd. 6, Hrsg.: Ludwig-Hofacker-Vereinigung. Hänssler, Stuttgart 1987 (1 Sam 9 – 11 u. 13 – 15 wird für Kinder erzählt)

1

2

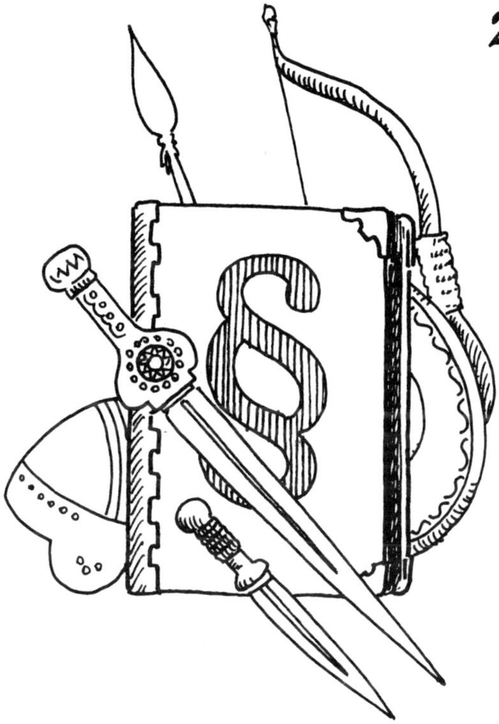

3

4

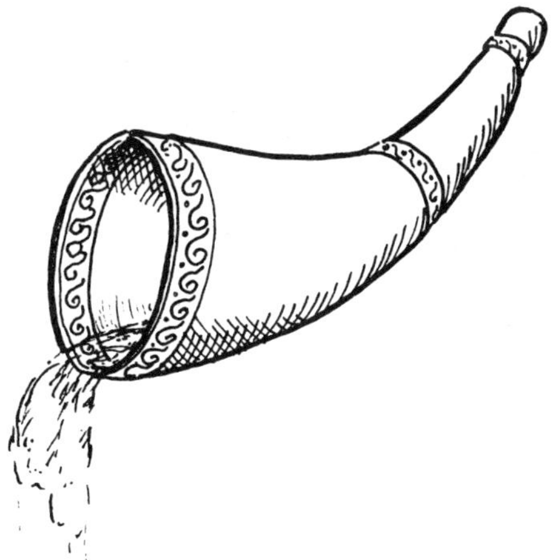

Lektion 44
1 Sam 15
Sauls Verwerfung

Lernvers
Dem HERRN, eurem Gott, sollt ihr nachfolgen, und ihn sollt ihr fürchten. Seine Gebote sollt ihr halten und seiner Stimme gehorchen; ihm sollt ihr dienen und ihm anhangen. 5. Mose 13, 5

1. Zum Textverständnis

1.1. Zusammenhang/Inhalt

Nach dem Verlangen des Volkes Israel hat es Saul zum König bekommen. Gott ist mit diesem Mann, gibt ihm Weisheit und sogar die Gabe der Weissagung. Er erhält von Gott „ein anderes Herz" und verschiedentlich kommt der Geist Gottes über ihn. Saul siegt über die Ammoniter. (1 Sam 11)

Samuel hat sich von den öffentlichen Diensten in Israel zurückgezogen, allerdings das Beten nicht eingestellt und auch nicht die Belehrung in bezug auf den ‚guten und richtigen Weg'. (1 Sam 12)

Saul handelt voreilig (ungeduldig), indem er nicht die Ankunft Samuels abwartet, der nach 7 Tagen kommen will. Er opfert selbst, obwohl er das nicht darf, weil die Opferhandlungen dem Priester vorbehalten sind. Auf die ernsten Hinweise Samuels hat Saul Ausreden, die aber vor Gott nicht gelten. Saul empfängt das Urteil, töricht gehandelt und das Gebot des Herrn nicht gehalten zu haben. Er muß erfahren, daß sein Königtum keinen Bestand haben wird und daß der Herr sich einen Mann nach seinem Herzen zum König gesucht hat. (1 Sam 13)

Saul besiegt dann anschließend die Philister, handelt aber dabei wieder unbesonnen, indem er jeden verflucht, der etwas ißt, bis die Philister besiegt sind. Ausgerechnet Sauls Sohn Jonathan, der von dem Schwur seines Vaters nichts weiß, kostet ein wenig Honig und wird dadurch fast ein Opfer dieser unbesonnenen Anordnung Sauls. (1 Sam 14)

Danach wird davon berichtet, daß Saul alle seine Feinde ringsum besiegt.

Das 15. Kapitel beschreibt den Sieg Sauls über die Amalekiter, aber auch seinen Ungehorsam. Gott hat einen Bann über alles Lebende von Amalek befohlen, aber Saul verschont den König Agag und die besten Tiere. Daraufhin reut es Gott, daß er Saul zum König gemacht hat und läßt ihm durch Samuel seine endgültige Verwerfung mitteilen. (1 Sam 15)

Saul ist zwar einsichtig, daß er gesündigt hat, zeigt aber keine Reue. Samuel, der eine Art Berater für Saul gewesen ist, begegnet Saul nicht mehr; ein Zeichen dafür, daß der Herr nicht mehr mit Saul ist.

1.2. Personen

- Saul (siehe Lektion 43)
- Samuel (siehe Lektion 41)
- Amalek: Hiermit ist das Volk der Amalekiter gemeint, das in der Bibel stets als besonderer Gegner Israels geschildert wird. Gott hatte Krieg mit Amalek von Generation zu Generation. Sieg und Vernichtung über Amalek wird durch Bileam vorhergesagt und unter David (1 Sam 27, 8; 30, 17. 18) und Hiskia (1 Chr 4, 42. 43) vollzogen. (siehe Karte (OHP 56a, Lektion 25); 2 Mo 17, 16; 5 Mo 25, 17-19, 4 Mo 24, 20)
- Keniter: Vermutlich ein midianitischer Stamm, der Schwiegervater Moses wird Keniter genannt. (siehe Lexikon zur Bibel)
- Agag (= brennend, heftig): König der Amalekiter
- Kriegsvolk (V. 4)

1.3. Orte/Gegend

- Telem (V. 4): Stadt in Juda (Jos 15, 24), westl. vom Südende des Toten Meeres, Nachbarort von Siph (siehe OHP 56a (s. o.))
- Stadt (V. 5): Wohnort der Amalekiter im Südland, im Grenzgebiet nach Ägypten (nicht genau zu lokalisieren)
- Hawila u. Schur: Orte im Grenzland nach Ägypten
- Karmel: Stadt im Gebirge Juda (in Juda, Jos 15, 55)

- Gilgal: siehe Lektion 25
- Gibea: siehe Lektion 43

1.4. Zeit
zwischen 1050 und 1030 v. Chr.

1.5. Begriffserklärungen
V. 3: Bann = Gott legte zu bestimmten Gelegenheiten fest, daß Menschen, Vieh, Gegenstände dem Verfügungsbereich der Menschen entzogen werden mußten und ihm gehörten. Dieses „Verbannte" mußte entweder gänzlich vernichtet (getötet) oder auch Gott als Opfer gebracht werden.
V. 4: Musterung = Erfassen wehrpflichtiger Männer und Verpflichten auf den bevorstehenden Krieg
V. 11: Reue Gottes = Hier ist nicht Reue im Sinne von Ungeschehen-machen-wollen einer Handlung gemeint, sondern mehr die Trauer über das Geschehene oder das sich Entwickelnde (siehe 1 Mo 6, 6).
V. 12: Siegeszeichen = Ein Gedenkstein, den man aufstellte als Erinnerung an besonderes Geschehen, oft auch als kultisches Denkmal (siehe 2 Sam 18, 18).
V. 27: Abriß des Zipfels des Oberkleides = Diese Handlung drückte Trauer, Entsetzen und Abscheu aus. Ursprünglich war das Einreißen des Oberkleides Zeichen für einen Aussätzigen (3 Mo 13, 45).

siehe auch Lektion 27, 1.5.

2. Zielgedanke

Gott kann ungehorsame Menschen nicht gebrauchen.
Andere Möglichkeiten:
- Gottes Anweisungen müssen genau und vollständig befolgt werden.
- Saul sucht Ehre bei den Menschen aber nicht bei Gott.
- Auch „ein wenig" Ungehorsam ist Sünde.

3. Vorschläge zur Durchführung für die „kleine" Gruppe

3.1. Vorüberlegungen
Kinder haben trotz strikter Anweisungen der Eltern oder der Lehrer hin und wieder andere Ansichten. Da ist es notwendig, ihnen zu zeigen, daß der von ihnen geforderte Gehorsam ein positives Ziel hat. Aller Ungehorsam aber ist Rebellion, letztlich sogar gegen Gott. Schließlich bestand die erste Sünde im Ungehorsam.
Ein anderer Gedanke ist, daß Kinder oft dann, wenn sie etwas angestellt haben, besonders eifrig sein können (z. B. wenn sie plötzlich besonders aufräumen, was sonst selten vorkommt). Auch dieses Verhalten kann man in die Belehrung aus dem Abschnitt mit einbauen.
Schwierigkeiten des Textes:
Die Anweisung des Banns, Männer, Frauen, Kinder und Säuglinge zu töten, muß den Kindern sehr behutsam beigebracht werden. Vielleicht läßt sich das so erklären, daß die Amalekiter sehr böse und gottlos waren und deshalb unter Gottes Gericht fielen. Die Amalekiter hatten Gott oft abgelehnt (vgl. 1.2.). Jetzt mußte das ganze Volk sterben. Ähnliche Schwierigkeiten ergeben sich bei Vers 33, wo „Agag in Stücke geschlagen wurde vor dem HERRN in Gilgal".

Bei den jüngeren Kindern diese schwierigen Passagen ausklammern!

vgl. 2 Mo 17, 14

3.2. Einstiegsmöglichkeiten
3.2.1. Wir lassen die Kinder erzählen, wo sie mal *ein wenig* ungehorsam waren.

3.2.2. Wir erzählen eine Beispielgeschichte: 20 Kinder sind in der Sonntagschulgruppe. 5 davon stören immer so, daß gar keine biblische Geschichte erzählt werden kann. Die störenden Kinder müssen vor die Tür. Wir lassen dann die Kinder erzählen, was passiert, wenn nur 3 ‚Störende' nach draußen gehen.

Zur Illustration: siehe OHP-Vorlagen 112 a u. b od. Flanell-Bilder (s. 7.) Bild 5, Bild 6, Bild 7, Bild 8

3.3. Durchführung
Wir erzählen die Geschichte in folgenden Einzelschritten:
- Auftrag Gottes, gegen Amalek zu kämpfen und es restlos zu besiegen
- Gott hilft im Kampf. Saul hört nicht auf Gott. Agag bleibt am Leben und auch viele Tiere bleiben am Leben.
- Saul baut sich ein Denkmal.
- Samuel muß das Verwerfungsurteil Gottes überbringen. Saul betet zwar an, aber die Sünde steht zwischen Saul und Gott. Ausblick: Gott kümmert sich weiter um sein Volk und gibt ihm einen neuen König (David).

3.4. Zur Festigung

siehe 2.

3.4.1. Zu dem Gedanken, Gott kann durch Sünde Verunreinigte nicht mehr gebrauchen:
Wir bringen ein Trinkglas (oder eine durchsichtige Flasche) mit, in das wir sauberes Wasser einfüllen. Zur Demonstration trinken wir einen Schluck davon. Dann schütten wir in dieses Glas etwas Dreck (Blumenerde, Tinte o. dgl.) hinein. Das Wasser wird trüb und schmutzig und ist nicht mehr zu gebrauchen.

siehe OHP-Vorlagen 111, 112 a u. b

3.4.2. Zusammenfassung der Lektionen 43 u. 44: Die Kinder erhalten die acht Bilder und können sie sortieren, bunt malen etc. ...

4. Vorschläge zur Durchführung für die „große" Gruppe

4.1. Vorüberlegungen

siehe auch 3.1.

Bei den größeren Kindern sollte der Gedanke, das Wort Gottes *genau* zu lesen und auch zu befolgen, als stärkste Aussage dieses Textes herausgestellt werden.

4.2. Einstiegsmöglichkeiten
4.2.1. Beispielerzählung: Wir unterschreiben einen Kaufvertrag über den Kauf eines gebrauchten Autos. Bei der ersten Fahrt geht das Auto kaputt. Wir wenden uns an den Vorbesitzer. Doch der sagt uns, daß er mit der ganzen Sache nichts zu tun hat. Er verweist auf den Kaufvertrag. Da steht auf der Rückseite, ganz klein gedruckt, daß für alle auftretenden Defekte einzig der Käufer zuständig ist. Das hatten wir beim Unterschreiben nicht gelesen und bedacht. Wir hätten genauer lesen müssen.

ähnlich 3.4.1.

4.2.2. Gegenstandslektion (2 Gläser mit Wasser, Tinte): In ein Glas geben wir einen Tropfen, in das andere zehn Tropfen Tinte. Was ist mit dem Wasser in beiden Gläsern? Das Wasser ist nicht mehr genießbar. Die Geschichte zeigt, daß es in den Augen Gottes schlimm ist, wenn wir auch nur in einem Punkt ungehorsam sind. Es geht um die Tatsache des Ungehorsams und nicht um „die Menge".

4.3. Durchführung

siehe 3.3.

Ergänzungen zu 3.3.:
- Gottes Auftrag muß *genau* gehört bzw. gelesen werden.
- Gottes Auftrag muß genau beachtet werden. Auch edle Motive rechtfertigen keinen Ungehorsam. Betonung des Satzes: Gehorsam ist besser als Opfer (V. 22). Wir können unser Verhältnis zu Gott nicht verbessern, wenn wir viel für ihn tun, aber im Grunde ungehorsam sind. Vor Menschen können wir hier etwas vertuschen, aber nicht vor Gott. In erster Linie kommt es auf den Gehorsam an. Wir sollten auch auf die Möglichkeit der Vergebung hinweisen.

4.4. Zur Festigung

siehe OHP-Vorlage 112

4.4.1. Wir kopieren ein Suchrätsel (auf Folie oder für jedes Kind auf Papier). Dieses Rätsel zeigt zwei fast gleiche Bilder, bei dem eins vom anderen jedoch in 8 Punkten abweicht. Die Kinder sollen sich die Bilder genau ansehen und die Unterschiede herausfinden.
Gottes Vorstellung von Saul stimmte nicht mit Sauls Verhalten überein.

siehe 3.1. u. 4.3.

4.4.2. Vertiefung des Gedankens: Gehorsam ist besser als Opfer. Z. B. ein Kind wird übereifrig, nachdem es ungehorsam war. Das schlechte Gewissen soll so übertüncht werden.

5. Liedvorschläge

Ich suche dich von ganzem Herzen ... (aus: Sing' mit uns ein neues Lied, Bd. 2, 59)
Ihr Kinder gehorcht ... (aus: Die bunte Liederkiste, 50)
Treue fängt schon im kleinen an ... (aus: Wir loben Dich, Heft 2, 41)

weitere Vorschläge siehe Lektion 43, 5.

6. Vorschläge zum Bibelspruchlernen

Die im Bibelspruch genannten 6 Tätigkeiten
Nachfolgen
Fürchten (im Sinne von Ehrfurcht)
Gottes Stimme gehorchen
Dienen
Anhangen
können durch 6 einfache Zeichnungen illustriert werden. Die Kinder sollen die Bildinhalte herausfinden. So prägt sich der Text besser ein.

Mit den jüngeren Kindern evtl. nur den ersten Teil lernen.

7. Literaturhinweis/Arbeitshilfen

– siehe Lektion 43 –

OHP 112

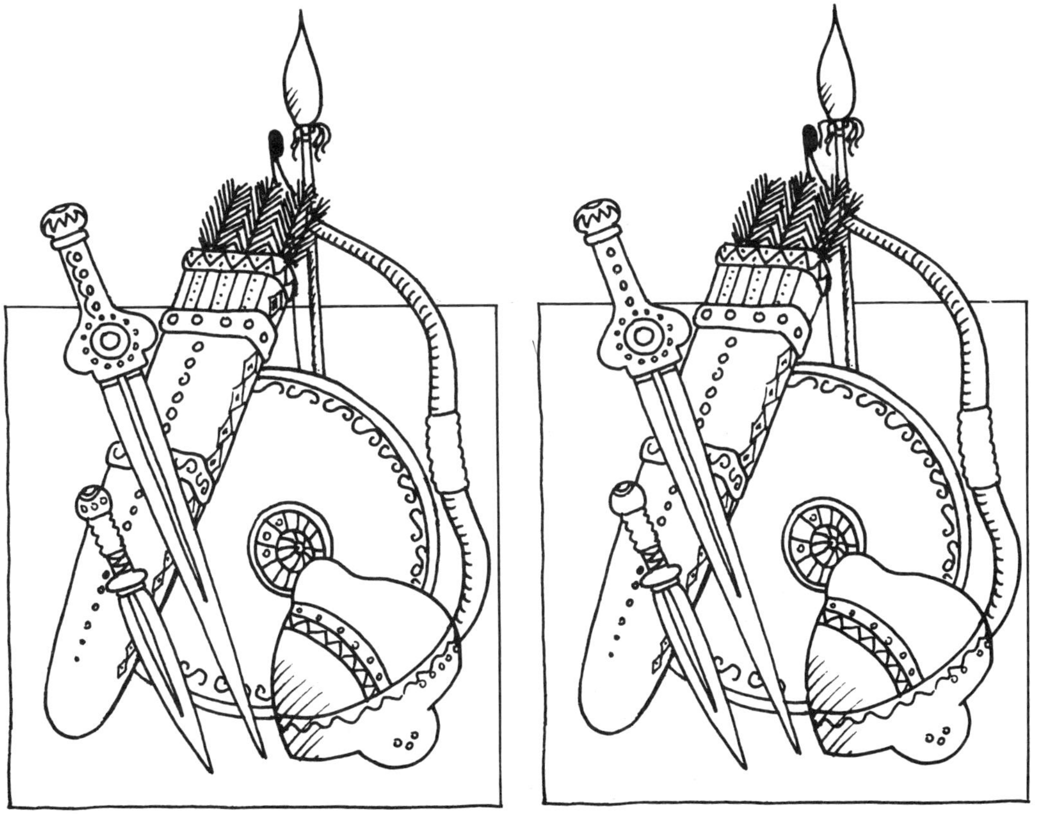

Wer hat scharfe Augen? Die Waffen Sauls haben plötzlich 8 Änderungen!

5

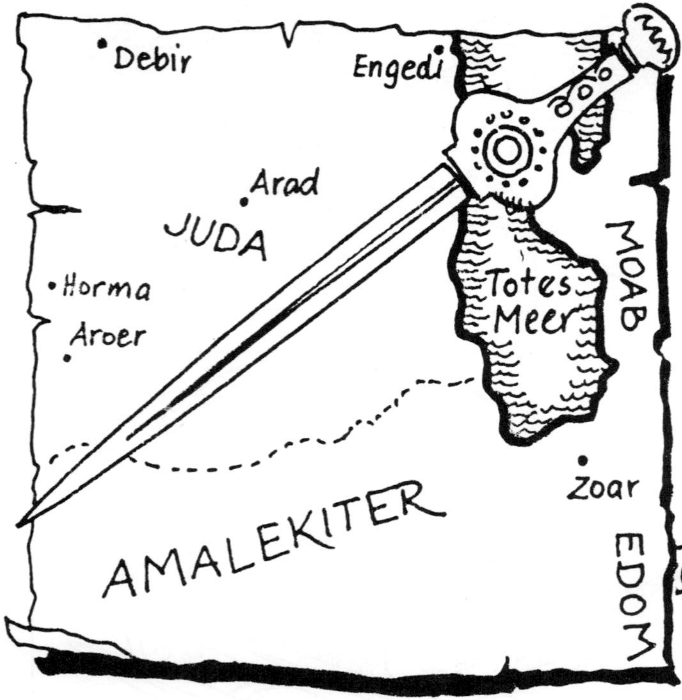
Debir
Engedi
Arad
JUDA
Horma
Aroer
Totes Meer
MOAB
Zoar
AMALEKITER
EDOM

6

7

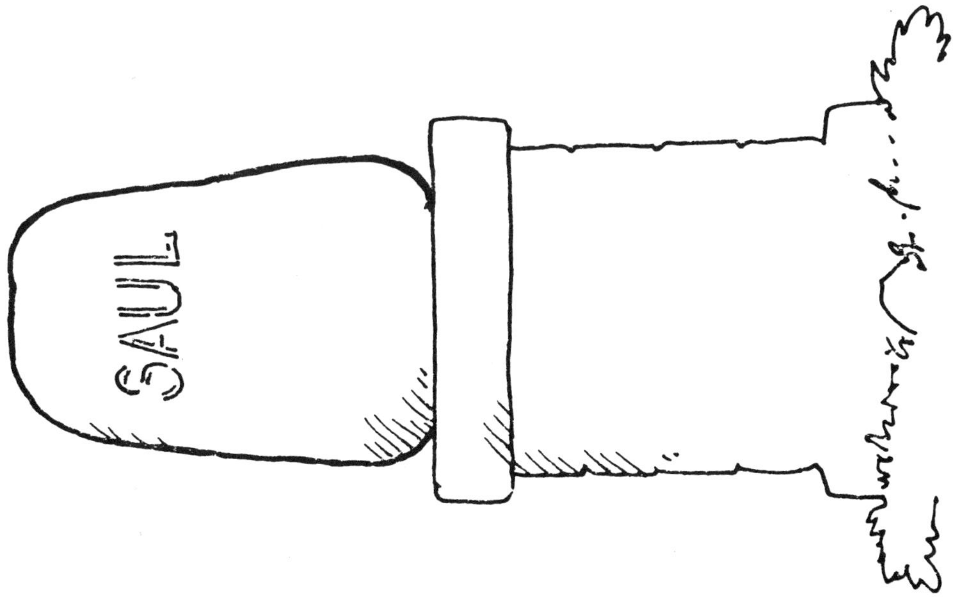

8

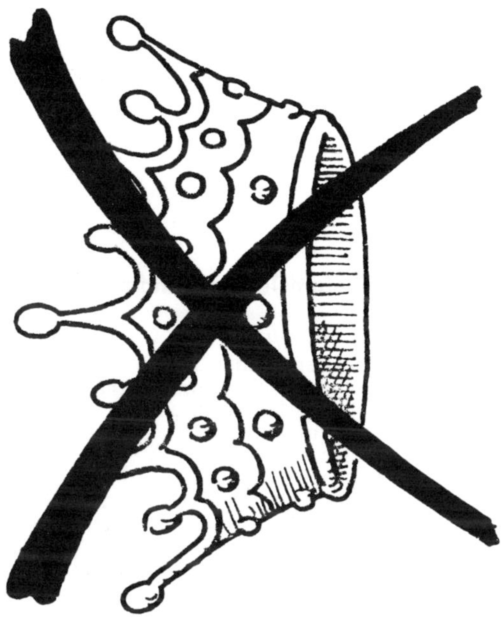

Lektion 45

Neh 1+2

Nehemias Rückkehr nach Jerusalem

Lernvers
Der HERR ist für mich, ich werde mich nicht fürchten.
Was könnte ein Mensch mir tun?
Psalm 118, 6

1. Zum Textverständnis

1.1. Zusammenhang/Inhalt

Nehemia, einer der deportierten Juden, lebt als Mundschenk am Königshof in Susa. Durch seinen Bruder Hanani erhält er die Nachricht über die schmachvolle Lage von Jerusalem und der heimgekehrten Juden. In großer Trauer über diesen Zustand wendet er sich in einem Bußgebet an Gott und erinnert ihn an seine Verheißungen (V. 9 = 5 Mo 30, 3. 4). Vier Monate später wird der König Artahsasta auf Nehemias Traurigkeit aufmerksam. Er erfragt den Grund und gibt daraufhin die Erlaubnis zu Nehemias Reise, um die Stadtmauer Jerusalems wieder aufzubauen. Dort angekommen, erkundet Nehemia die Sachlage und ermuntert die Juden zum Wiederaufbau der Stadtmauer. Das stößt bei den persischen Statthaltern auf erbitterten Widerstand. Nehemia setzt diesem Widerstand den starken Glauben an den lebendigen Gott entgegen.

1.2. Personen

siehe auch Lexikon zur Bibel

- Nehemia: strenggläubiger Jude, Mundschenk beim Perserkönig
- Hanani: Bruder Nehemias, der ihm von der Not der Juden im zerstörten Jerusalem berichtet.
- Artahsasta : oder Artaxerxes I., 465 - 423 v. Chr. König von Persien, Sohn und Nachfolger des Ahasveros (bekannt aus dem Esterbuch)
- Sanballat: persischer Statthalter von Samaria
- Tobija: persischer Statthalter von Ammon. Er verbündet sich mit Sanballat.
- Geschem: Scheich von Kedar in Nordwest-Arabien, persischer Statthalter von Arabien u. Verbündeter von Sanballat und Tobija

1.3. Orte/Gegend

siehe Karte (OHP 29, Lektion 15)

weitere Angaben, siehe Lektion 15

- Susa: 250 km nördl. vom Persischen Golf. Im Perserreich wurde Susa zur Hauptstadt der Provinz Susiane und Winterresidenz der Könige.
- Jerusalem: Von Gott bestimmte Hauptstadt von Juda. Jerusalem wurde 586 v. Chr. von Nebukadnezar vollständig zerstört und das Volk in Gefangenschaft nach Babylon geführt. 538 v. Chr. konnten nach dem Erlaß des Königs Kores (Cyrus) die ersten Juden wieder nach Jerusalem zurückkehren.

1.4. Zeit

siehe OHP-Vorlage 120

Im 20. Regierungsjahr des Königs Artahsasta (465 - 423 v. Chr.) Gebet Nehemias im Monat Kislev = Nov./Dez.; Erhörung des Gebets im Monat Nisan = März/April d. h. vier Monate später. Die Reise Nehemias erfolgte im Jahr 445 v. Chr.

1.5. Begriffserklärungen

1, 11: Mundschenk = Er war für die Versorgung des Hofadels mit Getränken verantwortlich. Bei den häufigen Giftmorden im Orient handelt es sich um eine Vertrauensstellung. Die Hauptaufgabe bestand darin, den Wein in der Gegenwart des Königs zu kosten, um sicherzustellen, daß er nicht vergiftet war.

siehe OHP 38 (Lektion 17)

1, 3: Provinz = Das Perserreich dehnte sich in seiner Blütezeit von Indien bis nach Kleinasien aus. Unter Darius I. wurde es in 20 Verwaltungsbezirke (Satrapien) eingeteilt. Die 5. Satrapie hieß „jenseits des Stroms" Neh 2, 7. 9 und war in verschiedene Provinzen unterteilt: Palästina, Samaria, Jerusalem, Asdod, Ammon und Arabien.

1, 3: Mauer = kennzeichnete damalige Städte, mächtiges Bauwerk als Schutzring und Grenze, im Durchschnitt 3 m dick (Sockel manchmal 6–9 m hoch
2, 7: Statthalter = An der Spitze der Provinzen standen Statthalter, die der Perserkönig einsetzte.

2. Zielgedanke

Entschlossen handeln – weil Gott mit uns ist

Andere Möglichkeiten:
- Gott braucht in erster Linie Leute mit aufrichtigen Herzen und nicht unbedingt „Fachleute". (Nehemia war Mundschenk und kein Bauherr.)
- Bei Gott ist kein Ding unmöglich.

3. Vorschläge zur Durchführung für die „kleine" Gruppe

3.1. Vorüberlegungen
Die Geschichte der Gefangenschaft und Rückkehr des Volkes Israel ist den Kindern meist fremd. Diese muß erklärend in die Erzählung eingeflochten werden. Der Schwerpunkt sollte auf dem Vorbild Nehemias liegen, der sich im Verlassen auf Gottes Hilfe an eine unmögliche Aufgabe gewagt hat. Das Mitempfinden der Kinder kann hier angesprochen werden, denn sie wissen, wie es ist, wenn von ihnen etwas verlangt wird, das sie eigentlich nicht können.
Durch die Erzählung sollte ihnen deutlich gemacht werden, daß es für Gott kein „Unmöglich" gibt.

3.2. Einstiegsmöglichkeiten
3.2.1. Da es ein umfangreicher Text ist, direkt mit der Erzählung beginnen.

3.2.2. Erste Sprechszene von dem Hörspiel „Mutig voran!" abspielen und dann weitererzählen.

siehe 7.

3.2.3. Rätsel (wenn die meisten Kinder der Gruppe lesen können): Silben von biblischen Namen vertauscht aufschreiben (auf Tafel, Folie oder Tapetenrolle) und richtig zusammensetzen lassen.

Vorschlag:

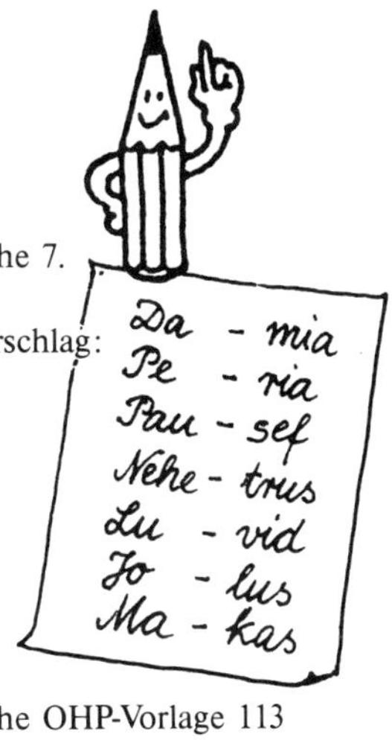

Über Nehemia sprechen: Wer war er? Welchen Beruf hatte er? Wo lebte er?

3.3. Durchführung
Erzählen mit Bildern.
Bild 1: Hanani kommt nach Susa und berichtet Nehemia von der trostlosen Lage Jerusalems. Nehemia ist betroffen, denn der Spott über das Volk gilt letztlich Gott selber.
Bild 2: Nehemias Buß- und Bittgebet. Er hat zuerst die Sünden (1, 7) bekannt, dann Gott an sein Wort erinnert und um die Erhörung und Gelingen gebetet. Aber Nehemia muß noch vier Monate warten, bis Gott anfängt, die Situation zu verändern. Gottes Antwort auf ein Gebet kann sein: „Ja!" oder „Nein!" oder „Bitte warten!"

siehe OHP-Vorlage 113

Bild 3: Der König nimmt Nehemias Traurigkeit wahr. Nach einem „Stoßgebet" bringt Nehemia sein Anliegen vor. Gott lenkt das Herz des Königs, und dieser genehmigt alles Erforderliche für Nehemias Reise und den Wiederaufbau Jerusalems. (Nach Neh 5, 14 wird Nehemia zum Statthalter Jerusalems ernannt.)
Bild 4: Nehemia reist nach Jerusalem. Welche Gedanken werden ihm auf der langen Reise durch den Kopf gegangen sein? Er will Gott gehorchen und zwar ganz, gern und gleich. Aber kann er die Aufgabe überhaupt erfüllen? Ja, denn er weiß, daß die gute Hand seines Gottes über ihm ist und daß Gott kein Ding unmöglich ist.

Bild 5: Nehemia erreicht das zerstörte Jerusalem. Gott gibt ihm ins Herz, was er tun soll. Nachts untersucht er die Mauer und ist entsetzt über das Ausmaß der Zerstörung. Den führenden Männern Jerusalems unterbreitet er sein Vorhaben und verweist dabei auf die gute Hand Gottes, die bisher über ihm war. In dieser Geborgenheit kann er auch den Spott der Feinde ertragen. Sein Aufruf an die Juden: „Wir wollen uns aufmachen und bauen!" findet Resonanz.

3.4. Zur Festigung

3.4.1. Die Szene „Nehemia als Mundschenk beim König" (2, 1 - 8) während der Geschichte spielen lassen. Dann mit der Erzählung fortfahren.

siehe OHP-Vorlage 113

3.4.2. Eine der Bildvorlagen als Malbild ausgeben.

3.4.3. Alle Bilder für die Kinder kopieren und als Bildergeschichte aufkleben und ausmalen lassen.

4. Vorschläge zur Durchführung für die „große" Gruppe

4.1. Vorüberlegungen

Die Kinder wachsen in einer Zeit auf, in der Toleranz und Anpassung groß geschrieben werden. In allen Bereichen (unchristlich oder christlich) fehlt es an Führungspersönlichkeiten, die auch gegen die Meinung der Masse ihren Weg gehen. Die kommende Generation liebt das bequeme Leben, ist nicht mehr belastbar und nimmt kaum Herausforderungen an.
Nehemia dagegen ist ein leuchtendes Vorbild für jemand, der: Gottes Willen tun will, sich auf Gott verläßt, eine einsame Entscheidung trifft, mutig und standhaft ein scheinbar unmögliches Vorhaben in Angriff nimmt, geduldig ist, sich nicht vom Spott anderer einschüchtern läßt.
Durch diese Geschichte sollen die Kinder in ihrem persönlichen Leben herausgefordert werden, von Nehemia zu lernen und in der Schule und bei Freunden mutig und standhaft für die Sache Gottes einzutreten.

4.2. Einstiegsmöglichkeiten

weitere Vorschläge, siehe 3.2.

Gespräch: In welchen Situationen galt es, ganz entschlossen Farbe zu bekennen? Welche Erfahrungen hast du da gemacht?

4.3. Durchführung

siehe 3.3. u. OHP-Vorlage 113

Erzählen mit Bildern, Ergänzungen zu 3.3.:
zu Bild 1: Das zerstörte Jerusalem und die Gefangenschaft sind Folgen des Ungehorsams des Volkes gegen Gott. Dafür tut Nehemia Buße. (Sünde bleibt nicht ohne Folgen - Beispiele nennen) Spott der Feinde über Gott und das Volk machen Nehemia zu schaffen. Tut es uns auch weh, wenn man sich über Gott, den Herrn Jesus oder die Bibel lustig macht?
Mit der Bitte um Gottes Eingreifen muß auch die Bereitschaft da sein, selbst etwas zu tun.
zu Bild 3: Nehemia geht seiner Tätigkeit nach, geduldig abwartend, was Gott tun wird. Das stille Gebet vor seiner Antwort zeigt seine Abhängigkeit von Gott in allen Entscheidungen. (Wie ist das bei uns?)
zu Bild 4: Nehemia nimmt die Herausforderung des Auftrags von Gott in der Gewißheit an, daß Gottes gute Hand über ihm ist, nicht weil er von sich glaubt, diese Aufgabe bewältigen zu können.

4.4. Zur Festigung

siehe OHP-Vorlage 113a

Arbeitsblatt:
Im Gespräch das Arbeitsblatt erarbeiten. Dabei immer wieder versuchen, den Bezug zu den Situationen und Problemen der Kinder herzustellen.

5. Liedvorschläge

Alle Völker sollen sehen ... (OHP 57)

Du bist immer bei mir ... (aus: Wir singen miteinander, 24)
Halte Gott die Treue ... (aus: Sing' mit uns ein neues Lied, Bd. 2, 59)
Ich suche dich von ganzem Herzen ... (aus: Sing' mit uns ein neues Lied, Bd. 1, 50)
Seid stark in dem Herrn ... (aus: Die bunte Liederkiste, 48)
Vertraut auf Gott ... (OHP 58)
Weise mir, Herr, deinen Weg ... (aus: Sing' mit uns ein neues Lied, Bd. 2, 18)

6. Vorschläge zum Bibelspruchlernen

Spruch auf Folie oder an die Flanelltafel legen. Mit den Kindern andere Umschreibungen für die drei Aussagen erarbeiten.

siehe Illustration, OHP 113b

Der Herr ist für mich = ist für mich da, er hält zu mir
Ich werde mich nicht fürchten = ich werde keine Angst haben (zusammentragen wovor nicht)
Was könnte ein Mensch mir tun? = Klassenkameraden, Freunde, Erwachsene

7. Literaturhinweis/Arbeitshilfen

Brockhaus Kommentar zur Bibel Bd. 1 (TB), Brockhaus-Verlag, Wuppertal 1987
Gibbs, A.: Schritte durch die Bibel, Bd. 1, Lektion 131. Christliche Verlagsgesellschaft, Dillenburg 1982 (Textanalyse)
Jakobi, E.: Der gute Start Bd. 2, L 37. 38. 39. Bibellesebund, Marienheide 1985 (Erzählung, Spiel, Lesen mit verteilten Rollen, Fest feiern u. a. m. zu Neh 1 – 8)
Mutig voran! Nehemia, ERF Hörspielkassette Nr. 13026, Wetzlar
Redpath, Alan: Sieghafter Dienst. Francke, Marburg 1982 (Seelsorgerliche Studien zum Buch Nehemia)

NEHEMIA Kapitel 1 und 2

1 Wie lange dauert es, bis Gott Nehemias Gebet beantwortet? Vergleiche Kap. 1, 1 mit 2, 1! Was möchtest du davon lernen?

2 Warum war der König so großzügig gegenüber Nehemia? (Letzter Satz von Kap. 2, 8) Vergleiche auch mit Sprüche 21, 1! Schreibe es hier auf:

3 Woher wußte Nehemia, was er in Jerusalem tun sollte? Kap. 2, 12

4 Wie können wir Gottes Willen erfahren?

5 Wie heißen die vier Tätigkeiten, die Gott auch von uns erwartet? Sie sind in folgenden Bibelversen versteckt. Suche sie heraus und schreibe sie auf:
Daniel 12, 12a ____
1. Samuel 3, 10b ____
Markus 16, 15 ____
Johannes 15, 14 ____

OHP 113

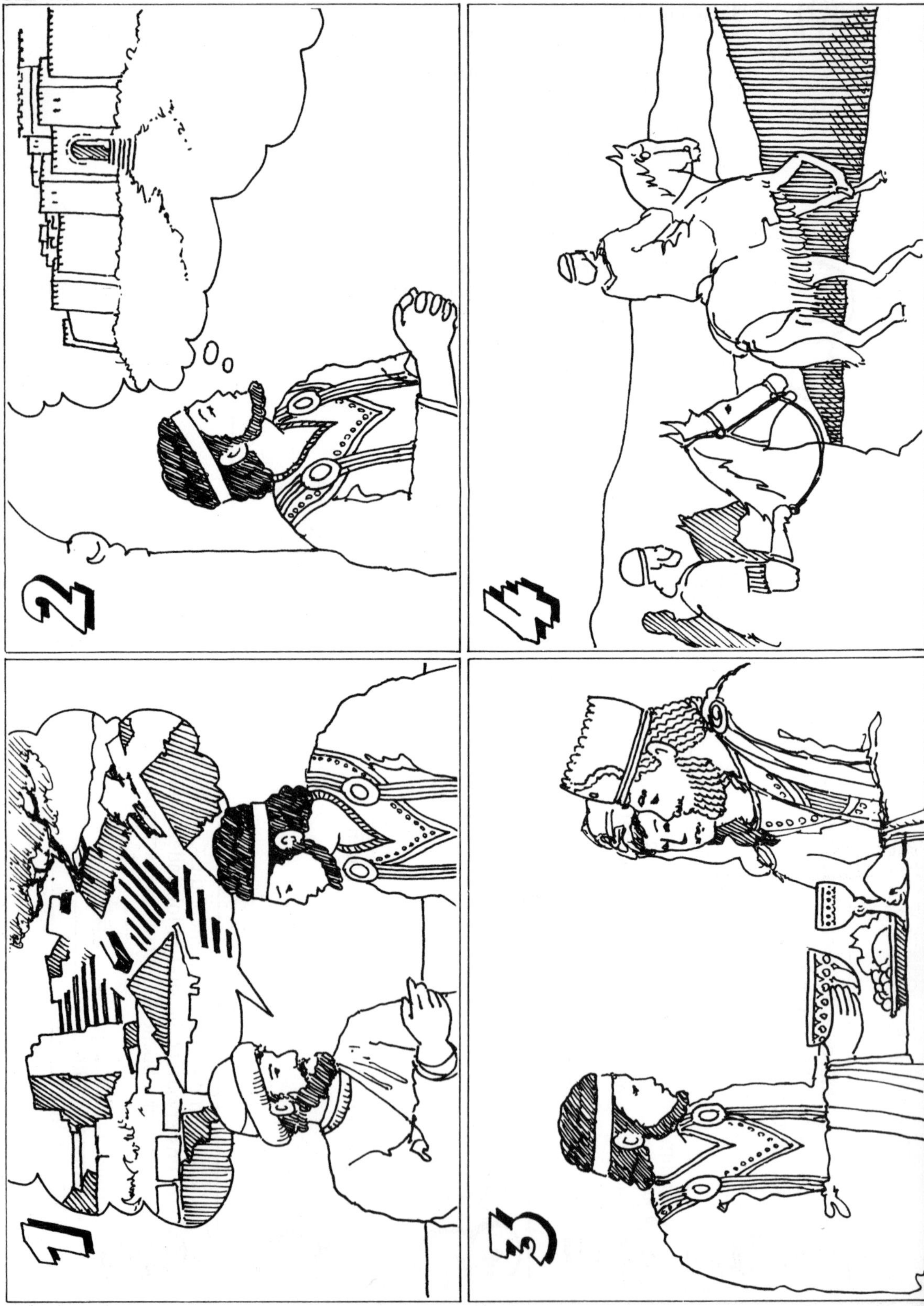

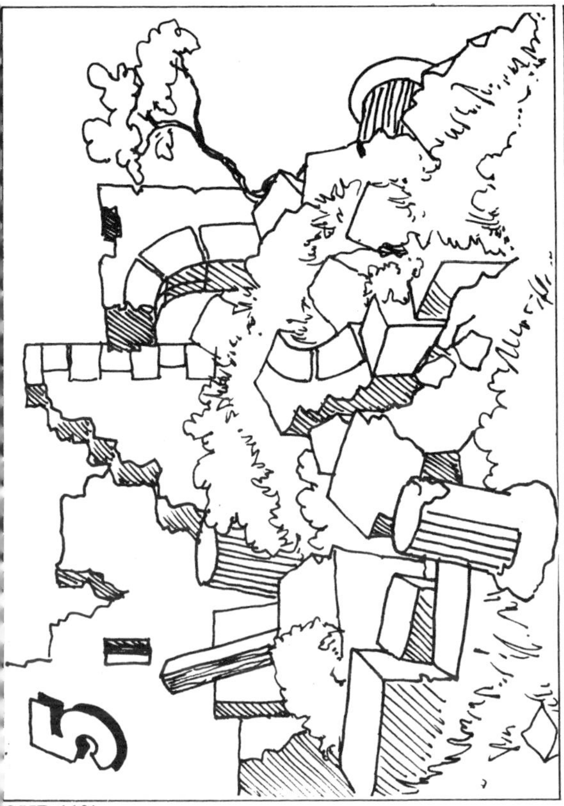

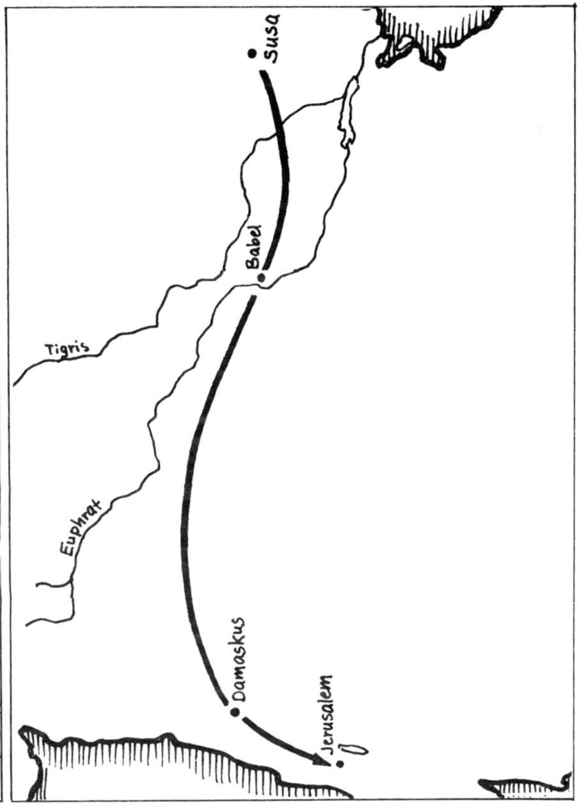

OHP 113b

DER HERR IST FÜR MICH,

PSALM 118,6

ICH WERDE MICH NICHT FÜRCH-TEN.

WAS KÖNNTE EIN MENSCH MIR TUN?

Lektion 46

Neh 3+4+6

Mauerbau

Lernvers:
Es ist besser, sich bei dem HERRN zu bergen, als sich auf Menschen zu verlassen.
Psalm 118, 8

1. Zum Textverständnis

1.1. Zusammenhang/Inhalt

Text gründlich lesen, damit der Ablauf vertraut wird!

Nehemia hat von dem König Artahsasta die Erlaubnis erhalten, nach Jerusalem zu reisen und die Stadtmauer wieder aufzubauen. Nach Ankunft und Erkundung der Sachlage fordert er die Juden auf: Wir wollen uns aufmachen und bauen! Seine Ankunft und das Bauvorhaben lösen bei den Statthaltern der umliegenden Provinzen Wut und Verärgerung aus. Zunächst versuchen sie die Juden durch beißenden Spott mürbe zu machen. Das gelingt nicht, denn Nehemia und seine Leute suchen Hilfe im Gebet (3, 36-38).
Die Statthalter der umliegenden Provinzen verbünden sich. Sie planen einen geheimen Angriff, um den Mauerbau zu unterbinden. Ihr Vorhaben sickert jedoch durch, und Nehemia reagiert mit zwei Maßnahmen: Gebet (Vertrauen zu Gott) und das Aufstellen von Wachposten. Trotzdem macht sich unter den Juden Niedergeschlagenheit breit, denn angesichts solcher Gefahren und Bergen von Schutt ist das Ende der Arbeit nicht abzusehen. Nehemia erinnert sie immer wieder daran, sich doch auf Gott zu verlassen. Die Wachen werden verstärkt. Die Lastträger arbeiten nur mit einer Hand und in der anderen halten sie eine Waffe. (Daher stammt der Ausdruck „mit Kelle und Schwert".)
Mit dem Fortschreiten des Mauerbaus verringert sich die Möglichkeit eines Angriffs. Deshalb versuchen Sanballat und seine Verbündeten, Nehemia in eine Falle zu locken, um ihn zu ermorden. Intrigen und Erpressungsversuche überwindet Nehemia im Glauben. Er bleibt standhaft und sucht immer wieder Kraft bei Gott.
So wird trotz aller Störversuche der Mauerbau innerhalb von 52 Tagen durchgeführt. Jeder muß erkennen, daß dieses Werk von Gott aus geschehen ist.

1.2. Personen

siehe Lektion 45, 1.2.

- Nehemia, Tobija, Sanballat, Geschem
- Araber, Ammoniter, Aschdoditer: Nicht-Juden, die in den angrenzenden Provinzen lebten. Als Nicht-Juden hatten sie kein Anteil, Besitz, Recht und Vollmacht bei den Juden in Jerusalem.
- viele Einzelnamen von Mitarbeitern Nehemias u. von seinen Feinden

1.3. Orte/Gegend

siehe Lektion 45, 1.3.

- Jerusalem
- Kefirim, im Tal Ono: In der Nähe von Lydda, ca. 10 km südöstl. von Joppe, 30 km von Jerusalem entfernt

1.4. Zeit

siehe OHP-Vorlage 120

Fertigstellung der Mauer im Monat Elul, dem 6. Monat, d. h. August/September im Jahr 444 v. Chr. (Neh 6, 15) (nach dem bürgerlichen Jahr Feb./März)

1.5. Begriffserklärungen

siehe OHP-Vorlage 114

Kap. 3: Tore = siehe Karte
3, 34: Oberschicht von Samaria = Die Samariter waren Ansiedler, die der König von Assyrien geschickt hatte, um das Land Israel nach der Deportation der 10 Stämme des Nordreichs zu bewohnen. Da diese Menschen nicht allein Jahwe, den Gott der Juden anbeteten, wurden sie von den Juden verachtet.
6, 5: offener Brief = Jeder, der ihn beförderte, konnte ihn lesen. So sprachen sich die darin enthaltenen Unterstellungen schnell rum.

2. Zielgedanke

Standhaft und entschlossen Gottes Sache ausführen.
Andere Möglichkeiten:
- Meine Hilfe kommt vom Herrn.
- Mit ungeteiltem Herzen Aufgaben, die Gott gibt, zu Ende führen.
- Durchhalten bis zum Ziel!

3. Vorschläge zur Durchführung für die „kleine" Gruppe

3.1. Vorüberlegungen
Auch im zweiten Teil der Nehemia-Geschichte ragt Nehemia als Vorbild heraus. Er zeigt Eigenschaften, die den Kindern für ihr eigenes Leben Denkanstöße geben können. Wichtig ist, beim Erzählen immer wieder darauf hinzuweisen, daß Nehemia nur im Vertrauen zu Gott so handeln konnte. Er hatte keine besseren Voraussetzungen als wir heute.
Geduld, Ausdauer, Vertrauen, Standfestigkeit sind Tugenden, die erlernt werden müssen. Dazu kann diese Geschichte dienen, wenn es uns Mitarbeitern gelingt, den Bezug zum Leben des Kindes herzustellen. (Einige Beispiele, von denen Kinder lernen können nicht aufzugeben, freundlich zu sein, hilfsbereit zu sein, für andere einzustehen, regelmäßig in die Kinderstunde zu gehen, in der Bibel zu lesen, zu beten, den Versuchungen zu widerstehen.)

3.2. Einstiegsmöglichkeiten
3.2.1. Gespräch darüber, wie schwierig es ist, etwas fertigzubauen (Sandkasten, Playmobil, Lego), wenn man dauernd gestört wird. Kinder können das gut nachempfinden. Von daher überleiten zur Erzählung.

3.2.2. Gespräch als Wiederholung: Wer war Nehemia und was tat er? Was hat dir an ihm gut gefallen?

siehe Lektion 45

3.3. Durchführung
Erzählen mit Bildern.

siehe OHP-Vorlage 115

Bilder mit Flanell hinterkleben oder auf Folie kopieren

Bild 1: Nehemia fordert die Juden auf. „Wir wollen uns aufmachen und bauen!" Diese Arbeit kann nur gelingen, wenn jeder mithilft. Kinder waren gewiß auch dabei. (Was können Kinder helfen?) Die Mauer wird von Nehemia in Bauabschnitte eingeteilt. Jeder bekommt eine bestimmte Aufgabe (2, 20 - 3, 32).
Bild 2: Als die Arbeit gut vorangeht, setzt der beißende Spott der Feinde ein. (Der Spott richtet sich auch immer gegen Gott.) Damit sollen die Juden mürbe gemacht werden, um den Mauerbau aufzugeben. Diese verlassen sich jedoch auf Gott und suchen Hilfe im Gebet. Mit *ganzem* Herzen sind sie weiterhin bei der Arbeit (3, 33 – 38).
Anwendung: Warum werden wir verspottet? Wie können wir durchhalten? Haben wir ein ganzes oder ein geteiltes Herz für den Herrn Jesus und seine Sache? Was führt zu einem geteilten Herzen? (Antworten zusammentragen und in ein vorgegebenes Herz eintragen, s. Rand)

Bild 3: Die Feinde planen einen geheimen Angriff, da ihr Spott nichts bewirkte. Der Plan sickert zu den Juden durch und löst bei ihnen nun doch Mutlosigkeit aus, da auch die Berge von Schutt nicht weniger zu werden scheinen und kein Ende der Arbeit in Sicht ist. Sie möchten aufgeben (4, 1 – 4).
Bild 4: Nehemia fordert das Volk auf, nicht furchtsam zu sein, sondern auf Gott zu vertrauen. Durch das Gebet erhalten sie neuen Mut und neue Kraft. Zusätzlich werden Wachposten aufgestellt und unter ihrem Schutz geht die Arbeit weiter (4, 5 – 17).
Bild 5: Nehemia läßt sich durch einen offenen Brief seiner Feinde nicht einschüchtern. Die Feinde geben sich nicht geschlagen, da aber der fortgeschrittene Maueraufbau einen Angriff erschwert hat, versuchen sie Nehemia in eine Falle zu locken, um ihn zu ermorden. Nehemia, der in großer Abhän-

gigkeit von Gott lebt, durchschaut diesen Plan und bleibt unbeirrt bei seiner Arbeit (6, 1 - 14).
Bild 6: Der Mauerbau ist nach 52 Tagen beendet. Nehemia und das Volk haben durchgehalten, weil Gott ihnen dazu die Kraft gegeben hat. Jeder im Volk und bei den Feinden muß erkennen, daß dieses Werk von Gott aus geschehen ist (6, 15. 16).

siehe OHP-Vorlage 115

3.4. Zur Festigung

3.4.1. Klebearbeit: Aus farbigem, gummiertem Buntpapier schneiden (oder reißen) die Kinder Mauersteine und kleben diese als Mauer zusammen. Auch Tore sollten mit „gebaut" werden. Im Vordergrund können noch Arbeiter aufgeklebt werden. Diese Klebearbeit eignet sich auch als Gemeinschaftsarbeit. U. U. können die Umrisse vorskizziert werden.

3.4.2. Arbeit mit dem Bildmaterial: Geschichte anhand der Bilder nacherzählen / Bilder ordnen / Bilder bunt malen

4. Vorschläge zur Durchführung für die „große" Gruppe

4.1. Vorüberlegungen

„Ich hab' keine Lust mehr", sagen Kinder häufig, wenn sie mit ihrem Spiel, Basteln oder ihren Aufgaben nicht gleich ans Ziel kommen. Auch der Kampf gegen die Sünde, das beständige Bibellesen, die Verbindlichkeit im Schülergebetskreis wird zu oft von dem „Lust-haben" oder „Erfolg-haben" abhängig gemacht. Nehemias Leben bietet praktische Hilfe, wie man trotz Schwierigkeiten durchhalten kann. Wichtig ist, daß während des Erzählens immer wieder ein aktueller Bezug zum Alltag der Kinder hergestellt wird.

siehe OHP-Vorlage 116

4.2. Einstiegsmöglichkeiten

4.2.1. Bilderrätsel lösen
Lösung: Auf! Lasst uns bauen

4.2.2. Gespräch: Ein Schülerbibelkreis soll gegründet werden. Welche Voraussetzungen müssen die Beteiligten mitbringen? (Liebe zu Gott und seiner Sache, Verbindlichkeit, Beständigkeit usw.)
Überleiten: „Solche Leute braucht Nehemia ..."

Anregungen, siehe 7.,
Jakobi
siehe 3.3.

4.3. Durchführung

Die Gedanken zu den einzelnen Bildern können der Altersgruppe entsprechend vertieft werden.
zu Bild 1: Konkrete Aufgaben innerhalb der Gemeinde / Kindergruppe nennen (z. B. Lieder schreiben, aufräumen, andere Kinder einladen etc.). Die Kinder müssen möglichst früh erkennen, daß jeder gebraucht wird.
zu Bild 3 u. 4: Situationen aus der Schule aufgreifen. Man könnte an dieser Stelle mit den Kindern eine Sprechszene erarbeiten: Gespräch zwischen den Feinden (Sanballat u. Tobija) und zwischen Nehemia und den Bauleuten.
zu Bild 5: Zusammenfassung der Eigenschaften und Strategien des Feindes: Gewalt, Verleumdung, geheime Angriffe (im Dunkeln, Verborgenen arbeiten), Lügen, Fallen aufstellen usw.
zu Bild 6: „Gott kommt zum Ziel" - dieser Gedanke kann anhand anderer Beispiele (aus dem Leben Josuas oder der Richterzeit) vertieft werden.

4.4. Zur Festigung 3 und 4 und 6

siehe OHP-Vorlage 117

Arbeitsblatt: Nehemia Kapitel
Beim Erarbeiten über die einzelnen Punkte sprechen.
(Lösung: AUFGEBEN)

5. Liedvorschläge

Gott weiß immer einen Weg ... (aus: Sing' mit uns ein neues Lied, Bd. 1, 62)
Sage nein zum Bösen ... (aus: Sing' mit uns ein neues Lied, Bd. 1, 48)

Weitere Liedvorschläge, siehe Lektion 45, 5.

6. Vorschläge zum Bibelspruchlernen

Die einzelnen Worte des Bibelspruchs werden auf „Steine" (aus Folie oder Flanellpapier) geschrieben und sollen von den Kindern zu einer Mauer zusammengebaut werden.

7. Literaturhinweis/Arbeitshilfen

– siehe Lektion 45, 7. –

OHP 115

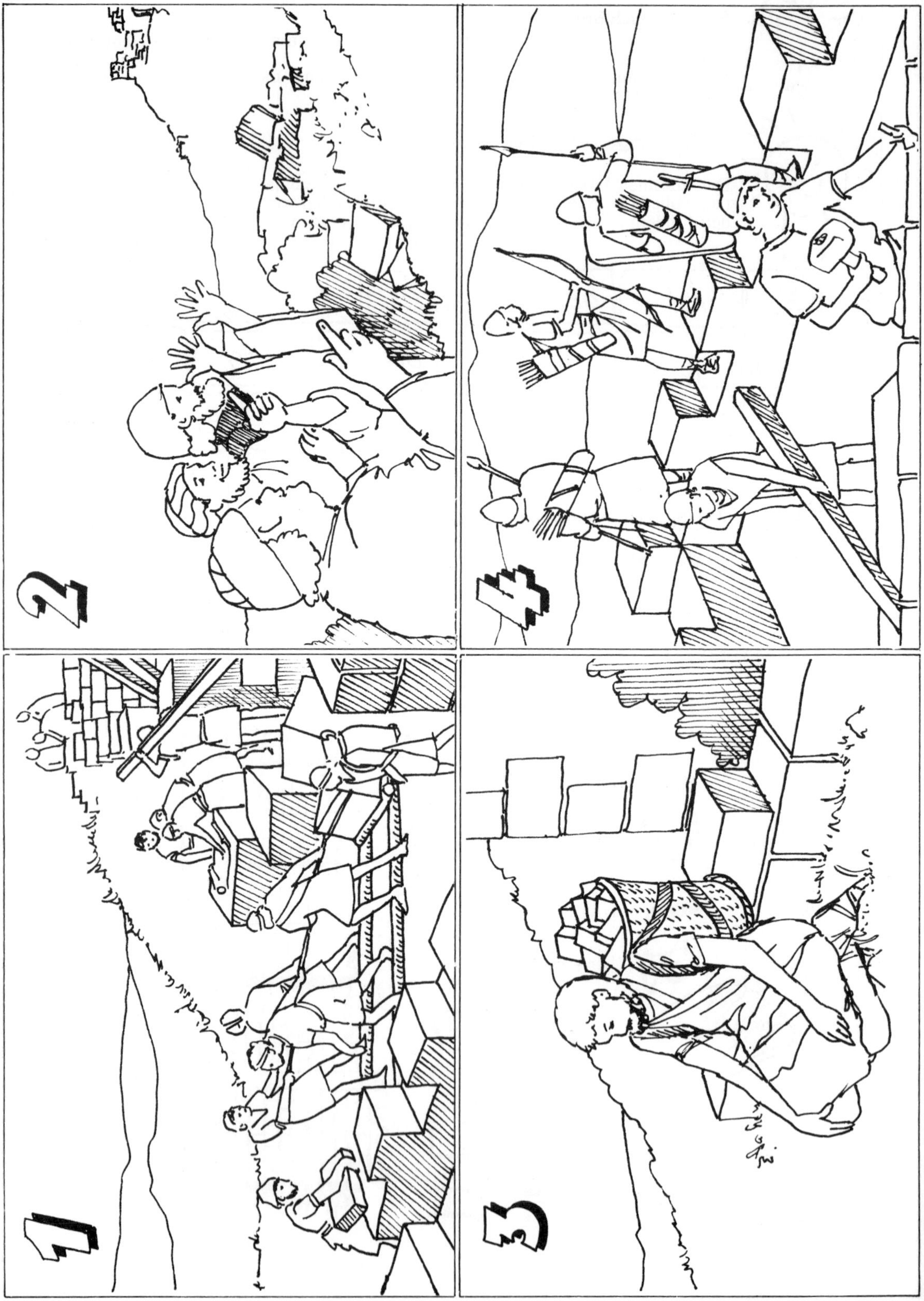

NEHEMIA Kapitel 3 und 4 und 6

1. Die Situation der Juden hat sich plötzlich geändert. (4, 2–3, 10) Was wollen sie in dieser Lage tun? Die fehlenden Mauersteine, richtig sortiert, geben die Antwort.

2. Die Feinde wollen den Mauerbau verhindern. Sie ängstigen und verwirren die Juden. Wie heißen deine „Feinde", die dir Angst machen und dich vom Glauben abhalten wollen? Schreibe sie in die Pfeile.

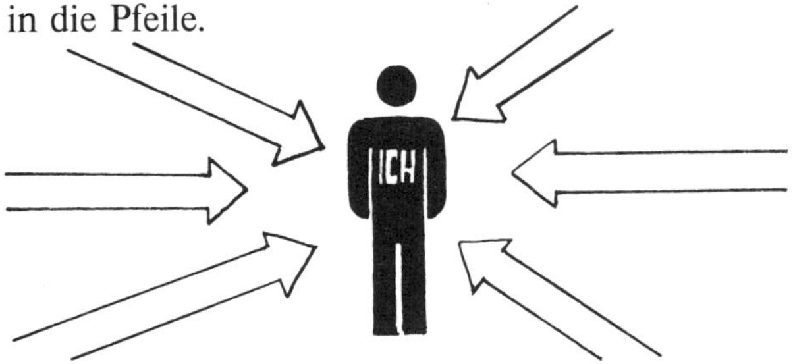

3. Gottes Wort zeigt uns die Hilfe. Lies bitte folgende Bibelstellen: Hiob 42, 2; Lukas 18, 27; Jeremia 32, 17. Nun kannst du sagen: Durchhalten, weil ______________________________

____

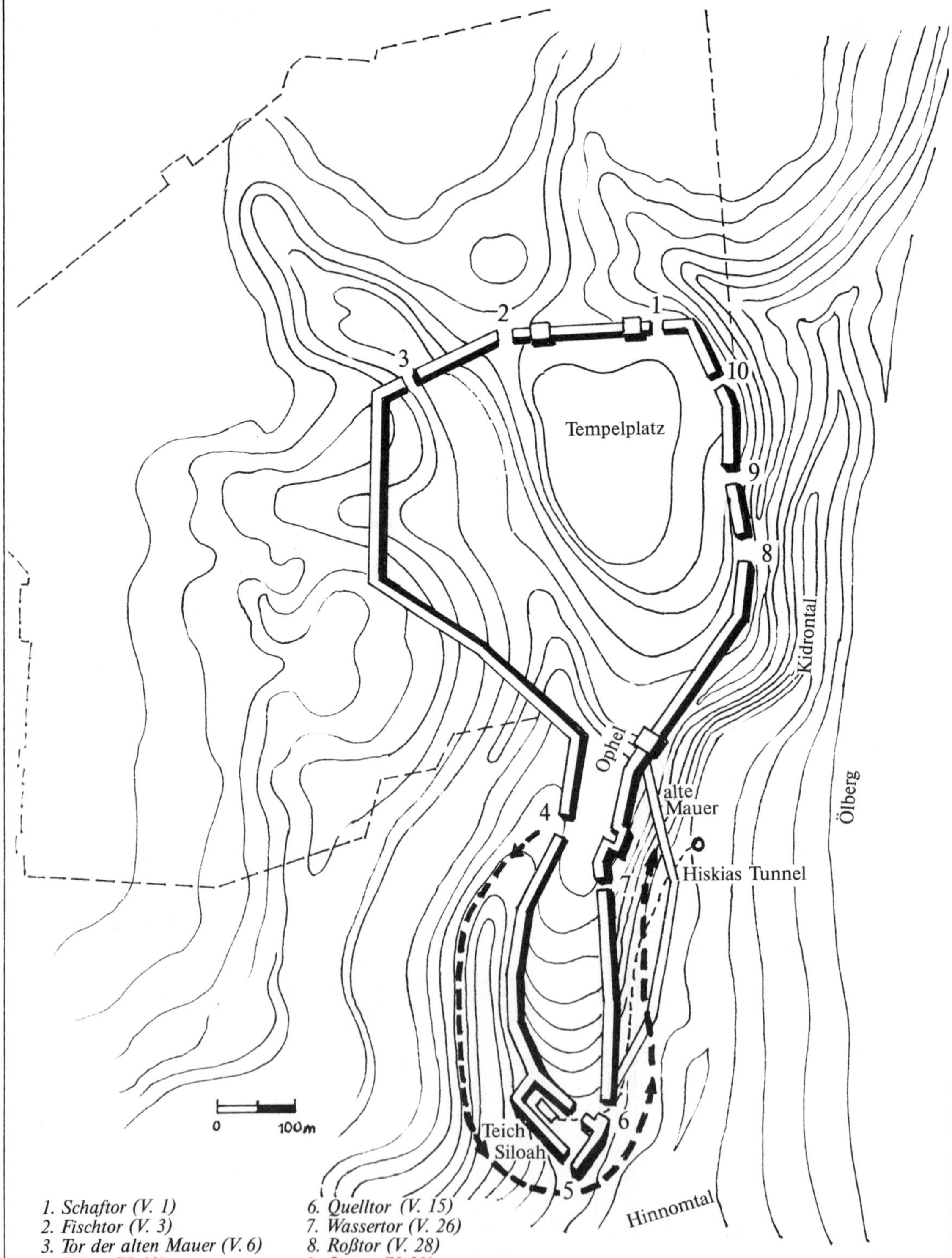

1. Schaftor (V. 1)
2. Fischtor (V. 3)
3. Tor der alten Mauer (V. 6)
4. Taltor (V. 13)
5. Misttor (V. 14)
6. Quelltor (V. 15)
7. Wassertor (V. 26)
8. Roßtor (V. 28)
9. Osttor (V. 29)
10. Tor Miphkad (V. 31)

Lektion 47

Neh 8

Volks-versammlung

Lernvers
Seid nicht bekümmert, denn die Freude am HERRN, sie ist euer Schutz!
Nehemia 8, 10b

1. Zum Textverständnis

1.1. Zusammenhang/Inhalt

Nach Fertigstellung der Mauer Jerusalems versammelt sich das Volk vor dem Wassertor und fordert den Schriftgelehrten Esra auf, aus dem Buch des Gesetzes vorzulesen. Das Volk hört ehrfürchtig und mit innerer Bewegung zu. Es wird ermuntert, ein Fest zu feiern und sich am HERRN zu freuen.
Bei weiterer Lesung des Wortes finden die Ältesten die Anweisungen für die Durchführung des Laubhüttenfestes. Da gerade die entsprechende Jahreszeit ist, feiern sie dieses Fest nach vielen Jahren wieder (erstmalig nach dem Tod Josuas). Unter dem Volk herrscht große Freude. Täglich lesen sie aus dem Buch des Gesetzes.

siehe Lektionen 45 u. 46

1.2. Personen

- Esra: Der Schriftgelehrte war bereits im Jahr 458 v. Chr. nach Jerusalem zurückgekehrt (Esra 7, 1). Sein Auftrag war die Verkündigung des Gesetzes, er las das Gesetz erstmalig öffentlich vor.
- Nehemia
- einige Priester, Leviten und Älteste (V. 4. 7. 13)
- das ganze Volk (auch die Kinder! V. 2)

siehe auch Lexikon zur Bibel

siehe Lektion 45, 1.2.

1.3. Orte/Gegend

- Jerusalem (nach Fertigstellung der Mauer, s. Karte)
- der Platz vor dem Wassertor u. am Tor Ephraim (V. 16)

siehe OHP-Vorlage 114

1.4. Zeit

im 7. Monat (d. h. September/Oktober) im Jahr 444 v. Chr.

siehe OHP-Vorlage 120 u. V. 1

1.5. Begriffserklärungen

V. 1. 3.: Buch des Gesetzes = vermutlich der Pentateuch (1. - 5. Mose), die Schriftrollen des Mose
V. 7: Leviten = Tempeldiener, Nachkommen aus dem Stamm Levi, sie belehrten das Volk über das Gesetz (V. 7, anscheinend wurde das Volk in kleineren Gruppen belehrt)
V. 10: Anteile senden = Jeder sollte an der Festfreude Anteil haben, auch die, die nichts hatten, deshalb gab man den Bedürftigen Portionen ab.
V. 14: Laubhüttenfest = Fest zur Erinnerung an den Auszug aus Ägypten (3 Mo 23, 34. 42), später gleichzeitig Erntedankfest, bei dem das Volk 7 Tage in Zweighütten lebte.

vgl. Brockhaus, S. 491

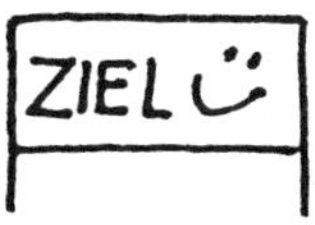

2. Zielgedanke

Auf Gottes Wort hören und danach handeln bringt Freude.
Andere Möglichkeiten:
- Freude (am HERRN) gibt Kraft für unseren Alltag.
- Das Bibellesen (Stille Zeit) ist unerläßlich für unser Glaubensleben.
- Das Wort Gottes ist lebendig, bewirkt Sündenerkenntnis und gibt Anleitung zum richtigen Handeln.

3. Vorschläge zur Durchführung für die „kleine" Gruppe

3.1. Vorüberlegungen

Das Wort Gottes gilt für alle. Unsere Aufgabe ist es, den Kindern so früh wie möglich die Bibel lieb zu machen. Das geschieht durch eine lebensnahe, verständliche Verkündigung, bei der den Kindern Identifikationsmöglichkeiten mit Personen der Geschichte geboten werden. Das ist hier möglich, weil der Sammelbegriff „das ganze Volk" gewiß Kinder mit einschließt.
Zum „Liebmachen des Wortes Gottes" gehört natürlich ein vorbildhaftes Leben von uns Mitarbeitern. Das Wort Gottes muß in unserem Leben für die Kinder sichtbar werden. In dieser Lektion bietet es sich an, die beiden Worte „Bibel" und „Freude" in den Mittelpunkt zu stellen. Wenn die Kleinen den Zusammenhang zwischen Bibel und Freude erfahren, sind wir unserem Ziel ein Stück näher gekommen.

3.2. Einstiegsmöglichkeiten

3.2.1. Gespräch über „Freude": Worüber freuen wir uns? Bei der Überleitung zur Geschichte müssen wir allerdings beachten, daß zwischen dem Vorlesen und der Freude die Einsicht des verkehrten Handelns stand.

siehe OHP-Vorlage 118, Bild 1

3.2.2. Stummer Impuls: Bild (ein Mann liest aus einer Buchrolle vor) - die Kinder erzählen, was ihnen zu dem Bild einfällt.

siehe 5.

3.2.3. Lied: Die B-I-B-E-L ... und verschiedene Bibeln zeigen: Wir sammeln mit den Kindern einige Fakten zur Bibel und leiten dann mit dem Lied auf die Wirkung des Wortes Gottes über. (Evtl. auch einen Spiegel zeigen - ein schönes Bild für das Wort Gottes.)

siehe OHP-Vorlage 118

3.3. Durchführung

Wir erzählen die Geschichte mit vier Schwerpunkten:

Bild 1

1. Schwerpunkt: Esra liest vor. Alle hören zu (auch die Kinder). Man könnte die Empfindungen einzelner Kinder schildern. Ein feierlicher Augenblick. Sie sind gespannt, was Gott ihnen zu sagen hat.

Bild 2

2. Schwerpunkt: Sie sehen sich im Spiegel des Wortes Gottes. Sie sind erschrocken und traurig, daß sie Gottes Wort so wenig beachtet haben.

Bild 3

3. Schwerpunkt: Sie kehren um zu Gott. Das macht sie froh.

Bild 4

4. Schwerpunkt: Sie hören von den Festen, handeln nach Gottes Vorschriften, feiern und erleben sehr große Freude.

Anwendung, s. Zielgedanke

3.4. Zur Festigung

3.4.1. Gespräch: Was lenkt vom Zuhören ab? (Zusammentragen ganz praktischer Hindernisse, Situation eines Kindes damals vorstellen)

siehe 5.

3.4.2. Bibellieder singen (Zusammenhang von Bibel u. Freude herausstellen)

in der vorherigen Gruppenstunde ankündigen

3.4.3. Wir feiern ein Laubhütten- bzw. Dankfest. Dazu könnte jedes Kind eine Kleinigkeit (z. B. ein Stück Obst) mitbringen. (Einsammeln, zerteilen, danken, gemeinsam essen, ...)

4. Vorschläge zur Durchführung für die „große" Gruppe

vgl. 3.1

4.1. Vorüberlegungen

Bei den älteren Kindern sollten wir über das „Bibel-Liebmachen" hinausgehen. Ihnen sollte die Bedeutung des Wortes Gottes für ein Leben nach Gottes Willen und echte Freude deutlich werden. Voraussetzungen sind Zuhören, Verstehen, Beachten und an der Bibel orientiertes Handeln. Das persönliche regelmäßige Bibellesen ist unerläßlich (Hinweis auf Stille-Zeit).

Hilfen für Stille Zeit anbieten (siehe 7.)

Aber Kinder werden durch viele Dinge vom Hören und Lesen der Bibel abgelenkt: Fernsehen, andere Bücher, Freunde, Musik, spätes Zubettgehen u. Aufstehen usw.
Je früher Kinder lernen, die Bibel in ihr Lebensprogramm einzubauen, desto besser sind die Voraussetzungen für ein entschiedenes Leben in der Nachfolge.

4.2. Einstiegsmöglichkeiten

4.2.1. Gespräch: Was hast du in deinem Verhalten beobachtet, wenn du länger nicht die Bibel gelesen hast?

4.2.2. Anspiel/Gespräch zwischen zwei Kindern: Die zugebundene Bibel (Päckchen mit eingebundener Bibel u. Schildchen [s. Text] vorbereiten!)

siehe OHP-Vorlage 119

4.2.3. Direkter Einstieg aus der Sicht eines Reporters: Was ist denn da los? Ein riesiger Menschenauflauf vor dem Wassertor?!...

4.3. Durchführung

Wir vertiefen die vier Schwerpunkte der Altersstufe entsprechend und schreiben auf die freien Linien neben den Bildern jeweils einen Satz zum Inhalt des Abschnitts und einen Merksatz:

siehe 3.3. u. OHP-Vorlage 118

Zum 1. Schwerpunkt: Mit dem Vorlesen allein ist es nicht getan. Das Wort Gottes wurde damals in Sinnabschnitten (portionsweise) gelesen und erklärt. Die Menschen wurden in kleineren Gruppen belehrt (V. 8. 9.). Wir ermuntern die Kinder, mit uns und anderen Christen über Bibeltexte zu sprechen und zu fragen, wenn sie etwas nicht verstehen. Sätze zum Bild:
Esra liest aus dem Gesetzbuch vor. Das Wort Gottes muß gelesen und verstanden werden.

Bild 1

Zum 2. Schwerpunkt: Sätze zum Bild:
Das Volk erkennt, daß es viele Gesetze übertreten hat. Das Wort Gottes ist wie ein Spiegel.

Bild 2

Zum 3. Schwerpunkt: Sätze zum Bild:
Das Volk erkennt seine Fehler. Umkehr zu Gott macht froh.

Bild 3

Zum 4. Schwerpunkt: Hinweis auf die Bedeutung des Laubhüttenfestes (siehe 1.5.) Warum macht Freude stark bzw. schützt? Wenn wir uns über etwas freuen, füllt es unser Herz aus. Andere Gedanken haben dann keinen Platz. Wenn wir uns über den Herrn Jesus und sein Wort freuen, ist die Chance am größten, daß wir uns nach seinem Wort verhalten.
Sätze zum Bild:
Das Volk tut, was Gott sagt. Leben nach Gottes Maßstäben bringt Freude. (Anwendung, s. auch 4.1.)

Bild 4

siehe auch 5. (Lernvers)

4.4. Zur Festigung

4.4.1. Wir geben den Kindern einige Tips zum Bibellesen. (Kopieren der OHP-Vorlage, die 5 Punkte erklären und evtl. ein Stille-Zeit-Heft schenken, s. 7.

siehe OHP-Vorlage 119a

4.4.2. Wir sprechen mit den Kindern über Voraussetzungen zum richtigen Hören. Dazu schreiben wir einige Begriffe auf. Dinge, die das Hören behindern, sollen durchgestrichen werden:

siehe OHP-Vorlage 118 a

laute Musik
Müdigkeit
Bereitschaft, das Gehörte zu tun
Ruhe
Zeit
Hetze
Bibel
offene Ohren
Konzentration
Lust
Fernsehen

5. Liedvorschläge

Das Wort des Herrn ist wahrhaftig ... (aus: Wir singen miteinander, 36)
Die Bibel ist Gottes Wort ... (aus: Die bunte Liederkiste, 22)
Die B-I-B-E-L ist ... (aus: Wir loben Dich, Heft 4, 2)
Die Bibel kommt von Gott ... (aus: Wir loben Dich, Heft 1, 16)
Die Freude am Herrn ist ... (aus: Das Wort Gottes ist lebendig, 17)
Gottes Wort ist die ... (aus: Die bunte Liederkiste, 16)
In der Bibel daheim sein ... (aus: Die bunte Liederkiste, 16)
Komm mit, komm mit, wir suchen ... (aus: Die bunte Liederkiste, 13)
Lies die Bibel ... (aus: Wir loben Dich, Heft 4, 72)

weitere Vorschläge, s. Lektion 45, 5.

6. Vorschläge zum Bibelspruchlernen

siehe auch 4.3. (4. Schwerpunkt)

Wir müssen den Zusammenhang zwischen Freude am HERRN und Schutz bzw. Stärke, Kraft erklären.
Diese Freude beruht auf Vergebung (nach Trauer und Bekenntnis konnte das Volk dankbar die Vergebung annehmen).
Es ist Freude, die aus dem Gehorsam Gott gegenüber kommt. Das Geheimnis dieser Freude sehen wir beim Herrn Jesus (Hebr 12, 2). Diese Freude ist unabhängig von äußeren Umständen.

siehe 5.

Zum Einprägen könnte man das Lied „Die Freude am Herrn ..." singen (evtl. einige Wörter austauschen wegen unterschiedlicher Bibelübersetzungen).

7. Literaturhinweis/Arbeitshilfen

Abraham, Stille-Zeit-Heft. CVD
David, Stille-Zeit-Heft. CVD
Jesus Christus, Stille-Zeit-Heft. CVD
Petrus, Stille-Zeit-Heft. CVD
(Jedes Heft enthält Material für einen Monat)
– siehe Lektion 45, 7. –

OHP 118a

Bald hatte Nehemia sein Ziel erreicht.
Wenn du Gottes Ziel erreichen möchtest,
hilft dir eine enge Verbindung zu ihm.
Das bedeutet regelmäßig:

troote wogs ________
tebeg ________
morsegah ________
einschafgemt ________

Überlege, was dir davon am schwersten
fällt und unterstreiche den Begriff.

Das Volk war bereit, auf Gott zu hören.
Kap. 8,1. Voraussetzungen zum richtigen
Hören auf Gottes Wort: Streiche durch,
was dich daran hindert:

laute Musik · Müdigkeit · Bereitschaft, das Gehörte zu tun · Ruhe · Zeit · Hetze · Bibel · offene Ohren · Konzentration · Lust · Fern-sehen

Die zugebundene Bibel

Einer kommt mit einem Päckchen. Er hält es dem anderen hin.

1. Kind: Sieh mal hier. Ich habe ein Päckchen für dich. Es ist ein dicker Brief. Deine Adresse steht darauf. Viele fremde Marken kleben darauf. Sicher kommt der Brief von weither.
2. Kind: Laß sehen. Ja, das ist meine Adresse. Genau mit Straße und Hausnummer.
1. Kind: Der Absender kennt dich genau, er weiß, wo du wohnst.
2. Kind: Weißt du, wer es ist, und weißt du, woher dieser Brief kommt?
1. Kind: Ja, aber rate mal. Der Brief kommt von sehr weit her.
2. Kind: Kommt er aus dem Ausland?
1. Kind: Nein, noch von weiter.
2. Kind: Kommt er irgendwo von einem Stern?
1. Kind: Quatsch, das auch nicht.
2. Kind: Ich glaube, du willst mir nicht richtig sagen, woher er kommt.
1. Kind: Nun, also: Der Brief kommt von Gott. Er hat ihn diktiert. Viele Schreiber haben daran geschrieben. Männer Gottes waren es. Bis heute gilt dieser Brief jedem Menschen, auch dir!
2. Kind: Nun weiß ich, welchen Brief du meinst. Es ist die Bibel!
1. Kind: Richtig geraten. Und nun öffne den Brief.
2. Kind: Der Umschlag ist leicht zu öffnen. Nur die Klammer hier muß weg. Dann das Papier. Auch das muß fort. Und nun - hier ist die Bibel!
1. Kind: Aber sieh mal. Die Bibel ist mit dünnen Nylonfäden zugebunden. Wer hat das gemacht. Und warum?
2. Kind: Und kleine Zettel sind darin. Da steht etwas drauf. Was steht hier an dem ersten Faden?
beide: UNGLAUBE – der Unglaube hält die Bibel verschlossen!
1. Kind: Du, wir wollen doch glauben. Nimm eine Schere, schneide den Faden durch.
2. Kind: Und nun das Nächste. Hier steht: ZWEIFEL. Er hält die Bibel zu. Wer zweifelt, kann die Stimme der Bibel nicht hören.

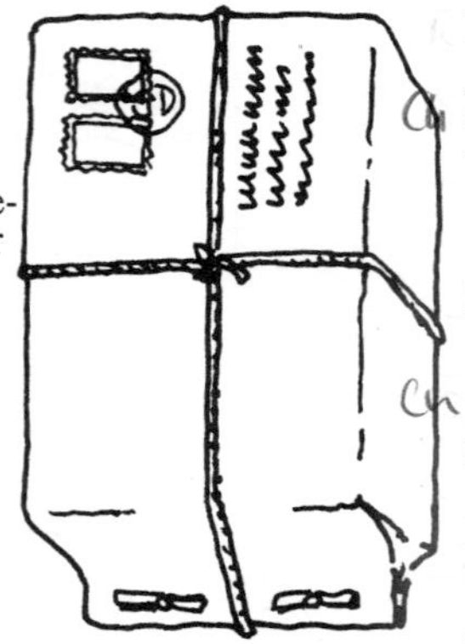

1. Kind: Den Faden müssen wir auch zerschneiden. Wir wollen nicht zweifeln.
2. Kind: Was ist denn überhaupt zweifeln?
1. Kind: Das ist das, was die Eva im Paradies machte. Sie hörte auf die Schlange. Und da zweifelte sie an dem Wort, das Gott gesagt hatte. Sie hörte auf das Böse und wurde ungehorsam. Schlimm ist das!
2. Kind: Ja, das ist wirklich schlimm. Aber sieh mal, was hier auf dem nächsten Schildchen steht: FAULHEIT!
1. Kind: Ist das denn auch schlimm?
2. Kind: Ich glaube ja. Denn wer faul ist, der hat auch keine Lust, die Bibel aufzuschlagen.
1. Kind: Den Faden müssen wir auch durchschneiden. Faule, die mag ich nicht leiden. Weg mit dem Faden und weg mit dem Schildchen!
2. Kind: Noch zwei Fäden sind da. Sie sind ziemlich dick. Dicker noch als die anderen. GLEICHGÜLTIGKEIT und ICHSUCHT steht da geschrieben. Weißt du, die beiden Sachen sind bei vielen Menschen der Grund, warum sie nicht zum Bibellesen kommen. So hat es mein Vater gesagt. GLEICHGÜLTIGKEIT - ICHSUCHT!
1. Kind: Weg mit diesen beiden Sachen! Ich möchte so gern in der Bibel lesen.
2. Kind: Nun ist's endlich geschafft. Jetzt kann die Bibel zu uns sprechen.
1. Kind: Ich kenne ein Gedicht von der Bibel. Das ist so, als wenn die Bibel selbst sprechen würde.
2. Kind: Sag es mal!
1. Kind: Die Bibel spricht:

Du kannst mich lesen sieben mal,
auch siebenzig mal sieben.
Und trotzdem faßt dein Geist noch nicht,
was in mir steht geschrieben.

Drum bitte Gott um Seinen Geist,
Er wird ihn gern dir geben.
Dann merkst du, alles, was du liest,
zeigt dir den Weg zum Leben.

Lene-Lotte Dirks
(aus: ... sag es weiter: „Jesus liebt Dich" Heft 5, CV, Dillenburg

OHP 119a

Tips zum Bibellesen:

1. Bete

zu Gott, daß er dir hilft, den Bibeltext zu verstehen und daraus für dein Leben zu lernen.

2. Lies

in deiner Bibel den jeweils angegebenen Text.

3. Denke

- Was hast du über Gott, Jesus Christus oder den Heiligen Geist gelesen?
- Steht im Text ein Befehl, eine Verheißung, oder Warnung?
- Welcher Vers oder Gedanke aus dem Text ist dir am wichtigsten geworden? Schreibe diesen Vers in dein Notizheft.

4. Bete

und antworte Gott so, z. B. durch Dank oder durch eine Bitte für dich oder andere Menschen.

5. Handle

nun auch nach dem, was du gelernt hast. Gottes Liebe an andere weitergeben macht froh.

Lektion 48

Est 1 - 4

Erwählung Esters

Lernvers
Befiehl dem HERRN deinen Weg und vertraue auf ihn, so wird er handeln.
Psalm 37, 5

1. Zum Textverständnis

1.1. Zusammenhang/Inhalt

Est 1 Auf dem Höhepunkt seiner Macht feiert der medo-persische König Ahasveros sechs Monate lang eine einzigartige Zurschaustellung seines Reiches. Dabei weigert sich Wasti, die Frau Ahasveros', vor dem König und seiner ausgelassenen (betrunkenen?) Feiergesellschaft zu erscheinen, um ihre Schönheit zu zeigen. Der König verstößt sie daraufhin.

Est 2 Es kommt zu einem Erlaß des Königs: Alle unberührten schönen Mädchen sollen vor den König kommen. Das Mädchen, das dem König gefällt, soll dann anstelle der verstoßenen Wasti Königin von Medo-Persien werden. Unter den dadurch in den königlichen Palast Gekommenen ist auch Ester. Sie ist von schönem Aussehen, so daß sie Gnade vor Hegai, dem Hüter der Frauen erlangt und dort schnell eine Vorrangstellung genießt.
Am 10. Adar des 7. Jahres der Regierung Ahasveros' kommt sie vor den König, der sie liebgewinnt. Sie erlangt mehr Gunst und Gnade vor ihm als alle anderen, und Ahasveros macht sie zur Königin an Wastis Stelle. Bei alledem hat Ester nicht gesagt, daß sie Jüdin ist. In dieser Zeit planen zwei königliche Hofbeamte einen Anschlag gegen Ahasveros. Mordechai erfährt davon, benachrichtigt Ester, die diese Nachricht vor den König bringt. So wird der Anschlag vereitelt, Mordechai erhält aber keinerlei Belohnung für die Loyalität gegenüber Ahasveros. Die Begebenheit wird aber im königlichen Geschichtsbuch festgehalten.

Est 3 Ahasveros setzt Haman, einen Amalekiter, zum ersten Fürsten ein. Er wird durch Niederwerfen und Kniefall verehrt, was aber Mordechai, auch nach häufigerem Zurechtweisen, nicht tut. Schließlich wird dies Haman berichtet; dieser erfährt auch, daß Mordechai ein Jude ist. Der Zorn Hamans gegen Mordechai ist groß. Er sucht eine Gelegenheit, die Juden auszurotten. Mit List erlangt er im Jahr 474 die Unterstützung Ahasveros' der ihm alle Vollmachten erteilt. So erläßt Haman eine Anweisung, nach der, an einem durch Los bestimmten Tag, alle Juden zu vernichten, umzubringen und auszurotten sind, vom Knaben bis zum Greis, Kinder und Frauen (3, 13).

Est 4 Mordechai erfährt davon. Er zerreißt seine Kleider, geht in Sack und Asche, und auch bei den anderen Juden findet sich große Trauer und Fasten, Weinen und Wehklagen. Ester erfährt das und dabei dann auch den Plan Hamans.
Mordechai macht Ester deutlich, daß sie jetzt eingreifen und auch ihre jüdische Nationalität offenbaren muß. Ester trifft eine schwerwiegende Entscheidung, denn wenn ihr Plan irgendwie scheitert, dann verliert sie sowohl ihre Stellung, als auch sehr wahrscheinlich ihr Leben: Sie beschließt, zu Ahasveros hineinzugehen obwohl das ungerufen strikt verboten ist . Um sich der Hilfe Gottes zu vergewissern, sollen die gläubigen Juden fasten und beten. Sie begibt sich ganz in die Hände Gottes, was in ihren Worten, „Und wenn ich umkomme, so komme ich um", zum Ausdruck kommt.

1.2. Personen

siehe auch 1.1.
- Ester: Jüdische Waise Hadassa (= Myrthe) vom Stamm Benjami, die später den Namen Ester (= Stern) erhält. Sie ist unter der Vormundschaft Mordechais, weil sie die Tochter seines Onkels Abihajil ist (2, 15).
- Morchechai: Nachkomme Kischs, des vaters Sauls, Vormund Esters (2, 5 - 7).
- Ahasveros: Xerxes I., König von Medo-Persien (486 - 465 v. Chr.), Sohn

des Darius.
- Wasti: Frau des Ahasveros bis zur Verweigerung des königlichen Befehls (ca. 480/479 v. Chr.)
- Haman: Nachkomme Agags (nach 1 Sam 15, 8 ein Amalekiter), Feind der Juden, von Ahasveros zum ersten Fürsten eingesetzt (3, 1).
- Hegai: königlicher Eunuch (Hofbeamter), Hüter der Frauen (2, 3)
- Namen verschiedener Fürsten (1, 14), Hofbeamte und Diener (z. B. Bigtan u. Teresch, die einen Mordanschlag planen [2, 21], oder Hatach [4, 5], der Diener Esters)

1.3. Orte/Gegend

- im medo-persischen Reich, große Ausdehnung: von Indien bis Ägypten, Einteilung in 127 Provinzen (1, 1)
- Susa, Burg Susa (prunkvolle Ausstattung, siehe Est 1, 5 - 7) (siehe Lektion 45, 1.3.)

siehe Karten OHP 38 u. 29 (Lektionen 15 u. 17)

1.4. Zeit

Die Zeit des Buches ist zwischen dem 6. u. 7. Kapitel des Esra-Buches einzuordnen.
Im Jahr 515 v. Chr. (am 14. Nisan) wurde nach Esra 6, 19 in Jerusalem das Passah und das Fest der ungesäuerten Brote gefeiert. Esr 7 beginnt mit der 2. Rückführung aus der Gefangenschaft unter Esra selbst; und diese Rückführung begann 458 v. Chr. In Est 1, 3 wird auf das 3. Jahr der Regierung Ahasveros hingewiesen, das wäre 483 v. Chr. Die Ernennung Esters zur Königin erfolgte im 7. Jahr der Regierung, also um 479/478 v. Chr. Der erwähnte Anschlag Hamans, der dann später der Rachetag der Juden wurde, war für das Ende des 12. Regierungsjahres datiert, das wäre 474/473 v. Chr. Geschichtlich ist aus der Zeit Ahasveros die Schlacht gegen die Griechen vor Salamis im Jahr 480 v. Chr. zu nennen. Hier erlitt Ahasveros eine empfindliche Niederlage, die ihn zur Aufgabe weiterer Weltmachtpläne zum Rückzug nach Susa veranlaßten.

siehe OHP-Vorlage 120

1.5. Begriffserklärungen

1, 10: Eunuch = Hofbeamter, Kämmerer
1, 11: Diadem = wertvoller Stirnreif (hier die Königskrone)
- ansonsten siehe Anm. in der rev. Elberfelder Übersetzung 1985 -

2. Zielgedanke

Gott führt Menschen, die gehorsam, treu und bescheiden sind, zum Ziel. (Anhand des Lebensweges der Ester und des Verhaltens Mordechais können die heute nicht sehr populären Tugenden erarbeitet werden.)
Andere Möglichkeiten:
- Gott wacht über sein Volk. (Obwohl der Name Gottes in diesem Buch nicht erwähnt wird, sehen wir sehr deutlich die Liebe und Treue Gottes zu denen, die ihm vertrauen.)

siehe 2.

3. Vorschläge zur Durchführung für die „kleine" Gruppe

3.1. Vorüberlegungen

Die Geschichte Esters hören die Kinder mit Begeisterung. Ihre feine Art und ihre „sagenhafte Karriere" faszinieren gerade die jüngeren Kinder. Das sind gute Voraussetzungen, um den Kindern den Zielgedanken einzuschärfen. Die Tugenden wie Gehorsam, Treue, Bescheidenheit, Zurückhaltung usw. haben in unserer von Egoismus und Lustbefriedigung geprägten Gesellschaft keinen Platz. Das erfahren leider schon die Jüngsten. Aber gerade Ester und Mordechai sind gute Vorbilder, daß es mit Gottes Hilfe auch anders geht. Dabei können wir auch das Verhältnis Esters zu ihrem Pflegevater erwähnen. Sie folgt seinem Rat und gehorcht ihm auch noch als Königin! Gott erfüllt seine Verheißungen und bekennt sich zu denen, die nach seinen Maßstäben leben.

3.2. Einstiegsmöglichkeiten

siehe auch OHP-Vorlage 121, Bild 1

3.2.1. Wir zeigen den Kindern Bilder von einer Königin (z. B. aus einer Zeitung) und lassen sie dazu erzählen.

3.2.2. Direkter Einstieg: Beschreibung des Festes in Susa oder Hinweis auf den Ungehorsam Wastis (läßt sich spannend erzählen: Der König ist zornig. So eine Blamage: Befehlsverweigerung ...).

3.2.3. Wir sprechen mit den Kindern über die traurige Situation Esters: weit weg von zu Hause, in einem fremden Land, keine Eltern mehr (2, 5-7). Dann leiten wir über auf ihre große Chance (2, 8).
(Hier könnte man Kap. 1 nur in einem Satz erwähnen. So würde die Erzählung auf das Wesentliche beschränkt. Das ist gerade für die jüngeren Kinder günstig.)

3.3. Durchführung

Wir erzählen die Geschichte dem Alter der Kinder entsprechend und lassen Einzelheiten, die nicht zur Verdeutlichung des Zielgedankens nötig sind, weg.

siehe 2.

siehe 7. u. OHP-Vorlage 121

Zur Illustration gibt es Flanellbilder oder die OHP-Vorlage. Folgende Gliederung kann beim Erzählen eine Hilfe sein (Inhalte der Kapitel, siehe auch 1.1.):
Das Fest und die Absetzung der Königin (Kap. 1). Danach beginnt die Geschichte Esters:

Kreis 1

① Ester, Mordechai und die große Chance (2, 1-14), ein Jahr spannende Wartezeit. Ester gehorcht Mordechai (2, 10).

Kreis 2

② Ester wird Königin (2, 15-20). Ester wird nicht hochmütig und eingebildet, sie gehorcht weiterhin Mordechai (2, 20).

Kreis 3 (bei den jüngeren Kindern evtl. weglassen)

③ Mordechai vereitelt einen Anschlag auf den König (2, 21-23). Der König läßt das aufschreiben.

Kreis 4

④ Haman und Mordechai (3, 1-6). Mordechai verbeugt sich nicht vor dem ersten Fürsten. Die Begründung: Er ist ein Jude.

Kreis 5

⑤ Hamans Brief mit der Ankündigung der Ausrottung aller Juden im Reich (3, 7-15).

Kreis 6

⑥ Mordechais Plan zur Rettung der Juden: Ester soll zum König gehen, ein gewagtes Vorhaben.

siehe 2. u. 3.1.

Anwendung: Wir betonen Gottes Hilfe und Esters Gehorsam, ihre Bescheidenheit und ihr gutes Verhältnis zu Mordechai.
Diese Punkte können wir abschließend auf das Leben der Kinder anwenden.

3.4. Zur Festigung

siehe OHP-Vorlage 122

3.4.1. Wir basteln mit den Kindern eine Krone und wiederholen noch einmal den Werdegang Esters. Damit können wir die wunderbare Tatsache vertiefen: Gott führt.

siehe OHP-Vorlage 121

3.4.2. Die Kinder erhalten eine Kopie der OHP-Vorlage und malen sie bunt.

3.4.3. Gespräch über Bescheidenheit (Überleitung anhand einer erfundenen Geschichte von dem kleinen Jungen „Fred Nimmersatt")

4. Vorschläge zur Durchführung für die „große" Gruppe

4.1. Vorüberlegungen

Da die älteren Kinder schon mehr vom Lebensstil ihrer Umwelt mitbekommen haben, empfinden sie den Gegensatz zu den Tugenden Esters noch stärker. Wir sollten sie auf ihr Verhalten im Elternhaus und in der Schule ansprechen.

siehe 3.1.

Für diese Altersgruppe ist auch der Aspekt der Treue wichtig. Ester lebte als schönes Mädchen in einer Umgebung mit vielen verlockenden Angeboten. Trotz mancher Versuchung blieb sie den Maßstäben Gottes treu. So kam Gott mit ihr zum Ziel und konnte sie als Beschützerin seines Volkes gebrauchen.

4.2. Einstiegsmöglichkeiten

siehe auch 3.2.

4.2.1. Gespräch über den Begriff „Treue" (Was ist das? Wo wird sie sichtbar? Wem sollten wir treu sein?)

4.2.2. Geschichtlicher Überblick: Wiederholung von Dan 1, Wegführung in die Gefangenschaft; Dan 2, die Traumdeutung. Die Geschichte Esters spielt im 2. Weltreich, s. OHP-Vorlagen.

siehe OHP-Vorlagen 33 u. 38, Lektionen 16 u. 17

4.3. Durchführung
Ergänzungen zu den einzelnen Schritten unter 3.3.:

siehe 3.3. und OHP-Vorlage 121

zu ① u. ②: Wir können den großen Unterschied zwischen Esters Herkunft und ihrer Stellung als Königin ausmalen, dadurch wirkt ihre Haltung Mordechai gegenüber (2, 20) noch positiver. Sie steht damit im Gegensatz zu vielen Menschen, die auch Karriere gemacht haben, dann aber hochmütig und eingebildet wurden.

Kreise 1 u. 2

zu ③: Bei den älteren Kindern sollten wir die Vereitelung des Anschlags erwähnen, weil er für die spätere Geschichte Mordechais wichtig ist.

Kreis 3

zu ⑤: Der Judenhaß Hamans bietet einige Anwendungsmöglichkeiten: Rassendiskriminierung u. die Ablehnung von Christen durch Nichtchristen (z. B. Probleme im Klassenverband). Wir dürfen den Kindern Mut machen: Wer Gott und seinem Wort treu bleibt, „sitzt am längeren Hebel".

Kreis 5

zu ⑥: Das gewagte Vorhaben Esters ist ein Glaubensschritt (er wird begleitet durch Fasten und Beten). Sie wagt ihr Leben, um das Leben ihres Volkes zu retten (Hinweis auf das Opfer des Herrn Jesus).

Kreis 6

4.4. Zur Festigung
4.4.1. Gespräch über die „innere Schönheit" Esters. Gegenüberstellung der Eigenschaften:

als Tafelbild oder auf dem Tageslichtprojektor entwikkeln

Esters Kennzeichen	... Kennzeichen heute
gehorsam	*un*gehorsam
bescheiden	*un*verschämt
zufrieden	*un*zufrieden
treu	*un*treu

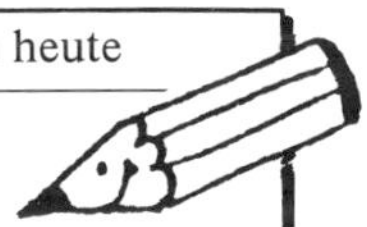

Wenn man mit den älteren Kindern die Krone bastelt, könnte man die Eigenschaften in die Zacken schreiben.

siehe OHP-Vorlage 122

4.4.2. Die Kinder erhalten den Lernvers im Morsealphabet. Wenn sie ihn umgeschrieben haben, sprechen wir mit den Kindern über die Erfahrungen Esters und Mordechais.

siehe OHP-Vorlage 123

5. Liedvorschläge

Deine Hand, Herr, hält mich ... (aus: Die bunte Liederkiste, 38)
Ich sitze oder stehe ... (aus: Jungschar- und Teenagerlieder, Heft 1, 41)
Sage nein zum Bösen ... (aus: Sing' mit uns ein neues Lied, Bd. 1, 48)

weitere Liedvorschläge, siehe Lektion 45, 5.

6. Vorschläge zum Bibelspruchlernen

Wir klären mit den Kindern die Begriffe: befiehl, Weg, vertrauen. Evtl. so: „Sag alles dem HERRN, wälze deine Gedanken, Probleme auf ihn. Sei davon überzeugt, daß er immer richtig handeln wird." Was haben Ester und Mordechai wohl während der Wartezeit (Est 2) oder nach dem Anschlag Hamans (Est 3+4) getan?: gebetet und Gott die Situation übergeben.

Bibelspruch im Morsealphabet, siehe OHP-Vorlage 123

7. Literaturhinweis/Arbeitshilfen

Brockhaus Kommentar zur Bibel Bd. 1 (TB). Brockhaus-Verlag, Wuppertal 1987
Eschner, H.: Auf der Strecke. Brunnen, Gießen 1977 (Bibelarbeit mit Arbeitsblättern zum Buch Ester)
Esther, 5 Flanell-Lektionen. KEB, Breidenbach (Text, Bilder, Merkverse, Kronen-Quiz, Arbeitsheft)
Gibbs, A.: Schritte durch die Bibel Bd. 1, Lektion 129. CV, Dillenburg 1982 (Textanalyse)
Jakobi, E.: Der gute Start Bd. 2. Bibellesebund, Marienheide 1980 (zwei Andachten zu Esther 1 – 8 als Erzählung mit Schattenfiguren)
Lockerbie, J.: Esther. Francke, Marburg 1979 (packende Nacherzählung mit Anwendungen und Fragen zum Nachdenken)

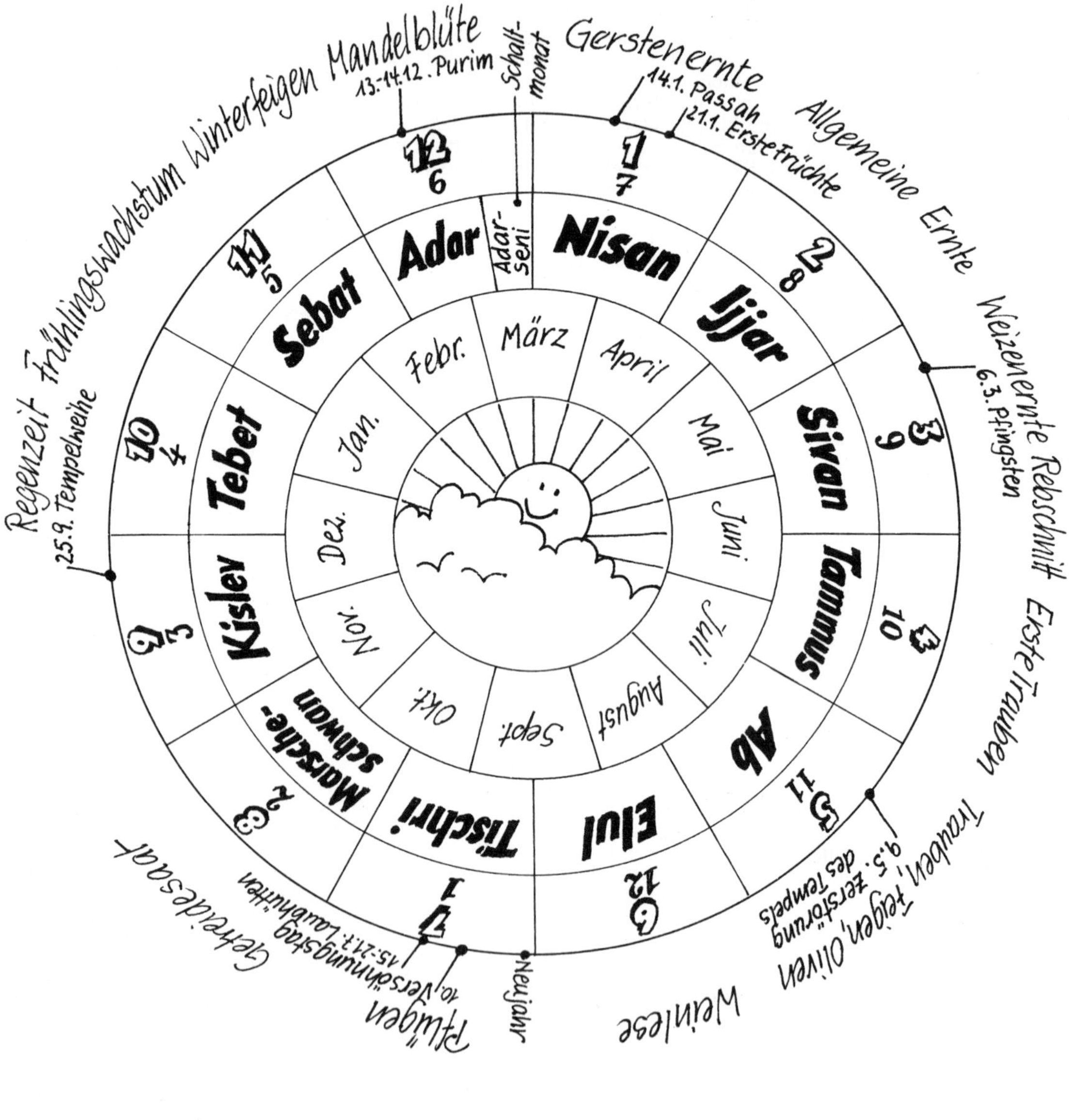

● = Festtage

12 = religiöses Jahr

12 = bürgerliches Jahr

Nisan = hebräischer Monat

April = unser Kalender

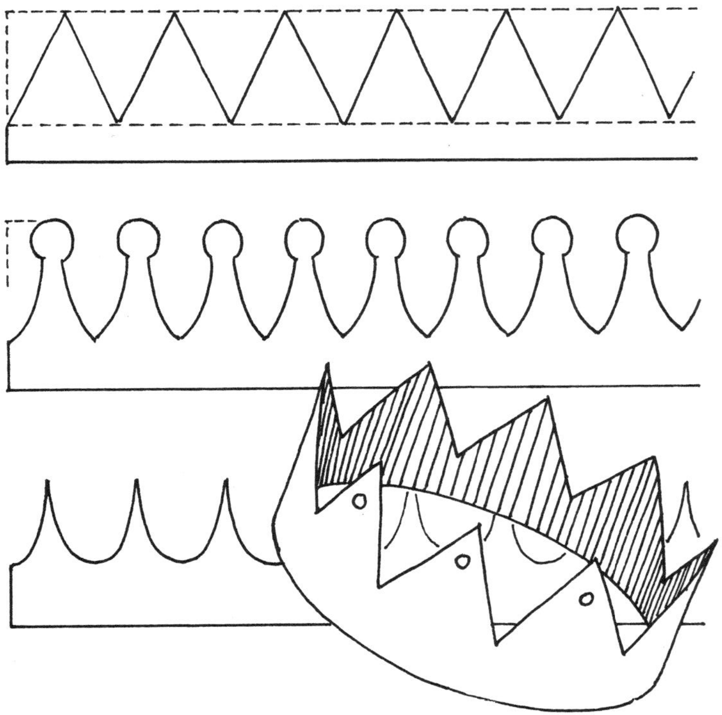

Krone

Kronen sind ein besonders hübscher Kopfschmuck. Ihr könnt sie aus festem Papier oder weißem Karton schneiden.
Zeichnet euch ein Rechteck von etwa 50 cm Länge (je nach Kopfumfang) und 15 cm Breite auf. Im Abstand von 4 cm zum unteren Rand zieht ihr noch eine Linie. Auf dieser zeichnet ihr nun die Zacken ein. Dann klebt das Ganze auf Goldpapier und schneidet es sorgfältig aus. Die Enden klebt ihr aufeinander, und die Krone ist fertig.
Versucht doch einmal die Geschichte von Ester zu spielen.
aus: Erzählen, Basteln, Raten. CV, Dillenburg 1985

1
2
3
4
5
6

11
10
12
9
7
8
© Cornelia Gerhardt

Lektion 49

Est 5-10

Hamans Ende, Mordechais Erhöhung

Lernvers
Gott widersteht den Hochmütigen, den Demütigen aber gibt er Gnade.
Jakobus 4, 6b

1. Zum Textverständnis

1.1. Zusammenhang/Inhalt

Fortsetzung von Lektion 48

Est 5

Da das Volk Israel von der Ausrottung bedroht ist, nimmt sich Ester vor, ungerufen zum König zu gehen. Gott gibt Gnade zu diesem Vorhaben. Ester darf vor Ahasveros erscheinen, der ihr sogar Bitten freistellt. Ester lädt Ahasveros und Haman zu einem Festmahl ein, danach zu einem weiteren.

Est 6

In der Nacht zwischen den Mahlen kann Ahasveros nicht schlafen. Man liest ihm deshalb aus den Chroniken vor, und zwar die Begebenheit, daß Mordechai über Ester den Anschlag gegen Ahasveros gemeldet habe. Ausgerechnet Haman, der am Tag vorher wieder einen Zusammenstoß mit Mordechai hatte und deshalb noch zorniger auf diesen Mann ist, muß (unbewußt und ungewollt) festlegen, womit Mordechai wegen der bewiesenen Loyalität belohnt werden soll. Dabei muß er vor Mordechai herlaufen und ausrufen: „So wird dem Mann getan, an dessen Ehrung der König Gefallen hat" (6, 11).

Est 7

Bei dem zweiten Mahl, das Ester für Ahasveros und Haman bereitet hat, offenbart sie dann, daß sie Jüdin ist. Sie bittet um Schutz vor dem bösen Plan Hamans, für sich und für das ganze Volk. Haman zieht dadurch und durch eine falsch verstandene Geste den Zorn Ahasveros auf sich. Er wird an dem Holzpfahl, den er für Mordechai bei seinem Hause bereits hat aufrichten lassen, selbst aufgehängt.

Est 8

Nun wird Mordechai geehrt. Nach einer nochmaligen Intervention Esters wegen Hamans Erlaß wird Mordechai beauftragt, ein neues Gesetz zu erlassen. Da der Erlaß Hamans nicht aufgehoben werden kann, wird in diesem Gesetz den Juden erlaubt, sich zu verteidigen.

Est 9

Daraufhin, genau an dem Tag, an dem Haman die Juden ausrotten wollte und an dem Folgetag, rächen die Juden sich an ihren Hassern und erschlagen insgesamt 75000 Mann.
Der 14. und 15. Adar werden zu Festtagen, dem sog. Purimfest, erklärt.

Est 10

Mordechai wird der zweite Mann im Perserreich. Er bekommt das Zeugnis, daß er „groß bei den Juden und wohlgefällig bei der Menge seiner Brüder" ist.

1.2. Personen

- Seresch (5, 10): Frau Hamans
- Freunde und 10 Söhne Hamans (5, 10 + 9, 5)
- versch. Zahlen von erschlagenen Feinden der Juden
- Namen von Dienern, Boten etc. des Königs

alle weiteren Personen, siehe Lektion 48, 1.2.

1.3. Orte/Gegend – 1.4. Zeit

- Tag Purim, s. 1.5. -

siehe Lektion 48, 1.2.

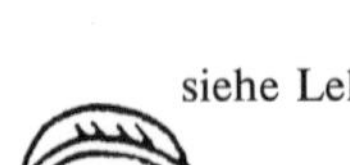

1.5. Begriffserklärungen

5, 2 + 8, 4: das goldene Zepter reichen = das Zeichen königlicher Gunst (vgl. 4, 11)

siehe OHP-Vorlage 120

9, 26: Tag Purim = Einsetzung (ca. 474/473 v. Chr. im Monat Adar, 9, 1) von zwei Fest- u. Gedenktagen, die wegen des Wortes Pur (= Los - wurde geworfen, um den Tag der Ausrottung der Juden festzulegen, 3, 7) Purimfest (auch Mordechaitag) genannt werden. An diesem Volksfest erinnern sich die Juden an die Rettung vor drohender Vernichtung. Sie halten fröhliche Gelage ab, senden sich gegenseitig Eßwaren und beschenken die Armen.

siehe Lexikon zur Bibel

2. Zielgedanke

„Gott widersteht den Hochmütigen, den Demütigen aber gibt er Gnade."

Lernvers (OHP 124 a)

Andere Möglichkeiten:
- Einsatz für das Volk Gottes lohnt sich (Bsp. Ester).
- Wer anderen eine Grube gräbt, fällt selbst hinein (Bsp. Haman).
- Am Ende siegt Gott, bzw. alle, die auf seiner Seite stehen (auch heilsgeschichtlich ein wichtiger Gedanke).

3. Vorschläge zur Durchführung für die „kleine" Gruppe

3.1. Vorüberlegungen

Je nach Lebensstil der Eltern merken Kinder schon sehr früh, daß Christen anders leben als Nichtchristen. Sie empfinden auch „Nachteile" mit, die Christen gerne aufgrund ihres Glaubens in Kauf nehmen. In dieser Formulierung liegt ein wichtiger Grundsatz, den Kinder an uns sehen sollten. Anders leben, auf der Seite Gottes sein, unpopuläre Tugenden ausleben, ist keine übermenschliche Belastung, die das Christsein zu einem traurigen Dasein macht, sondern bedeutet erfülltes Leben mit Christus - hier, jetzt und für die Zukunft. Demütiges und einsatzfreudiges Leben lohnt sich, weil Gott sich dazu bekennt. Das können wir am Beispiel Esters zeigen.
Man kann den Schwerpunkt auch etwas anders setzen: Wer sich Gott widersetzt und gegen sein Volk kämpft, zieht den kürzeren (Bsp. Haman). Hier können wir die Kinder warnen und ihnen gleichzeitig Mut machen, sich nicht von anderen einschüchtern zu lassen.
Für beide Gedanken sind Vorschulkinder schon sensibel.

3.2. Einstiegsmöglichkeiten

3.2.1. Wir starten mit dem spannenden Schluß von Lektion 48, indem wir den Kreis 6 zeigen und die schreckliche Situation der Juden beschreiben lassen.

siehe OHP-Vorlage 121, Kreis 6

3.2.2. Gegenstandslektion: Zepter (z. B. mit Goldpapier umwickelter Stab) - Was macht der König, als Ester ungerufen zu ihm kommt? (evtl. Szene vorspielen)

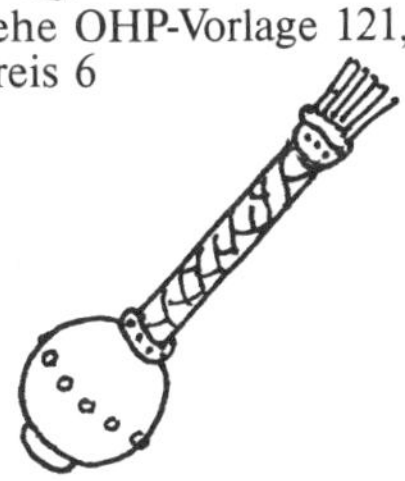

3.2.3 Gespräch über das Sprichwort: „Wer anderen eine Grube gräbt, fällt selbst hinein." Nachdem einige Beispiele genannt wurden, leiten wir auf die Geschichte über.

3.3. Durchführung

Fortsetzung von Lektion 48, 3.3.

Wir können den zweiten Teil des Ester-Buches in sechs weiteren Schritten erzählen (Inhalte der Kapitel, siehe auch 1.1.):

siehe OHP-Vorlage 124 Kreis 7

⑦ Esters Vorhaben gelingt. Der König ist ihr gnädig. (5, 1 - 8) - evangelistische Anwendung möglich: Ester setzt sich für ihr Volk ein und riskiert dabei ihr Leben - Hinweis auf den Einsatz des Herrn Jesus für uns.
⑧ Hamans Plan, Mordechai zu töten (5, 9 - 14). — Kreis 8
⑨ Der König läßt sich aus der Chronik vorlesen und will die versäumte Ehrung Mordechais nachholen (6, 1 - 9). — Kreis 9
⑩ Mordechai wird geehrt (6, 10 - 14). Es zeichnet sich ab, daß Haman, der hochmütige Judenhasser,zu Fall kommt (läßt sich spannend erzählen). — Kreis 10
⑪ Hamans Ende (7, 1 - 10). Er wird an den Galgen gehängt, den er für Mordechai aufrichten ließ (Wer anderen eine Grube gräbt ...). — Kreis 11
⑫ Mordechais Erhöhung und das Purimfest (Kap. 8 - 10). (Anwendungsmöglichkeiten, siehe 2. Zielgedanke). — Kreis 12

3.4. Zur Festigung

siehe OHP-Vorlagen 121 u. 124

Wir basteln mit den Kindern eine Kette als Erinnerung an Ester. Dazu kopieren wir die OHP-Vorlagen auf festes Papier, schneiden die Kreise aus und ziehen sie auf einen Faden. Die Kreise können auch vorher gegeneinander geklebt werden (1 gegen 7, 2 gegen 8, 3 gegen 9 etc.). Dabei ergeben sich einige Kombinationen, die verdeutlichen, wie Gott die Geschichte gewendet hat: 4 und 10 (Ehrung Hamans und Mordechais), 5 und 11 (die ausweglose Lage des Volkes Gottes und Hamans) oder 3 und 9 (Der König wird an das erinnert, was er hat aufschreiben lassen.).

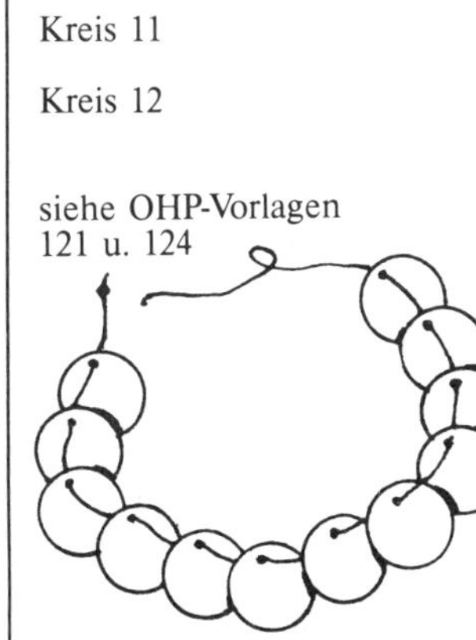

siehe 3.1.

siehe auch 3.2.

4. Vorschläge zur Durchführung für die „große" Gruppe

4.1. Vorüberlegungen

Je älter die Kinder werden, desto stärker empfinden sie die unterschiedlichen Lebensstile.
Durch die stärkeren Kontakte mit der Umwelt (Schule, Freundeskreis) können die Kinder das Verhalten Mordechais und Hamans in ihrem Alltag beobachten. Dabei müssen sie selbst den Kurs für ihr Leben finden. Der glorreiche Ausgang der Ester-Geschichte kann die Kinder motivieren, sich eher wie Ester und Mordechai zu verhalten.
In diesem Zusammenhang könnte auch Ahasveros als mahnendes Beispiel für einen wankelmütigen Menschen dienen. Er ließ sich mal von der bösen (Haman) und mal von der guten Seite beeinflussen.

4.2. Einstiegsmöglichkeiten

4.2.1. Die Kinder sammeln, was ihnen zu den Begriffen „Hochmut" und „Demut" einfällt.

4.2.2. Direkter Einstieg (bei dieser spannenden Geschichte gut möglich).

siehe 3.3. u. OHP-Vorlage 124

4.3. Durchführung

Ergänzungen zu den einzelnen Schritten unter 3.3.:

Kreis 8

zu ⑧: Der Feind Gottes hat immer das Endziel: endgültige Vernichtung (Tod).

Kreis 9
vgl. Kreis 3 (OHP 121)

zu ⑨: Das ist Führung Gottes: Im entscheidenden Augenblick erinnert Gott den König an Mordechais gute Tat. Gott gibt dem Demütigen Gnade.

Kreise 11 u. 12

zu ⑪ u. ⑫: Wichtig ist, was am Ende eines Lebens steht: Tod u. Verderben (Haman, ein Beispiel für das Ende der Gottlosen) o. Leben, Freude u. Sieg (Ester u. Mordechai, Beispiel für das Ende der Gottesfürchtigen); evangelistische und heilsgeschichtliche Anwendung möglich.

4.4. Zur Festigung

siehe OHP-Vorlage 125

4.4.1. Würfelspiel „Ester": Man male die mit einem Punkt versehenen Felder rot aus! Je nach Spielerzahl sind verschiedene farbige Spielfiguren erforderlich. Man sollte vielleicht in kleineren Gruppen von je 2 - 4 Spielern spielen. Das Spiel kann den Kindern auch als Kopie mit nach Hause gegeben werden.

ein „spielerischer" Abschluß u. Überblick

Spielregeln: Bei Spielbeginn stehen die Spielfiguren auf dem Startfeld. Es wird reihum gewürfelt. Die gewürfelte Augenzahl bestimmt die Anzahl der vorzurückenden Felder. Trifft man auf ein rotes Feld, wird die Anweisung unter der betreffenden Nummer gelesen und befolgt. Wer zuerst die Nummer 100 trifft, ist Sieger und darf seine Figur auf die Krone setzen.

siehe 7. (Anspiel kann auch für die Feiern zur Weihnachtszeit eingeübt werden)

4.4.2. Anspiel: „Ester - Königin im Perserreich" (aus: ... sag es weiter)

4.4.3. Gegenüberstellung der beiden Wege Hamans und Mordechais:

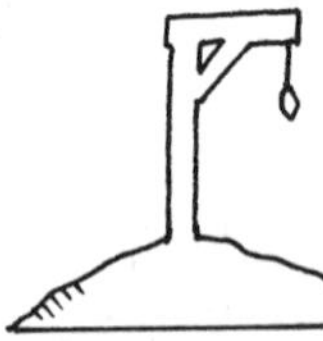

Der Weg Hamans
- Hochmut
- Haß
- Einbildung
- Feindschaft gegen das Volk Gottes
- Angst
- Tod

Der Weg Mordechais
- Leben, Ehre
- Freude
- Treue gegenüber Gott, seinem Volk und dem König
- Gottvertrauen
- Demut

Wir können die Begriffe mit den Kindern sammeln oder vorgegebene Begriffe zuordnen lassen.

5. Liedvorschläge

- siehe Lektion 48, 5. -

6. Vorschläge zum Bibelspruchlernen

Die Begriffe „Hochmut", „Demut" und „Gnade" lassen sich in Verbindung mit der Geschichte gut erklären. Der Bibelvers ist illustriert.

siehe auch 4.4.3.
„die beiden Wege"
siehe OHP-Vorlage 124a

7. Literaturhinweis/Arbeitshilfen

... sag es weiter: „Jesus liebt dich", Heft 4. Christliche Verlagsgesellschaft, Dillenburg 1977 (Auf 32 Seiten sind Anspiele zur Bibel.)

- siehe Lektion 48, 7. -

OHP 124a

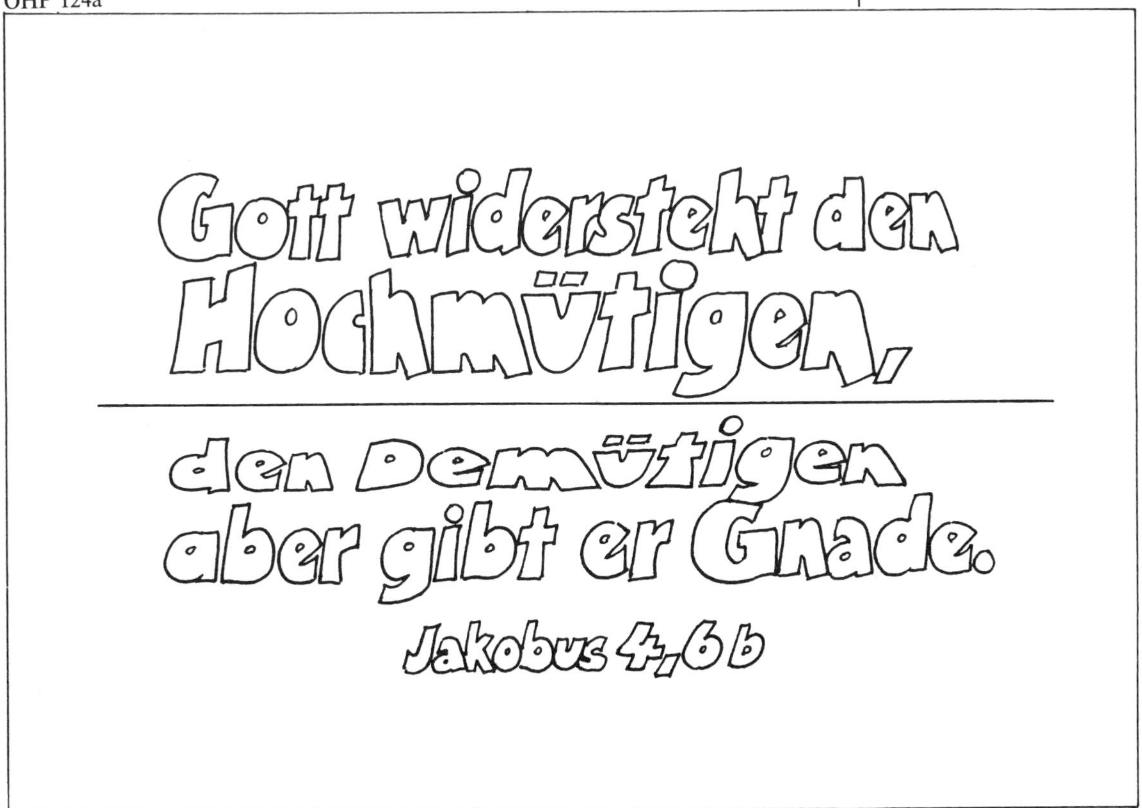

START
Würfelspiel zur biblischen Geschichte: Ester
⑤ Warum wird in Susa eine neue Königin gesucht? Bei richtiger Antwort darfst du noch einmal würfeln!
⑪ Ester wird ins Schloß gebracht. Rücke drei Felder vor!
⑱ Ester muß sich zwölf Monate für den König schön machen. Setze einmal mit Würfeln aus!
㉓ Mordechei kümmert sich immer noch um Ester. Rücke zwei Felder vor!
㉛ Ester wird Königin. Rücke vor auf vierzig!
㊷ Haman will die Juden umbringen lassen. Rücke fünf Felder zurück!
㊽ Ester begibt sich in Lebensgefahr. Setze einmal aus beim Würfeln!
55 Ester findet Gnade vor dem König. Würfle noch einmal!
63 Esters Bitte um das Leben ihres Volkes wird erhört. Rücke zehn Felder vor!
70 Haman baut einen Galgen für Mordechai. Rücke zurück auf fünfundsechzig!
81 Haman wird bestraft. Rücke zwei Felder vor!
86 Die Juden feiern ein großes Fest: Purim. Freue dich mit und rücke vor ins Ziel!
ZIEL

ESTER – Königin im Perserreich

(Dieses Spiel wurde in Gemeinschaftsarbeit während einer Mädchenfreizeit geschrieben.)

1. Bild: Die Hauptpersonen stellen sich vor

Ahasveros: Ich bin Ahasveros, König des mächtigen Perserreiches. Nachdem Königin Wasti sich meinem Willen widersetzt hat, habe ich Ester zur Königin gemacht. Bescheiden und klug ist sie.

Haman: Ich bin Haman, höchster Minister des Perserreiches. Der König gab mir seinen Siegelring. Ich habe alle Macht. Groß hat der König mich gemacht. Höher bin ich als alle seine Minister und Räte.
Und mich allein hat Königin Ester zu einem Mittagsmahl eingeladen, mich und den König. Aber eins stört mich: Da ist Mordechai, der Jude. Er beugt sich nicht nieder, wenn ich komme. Und eher bin ich nicht zufrieden, bis dieser Mordechai vernichtet ist.

Mordechai: Ich bin Mordechai. Ich bin ein Jude. Ich bin ein Diener des höchsten Gottes. Ihm allein gebe ich die Ehre. Ihm allein will ich gehorchen. In den Geboten des Herrn habe ich Ester erzogen. Nun ist sie Königin.

Ester: Ich bin Ester. Als Waisenkind nahm Mordechai mich in sein Haus auf. Ich bin eine Jüdin. Und mein Gott ist der alleinige Gott. Er hat Himmel und Erde erschaffen.

2. Bild: Auf dem Platz vor dem Königsschloß in Susa

Herold: Im Namen des Königs Ahasveros tue ich allem Volk kund, daß am 13. Tag des 12. Monats alle Juden: Greise und Kinder, Männer und Frauen, jung und alt, alle Juden, die im Perserreich leben, ausgerottet, ermordet und umgebracht werden sollen. Ihr Vermögen wird als Beute freigegeben.
Siegel des Königs — Unterschrift: Haman, 1. Minister

Mordechai: Wehe, wehe, wehe unserem Volk! Gott im Himmel, warum mußt du uns so strafen? Vergib uns unsere Schuld. Was sollen wir tun? Höre uns, Herr, Gott, Allmächtiger! Hilf uns, Herr! Vergib! Vergib uns unsere Schuld!

Diener: Lege dein Sacktuch ab. Komm wieder zum Hof des Königs. Hör auf zu rufen. Lege diese Kleider an, die Königin Ester dir schickt.

Mordechai: Ich kann die Kleider nicht annehmen. Bringe sie der Königin zurück. Bringe diese Botschaft der Ester. (Er gibt ihm eine Schriftrolle) Und nun geh – geh zurück.

Mordechai: Wie könnte ich das Bußgewand ablegen, wenn unser Volk solch furchtbarem Gericht entgegengeht! Herr, hilf uns!

3. Bild: Im Frauenhaus der Burg Susa

Ester: Welche Botschaft bringst du? Was sagt Mordechai?

Diener: Haman hat im Namen des Königs den Befehl erlassen, daß alle Juden im Perserreich am 13. Tag des 12. Monats umgebracht, getötet und ausgerottet werden sollen. Hier sendet dir Mordechai eine Abschrift dieses grausamen Befehles. Mordechai läßt dir sagen, es wäre deine Pflicht, zum König zu gehen und um Gnade für das Volk der Juden zu bitten.

Ester: Ich soll zum König gehen? – Wie kann ich das? Seit 30 Tagen hat der König mich nicht zu sich gerufen. Wer weiß, wann er es wieder tut? Und es darf ja auch keiner ungerufen zu ihm kommen. Auch ich nicht, die Königin! Gehe ich doch zu ihm und streckt der König mir dann sein Zepter nicht entgegen als Zeichen seiner Huld, dann muß ich sterben. – Geh, sage dies Mordechai.

Lesung: Ester 4 Verse 12 – 17

4. Bild: In der Burg Susa, im Königssaal

Ester tritt vor den König. Ahasveros streckt ihr sein Zepter entgegen. Ester verneigt sich und berührt die Spitze des Zepters.

Ahasveros: Was ist dir, Königin Ester? Was ist dein Begehren? Sag mir deine Bitte. Bis zur Hälfte meines Königreiches will ich dir geben.

Ester: Wenn es dem König recht ist, so lade ich den König heute mit Haman zu einem Essen ein, das ich selbst bereitet habe.

Ahasveros: Ich nehme deine Einladung an. Auch Haman werde ich davon in Kenntnis setzen.

Lesung: Ester 5 Verse 5b – 10

5. Bild: Im Haus des Haman

Seres: Bist du schon wieder zurück, Haman? Wie war es bei der Königin Ester?

Haman: O, Seres, Königin Ester hat den König und mich noch einmal zu morgen in ihre Gemächer zu einem Mahl eingeladen. Welche Ehre ist das für mich! Sie, die Königin, weiß, mich zu schätzen. Doch dieser Jude Mordechai! Er beugt seine Knie nicht vor mir. Er beachtet mich nicht! Aber ich bin Haman, der 1. Minister des großen Perserreiches. Seht, meine Söhne, seht, meine Freunde, all meinen Reichtum, meine Macht. Und auch dieser Mordechai, dieser Jude, wird sich mir beugen müssen!

Seres: Hör, mein Gemahl. Mir kam ein guter Gedanke. Du bist im Recht: Mordechai muß bestraft werden. Bringe ihn um. Zeige dem Volk, wie mit einem Mann verfahren wird, der sich dir widersetzt. Laß Haman töten. Richte einen Galgen auf, 25 Meter hoch. Und dann überrede den König, daß er Mordechai verurteilen läßt. Tu es schnell, Haman. Tu es heute noch. Und dann kannst du fröhlich zum Gastmahl der Königin Ester gehen.

Haman: Recht so, Seres. Der Galgen soll aufgerichtet werden, 25 Meter hoch, hier bei meinem Haus.

Lesung: Ester 6 Verse 1 – 13a

Sprechchor hinter der Bühne:

Wenn Mordechai ein Jude ist, dann wirst du, Haman, ihn nicht zu Fall bringen. Schon jetzt hat der König ihn hoch geehrt. Deine Machtstellung, Haman, fängt an zu wanken. Wenn Mordechai ein Jude ist, so wirst du ihn nicht beseitigen können. Wenn Mordechai ein Jude ist, so wirst du, Haman, ihn nicht zu Fall bringen können. Du wirst gänzlich vor ihm fallen!

Diener: Haman, der König läßt dir sagen, du sollst eilends zum Gastmahl der Königin kommen. Beeile dich! Du weißt, der König wartet nicht!

Haman: Ja, ich eile, der König ruft. Die Königin soll nicht warten.

6. Bild: Zweites Gastmahl bei Königin Ester

Ahasveros: Was ist nun deine Bitte, Königin Ester. Sie soll dir gewährt werden. Was ist dein Wunsch? Wäre es auch die Hälfte meines Königreiches. Dein Wunsch soll erhört werden.

Ester: Wenn ich Gnade vor dir gefunden habe, o König, und wenn es dem König recht ist, so möge mir und auch meinem Volk das Leben geschenkt werden. Das ist meine Bitte. Das ist mein Begehren. Denn wir sollen ausgerottet werden, wir sollen ermordet und umgebracht werden.
Wenn wir nur als Sklaven und Sklavinnen verkauft werden sollten, so hätte ich geschwiegen. Nun aber muß ich um Gnade für unser Leben flehen.

Ahasveros: Wie kann so etwas möglich sein. Wer kann einen solchen Befehl erlassen haben? Wer will euch vernichten? Wer hat es angeordnet? Wo ist der Mann?

Ester: Hier ist er! Haman ist es, der schlechte Haman!

Lesung: Ester 7 Verse 6b – 10

Sprecher: Ein neuer Befehl wurde erlassen. Der König gestattete den Juden, am 13. Tag des 12. Monats sich in jeder einzelnen Stadt und auf dem Lande zu versammeln und für ihr Leben einzustehen. Die Juden durften alle töten, die sich ihnen entgegenstellten.
Berittene Eilboten, die auf königlichen Rennpferden ritten, zogen auf das Wort des Königs schleunig und eilends aus. Und überall, wohin der königliche Befehl kam, war Freude und Wonne bei den Juden.
Den Juden war Licht und Freude und Wonne und Ehre zuteil geworden.
Der Tag, der der dunkelste für die Juden sein sollte, wurde zum Festtag. Dieser Tag war ausgelost worden. Und das Los heißt Pur. Purimfest wurde daher dieses Fest genannt.

Lesung: Ester 9 Vers 28

Lektion 50

Mk 12, 1-12

Gleichnis von den Weingärtnern

Lernvers
So sehr hat Gott die Welt geliebt, daß er seinen eingeborenen Sohn gab, damit jeder, der an ihn glaubt, nicht verloren gehe, sondern ewiges Leben habe.
Johannes 3, 16

1. Zum Textverständnis

1.1. Zusammenhang/Inhalt

Parallelstellen:
Mt 21, 33 - 46
Lk 20, 9 - 19

Nach seinem Einzug in Jerusalem und der Tempelreinigung ruft der Herr Jesus durch zwei Gleichnisreden das Volk noch einmal zur Buße auf. Eines ist das Gleichnis von den Weingärtnern. Er adressiert es an die Führer und Obersten des Volkes Israel.
Es handelt von einem Mann, der sich einen Weinberg pflanzte, und, da er außer Landes reiste, diesen an Weingärtner zur Bearbeitung und zur Bebauung weiterverpachtete. Zur Zeit der Ernte sandte der Besitzer einen Knecht, der von den Früchten holen und sie seinem Herrn bringen sollte. Der Diener aber wurde von den Gärtnern verspottet, geschlagen und unverrichteter Dinge wieder fortgetrieben. Neu beauftragte Knechte erlitten ein ähnliches Schicksal, und einige mußten sogar die Erfüllung ihrer Aufgabe mit dem Leben bezahlen. Als Letzten nun schickte der Weinbergbesitzer seinen von ihm über alles geliebten Sohn, da er glaubte, daß die Weinbauer auf diesen hören würden. Doch, wie zuvor, wurde auch der Sohn verachtet, mißhandelt und getötet, da man hoffte, so den Erben beseitigt zu haben und selbst das Anwesen in Besitz nehmen zu können.
Der Herr beendet das Gleichnis mit dem Hinweis auf die Strafe, die jene Mörder treffen wird und lenkt die Blicke seiner Zuhörer auf den von den Bauleuten verworfenen Stein, der jedoch zum Eckstein geworden ist. Durch die Deutlichkeit der Worte erkennen die Pharisäer und Schriftgelehrten, daß von ihnen die Rede ist.

1.2. Personen

- der Herr Jesus Christus kurz vor seinem Tod
- die Hohenpriester, Schriftgelehrte, Älteste (11, 27), Pharisäer (Mt 21, 45)
- die Volksmenge

1.3. Orte/Gegend

in Jerusalem

1.4. Zeit

ca. 3 Tage vor der Kreuzigung des Herrn Jesus

1.5. Begriffserklärungen

Grundsätzliches über Gleichnisse, siehe Lektion 4

V. 1: Gleichnis = In der bildhaften Rede vertreten Dinge und Verhältnisse des täglichen Lebens geistliche Wahrheiten, die sich wie ein roter Faden durch das Gleichnis ziehen.
Deutung: Der Besitzer des Weinbergs ist Gott (Jes 5, 7; Jer 12, 10). Der Weinberg steht in erster Linie für Israel. Die Weingärtner sind die Führer des Volkes, die zur Einholung der Ernte entsandten Knechte stellen symbolisch die Propheten dar, während der Sohn den Herrn Jesus repräsentiert. Damit weissagt der Herr Jesus gleichzeitig den Führern des Volkes, was sie in den nächsten Tagen mit ihm tun werden.
In Mt 21, 43 macht der Herr Jesus außerdem deutlich, daß das Gleichnis auch für heute eine tiefe Bedeutung hat. Der Weinberg erweitert sich zur Welt, und das angebotene Heil wird nicht mehr ausschließlich den Juden offeriert. Die Verwüstung des Weinbergs (Jes 5, 1 - 7) deutet auf die Zerstörung Jerusalems (70 n. Chr. durch den röm. Feldherrn Titus) hin. Das Reich Gottes wird Israel entzogen und dem geistlichen Volk, der Gemeinde aus Heiden und Juden gegeben.

V. 1: Weinberg, Zaun, Keltertrog, Turm, verpachten = Die geographischen Verhältnisse Israels waren und sind für den Weinbau günstig. Die von Natur aus holzigen Weinstöcke wurden in Weingärten, die sich in den Tiefebenen, meist aber an den Berghängen befanden, angepflanzt (Jer 31, 5). Um das Anwesen vor streunendem Vieh und streifenden Wildtieren zu schützen, wurde der Garten eingezäunt oder ummauert (Jes 5, 5). Mit Hilfe eines errichteten Wachturmes sollten Diebe und Räuber frühzeitig erspäht werden können (Jes 5, 2). In der ausgehauenen Kelter wurden die reifen Trauben mit nackten Füßen zur Gewinnung des Saftes zertreten (Jes 16, 10; 63, 3). Das Verpachten des Weinbergs war bekannt und wurde u. a. auch schon von Salomo praktiziert (Hl 8, 11).

Kelter, s. Lektion 37, 1.5.

V. 10. 11: Eckstein = Grundstein; Stein, der die Richtung angibt. Jesus Christus wird mit diesem Stein verglichen (1 Kor 3, 11; 1 Petr 2, 4 - 8). Hier haben wir auch einen Hinweis auf die Auferstehung.

2. Zielgedanke

siehe Lernvers

Gottes Liebe zeigt sich in der Gabe seines Sohnes und seinem Wunsch, daß wir uns durch den Glauben an den Herrn Jesus Christus retten lassen (evangelistische Anwendung).

Andere Möglichkeiten:

- Viele Menschen wollen nicht auf Gottes Reden hören.
- Gott will Frucht sehen (Gott stellt uns alles zur Verfügung, damit wir es für ihn einsetzen.).
- Gottes Geduld hat auch einmal ein Ende.

3. Vorschläge zur Durchführung für die „kleine" Gruppe

3.1. Vorüberlegungen

Mittelpunkt und roter Faden der Heiligen Schrift ist das Thema JESUS CHRISTUS. Der vorliegende Bibeltext eignet sich bestens, die Liebe Gottes, den Herrn Jesus und sein Werk den Kindern groß zu machen. Die Kinder sind durchaus in der Lage zu verstehen, daß Gott seinen Sohn auf diese Erde sandte, um uns ein neues Leben zu ermöglichen. Die Liebe und Geduld Gottes, sein vielfaches Reden zu uns und sein Wunsch, daß wir seinem Sohn gehorchen und vertrauen, sollten unsere zentralen Themen für die jüngeren Kinder sein.

Den Umweltbezug finden wir in der sog. Advents- und Weihnachtszeit. Das hektische und konsumorientierte Leben, die Ignoranz bzgl. der Liebe Gottes kommt dem Verhalten der Weingärtner gleich. Da die Thematik so aktuell ist, sollten wir uns auf den evangelistischen Zielgedanken konzentrieren.

siehe 2.

3.2. Einstiegsmöglichkeiten

3.2.1. Wir zeigen Photos oder Zeichnungen (z. B. aus Zeitungen) von Weinbergen, Weinbauern etc. und leiten nach einem kurzen „Erfahrungsaustausch" auf die Geschichte über.

auch für 3.4. geeignet

3.2.2. Wir sprechen mit den Kindern über die Adventszeit. Woran denken die meisten Menschen? (Ferien, Geschenke, Weihnachtsgeld, Einkaufen, ...) Woran sollten wir uns erinnern? (an die Liebe Gottes; alles kommt von ihm; an die Sendung seines Sohnes). Seht einmal, wie es einem Weinbergbesitzer ergangen ist!

3.3. Durchführung

siehe OHP-Vorlage 126
Bild vom Weingarten auflegen
Kärtchen 1 in das vorgesehene Feld legen

Mit Hilfe der OHP-Vorlage läßt sich das Gleichnis in fünf Schritten erzählen:
1. Schritt: Ein Mann pflanzt einen Weinberg, richtet ihn ein und verpachtet ihn (V. 1). Warum? Er will später etwas von der Frucht bekommen.
2. Schritt: Der Besitzer schickt einen Knecht, um einen Teil der Ernte holen zu lassen. Wie wird der Knecht behandelt? (V. 2. 3).

3. Schritt: Der Besitzer schickt nach und nach mehrere Knechte (V. 4. 5).
4. Schritt: Der Besitzer schickt seinen Sohn (V. 6). Bevor wir das Kärtchen auflegen, lassen wir von den Kindern den Vergleich erarbeiten. Wie wurde der Herr Jesus empfangen? (Joh 1, 11)
5. Schritt: Die Weingärtner töten den Sohn. Wir weisen auf die Liebe und Geduld Gottes hin und auf den Tod des Herrn Jesus am Kreuz. Wie beantworten wir diese Liebe?

Kärtchen 2 auflegen
Kärtchen 3

Kärtchen 4

3.4. Zur Festigung

3.4.1. Die Kinder erhalten die OHP-Vorlage (Weinberg), kleben die vier Kärtchen ein und können das Bild bunt malen.

siehe OHP-Vorlage 126

3.4.2. – siehe 3.2.2. –

4. Vorschläge zur Durchführung für die „große" Gruppe

4.1. Vorüberlegungen

Gerade heute ist es notwendig, daß die Kinder in einer chaotischen Umwelt so früh wie möglich von der Liebe Gottes ergriffen werden und ein konsequentes Leben mit dem Herrn Jesus beginnen. Deshalb wollen wir auch bei den älteren Kindern den evangelistischen Zielgedanken betonen und ihn im Gegensatz zu den jüngeren durch die heilsgeschichtlichen Aspekte des Gleichnisses noch vertiefen. So ist die Anwendung von V. 10 (Eckstein) für diese Altersgruppe wichtig: Ist der Herr Jesus die Grundlage meines Lebens? Hat er das Sagen? Gibt er die Richtung an?

vgl. 3.1.

siehe 1.5.

4.2. Einstiegsmöglichkeiten

4.2.1. Gespräch: Gleichnis – Was ist das? (Mit diesem Einstieg könnte man eine gute Grundlage zum besseren Verständnis des Gleichnisses legen.)

4.2.2. Brainstorming: Was fällt euch alles zum Stichwort „Weinberg" ein? Wir notieren die Antworten und greifen während der Durchführung auf das eine oder andere zurück.

siehe auch 3.2.2.
siehe 1.5.

4.3. Durchführung

Da der Text relativ kurz ist, könnten wir das Gleichnis von den Kindern versweise lesen lassen und auf den geschichtlichen Zusammenhang hinweisen. Zur anschließenden Erarbeitung könnten wir die OHP-Vorlage benutzen, wobei wir die Erzählschritte (s. 3.3.) um einen erweitern und die anderen vertiefen:

siehe 3.3.

siehe OHP-Vorlage 126

Zum 1. Schritt: Gott will, daß wir durch unser Leben und mit den Gaben, die er uns geschenkt hat, Frucht für ihn bringen. Wer ist der Besitzer der Welt?

OHP 126 ohne Kärtchen

Zum 2. und 3. Schritt: Wer sind die Weingärtner? Wer sind die Knechte? Wir sammeln die Namen von Propheten (auf Folie, Pappe oder Tafel). So sehen die Kinder, welche Mühe sich Gott im Laufe der Geschichte gemacht hat, um zu den Menschen zu reden.

Kärtchen 1 u. 2
siehe 1.5. (Deutung)

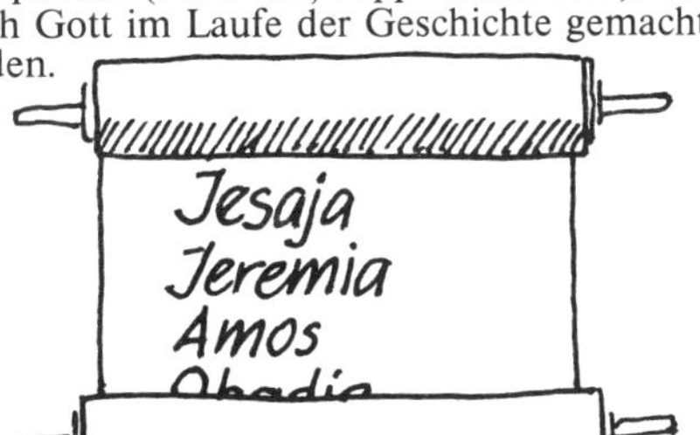

Anwendung: Auch heute werden Menschen verachtet, die den Auftrag Gottes ausführen (Missionare, Missionar in der Schule, ...)
Zum 4. u. 5. Schritt: Wir sammeln typische Begebenheiten aus dem Leben des Herrn Jesus, wo die Ablehnung des Sohnes sehr deutlich wird.
6. Schritt: Der Herr Jesus wurde von den religiösen Führern Israels verworfen. Aber er hat für alle, die ihn lieben, eine wichtige Bedeutung als Eckstein. Wie sieht das ganz praktisch aus?

Kärtchen 3 u. 4 – evangelistische Anwendung!
Kärtchen 5

siehe 1.5.

4.4. Zur Festigung

siehe OHP-Vorlage 127

4.4.1 Die Kinder erhalten eine Kopie (OHP 127), auf der verschiedene Funktionen des Ecksteins dargestellt sind. Wir sprechen darüber und überlegen, welche Rolle wir als Steine erfüllen (siehe 1 Petr 2, 4 ff).

4.4.2. Wir sprechen mit den Kindern über das Wort „Geduld", leiten über auf Gottes große Geduld, die in dem Gleichnis deutlich wird, und zeigen, daß Gottes Geduld auch einmal ein Ende hat. Es gibt ein Zuspät!

siehe OHP-Vorlage 128

4.4.3. Arbeitsblatt, einige Lösungen (siehe auch 1.5. Deutung):
zu versch. Knechte: Namen von Propheten Gottes eintragen
zu 1.: schöpferisch, großzügig, Frucht erwartend, geduldig, richtend, strafend
zu 2.: der einzige, geliebte Sohn, Erbe, getötet, Eckstein, verworfen, in den Augen anderer wertvoll
zu 3.: betroffen, fühlten sich durchschaut, sie gingen von Jesus Christus weg

5. Liedvorschläge

Ehe ich geboren wurde ... (aus: Wir singen miteinander, 38)
Gott hat alle Menschen lieb ... (aus: Kommt und singt, 16)
Gott ist die Liebe ... (aus: Wir loben Dich, Heft 3, 31)
Gott ist gut ... (aus: Sing' mit uns ein neues Lied, Bd. 1, 12)
Gottes Liebe ist so wunderbar ... (aus: Wir loben Dich, Heft 3, 30)
Herr Jesus, heute sag ich dir ... (aus: Sing' mit uns ein neues Lied, Bd. 2, 7)
Ja, das ist wahr ... (aus: Kommt und singt, 2)

6. Vorschläge zum Bibelspruchlernen

Gott liebt die Welt (alle Menschen, aber es wird nur der mit dem ewigen [für immer] Leben beschenkt, der will [glaubt]). Der Glaube an den Sohn Gottes bewahrt vor dem Verlorengehen (Jeder Mensch ist ein Sünder und deshalb verloren, falls er sich nicht retten läßt.).

siehe OHP-Vorlage 128

Damit der Vers für die Kinder persönlicher wird, ersetzen wir die Sammelbegriffe (Welt, jeder) durch den Namen des einzelnen Kindes.

7. Literaturhinweis/Arbeitshilfen

Darby, J. N.: Betrachtungen über das Wort Gottes - Matthäus u. Markus. Brockhaus, Wuppertal 1953
Gibbs, A.: Schritte durch die Bibel Bd. 2, L 200. CV, Dillenburg 1983 (Textanalyse)
Jakobi, E.: Der gute Start Bd. 3, L 12. Bibellesebund, Marienheide 1981 (Bibelarbeit für Jungscharler)

A.

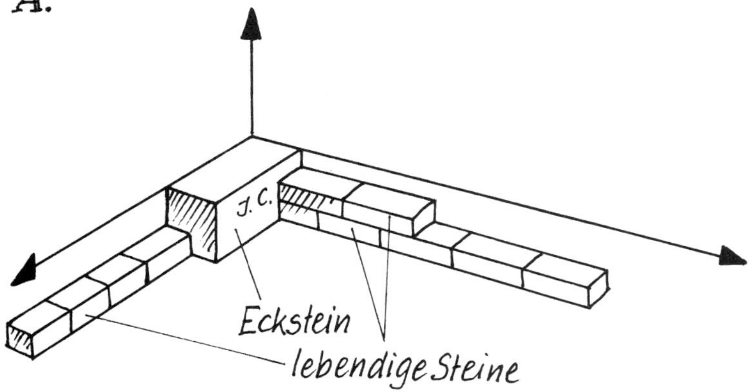

B.

Das Gleichnis von den Weingärtnern – Personen und ihr Verhalten

GLEICHNIS		DEUTUNG
Besitzer	=	__________
Weingärtner	=	__________
		________ (Mk 11, 27 + 12, 12)
verschiedene Knechte	=	__________
		__________
		__________
		__________
Sohn	=	__________

Wir lernen aus dem Gleichnis!

1. Wie verhält sich Gott?

2. Was erfahren wir alles über den Sohn?

3. Wie reagieren die Zuhörer?

Wir prüfen unser Verhältnis zu Gott anhand des Bibelverses!

So sehr hat Gott die Welt (__________ dein Name) geliebt, daß er seinen eingeborenen Sohn gab, damit jeder (__________ dein Name), der an ihn glaubt, nicht verloren gehe, sondern ewiges Leben habe. Johannes 3, 16

1
2

1
2
3

3
4
5

4
5

Lektion 51

Lk 1, 5-25. 57-80

Geburt Johannes' des Täufers

Lernvers
Ein Kind ist uns geboren, ein Sohn uns gegeben, und die Herrschaft ruht auf seiner Schulter.
Jesaja 9, 5a

1. Zum Textverständnis

1.1. Zusammenhang/Inhalt

Der neue Abschnitt der Geschichte Gottes mit uns Menschen beginnt in Jerusalem, im Tempel. Hier wird Zacharias die Geburt seines Sohnes Johannes verheißen.
Er glaubt nicht, da seine Frau Elisabeth und er eigentlich zu alt sind, ein Kind zu bekommen. Wegen seines Unglaubens wird er stumm bis zur Namensgebung. Sobald er wieder reden kann, preist er Gottes Barmherzigkeit, seine Heilsabsichten und weissagt über das Leben des Johannes, dem Vorläufer des Herrn.

siehe 7.

In Bezug auf Zacharias' Stummsein schreibt Fritz Rienecker: „Das Stummsein des Zacharias macht aber auch die heilsgeschichtliche Seite deutlich: Wo die Stimme des Predigers in der Wüste angekündigt wird, verstummt das Priesterum des AT. Es verstummt der levitische Segen, wo „der Same kam, in welchem alle Völker gesegnet werden sollten"."

1.2. Personen

- Herodes: König von Judäa (37 - 4 v. Chr.). Das jüdische Volk litt unter ihm, er war ein Tyrann (Bsp.: Mt 2, 16 - 18).
- Zacharias („Gott gedenkt"): Priester aus der Abteilung Abia, die 8. der 24 Abteilungen der Priester (1 Chr 24, 10); sein Wohnort liegt im Gebirge Juda (1, 39); ihm wird ein sehr gutes Zeugnis ausgestellt (1, 6); zweimal jährlich (8 Tage pro Abteilung) wandert er zur Verrichtung des priesterlichen Dienstes nach Jerusalem.
- Elisabeth („Gott ist getreu"): „aus den Töchtern Aarons" (1, 5), also auch priesterl. Geschlecht; auch ihr wird ein gutes Zeugnis ausgestellt (1, 6); sie leidet unter Kinderlosigket (1, 15).
- Johannes („Der Herr ist gnädig"): ein Nasiräer (4 Mo 6, 1 - 21 / Gott geweiht / Gott verlobt), schon im Mutterleib mit dem Heiligen Geist erfüllt (1, 15), viele würden durch ihn zu Gott bekehrt (1, 16), ein Vorläufer des Herrn Jesus (1, 17).
siehe Lektion 39, 1.5.
- Engel Gabriel („Gott hat sich stark gezeigt"): Der Bote Gottes, der Überbringer guter Botschaften, der vor Gott steht und von ihm beauftragt wird (1, 19). Gabriel u. Michael sind die einzigen Engel, deren Namen uns bekannt sind.
- Volksmenge (1, 21)
- Verwandte, Nachbarn (1, 58)

1.3. Orte/Gegend

siehe Lexikon zur Bibel

- Jerusalem: die Stadt Gottes, hier stand der Tempel
- Ort im Gebirge Juda (1, 39): Wohn- u. Geburtsort von Joh. d. T.

1.4. Zeit

ca. 6 v. Chr., Johannes wurde sechs Monate vor dem Herrn Jesus geboren (1, 36)
Das Zeitalter der Gnade kündigt sich mit Johannes' Geburt an, er ist das Bindeglied zwischen Altem und Neuem Bund.

1.5. Begriffserklärungen

V. 5: Priester = Vermittler zwischen Gott und Volk, Aufgaben: Dienst im Heiligen, opfern, räuchern, reinigen, instandhalten / Unterweisung des Volkes im Gesetz / Entscheidungen in schwierigen Rechtsfällen / das Volk segnen (4 Mo 6, 22 - 27) / Überwachung kultischer Reinheit (z. B. bei Aussatz) Die Priester lebten in Jerusalem oder in den Priesterstädten der näheren Umgebung.

V. 6: untadelig = Gott möchte, daß wir untadelig sind. Doch keiner von uns ist ohne Sünde. Ein untadeliger Mensch ist einer, der begangenes Unrecht sofort wieder in Ordnung bringt.
V. 9: Tempel = in Jerusalem, heiligster Ort der Juden, bestand aus Vorhalle, Heiligem, Allerheiligstem (1 Kö 8).

siehe OHP-Vorlage 129

V. 11: Räucheraltar = auch goldener Altar (2 Mo 30, 1 - 10), stand im Heiligen. Morgens und abends wurde Räucherwerk (eine Mischung aus pulverisierten Kräutern, Ölen u. Salben wurde auf die glühenden Kohlen geschüttet, eine duftende Rauchwolke stieg auf) geopfert. Während dieser Zeit standen betende Juden in der Vorhalle und warteten auf den Segen des diensthabenden Priesters.
V. 59: Beschneidung = Zeichen der Zugehörigkeit zum altt. Bundesvolk (1 Mo 17, 10), hier in Verbindung mit der Namensgebung.
V. 69: Horn des Heils = ein Ausdruck für von Gott kommende Macht und Kraft

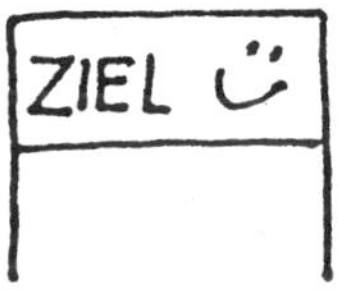

2. Zielgedanke

Menschen, die Gott gebraucht: leben nach seinem Willen (V. 6), bringen ihre Probleme ihm (V. 13), haben auch Sorgen und Zweifel (V. 18), werden erzogen (V. 20).
Andere Möglichkeiten:
- Gott will, daß wir ihm glauben und nicht unsere Grenzen/Ohnmacht als ein Hindernis für ihn sehen.
- Mit Johannes ist der Beginn der „Gnadenzeit" in greifbare Nähe gerückt (Gott bereitet die Sendung seines Sohnes vor.).

3. Vorschläge zur Durchführung für die „kleine" Gruppe

3.1. Vorüberlegungen

Gott macht Geschichte mit „menschlichen Menschen", die ihm vertrauen und folgen, aber auch mit Zweifeln und Problemen konfrontiert sind. Wir sollten schon die Kleinen darauf vorbereiten, daß ein Leben als Christ nicht ständig Sonnenschein bedeutet, sondern Lernen und Erziehen beinhaltet. Und das tut manchmal weh. Gleichzeitig dürfen wir anhand dieser Begebenheit zeigen, daß Gott Menschen gebrauchen will, um seinen Heilsplan zu verwirklichen. Wir haben in Lektion 50 das Gleichnis als Hinweis auf die Sendung des Sohnes gelesen. Anhand von Lk 1 dürfen wir den Kindern zeigen, daß dieses große Ereignis vom Vater selbst bestens vorbereitet wird.

Bezug zum Alltag des Kindes herstellen!

3.2. Einstiegsmöglichkeiten

3.2.1. Pantomimische Darstellung folgender Begriffe, die die Kinder erraten sollen: Komm her / geh weg / schmeckt gut / groß / klein / ja / nein / weiß nicht. Überleitung: „Heute hören wir von einem Mann, der stumm wurde, weil ..."

3.2.2. Bildbetrachtung: Wir tragen zusammen, was den Kindern zu dem Bild von Schnorr v. Carolsfeld einfällt. Sie werden auch einiges zur Geschichte nennen. Wir können dann bei der Durchführung darauf zurückgreifen.

siehe OHP-Vorlage 130

3.2.3. Direkter Einstieg: „Plötzlich steht ein Engel da: ..."

3.3. Durchführung

Wir können die Illustrationen (OHP 131) benutzen. Die Geschichte sollte möglichst lebendig erzählt werden:

siehe OHP-Vorlage 131

Bild 1

- die vorzügliche Beurteilung von Zacharias und Elisabeth betonen
- die Empfindungen der beiden zwischen den Zeilen herauslesen

- die Traurigkeit, ihre Zweifel aufgreifen

Bild 2
- das Geschehen im Tempel
- Gottes Erziehungsweg beschreiben

Bild 3
- die Wartezeit

Bild 4
- die Geburt und die damit verbundene Freude, die Dankbarkeit Gott gegenüber.

Die Anwendungen packen wir in die Erzählung ein. Das ist eine wirksame Methode, kleinen Kindern biblische Wahrheiten zu vermitteln, da die Aufnahmebereitschaft oft am Ende der Geschichte erschöpft ist. Außerdem vermeiden wir dadurch einen eher trockenen Schluß und die damit verbundenen Disziplinschwierigkeiten.

3.4. Zur Festigung

3.4.1. Gespräch über „warten": Was mußte Zacharias lernen? Wir können auf die Adventszeit Bezug nehmen und zeigen, daß sich Warten lohnt.

siehe 5.

3.4.2. Lied: Gott hat einen Plan ... (zur Vertiefung der Vorüberlegungen, s. 3.1.)

siehe OHP-Vorlage 130

3.4.3. Puzzle: Wir kopieren für jedes Kind oder für kleine Gruppen (2-4 Kinder) das Bild von Schnorr v. Carolsfeld (am besten auf festen Karton), zerschneiden es und lassen es von Kindern wieder zusammensetzen (auf Pappe kleben). Wer schafft es am schnellsten?

4. Vorschläge zur Durchführung für die „große" Gruppe

4.1. Vorüberlegungen

Bei den Älteren sollten wir zusätzlich die beiden Tätigkeiten „warten" und „beten" betonen. Sie sind wichtige Maßnahmen in der Schule Gottes. Gewiß haben viele Kinder Erfahrungen gemacht, daß ein Gebet scheinbar ungehört blieb. „Gott erhört Gebet", ein vielzitierter Satz, der stimmt - aber Gott erhört nicht immer so, wie wir es uns wünschen. Er bestimmt den Zeitpunkt. Manchmal lautet seine Antwort „Nein". Doch nicht, weil er uns das Erbetene nicht gönnt, er liebt uns und hat gute, freundliche Absichten mit uns. Er überblickt unser Leben, das ein Teilstück seines großen Planes ist.

siehe auch 3.1.
siehe 2.

4.2. Einstiegsmöglichkeiten

siehe OHP-Vorlage 132

4.2.1. Anhand der Vorlage besprechen wir die drei möglichen Antworten Gottes auf Gebete:

auch für 4.4. geeignet

Die drei Worte: Ja, nein, Warte schneiden wir aus und legen sie nacheinander auf (evtl. Beispiele aus dem Alltag oder anderen bibl. Lektionen zusammentragen). Überleitung auf das Gebetsanliegen bzgl. Kinderlosigkeit (vgl. auch Lektion 41).

4.2.2. Wir zeigen eine Gobelinstickerei: von hinten ein Durcheinander von Fäden (oft unsere Sicht der Ereignisse), von vorne ein schönes Bild, nach Plan gearbeitet (Gottes Sicht). Wir verstehen manchmal Gottes Wege nicht, aber er hat einen Plan mit uns.

4.3. Durchführung

siehe OHP-Vorlage 131

Erzählschritte:

Bild 1
- Zacharias und Elisabeth als Vorbilder (V. 5). Welche Auszeichnungen würden über unserem Leben stehen?

evtl. OHP 132 zur Illustration
- Kinderlosigkeit, ihr Gebetsanliegen (V. 13), sie wenden sich an die richtige Instanz und vertrauen auf Hilfe. Sie warten (Spr 10, 28).

Bild 2 u. OHP-Vorlage 129
- Zacharias im Tempel (Skizze des Tempels, evtl. mit Halmafiguren Handlungsablauf nachstellen), Engelerscheinung (Furcht - typische Reaktion eines Menschen, der sich Gottes Nähe ausgesetzt weiß), die Botschaft des Engels, (V. 13-17), die Folge des Unglaubens.

Bild 3
siehe Materialkiste, Arbeitsbuch, S. 45 ff (Von den Verheißungen)
- Wartezeit: Welche „Gespräche" (Zacharias war stumm) werden Zacharias und Elisabeth bis zur Geburt geführt haben? Sicher haben sie in den Schriftrollen der Propheten geforscht und gefunden, was den Messias und seinen Vorboten (Johannes) betrifft.

Bild 4
- Geburt, Namensgebung und Lobpreis des Zacharias (Dank für die Schaffung der Erlösung und für erfüllte Prophetie).

Man könnte mit den Kindern die Verse 68–79 lesen und die Voraussagen über Johannes herausarbeiten (Achtung! V. 76 - Prophet des Höchsten, nicht Sohn des Höchsten).
Für die Anwendung können wir die verschiedenen Zielgedanken berücksichtigen.

Anwendung, siehe 2.

4.4. Zur Festigung

4.4.1. - siehe 4.2.1. -

4.4.2. Rätsel (Lösung: Gott ist gnädig) – Auf die Gnade Gottes, die sich am deutlichsten in der Sendung seines Sohnes zeigt, sollte Johannes (Träger dieses Namens) hinweisen.

siehe OHP-Vorlage 133 (gemeinsam z. B. auf Folie lösen od. für jedes Kind kopieren)

5. Liedvorschläge

Ehe ich geboren wurde ... (aus: Wir singen miteinander, 38)
Freude, große Freude ... (aus: Sing' mit uns ein neues Lied, Bd. 1, 71)
Gott hat einen Plan für dich ... (aus: Wir loben Dich, Heft 4, 12)
Mit allen Dingen ... (aus: Wir singen miteinander, 33)
Wir warten ... (aus: Die bunte Liederkiste, 68)

Lieder zur Liebe Gottes, siehe Lektion 50, 5.

6. Vorschläge zum Bibelspruchlernen

Der Bibelvers weist auf die nächste Lektion hin - die Geburt des Herrn Jesus. Er ist das Kind (wurde Mensch für uns), der Sohn aus dem Königshaus Davids, der Herrscher, dem Gott alle Macht gibt (Mt 28, 18b).
Zur Illustration steht der Vers in drei Symbolen. Sie können von den Kindern geordnet, zum Lernen einzeln weggenommen werden usw.

siehe OHP-Vorlage 134

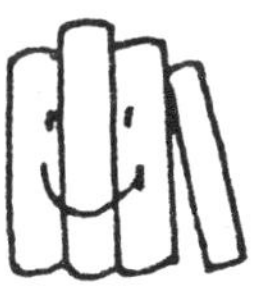

7. Literaturhinweis / Arbeitshilfen

Gibbs, A.: Schritte durch die Bibel Bd. 2, L 134. CV, Dillenburg 1983 (Textanalyse)
Jesus Christus - Herr der Welt Bd. 3. Hrsg.: Ludwig-Hofacker-Vereinigung. Hänssler, Stuttgart 1982 (U. a. werden Lk 1+2 für Kinder erzählt.)
Rienecker, F.: Das Evangelium des Lukas (Wuppertaler Studienbibel). Brockhaus, Wuppertal 1985 (Vers-für-Vers-Betrachtung)

OHP 129

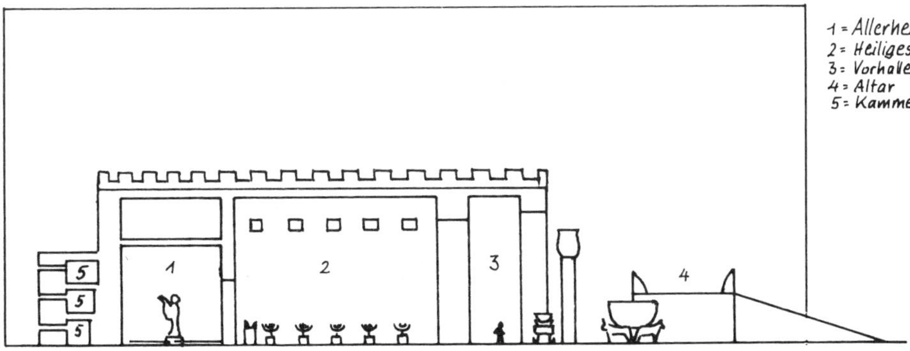

OHP 130

Zacharias schreibt den Namen seines Sohnes: „Er heißt Johannes" (Schnorr von Carolsfeld, 1860)

OHP 132

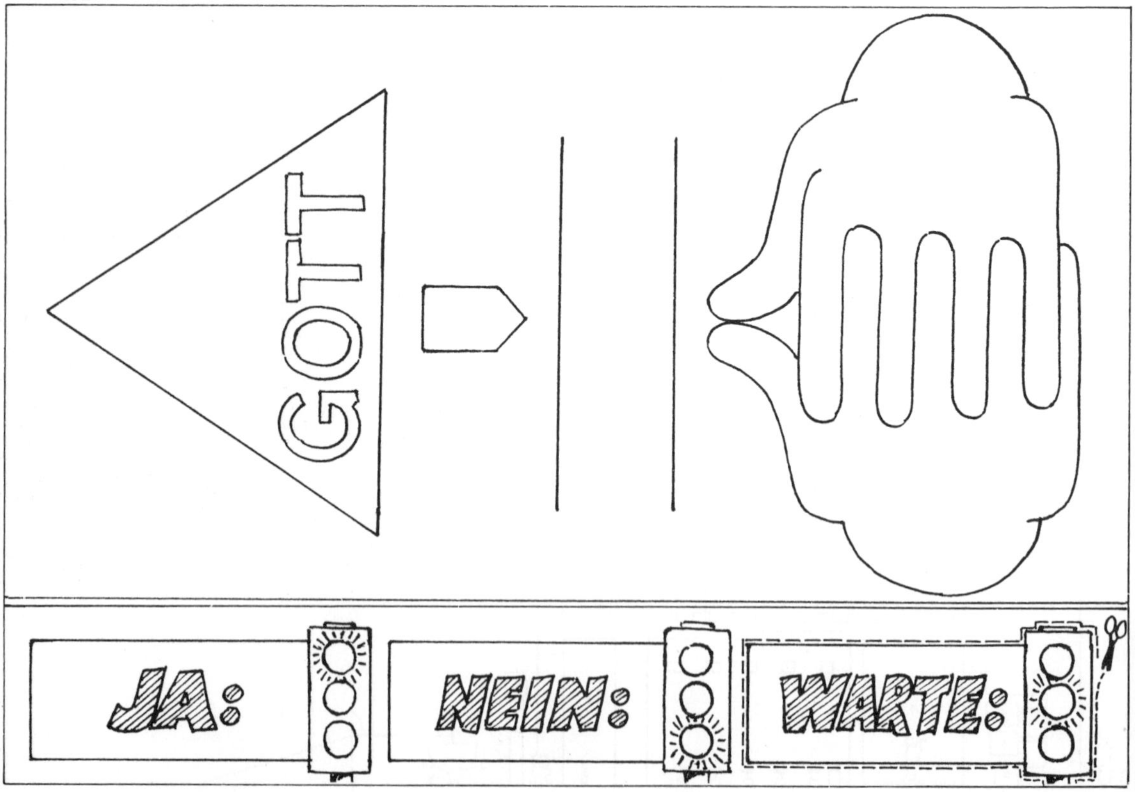

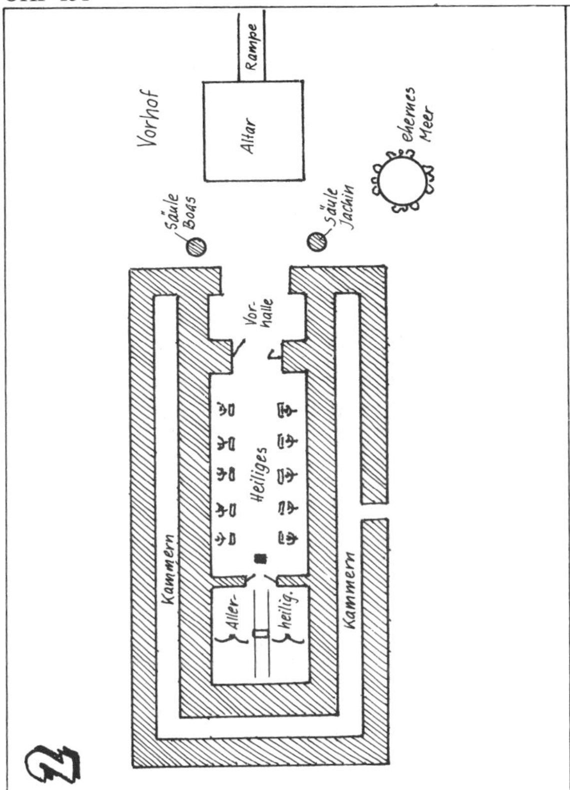
2
Vorhof
Rampe
Altar
Säule Boas
Säule Jachin
ehernes Meer
Vor-halle
Heiliges
Kammern
Aller-heilig.
Kammern

4

1

3

OHP 133

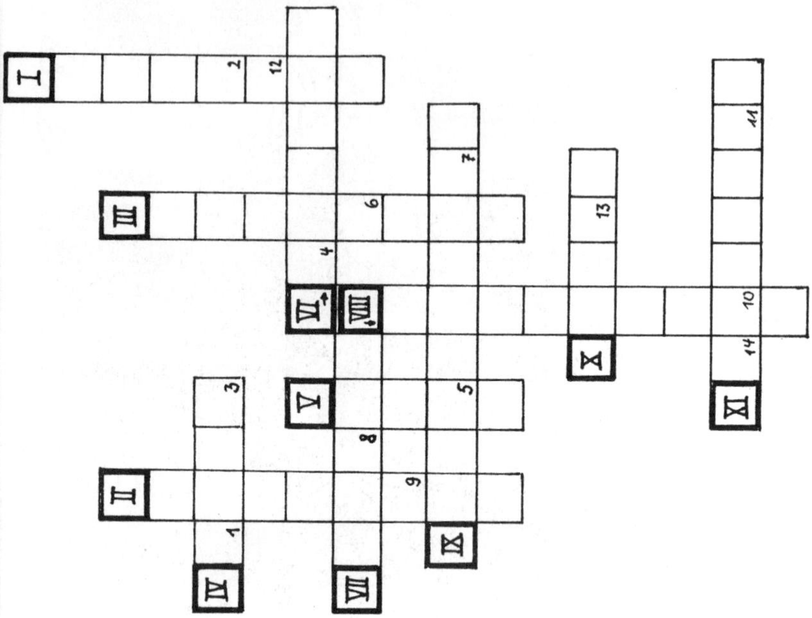

Lösung: 1 2 3 4 5 6 7 8 9 10 11 12 13 14

I. Wer war König zur Zeit der Geburt des Johannes?
II. Wie hieß der Vorläufer des Herrn Jesus?
III. Welchen Beruf hatte Zacharias?
IV. Lukas 1, 6: „Beide waren gerecht vor ___ ___."
V. In Lukas 1, 17 wird ein Prophet erwähnt. VI. Haus Gottes
VII. Bote Gottes VIII. Vater von Johannes IX. Mutter von Johannes
X. Zu welcher Abteilung gehörte der Vater des Johannes? (Lukas 1, 5)
XI. Wie hieß der Engel, der die Geburt Johannes vorhersagte?

OHP 134

Ein Kind ist uns geboren,

ein Sohn ist uns gegeben,

und die Herrschaft ruht auf seiner Schulter.
Jesaja 9, 5a

Der Herr Jesus wurde Mensch für uns.

Wer den Sohn hat, hat das Leben

Gott gab dem Herrn alle Macht.
Mt 28, 18 b; Dan 7, 14

Lektion 52

Lk 2, 1-20

Geburt des Herrn Jesus

Lernvers
Man nennt seinen Namen: Wunderbarer, Ratgeber, starker Gott, Vater der Ewigkeit, Fürst des Friedens.
Jesaja 9, 5b

1. Zum Textverständnis

1.1. Zusammenhang/Inhalt

Parallelstelle zu Lk 2, 1-7: Mt 1, 18-25

Der Engel Gabriel kündigte Maria die Geburt Jesu an. Sie war bestürzt und dennoch sofort bereit, Gottes Willen für ihr Leben zu akzeptieren. Joseph erschien im Traum ein Engel, der seine Zweifel an Maria ausräumte. Er heiratete sie.
In die Zeit des Geburtstermins fällt die von Kaiser Augustus angeordnete Volkszählung. Dazu müssen Maria und Joseph nach Bethlehem wandern. Dort wird in einem Stall der Herr Jesus geboren. Erste Gratulanten sind einfache Hirten. Ihnen haben Engel die Geburt des Erretters verkündet.

1.2. Personen

- Kaiser Augustus: Erster römischer Kaiser (31 v. - 14 n. Chr.) namens Octavian. Augustus (= Erhabener) war der ihm vom römischen Senat verliehene Ehrentitel.
- Cyrenius: Statthalter, wahrscheinlich zu der Zeit Militärbefehlshaber von Syrien

siehe Lexikon zur Bibel

- Joseph: Der Pflegevater des Herrn Jesus: von Beruf Zimmermann (Mt 13, 55), aus dem Geschlecht Davids, Wohnort Nazareth
- Maria (hebr. Mirjam): wurde von Gott erwählt, Mutter des Herrn Jesus zu sein.
- Hirten: verachtete, arme Menschengruppe, von den Pharisäern als Räuber und Betrüger hingestellt, vor Gericht nicht als Zeugen zugelassen.

siehe Rienecker, S. 48 (s. Lektion 51, 7.)

- Engel: Diener/Boten Gottes, treten verstärkt an entscheidenden Punkten der Heilsgeschichte auf.
- Jesus Christus (hebr. Jeschua = der Herr ist Rettung): als Kind im Stall geboren und in eine Krippe gelegt.

1.3. Orte/Gegend

- Galiläa: Nördlicher Landstrich mit der Stadt Nazareth. Hier lebte ein Mischvolk - deshalb von den reinen Juden verachtet (Joh 1, 46). Jesaja 8, 23 + 9, 1 meint diese Gegend und weist auf „das große Licht" hin.

siehe Karte (OHP 135)

- Judäa: Das Gebiet, das die Juden nach der Rückkehr aus der babyl. Gefangenschaft in der Umgebung Jerusalems bewohnten. Jerusalem und Bethlehem liegen in dem Gebiet.
- Bethlehem: Eine kleine Stadt, liegt auf einer Hügelkette ca. 10 km südl. von Jerusalem. Wird auch „Davids Stadt" genannt, er wuchs hier auf. Geburtsort Jesu, prophezeit in Micha 5, 1.
- Nazareth: s. o. „Galiläa", Heimatort Jesu. Nazareth lag nahe der großen Handelsstraße von Damaskus nach Ägypten, ca. 120 km nördl. von Jerusalem.

1.4. Zeit

Während der Regierungszeit des Kaisers Augustus (31 v. Chr. - 14 n. Chr.) und des Königs Herodes (Röm. Weltreich) wird der Herr Jesus geboren, vermutl. zwischen den Jahren 7 u. 4 v. Chr., vor dem Tod Herodes' des Großen 4 v. Chr. (s. auch Anm. in der rev. Elberfelder Bibel zu Mt 2, 1).

1.5. Begriffserklärungen

V. 2: den ganzen Erdkreis einschreiben = Das röm. Reich umfaßte einen

großen Teil Europas, Kleinasien, Syrien, Ägypten und die Nordküste Afrikas bis an die Sahara; das war die damals bekannte Welt. Unter Kaiser Augustus wurde die Verwaltung des riesigen Reiches neu organisiert. Zum Zweck der Steuerveranlagung wurde eine Personen- und Besitzstandsregistrierung durchgeführt. Der Israelit mußte über die Hälfte seines Lohnes als Steuern abführen (enormer Steuerdruck!). Zur Volkszählung mußte jeder in seinem Geburtsort sein.
V. 9: Herrlichkeit des Herrn = der unvergleichliche Lichtglanz der Herrlichkeit Gottes. Die Reaktion der Menschen darauf ist stets große Angst.

2. Zielgedanke

Die Geburt des Herrn Jesus ist das ganz große Ereignis der Weltgeschichte, sie löst Freude und Dankbarkeit aus (Beispiel: die Hirten).
Andere Möglichkeit:
Wir staunen über die Erniedrigung und Selbstaufgabe des Sohnes Gottes: als Kind in einem Stall geboren.

3. Vorschläge zur Durchführung für die „kleine" Gruppe

3.1. Vorüberlegungen
Wie erleben die Kinder Weihnachten? Geschenke kaufen, Geschenke bekommen, Weihnachtsbaum, Kerzenschein, Harmonie(?!), Kling-Glöckchenklingeling, Hektik, Weihnachtsgans - fällt uns nicht mehr ein? Sieht es bei uns zu Hause wirklich anders/besser aus? Können wir noch staunen, danken, anbeten, weil der Herr Jesus Mensch wurde?
Kinder spüren, was uns bzw. ihren Eltern wirklich wichtig ist. Unsere Aufgabe ist es, die Geburt des Herrn Jesus in den Mittelpunkt zu stellen.

3.2. Einstiegsmöglichkeiten

siehe 3.1.

3.2.1. Brainstorming: Die Kinder nennen alles, was ihnen zum Thema „Weihnachten" einfällt. Die Begriffe werden - für die Kinder sichtbar - gesammelt und ggf. besprochen.

3.2.2. Direkter Einstieg: Da die Weihnachtsgeschichte sehr bekannt ist, könnte man direkt in das Geschehen einsteigen, anfangs ohne Namensnennung, um das Interesse zu erhalten.

siehe OHP-Vorlage 136

3.3. Durchführung
Bild 1

Wir können die Geschichte in vier Schritten erzählen:
1. Schritt: Maria (schwanger!) und Joseph auf der langen und beschwerlichen Reise von Nazareth nach Bethlehem - etwa vier Tage ununterbrochen durch
Bild 2
trockenes Wüstengebiet und felsiges Bergland.
2. Schritt: Geburt des Kindes in Bethlehem im Stall. Erstes Bett: eine Krippe. Wer wird dort geboren? Welche Räumlichkeiten hätte man für ein
Bild 3
Königskind erwartet? So arm ist selten ein Kind geboren worden!
3. Schritt: Engel berichten Hirten auf dem Feld von diesem großen Ereignis. Warum fürchten sich die Hirten? Wieso können sich die Hirten über die Geburt des Kindes freuen? Wie wird der Herr Jesus von den Engeln beschrieben? Warum brauchen die Menschen einen Retter? (evangelistische Anwen-
Bild 4
dung möglich).
4. Schritt: Die Hirten gehorchen, gehen, suchen, finden, freuen sich und erzählen von ihrem Erlebnis. Davon konnten sie nicht schweigen. Wie reagieren wir auf das Wunder von Bethlehem? Wer darüber nachdenkt, muß sich
siehe 7.
freuen und Gott danken. Das bleibt anderen nicht verborgen.
Weitere Illustrationshilfen: Flanell-Bilder oder fünf Bilder bzw. Dias aus dem Heft „Jesus ist geboren" (Bilder 1, 2, 3, 7, 8)

3.4. Zur Festigung
siehe 5. u.
3.4.1. Wir singen passende Lieder zur Geschichte. Für die evangelistische
OHP-Vorlage 141
Anwendung eignet sich das Lied: Laß die Freude in dein Herz hinein ... (OHP 141).

3.4.2. Bastelarbeit „Weihnachtliches Transparent" - Material: Schere; Kleber; rotes, gelbes u. oranges Transparentpapier; schwarzes Tonpapier, Teelicht. Hinweise: Die Teelichter sollten sich die Kinder von ihren Eltern erbitten, damit diese wissen, was ihre Sprößlinge tun. Den Mittelteil kann man auch als Fensterbild verwenden. Die Wirkung geht allerdings verloren.
Wir sollten beim Basteln versuchen, mit den Kindern über das Licht „Jesus Christus" ins Gespräch zu kommen. Das Licht Gottes kommt zu uns (s. auch Licht auf dem Feld bei den Hirten).

siehe OHP-Vorlage 137

4. Vorschläge zur Durchführung für die „große" Gruppe

4.1. Vorüberlegungen

Evtl. muß man in der großen Gruppe intensiver auf die einzigartige Menschwerdung Jesu eingehen. Im Zuge der Entmythologisierung (die Aufhebung von mit dem Verstand nicht faßbaren Ereignissen, z. B. durch R. Bultmann) wurde auch die Jungfrauengeburt (1 Mo 3, 15; Jes 7, 14; Lk 1, 27) angezweifelt. Viele Religionslehrer und Theologen sind nun der Ansicht, daß die Bibel göttliche Wahrheiten enthält, aber nicht wortwörtlich Wahrheit, vom Heiligen Geist inspiriertes Wort Gottes ist (2 Tim 3, 16).

siehe auch 3.1. (Bezug zum weihnachtlichen Treiben)

Sind die Kinder damit nicht konfrontiert, reicht es, folgendes festzuhalten:
- Der Herr Jesus entstand nicht wie jeder natürliche Mensch. Gott, der Heilige Geist, hat sein Werden in Maria bewirkt (Lk 1, 35).
- Joseph war Pflegevater des Herrn Jesus. Sein Vater ist Gott.
- Wäre er Mensch wie wir, hätte er Sünde und könnte uns nicht erretten, weil er dann für seine eigene und nicht für unsere Sünde gestorben wäre.
- Jesus Christus wurde Mensch und blieb bzw. ist Gott.

Jesus Christus

↙ ↘

Gottes Sohn u n d Menschensohn

4.2. Einstiegsmöglichkeiten

4.2.1. Rätsel - Lösung: EUCH IST HEUTE EIN RETTER GEBOREN

siehe OHP-Vorlage 138

4.2.2. Gespräch: Wie würde ein König reagieren, wenn er plötzlich Schuhputzer werden sollte? (Er würde sich wehren: Verlust von Reichtum, Macht u. Ansehen, Zugehörigkeit zum „einfachen Volk", schmutzige Arbeit ...)

4.3. Durchführung

4.3.1. Ergänzungen zu 3.3.:

siehe 3.3.

zum 1. Schritt: genauere Angaben zum geschichtlichen und geographischen Umfeld

siehe 1. u. OHP 135

zum 2. Schritt: Hinweis auf die unglaubliche Erniedrigung und Demütigung, der Sohn Gottes kam in die Welt, die er geschaffen hat: Wie wurde er aufgenommen? (Joh 1, 11)

zum 3. Schritt: Hinweis auf die Situation der Hirten

siehe auch 1.2.

zum 4. Schritt: Die einzelnen Tätigkeiten der Hirten (s. 3.1.) von den Kindern anhand des Bibeltextes (Lk 2, 15-20) herausarbeiten lassen, notieren und anwenden.

4.3.2. Wir lassen den Bibeltext gründlich lesen und inszenieren ein Rollenspiel: aus Sicht Marias und Josephs, d. h. ohne die „Engelpassagen" - die Hirten erzählen davon. Lerneffekt: Was man selbst liest, durchdenkt, wiedergibt und darstellt, hat man verstanden und bleibt länger im Gedächtnis haften. Die Geschichte wird erlebt.

4.4. Zur Festigung

4.4.1. Vertiefung der Frage: Was bedeutete es für den Herrn Jesus, daß er Mensch wurde? Wir können die Inhalte (OHP 139) vorher mit Tipp-Ex löschen, dann gemeinsam mit den Kindern erarbeiten und eintragen. Oder wir geben die sechs Figuren vor und lassen von den Kindern die Gegenüberstellung machen.

siehe OHP-Vorlage 139

Obwohl ihm unbegrenzte Möglichkeiten offenstanden, lebte er ca. 30 Jahre als gehorsamer, fleißig arbeitender Sohn Marias in Nazareth. Der Schöpfer ist seinen Geschöpfen untertan (Lk 2, 51).

Menschen, die Macht haben, setzen sie ein und stehen in der Gefahr, sie zu mißbrauchen. Jesus Christus hatte alle Macht, er setzte sie nicht ein, ging seinen Weg in der absoluten Abhängigkeit zu Gott und war von Herzen demütig.

4.4.2. Beispielgeschichte zum Nachdenken über die Weihnachtszeit:
Martin Haug erzählt die Geschichte eines Eingeborenen aus dem Hochland von Neu-Guinea. Er kam in der Vorweihnachtszeit nach Deutschland. Noch nie hatte er etwas von Weihnachten gehört. Er sollte sich ein eigenes Bild machen, um sich dann ein Urteil über dieses festliche Treiben zu bilden. So geht er durch die Geschäftsstraßen. In den Schaufenstern und auf den Tischen türmen sich die Auslagen. Alles ist dekoriert mit Tannenzweigen, Engelchen und Lametta. In den Straßen und in den Häusern, überall sieht er Kerzen und Lichter. Auf Plakaten, manchmal in Lebensgröße, aber auch in kleinerer Ausführung ist ein alter Mann mit rotem Mantel und weißem Bart zu sehen. Die Menschen eilen mit vollen Tragetaschen zu den Parkplätzen. Viele tragen einen Baum, den sie zu Hause aufstellen wollen. Die Feiertage selbst verbringt er in einer deutschen Durchschnittsfamilie. Es ist kaum zu ertragen, was dort seinem Magen zugemutet wird.
Am Tage nach Weihnachten wird ihm dann die Frage gestellt, was das denn nun gewesen sei. Seine Antwort: Wahrscheinlich handele es sich um Gedenktage für einen ehrwürdigen Mann, dessen Vorbild zum Kaufen anrege. Der Mann sei sicher Förster gewesen, weil man ihn mit Tannen in Verbindung bringe. Er könne aber auch Nachtwächter gewesen sein, weil man ihm zu Ehren Kerzen und Lichter anzünde. Auf alle Fälle müsse der alte Herr sich wohl freuen, wenn zu seinen Ehren besonders viel gekauft, gegessen und getrunken würde.
Eine nachdenkenswerte Geschichte, finde ich. Wäre ihm wohl etwas anderes klargeworden, wenn der Fremde bei uns zu Gast gewesen wäre? Was hätte er wohl gesagt, wenn man ihm die Weihnachtsgeschichte vorgelesen hätte? Neigen wir nicht auch dazu, daß Weihnachten abhängig ist von dem, was wir tun? Wir machen Weihnachten mit Geschenken, Tannenbaum, gutem Essen und und und.
Dabei ist ja noch nicht gesagt, daß derlei Dinge an Weihnachten nicht sein dürfen. Aber sie machen doch nicht Weihnachten aus. Wenn diese Dinge das Wichtigste werden, bekommen wir vor Weihnachten sogar Angst. Die Mutter hat Angst, ob die Kinder zufrieden sind, der Mann sorgt sich, ob die Frau genug bekommt und umgekehrt vielleicht auch. Weihnachten wird zur Last, und man freut sich, wenn der Rummel vorbei ist. Weihnachten aber ist es dann bei uns gar nicht gewesen. Wenn wir Weihnachten machen müssen, wird es leicht zur Last. Weihnachten hat Gott der Welt bereitet, und er muß es auch bei uns bereiten, sonst gehen wir leer aus.

Abdruck mit freundl. Genehmigung Geistliches Rüstzentrum Krelingen aus: Erweckliche Stimme 12/87, Pastor Johann Uben

5. Liedvorschläge

In den angegebenen Liederbüchern sind noch andere passende Lieder, s. auch Lektion 51, 5.! s. auch OHP-Vorlage 141

Als ich bei meinen Schafen wacht ... (aus: Sing' mit uns ein neues Lied, Bd. 2, 73)
Ich wollt, ich wär ein Hirtenbub gewesen ... (aus: Die bunte Liederkiste, 67)
Mit den Hirten will ich gehen ... (aus: Sing' mit uns ein neues Lied, Bd. 2, 70)
O Freude ... (aus: Sing' mit uns ein neues Lied, Bd. 2, 77)
Über Bethlehem ... (aus: Sing' mit uns ein neues Lied, Bd. 1, 102)
Wir danken dir, Herr Jesus Christ ... (aus: Sing' mit uns ein neues Lied, Bd. 2, 76)

6. Vorschläge zum Bibelspruchlernen

Wir sollten den Kindern die vier Namen erklären: Wunderbarer Ratgeber (Hinweis auf die göttliche Weisheit und die übernatürlichen Fähigkeiten des Herrn Jesus), starker Gott (seine göttliche Autorität und Macht), Vater der Ewigkeit (seine väterliche Treue und Güte, die unveränderlich ist), Fürst des Friedens (der Heilbringende, der als einziger Frieden schaffen kann, unter seiner Herrschaft gibt es Wohlstand und Ruhe).

siehe OHP-Vorlage 140

Zur Illustration können wir die Krippe vergrößern (auf Folie oder Papier – mit Flanell hinterkleben) und auseinanderschneiden (7 Teile: 4 Latten, Stroh u. 2 Füße). Wir lassen den Vers von den Kindern lesen und nehmen jeweils ein Teil weg.

7. Literaturhinweis/Arbeitshilfen

Gibbs, A.: Schritte ... L 135
Leben Christi 1, 6 Flanell-Lektionen. KEB, Breidenbach
Jesus ist geboren, aus der Reihe „Was uns die Bibel erzählt". Deutsche Bibelstiftung, Stuttgart 1967 (Bilderbuch für Vorschulkinder mit Zeichnungen von Kees de Kort - auch als Dias erhältlich)

weitere Angaben, siehe Lektion 51, 7.

OHP 135

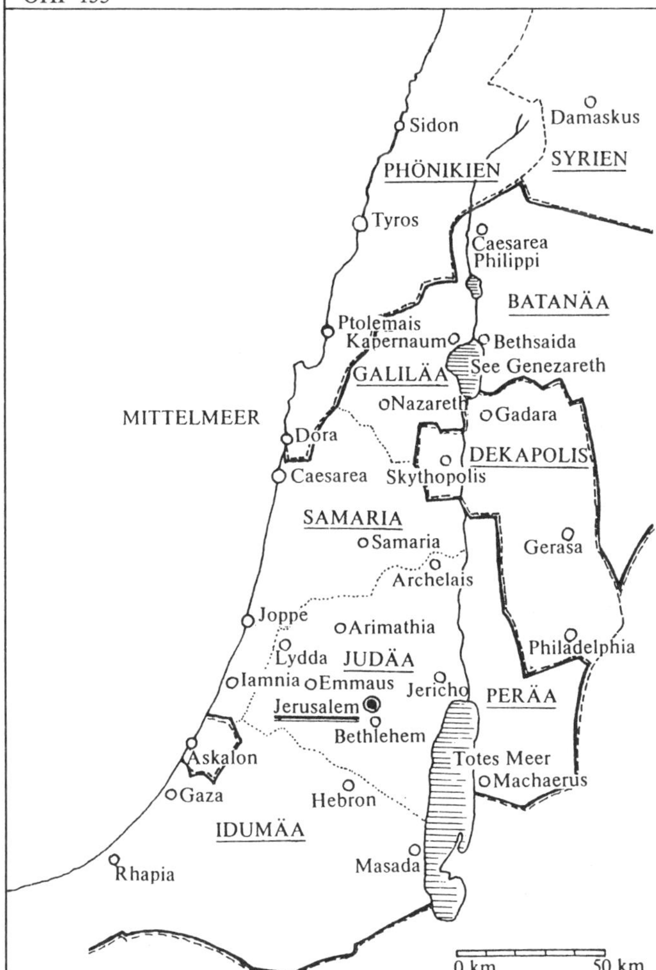

Palästina zur Zeit der Evangelien und der Apostelgeschichte (da Pontius Pilatus Landpfleger von Juda und Herodes Vierfürst in Galiläa war. Luk. 3,1).

OHP 136

OHP 137

Bastelarbeit

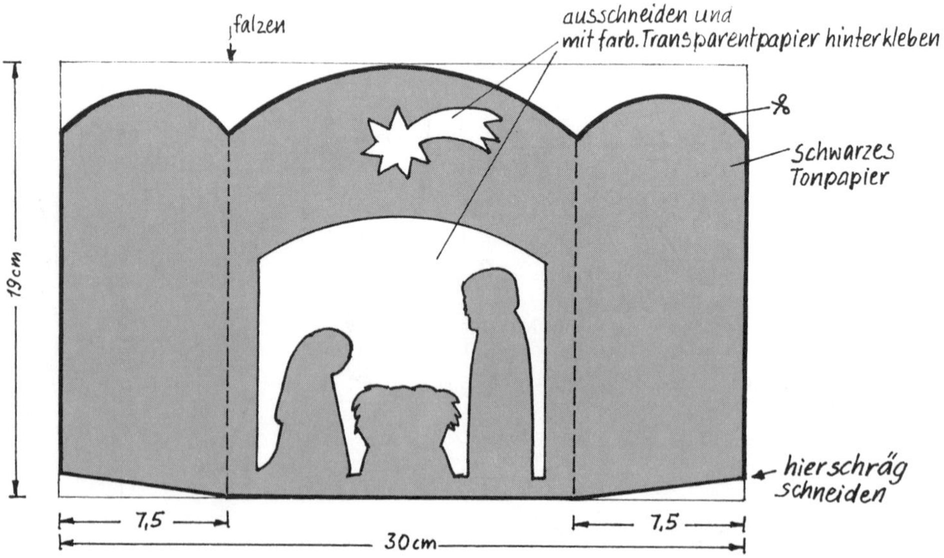

Weihnachtliches Transparent

Das Tonpapier nach der Skizze vorbereiten - gestrichelte Linie falten - obere Seite halbrund schneiden - aufklappen - auf den Mittelteil Figuren nach Vorlage ausschneiden - mit Transparentpapier hinterkleben

OHP 138

Rätsel

Mitten in der Nacht hörten Hirten eine frohe Nachricht. Ihr findet sie, wenn ihr links unten beginnt und den Linien entlang von Buchstaben zu Buchstaben geht. Schreibt die Lösung hier auf!

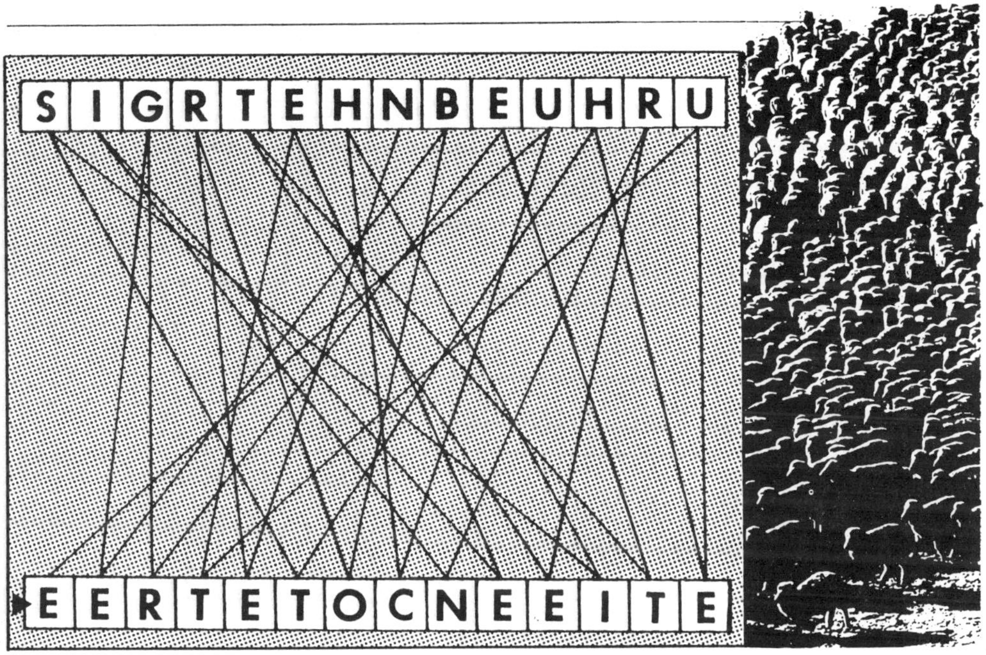

(aus: Stille-Zeit-Heft Jesus Christus, CV Dillenburg)

OHP 139

Gottes Sohn und Menschensohn

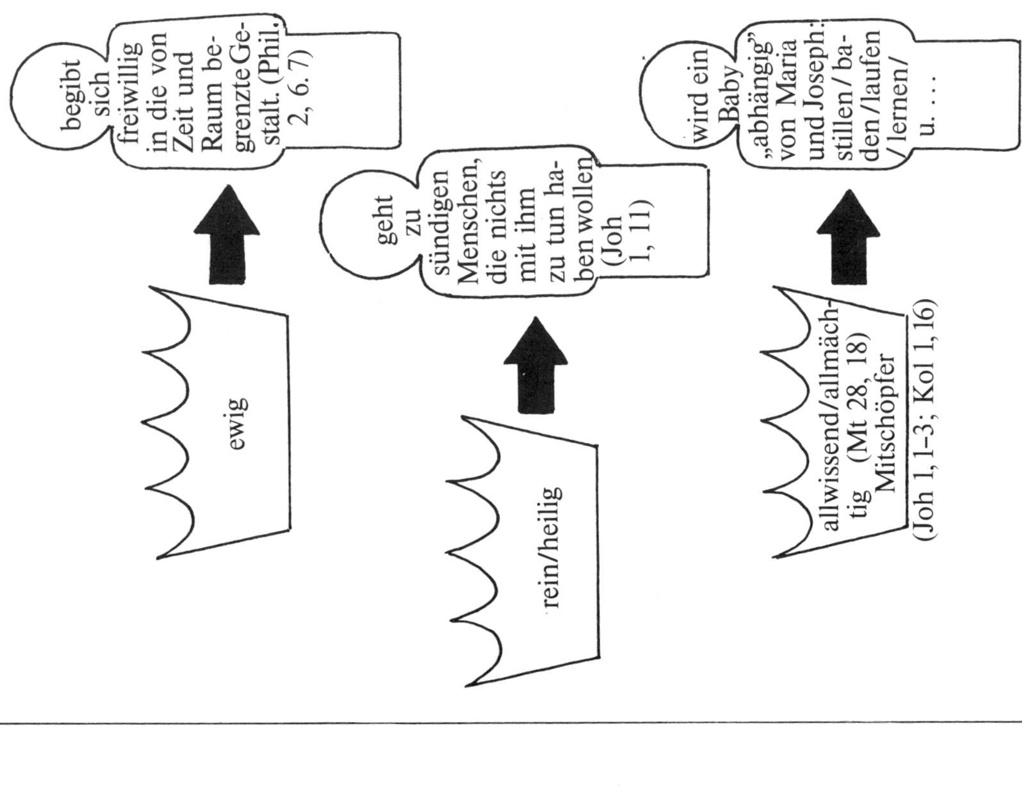

LASS DIE FREUDE IN DEIN HERZ

Text: Manfred Paul *Melodie: Hildor Janz*

D
1. Laß die Freude in dein Herz hinein,
A
gib sie weiter, diesen Sonnenschein,
A7
denn die Menschen um uns her
D
haben keine Freude mehr,
Em A D
darum komm und leucht als Sonnenschein
A7 D
in die dunkle Welt hinein.

D
2. Licht braucht jedes Kind auf dieser Welt,
A
Licht, das auf den Weg des Lebens fällt.
A7
Dann erst kehrt die Freude ein,
D
und du bist nicht mehr allein,
Em A D
darum komm und leucht als Sonnenschein
A7 D
in die dunkle Welt hinein.

D
3. Jesus nur kann unser Retter sein.
A
Er ist unser wahrer Sonnenschein,
A7
‖: denn am Kreuz auf Golgatha
D
sagt Er zu uns Menschen ja,
Em A D
darum komm und leucht als Sonnenschein
A7 D
in die dunkle Welt hinein. :‖

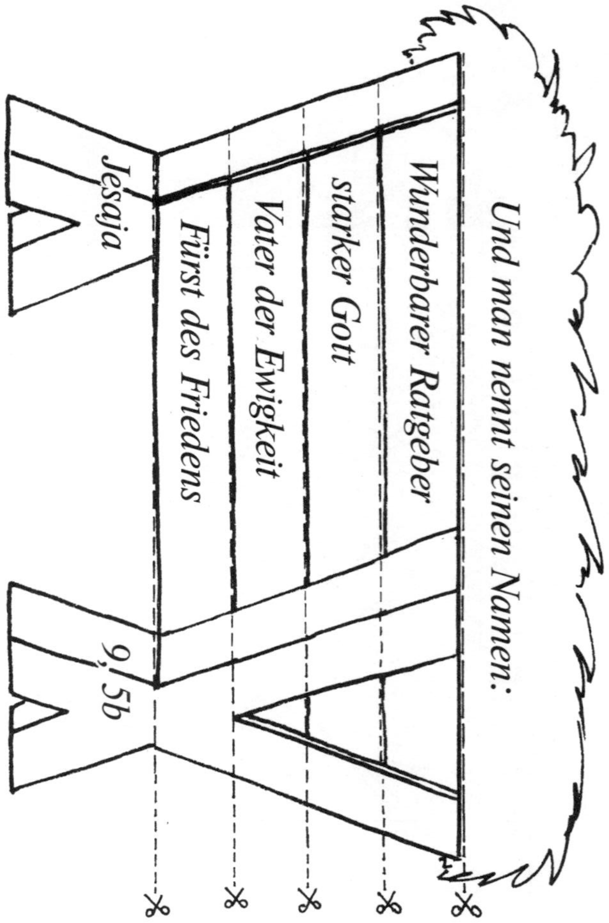

Tabelle aller Lektionen nach der Chronologie der biblischen Bücher

AT	Bibeltext	Inhalt	Jahrbuch / Lektion
1. Mose	1Mo 1+2	Schöpfung	1/5
	1Mo 3	Sündenfall	1/6
	1Mo 4	Kain und Abel	1/7
	1Mo 6,1-9,19	Noah	1/8
	1Mo 11,1-9	Turmbau zu Babel	1/9
	1Mo 11,27-12,9	Abrams Berufung und Auszug	4/161
	1Mo 12,10-13,4	Abram in Ägypten	4/162
	1Mo 13,5-18	Abrams Trennung von Lot	4/163
	1Mo 14,8-24	Abrams Einsatz zur Rettung Lots	4/164
	1Mo 18,16-19,29	Sodom und Gomorra	4/165
	1Mo 17,15-22+21,1-7	Ankündigung und Geburt Isaaks	4/166
	1Mo 22,1-19	Abrahams Opfergang nach Morija	4/167
	1Mo 24,1-4.10-38.50-67	Werbung um Rebekka	4/178
	1Mo 25,24-34	Jakob, Esau u. d. Erstgeburtsrecht	4/179
	1Mo 27	Jakobs Betrug	4/180
	1Mo 28,1-5.10-22	Jakobs Flucht und Traum	4/181
	1Mo 29,1-30	Jakob in Haran und Heirat	4/182
	1Mo 31,3-7.17.18+32,4-12	Jakobs Rückkehr	4/183
	1Mo 37,1-11	Josephs Träume	4/192
	1Mo 37,12-36	Josephs Verkauf nach Ägypten	4/193
	1Mo 39,1-18	Joseph im Haus des Potifar	4/194
	1Mo 39,19-40,23	Joseph im Gefängnis	4/195
	1Mo 41	Träume des Pharao u. Deutung	4/196
	1Mo 42	Erste Reise der Brüder Josephs	4/197
	1Mo 43-45	Zweite Reise der Brüder Josephs	4/198
	1Mo 46,28-47,6	Jakobs Wiedersehen mit Joseph	4/199
	1Mo 50,14-26	Josephs brüderliche Haltung	4/200
2. Mose	2Mo 1,1-2,10	Moses Geburt	3/114
	2Mo 2,11-22	Moses Mord, Flucht u. Heirat	3/115
	2Mo 2,23-4,20	Moses Berufung, Auftrag u. Rückkehr	3/116
	2Mo 6,28-10,29	Mose vor Pharao, 1.-9. Plage	3/117
	2Mo 11,1-12,33	10. Plage, Passah	3/118
	2Mo 12,34-41+13,17-15,21	Auszug aus Ägypten, Loblied	3/122
	2Mo 15,22-16,35	Israel in Mara, Elim u. d. Wüste Sin	3/123
	2Mo 17,1-7	Wasser aus dem Felsen	3/129
	2Mo 17,8-16	Kampf gegen Amalek	3/130
	2Mo 19+24	Israel am Sinai	3/131
	2Mo 20,1-11	Die Gebote (1.-4.)	3/132
	2Mo 20,12-17	Die Gebote (5.-10.)	3/133
	2Mo 25,1-9 (25-27+30+31)	Bau des Heiligtums	3/134
	2Mo 32	Goldenes Kalb	3/140
4. Mose	4Mo 13,1-14,38	Kundschafter (Aussendung, Rückkehr)	3/141
	4Mo 20,1-13	Moses Ungehorsam	3/142
	4Mo 21,4-9	Eherne Schlange	3/143
	4Mo 22 (+23+24)	Bileam	3/144
Josua	Jos 1,1-9	Josuas Berufung	1/23
	Jos 2,1-24	Kundschafter in Jericho	1/24
	Jos 1,10-18+3+4	Jordan	1/25
	Jos 6	Einnahme Jerichos	1/26
	Jos 7+8	Achan und Ai	1/27
	Jos 9	List der Gibeoniter	1/28
Richter	Ri 4+5	Debora und Barak	1/36
	Ri 6	Gideons Berufung	1/37
	Ri 7	Gideons Kampf	1/38
	Ri 13-15	Simson	1/39
	Ri 16	Simsons Ende	1/40
Rut	Rt 1+2	Rut und Noomi	3/145
	Rt 3+4	Rut und Boas	3/146
1. Samuel	1Sam 1,1-2,10	Samuels Geburt	1/41
	1Sam 2,12-3,21	Samuels Berufung	1/42
	1Sam 8-10	Sauls Berufung	1/43
	1Sam 15	Sauls Verwerfung	1/44
	1Sam 16,1-13	Salbung Davids	2/58
	1Sam 17	David und Goliat	2/59
	1Sam 20	David und Jonatan	2/60
	1Sam 24	David verschont Saul	2/61
	1Sam 28+31	Sauls Sünde und Tod	2/62
2. Samuel	2Sam 2,1-11+5,1-10	David wird König	2/74
	2Sam 9	Mefi-Boschet	2/75
	2Sam 11+12	David und Batseba	2/76
	2Sam 15+18,6-18	David und Absalom	2/77
1. Könige	1Kö 1,11-40+2,1-12	Salomo wird König	2/79
	1Kö 3	Salomos Weisheit	2/80
	1Kö 5,15-6,38	Tempelbau	2/81
	1Kö 10,1-13	Königin von Saba	2/82
	1Kö 11,1-13+12,1-20	Salomos Sünde, Reichsteilung	2/83

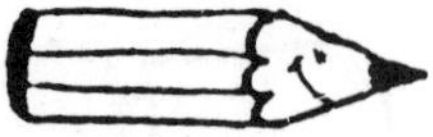

AT	Bibeltext	Inhalt	Jahrbuch/Lektion
	1Kö 17,2-24	Elia am Bach Krit u. in Zarpat	2/89
	1Kö 18,21-46	Elia auf dem Karmel	2/90
	1Kö 21,1-21	Ahab und Nabot	2/91
2. Könige	2Kö 2,1-18	Elia und Elisa	2/92
	2Kö 4,1-7	Elisa und der Ölkrug der Witwe	2/93
	2Kö 5,1-18	Naaman	2/94
	2Kö 11,1-3 + 12,1-22	König Joasch	4/184
	2Kö 18 + 19	Hiskias Gebet	4/185
	2Kö 20	Hiskias Krankheit	4/186
	2Kö 22	Josia und das Gesetzbuch	2/95
	2Kö 23,1-30	Josias Reformen und sein Tod	2/96
Esra	Esr 1,1-6 + 3,7-13 + 6,15-18	Wiederaufbau des Tempels	4/190
Nehemia	Neh 1 + 2	Nehemias Rückkehr nach Jerusalem	1/45
	Neh 3 + 4 + 6	Mauerbau	2/46
	Neh 8	Volksversammlung	1/47
Ester	Est 1 - 4	Erwählung Esters	1/48
	Est 5 - 10	Hamans Ende, Mordechais Erhöhung	1/49
Hiob	Hi 1 + 2	Hiobs Prüfung	4/201
	Hi 36,22 - 42,17 (Auswahl)	Hiobs Wiederherstellung	4/202
Psalm	Ps 23	Davids Erfahrungen	2/78
Jeremia	Jer 18,1-6 + 19,1-4.10-13	Das Beispiel vom Töpfer	4/187
	Jer 36	Jeremia und Baruch	4/188
	Jer 38	Anschlag auf Jeremia	4/189
Daniel	Dan 1	Daniel und seine Freunde	1/15
	Dan 2	Nebukadnezars Traum	1/16
	Dan 3	Drei Männer im Feuerofen	1/17
	Dan 5	Belsazars Fest	1/18
	Dan 6	Daniel in der Löwengrube	1/19
Jona	Jon 1 + 2	Jonas Ungehorsam u. Errettung	3/147
	Jon 3 + 4	Jona in Ninive	3/148
Haggai	Hag 1	Haggais Mahnung	4/191
NT			
Matthäus	Mt 1,18-25	Geburt Jesu	4/208
	Mt 2,1-12	Magier aus dem Osten	4/209
	Mt 2,13-23	Flucht nach Ägypten	4/158
	Mt 3,13-17	Taufe Jesu	4/159
	Mt 4,1-11	Versuchung Jesu	4/160
	Mt 6,5-15 + 7,7-11	Bergpredigt: vom Beten	4/171
	Mt 6,19-21. 24-34	Bergpredigt: Habsucht u. Sorgen	4/172
	Mt 7,13-14	Bergpredigt: schmaler u. breiter Weg	4/173
	Mt 7,21.24-27	Bergpredigt: Haus auf Felsen u. Sand	4/174
	Mt 15,21-28	Heilung eines kanaan. Mädchens	4/175
	Mt 14,22-33	Sinkender Petrus	4/168
	Mt 17,1-13	Verklärung Jesu	4/203
	Mt 18,21-35	Gleichnis v. unbarmherzigen Knecht	4/204
	Mt 20,1-16	Gleichnis v. d. Arbeitern i. Weinberg	4/205
	Mt 21,28-32	Gleichnis v. d. ungleichen Söhnen	4/206
	Mt 22,1-14	Gleichnis vom Hochzeitsmahl	4/176
	Mt 25,1-13	Gleichnis v. d. zehn Jungfrauen	4/177
	Mt 25,14-30	Gleichnis v. d. anvertrauten Pfunden	4/207
	Mt 26,14-16.20-25.48-50 + 27,3-10	Judas	4/169
	Mt 27,62-66 + 28,11-15	Bewachung des Grabes, Bestechung	4/170
Markus	Mk 1,14-39	Dienst des Herrn Jesus	1/1
	Mk 2,1-12	Heilung eines Gelähmten	1/2
	Mk 2,13-17	Berufung des Levi und Zöllnermahl	1/3
	Mk 4,1-20	Gleichnis vom vierfachen Acker	1/4
	Mk 4,35-41	Sturmstillung	1/29
	Mk 5,21-43	Auferweckung der Tochter des Jairus	1/30
	Mk 7,31-37	Heilung eines Taubstummen	1/31
	Mk 10,13-16	Der Herr Jesus und die Kinder	1/32
	Mk 10,17-27	Der reiche Jüngling	1/33
	Mk 10,46-52	Bartimäus	1/34
	Mk 10,32-45	Wahre Größe im Reich Gottes	1/35
	Mk 12,1-12	Gleichnis von den Weingärtnern	1/50
	Mk 12,41-44	Gabe der armen Witwe	1/10
	Mk 14,3-9	Salbung in Bethanien	1/11
	Mk 14,32-65	Gethsemane, Gefangennahme	1/12
	Mk 15,1-20	Anklage, Barabbas	1/13
	Mk 15,42 - 16,8	Grablegung und Auferstehung des Gekreuzigten	1/14
Lukas	Lk 1,5-25.57-80	Geburt Johannes' des Täufers	1/51
	Lk 1,26-38	Ankündigung d. Geburt d. Herrn Jesus	2/103
	Lk 2,1-20	Geburt des Herrn Jesus	1/52
	Lk 2,21-38	Darstellung im Tempel	2/104
	Lk 2,41-52	Der zwölfjährige Jesus im Tempel	2/105
	Lk 3,1-20	Dienst Johannes' des Täufers	2/53

NT	Bibeltext	Inhalt	Jahrbuch/Lektion
	Lk 5,1-11	Fischzug des Petrus	2/54
	Lk 6,12-16 + 9,57-62	Berufung der 12, rechte Nachfolge	2/55
	Lk 7,1-10	Heilung eines Dieners	2/56
	Lk 7,11-17	Einer Sünderin wird vergeben	2/84
	Lk 7,36-50	Auferweckung d. Jünglings zu Nain	2/57
	Lk 10,25-37	Barmherziger Samariter	2/85
	Lk 10,38-42	Martha und Maria	2/86
	Lk 12,13-21.(22-34)	Gleichnis vom reichen Toren	2/97
	Lk 15,8-10	Verlorene Drachme	2/87
	Lk 15,11-32	Verlorener Sohn	2/88
	Lk 16,19-31	Reicher Mann u. armer Lazarus	2/98
	Lk 17,11-19	Heilung von zehn Aussätzigen	2/99
	Lk 18,9-14	Pharisäer und Zöllner	2/100
	Lk 19,1-10	Zachäus	2/101
	Lk 19,11-27	Gleichnis v. d. anvertrauten Pfunden	2/102
	Lk 22,31-34.54-62	Verleugnung durch Petrus	2/63
	Lk 23,1-12.26.32	Anklage vor Pilatus u. Herodes	2/64
	Lk 23,33-49	Kreuzigung, die zwei Übeltäter	2/65
	Lk 24,13-35	Auf dem Weg nach Emmaus	2/66
Johannes	Joh 1,1-18 + 8,12	Das Licht der Welt	3/157
	Joh 1,35-51	Die ersten Jünger	3/106
	Joh 2,1-12	Hochzeit zu Kana	3/107
	Joh 2,13-22	Tempelreinigung	3/108
	Joh 3,1-21	Nikodemus	3/109
	Joh 4,1-30.39-42	Die Frau am Jakobsbrunnen	3/110
	Joh 4,43-54	Heilung d. Sohnes e. königl. Beamten	3/154
	Joh 5,1-16	Kranker am Teich Bethesda	3/155
	Joh 6,1-15	Speisung der Fünftausend	3/124
	Joh 9,1-41	Heilung eines Blindgeborenen	3/156
	Joh 10,1-30	Der gute Hirte	3/119
	Joh 11,1-46	Auferweckung des Lazarus	3/125
	Joh 13,1-17	Fußwaschung	3/126
	Joh 14,1-14	Der Himmel	3/127
	Joh 15,1-8	Weinstock und Reben	3/128
	Joh 20,11-31	Erscheinung des Auferstandenen	3/120
	Joh 21,1-25	Der Auferstandene am See Tiberias	3/121
Apostelgeschichte	Apg 1,1-14	Himmelfahrt	1/20
	Apg 2	Pfingsten	1/21
	Apg 3	Heilung eines Lahmgeborenen	1/22
	Apg 4,1-31	Petrus u. Johannes vor Gericht	2/67
	Apg 4,32 - 5,11	Ananias und Saphira	2/68
	Apg 6,8-15 + 7,54 - 8,3	Stephanus	2/69
	Apg 8,26-40	Philippus und der Kämmerer	2/70
	Apg 9,1-25	Bekehrung des Saulus	3/111
	Apg 9,36-43	Auferweckung der Tabea	2/71
	Apg 10	Kornelius	2/72
	Apg 12,1-17	Gefangennahme u. Befreiung d. Petrus	2/73
	Apg 13,1-14a	Elymas d. Zauberer (1. Missionsreise)	3/112
	Apg 14,8-22	Lahmer in Lystra (1. Missionsreise)	3/113
	Apg 16,1-5	Lebensbild Timotheus (2. Missionsr.)	3/135
	Apg 16,11-15.(6-10)	Lydia (2. Missionsreise)	3/136
	Apg 16,16-40	Kerkermeister (2. Missionsreise)	3/137
	Apg 18,1-11	Aquila u. Priscilla (2. Missionsreise)	3/138
	Apg 19,23-40.(8-22)	Demetrius (3. Missionsreise)	3/139
	Apg 20,13 - 21,14	3. Missionsreise	3/149
	Apg 21,27 - 23,11 (Auswahl)	Paulus in Jerusalem	3/150
	Apg 24	Paulus in Cäsarea	3/151
	Apg 27	Romreise	3/152
	Apg 28	Malta und Rom	3/153

Materialkiste
Was in keiner Mitarbeiterbibliothek fehlen sollte:

Das runde Programm

Material zu MIT KINDERN DIE BIBEL ENTDECKEN

Große Konkordanz
zur Elberfelder Bibel
(Revidierte Fassung)
ca. 1984 Seiten, Format 17,5 x 25,2 cm
Skivertex

DM 168,–
ISBN 3-417-25802-2

Lexikon zur Bibel
Herausgegeben von Fritz Rienecker
968 S., 3. Auflage, Format 16 x 23 cm, über 150 s/w Fotos, über 350 Textillustrationen und Karten,
DM 29,80

Freund der Kinder
Kinderzeitung mit der frohen Nachricht von Jesus, dem Herrn.
Zum Verteilen in Sonntagschulen, Kindergottesdiensten, Hauskinderstunden. Auch zur Nacharbeit ist diese Kinderzeitung gut geeignet.
Jede Ausgabe enthält einen biblischen Bericht, Lernspruch, Erzählungen aus dem Alltag des Kindes. Außerdem erscheinen Rätsel, Basteleien und zwölf „Funksprüche" (Bibelverse, die besonders erklärt werden).
Der FREUND DER KINDER wird zweimonatlich geliefert mit einer Ausgabe für jeden Sonntag.
Bezugspreis: **DM 16,20** (Jahresabo.) + Versandkosten
bei Abnahme von mehr als 10 Stück 10 % Rabatt

Kinder-Abreißkalender „Die helle Straße"
Format 17x24 cm, auch als Buchkalender erhältlich.
DM 8,90
(Staffelpreise auf Anfrage)
Für Kinder von 6 - 12 Jahren.

Gibbs/Boddenberg
Schritte durch die Bibel
Arbeitsbuch für Bibelstudium und Verkündigung
gebunden, 16,5 cm x 24,5 cm
728 Seiten; Best.-Nr. 3040
Preis: DM 29,80; ISBN: 3-89436-040-2
Seit über 10 Jahren ist **„SCHRITTE DURCH DIE BIBEL"** als dreibändiges Werk bekannt. Jetzt liegt die Gesamtausgabe mit 263 Lektionen aus dem Alten und Neuen Testament auf über 700 Seiten mit einer Fülle von Anregungen vor.

- **Persönliches Bibelstudium und Stille Zeit.**
- **Vorbereitung von Kinder- und Jugendstunden.**
- **Frauenstunden und Gesprächskreise.**
- **Brüder im Verkündigungsdienst.**

Eine unübertroffene Hilfe für jeden, der seine Bibel besser kennenlernen möchte.

Margita Paul
Mit Kindern biblische Geschichten malen
Geh. 56 Seiten, **Band 3,** Best.-Nr. 3037
Preis: DM 6,80
Wieder passend zum Band 3 unserer Reihe **Mit Kindern die Bibel entdecken** erscheint jetzt das dazugehörige biblische Malbuch, Band 3.
In Übereinstimmung mit den Lektionen des 3. Jahrbuches sind 26 Ausmalvorlagen, mit Schwerpunkt „Vorschulalter", kindgemäß zusammengestellt.

- Ideal zur Vertiefung, auch im Familienbereich und im Kindergarten zu verwenden.
- In kindgemäßer Art ist jeweils die biblische Geschichte zum Vorlesen neben den Ausmalvorlagen aufgeschrieben, so daß es auch als Malbuch, unabhängig von dem Buch **Mit Kindern die Bibel entdecken** verwendet werden kann.

Raum für Notizen